文脈化するキリスト教の軌跡

イギリス人宣教師と
日本植民地下の台湾基督長老教会

三野和恵

MINO, Kazue

新教出版社

目次

凡例

一、本文中の注記は（　）、引用文中での注記は〔　〕、中略は〔…〕で示した。

二、英語など原文がローマ字によって表記されるキーワードや論文名・書名には、必要に応じて和訳語文の直後に原文を示した。例「コンテクスト context」など。また、中国語のように、原文が漢字によって表記される語の場合は、漢字表記の直後に和訳語文を示した。例「瑜亮情結（周瑜–諸葛亮コンプレックス）」など。

三、対象時期における特定の立場や考え方を基準に用いられた表現、呼称、および事象名については「　」を付したが、連続して頻出する語については初出時や注意を促したい場合にのみ括弧で示し、それ以外は省略した。例「異教徒」など。

四、おもな登場人物の初出時には生没年を（　）で示した。台湾人の名前について、歴史上の人物（史資料上で閩南系台湾語名の読みが確認される者を中心とする）については章ごとの初出時にカタカナのルビを付し、現代の人物の名前については基本的にはルビを省略した。また、欧米人の名前については初出時にローマ字表記名を付した。

五、台湾の地名については基本的に漢字表記とし、日本語音読み音を容易に想定できないものについては章ごとの初出時にカタカナのルビを付した。例「茄苳仔《カタンアー》」など。一方で、日本語音読み音を比較的容易に想定できる地名については、ルビを省略した。例「台南」など。

六、閩南系台湾語のキーワードについては、初出時に漢字の当て字にカタカナのルビを付した表記、およびローマ字（白話字）表記を示し、それ以後では基本的に白話字表記を省略した。例「呣願《ムゴアン》 m̄-goān」など。

序　論

1　研究の課題——キリスト教への問いと歴史への問い

まず一人のキリスト者の言葉に即して、本書のモチーフを説明したい。その人物は黄《ン》彰輝《チョンフィ》（一九一四—八八）——国民党政府による戒厳令下台湾の民主化運動に参与し、一九六五年以降は英国に亡命しながら台湾人の自決権を求める活動を続けた台湾基督長老教会の牧師・神学教育者である。黄彰輝を含む台湾基督長老教会関係者は、一九七〇年代以降、国民党政府および世界に向けて活発に政治的発言を行ってきた。国民党独裁体制下にあって「最高政府機関も含むすべての代表を選出する選挙」の執行を求める「国是声明」（一九七一）、アメリカ・ワシントンＤＣにて黄彰輝らが立ち上げた「台湾人キリスト者民族自決」運動（一九七二）、台湾人民の自決権と民主的な政府の建立を要求する「われわれの呼びかけ」（一九七五）、台湾人民の独立と自由を訴える「台湾基督長老教会人権宣言」（一九七七）などがそうである[1]。

黄彰輝は晩年の回想録にて、キリスト教徒でありながら、いやそれどころかキリスト教の牧師でありながら、なぜそれほどまで政治的な活動に関わっているのかと問われたことを回想している。この問いに対し、彼は何度考えても次のような答えにたどり着くのであると述べる。「それはなぜなら、私が台湾人であるからであり、また私がキリスト教徒であるから、しかもその牧師であるからだ」。さらに、自らの政治的コミットメントの根底には、「台湾」という「コンテクスト context」の中に生まれ育ち、その「運命」に閉じ込められていることと、その状況を打開するように自らを駆り立てるような「キリスト教」という「テクスト text」を与えられたこと、この二つの間での「内面的『格闘』」が存在するのだと述べる。[2]

黄彰輝は次のように続ける。彼にとって、そして「台湾人として認知されたいと願う何百万もの私〔黄彰輝〕と同じような人々」にとって、この「台湾」というコンテクストとは、日本、および国民党政府支配下を通じて「自国における二等市民」でしかあり得なかったという「深刻なる不正義」へのある深い感情が伴われるものであった。黄はそれを閩南《びんなん》系台湾語によって「毋願《ムゴアン》 m̄-goān」ないし「毋甘願《ムカムゴアン》 m̄-kam-goān」と表現する。[3]彼はこれらの表現をあえて定義せず、自身の具体的な体験に即して説明する。[4]日本による植民地支配下にあった幼い頃、公学校〔台湾人向けの初等教育機関〕からの帰り道で日本人小学生らに石を投げつけられ「チャンコロ」と侮辱された。その意味が完全にはわからないながらも怒りを覚え、取っ組み合いの喧嘩をした。その後、初めて「チャンコロ」という言葉の意味が「slaves of slaves」——日本人の「奴隷」たる「清国人」の「奴隷」——であると知ったときのこと。[5]日本留学を終え、台湾に戻る船上で、同じく日本への修学旅行からの帰路にあった弟と偶然出会い、喜びのあまり思わず閩南系台湾語で会話をした。そのため弟が教員に殴られ、黄は土下座をして謝って弟を助けたこと。黄はその時のことを次のように回想する。「なんだって！　私の弟に私たちの母語で話しかけたことで、弟は酷い罰を受け、私は土下座をして謝らなければならなかった!!　ばかな！　毋願《ムゴアン》！　受け入れられない。絶対に受け入れられない」。そして彼は、これらの経験は「過去に属するものであり、一人の台湾人に関わるものであろうが、この問題は台湾を自らの『故郷』とする二千万近くもの人々の運命に関わっているのである」と述べる。[6]「毋願《ムゴアン》こそが台湾人であることの本質となったのであり、また、そうあり続けるだろう。神がご自身のかたちにかたどって造られた人間として、台湾の人々がそのアイデンティティと尊厳をすべての人々から尊重されるその日が来るまで[7]」。

「毋願《ムゴアン》」という言葉の日本語におけるさしあたっての近似値を求めるならば、無念であり、怒りであり、抵抗であるということになろうか。あるいは、黄自身も述べるように、朝鮮語における「恨《ハン》」にも共通するニュアンスを備えた言葉と思われる[8]。

ここに「キリスト教徒である」ことの意味が、次の三つの理念に即して、「台湾人である」ことの現実と不可分のものとして見出されている。（1）神は「ご自身のかたちにかたどって」――「人格を有する存在 persons」として――人間を造った[9]。だからこそキリスト教は、（2）台湾人を含むすべての人々が「自らの未来を選ぶ権利と自由を神に授けられた」者[10]として「尊重」されるべきことを主張し、（3）これらの人々を「売りに出される品物」や「取り戻されるべき失われた土地のかけら」のように扱う『深刻なる不正義』には抵抗せねばならないのだ、と。黄は次のように続ける。「〔台湾の人々がそのアイデンティティと尊厳をすべての人々から尊重されるようになる〕その日、国内外の台湾人たちは『出頭天《ツッタウティー》 chhut-thâu-thi^{n}』のことを口にするようになるだろう。すなわち、我々が『困難を乗り越える』だろうその日のことを。そのような日が来ることによってのみ、私の政治的『毋甘願《ムカムゴアン》』を清め落とすことができるのである」。「出頭天《ツッタウティー》」とは、「うだつが上がる」、「暗闇の中から頭をもたげ、青空を仰ぎ見る」を意味する表現であり、やはりここでの近似値を日本語で求めるならば、「解放」ということになろうか[11]。

台湾というコンテクストとキリスト教というテクストとの出会いから生じるこの内面的格闘を、彼は「文脈化 contextualisation」という言葉で表現し、福音と社会状況との相互関係を呼びかける「文脈化神学 contextualising theology」を提唱した。

文脈化神学が、おもにアジアにおける軍事独裁政権下での「社会正義の希求」として出発し、一九七〇年代以降の神学界で着目されてきたものであること、東西冷戦構造の崩壊に伴い、現在では各地域における「民族的なアイデンティティの自覚的な模索と表出」を軸とするようになったことなど、同神学の思想的・神学的な意味については、森本あんりらによりすでに研究されている[12]。本書は、この文脈化神学が生まれるにいたった裾野となる経験そのものに焦点を当て、この神学がなぜほかならぬ台湾に生まれたのかを考察するものである。

そもそも「神学」とは、ある宗教信条を持つ者が、自らの信条の内容、根拠、意味を問い、再確認し、発信する営みである。キリスト教の場合は、「神学はイエス・キリストへの信仰を前提にし、この信仰の解明と証しを目的にすることにおいて、単なる宗教学とは区別される」と定義されている。[13] このため、ある事象を追求・評価するにあたって客観的姿勢を保つことを重視する近代以降の学問から見れば、神学とは自らを特定の立場に縛り付け、限定化する営みであるかのように映る面もある。一方で、神学が自らの立場の限定性を自覚し、さらにそれが自らの信仰の対象である「神」を決して体現し得ないものであることを認識するとき、そこには神学自体のみならず、他の諸々の人間の営みにおける自らの「客観性」を絶対化するようなあり方を問う契機が生じる。[14] このように、自らの歴史的限定性の事実を認識し、だからこそ歴史だけではなく、歴史的存在としての自己をも問おうとした神学的試みの一つが、黄彰輝の文脈化神学であった。

このため、文脈化神学は、キリスト教もまた一つの人間の営みであり、あくまでも歴史上のある時点で、ある特定の場に根付く形で存在してきたものであるという事実に焦点を当てる。また、同神学は植民地的状況におかれる台湾本土という、きわめて具体的な歴史舞台に立脚して構想されたものでもある。その議論は一九六〇年代に、脱植民地時代を迎えつつあるアジア・アフリカの教会がいかにして自らの宣教と職務 ministry を形成してゆくべきかを模索する、黄彰輝の一連の論考を通して始められた。これらの論考において黄は、かつての教派主義的な欧米教会の影響を脱し、それぞれの土地と個別具体的状況にコミットする独立した宣教主体となることこそが、第三世界の教会にとってのキリスト論的必然であると呼びかけた。[15] 彼はまた、このコンセプトを特に第三世界の神学教育および教会の展望の構想に適用し、以下のように論じた。[16]

我々は、テクストが再解釈されねばならない、根本的に新しいコンテクストに直面している。すべての解釈された小文字テクスト texts は、すべてを超越する大文字のテクスト Text から湧き出た泉に過ぎない。なぜならそれ〔小文字テクスト〕は、キリストにおける神の超越的実在に向かうものであり、またそこから出てきたものだからである。しかし、解釈されたテクストはただの土の器に過ぎないとは言え、それらはあの超越的実在に仕えるために形作られたものであり、したがってそのために作り直され、再解釈されねばならないものである。ゆえに、神学教育が再生・改革によって前進するためには、同時に「二重の格闘」をせねばならない〔…〕。つまり、すべての小文字テクストの源であり、これらが指し示すものである大文字テクスト〔神〕に対して、コンテクストの中で忠実であろうとするための、大文字テクストとの格闘と、大文字テクストの実在にふさわしいものとなるための、〔神の実在が〕働く場であるコンテクストとの格闘である。

特殊具体的な文脈――歴史上のある時点のある場所――において神学教育や教会が自らのよりどころとしている「小文字テクスト」は、あくまでもその時代のその場所の人間によってなされた、神・イエスの福音としての「大文字テクスト」への解釈に過ぎない。したがって、キリスト教徒の解釈は福音という超越的テクストによって常に問い直されるべき歴史的限定性を持つ。このため、キリスト教徒は自らの神学思想が、キリスト教の原則たる超越的実在、すなわち神・イエスに忠実であるのか（「大文字テクストとの格闘」）、移り変わりゆく社会的現実にどのように関わるのか（「コンテクストとの格闘」）を常に問い続けねばならない。

この「二重の格闘」は、世界を分断するカテゴリーを厳しく問い、相対化する契機を必然的に内包するものとして構想された。黄は次のように論じている。文脈化神学は、大文字テクストそのもの――「すべての人々を慈しむ神〔イエス〕」――が、「まさに貧しい者、抑圧される者、投獄された者、そして顧みられない者のために、率先して存在する方」であることから、与えられたコンテクストにおける「社会正義」や「解放」の追求こそが教会と神学教育にとってのもっとも重要な理念の一つとなることを主張する。(17)

文脈化神学に関わる黄彰輝の論は、キリスト教への問いと歴史への問いを同時に含んでいる。

もとより、歴史的に見れば、この両者の問いはしばしば乖離しがちであった。キリスト教は常に「解放」を目指す社会運動にコミットしてきたわけではない。日本統治下の台湾基督長老教会も、一部の信徒の活動を除けば抗日社会運動への関与は消極的であり、社会運動におけるその歴史的役割は決して大きなものではなかった。さらに、近代キリスト教宣教事業の発端にまで遡るならば、キリスト教には人格の自由や社会正義の理念と結びつくどころか、帝国主義的な砲艦外交と一体となっていた面もあった。

それでもなお、歴史への問いをそれ自体として問うだけでなく、キリスト教への問いと結びつけながら問おうとすることには、どのような意味があるのか。

戦後日本において、このことを問い続けてきた人物のひとりに武田清子がいる。武田は日中戦争の最中の一九三九年、アムステルダム世界基督者青年会議にて中国人クリスチャンらと出会い、帝国主義がもたらす悲しみに直面したという。[18]当時、同会議には黄彰輝も「日本人代表」の一人として参加しており、両者はそこで初めて出会っている。[19]このためアジアと日本の関係性への問題意識を持つようになった彼女は、諸々の政治システムとイデオロギーがせめぎ合う一九五〇年代のアジアを前に、キリスト教のアイデンティティの「生死をかけた」問いに直面した。「全人類にとっての人格の自由と社会正義の実現」を志向するはずのキリスト教は、当時もっとも徹底した解放のヴィジョンを提示するものとされた共産主義と真剣に向き合い、政治的手段を含む社会改革に参与できるのか。武田の議論に従えば、キリスト教には、少なくとも原理的には、自身を含む何者にも体現し得ない「神の正義」のみを根拠に「悪」を批判する契機が与えられている。[20]さらに、キリスト教はこうした社会運動自体が絶対化されることで帯び得る「悪魔的」な抑圧性への「精神的反抗」を持つことで、その運動を「不完全なものとしての謙遜さをもって次の段階へ進ましめる原動力」もまた備えている。[21]黄彰輝がその政治的コミットメントの原動力を、「毋願《ムゴアン》」という尊厳の喪失状態と、これを克服し得る唯一の根拠としての神学的原則——神はすべての人を「人格的存在」として造ったという信条——にのみ置いたように。この観点を踏まえる時、キリスト教が歴史的に持ってきた——あるいは持つべきであった——独自の役割を改めて捉え直すことが可能となるのではないか。

2　研究の対象——宣教師キャンベル・N・ムーディと台湾基督長老教会

本書では、これらの問題を考察するため、日本統治下台湾のイングランド長老教会 Presbyterian Church of England 宣教師キャンベル・N・ムーディ Campbell N. Moody（一八六五—一九四〇）、および同時期の台湾基督長老教会信徒・聖職者に焦点を当て、これらの人物の経験と議論を、黄彰輝が提示する三つの理念——人格的尊厳、自治、および社会正義——に即して歴史的に考察する。宣教師および台湾人信徒を含むこれらクリスチャンたちのキリスト教論の変遷は、「キリスト教徒である」ことのアイデンティティが持つ意味を、「植民地支配下にある台湾」という歴史的コンテクストの前で常に問い、模索する過程であったと考えられるからである。

イングランド長老教会は、スコットランド自由教会、および在英長老派スコットランド人移民の教会組織を母体とする教会である。長老派とは、聖職者と信徒代表からなる自治的合議体によって教会を組織するキリスト教プロテスタントの一宗派である。従来、スコットランドには長老派の公定教会が存在したが、同国が一八世紀にイングランドに併合されたため、同教会は国家と英国国教会による介入の危機に直面した。スコットランド自由教会は、これに対抗した一部の信徒・聖職者が一八四三年に公定教会から分離・独立することで成立した教会である[22]。すなわち、イングランド長老教会は、大英帝国の政治的・宗教的中心としての「イングランド—英国国教会」に対する「スコットランド—非国教会派」という「二重の周縁性」を背景とする存在であった。

一八六五年、同教会は清末期台湾での宣教に着手し、一八七七年には台湾府（現台南）に台南宣教師会議 the Mission Council を設け、これを拠点に南部台湾の平埔族《へいほ》[23]および漢族への医療、教育、説教活動を展開した。同教会はまた、一八八五年には閩南系台湾語のローマ字表記である「白話字《はくわじ》」を用いた文書宣教を本格化した[24]。日本植民地期、同教会によって台湾に派遣された二六名の在台宣教師は、多くのイギリス系宣教師がそうであったように、基本的には政治的支配者から独立した自治的組織としてのミッションの構成員であったが[25]、植民地帝国イギリスに属する者として、日本や台湾に対する文化的優越意識を帯び得る存在でもあった。

これらの人物の中でも、本研究が特にムーディに着目するのは、以下に記す通り、彼が「植民地台湾」というコンテクストの前で自身の「キリスト教」観を再考するという、「文脈化」に相通ずる作業に意識的に取り組んだ点で着目に値すると考えるためである。

一八九五年、イングランド長老教会の台湾宣教に参入したムーディは、同年日本に「割譲」されて間もなかった台湾に行き着いた。一八六五年にグラスゴー郊外ボスウェルのスコットランド自由教会信徒の家庭に生まれた彼は、グラスゴー大学（一八八〇―八四年在学）、自由教会神学校グラスゴー・カレッジ（一八八四―八八年在学）を経て、一八九〇年からは同市の貧困地区であったガロウゲイトにて本国宣教の経験を積んだ[26]。来台後、シンガポール（一九〇一―一九〇二）、オーストラリア（一九〇九）、ニュージーランド（一九〇九―一四）といった大英帝国の支配圏での宣教・牧会活動にも一時的に関与したが、基本的には台湾の宣教師として活動し、その著作の大部分も台湾宣教に関連するものである（巻末資料3）。これらのことから、ムーディは思想的にはスコットランド自由教会信徒としての「二重の周縁性」を抱える人物であったと同時に、英国の影響力がもっとも少ない日本植民地支配下の地域で活動した宣教師であったと特徴づけられる。図1は、そのようなムーディの立ち位置を明らかにするため、日本植民地支配下台湾におけるイングランド長老教会宣教師に独自な位相を表現しようとしたものである。大英帝国の影響力を濃い網かけ、帝国日本の影響力の及ぶ地域を薄い網かけで示している。いま仮に大英帝国の内部における英国国教会宣教師を一方の極として想定するならば、ムーディは、同じイギリス人宣教師という立場でありながらも、大英帝国の影響圏外で活動するスコットランド人非国教会派宣教師として、複数の次元における周縁性を体現した存在であった。

たとえ客観的には周縁的な位置にあったとしても、あるいはそうだからこそ、心情において中心に同一化しようと

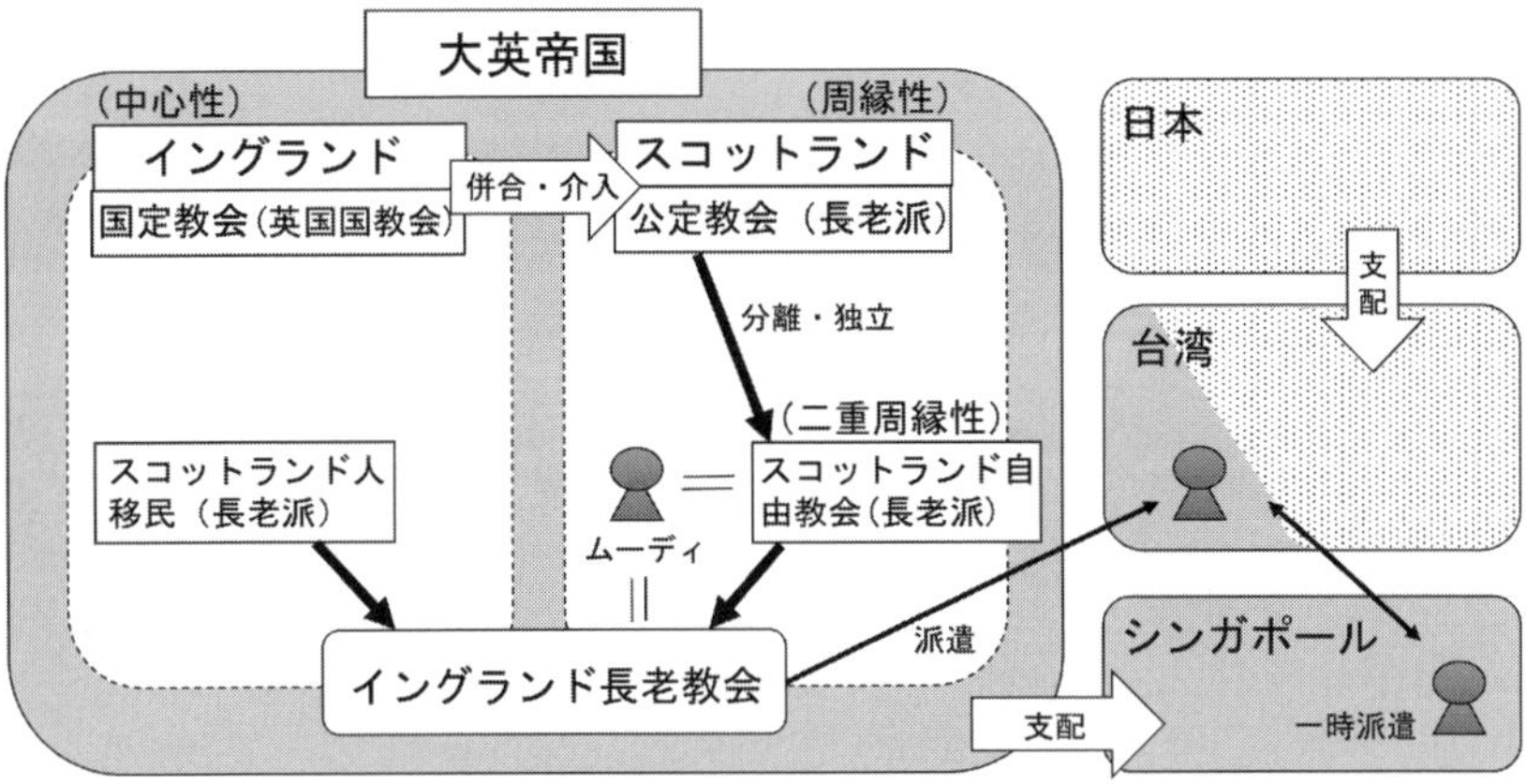

図１大英帝国の思想的コンテクストにおけるムーディ

する場合もあり得る。だが、ムーディは、自らの直面する現実に向かい合おうとしていた。例えば、彼は在台イングランド長老教会が全体として既存の医療・教育機関や教会の運営に活動の重点を移行しつつある中で、街頭で台湾人に呼びかけ、対人的な関係の中でキリスト教について語る説教活動や巡回宣教を活発に展開した。このため、宣教手法に関する考え方をめぐって彼は在台宣教師の間で孤立していたが、その取り組みは台湾人伝道師や「異教徒」との関係を相対的に深いものとした。彼はその著作の多くにおいて、これらの台湾の人々との相互関係や台湾社会への洞察を通して日本や英国の植民地支配に対する懐疑的姿勢を示すだけでなく、キリスト教宣教の意味を捉え返そうとした。このため、彼は植民地支配者や宣教師が統治や宣教の対象となる人々を否定的なイメージによって類型化する姿勢を批判的に捉え、[27]一九三〇年代には台湾人が直面してきた異民族間の衝突や支配関係の「苦しみ sufferings」に対する宗教的問題意識を強めることで、反植民地主義ナショナリズムへの共感的姿勢を示すようになった。[28]

ただし、ヨーロッパ世界に育ったムーディには、宣教する者と、潜在的な、あるいは実際の改宗者である台湾の人々との間に序列関係を想定する面もあった。その場合に想定されていた序列とは、例えばキリスト教の本質の理解への達成度の差異である。このため、宣教初期の彼は当時の欧米系ミッションの主流であった宣教論の枠内において、宣教師による現地人信徒への指導の必要性を主張していた[29]。そのようなムーディの宣教論も一九二〇年代末までに変容を見ることとなる。その一因は、中国を含む各地での反帝国主義・反キリスト教ナショナリズム運動などの、キリスト教海外宣教を取り巻く外的環境の変化であった。各地の宣教師らは、それぞれのやり方でこの事態に応答しようとした。その一端は、一九二八年にエルサレムにて開催された世界宣教師会議の記録からも窺われる。宣教師だけではなく、多くの「若い教会」からの参加者が集った同会議では、人種問題や他宗教との関わり方を含む宣教の現状が問われ、各地の現地人信徒による教会自治の要求や、植民地帝国の政治的・経済的支配への批判が展開された。ただし、同会議ではこれら諸問題について「キリスト教精神」による「解決」が抽象的に呼びかけられるに止まり、その具体的構想は目的とされなかった[30]。植民地支配下の現実という歴史への問いがキリスト教への問いを深め、キリスト教への問いが歴史への問いに深化をもたらすような関係は乏しかった。

こうした状況において、一九二〇年代から三〇年代には、台湾でも台湾人キリスト者教会自治運動が展開された。その中で、ムーディは欧米教会の宣教姿勢が現に「キリスト教精神」を深刻に欠いていることを認識し、一九二〇年代末には、宣教師による現地人信徒への指導を前提としてきた自らの考え方を改めた[31]。また、彼は同時代の欧米キリスト教会についても、それらが貧富の格差を含む社会矛盾を自明視していることを批判し、この問題は「個人individual」に語りかける存在としてのイエスとの人格的関係性の中で考えられなければならないと論じるようになった[32]。

さらに、一九二〇年代以来、欧米の神学・宗教哲学界では、従来の神学における人間理性や歴史の進歩への楽観的信頼を批判し、神の啓示としてのイエスを中核に据える信仰と行動を改めて主張したカール・バルト Karl Barth（一八八六―一九六八）やエーミール・ブルンナー Emil Brunner（一八八九―一九六六）らいわゆる「危機神学」一派がキリスト論への再考作業を促すようになった。そのような中で、ムーディもまた一九三〇年代には、個々のキリスト者は「もっとも人格的personalなる形」の「恩典grace」を与える者としてのイエスとの関係性において、[33]従来の欧米人宣教師の「尊大」で「自己中心的」な態度への反省を深める必要性を説くようになっていった。[34]

以上のようなムーディの宣教論の変遷に対して、同時期に展開された台湾人キリスト者の教会自治運動はいかなる意味を持ったのか。

イングランド長老教会ミッションの流れを汲む南部台湾の長老教会は、一八九六年に宣教師と台湾人信徒代表からなる合議体としての中会が設立されることで組織化された。一方、台湾では一八五九年にはカトリック教会が、一八七二年にはカナダ長老教会Presbyterian Church in Canadaが宣教活動を開始し、後者の流れを汲む北部台湾の長老教会は、一九〇四年に独自の中会を設置している。台湾基督長老教会は、これら南北台湾の長老教会が合同して一九一二年に成立した教会である。[35]当初、南部教会の信徒の多くは平埔族であったが、日本の領台による社会不安や、一八九六年以後のムーディ、デイヴィッド・ランズボロウDavid Landsborough（一八七二―一九五七）、林学恭《リムハッキョン》（林赤馬《リムチャーベェ》、一八五七―一九四三）らによる中部台湾での医療、説教活動を背景に、漢族信徒が増加した。[36]同教会最初の現地人牧師である潘明珠《ポアビンツゥ》（一八六四―九九）と劉俊臣《ラウツンシン》（一八六六―一九二八）は一八九八年に叙任されている。[37]

こうして南北台湾の長老教会は世紀転換期前後までに教会合議体と現地人聖職者を備えるようになったが、教会運営に関わる重要事項の決定権に対しては、日本統治期のほとんどを通して宣教師が大きな影響力を保持した。このため、一九〇〇年代には台湾人信徒や聖職者の間で教会自治が呼びかけられるようになる。[38]これらの動向は、一九二〇年代から三〇年代にかけての台湾人神学生および聖職者の相互交流組織の設置、青年運動や教会改革運動、およびこれらと連動する形で高まった神学議論を通して最盛期を迎える。これらの動向に参与した台湾人信徒は、台南神学校『校友会雑誌』[39]（一九二八年刊）や『福音と教会』[40]（一九三八年刊）などの独自の教会刊行物を通して宣教論や神学議論を発表したり、当時の欧米や日本における最新の神学動向であった危機神学を台湾に紹介し、論じたりすることで、台湾人自身による自治的な台湾宣教を構想した。

本書でとりあげるムーディの宣教事業と、台湾基督長老教会の動向は、いうまでもなく一体ではなかった。しかしながら、ムーディを含むイングランド長老教会宣教師と台湾人キリスト者との間には、(1)台湾人聖職者を養成する「大学 Theological College」(一八七七年創立)、大学への進学者を養成する「中学 Middle School」(一八八五年創立)、女性キリスト者を養成する「女学 Girl's School」(一八八七年創立)を含む、ミッション設立の教育機関、および(2)白話字教会刊行物である『教会報』系列の雑誌(一八八五年刊)といった接点が存在していた。[41]これらは宣教師と台湾人改宗者、特に聖職者がその神学的思考や教会の現状に対する考えを共有し、対話する場として機能していた。ムーディは、一九二二年には「大学」の後身である台南神学校の校長を一時的に務め、聖書や天文学のクラスを受け持ったほか、[42]『教会報』にも活発に白話字投稿文を寄せていた。この点で、台湾基督長老教会を担う人びととの対話の場に参与する機会を多く持ったと言える。

また、このような実際的な次元における接点に加え、ムーディと台湾人信徒との間には、次の二つの意味における密接な相互関係があったという仮説的な展望を示しておきたい。

第一に、台湾人信徒による教会自治運動が、一九二〇年代末以後のムーディの現状認識や宣教論を転換させた主要な契機の一つであったと考えられること。宣教の対象となる人々をネガティブな類型的イメージによって捉える姿勢を批判的に内省したムーディにとって、台湾人信徒による教会自治運動は、キリスト教宣教のアイデンティティに関わる根本問題を提起する声として響いたのではないだろうか。なぜなら、民族的・宗教的他者の否定的類型化は、人格的存在としての個々人を見ず、統治の対象たるカテゴリーとしてしか見ない支配者側の論理として立ち現れるものであったからである。キリスト教宣教はそのような考え方を持つべきかという問いを、ムーディは台湾人信徒の教会自治運動によってぶつけられたと捉えることができるのではないだろうか。ムーディの議論と実践の根底には、キリスト教の本質的メッセージとは何かという問いと、それを植民地台湾の文脈に根付く形で思考・実践しようとする模索、という二つの絡まり合うテーマが、通奏低音のように常に流れていた。また、この二つのテーマは一九世紀スコットランド社会に育った彼が背負うキリスト教観や啓蒙主義的世界観といった歴史的限定性と、ときに連動し、ときに衝突しつつ展開された。

第二に、ムーディの宣教事業が台湾人信徒・聖職者によるキリスト教というテクストの捉え直しの契機の一つであったと考えられること。ムーディは英文著書のみならず、閩南系台湾語による説教をまとめた白話字文書を通して、キリスト論と信仰義認の教えをキリスト教の中核として繰り返し強調していた。彼の言葉や宣教姿勢は、林学恭、廖《リャウ》得《ティ》（一八八九—一九七五）、郭朝成《コェティアウシン》（一八八三—一九四三）などの、彼と直接出会っていた台湾人信徒らによって回想されている。さらに、一九二〇年代から三〇年代にかけては、一部の台湾人信徒の間で、ムーディが重視したキリスト論や信仰義認を中核に据える神学議論が展開され、その中には林茂生《リムボーシン》（一八八七—一九四七）のように、イエスと信徒との間の人格的関係性に焦点を当て、これに立脚するキリスト教社会倫理の意義を捉えようとしたものも存在する。林茂生は少年時代よりたびたびムーディに会っていただけではなく、留学経験や日本語・英語・ドイツ語などの多言語能力を駆使して、最新の神学動向を追い、台湾におけるキリスト教信仰の歴史的・社会的意味を、自らの言葉で体系的に考察・発信し、一九三〇年代の台湾人キリスト教青年にも影響を与えたと考えられる。

これらの二つの次元はもとより相互に絡み合っており、全体として宣教師ムーディと台湾人信徒・聖職者の相互作用の内に、文脈化するキリスト教の軌跡を見出すことができるというのが本研究を導く仮説である。

この点をもう少し詳細に説明すると、以下のようになる。

宣教師の態度や、植民地的状況に対する批判的・内省的思索を、宣教文書を通して意識的に展開したムーディは、当時の在台イングランド長老教会宣教師の中では、比較的ユニークであったと言える。その一方で、黄彰輝の言葉を借りれば、ムーディはこのことによって、植民地台湾のコンテクスト——青年時代の黄彰輝を含む台湾基督長老教会信徒が共有し、生き、「格闘」したコンテクスト——を、間接的に浮かび上がらせもする。さらに、ムーディと台湾のキリスト者との間には、次のような関係があったと言えるのではないだろうか。当初台湾宣教における現地人クリスチャンのリーダーシップを認めようとしなかった宣教師の姿勢が、台湾人キリスト教徒らの教会自治運動のコンテクストを形成した。その反面、彼らの自治への志向と取り組みが、今度は一九二〇年代末のムーディの宣教論の転換を促すコンテクストの一部となった。ムーディを含む宣教師と台湾人キリスト教徒とは、互いが互いのコンテクストであるような関係の中で、日本統治下台湾におけるキリスト教の軌跡を描き出す者たちであった、と。

この重なり合い、共有されるコンテクストそのものの独自性が演じた役割は大きいと考える。なぜなら、このコンテクスト――台湾人の「呣願《ムゴアン》」という人格的尊厳の喪失状態との直面――こそが、日本植民地支配下を生きた台湾人信徒、および宣教師ムーディの「二重の格闘」を、黄彰輝が提示した三つのテーマ――人格的尊厳、自治、社会正義――をめぐる議論へと大きく方向づけるものであったと思われるからである。個々の人格への抑圧という、キリスト教の神学的原則とは相容れない状況に対する抵抗は、「呣願《ムゴアン》」という歴史的経験を深く内在化する「台湾人」という集団の自治への主張として表現された。それはある集団の運命に関わる呼びかけであり、その意味において社会正義の要求に他ならなかった。このことは、本書の冒頭で引用した黄彰輝の次の言葉からも明らかとなる。すなわち、彼が青少年期に経験した諸々の「呣願《ムゴアン》」は、確かに「過去に属するものであり、一人の台湾人に関わるもの」である。と同時に、それらは「台湾を自らの『故郷』とする二千万近くもの人々」の運命に関わる、きわめて集団的・社会的な問題でもあるのだ、という言葉である。

植民地台湾というコンテクストは、台湾の人々が個人としても、集団としても、自らの未来を決める自治権を喪失した状態を意味していた。そこにおいて、個の人格が生かされることを目指すことは、必然的に、自分の未来を自分で決める自治の要求という社会的な理念となり、メッセージとなったと考えられる。またそれは、宣教師ムーディにとってはキリスト教宣教の姿勢と意味を根本から厳しく問う、民族的・宗教的他者の「苦しみ」の問題として映ったと仮説的に考えられる。本研究では、宣教師キャンベル・N・ムーディと台湾基督長老教会という対象に即して、以上に見てきたような歴史への問いとキリスト教への問い、およびそれらが重なり合う地点を追求する。

3　研究の視角——独善的自己義認と否定的類型化を克服する筋道

本研究における歴史への問いは、帝国主義的な植民地支配という歴史的コンテクストにおいて、キリスト教への問いがいかに展開されたのかという問いに重なるところがある。このコンテクストに関わる問題について重要な視点を提示してきたのが、エドワード・W・サイードである。文化と帝国主義に関わるサイードの議論は、本論にとってもっとも広義の先行研究であると同時に、研究の視角に関わる手掛かりを与えるものでもある。

「古典十九世紀の帝国文化の語彙は、『劣等』もしくは『下位人種』、『従属民族』、『依存』、『拡張』、『権威』といったことばや概念であふれかえっている」と指摘するサイードは、帝国主義やその一つの帰結である植民地主義は、政治社会および経済的活動だけによってではなく、帝国の「支配そのものと結託《アフィリエイト》した知の形式」——「物語」あるいは「文化」——によってこそ推進されたものであると捉えた。[43] 彼はまた次のように述べる。ある社会に「知られ思考されてきたもののうち最良のもの、それの保管庫である」とされる「文化」は、しばしば「国民とか国家」と結びつけられ、「『われわれ』と『彼ら』を区別する」。それは「アイデンティティの源泉であり、また、そうであるがゆえにかなり戦闘的な源泉である」。それはつねに「なんらかの外国人恐怖《ゼノフォビア》」を伴う。[44]

実際、一八世紀末から一九世紀にかけて自然科学や合理主義の台頭、急速な産業化や海外領土の拡大を成し遂げ、啓蒙思想とキリスト教福音主義に基づく道徳改革運動の高まりを迎えた一部の西洋世界は、これら諸活動を人間理性の勝利、輝かしい進歩の所作と見なす一方で、それらの諸価値を未だ体現していない、あるいは志向しない異文化や異民族を、「後進的」な「劣った」存在と捉えた。理性や道徳的向上心、勤勉な自助努力による自己確立や国家の富強を達成した文明国と、迷信、不道徳や怠惰をまとい、自己確立できない「依存」的で「野蛮」な「劣等世界」[45]が類型的に想定され、前者は後者の進歩を助け導く使命を負うのだとする「物語」が語り出されていったのだと言える。

当時、折しも最盛期を迎えていたキリスト教海外宣教運動は、サイードが指摘するような問題と逃れがたく絡まり合っていた。帝国主義と海外宣教の関係を分析するブライアン・スタンレーは次のように述べている。一九世紀プロテスタント宣教運動は「福音主義的熱心、素朴な聖書主義と、進歩、自由、文明、教育と人類の結束といった啓蒙主義的モチーフの奇妙な混合」であった。同運動に参与した人びとは「神の前でのすべての人間の平等」を前提としていたが、「『文明化された人びと』と『野蛮な人びと』との分断」を認めてもいた。ただ、この「分断」は、福音の受容により「基本的に、そして実際的に克服できるものと考えた」のである。同時に、これらの人びとは福音のインパクトを讃えるために「一度も会ったことがない『異教徒たち』を品性に欠ける、不快な〔方法で〕戯画化しがち」であった。すべての人がより善くなることができるという「進歩の理念」は啓蒙主義も有していたが、その考えには人間の状況を体系的に分類する一面もあり、これが後の人種主義へとつながる契機を含んでいた。[46]

このように、ミッションは一方では徹底した平等主義を志向したにもかかわらず、「支配そのものと結託《アフィリエイト》した知の形式」としての「物語」が描き出す、文明的でもなく宗教道徳的にも不十分な非ヨーロッパ人たる「彼ら」をカテゴリー化し、序列化する問題から自由ではなかった。それは同運動につきものであった「高尚」な「霊的」・「精神的」要素を色濃く持つキリスト教と、「低俗」な他宗教との対置という問題だけに見られたのではない。宣教事業の内実に立ち入ってみるならば、宣教師と改宗者の間の文化的序列関係、教会運営に対する決定権の相違、俸給の格差といった問題群が、このような背景の下で生み出され、正当化されていったと言える。帝国主義体制下でのキリスト教海外宣教は、このように民族的・宗教的他者を否定的なイメージによって類型化することで確保される独善的自己義認をしばしば伴いがちであった。征服主義的な海外領土の拡張や、宣教師—改宗者間の序列関係は、帝国の「物語」に伴われるこのような自他認識の一つの帰結であったと言える。

その上で、サイードは植民地帝国に排除され支配された人びとはただ単に追い詰められていたのではないと述べる。彼はこれらの人々が新たな「われわれ」として立ち上がり、自分たちの物語を語り出してきたこと、また、そのような物語がしばしば「ネイティヴィズム」的な性格を備えてきたという問題点を指摘する。[47] 彼によれば、ネイティヴイズムの物語は帝国の物語に対抗し、民族の解放と独立を叫ぶ中で語られてきた。しかし、それは依然として「われわれ」と「彼ら」を序列化して自民族の独立を「ドグマ」化し、「独裁体制や排他的なイデオロギー」に陥ることで、かえって「解放の理念を裏切って」しまう。そこに展開されるのは複数の「われわれ」たちの群雄割拠と、その相互敵対関係を根拠とするそれぞれの独善的自己義認の正当化の悪循環である。

このサイードの指摘も非常に重要であるものの、本書の対象に即して言えば、サイードが提示する帝国の物語、およびネイティヴィズムの物語の中間点に存在する、もうひとつの物語に着目する必要があると考える。それは、自助努力によって「劣等世界」から脱し、西洋人らと渡り合う新たなる文明国として自らを描き出す、いわば「立身出世」の物語である。この物語は、従来虐げられてきた人々が自らのアイデンティティと歴史の存在を肯定し、主張することを可能とするが、帝国の物語そのものを問い返すことをしない。この物語で立ち上がる新たな「われわれ」が向かい合うのは、あくまでも従来の「主流集団[48]」であり、そこにはこの両者の激しい生存競争に取り残されるまた別の「劣等世界」の存在が想定され続けるからである。このような自他認識は、キリスト教宣教の文脈においては、改宗を通して民族や国家の富強を確保することを志向した一部の現地人信徒の間に見出されることになるだろう。

さらに、「立身出世」の物語は、ヨーロッパ世界の「文明化」作用をいち早く受容し、自らをアジア諸地域の近代化、開発、および道徳的指導の担い手として思い描いた帝国日本を虜にした物語でもある。こうした自己認識は、ヨーロッパ世界から日本、そしてアジアへと向かう一方向的・一元的な影響関係をしか認識しない歴史像だけでなく、密接に連関し合う二つの思想的傾向――「西洋的近代」を理想化して捉える姿勢、およびこれに対する反作用として「土着化」の重要性を説く姿勢――を生み出した。

日本において、西洋諸国の国家体制や教育制度と共に到来したキリスト教は、しばしば「文明の宗教」として肯定的に受け止められる一方で、天皇崇拝に軸足を置く立場からこれを排斥する見解も影響力を持った。戦後においては、あからさまな排斥は後景に退いたものの、赤江達也の指摘するように、近代的国家形成に対する「欧米的＝正統的キリスト教」の役割を重視する大塚久雄（一九〇七―九六）らと、土着化した「日本的キリスト教」による国家形成を構想した南原繁（一八八九―一九七四）や矢内原忠雄（一八九三―一九六一）らの議論が並立した。(49)

森本あんりが論じるように、「ある文化に『外来』の宗教がどのようにして受容されていったか」を論じる土着化論には、「土着化される以前の『純粋なキリスト教』」が「まず当該文化の外に無限定なしかたで存在していた、という想定」が伴われる。(50) そうした想定は、「文化は常に変動の中にあり、明快な外部境界をもつ閉鎖的な統一体ではなく、その内部は均質でも整合的でもない」という事実を見落としてしまう。このため、こうした考えに基づいて模索された土着化の試みとしての「日本的神学」は、「戦時下に国家神道との融合を図った大政翼賛的なキリスト教神学」をも生み出した。(51)

このように、「西洋的近代」をこそ重視した大塚と「日本的」なる近代性を模索した南原・矢内原の間にはズレがあったが、これらはいずれも西洋から日本、そしてアジアへという一方向的で単線的な思想の影響関係を想定し、「主流集団」のあり方そのものを問わずに、欧米、および日本による植民地主義をめぐる問題を看過する点で一致していた。今日求められている作業は、森本の問題提起を継承しながら、「内部は均質でも整合的でもない」ものとしてキリスト教の姿を捉えることであろう。大英帝国において周縁性を負ったイングランド長老教会宣教師と、日本植民地支配下の台湾人信徒が相互的な対話的関係の中で紡いだキリスト教は、まさにそのような非均質性を象徴するものとなるであろう。

4　先行研究の検討

それでは、ムーディや台湾人キリスト者は具体的にどのような契機の中で彼らなりの宣教論を形成し、主張する者とされていったのか。それは、植民地帝国時代の台湾社会やイギリス系ミッション、およびこれらを包み込む帝国主義的状況のどのような現実と問題を浮かび上がらせるのか。以下では、これらの問いに関わる先行研究を次の三つの角度から検討したい。すなわち、（1）帝国主義とキリスト教宣教、（2）キャンベル・N・ムーディ、および（3）台湾キリスト教史、である。

（1）帝国主義とキリスト教宣教に関わる先行研究

帝国主義とキリスト教宣教に関わる研究は膨大だが、そのなかでも宣教師と、宣教される現地社会の人びととの相互作用を具体的に分析したものとして、ジーンおよびジョン・コマロフの研究が着目される。

コマロフ夫妻は、南アフリカにおけるイギリス人宣教師とツワナ族との出会いに焦点を当て、それぞれの政治社会的背景、および両者の文化的接触という二つの要素が互いを方向づけ、意味づけする中で、両者の自他認識が形成、変容または強化された過程を詳細に検討している。例えば、同研究はアフリカの「暗黒大陸の異教徒的『他者』」のイメージが、本国イギリスの「暗く悪魔的な」「労働者階級」という他者イメージの想定を可能とし、これらの人々を「救済する」「敬虔な」イギリス人宣教師の自己イメージを支えたことを指摘する[52]。

また、コマロフ夫妻はツワナの人々がヨーロッパ文化への懐疑的姿勢を保ち、これらに自らの意味づけを読み込むことで、「ミッションの権力」やその「侵略的な規範」を中和していたことを捉えている[53]。同研究によれば、ツワナの人々はイギリス人宣教師を一面では「権力を象徴し、物品の入手手段を与え、敵からの保護を提供する者」[54]として解釈すると同時に、その行為に対しても独自の受け止め方を示した。例えば、時計を持ち込むことで「抽象的、客観的尺度としての」時間の概念を紹介しようとした宣教師の意図に反して、ツワナ族の人々はそれを「すべての人間活動における人為的で、盲目的な次元〔に属するもの〕」であると観察した。また、一部のツワナ族は、この時計の技術の紹介という行為に、当時の宣教師自身が無自覚のうちに帯びていた文化的な破壊性、および「一つの差別的構造への〔ツワナとヨーロッパの〕統合」という目的が伴われていることをいち早く予見し、聖書のレトリックを逆手にとりつつ、これを「ゴリアテ」――イスラエルを脅かした強大な力を持つ戦士――になぞらえて対抗していた[55]。ジーンおよびジョン・コマロフの研究は、宗主国と植民地双方のジェンダー、人種、階級、神学思想、および社会精神的傾向に関わる複数の社会的・文化的他者の相互関係と自他認識の連動性を考察する一九九〇年代以降の歴史研究の高まりに貢献したものと評価できる[56]。

これらの問題群とその相互連動性を、一人の宣教師に着目しながら検討したものとして、デボラ・ゲイツケルによる一九五〇年代から六〇年代南アフリカおよびウガンダの英国国教会宣教師ハナ・スタントン Hannah Stanton（一九一三―九三）の研究が挙げられる[57]。ゲイツケルは、スタントンの著作において相互に密接に関わり合う次の三つの側面を捉えた。すなわち、①ミッションの「偽善」性に対する反感、およびこれと裏腹のものとしての「周囲の人々の生活の圧力と負担」に共感する「キリスト者」としての生き方への志向、②アフリカで出会った女性たちとの相互関係、および彼女らに関する温かみがあり、個別具体的で、敬意に溢れる描写、③反アパルトヘイトとアフリカ独立への共感といった政治社会的言動である。ゲイツケルはこれら三要素を分析した上で、スタントンは「おそらく、彼女が属した時代と場所における英国国教会女性宣教師の『典型』ではなかったと言える」と位置づける。ただし、彼女はこのユニークな事例こそが、アパルトヘイトや宣教師の「プライドと優越意識[58]」に含まれる同時代アフリカで広く見られた古典的帝国主義の残滓や、これと対抗する脱植民地運動という歴史的文脈を浮かび上がらせることを指摘した。「ハナ・スタントンは、帝国の終焉と、これによってイギリス人キリスト教徒が迫られた立場の変容 repositioning という、まだ広く受け入れられたわけではなかったかもしれないが、珍しくはなかった〔状況との〕出会いと、その受容を体現しているのである[59]」。さらにゲイツケルは、女性であるスタントンがアフリカ人女性たちと同様に、教会や組織の決定権から周縁化されていたことに着目し、これらの人物が、このジェンダー的立場の共有によって、人種、帝国、ナショナリズムといった諸々の分断を越境する「人格的個のポリティクス politics of the personal」を備えてゆく契機を与えられたと指摘する[60]。

ゲイツケルが一人の女性宣教師の経験と活動を通して示したように、個への着目は、帝国主義的状況を生きる人々自身が、そのような社会の何をどう問題として認識し、これにいかに応答したのかをもっとも具体的な形で捉える視角となり得る。もとより、本書で扱うムーディおよび台湾人キリスト者は、「帝国の終焉」を迎えつつあったスタントンとは異なり、台湾人の自由や独立がまさに「物語」としてしか存在し得ないような時と場に生きた者たちだという事実は看過できない。[61] 本研究は、このような歴史舞台において生み出された変容や行動の契機を探ることで、積極的な政治的コミットメントを辞さない文脈化神学へと通じる「文脈」が、なぜほかならぬ「毋願《ムゴアン》」のただ中でこそ着想されたのかを見出すことを目指す。

（2）キャンベル・N・ムーディに関わる先行研究と資料

本研究の対象であるムーディは、台湾基督長老教会では質素な服装と食事、熱心な街頭説教といったイメージと共に記憶され、「英国の乞食《ママ》、台湾のパウロ」としてしばしば言及されている。[62] その伝記としては、「ペギー・C・ムーディ」として知られる妻のマーガレット・C・アーサー Margaret C. Arthur（一八九一―一九五九）が彼の死後にまとめた『宣教師学者キャンベル・ムーディ *Campbell Moody: Missionary and Scholar*』（二〇〇五）が挙げられる。同書は、書簡、伝聞、著書などを資料として彼の生涯を通時的に再構成したアーサーの未出版原稿を、台湾基督長老教会歴史委員会が文字起こしし、同教会に関する史料を翻刻・再録する「聚珍堂史料」シリーズの一冊として刊行したものである。[63] また、潘稀祺（打必里・大宇）はムーディが関わった各地教会の歴史や、彼と共同宣教を実施した台湾人聖職者に関する記事、イングランド長老教会の刊行物『メッセンジャー *The Messenger*』[64] や、台湾基督長老教会の白話字刊行物『教会報』誌上のムーディの投稿文、および写真資料を収録する伝記『台湾街頭説教の父――キャンベル・ムーディ博士伝（臺灣街頭佈道之父――梅監務博士傳）』（二〇〇八）を出版した。[65] 白話字を使いこなしていたムーディは、一三本前後の宣教文書を出版しており、これらのうち聖書解釈、宣教論、教会史、および教理問答などの作品を再録したものに、前記聚珍堂史料シリーズの『キャンベル・ムーディ作品集（梅監務作品集）』（二〇〇六）がある。[66]

ムーディに関連する個々の資料やトピックを分析するものとしては、阮宗興による一連の論考が挙げられる。例えば、阮は台南宣教師会議の議事録を分析し、宣教師会議とムーディ、および本国海外宣教委員会 Foreign Missions Committee との間に教会財政をめぐる緊張関係が走っていたこと、特にムーディとその先輩格の在台宣教師ウィリアム・キャンベル William Campbell（一八四一―一九二一）との間には、「瑜亮情結《ゆりょうじょうけつ》（周瑜―諸葛亮コンプレックス）」とも言えるライバル関係が存在していた可能性を指摘している。[67] 本書では、このような阮の指摘を踏まえると共に、在台宣教師の財政運営に対するムーディの問題認識とジレンマこそが、彼のキリスト論と宣教論、および宣教実践を結び合わせる要であったことを捉え、考察を深めたいと考えている。

以上はいずれもムーディのライフヒストリーを追う上で踏まえるべき基本資料と先行研究であるが、このほかにも台湾キリスト教史を論じながら、そこにおけるムーディという宣教師の独自な位置に着目した研究もある。

そのような研究の一つとしてはまず、駒込武「『文明』の秩序とミッション――イングランド長老教会と一九世紀のブリテン・中国・日本」（一九九七）が挙げられる。同論文にて駒込は、「文明化の使命」という物語に支えられた近代植民地主義の世界的拡大が、「非西洋諸地域の人々の中にも『文明』と『野蛮』という二分法的な価値観を浸透させ」、「資本主義世界システムの『中心』となる地域と、『周縁』化された地域という関係をさまざまな次元で形成」していったことを指摘する。しかも、駒込はこのような非対称的関係が西洋世界と非西洋世界との間に一元的に作り出されたのではなく、イギリス社会内部や東アジア諸地域の間に「幾重にも折り重なった入れ子構造として」現れていったことを捉えている。[68] このため、帝国の「中心」たるイングランドへのスコットランド人移民の教会を母体としていたイングランド長老教会は、「周縁」的アイデンティティを持ち、それだけに「文明の秩序」を強力に志向した。同様に、自らを「周縁」に位置する者と認識した近代日本の政治的リーダーらは、西洋文明への「改宗」を経て台湾や朝鮮を自らの「周縁」として組み込み、「東アジア世界に近代帝国主義体制を成立させる」こととなった。

駒込は当時の状況を以上のように再構成した上で、三人の在台イングランド長老教会宣教師――トマス・バークレー Thomas Barclay（一八四九―一九三五）、ウィリアム・キャンベル、およびキャンベル・N・ムーディ――による、日本の台湾支配に対する関わり方を分析している。台湾抗日武装蜂起に対する日本軍の残虐な弾圧を批判した一方で、日本の台湾領有による「文明化」作用への期待を示したバークレー。「文明の秩序」への信頼感から積極的に政治に関わり、台湾総督府を擁護したキャンベル。そして、ムーディは「キリスト教の何をその本質的なメッセージとして受け取り、他の文明的な諸価値との関連をどのように考えるか」をつきつめる中で、「文明的とされる諸価値への懐疑」が可能となったケースであると捉えられた。他方で、駒込はまた文明的諸価値に対するムーディの批判的視座は「キリスト教自体から派生したものというよりは、台湾の人々との具体的な出逢いにおいて初めて可能になったもの」であり、「もともと台湾の人々のもの」であったそのような批判の声を、「不十分」ながら「メガホン」のように伝えたに過ぎないと論じる。(69)

この指摘は重要であるが、宣教師による文明的諸価値の相対化の契機は、それが宣教地の人々との「具体的な出逢い」と、「キリスト教自体」のいずれによるのかという観点では十分に捉えきれないだろうと筆者は考える。ムーディの場合、彼の文明的価値への懐疑は確かに台湾の人々との具体的関係性に促されたものに違いないが、その一方で、そのような出会いをキリスト論的、宣教論的問題として受け止め、あるべきキリスト教像を改めて捉える契機としていった、彼自身の宗教思想志向が果たした役割も看過できないと考えるからである。

さらに、世界を淡々と分類・分析することも、序列化し分断することもあり得た啓蒙主義を深く内在化していたムーディが、この観点からキリスト教の歴史、および台湾の人々を捉える傾向を併せ持っていたことを忘れてはならない。このことは、一九二〇年代末までの彼が、文明的価値の体現者を自認する帝国主義者や宣教師を批判したと同時に、台湾の人々はヨーロッパ世界の人々ほどにキリスト教の本質的メッセージを理解できていないという序列的「差異」を見出し、宣教師による現地人信徒の指導を主張したことに鑑みれば、明らかとなる（第一章第二節4を参照）。

これらの観点を踏まえることは、ムーディが具体的にどのようにして台湾の人々の「メガホン」であり得たのか、またそれがどのような意味で「不十分」であったのかをより明確化することにもつながると考える。

以上のことから、ムーディの議論と実践は、キリスト教の本質に関する宗教的な問い、啓蒙主義の影響、および台湾人との相互関係という三要素による相互への意味づけや修正の中で展開されたものとして捉えられる必要がある。このことに関しては、幼少から青年期のムーディがスコットランド社会で培ってきた啓蒙主義的・学術的態度や信仰復興運動の影響を、彼の台湾での宣教経験と同程度に重視する鄭仰恩の一連の研究が示唆的である。

鄭仰恩はムーディの英文および白話字著作を包括的に検討し、それらを①台湾での宣教経験への洞察と反省、②台湾での宣教経験への反省を拡張して行った初代教会研究[70]、③宣教理論および信仰の重要教義、④キリスト教信仰の本質と内容、という四タイプに分類している[71]。特にタイプ②の著作に焦点を当てる「キャンベル・ムーディの初代キリスト教研究（梅監務的初代基督教研究）」（二〇〇六）では、鄭はムーディが同時代台湾の漢族信徒および初代教会におけるキリスト教理解を比較検討し、福音に初めて触れる人々にとって、それがいかに新奇で理解しがたいのかを捉え、宣教課題を見極めようとした過程を分析している。その上で、鄭はムーディの福音主義には「常に福音を新たに理解しなおし、福音の真義を発見しなおそうとする」「改革派精神と改革の原動力」が伴うと位置づけた[72]。また、前記の分類のうち、タイプ①の著作を分析する「キャンベル・ムーディ台湾宣教研究試論（試論梅監務的台灣宣教研究）」（二〇〇七）にて、鄭は台湾に関するムーディの記述には、「時に西洋人の優越感あるいは思考方式が反映されていることがある」が、それらはほぼすべて当時の学説上の観点であり、必ずしも彼個人の人格的特質を表すものではないと論じている。同時に、鄭は台湾人のキリスト教受容に対するムーディの「詳細な観察・探求」、および神学的観点を次のように評価している。「彼〔ムーディ〕は〔台湾〕本土に同一化していると同時に本土を越えている。一方では彼は台湾の状況に深く入り込み、宣教への実践や参与に始まるそのあらゆる思考と内省は、すべて台湾本土に根付いている[73]」。

さらに、鄭は「キャンベル・ムーディの描写における台湾社会および漢族宗教文化（梅監務筆下的臺灣社會及漢人宗教文化）」（二〇一四）にて、ムーディのタイプ①の著作における台湾社会への観察の特徴と問題点を改めて考察した。同論文は、ムーディの記述に見られる「外来者の偏見」または「西洋人の優越感」の問題に再び着目し、これらの背景として、彼の著作の多くが英語圏の読者を対象としていたこと、一九二四年の離台後の彼がスコットランドを主な活動拠点としたことなどを指摘している。[74]また、鄭はムーディの「宗教伝統と成長過程」には、次の三つの要素が深い影響を及ぼしたと指摘する。「一つは幼少からの家庭教育の中で受け継いだ『キリスト教社会主義』の信念、一つは神学教育課程の中で受け止めたスコットランド啓蒙哲学の洗礼、最後の一つは、在学期間中に親しい友人たちと共に経験した信仰復興運動である」。その上で、鄭はこの三つのうち前二者がムーディの「思考に広い視野と自由さを備えさせた」反面で、残りの一つ――「信仰復興運動」の経験――は「彼に『西洋キリスト教中心』的思考方式と本位主義を反映させせしめざるを得なかった。これは当然彼の『外来者の観点』を深めることとなっただろう」と論じている。[75]

鄭の指摘するように、同時代台湾の教会と初代教会を重ね合わせるムーディの研究態度は、非キリスト教世界の人々によるキリスト教受容を一つの異文化交流と見なす客観的姿勢の表れであったと言える。しかし、彼がこの洞察を根拠に、台湾人クリスチャンの宣教資質を宣教師のそれに劣るものと位置づけたことに鑑みれば、スコットランド啓蒙哲学がムーディの「思考に広い視野と自由さを備えさせた」という位置づけには、さらなる検討が必要である。したがって、本研究ではキリスト教思想、および一つの「物語」としての啓蒙主義的世界観の両義性を前提とした上で、それぞれがムーディのライフヒストリーの各局面でいかに連動または衝突し、また彼と台湾の人々との間の具体的な出会いとの関係の中で、どのような役割を果たしたのかを詳細に捉えることを目指す。

（3）台湾キリスト教史に関わる先行研究と資料

台湾基督長老教会に関しては、一八六五年のイングランド長老教会来台以来の同教会の歴史を包括的に捉える『台湾基督長老教会百年史』[76]（一九六五）、清末期から日本統治期を扱う『台湾基督長老教会歴史年譜』[77]（一九九五）といった通史的資料、台湾キリスト教史に関する白話字・中文・和文・英文資料や研究成果を包括的に整理、提供するオンライン・アーカイブ『賴永祥長老資料庫』[78]、および宣教師が創刊した白話字教会刊行物を調査し、清末期南部台湾長老教会の教育事業を検討する張妙娟の研究[79]（二〇〇五）などが挙げられる。これらはいずれも台湾キリスト教史研究に欠かせない基本資料であるが、本論が特に注目する台湾基督長老教会の自治運動とキリスト教論に関わる先行研究としては、設立から一九四五年までの南部台湾長老教会の自治運動史を再構築する呉學明の研究（二〇〇三）がある。[80]呉は中会議事録や『教会報』などの台湾人信徒の発言を多く含む資料を検討することで、南部台湾の長老教会メンバーが財政、および運営に関わる自治志向を表明し、組織化してゆく過程を捉えている。本研究はこのような呉の作業を踏まえた上で、彼が中心的に扱う教会自治に直接的に関連する言説や活動だけではなく、これらを生み出した問題意識と、台湾人信徒のキリスト教論、宣教論、および神学議論の思想的展開との相互関係を捉えることを目指す。

これに関連して着目すべき研究に、台湾人自治運動とキリスト教思想との関係を捉える王昭文の研究（二〇〇九）が挙げられる。王は台湾基督長老教会の自治運動と同時期に展開された抗日社会運動への林茂生や蔡培火《ツォアポエホエ》（一八八九―一九八三）などの台湾人キリスト教知識人の関与状況を捉え、これら個々の人物が自らの信仰を「近代性」に連なる一つの「文化資源」として駆使することで、教会内外における政治的、教育的、文化的方面の台湾人自治運動をいかに形成、連携させていったのかを明らかにした。[81]本論はこのような王の研究成果を重視すると同時に、抗日社会運動に直接的には関わらない場における台湾人キリスト者の取り組みにも重点を置く。[82]明確な政治的言語や運動によってではなく、一見すれば高度に抽象的な神学議論を展開していたこれらの人物は、まさにそのキリスト教論を通して植民地的状況を批判し、解放の物語を模索していたと考えられるからである。[83]

5　本書の構成

本書では、一八九五年から一九四〇年までの宣教師ムーディの宣教事業、および台湾基督長老教会信徒・聖職者の自治的キリスト教論を、次の三つの次元に沿って、時期ごとに捉えてゆく。すなわち、①宣教論および教会形成論（一八九五―一九二七）、②宣教の主体に関する再考（一九一五―三四）、および③自らの信条の意味を再考する神学議論（一九三一―四〇）の三つである。

まず、第一章・第二章では、一八九五年から一九二七年までの時期におけるムーディと台湾人キリスト者が、キリスト教というテクストと、日本植民地支配下台湾というコンテクストとの出会いをいかに受け止め、それぞれの宣教論や教会形成論をどのように展開したのかを捉える。

第一章ではムーディの宣教初期、すなわち一八九五年の台湾宣教参入からオーストラリア・ニュージーランドでの一時牧会時期（一九〇九―一四）を扱う。ここでは、この時期の彼が、①異教徒をネガティブな類型的イメージによって捉える宣教姿勢をいかに内省し、宣教そのものの意味を捉え直そうとしたのか、②その一方で、海外宣教の存在意義を確保するために、台湾人信徒の自治的宣教能力を限定的なものと見なす宣教論をいかに提示したのかを捉えることで、彼の宣教師としての自己形成の有り様を考察する。

第二章では日本による台湾植民地化がなされた一八九五年から、台湾人牧師・林学恭が牧師職を退いた一九二七年までの台湾人キリスト者のキリスト教理解、および教会形成論を分析する。その際、まずは①総督府との「協力」関係により社会的影響力を持った信徒である李春生《リツウンシン》（一八三八―一九二四）の道徳主義的自助思想を概観する。その上で、②ムーディの共同宣教者であった南部教会の牧師・林学恭による教会内外の他者への共感を重視する宣教実践、③独立した個々の信仰者を基盤とする教会自治を呼びかけたムーディの「学生」である廖得の教会形成論を考察する。

第三章・第四章では、一九一五年から一九三四年までのムーディ、および台湾人キリスト者が台湾の政治社会的コンテクストの変遷を受け、従来形成してきた宣教論や宣教主体に関する考えをいかに修正、あるいは発展させたのかを考察する。

第三章では、ムーディの宣教後期、すなわち一九一五年の台湾復帰、二四年の帰国から三一年のミッション退職までの時期を扱う。ここでは、台湾人信徒の教会自治運動を背景に、台湾人伝道師の給与問題に正式に関与するようになった彼が、宣教師―改宗者間の教会運営や財政に対する決定権と俸給の格差、イングランド長老教会による台湾の教会への人的・物的支援の縮小を含む諸問題をいかに受け止め、従来の宣教論をいかに修正するに至ったのかを考察する。

第四章では、宣教師設立による台南神学校の『校友会雑誌』が創刊された一九二八年から、同誌に深く関わった南部台湾長老教会の牧師・林燕臣《リムイェンシン》（一八五九―一九四四）が同校教員職を退いた一九三四年までの時期に着目する。ここでは、以下の三点に沿って、台湾人信徒がいかに「神の国」――倫理的なる社会の充実・建設のイメージ――を思い描いたのかを考察する。すなわち、①台湾人キリスト者による台湾社会全体に対する共感的関係性、および宣教使命を論じた林燕臣の議論を分析し、②台南神学校『校友会雑誌』の書誌情報と記事内容を検討することで、同誌が台南神学校関係者による、自治的台湾宣教の構想の場であったことを捉える。さらに、③林燕臣の長男であり、キリスト教知識人として知られる林茂生の「基督教文明史観」（一九三二―三三）を分析し、彼がキリスト論に立脚しつつ、個々人の「良心」の解放こそが社会倫理の基盤であると論じていたことを捉える。

また、第四章には補論を設け、一九三三年から三九年までの時期における台湾人キリスト者の自治的宣教事業、および神学議論を捉える。具体的には、長老教会聖職者、ミッションスクール教師やキリスト教知識人を含む広義の台湾人宣教従事者が創刊した『福音と教会』の書誌情報と記事内容を分析することで、同誌がいかに一九三〇年代半ばまでの青年運動を受け継いでいたのかを捉える。また、同誌が当時最新の神学動向であった危機神学を受容し、紹介する場として機能することで、台湾人キリスト者が聖書、とりわけイエスの宣教活動を記録する新約聖書をいかに受け止めるべきかを神学的に追求し、全体主義を問う議論の場ともなっていたことを指摘する。

第五章では、宣教師職を退き、スコットランドにて活動した一九三二年から一九四〇年までの晩年のムーディの議論を扱う。ここでは、イエスという大文字テクストに立脚する信仰と実践からの欧米教会の乖離に対するムーディの内省が、彼の台湾人反植民地主義ナショナリズムへの共感的姿勢や、キリスト者は他者の「苦しみ」にいかに直面すべきかを神学的に問う社会倫理的問題関心へとつながった過程を捉える。

以上からも明らかなように、本書の第一章・第三章・第五章、および第二章・第四章・第四章補論の間には、対象や方法論における大きな断層が存在していることは否めない。ムーディの宣教事業を追う第一章・第三章・第五章では、彼を中心とする個別具体的な相互関係や自他認識の変容の契機を追う一方で、おもに台湾基督長老教会信徒・聖職者による雑誌媒体への分析を行う第二章・第四章・第四章補論では、これらの人物におけるキリスト教論や教会自治をめぐる言説の展開を、一つの群像の姿として描くことが中心的な作業となる。しかしながら筆者は、前者の考察は、後者の作業を欠いては完成しないものであり、逆もまた然りであると考える。ムーディは確かに欧米世界の教会に属した者であった一方で、そのキリスト教論は、宣教師はキリスト者として台湾人といかに向き合うべきかという問いによって常に方向づけられていたと考えられるからである。また同時に、外来政権による政治的支配や宣教師による文化的優越意識に直面した台湾人キリスト者らは、まさにそのイギリス人宣教師から受容し、また日本への留学を通して学んだキリスト教思想によって、その「㖠願《ムゴアン》」を打ち破るヴィジョンを模索した者たちであったと考えられるからである。これら二つのまったく異なる営みを追うことは、ムーディと台湾人キリスト者とが互いを互いのコンテクストとした関係にあったことだけではなく、両者がその「出会い」を契機に、それぞれに複合的なアイデンティティを形成し、生きた姿を立体的に照らし出すことにつながるのではないだろうか。筆者は、そのためには、ムーディに焦点化する分析、および台湾人キリスト者らに焦点化する分析のどちらも欠くことができないと考える。

第一章　ムーディにおける宣教師としての自己形成と台湾人との出会い
――グラスゴーから彰化へ（一八九五―一九一四）

はじめに

本章では、一八九五から一九一四年までの時期をムーディの宣教初期として捉え、主として、この時期における彼の宣教事業を考察する。第一次世界大戦開戦の年である一九一四年は、以下に述べるようにキリスト教海外宣教史における一つの転機であっただけではなく、一八九五年の台湾宣教への参入以来、イングランド長老教会の一時辞職を含む様々な曲折を経たムーディが台湾宣教に復帰した時期にも重なり、彼の空間的・所属的移動の区切りでもあるからである。

以下、第一節では、ムーディが宣教師として台湾に派遣されるまでの経緯を、一九世紀スコットランドの社会、教会と神学のあり方に即して考察する。その上で、第二節以下では、台湾の彰化を主な拠点として展開された彼の宣教事業と、これをめぐる思索について論じる。まず第二節では、台湾宣教に参入したムーディが植民地支配に対して懐疑的姿勢を示すようになり、英文著書にて台湾人の個別具体的描写を展開するようになった過程を捉えると同時に、この時期の彼が形成した宣教論の特徴と限界性を指摘する。次に第三節では、この時期のムーディの白話字文書を検討することで、彼のキリスト教論、および台湾人に対する文書宣教の有り様を捉える。

以上の作業を通して、本章では宣教初期ムーディの宣教論、および宣教師としてのアイデンティティの形成過程を捉えると同時に、彼の日本植民地支配下台湾というコンテクスト、およびそこにおける台湾の人々との出会いが、これらにいかなる影響を与え、方向性を与えたのかを考察する。

第一節　宣教師としての自己形成の過程

1　一九世紀スコットランドにおける「啓蒙的福音運動」の展開

一八世紀から一九世紀にかけて、イギリス社会は「改革の時代」を迎えたと指摘されている。その背景には、アメリカ独立革命やフランス革命がもたらした「下からの革命的大変動への恐れ」[1]に対応すべく模索された、イギリス国内における政治・経済、道徳や教育、科学などの多方面における「改革」があった。[2]学術・思想の方面では理性や進歩といった啓蒙主義的な価値が台頭し、神学ではなく科学により生命の多様性を論じるダーウィンの『種の起源』(一八五九)の登場は、キリスト教の位置づけを大きく変化させた。同時に、信仰復興運動を迎えた当時のイギリス社会では、福音主義者 evangelicals と呼ばれる革新派が台頭し、非国教会系の各宗派をそれまでにない規模で組織化・動員することで、国内の道徳改革運動や海外宣教運動のみならず、奴隷貿易廃止運動を含む政治改革をも唱道した。それはまた、急速な産業化・都市化を迎えた各地で、教会および社会における主導的立場を獲得しつつあった新興中産階級が、ワーキング・クラスという社会的他者の「教化」や、海外植民地における「野蛮の克服」といった新たな使命を構想し始めるのと軌を一にしていた。[3]

このような変遷は同時期のスコットランド社会でも共有された。一方で、政治的革新や啓蒙主義への志向に加えて、カルヴァン主義的敬虔[4]をも併せ持っていた同国の福音主義者らは、前述のように、公定教会であるスコットランド長老教会の聖職者叙任に対するイングランド議会の介入に抵抗し、一八四三年には同教会から分離・独立してスコットランド自由教会を設立している。「大分裂 Disruption」と呼ばれる事件である。[5] 神はすでに救う者と救わない者とを定めているとする「二重予定説」に見られるような、救済における神の恩恵を徹底して重視するカルヴィニストとしてのアイデンティティや、聖職者と信徒代表（長老・執事）からなる自治的な段階的合議制に特徴づけられる長老派の信条は、これを脅かすような政治的動向とは相容れず、時に体制との衝突や緊張関係を生み出してきた。こうしたイギリス非国教会派福音主義者の政治的・宗教的姿勢は、本書の対象であるキャンベル・N・ムーディの背景を色濃く特徴づけている。

一八六五年、ムーディはメアリ・E・ネイスミス Mary Ewing Naismith（生没年未詳）とロバート・ムーディ Robert Moody（?―一八八九）の次男として生まれた。一七世紀スチュアート朝イングランドによるスコットランドへの政治的・宗教的介入に抵抗して弾圧された契約派 Covenanters の家系の出身者であるメアリは、子どもたちには強固な信仰をもって厳格に接する人物であったと言われる。グラスゴーの弁護士事務所書記であったロバートは、「大分裂」に率先して参与したスコットランド長老教会の長老でもあった。[6] このような背景の下、ムーディは幼少より四人の兄弟姉妹と共に、家庭での聖書講釈や『天路歴程』（一六七八）などのキリスト教文学の読み聞かせ、礼拝説教への理解を問う質問、長老派の信条を書き表す『ウェストミンスター小教理問答』の暗唱を含む熱心なキリスト教教育を受け、牧師となることを目指すようになった。[7] しかし、キリスト教およびその神学の意味と確実性が、啓蒙思想や、発達する科学・技術の前に問われていた当時において、それは必ずしも順調な道のりではなかった。グラスゴー大学時代（一八八〇―八四）のムーディは、牧師職を目指していた友人らと共に哲学者エドワード・ケアード Edward Caird（一八三五―一九〇八）の授業を受けてヘーゲル哲学に傾倒し、神学校への進学を一時躊躇することがあったという。[8]

もっとも、啓蒙主義と福音主義は必ずしも相容れないものではなかった。一九世紀スコットランドでは、この両者の結合とも言える「啓蒙的福音運動 enlightened evangelism」が起こり、大量の宣教出版物の刊行、ボランタリーな宣教・社会改革団体の組織、学校設置運動、海外宣教の熱心な推進が、進歩主義や人間理性の強調と同居する状況が現れた。[9] 神学界においても啓蒙主義への応答が試みられ、神学が社会科学の一部門として他の学問と対話する可能性を探り、社会的存在としての人間の進歩を志向する神学者が登場した。[10] これは一九世紀神学の一潮流を成した「自由主義神学」の高まりと連動する動向であった。自由主義神学では、聖書テクストやキリスト教史の批判的検討、キリスト教の道徳的理解、およびキリスト教を宗教史の観点から相対的に捉える作業を通し、信仰と理性との整合が模索された。[11] この動向は、スコットランド社会における次の二つの状況をもたらし、それらは、自由教会神学校グラスゴー・カレッジへの進学を決心したムーディにも重要な影響を与えている。

第一が、教会有力者による社会矛盾の自明視である。一九世紀スコットランドにおける福音主義的風潮の高まりは、イギリスの他地域における場合と同様、社会矛盾やその合理化と隣り合わせのものであった。当時、スコットランド都市部の教会では、経済的に成功し、教会設立のために熱心に貢献する新興中産階級が台頭した。その反面で、勢いよく進む教会設立のための献金としての座席料を支払えない貧しい信徒の席は撤去され、これらの人々は教会外部の「宣教対象」として扱われるようになった。個人主義的経済的成功が進歩主義や道徳性・敬虔さと結びつけられることにより、「『キリストの下に集う』者すべてに与えられる確実な救済を求めて努力することができず、それを獲得することもできないことは、怠惰、この世での不成功、そして多くの不道徳を生み出す」とされるようになった。[12] 経済的成功の追求が、勤勉な自助努力や倹約といった「道徳」と結びつけられ、「神の選び」の印とされる反面で、「怠惰」で「不道徳」な、「罪」をまとう貧困層というカテゴリーが創出される事態が生じたのである。[13] それは、個々人の「救いの確証」への希求という、「二重予定説」が生み出した傾向の一つの歪んだ姿であったとも言える。

第二が、聖書の批判的検討に基づいて教会の現状を問うリベラルな神学者の登場である。[14] 一八八〇年代、グラスゴー・カレッジの神学者であったT・M・リンゼイ T. M. Lindsay（一八四三―一九一四）やA・B・ブルース A. B. Bruce（一八三一―九九）は、あくまでもキリスト教の真理を追求し、宣教に貢献することを目的としながら、前記のような教会による貧富の格差への自明視を厳しく批判した。中でも、一八七五年から同校の教授を務めたブルースは、救済の計画のための役割だけが着目される抽象的存在としての従来のイエス像を翻し、イエスにおいてこそ顕れる「神の栄光」を強調したパイオニアとされる人物である。[15] 重要なことに、神―人関係を軸に新約聖書を読み解くことで提起されたブルースのキリスト論は、社会および教会に対する彼の関わり方と密接に連動していた。

ブルースは、他の五名の自由教会牧師らと共に「現在の主要な問題について、またキリスト教がそれらの問題に対して発すべきメッセージについて」[16]論じた『キリスト教と社会講義録』（一八八五）にて、「人格を有し、神に対して子どもとしての関係性を有する人間の尊厳」を根拠に、すべての人々の「幸福」を目指す「神の国」の正義を呼びかけた。彼はまた、キリスト教は「ソーシャルなもの」であると主張し、同時代の社会で人が「羊や牛や馬にも劣るかのように扱われ」、「死んでも、あふれかえっている労働市場から簡単に替えを補えると見なされる」事態だけではなく、このような著しい格差の中で、敬虔な姿勢と慈善の行為を自己欺瞞的に示す同時代教会内部の人々の「霊的プライドと見せかけと暴政」を辛辣に批判している。[17] 同じく同書に講義録を寄せているリンゼイもまた、新約聖書のテクスト分析を通し、次のように論じている。「我々は我々の国を誇りに思っている。その法律と自由を。我々は自らを偉大なキリスト教的国民と呼ぶ」。その一方で、使徒の時代とは大きく異なり、我々は聖書の中にある互いに矛盾する記述のうち、一部を選び、一方的に女性を圧迫し、その地位を貶めるような「非キリスト教的」な社会のあり方を、現在進行形で正当化し続けているではないか。[18]

神の子どもたる人間の人格的尊厳を重視し、あるいは現状における聖書解釈の恣意性を指摘することで教会のあり方を真っ向から批判したこれらグラスゴー・カレッジの神学者らは、時に教会内部の正統派から懐疑的な目を向けられ、その著作の記述などが「異端疑惑」をかけられることもあった。例えば、一八九〇年には、グラスゴーおよびエア大会の一五五人の牧師・長老らが、全国総会と密接な関係にあったカレッジ委員会に、ブルースの著書『神の国』[19]（一八八九）の問題を訴えかけるという事態が生じている。同校の歴史を振り返るスチュアート・メキーによれば、当時の総会はブルースの他、リンゼイやヘンリー・ドラモンド Henry Drummond（一八五一―九七）らをも「非正統」派に親和的な立場をとる者としてマークしていた。[20]

2　グラスゴーにおけるムーディ

ムーディの伝記を著したアーサーによれば、グラスゴー・カレッジ時代（一八八五―八八）の彼がもっとも深く影響を受けたのは、このブルース、リンゼイ、およびドラモンドの三人であった。ブルースの弁証学および新約聖書講釈や、リンゼイの教会史の指導を受けたムーディは、「正統的」だとされる教会のあり方や聖書解釈をも問い直すこれら神学者の社会倫理的問題提起に直接に触れる機会を得た。同時に、当時の信仰復興運動に呼応する学生国内宣教に参与した彼は、その指導伝道者であり、同校の植物学および地質学の教授でもあったドラモンドに深く親炙した。さらに、ムーディはこの時期、神学校の活動の一環として都市貧困地区での宣教活動を初めて体験している。[21]これらの経験は、神学校卒業後の彼が一八九〇年にセント・ジョンズ自由教会によるガロウゲイト宣教に参入するきっかけとなった。

当時貧困地区であったガロウゲイトは、グラスゴー東部カルトン地区に位置する。アーサーの記述からは、ムーディが同地区のヒル・ストリート（現メルボルン・ストリート周辺）に五年にわたり住み込んだこと、および彼が関わった信徒の多くが、グラスゴーの針金工場の労働者であったことなどが窺われる。[22]時期は異なるが、セント・ジョンズ自由教会の前身であるスコットランド公定教会セント・ジョンズ教会の教区も、ガロウゲイトを包み込んでいた。一八三七年のスコットランド宗教指導委員会の調査報告書によれば、同教区には公定教会のほか、いくつかの分離教会やスコットランド会衆派の集会も存在していた。これらの信徒の多くは貧困層や労働者階級に属しており、お手伝い、小売商人、機織り職人として働き、生活が不安定なため常に移動する傾向にあった。[23]教区居住者の民族的背景に着目すれば、例えばガロウゲイトの会衆派の集会には、「多くのアイルランド人移民、および少数のハイランダー」が集っていたと報告されている。[24]また、統計表には未記入ながらも「ユダヤ人」の項目が設けられていることから、何らかの理由で統計を完成できなかった一方で、同地区にはユダヤ人も居住していたことが推測される。[25]

こうした中で、同教区では一八二七世帯のうち八四一世帯の者が「相応な衣類を持たない」ため、あるいは「座席料を支払うことができない」ために礼拝に出席しておらず、約三〇〇世帯が「貧しく、無宗教」の状態に置かれた地区に暮らしていたと報告されている。[26]

こうした背景を有するヒル・ストリートにて、貧困層の人々と関わったムーディは、ブルースが批判したような教会による社会矛盾への自明視に対する問題意識を、自らの経験に即して内在化することとなったと考えられる。[27]

以上に概観したように、ムーディの教育経験期を包み込む一九世紀スコットランドでは、教会自治を含むカルヴィニズム的信条や、社会改革を志向する福音主義と進歩主義が、新興中産階級による個人主義的経済的成功の追求、深刻化する貧富の格差、およびそれらに対する一部の神学者の批判と重なり合い、葛藤していた。このような状況下で自らのキリスト教観を形成していったムーディは、熱心な福音宣教熱と啓蒙主義的発想、およびキリスト教社会倫理への関心を併せ持つ宗教思想的感性を培っていった。人格的存在としての人間の尊厳を根拠に社会正義を志向する倫理思想や、宣教地に根付き、そこにおける人々との個別具体的近接を試みる街頭説教や集会を重視する彼の宣教手法は、すでにこの時期に方向づけられたと言える。また、聖職者、および各教会で選出された長老・執事を中心に自治的に運営される教会のあり方を守るべく、政治的支配者による聖職者叙任への介入に対抗した自由教会の出身者としてのムーディは、少なくとも理念的には教会自治を重視する素地を備えていただろう。しかしながら、以下に見てゆくように、彼の教会自治に対する考え方が根本的に問われざるを得なくなったのは、教会組織においても政治的にも未だ自治が実現されていなかった台湾というコンテクストにおいてであった。

一八九二年、自ら総会に働きかけることでスコットランド最初の「国内宣教牧師」に叙任されたムーディは、国内宣教に生涯を捧げるつもりであったが、その福音主義的熱心さは、数年後の彼の進路を大きく変える決め手ともなった。一八九三年夏、ケズウィック・コンベンションと呼ばれる超教派的年次宣教会議（一八七五年創始）に参加した彼は、海外宣教への召命を強く感じるようになり、その二年後にはイングランド長老教会の宣教師として台湾に赴くこととなったのである。[28]

3　土着化論から宣教師主導論へ——世紀転換期のキリスト教宣教論

ムーディが台湾宣教に参入した一九世紀末は、海外キリスト教宣教史における一つの転換期であった。従来、海外宣教事業は基本的に、宣教地における独立した教会の設立を最終目的とするものとされていた。このことは、一九世紀半ばに、英国国教会伝道協会のヘンリー・ヴェン Henry Venn（一七九六―一八七三）、およびアメリカン・ボードのルーファス・アンダーソン Rufus Anderson（一七九六―一八八〇）らが大西洋を挟んで互いに類似した次のような宣教論を提示していたことからも窺われる。すなわち、宣教の目的とは「若い教会」の土着化、すなわち自治・自養・自伝という「三自 three-self」の達成に他ならないとする議論である。[29] しかしながら、このような宣教方針は人種主義的傾向が強まった一九世紀末以降に放棄され、「非ヨーロッパ世界のキリスト教徒はヨーロッパ人主体のミッションが指導すべきであるとの考え方が、教派の違いを問わず一般化していく」[30]。現地人信徒・聖職者らの自治的宣教能力は留保され、これらの人々は宣教師の指揮下に置かれるべきとする宣教論が主流となったのである。

もとより、「三自」は理念上では宣教運動の目標として重視され続けた。例えば一九〇七年四月から五月にかけて上海で開催された中国宣教一〇〇周年宣教師会議では、かねてから中国の教会による経済的自立、および自治的運営の実現は近いと主張してきた汕頭《スワトウ》のイングランド長老教会宣教師ジョン・ギブソン John Campbell Gibson（一八四九―一九一九）が、「海外〔教会およびミッション〕による監督からの独立は、漢族の教会が固有に有する権利である」と論じている[31]。しかしながら、ギブソンの信念は広くは共有されず[32]、会議では彼が著した決議案にある「漢族の教会の自由」という表現が問題となり、討論の後にこの「自由」には、「これらの教会が、それ〔自由〕を行使するにふさわしいキリスト教的性格を成熟させ、経験を充実させる限りにおいて」という限定が付け加えられた[33]。

こうして現地教会の自治に対する宣教師の姿勢が全体として消極的になっていった一方で、この時期には宣教を支えた福音主義的信条の内実もまた変化を見た。一八五七年のインド大反乱、西インド諸島における貧困や一八六五年の反植民地主義武装蜂起を含む政治社会的動向[34]、宣教師と現地文化および宗教との摩擦などの種々の困難は、諸ミッションの宣教方針を次の二つのタイプへと分岐させた。第一が、他宗教および文化とのむやみな衝突を避け、「社会的、教育的活動を通じて、間接的な伝道を行う」ものである。第二が、「キリスト教が救世と真正の絶対的かつ独自の鍵をもっているという確信」をいだく、正統派ミッションによる「直接的伝道」である[35]。特に主流派であった後者は、キリスト教への改宗を通した平和で豊かな世界を楽観的に描いて来た従来の進歩主義的終末論、商業と結びつく宣教資金確保や教育・医療宣教を排し、来たるべきキリストの再臨と千年王国の出現、その後に到来する最後の審判の日に備え、できる限り多くの改宗者を確保することを主張し、説教活動で「信仰のみ」を伝えることを志向した。それらの動向には、中国内陸宣教会 China Inland Mission（一八六五年創始）や前述のケズウィック・コンベンションが含まれる[36]。

こうした終末論的メシアニズムや、宣教地の信徒への監督を基調とする宣教論に支えられた海外宣教運動は、交通手段の発達、欧米キリスト教国の領土的拡大、および新世紀への期待と相まって、一九一〇年代までにピークを迎える[37]。このことは、キリスト教指導者による国際会議のはしりの一つであった、一九一〇年のエディンバラ世界宣教師会議にて発された「我々の多くが人生を終える前に、神の国が権威と共に来るのを見ることになるだろう[38]」という言葉が象徴的に示している。しかしながら、こうした欧米列強の帝国主義的膨張と密接に結びついた世界改宗と「救済」への期待は、世俗主義やナショナリズム、マルクス主義や他宗教が提示しつつあった他の諸価値、および第一次世界大戦という危機を前に修正されざるを得なくなる。[39]

第二節　宣教初期ムーディの英文著作と宣教事業

以上のような世紀転換期海外宣教の動向を踏まえた上で、一八九五から一九一四年までの時期のムーディの活動を、彼の英文著作に沿って見てゆくことにする。この時期のムーディは、台湾での初めての宣教活動やシンガポールへの一時異動（一九〇一—一九〇二）を経て、一九〇六から一九〇八年の帰国期間には、宣教経験を踏まえた最初の英文著書『異教徒の心 *The Heathen Heart*』（一九〇七）を出版した。[40]一九〇八年には、同書の校正作業を通して知り合った自由教会牧師の娘マーガレット・フィンドレー Margaret Rintoul Findlay（?—一九一五）と結婚し、夫妻で渡台した。しかしながら、フィンドレーの健康状態の悪化を受けてムーディは同年末にイングランド長老教会を辞職、一九〇九年はじめからオーストラリア（ウェントワース・フォールズおよびベーリンゲン）で短期間補佐説教者として働いた後、同年五月にはニュージーランド長老教会に勤め、一九一四年末の台湾復帰まで、南島セントラルオタゴ地区（パテアロア、ワイピアタ、ココンガ、およびプクトイ）での牧会活動に携わった。新たな言語学習に関する記録がないことから、英語話者への牧会を行っていたと思われる。[41]

この時期のムーディは閩南系台湾語を用いた宣教文書の作成にも力を入れた。彼は在台活動期の一九〇三から一九〇四年にかけて『教会報』に白話字カテキズム「教義談論 Tâm-lūn Tō-lí」を連載し、[42]一九〇八年には白話字聖書註解『ローマ書 *Lô-má-phoe*』を出版している。[43]さらに、イングランド長老教会の辞職直前からオーストラリア・ニュージーランド牧会時期を包み込む、一九〇八から一九一二年の間には、宣教論に関わる一連の記事を『教会報』に連載し、それらを加筆修正した『宣教論 *Pò-tō Lūn*』を一九一四年に刊行した。[44]

前記のように、一九〇八年末にムーディがイングランド長老教会を辞して台湾を去った理由は、彼の妻フィンドレーの体調悪化を受けてのことであったとされている。しかしながら、これに先立つ約二年間の台南宣教師会議録を見れば、ムーディの離台の背後には、別の理由があった可能性が浮かび上がる。一九〇六年二月、台南宣教師会議は「彰化エリアのある伝道師たちは会議が定めた額の給与を受け取っていないという事実」を取り上げ、同問題に関する釈明をムーディに要求した。しかし、その後ムーディが台南を訪れて同会議に参加した際の記録を確認すると、この問題に関する議論がたびたび延期されていたことが窺われる。また、議論がなされた場合でも、その具体的な記録は残されていない(45)。同時に、会議録からは、当時の議長であったキャンベルが、ムーディの白話字『ローマ書』註解のスペリングの問題を指摘し、刊行に反対するなどの些細なことへの批判をしていたことも窺われる(46)（一九〇六年六月七日）。この両者の摩擦は本国の海外宣教委員会をも巻き込んだ。一九〇七年七月三〇日、同会議は病気のためムーディの休暇を延長するとの海外宣教委員会の決定に対する「厳重抗議」を示し(47)、ムーディが同席した一九〇八年一一月二〇日の通常会議では、「同会議のメンバーの一人を選び出し、繰り返し特別扱いし続ける」海外宣教委員会の行為への非難が記録されている(48)。それまでの経緯に鑑みれば、ここで言われる「特別扱い」を受ける「メンバーの一人」とは、ムーディを示すものとわかる。

結局、この問題については妻フィンドレーの体調悪化を理由にムーディ夫妻が一九〇八年末にイングランド長老教会を辞職したことで、それ以上問われなくなった。このため、台南宣教師会議録を詳細に検討した阮宗興は、夫妻の辞職の本当の理由とは、右に見てきたような同会議の議長キャンベルとムーディとの間の「瑜亮情結（周瑜―諸葛亮コンプレックス）」とも言える摩擦関係であったのではないかと指摘している(49)。この指摘を裏付けるかのように、ムーディは「宣教師が互いに調和的に働くこと」の困難について、『異教徒の心』に次のように述べている(50)。

海外での働きは、多かれ少なかれ――少ない方が良いと思うのだが――、個々の宣教師に他人の働きへの干渉を余儀なくすると同時に、他人の事に口出ししてはならないことをも要求するものである。〔…〕〔読者は〕一、三人の灯台守をぽつねんとした岩の上に配置すると互いに喧嘩しがちだということを聞いたことがあるだろうか？これが宣教師の置かれている状況だ。〔…〕〔このことによる〕躓きは大きく、また広く見られるのであり、もっとも聖人らしい魂も〔この問題から〕自由ではない。

引用文からは、ムーディが宣教師同士の衝突をほぼ避けられないものと捉えていたことがわかる。「もっとも聖人らしい魂も」という表現を用いることで全面的な対立を避けようとはしているものの、ここには彼自身のキャンベルとの摩擦関係が想定されていたのではないかと考えられる。ムーディは植民地支配に対する考え方においても、キャンベルと相容れなかった。後述するように、欧米や日本を含む諸列強による帝国主義的拡大を『適者生存』をもたらす自由で高潔な競争」と位置づけていたキャンベルは、[51] 駒込が指摘するように、一貫して総督府に好意的であった。[52] これに対して、以下の本論で見るとおり、「異民族による統治を一時しのぎの必要悪以上のものとは考えることはできない」としたムーディは、当初から日本統治下台湾のみならず、英国支配下シンガポールにおける状況をも批判的に捉えていた。この時期のムーディは、現地人信徒による自治的宣教能力を認めない一九世紀末以後の主流宣教論を踏襲した反面で、個々人の人格的尊厳の重視に立脚する社会正義への志向の種子を併せ持っていたと言える。この両側面はいかにして並立し得たのか。この点を考察することは、ムーディがキャンベルと対立し、一時的にではあれ台湾を去らねばならなかった理由を考えることにもなるであろう。

以下、第二節では次の四つの観点からムーディの英文著作を検討する。すなわち、（1）台湾人への近接の試みとその手法、（2）台湾人との近接の帰結、（3）台湾人との個別具体的出会いとその描写、および、（4）宣教師のリーダーシップの主張、である。

1　台湾人への近接の試みとその手法

一八九五年一二月、ムーディは他のイングランド長老教会新任宣教師A・B・ニールソンA. B. Nielson（一八六三―一九三七）、および新任医療伝道師ランズボロウと共に台湾府に行き着いた。三者はそこで読書人（科挙により官の資格を得た知識人階級）・林燕臣《リムイエンシン》による閩南系台湾語の訓練を受けたが、このとき彼らに触発された林は、一八九八年に受洗し、南部長老教会の現地人リーダーとなった人物である。一八九六年一一月、ムーディとランズボロウは台湾中部での宣教事業に取りかかるべく、彰化の北門付近の借家に住まった[53]。両者は同地に常駐した最初の宣教師となり、ランズボロウはそこで医療宣教を、ムーディは街頭説教および巡回宣教を行う体制を整えていった。

他方で、前述のように、一九世紀末までに医療・教育機関を設置し、南部台湾長老教会を組織化した在台イングランド長老教会は、これらの既存の機関や教会の運営に活動の力点を移行しつつあった。同ミッションは一八六五年の台湾宣教開始当初から診療所を設置し、一八七七年に拠点と定めた台湾府に人員を集中させ、同年には「大学」の設立・運営を実現した。さらに、一八八五年には「中学」を、一八八七年には「女学」をそれぞれに設立し、教育宣教を本格化している[54]。このような状況下で直接的伝道の手法をとったムーディは、当時の在台イングランド長老教会宣教師の間では特異な存在であった。他の宣教師の多くがムーディの宣教手法を有効な手段とは見なしていなかったことは、彼が一八九八年にガロウゲイト宣教期の同僚に宛てた書簡にて、「台湾府の宣教師たちはpò-tō（街頭説教）を軽い嘲笑であしらっている」と述べていることから窺われる。ただし、同書簡にて彼が付け加えているように、ウィリアム・キャンベルのみは例外的に直接的伝道を重視し、ムーディの取り組みに対して「誰よりも多くの励まし」を与えたという[55]。

こうしたミッション組織内での相対的な孤立を背景としつつも、ムーディは彰化を起点とする街頭説教・巡回宣教を活発に展開した。彼は台湾人伝道師と共に、彰化教会（一八八七）、埔里《ポリ》教会（一八八五）、烏牛欄《オグラン》（愛蘭）教会

（一八七一）、大社《トアシア》教会（一八七一）などの中部台湾の既存の宣教拠点を巡回し、各地点や、これらを結び合わせる線上、およびその周辺の村落での滞在と街頭説教を繰り返した。この取り組みにより、ムーディと台湾人信徒らは、例えば彰化附近では鹿港《ロッカン》教会（一八九七）、渓湖《ケーオー》教会（一八九八）、および員林《オアムリム》教会（一八九九）を、彰化と大社の間では牛罵《グマ》頭《タウ》（清水）教会（一八九七）や東大墩《タントアトゥン》（柳原）教会（一八九八）を新設し、宣教初期だけでも計一七の拠点を設けている（巻末資料7―①）。

巡回宣教に出る際、ムーディは台湾人信徒と共に聖書や宣教パンフレットの束のほか、「ミルクの缶を一つとジャムの缶を一つ、スプーン二つ、予備の（綿の）服を一着、『ブリティッシュ・ウィークリー』、『レビュー・オブ・レビューズ』、漢語〔閩南系台湾語〕の聖書と讃美歌」などの生活用品や読み物、および宣教道具を携行した(56)。また、彼はボロ服をまとい、人力車に乗ることを避け、三等車に乗るなどの質素な生活スタイルをとっていたと指摘されることが多い。ムーディの友人でもあり、彰化エリアで彼との共同宣教に携わった台湾人聖職者・林学恭《リムハッキョン》は、彼について以下のように述べている(57)。

彼〔ムーディ〕は裕福な人ではない。自身は質素に暮らし、それだけでなく着るものもぼろぼろである。彼の母親が彼のために洋服を贈ったが、彼はそれを彼女に送り返した。そのような良い服を着れば、人々が彼に近寄りがたくなるからと言って。彼の食事もまた質素だった。あるとき、料理人が彼にサワラを一切れ買ってきたが、牧師〔ムーディ〕は贅沢を避けるため、その魚を売り戻させた。このように彼は質素に暮らし、受けた給与も上帝《ションテ》 Siōng-tè の前で用い、教会に寄付した。

「上帝《ションテ》」とは、閩南系台湾語における「God」の訳語である。引用文で触れられる教会への寄付については、ムーディとの共同宣教に携わった台湾人聖職者・郭朝成《コェティアウシン》もまた回想している。郭によれば、ムーディは普段から衣食や交通手段を倹約し、そうして貯めたお金を彰化教会の礼拝堂建設のために四五〇〇円、柳原教会のためには一〇〇〇円強、南投教会のためには一三〇〇円、その他の教会にも数百円を寄付したという。[58] またムーディが現に台湾人およびイギリス人宣教者の間の生活水準の格差に対する問題意識を持ち、これによって「人々に近寄りがた」いと思われることを回避しようとしたことは、アーサーも指摘している。彼女によれば、宣教初期の彼は私信にて、「〔台湾人〕神学生が一ヶ月で使う予算〔食費〕は我々〔宣教師〕が四日、長くて五日で使っている分に相当する」ことに触れた上で、「イエス・キリストを代理するために来たのに、金持ちのように暮らし、輿に乗せられてあちこち移動する。こういうことに重圧感と当惑を感じるが、それでも宣教師はそれ以外のやり方ができるのかよくわからない」と述べている。[59]

　質素な身なりは、現地住民の警戒心をやわらげるための宣教戦略としての意味をもっていたと考えられる。しかし、それだけでもなかったことがわかる。彼は、イエスはいかなる目的をもって人々と関わったのか、それはどのような関係性であったのかというキリスト論的な問題を軸に、改宗者との関わり方を内省し、生活のあり方の面でこれらの人々により近接する必要性を感じていた。そのため、前述のキャンベルが「ムーディ牧師の身なり、食事はまるで英国の乞食《ママ》のようだ」と話したという逸話が残されている。[60] なお、現存する宣教初期ムーディの書簡のカーボンコピー（一八九七―九九）には、一八九七年一〇月二〇日から一二月七日までの彼の買い物記録の表が含まれている（巻末資料8―①―[3]）。表によれば、この四九日間のムーディの支出は二三円であり、購入した物品には鶏卵、魚、米、ミルクなどの食材や、石けん、炭、マッチなどの生活用品が含まれていた。これを分析した阮宗興は、ムーディが山羊肉や牛肉に比して安価であった魚を意識的に購入していたこと、当時高価なものであった白米（一・一七六円分を購入）に、貧困層の主食であったサツマイモの千切り（〇・五四五円分を購入）を大量に加えていた可能性などを指摘している。また、阮はこれがおそらく当時同居していたムーディとランズボロウ二人分の出費であることに鑑みれば、両者の生活は確かに質素であったと指摘できると論じている。[61] 第三章で詳述するように、このような問題意識と取り組みは、一九二〇年代末のムーディの宣教論の修正作業へとつながってゆく。

こういったムーディの宣教手法、およびそれを支えたキリスト論的信条は、彼自身が教育経験やガロウゲイト宣教を通して身につけてきた宗教的感性や宣教戦略と密接に関わっていただけではなく、直接的伝道により「信仰のみ」を伝えることを志向する同時代の宣教運動とも親和的であった。前述のように、ケズウィック・コンベンションへの参加を機に海外宣教への参入を決心したムーディは、同集会と同じく信仰宣教を主張していた中国内陸宣教会への強い関心を示していた。彼は一八九八年の私信にて、中国内陸宣教会宣教師らは、現地の習慣に従う生活と服装を取り入れるなど「人々との近接」を試み、「不断の福音伝道の努力」にはげむ点で、「他の宣教師たちよりも説教に秀でている」との考えを示している。(62) 実際、ムーディは物理的・文化的に台湾の人々と近接することを意識的に試み、台湾の習慣を部分的に取り入れていった。

例えば、ムーディは、街頭説教ではよく一人か二人の台湾人伝道師と同行し、まずは彼らに説教をしてもらうようにしていた。このことについては、林学恭が次のように回想している。(63)

私〔林学恭〕と彼〔ムーディ〕とで〔宣教活動に〕出かけるときは、二人で説教することはほとんどない。彼が村で人々に話しかけ、私が別の村で銅鑼《どら》を叩いて聴衆を集める。人が集まったら私が彼らに説教する。彼は私が話すのを見ている。時間を無駄にせず、次の村に行って話す。昼になると簡単に菓子と茶を食べ、午後には昼寝をせずに働き続ける。

ムーディはまた、林学恭に倣い、太鼓や銅鑼やラッパなどの楽器を用いて聴衆を集める方法を取り入れた。(64) さらに、聴衆を集める際、ムーディはこれらの楽器を鳴らしながら「神の子どもたちはどこに行ってしまった！」とかけ声をかけたが、これは台湾の街や村で迷子を探すときによく使われる方法であった。(65)

以上から、ムーディの宣教手法は、彼のキリスト論的信条にしたがって選択されたものであったと同時に、台湾人との近接を試みる戦略的手段でもあったことが確認される。それでは、こういったムーディの思想や意図は、実際に台湾人の「異教徒」や伝道師と出会い、台湾社会に直面する中で、どのように展開したのか。

２　台湾人との近接の帰結――植民地の「苦しみ」との出会い

（１）植民地主義への懐疑

宣教初期ムーディの書簡のカーボンコピー、および『異教徒の心』を含む英文著作からは、日本に「割譲」されて間もない混乱した台湾社会の姿が窺われる。ムーディの来台前後には抗日ゲリラと日本軍が衝突する台湾征服戦争が展開されていたが、彼は戦場を目の当たりにした台湾人からその惨劇を間接的に聞いていた。中でも、後にムーディと親しくなった林学恭の経験の影響は大きかったと思われる。

林――名を「赤馬《チャーベェ》」、字を「学恭」という――は一八五七年、嘉義県打猫《ダーニャウ》（現民雄郷）の科挙エリートの家庭の三男として生まれた。一八八三年、二六歳でキリスト教に出会い、これに傾倒したために家族による激しい暴力を受けたが、その後、岩前教会附設の小学教師を務め、そこで一八八六年に受洗した。一八八八年、三〇歳のときに「大学」への入学を許可され、一八九一年に同校を卒業して伝道師となった。一八九五年五月末以来、澎湖に派遣されていた彼は、九八年三月に澎湖を訪れたムーディと初めて出会っている。[66] その後、ムーディとランズボロウの要請を受けて彰化に異動し、彰化とその周辺の教会、および基督教医院での説教活動を担った。彼は一九〇三年に牧師に叙任され、一九二七年に七〇歳で引退するまで宣教・牧会活動に従事した。[67] ムーディはよく林と共同宣教を行い、英文著作では彼について「Mr Brown-Horse Wood」として繰り返し言及している。[68]「Brown-Horse」とは、彼の名の「赤馬」の直訳であろう。

一八九五年夏、この人物は澎湖駐留日本軍の台湾上陸作戦に案内役として動員された。同年一〇月の『教会報』には、この時の経験を書き記した林自身の文章が掲載されている。(69) 林によれば、一八九五年八月二〇日、彼は澎湖駐留日本軍の武官より台南進軍に案内役として同行することを求められ、幾度にもわたって辞退したにもかかわらず、この任務を引き受けねばならなくなった。「私は行きたくありませんと何度も辞退しましたが、彼〔日本の武官〕は私に一緒に来るように、来なければ許さないと迫りました。その後、私はやむを得ず彼らに同行しました」。

八月二二日朝、日本軍は五四艘の艦隊を組んで澎湖を発ち、そのうち一八艘が布袋嘴《ポーテーツィ》（現嘉義県布袋鎮付近）に向かった。これに同行した林は、日本軍が布袋嘴を攻撃、占領した後、鹹水港《キャムツィカン》（現嘉義県鹽水）に向かったときの様子を次のように述べている。「ジィテクウイ村〔鹹水港近郊〕に至ると、民衆たちが銅鑼を鳴らし、叫び声をあげながら〔向かってきて〕、何百人もの人々がそこで戦いました。私もその最中に囲まれて、本当に恐ろしかった。そこで何時間も戦い、日本兵が二人、相手側が何人も死にました。鹹水港でも応戦し、さらに多くの民衆が死にました」。一行はそこで三、四日駐留した後、朴仔脚《ポアカァ》（現嘉義県朴仔市付近）には戦闘することなく進軍した。ただし、「ジィテクウイや沿岸の家の多くが焼かれてしまいました」。二八日、鐵線橋《ティーソァキョ》（現台南市新営区周辺）に至り、そこで何度も〔人々を〕殺し、いくつもの家を焼き払いました」。ここで「応戦し」、「殺し」、「焼き払いました」という言葉に見られるように、林は同記事の所々にて、日本軍の立場からの表現をあえて行っている。これらの言葉は、抑制されたものでありながらも、現に抵抗者に「応戦し」、人々を「殺し」、その家を「焼き払」う側の一員となるという、望まぬ立場に置かれた林の経験を痛々しく伝えている。林は次のように続ける。(70)

九月二日、麻豆《モアタウ》村付近の田野で、村の外から何度も大砲を打ち込むと、村の中からも多くの火矢が放たれてきました。二日の夕方、何千人もの日本兵たちが曾文溪《ツァンブンケー》付近で暗くなるまで殺し、河岸で野営しました。三日の早朝になると、何千人もの〔劉永福の〕兵たちが次々と戦いに来て、一時間ほど大混乱でした。聞くところによると、日本兵の死者は四人、負傷者が一四人であり、劉永福の兵は死者が十数人、捕らえられた人が四人、そのうち三人は殺されました〔…〕。日本の武官と私を含む何人かが早朝に河を渡ろうとすると、隠れていたゲリラたちが狙撃してきて、荷物運びの人を撃ち殺し、私はもう少しで撃たれそうになりました。曾文溪の付近でいくつもの村を焼き払いました。

曾文溪を渡った後には戦闘はなく、一行は台湾府にたどり着いた。

林の後輩であり、彼と共同宣教も行った王占魁《オンチャムコェ》（工倚《オンオァ》、一八八七―一九六九）もまた、当時の林の経験を後に『教会報』に書き著し、[71]林が軍から離れたときの経緯も詳しく描写している。北部から陸路を南下してきた占領軍と、林を動員し澎湖から上陸した日本軍は台湾府にて合流した。このとき、林を連れてきた武官は彼に引き続き軍に仕えるように要求したが、林が断り続けるのを見て諦め、彼に澎湖に戻るまでの旅費と「第何陸軍の顧問」と描かれた証書を渡した。林は澎湖に戻るためにその旅費を用いたが、「あの証書は焼き捨てた。役に立たない紙切れだと考えたからである」と王は述べる。[72]実際、その証書は林の生命を危険に陥れかねないものであった。彼が日本軍の案内役を務めたことから、キリスト者は日本軍の協力者であるとの風説が広まり、同年一〇月一四日には麻豆にて一五名の台湾人クリスチャン、およびこれらの人物の四名の友人らが、村民に殺害される事件が起きている。[73]

王はまた、この出来事以外にも、宣教師トマス・バークレーから澎湖占領日本軍への書簡を託された林が、台湾民主国（一八九五年五月成立）兵士による荷物検査を受け、幸いその書簡を見つけられることはなかったが、危うく生命の危機に瀕するところであったと指摘している。その時期の特定は困難であるが、この頃台南宣教師会議が日本軍との連絡を取った記録は残されている。例えば、一八九五年一〇月三〇日の通常会議の記録によれば、宣教師会議は日本軍に同ミッションに所属する教会の「会堂の位置を示すリスト」を送付することを決定している。[74]

当時の林は、これら一連の出来事と経験を振り返り、次のように締めくくっている。「私は道々、人々の様子を見てきました。それは凄惨を極めるものでした。家を焼き払われて暮らすことができず、食べることもできず、着ることもできず、皆屋根のないところのあちこちに隠れて眠っています。どうかあの苦しんでいる人々のために祈ってください。あの悲惨な目に遭っている人々を救う道を上帝が開いてくれますように」[75]。

宣教初期のムーディは、前記の林の経験に言及しなかった一方で[76]、一八九五年から一九〇〇年代初頭にかけての台湾における惨状を、書簡や著作で伝えている。一八九八年一一月、ムーディは本国への書簡にて、日本軍は「罪のある者とそうでない者との区別をしようとせず」、「問題を自分たち自身で呼び込んでいる」、このような無差別な殺戮が、「罪のない」民衆を復讐に燃える抵抗者たちへと変えてゆく原因を作ってしまっているのだと述べている[77]。同様の議論を彼は『異教徒の心』でも主張している。「日本軍は見境なく村々を焼き払い、無実の人々を罪を犯した人々と取り違え、事態を悪化させた。苦々しい思いが煽られ、罪のない農民たちは住む家のない絶望した反乱者たちrebelsとなった」[78]。これらの言葉は、日本軍の行為が実際に武力を用いた抵抗を行ってはいなかった「罪のない」者たちまでを「絶望した反乱者」へと変えていった事実を描写するものである。

ムーディの指摘する通り、当時、日本軍が「良民」と「土匪《どひ》」との区別を困難と感じていたことは、例えば『後藤新平文書』の「台湾北部土匪投誠顛末」における次の一文からも窺われる。「土匪」は各地の「山間ニ耕夫トナリ良民ヲ装フ。之ヲ討伐逮捕セントスルモ其良匪ヲ判別スル能ハサルノミナラズ、偶々誤テ良民ヲ害スルノ虞アリ」[79]。「良匪ヲ判別スル能ハサル」という認識は共通している。ただし、ムーディが強調している点は、日本軍による無差別的な殺戮と破壊そのものが、「良匪ヲ判別スル能ハサル」状態を作り出したことである。また、日本側の認識では「土匪」とは「官民ノ生命財産ヲ傷害掠奪」する存在であった一方、ムーディにおいては「住む家のない絶望した反乱者たち」という側面が強調されている。

台湾征服戦争における日本軍の行為の残虐さは、もとより台湾の内部で日本語で発表されたメディアではなく、台湾の外部で英語で発表されたものであるからこそ、率直に批判的に描かれ得たものだった。日本軍による残虐行為を外部世界に知らせるべきという認識、およびこのレベルの批判はムーディに限られたものではなく、台湾のイギリス人宣教師に共有されたものであったと言える。

例えば、一八九六年六月の雲林地方における住民虐殺事件に関する英字新聞の記事（*The China Mail*, 同年七月一八日）が挙げられる。一八九六年七月一四日、台湾府にて匿名の宣教師——当時台湾府にはトマス・バークレー、ダンカン・ファーガソン Duncan Ferguson（一八六〇—一九二三）、ジョージ・イード George Ede（一八五四—一九〇四）、A・B・ニールソンの四名の宣教師およびピーター・アンダーソン Peter Anderson 医師が駐在していた[80]——によって書かれたこの投書は、次のような文章によって書き出されている。「南部台湾の各地で行われる日本人による悪事の知らせはやるせないものばかりである。住民たちに対して、日本人は実に皆殺しの方法をもって臨んでいる。それが下関条約の核心であったのであろうかとしばしば思うほどである[81]」。これに続けて、同史料の著者は、日本軍による破壊行為が人々を復讐に燃える「土匪 robbers」にならざるを得ない状況に追い込んでいるということを繰り返し説明してゆく。各段落は次のような反語的な問いによって締めくくられている。「このような扱いを受け、苦しんだ者が『土匪』になることは、それほど不思議なことなのか」。例えば、「〔火をつけられた作物を守ろうとして、理不尽に殺された〕この男性の兄弟や息子たちが『土匪』となり、日本人を攻撃することは、それほど不思議なことなのか」、「このように苦しんだ者たちが自ら『土匪』の軍団に加わり、日本人を攻撃することは、それほど不思議なことなのか?」同史料において、繰り返し述べられるモチーフ——日本軍の破壊に追い詰められ、復讐するようになった人々が「土匪」となっていったという捉え方——は、ムーディが『異教徒の心』をはじめとする英文著作で示していた「rebels」の由来の捉え方と類似している。ムーディもまたこの英字新聞に見られる認識を共有しながら、さらに自分個人の著作において「土匪 robbers」と呼ばれた人々が「反乱者 rebels」に他ならないことを主張したと言える。

ただし、注意すべきことには、日本による植民地支配への批判的な英字紙の論調が、日本人による野蛮な植民地統治への批判という論調を帯びやすいものであり、その点では当時黄禍論という形でも表現された日本人への蔑視意識に連なる側面を持っていたことである。そのことは、先の英字紙に呼応する形で他紙に掲載された記事（*The Times*, 一八九六年八月二五日）に、日本による台湾統治が「東方新強国の野蛮で過酷な統治」と記されていることからも窺われる。[82] こうした論調は、他方でイギリスによる植民地統治を文明的なものとして肯定する論理を内包するものであった。

これに対して、ムーディの場合は必ずしも日本による植民地支配のみを批判していたのではないという特徴があった。以下に述べるように、彼はイギリス人を含む「西洋人」による植民地支配に対しても、批判的な視線を向けていた。

例えば、ガロウゲイトの青年クラスに宛てた一八九八年六月三〇日の手紙にて、ムーディは次のように述べている。「親愛なる皆さん、実は私からはあまり大した知らせはない。私はとても恥じていることが二つある。一つはアヘン交易だ。皆にもこのことを恥じてほしいと思うし、その廃止のために声をあげてほしい。私がとても恥じているもう一つのことは、中国分割に関する議論だ。いかなるキリスト教徒もそんな泥棒のような thievish 提案には一瞬たりとも耳を傾けてはならない[83]」。

彼は同時期に書いたと思われる私信においても、次のように記している。「我々はまずアヘンを押しつけて〔漢族の〕人々を堕落させ、それからこの民は自らを統治するには堕落しすぎていると言う[84]」。これらの議論は、「西洋人」が「堕落」した漢族という類型的なイメージを動員することによって中国分割を正当化する身勝手さを、アヘン交易という事実に即して指摘するものとなっている。

また、一九〇一から一九〇二年まで、イギリス植民地支配下シンガポールにて漢族閩南語話者への宣教活動に携わったムーディは、このときの経験に基づき、『異教徒の心』に次のような回想を述べている。あるひどい嵐の日に、ムーディは排水溝に溺れる物売りの老人を助けた。そのとき、彼は周囲で見守りつつも、マレー警察に検挙されることを恐れてその老人を助けようとしない漢族の傍観者たちに「義憤」を感じたが、直後に「恥ずかしさのあまりに黙り込んでしまった」。なぜならば、彼はその老人がアメリカ海兵たちによって理不尽に突き落とされ、「ただのチャイナマン《〔ママ〕》だから」と放っておかれたということを知ったためである。彼は恥じ入り、「斯《か》くして、東洋と西洋はその冷酷な自己愛 heartless self-regard で一致している」と述べた。それは、自身が「溺れる人への無視」という、「漢族の冷酷さ heartlessness の証拠として愛用されている」類型的イメージのレールに乗った上で、「西洋人」として「義憤」を感じたこと、その身勝手さを痛感させられたためであった[85]。

これらの経験から、ムーディは『異教徒の心』にて異民族支配そのものへの懐疑を次のように示すに至った[86]。

> できる限り、すべての民族が自らを治めるがままにすべきであると思う。異民族による統治を一時しのぎの必要悪以上のものと考えることはできない。私はシンガポールであまりにも多くの誤った法の運用を知ってしまい、フォルモサ〔台湾〕であまりにも多くの罪なき人々の苦しみを見聞きしてしまったからである。

ここでは、教会の自治に限定されない政治的自治への志向が示されている。さらに、日本およびイギリスの帝国主義が一連の問題として捉えられてもいる。このことから、宣教初期ムーディによる日本軍批判は、イギリスによる支配を日本によるそれに比して優れたものであると区別する姿勢とは一線を画したものであったことが窺われる。

(2) 民族的・宗教的他者の否定的類型化への内省

ムーディのこうした姿勢は、キリスト教宣教における態度、特にそこにおける「信徒」と「異教徒」の区別のあり方への省察とも連動していた。それは、海外宣教に参入して間もなかった彼が、キリスト教と縁もゆかりもない台湾人に道徳的「堕落」を見出せない事態に直面し、宣教師としての動揺を経験したことと密接に関わっていた。例えば、彼はガロウゲイトの女性信徒らに宛てた一八九八年六月二〇日の手紙にて、台湾の人々に関する所感を次のように述べている[87]。

私はよく兄弟姉妹たちの優しさと愛情に心を打たれます。小さな女の子が赤ん坊の弟を一日中おんぶしたり、あるいは小さな男の子が赤ん坊の妹を抱っこしたり、時には別の子たちがやってきて赤ちゃんにキスをしたりします。〔…〕それに赤ん坊の世話については、何と、夫たちもその仕事を担います。私はよく男性が彼の赤ん坊を抱っこしながら立って、〔説教を〕聞いているのを見ます。〔…〕ここ〔台湾〕にはアルコール中毒もなく、青アザや骨折もありません。ひょっとすると、本国よりも海外の方が、悲しい光景が少ないのかもしれません。

ここでは、異教徒の生活が思いやりのなさや女性に対する暴力といった「悲しみ」のイメージだけでは捉えきれないものであることが認められている。このことは、女性への待遇の低さを文明度の低さの指標とし、現地文化の下で虐げられる「原住民女性を救う文明的キリスト教国」のアイデンティティや、その植民地支配および宣教活動を正当化していた論理[88]が、必ずしも通用するものではないことへの気づきを意味していた。そのため、『異教徒の心』では、彼は漢族の間には確かに女性蔑視があると認める一方で、これらの人々は「西洋人男性の間で広く共有されている、女性の仕事に対する軽蔑の念を持たない」と指摘し、文明的とされるヨーロッパ世界における、異なる形の女性蔑視の存在に注意を促している。台湾人男性は「米を調理し、衣服を洗い、子どもたちをあやしたりお風呂に入れたりするし、病気の妻を看病するために仕事を休んだりする。そして、一言で言えば、少しのぎこちなさや恥ずかしさもなく、女性の役割を果たすのである[89]」。

この時期、ムーディは宣教師としての自身が「異教徒」の人々と関わるその関わり方自体を根底から問われるような経験もしている。右の書簡を書いてから十日後に当たる一八九八年六月三〇日の母メアリ宛の私信にて、ムーディはある「異教徒」の台湾人女性とその家族の話に触れている。ランズボロウの患者の一人であったこの人物は、処置をしなければ一、二年で死んでしまう重い病に罹っていた。ランズボロウは危険を承知の上で入念に準備をして手術を行い、その後も細心の注意を払って看病した。しかし、努力は報われず、この人物は術後三日目の朝に亡くなった。ムーディはそのときの様子を次のように述べている。(90)

その女性（三〇歳）は最期まで意識がはっきりとしていて、あなたはこのことで悲しまなくていいのですと、L〔ランズボロウ〕にとても思いやり深く話しかけていました。あなたはできる限りのことをしてくれたし、私の運が悪かっただけなのですよ、と。Lは救い主について何か言おうとしたようでしたが、それはこのようなときには非常に困難なことです。彼女はもちろん、私には罪はありませんよと答えました。彼女の夫と母親（母親は翌日に来ました）も同じように、Lが悩み悲しんではいけないと気遣っていました。今朝ほど、その老いた母親は引き取った孫を連れてきて、その子にお祈りをする子どものように両手を合わせさせ、それを少し上下に振らせました。彼らはそれをまずドクター〔ランズボロウ〕にしてみせて、それから私にもしてくれました。

その後、ランズボロウとムーディはこの女性の「異教」式の葬儀に参列している。ムーディは葬儀の様子を詳細にだが淡々と述べた上で、話題を転じている。その言葉少なさは、病と死に直面しているにもかかわらず、ランズボロウやムーディに最大の誠意と優しさをもって接したこの人物に対して、キリスト教宣教師として罪の認識や信仰告白を迫ろうとした自分たち自身の的外れな有り様に、居心地の悪さを感じたためのものであったと考えられる。こうした経験も、人々を「悲しみに暮れる異教徒」と「喜びに溢れるキリスト教徒」という二分法では捉えきれないという現実を深く刻みつけるものとなったと思われる。

ムーディは自らの民族的・文化的他者に対する否定的なイメージが、単純な言語的な誤解によって露呈される出来事をも経験した。

一八九九年一月四日、彼は本国の友人宛の書簡にて、台湾人伝道師「クリア Clear」——漢字名は不詳——との共同巡回宣教に出かけ、日本人警官に撃ち殺された台湾人の死体を見たときのことを述べている。その犠牲者は、日本人警官に自分が南投から来た者だと正直に話したところ、抗日運動に関与している者だと決めつけられ、射殺されたということであった。当時、南投は抗日武装集団の温床であったためである。ムーディは、その後、宣教拠点での説教にて、クリアがこの出来事に触れて「この男性を撃つなんて、可笑しなことと思えるかもしれないが」と述べたことを回想し、この台湾人の他者の苦しみに対する「冷淡さ callous[ness]」にひどい衝撃を受けたと述べている。「可笑しなことだって！　もっとも卑劣なスコットランド人だって、そんなふうに絶対に言わないだろう」。

しかし、一九三一年六月付の書き込みにて、彼はこの書簡のカーボンコピーに、「これは漢族の言葉の『可笑しい』に込められている皮肉をまったく理解していなかった」と述べている。[91] ここでムーディが「可笑しい laughable」と訳している言葉は、閩南系台湾語の「可笑《コオチオ》 khó-chhiò」であったと思われる。この語は面白いという意味を示すが、場合によっては非常に強烈な皮肉と軽蔑の念が込められる言葉でもある。ここでは「こんなばかなこと、こんなに納得できないことはない」といったニュアンスが込められていたのではないかと思われる。ムーディがこのシャイだが「正直で優しい」伝道師クリアによる働きについて、『フォルモサの聖徒たち *The Saints of Formosa*』（一九一二）で言及していることに鑑みれば、[92] 彼がこの誤解に気づいたのは一九一二年よりも早い時期であったことがわかる。

これらの宣教初期の経験を経て、ムーディは『異教徒の心』にて以下のように論じるに至った。[93]

何年か前のある日、私はキリスト者が荷物を運びながら、道にあるちくちくする竹をつま先でどけているのを見た。私は［この気遣いは］イエスが人の日常生活に与えた影響の現れであると考えた。しかし、それから何度も同じ行動を異教徒が行うのを見てきた。これは小さなことだ。しかし、このことは私が見ようとしなかった他者への思いやりを示しているのである。

こうした「事実」への気づきは、宣教初期の彼の英文著書のタイトル、『異教徒の心』、『フォルモサの聖徒たち』にも反映されている。これらのタイトルには「異教徒」にも「心」があり、「フォルモサ」にも「聖徒たち」がいるという当然の「事実」を受け止めた上でなされる、キリスト教宣教とは単に「心」ない不道徳な人々を道徳化するためのものではないことの再確認が反映されている。彼は次のように続ける。[94]

> 異教徒の漢族はあらゆる悪徳の奴隷。自然な愛情を欠き、愛することも愛されることもなく、抑圧する者であり抑圧される者。心は陰気な迷信に押しつぶされ、絶え間のない恐れの中に生き、死の先には希望がない。そう考えることは、当然我々の偏見に調和している。福音は深き闇の中に輝ける光、耐えがたい苦痛への慰め、言葉では言い表すことのできない悲嘆への癒し。こう考えればキリスト教の唱道者は納得できる。だが、これらは事実ではない。

こうして、ムーディは英語圏読者の間で前提的に共有されていたであろう「異教徒」のイメージを、「偏見」という言葉で否定している。すなわち、キリスト教宣教の目的とあり方を問うと同時に、「異教徒」のネガティブな類型的イメージもまた批判した。それは、キリスト教宣教が民族的・宗教的他者の否定的なイメージに依存する限り、植民地支配と同じ「冷酷な自己愛」に陥るものとなってしまうという気づきを意味していた。

前述のように、ムーディは「冷酷な自己愛」の問題を、トラブルに巻き込まれることを恐れて溺れる人を助けない漢族の人々にだけではなく、そのような漢族の人々に「西洋人」としての「義憤」を感じた自身の考え方や、アメリカ人海兵の「チャイナマン《〔ママ〕》」への暴力的・軽蔑的な姿勢の中にも見出していた。ムーディによる「西洋人」の非キリスト教性の問題に対する内省は、ニュージーランド牧会期の英文説教集『愛の忍耐強い働き *Love's Long Campaign*』（一九一三）における次のような言葉からより明らかとなる。

「我々の心はなんと狭いのだろう！」我々は遠くの人々に無関心である。だが、近くにいても相手を愛することはできない。インド在住の英国人はヒンドゥー教徒の人々を愛しているというわけではない。香港やシンガポールのヨーロッパ人商人は熱心な兄弟愛の持ち主ではない。「東洋の人々の間で何年も暮らし、自分の生涯を彼らに捧げようとした宣教師でさえ、自分がまだ〔相手との間の〕深い裂け目の端に立っていることに気づく」。アメリカ人は彼らの間に暮らす黒人に愛と敬意を持っているのだろうか。「いや、我々は軽蔑と侮辱、残酷なリンチ、ちょっとしたことが拷問、焼き討ち、残虐な暴力、苦しみの死によって報われるという話を聞いている」。「ひょっとすると我々は白人を愛することは簡単で、黒人や黄色人種を愛することは難しいと感じるのかもしれない」。では、我々は自分の属する「人種 race」の人々を愛しているのか？「なんという壁が階級を分断していることだろう！　金持ちと貧しい人は異なった世界に暮らしている」。これらの人間の分断状況に対し、ムーディはあらゆる人々に興味を持つ神の関心を対比させている。[95]

これらの言葉からは、民族的・文化的他者への意識そのものに無関心や軽蔑の念が伴われがちであること、それが「残虐な暴力」だけではなく、「同胞」とされる人々の間に見られる貧富の格差の自明視という、利己主義的な姿勢とも密接に関連し合うものであることへの認識が窺われる。

クリアを含む台湾人やシンガポールの漢族たちに他者の苦しみに対する「冷淡さ」・「冷酷」さを読み込み、一時的にであれそれに対する一方的な衝撃と「義憤」を感じたムーディは、この「裂け目」を作り出したのは他ならぬ自身の「心の狭さ」であったこと、その深い非キリスト教性を、身をもって知らされたと考えられる。このことは、彼の次のような言葉からも確認される。「神は世を愛された。おお、それを当たり前のことだと思ってはいけない。自分自身の愛情の狭さ、変わりやすさ、冷たさ、偏見、嫌悪のことを思い起こし、世を愛するのが簡単なことなのかどうかを考えてみよ」[96]。ムーディのこうした宗教‐社会的問題意識は、以下に見てゆくように、彼の英文著書における台湾の人々の描写の仕方にも反映されてゆく。

（3） 植民地支配者と西洋人の「冷酷な自己愛」への批判

序論に述べたように、一九世紀のキリスト教海外宣教運動には、福音のインパクトを際立たせるような、民族的・宗教的他者の「戯画化」されたイメージを求め、生産する傾向が伴われていた[97]。在台イングランド長老教会宣教師もまた、清末期の読書人階級との摩擦と相互の軽蔑を背景に[98]、異教徒の台湾人の「道徳的状態の低俗さ」や、「非常に悲惨」で「愚かな」「偶像崇拝」などを描写していた[99]。たとえば、キャンベルは一八七〇年代から八〇年代の宣教経験に関する手記を加筆修正して刊行した『フォルモサからのスケッチ *Sketches from Formosa*』（一九一五）にて、台湾人改宗者について次のように述べている[100]。

キリスト教の影響がこのような人々のマナー、社会慣習、そして外見までも改善しているのに気づき、非常に興味深い。大声の粗暴さ、下品な言葉遣い、不潔さ、ボロ服は、穏やかさ、丁寧さ、清潔、そして平安に道を譲った。キリストとは何とすばらしい改良者であろうか！

ここでは、服装や身のこなし、言葉遣いのすべてにおいて「劣る」人々の、キリスト教への改宗を通した文明化という物語が描き出されている。こうしてキリスト教的敬虔や道徳性と密接に関わるものとして想像された文明化のイメージは、欧米および日本を含む諸列強の帝国主義的拡大への正当化につながりがちである。実際、キャンベルはこの『適者生存』をもたらす自由で高潔な競争」は、植民地化されたインドやアフリカ、台湾に「向上的な影響」を及ぼすものであると論じた[101]。それは、勤勉な自助努力による経済的・軍事的な自己確立を実現した「適者」と、そのようなあり方に未だ達していない、あるいはそれを志向していない人々とを類型的に区別する発想である。またそれは、「適者」ならざる者の「生存」への抑圧は、これらの人々自身の道徳的欠陥が招いた当然の結果であるとする考えであった。

他方で、自身を含む宣教師における民族的・宗教的他者のネガティブな類型的イメージへの依存の問題を認識し、キリスト教宣教のあり方を再考したムーディは、このような現状を英文著書にて自覚的に問い返した[102]。

戯画化せずに漢族を描写することは困難である。旅人が受ける印象は奇妙さ、異様さ、相違である。類似、人間らしさ、全世界は家族であると感じさせる人情味――こういったものは気づかれないままとなる傾向にある。それに奇妙さが強調された方が、描写はより興味をそそるものとなる。西洋人の目は目立ったものを選び取り、それを類型化する makes a type of it。すべての漢族はこの奇妙なモンゴロイド的類型で一致しているはずであると考える。だが、より詳しく観察すれば、一見統一されているかに見えるものは顔立ちも性格も非常に多様であり、大半の人々は一般に描写される漢族とよりも、普通のヨーロッパ人との方に似ているということが明らかとなる。

ムーディは、自らが出会ってきた台湾人信徒・聖職者の姿を個別具体的に回想することで、このような考えを実践に移した。なぜなら、以下に論じるように、彼にとって「顔立ちも性格も」異なる人々を個別具体的に捉えてゆくことには、キリスト論的信条に基づく実践としての意味合いがあったからである。

3　台湾人との個別具体的出会いとその描写

（1）個々人として登場する台湾人たち

宣教初期から晩年にかけての彼が、台湾での経験に基づいて著した三冊の英文著作――『異教徒の心』、『フォルモサの聖徒たち』、『王の客人たち *The King's Guests*』[103]（一九三二）――には、彼が直接に出会った者や話を伝え聞いた者

表 1. ムーディの英文著書における台湾人の描写状況（註 1-1）

書　名	(A) 短い言及	(B) 長めの記述	計
『異教徒の心』(1907)	36	19	55
『フォルモサの聖徒たち』(1912)	97	58	155
『王の客人たち』(1932)	62	21	83
計	195	98	293 (269*)

* … 269 は、二冊にわたって言及される 20 名、および三冊にわたって言及される 2 名の重複回数を、言及回数の総計 293 より引いた数値を示す。

を含む三〇〇名近くの台湾人が、固有名、あるいは匿名の形で描写されている。また、その中には（A）二から三行程度の短い言及を通して描かれる者と、（B）長めのまとまった記述によって描写される者が含まれており、多くの場合、前者は後者に関する記述の中に登場している。これらの人物の前記三冊の英文著書における登場回数を整理したものが、表1である。

表1から窺われるように、ムーディが『異教徒の心』、『フォルモサの聖徒たち』、『王の客人たち』の三冊において（A）短く言及する者は一九五名、（B）主題として長めの記述を通して描く台湾人は九八名、計二九三名である。ただし、このうち二〇名は二冊にわたって、二名は三冊にわたって重複して言及されている。そこで、重複する者をすべて一人としてカウントすれば、ムーディはこれら三冊の著作にて、計二六九名の台湾人を描写していることがわかる。なお、「息子たち」や「娘たち」といった人数を特定できない複数の人物たちについては、カウントしていない。

著書ごとの人数に着目すれば、『異教徒の心』では計五五名（短い言及が三六名、長めの記述が一九名）、『フォルモサの聖徒たち』では計一五五名（短い言及が九七名、長めの記述が五八名）、『王の客人たち』では計八三名（短い言及が六二名、長めの記述が二一名）である。これらの人数の分布は、宣教課題に関する考察を主眼とする『異教徒の心』、宣教活動を通して出会ってきた台湾の人々の描写を中心とする『フォルモサの聖徒たち』、シンプルな短編集と宣教活動への反省から構成される『王の客人たち』の性格を反映するものとなっている。

また、前記三冊の著作のうち二冊、あるいはすべてにわたって重複して言及・描写される二二名をリストにすると、表2のようになる。

表2の「漢字名（推定）など」の欄に示している各人物の名前は、意訳・音訳による英語名、ムーディによるこれらの人物に関する描写内容、および『頼永祥長老史料庫』をはじめとする先行研究に収録される各人物の背景・略歴・相互関係に関する史料を照合することで推定したものである。意訳による英語名としては「Brown-Horse Wood（林赤馬）」や「Joyful Spring（喜春《ヒーツゥン》）」[104]など、音訳表記による英語名としては「Law Hyen（劉賢《ラウヘン》）」[105]や「Mr Tan（陳先生《タンシンセー》）」などがある。また、表2からは、（B）グループの人物らが多くの場合、固有名や「Old Chin（老進《ラウチン》伯《ペ》）」[106]、「Brother Right（〔正〕兄）」などの愛称で表記されているのに対して、（A）グループの人々の多くは、これら固有名の人物の家族や友人、街頭説教の聴衆として登場していることも明らかとなる。

このように、前記三冊にて重複して描写される二二名を含む、計二六九名という数字は、ムーディにおける台湾人との相互関係の重要性を物語るものである。もとより、彼の台湾人描写の特徴は数の問題だけではなく、描き方の問題にこそあらわれている。

例えば、キャンベルもまた比較的多くの台湾人描写を行っているが、多くの場合、そこからは台湾人とすれ違う彼自身の姿が窺われる。例えば、キャンベルはある朝、お手伝いのポツァイ Po-tsai という人物が作ってくれた「ウサギ料理」を褒めるが、それが実はネズミの肉であると知る。これに驚いた彼は、このネズミは竹藪に暮らし穀類を食べる良い動物だというポツァイの釈明にも構わず、再びネズミ料理を出せば即刻クビにすると宣言したという。[107] 読者の「興味をそそるため」か、キャンベルはその直後にも、ポツァイが今度はサルの料理を作ったことや、澎湖島では島民にご馳走になったが、それが虫のわいた芋類の料理であったため、ひどい腹痛を起こしたということなどを描写し、台湾人の食事の「グロテスクさ」や「不衛生さ」を強調している。[108]

ムーディも台湾の人々との間の文化的相違による「好み taste」の違いが皆無であったわけではない。[109] しかし、例えば路地の屋台で売られる「黒いゼリー」について、それは「嫌うべきもの」ではなく、暑い気候の下、身体を冷や

表 2. ムーディの英文著作において重複して描写される台湾人の一覧（註 1-2）

人物名	漢字名（推定）など	『異教徒の心』	『フォルモサの聖徒たち』	『王の客人たち』
(B) Mr Brown-Horse Wood	林学恭（林赤馬, 1857-1943）	158	44, 80, 197, 219	88, 114
(A) Mrs Wood	呉尾（1866-1939）林学恭の妻	173	84	—
(A) [Mr Brown-Horse Wood's] second daughter	林順意（生没年不詳）林学恭と呉尾の次女	175	84	—
(B) Brother Promise	姓名・詳細不詳	188	—	62
(A) [Brother Promise's] wife	姓名・詳細不詳	189	—	63
(A) [Brother Promise's] father-in-law	姓名・詳細不詳	189	—	65
(A) [Brother Promise's mother-in-law]	姓名・詳細不詳	189	—	65
(B) Mr Yellow/ Ng Tsok-pang	黄對（黄作邦, 1869-1907）	177	—	50
(B) Mr Flourishing Yellow	黄茂盛（1860-1947）	179	32, 62	—
(B) Deep River	黄深河（1829-98）	181	—	105
(B) Old Chin/ Uncle Chin	許進傳（1840-1907）	183	61, 83, 162, 173, 182	—
(B) Brother Right	姓名・詳細不詳	186	156, 197	—
(A) [a young man]	牛罵頭の若者①	200	—	206
(A) [a young man]	牛罵頭の若者②	200	—	206
(A) [the] countryman	牛罵頭の聴衆の男性	200	—	206
(B) Deacon Squirrel	姓名・詳細不詳	190	—	52
(B) Joyful Spring	楊福春（喜春, 雞母春, 1874-1914）	198	73, 174, 205	71
(A) [Joyful Spring's] father	姓名・詳細不詳	198	—	71
(B) Law Hyen	劉賢（?-1927）	—	69	18
(A) [Law Hyen's] little daughter	呉蝶（生没年不詳）	—	70	26
(A) a Christian	劉賢と共に投獄された人物（姓名・詳細不詳）	—	69	25
(A) Mr Tan	姓名・詳細不詳	—	126	53

(A) は短い言及を、(B) は長めの記述を示す。また、表中には言及開始箇所のページ番号を記入している。

すために重要な役割を果たすと強調するなど、[110] 自らの「好み」を相対化する感性を持ち合わせていた。

以下では、林学恭・呉尾《ゴボェ》夫妻、黄茂盛《ンボーシン》、ライト兄、クリア、許敏《コービン》・林乾《リムカン》夫妻、フィットウェル、張有義《ティイウギ》、および「弱い兄弟」ら一〇名の台湾人キリスト者の例を通してムーディの台湾人描写を見ていきたい。

（2）林学恭と呉尾

ムーディの台湾人描写の中でもっとも際立っているのが、「Mr Brown-Horse Wood」として繰り返し言及する仲間であり、敬愛する友人であった前述の林学恭のエピソードである。ムーディと共に中部台湾での巡回説教を盛んに行った林は、ムーディの追悼文の著者でもある。[111] 前述のように、二人は一八九八年三月に澎湖島にて出会った。このとき、ムーディは林と共にアメリカ人伝道者D・L・ムーディ Dwight L. Moody（一八三七―九九）の説教や、救いの確証についての神学的問題を含む「意義深い会話をたっぷり」したと回想している。[112] また、ムーディはこの時に林から聞いた彼のキリスト教改宗の経緯を、『異教徒の心』を含む英文著書にて詳しく描写している。

林学恭は嘉義県打猫の読書人階級の家庭に生まれた。亡くなって久しい父親（林謙益）と、書房の教師を務める兄（林学敦）は共に科挙エリートであり、学恭もまた兄の下で学んでいた。ところが、あるとき学恭は、キリスト教に改宗した友人（郭省）に讃美歌集（『養心神詩』）を見せてもらい、万物のはじまりを語る「上帝創造天與地」という一節に惹かれて教会に行くようになった。[113] その後、キリスト教徒になることを決意した彼は祖先崇拝を拒否し、母親を非常に悲しませた。それを知った兄は、靴も履かずに飛んできて学恭の弁髪をつかんで彼を引きずり回し、殴りながらひどく責めたという。「『私たちは、官府への外国人の影響力を必要とするような卑劣な者ではないのに、〔…〕ちゃんとした職もお前はキリスト教徒からはもらえない、お前が必要なものは私がすべて与えるのに』」、と。[114] その後、彼は兄に煙管で叩かれたり、お茶を顔にかけられたりするなどの暴力を日々受けるようになった。思い詰めた兄は自殺をはかり、またあるときには学恭を殺すと脅し、ついには彼を監禁して飢えさせるに至った。万策尽き、兄は第三者を装って嘉義の教会を訪ね、そこの伝道師に「ある二人の兄弟たち」の悩みを相談して「弟の方の病を治すための薬を買いたい」と申し出た。この時伝道師からキリスト教に関する丁寧な説明を受けた兄は、一度は学恭と和解し、自身も改宗しようとした。しかし、兄は妻の強い反対で挫折し、家を追われた学恭は、岩前教会附設の小学の教師として生活するようになった[115]。

ムーディは林のこの「注目すべき経歴」に感銘を受けただけではなかった。彼は林の姿と物腰についても詳しく述べている[116]。

彼〔林学恭〕は天使のように行き来する。ドアが開き、彼は左側の一番近い席に座る。最下座だ。柔らかく内気で遠慮がちな話し方をし、さっとお辞儀をして去って行く。〔先ほどまでしていた話に〕何か付け加えようと思うならば、すぐに彼を追いかけないといけない。彼は漢族のようにゆったりと動くのではなく、ヨーロッパ人のように早足だからだ。彼はいつもやせてひょろっとしているが、たくましく疲れを知らない。

ムーディはこのように林学恭の外観的なことを丁寧に描写する一方で、一見すればネガティブな印象を与えるような指摘もしている。例えば、彼は「唐突で少しエキセントリックなマナー」をしている。彼の友人の一人によれば、それは「〔家族に暴力を受けた〕彼の経験が脳に影響を及ぼした」ためかもしれない、という[117]。また、ムーディは、説教者として見ても林学恭は「優れた伝道師とは呼べない」と述べている。「彼はあまりにも速く話すので、異教徒もキリスト教徒も彼が何を言っているのかを追いかけるのに苦労する」。彼の説教は、『威厳ある語り』ではない。それは威厳のない会話である[118]」。

ただし、それらはさほど重要なこととはされない。ムーディは、林以上に「シンプルかつ印象的な方法」で「宗教的な真理の意味」を示す者はおらず、「彼のキリスト教の真理に対する理解は、若い世代の、より多く学んだ人々のそれをはるかに超えている」と述べる。ばらばらに散らかる小銭に紐を通して束を作って見せ、その紐をイエス・キリストに、小銭をキリスト者たちになぞらえることで、イエスを信じればもはや迷うことはないと語りかける林の説教は、一見すれば「子どもっぽく」見える。しかし、それは一部の聴衆にとっては「もっとも暗く深い謎の解明」に他ならない(119)。

共同宣教に誘うと、林は「どんな計画でもいつでも喜んで助けてくれる」。「二人で狭い道を一列になって歩くとき、彼は何と嬉しそうに霊的なことについて話すことか！」また「彼はなんと思いやり深く優しいのだろう」。スコットランド人のムーディの「好み」に合うようにどんな食事を用意すべきかを、他のキリスト者たちにこっそりと教えてくれる。「こちらが恥ずかしくなるほどの優しさ」である。また林は「二〇マイルの歩きを何とも思わず、日曜一日だけでもあちらこちらへと飛んでいく」。礼拝では聖餐式と説教を行い、食事の後には二度目の礼拝に備える。「休憩を待ちこがれる」ムーディとは異なり、林はまるで疲れを知らない。彼は二回目の礼拝でも「溢れんばかりの活気をもって」説教し、その後信徒らが一人また一人と立ち上がって感謝し、祈りを捧げるのを聞く。それは「へとへとの外国人〔ムーディ〕がそろそろ座りたいと願う」ようになるまで続く(120)。

ムーディは、林学恭の家庭に関しても言及している。林の妻（呉尾）は、「穏やかで感じが良く、やや忍耐強そうな表情をした」「素晴らしい女性」だ。しかし、夫婦の間には「霊的なことに関する会話がほとんどなされない」ことに「読者はがっかりするだろう」。彼女は家事だけではなく、突然訪ねてくる何人ものキリスト教徒たちのための食事や宿泊の用意という「軽くはない役割」を大忙しでこなしている。林は「我々が『愛情』と呼ぶものを妻に対してそれほど感じていないのかもしれない。いずれにせよ、それを表明することは不作法なことなのだろう」。ここでムーディは、牧会に関わる仕事を林学恭・呉尾夫婦がそれぞれに精力的にこなす姿を描くと同時に、この台湾人牧師夫婦に「霊的精神 spiritual-mindedness」を共有し、「愛情」を表明し合う関係を見出したがる西洋人キリスト者の期待を相対化している。「漢族の家族生活は我々のそれとは異なっている。だが、それにはそれ自身の美点と魅力がある[121]」。

このように、ムーディは林学恭が「エキセントリック」で、「優れた伝道師とは呼べない」ことや、こちらが期待するような「理想的」なキリスト教夫婦の関係を示していない点を明記しつつも、彼を「確固として霊的な精神を持ち、この上なく優しく、愛すべき人物」だと述べている[122]。

ここでムーディによる林学恭の肯定的描写における「優しさ kindness」と精力的な働きぶりという二つの観点は、他の台湾人について論じるときにも強調されている。しかし、それらの描写は前記の記述からも窺われるように、台湾人信徒たちのロマン化という類型化に陥るものではない。このことは、彼が「現地人改宗者は、キリスト教世界の生ぬるい師匠たちを恥じ入らせる聖人たちだ」と考えたがる本国の熱心な宣教支援者の考えとは距離を取ろうとしていたことからも窺われる[123]。むしろ、以下に見るように、ムーディによる台湾人信徒の「優しさ」と精力的な働きぶりの描写は、台湾の人々の個別具体性や固有の状況への思慮深さを示すものとなっている。

（3）黄茂盛、ライト兄、および伝道師クリアの「優しさ」

ムーディの台湾人描写の多くは、外観上のネガティブなイメージには左右されない次元で「優しさ」を高く評価している。例えば、黄茂盛 Mr Flourishing Yellow（一八六〇―一九四七）は「ぶっきらぼうで、漢族らしくないマナーをして、皆に好かれているというわけではない」人物である。書房の教師でアヘン吸引者であったが、友人に誘われて教会に来るようになった。その後、教会附設の小学教師となるが、アヘンを辞めることができずに失職した。しかし、あるとき「あなたがたの天の父が完全であられるように、あなたがたも完全な者となりなさい」という聖書の言葉（マタイによる福音書五章四八節）に「良心を突き刺され、神の恩恵を信じることなくしては救われ得ないのだと理解した[124]」。彼はよく、どれほどしっかりと救済について説明しても、異教徒の聴衆に「そうだよね、我々は善い生き方をしなくてはね」と相づちを打たれることを嘆き、これは「どれほど善い生き方をしても、自分で自分を救済することはできない」ということを伝えられなかった自分の説明不足のせいなのかと悩んでいた。ムーディが「我々の国でも似たような無分別が広く見られる」と話すと、黄は驚いていた。それから二人で一緒にコリント人への第一の手紙を読み、「〔キリスト教の〕真理をこれほどシンプルに、これほど深くあきらかにするものは聖霊だけであって、いかなる学びにもそれはできない」ということで同意し合った。「私はこの人物が好きだ。物静かで率直、やや陰気で怒りっぽいが、思い出すだけでも素敵な気持ちになるような優しさと、すぐに呼び覚まされる良心を持つ〔この人物が〕」[125]。

また、ライト兄 Brother Right〔漢字名および生没年不詳〕は「スコットランドの農民に似て、簡素で素朴、ぶっきらぼうで遠慮がなく、理解はさほど速くないが、人の性格を見抜く能力を持つ」人物だ。「彼のもっとも注目すべき性質は、その温かい親切さと助けだろう」。彼はどれほど時間がかかる大変な仕事でも、いつも進んで手伝ってくれる。「しかし、彼が特に好きで得意なこととは、キリスト者たちを訪ね、その不作法なソクラテス式問答法〔の対話〕で、これらの人々の霊的な事柄に対する無知さを示すことだ。彼ら〔信徒たち〕がこの扱いをいつも喜んで受け入れているかどうかはわからない〔…〕」[126]。彼はこうして他の信徒の精神を探って回り、ある教会の大黒柱である人物が、実は自身の内的な状態について明確に説明できないのを見つけ出したりした。また彼は、友人の林学恭に「魂のことに関する理解を深めようと質問しに来る信徒たちはいるのか」と尋ね、「ああ、もちろん来ているよ！」と反語の返事をもらったこともある[127]。

しかし、この人物は「ほとんどの漢族〔信徒〕が持たないような、ある種の宗教的経験の持ち主」でもある。ライト兄はその経験を友人の林学恭のようには明確に説明することはできないが、自分が当初は「教会はより強力な勢力で、将来的に敵から守ってくれるかもしれない」と思って信徒となったこと、救済のことがよくわからないうちに執事に選出されたこと、そしていかにして「徐々に心の中に平安が訪れた」のかを回想している。このため、彼の説教のテーマの一つは、「救済に与っていない〔受洗していない〕人でも、もしかすると〔説教の〕聴衆であったり、〔教会の〕一員であったりするかもしれないのだ」というメッセージである。「ライト兄は完璧な人ではない。だが、彼は素晴らしい仲間で友人だ[128]」。

そして前述の伝道師クリアは、「正直で優しい人だが、自分自身を表現するのが下手で、とてもためらいがちではっきりしない。このため、彼が何を言っているのかは想像するしかない。またとても気弱なので、〔言ったことの〕意味を教えてと頼むと、まるでハリネズミのように縮こまってしまって、謎はそのまま残ってしまう[129]」。「彼のおどおどして止まってしまいがちなスピーチにはイライラしたり、それを嘲ったりする者があるだろう」。だが「彼〔クリア〕の助けがなければ、今やあの大きく、栄えている台中の教会は簡単には創設できなかっただろう」。「彼は私にとって、多くの旅での優しい仲間でいてくれた[130]」。

(4) フィットウェル、許敏、および林乾と「勤勉さ」の問題

一方、ムーディによる台湾人キリスト者の精力的な働きぶりの肯定的描写からは、一見すれば勤勉な自助努力や経済的成功を「救いの確証」と結びつけ、貧困層を怠惰で不道徳的な人々として捉える類型的イメージを創出した、一九世紀スコットランドの社会精神的傾向に通底するものであるかのような印象を受ける。しかしながら、それは必ずしも事実ではない。ムーディは同時に、このようなカテゴリーの通用しない個々の状況や人物をも意識的に描いているからである。例えば、一九〇六年前後にムーディのお手伝いを務めた少年フィットウェル Fitwell〔漢字名および生没年不詳〕は、「特に台所が好きというわけではない。何が起きているのかを見るのが好き」な好奇心旺盛な若者であった。「彼は〔彰化教会の教会堂〕建設者にアドバイスするのが好きで、許敏夫人〔林乾（一八八〇頃―一九九六）〕との冗談を飛ばし合うおしゃべりを楽しんだ」。「教会役員が私たちの家に来て計画を話し合うとき、彼は聞きに入ってきて意見を述べ」る。その間、「彼のお皿は洗われないまま放っておかれている。彼は厳格な義務感によって不安になるということがなかった」。ちょうどその頃、彰化教会の新会堂の工事に携わっていた許敏 Brother Brush

（一八八一―一九五九）は、このようなフィットウェルの様子に我慢がならなかったとムーディは述べる。「敏兄〔許敏〕は無駄の多いフィットウェルのやり方を嘆いていた。彼は炭が見境なく燃やされている、灯油が不注意にこぼされている、皿は割られて隠されていると報告した。彼はその若者の乱雑さと汚れにぞっとしていた。こういったことごとを考えるだけで夜も眠れなかった」。やがてフィットウェルが辞職すると、その後を継いだ敏兄は自分の食事の時間をも削って働くというまったく異なる働きぶりを見せた。「彼は勤勉で秩序だっていて、汚れを忌み嫌い、無駄を憎んでいた」[131]。しかし、ムーディはこのような潔癖症とも言える敏兄の姿勢が、他の台湾人との仲に影を落としていたことも指摘している[132]。一方、許の妻である前述の林乾は、夫と異なり「きれい好きでも、秩序正しくも、仕事好きでもなかった」。しかし、「気立てがよく、のんびりして」いる彼女は、夫の非難にもさほど影響を受けず、二人が「穏やかな愛情のある夫婦」となるのを可能とする人物である[133]。これらの描写からは、仕事に対する勤勉さや厳密さを基準とした長短の二項対立では割り切れない人物たちの姿が描かれていることが窺われる。

(5) 張有義の個別的関心

一連の台湾人描写の中でも、張有義 Righteousness（生没年不詳）という人物の描写は、ムーディ自身の個別具体的な台湾人描写の意図そのものを示す重要な例である。ムーディによれば、炭を売るために訪れた町で街頭説教を聞いて教会に来るようになったこの人物の「もっとも顕著な性格とは、そのすべての人々に対する心からの関心である」[134]。

彼〔張有義〕は彰化までの五マイルの道を歩いて行くときには、あらゆる種類とサイズの瓶をラクダのようにどっさり背負って戻ってくる。軟膏の瓶、キニーネの瓶、ビールの瓶にウィスキーの瓶、コルクをしているもの、していないもの、いっぱいに詰めてあるもの、半分だけ詰めたもの。それらを倒しては危ないので、たいていは紐で首にかけて、すべて身体にぶら下げて来る。我々の友人〔張有義〕は、彼の教区の人々の様々な病状を医者に説明して、それぞれの人たちに適した薬を持って帰ってくるのだ。

後に基督教医院のカテキスト（伝道師）の仕事を手伝った際にも、張は「患者たちに対する同様の温かい関心を示した。それは一般的な関心ではなく、個別的な関心 a particular interest である」。「彼は患者たちのことをすべて知っていた。彼らの兄弟たちや姉妹たちのこと、彼らの家のこと、彼らの職業のこと、彼らの家計のこと(135)」。その後、彼は牛罵頭教会の伝道師となり、日曜日には説教者、教師、相談相手、料理長としての役割をこなした。張は子どもたちや新しく教会に来た人たちのアルファベットの勉強を見てやり、わかりにくいところを教えたり、暗唱を聞いたりするだけではなく、祈祷会も取り仕切る。彼の教会では女性たちが男性たちと同じように「積極的」・「自発的」に仕事を手伝い、「誰もそれを変だとも非難すべきだとも思わない」。「何と心の温かい会衆たちだろう、心温かい説教者に、心温かい人たちだ！(136)」

張に関連するこうした描写からは、個々人への個別具体的な向かい合い、それらの人々が経験してきたこと、人間関係、および直面している状況の一つ一つに対する「心からの」「温かい関心」や、「積極的」・「自発的」に教会活動に参与する「心温か」さへの重視が窺われる。

重要なことに、張が示す「すべての人々に対する心からの関心」は、ムーディ自身が台湾人の個別具体的描写を通して実践しようとしていた宣教姿勢に他ならなかった。民族的・宗教的他者の「奇妙さ、異様さ、相違」を強調し、それを戯画化するような描写を意識的に退け、「より詳しく観察すれば、一見統一されているかに見えるものは顔立ちも性格も非常に多様」であると論じていたことからも窺われるように、ムーディが重視する個々人への個別具体的関心とは、人々を類型化する姿勢とは正反対のものである。前述の『愛の忍耐強い働き』におけるムーディの説教に見られたように、彼は出身地や民族、階級や貧富の格差を含む様々な次元における人々の分断・対立状況を批判し、これに「世を愛された」神のあり方を対置させた。このことに鑑みれば、台湾の人々を個別具体的に描くという彼の試みには、これらの人々を否定的イメージによって類型化することでキリスト教宣教を正当化するような「冷酷な自己愛」に対抗する意図が込められていたと考えられる。

(6)「弱い兄弟」と苦しみへの問い

前述のように、ムーディは台湾人キリスト者の精力的な働きぶりを肯定的に描いていた一方で、フィットウェル、許敏、林乾の描写の例に見られたように、勤勉さと経済的成功、キリスト教的敬虔と「救いの確証」とを結びつけるような考えとは一線を画していた。このことは、ある匿名のキリスト教徒「弱い兄弟」に関する描写からも窺われる。ムーディによれば、この人物は「丘で草を刈り、それを燃料として売るという不安定な生活をしている」。妻が病気になったときに支出がかさみ、さらには彼女の看病や子どもたちの世話、家事をするために一週間家にこもったことで、その負担はさらに重くなった。「彼は身体があまり丈夫ではなく、精神に力はなく、気持ちも傷つきやすい」。彼は教会役人たちの「軽蔑と叱責」に苦しめられ、そのことをムーディに伝えようとする[137]。

あるとき、彼は私〔ムーディ〕のために荷物を運んでくれた。食事の後、一緒に座っていると、彼は突然すすり泣き、「宣教師、私の罪は重い」と語った。私は全身全霊で〔彼を〕注視した。彼は続けて、自分は巨額の借金をしているのだと話した。つまり、私の借りは大きい、私は悲しみに溢れている、私の苦悩は意識的な、または無意識的な罪への罰なのだ、という意味であった。

これに対し、ムーディは次のような思いを示した。「苦しみや病のとき、多くのキリスト教徒は同じ表現を用いる。もちろん彼の罪ではない、彼の不運なのだ。この素朴な草刈りの心を悲しませるものは[138]」。

この「弱い兄弟」や他の「多くのキリスト教徒」のように、貧困の苦しみを自らの罪の結果であるとする考えは、経済的不成功を「怠惰」や「不道徳」と結びつけ、さらにそれを救済観の中で「罪」に属するものとして捉える考え方に結びつきがちである。なぜなら、自分の境遇が苦しいのは、自分に何らかの過ちがあるからだろうという考えは、その裏返しとして、自分が経済的成功を収めている、救済に与っているのは自分に何らかの褒むべき点があるからだとする自己完結的な考えと背中合わせのものとなりがちだからである。この人物の苦しみの根本は「彼の罪ではない、彼の不運なのだ」と述べたムーディの姿勢は、このような救済観からはっきり距離をとるものであった。

4　「異教徒の心」とキリスト教「精神」の間

以上のように、宣教初期のムーディは、台湾およびシンガポールという植民地支配下の社会への洞察に基づき、自身を含む「西洋人」の民族的・宗教的他者への関わり方に対する批判的内省を表明するに至った。非キリスト教的な「冷酷な自己愛」への批判が象徴するように、そこでは個々人への個別的な関心を持つ神という大文字テクストを重視し、自身の行いや道徳性を「救いの確証」とする自己義認的・自己完結的救済観を退ける彼自身の信条と、キリスト教宣教師としてのアイデンティティが重要な役割を演じていた。しかしながら、以下に示すように、この宣教地のコンテクストに対する観察と、宣教師としてのアイデンティティとの間の葛藤こそが、当時のムーディにとって独特の困難を生み出してゆくこととなる。

宣教初期、キリスト教とは縁のない台湾の人々に想像していたような「悲しみ」や「冷淡さ」を見出せなかったムーディは、キリスト教宣教の目的は「あらゆる悪徳の奴隷」として「さまよい」、「泣いている」漢族異教徒の救済などではないことを認識した。「異教徒はさまよってなどいない〔…〕泣いてなどいない」。それぞれに幸福に暮らしており、その上、多くはキリスト教にさほど熱心な興味を持っていない。[139] このような事態に直面した彼は、「需要がない商品〔キリスト教〕をなぜ売りつけようとするのか？」と思わず問いたくなると述べている。[140]

この困難に対処するために彼がとった方法は、台湾の人々のキリスト教受容の過程を次の二つの次元から捉えることであった。

第一が、当時の漢族台湾人が自分たちなりにキリスト教に惹かれ、それを受け入れたいと望む「心 heart」の次元である。ムーディは台湾の「異教徒」の人々の中には、「健康、富、悪霊からの護り」や、アヘンや博打からの脱却を望んでキリスト教に近づく人々がいると論じる。そのため、改宗したことで「私の心は平安になった」と述べる者がいるが、それはキリスト教的な意味での罪からの解放の感覚ではなく、悪霊から護られる安心感や天国に行けるという希望であることが多い、と。[141] しかし、彼は「異教徒時代でも自分の罪のために泣いていたある老人」を知っていると述べ、この人物のように「罪の意識に苦しむ心は必ず存在」し、これらの人々がキリスト教の話を聞いて「受け入れたり、部分的に理解したりする」ことがあると論じた。[142] すなわち、ムーディは台湾の人々が持つ生活の安定、悪霊の克服や、「罪の意識」からの解放を望む感情としての「心」を、これらの人々の身体的、政治的、そして倫理的な「苦しみ」として捉え、それらこそ台湾の人々がキリスト教を受け入れるための重要なルートとなると考えたのである。

ただし、彼は第二に、台湾の人々にキリスト教の中核的な教えを理解するための「精神 mind」、いわば理性的・知性的な発想の準備が整っているかどうかという次元を挙げた。ムーディは、台湾の人々は概してイエス・キリストへの関心が低く、キリストは何のためにこの世に来て、どのように我々を救った／救っているのかといったキリスト論に関わる教えに疎いと捉えた。「新しい『改宗者』と話すのは、なんと興味がわかないことだろうか。その会話は『イエスや、彼の愛』についてではなく、偶像崇拝の虚しさと真の神によるお護りの力についてである」[143]。さらに、彼はこれに直接的に連動する形で、台湾人は罪の認識や信仰義認の性質に関しても理解できない傾向にあり、十戒のような道徳律をより理解しやすいと感じていると捉えた。[144] ムーディはこのような宣教の困難の原因について、宣教師の伝えるキリスト教が「西洋化」されたものであり、改宗者の社会とは相容れないものだからだとする議論を批判し、それはユダヤ・キリスト教的伝統にそもそも備わる諸観念が、他のあらゆる文化的背景を有する者にとって本来的に新奇なものだからであると論じた。その上で、彼は台湾での街頭説教でイエスの生涯や喩え話について話しても、思うような反応を得られず、漢族台湾人の信徒には次のように言われたことを回想している。「『私は彼ら〔異教徒〕に十戒を教えます』〔…〕『そうするとわかってもらえるんです。でもあなたは彼らがわからないことを話しているんです』」[145]。

この観察は、一面ではあながち的外れでもなかった。台湾におけるキリスト教受容の歴史を概観した鄭兒玉は、特に漢族系台湾人の文化社会的価値観とキリスト教の出会いにおける神学的課題を次のように論じている。「現実的な意識を持つ漢民族系台湾人は、宗教的信仰の目的を保庇《ポピ》（守護と御利益の混合）とみている。それゆえに、漢民族にとって、キリスト教で言う罪の意味は、非常に把握しにくいものであった。漢民族にとって罪とは、孝養もしくは道徳的義務を破棄すること以外の何物でもなかった。〔…〕それゆえに漢民族にとっては、罪からの救い主としてのイエスを認めるより、十戒を受け入れることのほうが容易であった[146]」。

しかしながら、ムーディは漢族台湾人の間に見出したこのような宗教―文化的傾向と類似したものを、紀元一世紀から三世紀の地中海世界に広まった初代キリスト教会にも見出し、これら初めて福音を聞く者たちによるキリスト教の選択的受容は、彼らの精神の準備が整っていなかったことによると位置づけた[147]。

> 全体的に言ってすべての精神は似ており、ギリシア的あるいはローマ的だと言われるもの〔精神〕は本質的には人間的なものである。教義の歴史とは、全体的に言って、啓示の意味を解釈し、徐々に理解するようになる人間の精神の歴史である。

このような「人間の精神」の発展史観とも言える考え方には、人々を分類・序列化する面があったと同時に、「本質的には人間的なものである」という言葉に見られるように、「ギリシア的」、「ローマ的」、あるいはスコットランド的、台湾的な「精神」同士の差異は、「啓示」と「人間の精神」との間の断絶に比べれば、さほど注目も強調もされるべきものではないとする考えとも連動していた。

このような姿勢は、彼が同時代台湾における礼拝の様子を出発点として、本国イギリスでは自明視されている「統一された、敬虔な礼拝式」のあり方を相対化したこととも関連している。泥煉瓦の壁に藁葺きの屋根、でこぼこの土の床でできた会堂で執り行われる台湾の教会の礼拝風景には、讃美歌の番号を聞きそびれた信徒が大声で尋ね合う声、うろうろと歩き出して一緒に遊び始める子どもたち、郵便物を届けに来た配達人やバケツを運んで通り抜ける人、牧師の説教中に必死で白話字讃美歌を解読しようとし、近くの人に質問をする人たちの姿が見られる。しかしながら、こうした風景は、歴史的に見てキリスト教文化圏においても珍しいものではなく、「我々が慣れ親しんでいる敬虔さと礼儀正しさは、つい昨日〔から〕のものであるということを、我々は忘れてしまっている」に過ぎない、とムーディは述べる[148]。

彼はこのようにキリスト教を選択的にしか受容せず、荘厳とは言えない礼拝式をまもる台湾人改宗者を頭ごなしに否定すべきではないとした。キリスト教会、「聖徒たち」の間には、現時点のキリスト教文化圏から見れば「欠点」と見えるあり方が歴史的に常に存在してきた。しかし、重視すべきは、これらの改宗者が現にキリスト者としてのアイデンティティを生きようとしているという事実ではないか。こう考えた彼は、次のように主張した。「もしもあなた方がこのような人々〔台湾人改宗者〕がキリスト教徒と名乗ることを拒絶するのであれば、あなた方は初代のすべての聖徒たちがその名を語ることを同様に拒絶しなければならない[149]」。

キリスト教を歴史的存在として捉えるこのようなムーディの姿勢と連動していたものは、すべての人の精神の潜在能力は平等であるという啓蒙思想的楽観、改宗者がキリスト者として生きることを志向する姿に宣教の意義を見出す福音主義的楽観だけではなかった。このような発想は、人々の精神がキリスト教を十分に受け入れ、理解する準備を整えるまでの進歩状況は、これまでに何を「継承」してきたのかによって違ってくるという考えにもつながった。[150]それは、キリスト論を中核とする信仰の理解と受容という、ある向かうべき目標に到達するための素地を持つ者と、そうではない者とを序列づける啓蒙主義的発想の産物であった。このことは、ムーディの以下のような言葉からも窺われる。[151]

イングランドやスコットランドのもっとも聖徒らしくない人は、台湾のもっとも偉大なキリスト教徒よりもすぐれてキリスト教的である。なぜなら、我々の背後には暗黒の中世、宗教改革者たちの時代、ウェスレーやホイットフィールドやチャーマーズの時代が横たわっているからである。そして、最善の時代はまだ到来していない。

ここでムーディが言及するウェスレーとは、一八世紀の英国国教会司祭で、イングランド、スコットランド、およびアイルランド各地での街頭説教と宣教文書配布を中心とする熱心な宣教活動を展開したジョン・ウェスレー John Wesley（一七〇三―九一）である。彼の宣教運動は福音宣教の重視、および高い社会的関心を特徴とするメソジスト教会の創設につながった。[152]ホイットフィールド George Whitefield（一七一四―七〇）は、このウェスレーとも共同宣教を展開したメソジスト派の宣教者である。数十回にわたる渡米を通してアメリカ各地での巡回宣教を展開し、ピューリタン牧師ジョナサン・エドワーズ Johnathan Edwards（一七〇三―五八）と共に信仰復興運動を率いた人物である。[153]そしてチャーマーズ Thomas Chalmers（一七八〇―一八四七）はスコットランド公定教会牧師であったが、一八四三年の「大分裂」を率先してスコットランド自由教会を創始した福音主義者である。[154]いずれも傑出したプロテスタント説教者、またはリーダーとされる人物たちであることがわかる。

前記の引用文に示されるような考えは、宣教師が台湾から退却すれば、台湾のキリスト教徒は自力でプロテスタント教会を発展させることはできないだろうという、他の宣教師とも共有される懸念につながった。ムーディは次のように述べている。「もっとも知性的で、公平な宣教師の一人がよく話しているように、『我々の漢族（プロテスタントの）キリスト者たちは、ほぼ皆ローマ・カトリックだ』。つまり、彼ら〔漢族ら〕には、もしも〔宣教師が主導することなく〕発展するに任せれば、ローマ・カトリックのようなものを生み出してしまう傾向がある、ということだ(155)」。こうした発想のため、ムーディは一方では、あと数年もすれば現地教会の牧会と運営は台湾人キリスト者自身が完全にこなすようになるだろう、との見通しを示していたにもかかわらず、街頭説教や巡回宣教を含む福音宣教的作業における宣教師のリーダーシップを確保すべきと主張した(156)。換言すれば、理論上では台湾人信徒による自養、自治能力に信頼をよせると述べつつも、その自伝能力には留保をつけるような宣教論であった。宣教初期ムーディが「啓示」という言葉で表現したような大文字テクストに対する考えは、このように悲観と楽観が入り交じるものとなっていた。すなわち、すべての人間の精神は、基本的に啓示という大文字テクストを十分に理解する能力を持たないとする悲観と、人間はキリスト教文化圏の宣教師のように、歴史的「継承」によってこの問題を克服し、あるべき信仰を内在化できる。そのことで、世界はいずれほぼ完全にキリスト教へと改宗するだろうとする、当時の宣教運動に広く共有された楽観的観測との共存である(157)。こうした考えが反省的に捉えられるのは、一九二〇年代末以降のこととなる。

第三節　白話字文書にみるキリスト教論――逆説的な救済の強調

それでは、この時期のムーディは台湾の人々に向けて実際に何を語りかけ、どのようなメッセージを伝えようとしていたのか。それは、右に見てきたような彼の宣教手法や宣教論といかに関わっていたのか。第三節では宣教初期にムーディが著した三つの白話字宣教文書である（1）「教義談論」（一九〇三―一九〇四）、（2）『ローマ書』（一九〇八）、（3）『宣教論』所収記事群（一九〇八―一二）および『宣教論』（一九一四）を分析することで、これらの問題に取り組む。

これまでに見てきた英文著作とは異なり、これらの白話字著作は台湾人読者に向けて書かれたものである。内容的にも、英文著書の多くがキリスト教世界の読者に向けて宣教論や宣教課題に関わる考察を展開するものであったのに対して、これらの白話字著作はムーディ自身がキリスト教の中核的メッセージであると考えた思想や教義をかみ砕いて説明する宣教文書、すなわち宣教実践としての意味合いが大きかった。以下に示すように、それらのテーマは、彼が英文著作にて、台湾人改宗者にとって理解しがたいものと捉えていた、キリスト論や信仰義認の教えを中心としている。

1　「教義談論」（一九〇三―一九〇四）

（1）台湾人信徒の教育ツールとして

一九〇三年七月から翌年三月にかけて『教会報』上で連載された「教義談論」は、ムーディの最初の白話字著作であった。同史料は計五つの章から構成され、その連載状況と宣教後期の『教義談論』[158]（一九二〇）への収録・加筆状況は、表3に示す通りである。

表3から窺われるように、ムーディは一九二〇年に同史料を一冊の冊子として刊行する際、二章分の加筆を行っている。各章ではそれぞれのタイトルのテーマが論じられているが、加筆箇所である冊子版の「道を論ずる要点」および「問答」では、それまでの章で論じられてきた教義が復習されている。加筆・修正に際し、連載時の第Ⅴ章「道を論ずる要点」は、冊子版では「罪」というタイトルに改められた。また、第Ⅳ章「救いの証拠」に関しては、『教会報』第二二三巻（一九〇三年一〇月）が現存していないため確認できないが、冊子版刊行時に加筆されたか、一九〇三年一〇月刊行の第二二三巻で掲載されたものであったと考えられる。なお、これを挟む連載時の第Ⅲ章「救いの詳細」と第Ⅴ章「道を論ずる要点」の内容は、それぞれ冊子版の「救いの詳細」および「罪」の章と完全に一致

表 3.『教会報』における「教義談論」の連載および『教義談論』への収録状況（註 1-3）

章番号	『教会報』連載状況					『教義談論』(1920) の章立て
	発行年月		巻号	ページ	連載時の章題	
I	1903 年	7 月	220	50-52	「生まれ変わり」	「生まれ変わり」
II		8 月	221	59-61	「救われる」	「救われる」
III		9 月	222	69-71	「救いの詳細」	「救いの詳細」
[IV?]		10 月	223	現存せず	（「救いの証拠」?）	「救いの証拠」
V	1904 年	1 月	226	7-8	「道を論ずる要点」	「罪」
[V]		3 月	228	23-24	–	「道を論ずる要点」（加筆）
–	–	–	–	–	–	「問答」（加筆）

している。

アーサーによれば、ムーディは本書が「教会、〔ミッション設立の〕学校、日曜学校」で使用されることを想定しており、同史料が台湾人キリスト者の教育を意図したものであったことが窺われる[159]。その内容は、次のように要約できる。

架空の伝道師とキリスト教徒が教義について話し合っている。二人の会話は、おもに伝道師が質問を切り出し、それに対してキリスト教徒が答えることによって展開されている。二人はまずキリスト教における「生まれ変わり」（新生）を論じ合い、それは人間のいかなる行為によっても獲得されるものではなく、ただ神に求め、与えてもらうものであると述べる。次に「救われる」ことについて論じ、ここでも人は善行によって救いを得るのではないことが指摘される。むしろ善行とは、人のいかなる行為にも先行するイエスの救いを受けた者が行う、イエスに対する感謝の心のちょっとした表現に過ぎないのであると論じられる。「救いの詳細」の章では、二人はキリスト教の救済についてさらに詳しく論じ合い、イエスが人間の罪のため身代わりとなって殺された「贖い」（罪の赦し）と、聖霊という二つの恵みを受けることにより、人は救われると述べる。さらに二人は「救いの証拠」を論じ合う。そこでは、救われた者は身体的・精神的な「平安」を得るのではなく、自己がどうしようもなく罪深い存在であり、ただイエスによってのみ救われる者であることを認識し、イエスを愛し、自分の誇りとすることができるようになる、これが救いの確証であると論じられる。次に両者は「罪」について話し合い、罪とは人間が自分のことばかりを気にかけ（顧自己《コオカァティ》kò·ka-tī）、神を愛さないこと、自分の名声、面子《メンツ》を重視し、自分に頼ろうとすること、したがって負けを認めようとはせず、神に頼ることを望まないことであると指摘する。さらに二人は、イエスによる救いを受け、人が罪から脱するということは、イエスによる贖いと聖霊の二つの恵みを受けることであることを再確認する。最後に伝道師はキリスト教徒に対し、あなた自身もこの恵みを喜んで受け入れるかどうかと尋ね、キリスト教徒は「はい」と答えた(160)。

「教義談論」では以上のような内容が、平易な会話文を通して展開されている。同史料の主人公である二人の架空の人物の言葉は、日常的な例えや話し言葉に見られる表現を多く用いることによって読みやすい文体となるように工夫されている。特徴的な点は、「おや！Hé!」という感嘆詞、「それは違います／呣是按呢《ムシアニ》ṁ sī án-ni」や「その通り！／挓《ティオ》！Tioh!」、「本当にそれだけですか？／敢是按呢而已《カムシアニィナァティア》？· Kám sī án-ni nā-tiā^{n}?」といった登場人物たちの受け答えによってつけられる変化が、文体を歯切れ良いものとしていることである。また、台湾の状況に合わせた表現の一例としては、次の一段を挙げられる(161)。

伝道師〔…〕生まれ変わっていない人はこう言いたいでしょう。私が上帝に従えば、すべてに対して誠実になる。しかし、誠実だと仕事で儲けることができない。例えば、牛やお茶を売るときには、ときには人を騙さないと食っていけない。私が豆腐乾を売るときに、人に「それは昨日作ったの？」と尋ねられて「そう」と答えると、その人は買ってくれない。だから、騙すしかない。生まれ変わった人はこう言うでしょう。「たとえお金を儲けさせてくれなくても、私を飢え死にさせるとしても、それでもなお私は上帝に従わなければならない」と。

このように、「教義談論」には牛やお茶、豆腐乾の売買、田植えや稲刈りをする(162)といった当時の台湾の多くの人々にとって日常的であったろう場面が、登場人物の会話の中に多く見られる。文体の歯切れのよさ、日常的な場面を彷彿とさせる多くの例は、いずれも同史料を読みやすくし、内容の理解を促すための工夫であることが窺われる。なぜなら、以下に述べるように、同史料はその形式、文体のわかりやすさに対して、難解な内容を扱うものと言えるからである。

ムーディがいかなる基準によって「教義談論」の各章のテーマを選択したのか、そしてそれらのトピックはムーディが想定する読者にとってどのようなものであると考えられていたのかを知るためには、前述の『異教徒の心』の議論に着目する必要がある。同書の第四章「異教徒の心の敷居をこえるキリスト」[163]にて、ムーディは同時代台湾の教会を初代キリスト教会になぞらえ、キリスト教の福音や教義が、それを初めて耳にする者にとっていかに難解かつ新奇なものであるのかを指摘している。[164]その際、彼は特に台湾の人々がキリスト教に期待することや、キリスト教教義に対して示す読み込みや選択的受容の傾向を検討しており、その要点は以下の九つにまとめられる。

①キリスト教に現世利益的な「平安」を期待する
②信仰義認を理解できず、善行により救われると考える
③救いの臨在を理解していない
④救いの証拠を現世利益的な「平安」に求める
⑤神を恐れ、神（目上の存在）への「愛」に違和感を覚える
⑥キリスト降誕の意味を理解できない
⑦キリストの贖罪の業を理解できない
⑧聖霊の働きに対する関心が低い
⑨洗礼と新生の意味を理解できない

表 4.『異教徒の心』第四章の九つのトピックと「教義談論」内容の応答関係（註 1-4）

	①	②	③	④	⑤	⑥	⑦	⑧	⑨
生まれ変わり	●	●			●			●	●
救われる		●	●			●			
救いの詳細			●			●		●	
救いの証拠	●	●		●		●		●	
道を論ずる要点		●				●	●		

●は関連するトピックが言及されたことを示す。

これらがムーディの認識する台湾宣教上の重要課題の概要であるが、視点を変えて見れば、これらのポイント（キリスト教的「平安」、信仰義認、救いの臨在、神への愛、キリスト降誕の意味、キリスト贖罪の業、聖霊の働き、洗礼と新生の意味）こそが、台湾の人々に理解してもらわねばならないと彼自身が考えていた、ムーディにとってのキリスト教の中核的メッセージであると言える。表4は、『異教徒の心』第四章の要点に対する「教義談論」の内容の応答関係を示したものである。

表4から窺われるように、「教義談論」において、ムーディは『異教徒の心』第四章で挙げたトピックを、特に信仰義認、およびキリスト論に力点を置きつつ論じている。前述のように、この二つの教義はムーディが台湾の人々にとっては難解かつ新奇であろうと観察したものである。これらはまた、彼が一方では非ヨーロッパ世界の人々の「精神」の程度では理解しがたいと位置づけていたキリスト教の中核的メッセージを、このような手段を通して現に伝達し、理解してもらおうとしていたことを示す。

（2）キリスト論、罪の認識、および信仰義認を核とする議論

それでは、こうしたムーディの教義に関する説明は、具体的にどのようになされ、神学的にはどのような位置づけにあったのか？　ここではこの問題を、問答形式によって展開されている「教義談論」の第Ⅴ章「道を論ずる要点」、およびムーディを含む一九世紀長老派スコットランド人の多くが学んだ『ウェス

トミンスター小教理問答』（一六四七）との比較に沿って考えたい。

まず、「教義談論」第Ⅴ章は、以下のように書き出されている。[165]

伝道師　イエスは何のために世界に来たのですか？

キリスト教徒　我々を救い、罪から脱させるために。

伝道師　我々にはどのような罪がありますか？

キリスト教徒　我々の先祖が遺した罪です。

伝道師　それは原罪のことで、自分の罪のことではありません。我々自身にはどのような罪があるのでしょうか？　何が罪なのでしょうか？

ここでは、まずイエスの目的（キリスト論）、および人間の「罪」の問題が密接な関係を持つものとして提示され、前者を知るには後者を理解せねばならないという立場が明確に表明されている。さらに重要なことに、ここでは「罪」について理解するには「先祖」による「原罪」ではなく、むしろ「自分の罪」、「我々自身」のパーソナルな「罪」に焦点を当てねばならないことが強調されている。

このやり取りに続き、架空の伝道師とキリスト教徒は、個々人の「罪」には、「外面的」・「有形」なものと、「心の中の」・「無形」のものがあることを確認する。具体的には、前者には「人を殺すこと、〔…〕人の物を盗むこと、姦淫、父母への不孝、嘘をつくこと、人を騙すこと、悪口を言うこと」が含まれ、後者には「人を憎むこと、嫉妬、怒りっぽさ、軽蔑、貪欲、汚れた思い」が含まれるとされる。さらに二人は、「罪」には「度が過ぎることによる罪と足りないことによる罪」の区別があることを確認し、これまでに論じてきた「罪」は前者に属する一方で、後者の「足りないことによる罪」には、「心をつくし、本性をつくし、力をつくし、意をつくして、主なるあなたの神を愛せよ。また自分を愛するようにあなたの隣人を愛せよ」という、人の「本分をつくさない」ことであるとした。ムーディは典拠を示していないが、記述内容からこの教えは新約聖書マルコによる福音書一二章二九から三〇節に基づくものとわかる。[166]

彼はこうして罪の「多くの形」を示した上で、架空のキリスト教徒の声を借りて、「罪の性質」について次のように語り始める。「罪の性質とは、自分のことばかり気にかけ、神を愛さないことです。〔…〕自分の名声、面子を重視し、自分に頼ろうとする。だから負けを認めること、降伏すること、神に頼ることを望まないのです」。その上でムーディは、我々は、我々をこの自己義認的な精神状態たる「罪」から救うために犠牲となったイエスの「情け」と、我々を新しく生まれ変わらせる「聖霊」を喜んで受け入れることによって救われるのだと論じている。[167]

一方で、一〇七問の問答から展開される『ウェストミンスター小教理問答』の冒頭部分は、キリスト論から語り出す「教義談論」第Ⅴ章とは異なり、まずは神と人とのあるべき関係性を明確化しようとする。[168]

問一　人間の第一の目的は何ですか。
答　人間の第一の目的は、神に栄光を帰し、永遠に神を喜びとすることです。
問二　どうしたら神に栄光を帰し、神を喜びとすることができるかについて、わたしたちを導くために、神はどのような規範を与えておられますか。
答　神の言葉（それは旧約と新約の聖書に含まれています）が、どうしたら神に栄光を帰し、神を喜びとすることができるかについて、わたしたちを導く唯一の規範です。
問三　聖書は、主に何を教えていますか。
答　聖書は、主に、人間が神について何を信じなければならないかと、神が人間にどのような義務を求めておられるかを教えています。

問四　神は、どのようなお方ですか。

答　神は、その存在・知恵・力・聖性・義・慈しみ・まことにおいて、無限・永遠・不変の霊です。

右の引用から窺われるように、同史料はまず「無限・永遠・不変」なる神と、これに服従すべき者として創造された人間との関係を確認している。その上で、同史料は「問一四　罪とは、何ですか。／答　罪とは、神の律法に少しでもかなわないこと、あるいは、それに違反することです」と述べ、問一五から一九にかけて、「原罪」の説明を展開する。すなわち、人間の祖先とされるアダムが神との約束を破ることで「原罪」に陥り、すべての人が「神との交わりを失い、今では神の怒りと呪いの下にあり、そのため、この世でのあらゆる悲惨と、死そのものと、地獄の永遠の苦痛を免れなくされています」と論じられる[169]。

これらの記述と前記のムーディの記述とを比較すれば、「罪」がもたらす問題として両者が挙げる事象が微妙にずれていることが明らかとなる。すなわち、『ウェストミンスター小教理問答』では、「この世でのあらゆる悲惨と、死そのものと、地獄の永遠の苦痛」という苦しみが「罪」によってもたらされるものとしてクローズアップされている一方で、ムーディは他者に危害を加える言動や宗教的コミットメントの欠如など、「この世での」現実的な自他関係や宗教生活の状態に関わる問題――いずれも彼の言うところの神と隣人に対する人の「本分をつくさない」状態――に焦点を当てている。

ムーディがこのように論を展開した背景には、「罪」によってもたらされる「悲惨」の強調が、キリスト教への改宗による現世利益的な「平安」への誤った期待や、神への「恐れ」を動機とする宗教生活の根拠とされてしまうこと――彼が英文著作にて台湾人改宗者が陥りやすいと捉えていた選択的受容のあり方――への警戒があったと考えられる。ただし、彼が「この世でのあらゆる悲惨」の記述を踏まえなかった最大の動機は、苦しみと罪とを結びつけてはならないという神学的信条であったと思われる。前述の「弱い兄弟」の描写に見られたように、ムーディは「苦しみや病」、「心を悲しませるもの」の原因は自身の罪だとする救済観を明確に否定していた[170]。

また、『ウェストミンスター小教理問答』は、既述のように神―人関係の前提を確認した上で、問二〇にて「選びの民」に対する神の救済の意志を提示し、問二一以降では「神の選びの民の贖い主」であるイエス・キリストの役割を示している。すなわち、①「神の御心を〔…〕啓示する」預言者、②「神の義を満たしてわたしたちを神に和解させるために、御自身をいけにえとしてただ一度献げたことと、わたしたちのために絶えず執り成しをする」司祭、③「わたしたちを治め、守ること、また、彼とわたしたちのすべての敵を抑え、征服する」王としての三つの役割である[171]。さらに、同史料は問三九から四二にかけて、「神が人間に求めておられる義務」の内容は「十戒」に要約されているということ、その内容とは「心を尽くし、精神を尽くし、力を尽くし、思いを尽くして、わたしたちの神である主を愛することと、隣人を自分自身のように愛することです」と述べている[172]。

このことから、ムーディが「教義談論」にて人の「本分」と位置づけた神と隣人に対する愛は、『ウェストミンスター小教理問答』にて「神が人間に求めておられる義務」とする教えと一致していることがわかる。ただし、両者の描き出す救済観とキリスト論には、やはりズレがある。まず、前述のように『ウェストミンスター小教理問答』にて示される神の救いの対象は、一部の「選びの民」である。このような予定説の思想は、ムーディの「教義談論」では取り上げられていない。このことは、後述するように、彼が予定説を明確に否定する記述は残していないながらも、それを肯定することもせず、正面から取り上げることを意識的に避けていたことと関連すると思われる。長老派の流れを汲む信仰を基調としていたとは言え、台湾の「異教徒」の中に「他者への思いやり」を見出していたムーディにとって、これらの人々を「選ばれなかった人々」として切り捨てることは困難であったと考えられる。

また、『ウェストミンスター小教理問答』では、①預言者、②司祭、③王としてのイエスの役割が提示されているが、ムーディの「教義談論」ではこのうち第三の役割、すなわち「わたしたちを治め、守ること、また、彼とわたしたちのすべての敵を抑え、征服する」王の役割が、意識的に割愛されている。このことは、次の一節から窺われる[173]。

伝道師　〔…〕さて、イエスはどのような方法で人を救うのですか？
キリスト教徒　その権威によって。
伝道師　その権威を使うわけではありません。その実、かれの弱さ、かれの死によってなのです。

彼がこのような言い回しをしたのは、一部の台湾人改宗者が、救いはイエスの「全能の力」によって実現されると捉えていることに彼が問題意識を持っていたことと密接に関わっている。このことは、彼が『異教徒の心』で、このような理解は、イエスは神を顕すために来た二義的な存在に過ぎないとする「イエスの人格的意義」への関心の低さや誤解に基づくものだと論じていることからわかる。(174) 後述するように、ムーディは「弱さ」や「死」によって人々を救うイエスや、罪ある者が義とされるとする、キリスト教思想独特の逆説性を台湾人に説明しようとしていたのだ。

以上のように、ムーディは「教義談論」にて台湾での宣教経験を通して考察してきた宣教課題、および神学的信条に即する記述を展開していた。こうした姿勢は以下に考察する他の白話字宣教文書にも共通して見出される。

2　『ローマ書』（一九〇八）

(1)　台湾人信徒、および聖職者のための聖書学的註解書

一九〇八年に刊行された『ローマ書』、または正式タイトル『ローマ書第一から八章新口語訳、および註解、解説、講義』は、現存するムーディの白話字文書における唯一の聖書註解書である。

ムーディは同書の訳文作成に協力してくれた牧師・林学恭、および伝道師・張道三《ティウトォサム》（張安貴《ティウアンクイ》、一八七四―一九三三）、陳有成《タンイウシン》（一八六七―一九三四）、黄憲章《ンヘンチョン》（一八七八―一九六四）、黄作邦《ンツォクパン》（一八六九―一九〇七）、汪培英《オンポェイン》（一八七八―一九四九）、および、呉美見《ゴビーケン》（呉希栄《ゴヒィイン》、一八八二―一九二二）らへの謝辞を記し、ローマ書テクストの口語訳文の作成は

彼一人で遂行するには非常に困難な作業であったと述べている。[175]

一二〇ページに及ぶ同書の本論の形式は、通常の書籍とは異なり、見開き一ページを一つのセットとして読むように設計されている。すなわち、左ページの上段には、ムーディが新たに訳した閩南系台湾語の口語訳文による聖書本文が掲載され、その下にはこれに対する註解がキーワードを軸に示されている。例えば、口語訳文の「ローマ書」一章一節「イエス・キリストの僕《しもべ》、召された使徒であるパウロは、上帝の福音を伝えるために遣わされた」という一節に対して、ムーディは「イエスの僕」、「召された使徒」、「遣わされた」、「上帝の福音」という四つの表現を取り上げ、これらの歴史と由来、本文中における意味を示している。[176]

また、ムーディは同書の右ページの上段には、該当する聖書テクストの表現をさらにかみ砕き、意訳したものを掲載し、その下段にはその箇所に基づく問題提起や解釈を含む講義テーマを記している。講義セクションについて、ムーディは「信徒の皆さんがパウロの書簡が現代の人にとってどのような教えを示すのかを知りたい場合」、「〔伝道師〕先生が〔説教の〕テーマを選びたいときに」用いてほしいと述べていることから、[177]彼が同書の読者として台湾人信徒・聖職者を想定していたことがわかる。同様に右ページの内容を「ローマ書」一章一節に沿って見てゆくと、上段の意訳文は次のように記されている。「イエス・キリストの僕、かれによって買い取られ、かれに属する者であり、かれが望むいかなることにも喜んで降伏する者、また、かれの召使いとなり、ペテロやヨハネと同じように召された者、すなわちパウロは上帝の良い知らせを宣べ伝えるために〔ペテロやヨハネの〕他に立てられた者」。

下段の講義では、ムーディは古代ローマにおける「僕」、すなわち奴隷が、「人としてではなく、物として」扱われ、生かすも殺すも主人次第とされた人々であることを踏まえ、パウロがこれを知りつつあえて自らをイエスの「僕」であると表現したことに注目する。彼は、このことから該当箇所の心とは、「（1）我々はイエスによって買い取られた〔…〕しかし銀によってではなく、血によってである。（2）イエスが我々を買い取ったのは、我々を抑圧するためではなく、我々を解放するためである（地獄から脱離し、悪魔から脱離し、罪から脱離し、己から脱離する）。（3）だから我々は望んで自らを差し出し、かれの奴隷となるのである」という三段階から理解されると述べている。[178]『ローマ書』の序文にて、ムーディは同テクストに関わるいくつかの歴史事項を確認している。すなわち、古代ローマが侵略と植民地支配によって栄えた都市であること、当時ローマ市には捕虜として連れて来られ、後に解放された者や、移住した者を含む八〇〇〇人ほどのユダヤ人が居住していたこと、およびローマ書テクストがギリシア文字によって書かれたものであることなどが指摘されている。また、ムーディは典拠を示さないながらも、欧米系のものと思われるいくつかの聖書学研究に基づき、当時のローマの教会を構成する民族の多くがユダヤ人ではなく「異邦人」であったことを確認している。その上で、彼はローマ書の執筆時期（紀元五八から五九年）および場所（コリント）、執筆の目的に関する諸説（当時の中枢都市としてのローマの影響力を重視したとの説や、遺言書であったとの説）、執筆者が本当にパウロであったのかどうかに関する諸説（一から一六章はパウロの筆であり、そのうち一から一四章までは後に彼が修正を施していること、一六章二五から二七節はパウロではなく後代の人による加筆であることなど）を紹介している。[179]このように聖書テクストを歴史的に分析し、読み解く姿勢は、一九世紀後半以来の近代聖書学の手法に則ったものと言える。[180]

（2）十字架の死による救い――キリスト教の逆説的メッセージ

序文において示されたこのような聖書学的姿勢は、本論にも貫かれている一方で、そこで中心的に扱われているテーマは「教義談論」と同様、キリスト論、罪の認識、および信仰義認など、台湾での宣教経験の中で彼が強調するようになったものを中心としている。このことは、彼が英文著書『異教徒の心』で考察した台湾におけるキリスト教の選択的受容のあり方を、本書の講義セクションにおいても以下のように論じていることから窺われる。[181]

我々の教会の兄弟姉妹たちが異教徒に宣教するとき、唯一の真の上帝を崇めるべきである、仏を崇めてはならないと勧めるが、イエスについてまったく言及しないのをしばしば見かける。それは自分でよくわからないために言えないという場合もあるし、異教徒が聞いてもわからないだろうと思うからという場合もあり、また恥を恐れ、〔イエスが〕十字架に付けられたということに言及できないという場合もある。

異教徒に対して「十字架に付けられた」イエスを恥じる台湾人キリスト者に関する引用文の認識を踏まえれば、ムーディが「ローマ書」を選び、その白話字註解書を出版した理由の一端が明らかとなる。パウロ書簡、およびこれに対する解釈を分析する青野太潮が指摘するように、パウロの宣教の中核には「この世的に見たら、愚かさ、躓き、弱さ以外の何物でもないのだが、しかし神の目から見たら、そこにこそ真の意味での知恵、賢さ、救い、力（すなわち強さ）があるのだ」とする逆説性が存在しており、「ローマ書」における信仰義認論――「不信心な者が義とされるという思想」――にもまた、その逆説性が色濃く表れているからである。[182]

教会の「兄弟姉妹」、すなわち信徒に、このような十字架の死を含む「イエスについて」の言及を中核に据えた宣教を行うべきとするムーディの呼びかけは、個々の信徒の罪の認識と「恩典《ウンテン》 un-tián」、すなわち恩恵としての救済といった講義セクション全体のテーマと密接に関わっている。この場合の、「恩典《ウンテン》」としての救済とは、道徳的自助努力や律法の遵守などの自身の行いによるのではなく、神・イエスへの信仰により「稱做義《チンツォエギ》 chheng tsòe-gī」、すなわち義とせられることによる救いを意味する。つまりこれは、道徳的自助努力こそが大切であると解釈されがちであった一九世紀後半のスコットランドの長老派の信仰とも、もっぱら律法（特に十戒）の遵守を強調しがちな一部の台湾人信徒の信仰の傾向とも異なるものであった。

「信仰とは、心の内における従順である。信仰とはただ信仰があるというだけのものではなく、〔イエスに〕信じて依り頼むということ[183]」、「救いとは主人が〔自己からイエスへと〕替わるということだ[184]」といった言葉が表すように、ムーディにおいて、キリスト論とは、イエスは私にとって何者なのか、私はイエスに対して何者として関わりたいのか、というきわめてパーソナルな問題として意識されていた。このことは、彼が「教義談論」にて、イエスの役割を理解するには、個々人による「自分の罪」の認識が必要だとする姿勢を示していたこととも密接に関わっている。各人にとっての「罪」や「信仰」の固有の意味合いの強調は、これらの人々が各々イエスと人格的に関わるべき存在であるという信条の表れであり、この点において、個々の台湾人に「個別的な関心」を持ち、それぞれを具体的に描写しようとした彼自身の宣教姿勢を支える思想とも連なるものであったと考えられるからである。

彼はこうした「恩典《ウンテン》」としての救済の認識、神・イエスへの降伏としての信仰という心の状態と対置するものとして、自身の能力を信じてこれに依存し、自身を顧みる「靠自己《コカァティ》、顧自己《コォカァティ》 khò ka-tī, kò͘ ka-tī」の心の状態を挙げ、このようなあり方こそが「あらゆる悪の根源である」と論じた。(185) すなわち、ムーディは自らを神との関係から遮断し、自分の力だけを頼りにする自己完結（靠自己《コカァティ》）と、他者を顧みない自己中心（顧自己《コォカァティ》）という二つのあり方を、いずれもキリスト教信仰とは相容れない姿勢として批判している。それぞれに神、および他の人々という人格的他者との相互関係への拒絶を意味する「自己完結」と「自己中心」の問題は、宮本久雄が指摘するように、互いに密接に絡まり合うものである。宮本は、「自己完結」的なあり方として、他者や様々な事物を「概念化」することで自らの理解・言語の内へと「同化」する「知的閉ざし」、および自らの意思を「神の如く善悪の基準・法を決定・支配し自己の行為を正当化しつつ、他者の呼びかけに耳を閉ざす」「意思的閉ざし」を挙げ、それらの「自己中心主義」の問題を指摘している。(186) その上で、宮本はこれらの「閉ざし」＝「自存存在への努力・衝動・意欲」が個体のみならず、「資本主義的独占経済体制、政治的独裁体制、管理的情報支配システムなどの体制・組織・システムの存在そのものを意味する」と洞察し、「それこそが自己保存、すなわち現代を支配する、他者併呑的で巨大な閉ざしの機構に外ならない」と述べる。こうしたシステムとしての「閉ざし」は、あらゆる事物や「人間主体」さえも「役立ち用立てられる連鎖的用立ての循環的閉ざしに閉じ込め」、人を「この立て組みの中に用立てられ任用され効果を生み出す部品」――「人材、人手、人的資源など」――にしかすぎないものとして扱うという。(187) 「冷酷な自己愛」批判の例を通してすでに見てきたように、こうしたあり方はムーディの重視する「個別的な関心」とは明らかに相容れないものであり、宮本もまたこれを「根源悪」と位置づけている。(188)

この「自己完結」と「自己中心」をめぐる問題は、その後のムーディの議論においても何度も持ち上がるテーマである。彼のこの考え方は、人間の本性には神の恵みに呼応する性質が神によって付与されているとするカトリック(189)への批判にもつながり、彼はこれを「神の恩典《ウンテン》を廃絶」するに等しいものとまで述べている。(190)それが「神によって付与されたもの」と位置づけられていようとも、人間の側に救いに関わる能動性を認めかねない考えだと認識したためである。このように、あくまで「恩典《ウンテン》」としての救いを強調するムーディの神学思想は、彼のプロテスタント宣教師としての自己認識を色濃く反映するものであった。(191)

救いは「信仰のみ」によってもたらされる「恩典《ウンテン》」であるという信条は、自己義認的発想や、それに親和性を持つと思われる考え方への批判だけではなく、人間本性の罪深さの強調からも表明された。罪の力の大きさを強調し、(192)道徳律を含む律法は「人に罪のことを知らせる」ものに過ぎないと指摘した彼は、個々人の罪の認識と、恩恵としての救いの認識は表裏一体であると論じる。(193)

興味深いことに、彼はローマ書四章四から五節の『もし人が働けば、給与は恩典《ウンテン》ではなく、かえって当然払うべきものとされる。もし人が働かなくとも、不敬な人を義とするあの上帝を信じるのならば、その人の信仰は義と認められる』という箇所を取り上げ、救済の性質を次のように論じている。「彼〔パウロ〕は、人が善行を通して救いを得ようとするのは働いて給与をもらうことに似ている、人が善行をしていないのに（信じることで）救われるのは、働いていないのに給与をもらうことに似ていると述べている」。善行によって救いを獲得するという発想には、救済を自明視する姿勢が内包されている。労働者が自分の労働に見合う給与をもらうのは当然である。しかし、救いはそのようなものではない。あえて労働の例えを用いるのであれば、救済とは、働いていない者が、それでもなお給与をもらうような状態である、という説明である。(194)

こうした救いの圧倒的な意外性に対する信条は、救済における「選び」、すなわち予定説に対する彼のコメントにも表れている。ムーディはこの教えは「非常に奥妙で、詳細に論じることはできない」と述べ、次のように続ける。「上帝はなぜこの人を選び、あの人を選ばないのか、我々にはわかりようもない」。しかし「上帝の民」は、このような救済に面して、自身のような「役に立たない重罪人」を、それにもかかわらず選んだ神の「憐憫」をただ感謝すべきである、と。[195]このように、彼は長老派教会において伝統的に強調されてきた予定説そのものについては、明確な否定も肯定も示していない。ただし、彼は救いはあくまでも神の側から与えられることを強調することで、勤勉な自助努力と経済的成功を救済と「選び」の確証と考えた一九世紀スコットランド社会における風潮とは意識的に距離を取っていたことが窺われる。

以上のように、ムーディの『ローマ書』註解本論の内容は、高度に神学的な議論であるが、その文体は比較的平易なもので、ルターやアウグスティヌスの神学議論が言及されると同時に、[196]ヘレン・ケラー Helen Keller（一八八〇—一九六八）やアメリカ南北戦争、イギリスやインド、アメリカ、中国など世界各地の逸話や宗教に関する言及が含まれる、読みやすいものとなっている。[197]例えば、ムーディは、神とその定めを知りながらもこれに逆らう人々の存在に言及するテクストの一章三二節に触発され、どのような困難があろうとも、「すべての人は、大人になる前から一人の上帝がいるということをよくわかっている〔…〕のではないか」と述べ、そこから連想した次のような例を挙げている。[198]

アメリカに、生まれて一九ヶ月で病気になり、目が見えなくなり、耳の聞こえなくなった女の子がいた。八歳になったとき、非常に聡明な女性教師に来て教育してもらったが、真理については一切教えられなかった。しかし、その子は九歳になってすでに、私はどこから生まれてきて、死んだらどこに行くのと考え、話していた。女性教師に尋ねると、教師は今は〔このことについて〕問うのはやめようと言った。一一歳になるともう〔彼女の質問を〕止めることができなくなり、はじまりはどこからなのかとずっと考え、いつも先生に質問した。このことから、教えることをしなくとも、その女の子はすでに、もしかして一つの源としての主がいるのではないかと考え、話していたことがわかる。

記述内容からは、この女の子がヘレン・ケラーであることがわかる。ケラーの成長と教育過程は彼女の子ども時代から広く注目され、その様子は『ニューヨーク・タイムズ』などの英字新聞にて頻繁に報じられていた。そうした記事の中には、彼女の信仰生活に関わる情報も含まれていることから、(199)当時の欧米世界では比較的よく知られていたエピソードであったのではないかと推測される。このように、ムーディは同書にて聖書の記述内容を同時代アメリカの具体的な人物の例と結びつけることでかみ砕いて示し、印象づけるように工夫している。

（3）聖書の歴史的限定性の強調――バークレーの聖書観との比較

それでは、以上のような議論は、ムーディの聖書に対するいかなる姿勢を示しているのか。前述のように、同書に見られる第一の特徴は、近代聖書学的アプローチである。ローマ書の著者が実際にパウロであったのかどうかという問題への言及は、聖書の無謬性を排し、一つの歴史史料と見なして分析する姿勢を示している。また同書の第二の特徴としては、罪の認識、信仰義認、カトリック批判に見られるような改革派・長老派的伝統の継承が挙げられる。

しかしながら重要なことに、彼は他方では改革派的な「聖書のみ」による聖書理解への志向とは微妙に異なる姿勢を示してもいた。このことは、英文著書『異教徒の心』における次の言葉がよく表している。「ただ聖書さえ持てば、現地のキリスト者らはプロテスタントのキリスト教を迅速に発達させるだろうと考えることは、歴史に対するまったくの誤解である。聖書は初代における聖徒たちにとって難解であったのと同様に、現在の現地改宗者たちにとってもわかりにくいものである」[200]。また、彼は『フォルモサの聖徒たち』においても次のように論じている[201]。

我々はプロテスタントの地において、聖書のことを民衆のための本だと語ることに慣れてしまっている。実際のところ、それはキリスト教徒である漢族たちにでさえ理解するのが非常に難しい本なのだ。このことが我々を驚かせたり傷つけたりするとすれば、それは我々がどれほど教会の伝統の恩恵を被っているのか、どれほど現代における説明や拡大〔解釈〕に依存しているのか、聖書〔の文体〕がどれほどぶっきらぼうで不明瞭なのかを忘れてしまっているからだ。自分たちがどれほど聖書の言葉に読み込みをしているのか、どれほど真実の芽を発達させ、どれほど忙しく〔聖書内の記述の〕矛盾を調和させ、聖霊がどれほど我々に真実への示唆や欠片や一瞥から〔意味を〕引き出すようにと教えてきたのかを、我々は忘れている。

このような聖書観に基づき、ムーディは「概して、異教徒は聖書を通して改宗するのではなく、教会によって解釈された聖書を通して改宗するのだ」と述べ、この点において「教会外には救いはない」というカトリックの教えは、当事者であるカトリック教会が「意図するよりもはるかに深い意味で」、「根本的には間違いではない」と論じる[202]。このような考えは、神の「啓示」理解における人間能力に対する悲観という、前述のムーディのキリスト教―人間観とも合致するものである。

在台イングランド長老教会は教理問答書、『教会報』といった読みやすいキリスト教文書を発行してきた一方で、聖書そのものに関しては、ムーディのようにその歴史的限定性を強調するような観点を必ずしもミッション全体で共有していなかった。このことは、同じイングランド長老教会宣教師トマス・バークレーの聖書観との比較から明らかとなる。バークレーは、台湾人聖職者を養成する「大学」の初代校長を務め（一八七六―一九二五）、白話字新旧約聖書の翻訳事業を含むキリスト教文書出版と普及に貢献したことで知られる。

一九一五年、白話字『新約聖書』の翻訳事業を終え、翌一六年にこれを刊行したバークレーは、「新訳版方言新約聖書に対する所感」（一九一七）と題するパンフレットにて、同訳本の作成に当たり、できる限り新約聖書原本のギリシア語を逐語訳した理由を述べている。(203) バークレー自身が認めるように、同訳本はおもに厦門で使用される閩南語を軸とする堅い直訳調の表現を用いているため、台湾の閩南語話者にとって相対的に読みづらく、理解しがたいところがあった。

ここでは、ローマ書八章二四節を一例として、バークレー訳聖書の特徴を捉えたい。該当箇所は、日本語の口語訳本においては次のように訳されている。「わたしたちは、この望みによって救われているのである。しかし、目に見える望みは望みではない。なぜなら、現に見ている事を、どうして、なお望む人があろうか」。これに対して、同じ箇所のバークレー訳聖書の白話字表記と、これに漢字を当てた表記、および日本語直訳は、以下の通りである。(204)

[N]ā-sī í-keng khòaⁿ-kì ê ǹg-bāng, m̄-sī ǹg-bāng; in-ūi só͘ khòaⁿ-kìⁿ ê, sím-mi̍h lâng teh ǹg-bāng i?
若是《ナシ》已經《イキン》看見的《コァキイエ》向望《ンバン》呣是《ム シ》向望《ンバン》、因為《インウイ》所《ソ》看見的《コァキイエ》甚麼人《シミラン》 teh 向望伊《ンバンイ》？
もしも　すでに見た希望　ではない　希望、なぜなら　見たもの　どのような人が　希望する　それを？

これに対して、ムーディが前記の台湾人キリスト者らの協力を得て作成した同じ箇所の新口語訳文は、以下のように表記されている。(205)

Taⁿ só͘ ǹg-bāng--ê nā hō͘ lâng khòaⁿ-kìⁿ chiū m̄-sī ǹg-bāng; in-ūi lâng nā teh khòaⁿ sím-mi̍h, I siáⁿ-sū iáu teh ǹg-bāng [hit-ê mi̍h]?
今《タァ》所《ソ》向望的《ンバンエ》若《ナ》給人《ホラン》看見《コァキイ》就《チウ》呣是《ム シ》向望《ンバン》、因為《インウイ》人《ラン》若《ナ》 teh 看甚麼《コァシミ》、伊啥事猶《イシァスゥイヤウ》 teh 向望《ンバン》〔彼的物《ヒレミ》〕？

今　希望したもの　もしも　人に見せたら　すなわち　ではない　希望、なぜなら　人が　もし　見る　何かを、かれ　どうして　まだ　希望する　〔それを〕？

以上のバークレー訳とムーディらの訳文を比較すると、前者の表現が短く凝縮されたものであるのに対して、後者では語を説明・修飾する表現が用いられているために、文章全体が長くなっていることがわかる。また、両訳本は、語順や文法の面でも異なっている。例えば、ムーディらの訳文にて、バークレー訳の「已經看見的向望《イキンコァキイエンバン》（すでに見た望み）」に相当する箇所は、「所向望的若給人看見《ソンバンエナホランコァキイ》（望んだものをもしも人に見せたならば）」と表記されている。このため、前者における概念上の仮定としての意味合いが強い「すでに見た」という表現とは異なり、後者では①ある望みを持つ人物が新たに登場し、②この人物に望むものを見せてあげる場面が描き出されていることがわかる。

以上を踏まえ、ここで仮に両文章をより自然な日本語表現へと翻訳してみると、バークレー訳が「すでに見た望みならば、望みではない。なぜなら、見た物を望む人があるのか？〔いや、ないだろう〕」となり、ムーディらの訳文が「今、望んだものをもしも人に見せたならば、すなわち〔それは〕望みではない、なぜなら、人がもし何かを見れば、その人はどうしてなお〔それを〕望むことがあるのか？〔そんなことはないだろう〕」となろうか。

このように、バークレー訳聖書の文体には、短く淡白な印象を与える面があったが、バークレーは「このような一見して不必要な訳文の厳しさは、〔…〕啓示を受けた〔聖書の〕著者の真意そのものを慎重な正確さをもって伝えようとする、誠実な努力によるものだ」と論じている[206]。このようなバークレーの姿勢からは、相互に密接に関わり合う次の三つの特徴を見出せる。

第一が、聖書それ自体を一つの啓示と見なす考え方である。彼は聖書の言葉が意訳によって変えられた場合、それはもはや「キリスト教の教会の新約聖書ではあり得ない」反面で、この逐語訳聖書を読む信徒は、「これまでになく明確に〔…〕語りかける神の声を聞く」と述べる。「我々の目的は、今日の漢族読者たちを一世紀のギリシア人読者たちと同じ立場に立たせることである」と述べる彼は、啓示としての聖書は時空の差異を超えて普遍のものとして存在するのであり、母語によって著される聖書に向き合うとき、すべての読者は同条件の下で啓示に触れているのであるとの考えを示していると言える。[207]

また、これと密接に関わる第二の特徴が、個々の信徒に聖書から自立的に啓示を読み取らせ、これを教会で共有する聖書共同体を自治的に構築させるという理想である。彼は、ある漢族牧師に「我々が望むのは、原本の正確な真意です。それ以外のことについては我々が自分でやります」と言われたことを回想し、自治的聖書講読の重要性を示している。[208] さらに、聖書の意訳は解釈の不自由につながると考えたバークレーは、正否はともかく、信徒自身が自ら読み、自由に解釈できるようなテクストの作成こそを目指したと論じている。[209] これらの考えに基づき、バークレーは個々の信徒が啓示としての聖書に向き合い、日々この「神の言」を読み親しむことで、「活ける、健康な、成長する揺るぎない教会を設立できるだろう」と述べている。[210]

ところが第三に、以上のようにテクストを絶対的なものとして重視するバークレーの姿勢は、当時の台湾というコンテクストに対する彼の距離感と裏腹のものでもあった。バークレーの主題は、聖書翻訳によって大文字テクストをいかにして忠実に再現するのかということであった。このような、いわば形式の確保は、宗教信条の伝播・教育における重要な要素である一方で、この形式への焦点化は、それを受け止める側である台湾人が置かれていた具体的な状況に対する関心を相対的に低くしてしまう。換言すれば、バークレーの議論には、台湾人信徒による自治的聖書講読を重視しつつも、これらの人々がいかなる問いをもって聖書に向き合い、何を見出そうとしているのか、またキリスト教を受容するにあたってどのような困難に直面し、その背景にはいかなる経験と現実があったのかといった具体的な問いが抜け落ちる危険があった。

一方で、ムーディもまた『ローマ書』註解において、聖書は単に「イエスの教えに従うようにと教える本」なのではなく、「聖書とは福音なのである」と述べていることから、[211] 聖書を啓示と見なす考えとの親和性を持っていたと言える。しかしながら、彼はまさにこの「福音」こそが新奇で難解なものであり、あらゆる人間の聖書解釈の躓きの原因であると考え、これをわかりやすくかみ砕き、彼自身の解釈を彼自身の言葉で伝える手法をとった点で、バークレーとは大きく異なっていた。

　このようなムーディの聖書に対する関わり方は、直接的伝道を重視する宣教師としてのアイデンティティ、および宣教師のリーダーシップを重視する当時の彼の宣教論と密接に関わっていた。彼にとって、聖書とは確かにキリスト教の大文字テクストであり、それを指し示すものであると同時に、歴史上のある特定のコンテクストにおいて読まれることで、常に様々な小文字テクストを生み出し得るものであった。このため、彼は聖書解釈という面ではバークレーがとった改革派的な「聖書のみ」の理念を踏襲せず、聖書に加えて、ヨーロッパ世界における二〇〇〇年近くのキリスト教文化の累積というコンテクストの中にある者たちによる説明、説教が欠かせないと考えた。

　さらに、ムーディは宣教師による宣教主導と聖書解釈は、聖書の字義通りの記述、それを読む同時代のヨーロッパ世界、および台湾におけるコンテクストとの間の大きなギャップに鑑みても不可欠なものであると主張する。例えば、彼は新約聖書のコリント人への第二の手紙六章一四節の言葉（「不信者と、つり合わないくびきを共にするな」）を、我々同時代のヨーロッパ世界の者は「パウロは『改宗した者』と『改宗していない者』との結婚を禁じているのだ」と解釈しており、それは「おそらく原文の意味と状況からさほど逸脱していない」はずだと述べる。しかしながら、海外宣教を経ることで、このような理解が聖書の記述を字義通りに読むだけでは決して得られないものであることに気づかされる。宣教地では「見知らぬ者と結婚するしかなく、自身の霊的状況を確実にする機会も持たない」現地人キリスト者に日々直面しなくてはならず、そのことによって「我々にとってもっとも大切な真実」だと思っていた教えが、その実、聖書においては「新芽や示唆に過ぎない」ごく短い記述でしかないことを発見させられるためである。[212]

　このような「新芽や示唆に過ぎない」ような淡白な記述や、互いに矛盾する記述を含む聖書は「何と謎に満ちた文書集なのであろうか」と述べ、彼は次のように続ける。[213]

〔聖書は、まるで〕博物館、坑道、「お菓子がぎっしり詰められた箱」、強力な精油の宝庫、思いもよらない可能性だ！　そこに、あの本が横たわっている。だが、それは厚く封印されている。一つまた一つと、これらの封印は解かれてきた。新芽は徐々に成長してきた。希少金属は合金と混ぜられ、一般の人々が使えるようになってきた。精油は溶かされ、消化できるようにされた。普通の体質には濃度が高すぎる薬は薄められ、再構成され、人間の治癒のために口当たりが良く利用可能なものへとされてきた。

このように、聖書のメッセージはこの助走期間とも言える段階を経なければ、理解が困難だと考えたムーディは、まさにこの助走を補佐し、可能とするメディアとしての役割を宣教師の働きに見出し、次のように述べている。宣教師とは「一九世紀に及ぶ、濃厚なキリスト教的継承を背負う」「解説者、キリストの、そしてまたキリストの教会の大使だ」[214]。

以上からは、ムーディの議論において、「一九世紀に及ぶ」時を経て継承されてきたヨーロッパ世界における聖書解釈は「おそらく原文の意味と状況からさほど逸脱していない」だろうという一つの前提が設けられていることがわかる。このような考えは、キリスト教教義の歴史を「人間の精神」の進歩の歴史として捉え、「徐々に成長する」新芽に例えるような、啓蒙主義的発想を持ち合わせていた当時のムーディの特徴でもあり、後に彼自身によって修正されることになる。

第三章にて後述するように、一九二〇年に刊行した研究書『初代改宗者たちの精神 *The Mind of the Early Converts*』において、ムーディは神のメッセージを受け取る側の「人間の精神」の発展段階の差異を問題とする以前に、神の側からの自己啓示の働きかけを信頼すべきであることを強調するようになり[215]、二〇年代末には台湾人信徒の自治的宣教に対する共感的姿勢を明確化してゆく。これらの事実からは、ムーディが当初は宣教師としてのアイデンティティとその意味を確保するために留保していた大文字テクスト（啓示、聖書）と現地人信徒との間の自治的相互関係の可能性を、徐々に認識していったことが窺われる。

3 『宣教論』所収記事群（一九〇八―一二）および『宣教論』（一九一四）

ムーディは、イングランド長老教会一時辞職以前の一九〇八年七月からニュージーランド牧会時期の一九一二年八月にかけて、宣教論に関連する一連の記事を『教会報』に投稿した[216]。これらは加筆・修正の上で、一九一四年に『宣教論』として刊行された。表5は、これらの記事群の『教会報』への掲載状況と、『宣教論』への収録状況、および各記事のテーマを示している。

表5からは、書籍版『宣教論』には、一九〇八から一九一二年の連載記事に加え、特にキリスト論に関わる「イエスは今人を救う」および「イエス」が、それぞれ第二、七章として書き加えられたことがわかる。逆に、一九一二年八月の『教会報』に掲載された「己を知る」は、書籍版には収録されていない。

また、これらの記事の文体に着目すれば、「親愛なる皆さん／列位朋友《レッウイピンユウ》 Liát-ūi Pêng-iú」、「友よ！／朋友啊《ピンユウア》！Pêng-iú ah!」、「我々台湾／咱台灣《ランタイオアン》 Lán Tâi-oân」「我々漢族／咱唐人《ラントゥンラン》 lán tn̂g-lâng」といった呼びかけの言葉が多く見られる。このことから、『宣教論』所収記事群は、ムーディが街頭説教で漢族系台湾人聴衆に話しかける場面を想像しつつ書いたもの、あるいは現に彼が行ってきた街頭説教のパターンに基づいて書いたものであった可能性を指摘できる。このことは、以下に見てゆくように、これらの資料には、非キリスト教徒を想定読者／聴衆としたと思われるキリスト教の教義の説明、護教論（キリスト教に対する疑問・攻撃への説明・反論）や弁証、および他宗教批判が含まれていることからも窺われる。

表5にまとめた『宣教論』所収記事群のテーマは、大まかに次の二つのグループに分けることができる。すなわち、罪の認識や信仰義認の教えを包括するキリスト論と、キリスト教弁証や他宗教攻撃を含む護教論である。まず、表か

表 5.『宣教論』所収記事群（1908-12）連載状況と『宣教論』（1914）への収録状況（註 1-5）

『教会報』連載状況					『宣教論』（1914）の章立て	テーマ
発行年月		巻号	ページ	連載時の章題		
1908 年	7 月	280	64-66	「宣教について」	1.「宣教論」	神の認識、福音書、キリスト論
	8 月	281	73-75			
	9 月	282	83-85			
	10 月	283	93-96			
	–	–	–	–	2.「イエスは今人を救う」（加筆）	キリスト論、罪、信仰義認、護教
	11 月	284	102-104	「新しい心」	3.「新しい心」	罪
	12 月	285	112-114	「宝」	4.「宝」	救いを求める
1909 年	1 月	286	1-2	「平安」	5.「平安」	キリスト論、信仰
	2 月	287	9-11	「幸福」	6.「幸福」	信仰
	3 月	288	20			
	–	–	–	–	7.「イエス」（加筆）	福音書、キリスト論
	4 月	289	29-30	「古く、また新しいもの」	9.「古く、また新しいもの」	救いの臨在、キリスト論、罪
	5 月	290	39-41	「人倫なし」	10.「人倫なし」	護教、弁証、他宗教や思想の分析・攻撃
	6 月	291	46-47			
	7 月	292	55-56	「天は我が家」	8.「天は我が家」	信仰、キリスト論
			56-59	「人の命は短い」	11.「人の命は短い」	キリスト論、信仰
	10 月	295	87	「信じることについて」	12.「信仰について」	善行でなくイエスへの信仰告白を
	11 月	296	93-95	「罪が赦される」	13.「罪が赦される」	罪の認識、キリスト論、信仰義認
1910 年	1 月	298	5-7	「人が真理を嫌うのは新しく、祖公がないから」	14.「人が真理を嫌うのは新しいから」	護教、弁証
	2 月	299	15-18	「罪の力」	15.「罪の力」	罪、イエスへの信仰
1912 年	8 月	329	4-6	「己を知る」	（収録せず）	己の罪

らも明らかなように、これらの記事のほぼすべてにおいて、キリスト論〔イエスはどのように人を救い／救っているのか〕、罪の認識〔すべての人が抱え、自力や善行では贖えないもの〕、信仰義認〔自力や善行によってではなく、ただイエスに依り頼むことで救われる〕といったテーマを扱い、それらを福音書の内容やイエスの言葉、および改宗者に関する実話の紹介を通して語っている。このことから、前述の「教義談論」と同様、これらの記事群は、キリスト教の核心的メッセージであると同時に、漢族系台湾人には理解しがたいであろうとムーディが捉えたテーマを正面から扱うものであったことが窺われる。

また、これらの記事には『異教徒の心』で論じられたような、悪霊から護られることやアヘン、博打、罪からの解放を望む台湾人の心に訴えかけようとするものも含まれている。(217)

我々は言う。悪事をするのは〔それが悪事だと〕知らないからだ。善を勧め、人に善悪と正否を知ってもらうのだと。本当に知らないのか？　子どもに聞いてみる、善いことをすべきか、それとも悪いことをすべきか？　アヘンを吸うべきか吸わないべきか？　博打をすべきかしないべきか？　子どもは善悪を教えてくれるだろう。人が悪事をしてしまったら、良心は自分を責めるが罪悪は強力な力でその人に悪いことをさせる。アヘンを吸えば、その害はその人自身から家族へも及ぶということは皆知っている。知っているというのに、苦しみながらも罪悪を行ってしまう。〔…〕罪の力は実に大きい。だが、福音の力、御恵の力はもっと大きい。何の福音なのか？　何の御恵なのか？　幾千幾万もの罪はすべてイエスが贖われたと言う。「我々がまだ弱かったとき、イエスが神を拝まない人に代わって死んだ」と言う。あなたは言う、「心を堅く、意を切にするのだ」と。心を堅く、意を切にすると言うのではない。あなたの心は水のように柔らかく、あなたにはひとかけらの志気もない。いいのだ、勇気を出してイエスに依り頼むのだ。イエスは弱い人のために死んだのだ。

ここで語られる「罪《ツォエ》chōe」とは、ユダヤ・キリスト教的伝統における「神に対する背き」という意味のものではなく、むしろ当時の漢族系台湾人が良心の呵責を感じることごと、悪行／歹《パイ》phái^{n} と結びつくものである。このことから、ムーディは台湾の人々の側にある歹《パイ》なるあり方から脱却したいという倫理的な「苦しみ」の心に働きかける宣教戦略をとったことがわかる。

次に、『宣教論』所収記事群は、台湾において宣教師らが直面したキリスト教攻撃に対する護教論を特徴としている。これらの記事で、ムーディはキリスト教は「外国のもので、彼ら外国人が従えばいいものだ。我々は我々の神を崇める。彼らは彼らの上帝を崇めるのが道理だろう」と断られたり[218]、「神もなく祖先もない」と批判されたりすることに触れている[219]。投稿記事や書籍版『宣教論』では、ムーディはこれらの批判に対抗する二つの角度からのキリスト教弁証を試みている。

一つは、キリスト教の神はイギリス人だけのものではない、そもそもイエスは「ユダヤ国」の生まれであり、キリスト教は彼の教えが地中海世界からヨーロッパに伝えられたものであるということ[220]、そしてキリスト教もまた親孝行の気持ちを大事にしている、という反論である[221]。

もう一つは、台湾の仏教や道教の神々の由来の詳細な分析と、これらの神々の頼りなさや、彼ら彼女らを崇めることで、人々が上帝を崇めていた時代には護っていた天倫（五倫）を捨て、自己中心的になり（顧自己《コォカァティ》）、「自分だけに従い、他者を愛せず、自分がよければそれでいい、他者がいいかどうかはどうでもいい」という姿勢を取るようになったと指摘するなどの、他宗教攻撃である[222]。

このように、ムーディは欧米世界における漢族は「冷淡だ」とするネガティブな類型的イメージを掘り崩し、これに依存するキリスト教宣教のあり方を批判的に内省した一方で、漢族系台湾人の宗教の中に「顧自己《コォカァティ》」の傾向を見出し、これを批判していた。このような護教論は、さまざまな宗教を分類し、序列づける彼の啓蒙思想的発想を反映している。『異教徒の心』において、ムーディは「もちろん異教徒らは誠実だ。誰も彼らの誠実さを疑いはしない」と述べる一方で、これらの人々の宗教は「霊的な助け spiritual benefits」をさほど求めず、「彼らとその神々との間には交流 communion がなく」、罪の告白もなく、祈りでは現世利益的なことを求めることが多い、したがって「我々の言語感覚で言えば、これらの人々は全然宗教を持っていない、あるいはほとんど持っていない、と見なされるだろう」と述べた[223]。

その一方で、このようなムーディの護教論の展開は、こういった議論が台湾の人々にとって比較的に受け入れやすいものであろうという計算によっても動機づけられたものだと思われる。ムーディは「偶像崇拝の愚かさ」を攻撃しても、台湾人聴衆は逆にそれを楽しむような余裕を見せる傾向にあると観察し、台湾の宗教ではキリスト教に見られるような、信徒による神々への思い入れがさほど見られず、その攻撃のしようによっては納得してもらえる可能性があると推測した[224]。このことは、彼がこれとは対照的に台湾の人々が強い抵抗を示していた祖先崇拝への攻撃を回避し、むしろこれとキリスト教との親和性を示そうとしたことからも窺われる。また、同時期の英文著作からは、ムーディ自身は他宗教攻撃を実りある議論とは考えず、単に宣教戦略上実践していただけであったことも明らかとなる。彼は一九一三年に刊行した宣教論に関する英文論考にて、宣教師はキリスト教に改宗したばかりの信徒から、「心をこめた、偶像崇拝の否定」を一、二時間も座ったまま聞かされる「ある種の罰を受けねばならない」と語っている[225]。しかしながら、この時期の彼がキリスト教を特徴づける「霊的な助け」や神とのパーソナルなコミュニオン、罪の告白などの基準の有無をもって他宗教をカテゴライズし、序列づけている点に着目するならば、その「罰」はまさに受けるべくして受けたものだったというべきかもしれない。

小括

以上、本章では一八九五年から一九一四年までの時期に焦点を当て、ムーディの宣教師としての自己形成の過程、およびそこにおける彼の日本植民地支配下台湾というコンテクストとの直面が持った意味を考察してきた。

本章で見てきたように、宣教初期のムーディは、日本植民地支配下台湾という歴史的コンテクストと出会う中で、自身を含む「西洋人」宣教師や植民地支配者の「冷酷な自己愛」を批判的に内省する者とされていった。彼は、キリスト教徒・非キリスト教徒を含む台湾の人々との個別具体的な出会いや、自らのキリスト論的信条に基づき、個々人の神との人格的関係性を重視した。また、シンガポールや台湾といった植民地支配下の社会における数々の不正義に直面してきたムーディは、英文著作にて「すべての民族」の自治への志向を示し、台湾で出会った匿名の異教徒や、林学恭や張有義、許敏や林乾などの多くのキリスト者の個別具体的描写を、きわめて意識的に展開した。

その一方で、本章ではムーディがキリスト論や信仰義認の教えを核とするメッセージを、宣教師のリーダーシップの下で伝えるべきと主張していたことをも明らかにした。「信仰宣教」や直接的伝道の手法を採用した彼は、一面では「信仰のみ」を伝えることを志向するこの信条のゆえに、宣教を民族的・宗教的他者の道徳的「向上」として思い描く宣教論を退け得たと言える。しかしながら、この同じ「信仰宣教」への熱心な志向が、背後に二〇〇〇年近くものキリスト教的文化の歴史というコンテクストを共有するヨーロッパ人に比して、キリスト教に関心を持たない、あるいは選択的にしか受容しない台湾の人々は、キリスト教の本質的メッセージを理解する「精神」を十分には備えていない、したがって、宣教師でなければ「信仰のみ」を伝える宣教事業は務め得ないという彼の啓蒙主義的な発想を支えることとなった。

本章ではまた、宣教初期ムーディの三つの白話字宣教文書である（1）「教義談論」、（2）『ローマ書』、（3）『宣教論』所収記事群および『宣教論』をそれぞれ分析し、これらの文書において、彼が漢族台湾人には十分に理解することができないと捉えたキリスト論や信仰義認、罪の認識といった神と個々の信徒との人格的関係性に関わるテーマを、意識的に正面から扱っていたことを明らかにした。また、これらの白話字宣教文書からは、ムーディが自らの神学的信条にしたがい、「罪」に連なる諸問題とは、他者に危害を加えるような言動、自己義認、および宗教的コミットメントの欠如であると定義していたこと、こうした言動や精神状態に捕らわれている我々を「義」とするという救済の逆説性、および救済はイエスの「権威」によってではなく、その「弱さ」によって為されるというパウロ的な逆説性を強調していたことを捉えた。

ムーディはこれらの白話字文書にて、自身が身につけてきた改革派・長老派的聖書解釈を部分的には提示しつつも、いくつかの要素は意識的に退けていた。それらの要素の中には、この世における「悲惨」と「罪」とを結びつけるような救済観や予定説が含まれる。また、彼は一六世紀の宗教改革運動以来強調されてきた「聖書のみ」による聖書解釈の理念よりは、聖書を批判的・歴史学的に分析することを志向する一九世紀後半以来の近代聖書学の手法との親和性を示した点で特徴的であった。それは、あくまでも歴史上のある特定のコンテクストにおいて著された聖書テクストは、大文字テクストを指し示すだけでなく、様々な小文字テクストをも生み出し得るものであるとする彼の聖書観や、神の「啓示」に対する人間の理解力への悲観と合致していた。本章ではこのようなムーディの聖書観を、白話字聖書翻訳に携わった在台イングランド宣教師バークレーによる聖書観との比較を通して明らかにした。すなわち、バークレーは、大文字テクストとは聖書の逐語訳本という形で物理的に確保できるものであるとし、そうした真の聖書テクストには、読者の誤読や選択的受容の問題をも是正する契機が常に伴われると想定した。

これに対し、大文字テクストを受け止める非ヨーロッパ世界の人々の「精神」の能力不足を問題としたムーディは、聖書の記述内容をかみ砕いて解釈し伝える存在としての宣教師の必要性を強調した。彼のこうした大文字テクスト（神の啓示、聖書テクスト）と台湾人信徒との自治的な相互関係の可能性への留保は、初代教会研究を進め、台湾人信徒による自治的教会運営に対する共感を深めた一九二〇年代に修正されることとなる。

第二章　台湾人信徒のキリスト教理解と教会形成
――林学恭、廖得とムーディとの関わり（一八九五―一九二七）

はじめに

宣教師キャンベル・N・ムーディは、漢族台湾人や初代教会の改宗者によるキリスト教の選択的受容への洞察に基づき、「人間の精神」には本来、神の「啓示」を理解する能力はないという考えを示した。それは、一面ではすべての人間の神の前での平等を前提とする発想であったと言える。しかしながら、宣教初期の彼は、この啓示と人との間の断絶は、キリスト教文化の「継承」を重ねることによって克服可能であるという、啓蒙主義的楽観をも兼ね備えていた。このため、彼は宣教師のリーダーシップを前提とする当時の主流宣教論と調和する側面をも有していた。同時に、こうした発想は彼が何をキリスト教の大文字テクスト、すなわち本質的メッセージとして、また何を小文字テクストに過ぎないものとして捉えたのかという問いとも密接に関わっている。第一章で考察したように、キリスト論を中核に据える信仰義認の教えを重視したムーディは、漢族台湾人改宗者に見られたような、道徳律の遵守という自助努力による救いの確保への志向を批判的に捉え、漢族台湾人の教会には「もしも〔宣教師が主導することなく〕発展するに任せれば、ローマ・カトリックのようなものを生み出してしまう傾向がある」との懸念を示していた(1)。

ただし、前述のように、漢族台湾人のキリスト教受容に対するムーディの観察は必ずしも的外れなものではなかった。鄭兒玉が指摘するように、「孝養」や「道徳的義務」を重視してきた漢族には、キリスト教が持ち込んだ「罪」の概念をこれらの道徳律の放棄として理解し、「罪からの救いとしてのイエスを認めるより、十戒を受け入れることのほうが容易」だと感じる面があった。このため、漢族改宗者の間には、律法の遵守による「保庇《ポピ》（守護と御利益の混合）」の獲得という発想が、ごく自然に生まれた(2)。宣教初期のムーディもまた、当時の台湾人にとって、罪の認識や信仰義認の性質は理解困難なものであり、むしろ十戒のような道徳律の方がよりわかりやすいと感じられていると認識していた(3)。

それでは、こうして台湾の人々によるキリスト教受容に対する観察を述べるにあたり、ムーディは具体的にはどのような人々による、いかなるキリスト教理解のことを考えていたのか。本章ではこの問題について考察するため、三人の台湾人キリスト者に焦点を当てたい。すなわち、李春生《リツウンシン》、林学恭《リムハッキョン》、および廖得《リャウティ》である。三者のうち最年長の者であった李春生は、「台湾史上最初の思想家」とも呼ばれ、当時の台湾人信徒の中でも例外的に社会的影響力の強かった人物である。これに対して、林学恭と廖得は南部台湾長老教会の聖職者であり、その影響力は教会組織内に限定されていた点で李春生とは対照的である。また、両者は宣教師ムーディと個人的に近しかった点でも李とは異なっていた。これら三者は、キリスト教をどのようにして受け止め、内在化していたのか。また、それは宣教師ムーディの宣教論といかなる関係にあったのか。

以下では、これら三者のキリスト教理解を順に追ってゆきたい。すなわち、第一節では李春生のキリスト教護教論や聖書解釈に見られる道徳主義的自助思想を、彼の社会的・空間的移動の経験、および現状認識の影響を踏まえつつ捉える。また第二節以降では、林学恭と廖得による白話字教会刊行物『教会報』への投稿文や回想をそれぞれに捉え、両者のキリスト教論と教会形成論、およびムーディとの関係性を明らかにする。林学恭について扱う第二節では、彼が教会外の非キリスト者台湾人に対する共感と祈りを重視する宣教姿勢をいかに表明したのかを考察する。また第三節では、信徒が自治的に「学ぶこと」を通して自立的な教会を形成することを呼びかけるようになった廖得の議論の特徴とその背景を捉える。

なお、一八九五年から一九二七年までという時期は、廖得よりも聖職者としての活動を早く開始した林学恭の神学生時代（一八八八—九一）以後から、台湾人キリスト者による教会自治運動が徐々に組織化され、そのピーク（一九二〇年代末から一九三〇年代）に向けて助走していた一九二〇年代半ばまでを含み、より厳密には、日本による台湾植民地支配が始まった一八九五年から、林学恭が牧師を退職した一九二七年までの時期である。すなわち、この時期は、林の聖職者としての活動時期とほぼ重なり合っている。また、この時期は、ムーディの海外宣教地における活動期（一八九五—一九二四）とも重なり合っており、具体的には、第一章で扱った彼の宣教初期（一八九五—一九一四）、および第三章の舞台となる宣教後期（一九一五—三一）の一部にかかっている。

第一節　道徳主義的自助努力と「中華」の「立身出世」——李春生のキリスト教論

1　勤勉なる自助努力を経て

李春生は一八三八年、福建省厦門にて林有と李徳聲の子として生まれた。生活は貧しく、少年時代には街でフルーツを売って家計を支えていたが、一四歳のときに英国系商社であるエレス商会 Elles & Co. に雑務係として雇われ、英語や漢文の能力を身に着けて勤勉に働き、二〇歳の頃には同商会の経理となった。その後エレス商会によりデント商会 Dent & Co. のスコットランド人商人ジョン・ドッド John Dodd（一八三八—一九〇七）に紹介された李は、一八六五年にはドッドと共に来台し、買弁や淡水エリアにおける茶の栽培と交易などを営み、巨富を築いた。(4) すでに厦門時代には父親の影響により一五歳で受洗した彼は、来台後には台北を拠点としたことから、おもにカナダ長老教会の流れを汲む北部台湾の長老教会に関与し、イングランド長老教会宣教師とも交流した。一方で、当時李が関わった北部台湾の長老教会には、鄧慧恩が指摘しているように、最初の宣教師ジョージ・マカイGeorge Leslie Mackay（一八四四―一九〇一）、およびその親族を中心とする「独裁主義と権威支配」とも言える状況が見られ、民主的な方法による教会運営、および伝道師の養成・訓練システムが整備されていなかった[5]。後述するように、南部台湾長老教会では一九〇〇年代には台湾人による教会自治が呼びかけられるようになるのだが、北部教会では右のような背景のために、台湾人信徒・聖職者による教会自治運動の組織化が相対的に遅れることとなった。

李春生はこうした台湾における長老教会組織に密接に関わると同時に、日本による台湾出兵（一八七四）などの動向への警戒感を表明し、劉銘伝（一八三六―九六）の洋務運動にも積極的に参与することで「台湾の文明化を追求していた人物」であった[6]。ところが、一八九五年の日本による領台に際して、この同じ人物は総督府による統治の潤滑化をはかる「保良局」の創設や、抗日ゲリラ弾圧に対する協力といった取り組みを行いもした。台湾人キリスト者から見た台湾植民地化のプロセス、および植民地化に対するこれらの人々の応答のあり方を考察する駒込武は、この李春生の選択の背景には、「文明化のエージェントとしての日本人への期待」のみならず、キリスト者として台湾の民間信仰に対する排他的な姿勢を示したことによって深めてしまった、他の台湾人との間の断絶と孤立があったことを指摘している[7]。

これらの問題を含む李春生のライフヒストリー、著作分析、およびその思想・哲学に関わる詳細な検討は、すでに多数の先行研究によってなされている[8]。ここでは、これらの研究成果を参照しつつ、李春生のキリスト教関連著作の一つである『聖経闡要講義』（一九一四）に焦点を絞ることで、彼のキリスト教論の特徴を概観したい。李のキリスト教思想が表明されている著作としては、同書の他にも『主津後集』（一八九八）、『民教冤獄解』（一九〇三）、『東西哲衡』（一九〇八）、『宗教五徳備考』（一九一〇）などが挙げられるが[9]、新旧約聖書の章節に解釈をほどこす註釈書であると同時に、予想される疑問・攻撃に対する護教論を展開している同書は、特に彼の救済観、および聖書観を捉える上で、示唆的な史料となると考えられるからである。

2 『聖経闡要講義』（一九一四）にみる聖書解釈――「国勢富強」への希求

まず『聖経闡要講義』にて李春生は、全知全能の創造主なる上帝の絶対的権能を繰り返し強調すると同時に、人はこの上帝に忠実に聞き従わねば救われることはないという、厳格かつ排他的な救済観を提示している。例えば、旧約聖書、創世記一章一節から一九節を解釈する同書の冒頭にて、李は神の創造の業の規模を示すべく、太陽や蛍の光、蝋燭の光、稲妻などの創造物を挙げ、ヨハネの黙示録、イザヤ書、ゼカリヤ書などの新旧約聖書の他の箇所における「神の栄光」の描写を引きつつ、次のように述べる。「蓋《けだ》し上帝は絶対的な主であり、統治するも、生かすも殺すも、起こすも滅ぼすも自由である」。これに続き、彼は聖書に記された預言の言葉に「書き加える者」には、神による「災害」が与えられ、逆に預言の言葉を「取り除く者」は、救済を得られない者と定められるだろうというヨハネの黙示録二二章一八節の言葉を引き、「人はその名が教会の名簿に記されてあるからといって徒《いたずら》に図に乗ってはならず、主イエスの教えをさらに守り、その命令に聞き従い、これを第一義としなければならない」と論じている(10)。

これらの言葉からは、李春生が上帝と、その「教え」であり「命令」である聖書の言葉の絶対的な権威を見出すと同時に、これらに聞き従わなければ、たとえ「その名が教会の名簿に記されてある」キリスト者であっても、救われることはないという考えを持っていたことが窺われる。上帝に対して十分に忠実たり得ない信徒に「災害」や滅びが訪れるとされていることに鑑みれば、キリスト教を奉じない者は、彼の目にはなおさら危機的な状況に置かれる者たちとして映ったと考えられる。このような救済に関わる深い危機感は、彼の人間の性質に対する否定的な理解と密接に関わっていた。李は、創世記にあるカインによる弟アベルの殺害に関する記述に即して次のように述べている。「人間とは、そのはじまりにおいてすでに、その性質は善に及ばないどころか、その悪は禽獣《きんじゅう》にも劣るものであった(11)」。

また、彼は出エジプト記二〇章一節から一七節に記される上帝の教えとしての「十戒」を解釈するに当たり、次のように主張している。十戒とはこのような道徳的に「悪」に属している人間の「貪念」を戒める第十戒――「むさぼってはならない」を中核としているのだ、と。[12]「わたしはあなたの神、主であって、あなたをエジプトの地、奴隷の家から導き出した者である。あなたはわたしのほかに、なにものをも神としてはならない。あなたは自分のために、刻んだ像を造ってはならない」という言葉によって語り出される十戒では、まず神に対する忠誠が要求されると同時に、この神以外のものを崇める「偶像崇拝」が禁じられている。その上で、安息日を守り、父母を敬え、殺してはならない、姦淫してはならない、盗んではならないといった教えが続き、第十戒では「あなたは隣人の家をむさぼってはならない。隣人の妻、しもべ、はしため、牛、ろば、またすべて隣人のものをむさぼってはならない」と定められている。李春生はこれら一連の戒律を踏まえ、この第十戒を破ることこそが、残りの九つの戒律を破ることをも意味するのであり、「すべての戒律を守りたければ、必ず自力で貪念を取り除かなければならない」と論じている。[13]

そもそも「悪」に属し、「貪念」を持つ存在である人間は、常に滅びの危機に瀕している。このような人間には、神に忠実たること――キリスト教を信じ、「自力で貪念を取り除」き、聖書に記された教えを守るという道徳的義務の遂行――によってしか、自らの救いを確保することはできない。そして、そのような努力は、信徒になった後にも「図に乗」ることなく、継続せねばならない。李春生のキリスト教論は、こうした自助的・道徳主義的救済観を特徴としている。この点を分析した呉光明は、李の思想は厳格な律法主義や「一種のショービニズムに似た態度でキリスト教の普遍性を展開している」点で特徴的であり、そのため、彼の思想においてはキリストの「自己放棄（kenosis 神性の放棄）に至るほどの愛」や、これによる個々人への贖いと救いには、さほど重点が置かれていなかったと指摘している。[14]

ただし、李春生は必ずしもイエスにおいて体現される神の救済の意志を完全に無視していたわけではない。むしろ、限定的な形であったとはいえ、彼は他宗教の人々と共存せざるを得ない台湾社会のキリスト者の状況に即した救済観を模索しようとしてもいた。李は「上帝の子たち」（上帝を信じる男性たち）が「世の人の娘たち」（他宗教を信じる女性たち）と結婚することで生まれてきた「有名な勇士たち」に関わる創世記六章一節から四節の記述について、次のように述べている。「これは、上帝の情けを預言している。〔上帝の子たちが〕世の人々と契約し、結婚して親戚となれば、愚かな者であろうと、たびたび罪に陥り、上帝の怒りに触れようと、〔上帝はこれらの人々に〕殲滅の罰を加えるに忍びない。しかも〔上帝は〕前もって一人の贖い主を備えたのであり、また前述の勇敢で有名な戦士たちは、すなわち将来のキリスト・イエスの兆しを暗示する存在である」[15]。

ここにおける「上帝」は、依然として厳格で恐ろしい絶対的審判者として捉えられている。すなわち、上帝は「罪に陥」る「世の人々」に怒り、本来であれば、これらの人々を殺し、滅ぼし、「殲滅の罰を加える」絶対的な存在とされた。しかしながら同時に、ここで彼は「上帝の子たち」、すなわち上帝を奉じる人々が、たとえ「世の人々」、すなわち異教徒の人々と結婚したとしても、上帝は信仰者に対する救済の意志を持ち続けるだろうとの考えを示している。その根拠として彼は、上帝が人々を救う「贖い主」であるイエスを備えていたということを挙げ、「上帝の子たち」と「世の人々」との間に生まれた人々が「勇敢で有名な戦士たち」、すなわち肯定されるべき存在であったという旧約聖書の言葉もまた、イエスに体現されている上帝の救済の意志を暗示するものであると解釈した。

前章でも触れたように、改宗者と「異教徒」との結婚に関する問題には、ムーディも言及していた。ムーディが述べたように、新約聖書のコリント人への第二の手紙六章一四節にある「不信者と、つり合わないくびきを共にするな」という言葉は、当時の欧米世界の教会では、「『改宗した者』と『改宗していない者』との結婚を禁じている」ものとして受け止められていた。しかしながら、キリスト教徒が圧倒的なマイノリティである台湾社会においては、多くの場合、信徒は「見知らぬ者と結婚するしかない」[16]。また、林学恭の例に見られるように、一つの家族の中にも改宗者と非改宗者が存在し、衝突する例も多くあった。こうした現実を前に、上帝に忠実たろうと努める者は、いかに「愚かな者であろうと、たびたび罪に陥り、上帝の怒りに触れようと」、滅びの対象とはされず、その子どもたちも神に祝されているのだという信念を持つことには、切実な意味が伴われていたと考えられる。

しかしながら、より厳密に見れば、李春生がここで論じているのは、あくまでも男性キリスト教改宗者を家長として頂く家族の救済の可能性であることがわかる。前述のように、創世記六章一節から四節は、男性である「神の子」と、女性である「世の人の娘」との婚姻に関するものである。やはり男性である「上帝の子」の息子たちが、上帝によって祝された存在であることが確認されていることからは、李春生における家族――おもに男性の親族のつながり――を一つの単位とした救済への志向が窺われる。李春生が自らの「子ども・孫以下の家族が守るべき法」として定めた「家憲」を分析する駒込は、同史料にキリスト教以外の宗教・信条の禁止、「勤勉・節制」を理想とする生活姿勢や、教育重視の要求といった特徴を指摘している。その上で駒込は、これらが「家族という単位集団の箍《たが》を締めようとする」当時の儒教的秩序感を基本としながら、勤勉なる自助努力と経済的成功、キリスト教的敬虔、および救いの確証を結びつけた一九世紀スコットランドにおける社会精神的傾向をこれに「接合」したものであったことを捉えている(17)。

一方で、李春生において、上帝による他宗教の信者そのものへの救済の意志は、依然として想定され得ないものであった。それでは、李はなぜこのような排他的な救済観、「ショービニズム」的護教論や厳格な律法主義を示したのか。その背景は、旧約聖書、申命記二八章に対する彼の注目に見出すことができる。

もしあなたが、あなたの神、主の声によく聞き従い、わたしが、きょう、命じるすべての戒めを守り行うならば、あなたの神、主はあなたを地のもろもろの国民の上に立たせられるであろう。〔…〕しかし、あなたの神、主の声に聞き従わず、きょう、わたしが命じるすべての戒めと定めとを守り行わないならば、このもろもろののろいがあなたに臨み、あなたに及ぶであろう。〔…〕主はあなたを敵の前で敗れさせられるであろう。〔…〕あなたの牛が目の前でほふられても、あなたはそれを食べることができず、あなたのろばが目の前で奪われても、返されないであろう。あなたの羊が敵のものになっても、それを救ってあなたに返す者はないであろう。あなたのむすこや娘は他国民にわたされる。あなたの目はそれを見、終日、彼らを慕って衰えるが、あなたは手を施す

べもないであろう。〔申命記二八章一節から三二節〕

神に従う者の勝利と富強、および神に従わない者の破滅と困難を描写するこれらの聖書の記述に基づき、李春生は次のように論じている。[18]

蓋し、この章〔「申命記」二八章〕はモーセが上帝の黙示を得て預言し、三〇〇〇年前の『聖書』に記したものだが、そこに記載されたことで、現在の社会状況における盛衰栄辱と国の廃興存亡に当てはまらないものはない。嗚呼！　上帝の眼力には、遠く数千年後の世界の移り変わりをたやすく知り、それを手のひらの指紋のように書き記すことができないとでも思ったのか？　おおよそ現在キリスト教を国教とし、上帝ヤハウェを天父として拝めるもので、強勢と豊かさを誇り、盟主として〔世界を〕支配していないものはないと、それ〔聖書〕は預言している。〔…〕蓋し、文明国では聖書のこの章を読まない者はほとんどおらず、読んでかつ行い、上帝がその〔人の〕生命に祝福と護りを与えているということを怪しまない。人々は〔この〕人の偉大さが場〔国〕に栄光をもたらしているのだと誤解する。それが上帝の寵愛と恵みによるものだと知らないのだ。もしも中華が私の警告に耳を傾け、一切の曲学異端を捨て去り、退廃した風俗を改め、同国人を率いて徹底的に自らを改善して上帝と交われば、『聖書』の主旨により、私はその〔中華の〕将来の国勢富強が必ずや諸列強のそれを上回るだろうことを保証する。もしもそれ〔中華〕が死ぬまで上帝に抵抗するのであれば、瓜のように分割されるだけではなく、目の前で災いが立て続けに起こり、さらに想像するにも堪えがたい状況になるだろう。孔子曰く、『天に順うものは存し、天に逆らうものは亡ぶ』。孔子を学ぶ人々は、一体どのような術をもって、上帝に抵抗するのか？

このように、李春生はキリスト教を受け入れその教えを守ることと、民族や国家の命運とを密接に関わるものと捉えていた。こうした聖書理解の背景は、申命記における諸国の「廃興存亡」の状況が、まさに彼の眼前で展開される中国の分割や、「さらに想像するにも堪えがたい状況」への不安を通して、強烈なリアリティを持ったことだろうと思われる。このような理解はキリスト教国ではない日本の帝国主義的拡大の事実の前でも揺るがなかった。彼は日本帝国の強勢を、キリスト教に対する寛容によってもたらされたものであるとして合理化していたからである。「日本は未だキリスト教を国教としていないとはいえ、その憲法を見れば宗教は自由であり、国中に多くのキリスト教徒がおり、重要な職を担っている。また諸学校を見れば神道主義の学校の存在を未だかつて聞いたことがない[19]」。

このように、欧米帝国の富強と密接に結びつくキリスト教という「より善い」選択肢を取り入れることで自らを救うべしと説く李春生の思想は、優劣を伴う序列関係の中で文化・文明を捉える帝国の物語を踏襲しつつ、改宗者が社会的な強者となることを中核としており、「国勢富強」を志向するものであった。それはまさに彼の目の前で展開されている「災い」や「想像するにも堪えがたい状況」からの脱出のヴィジョンとして、切実な思いをもって描き出されていたと思われる。ただし、その場合の「国」が中華なのか、日本なのかといったことは厳密には問われなかった。また、「国勢富強」の主体とは、あくまでも男性キリスト教徒を頭とする家族や、キリスト教への改宗運動を推進する民族・国家といった父系的血縁関係を基礎に置く限定的な集団としてイメージされるに止まっていた。この点で、個々の家族、その男性成員の立場から見れば、「国勢富強」の物語は個人単位あるいは家族単位での「立身出世」を目指す物語であったとも言える。そこには、「災い」に遭う非改宗者への共感は想定されなかった。これらの人々が直面する「災い」は、キリスト教への改宗を拒むことで自ら招いた「上帝の怒り」によるものと捉えられたためである。

自己救済としての立身出世、道徳主義的自助努力を通した「保庇《ポピ》」の獲得の志向は、当時の台湾人改宗者におけるキリスト教受容の一つのあり方であり、それを支えたものが、一面では欧米列強を含む諸帝国がもたらした「災い」や、それに対する不安であったことは看過できない。

第二節　共感と共有、祈りの牧会——林学恭のキリスト教宣教実践

しかしながら、同時期の台湾人キリスト者の中には、むしろこの帝国主義的状況がもたらす「災い」に直面する人々の苦しみに共感し、その根底にあった序列関係そのものを掘り崩す解放の物語の可能性を模索する者も存在した。そのような者の一人として、ここでは前述の林学恭に焦点を当てる。

林はその宣教・牧会活動期に『教会報』にたびたび記事を投稿することで、比較的多くの同時代史料を残している。それらの史料は、必ずしも彼が自らのキリスト教論を正面から扱い、論説やエッセイとして発表したものではなく、むしろごくシンプルな巡回牧会記録に止まるものを中心としている。しかしながら、これらはいずれも李春生が志向したような限られた集団の救済とは異なり、むしろ共感という社会倫理的理念への高い関心を指し示す史料である点で着目に値する。後述するように、ここで言う「共感」とは、自己の立ち位置を揺るがされることのない「憐れみ」とは異なり、他者の苦しみに向き合う試み、言い換えれば「共苦」と表現できる姿勢を示す。[20]

また、既述のように、林は共同宣教者として宣教初期以来のムーディと密接に関わっていた。彼は「故キャンベル・ムーディ牧師の小伝」[21]（一九四〇）にてムーディとの出会いを顧み、その宣教姿勢に対する評価を書き残している。

ここでは、この林学恭が日本植民地支配下台湾というコンテクストにおいて、いかにしてキリスト教を受け止めていったのか、またそれは彼のいかなる思想と実践につながっていたのかを、おもに彼が『教会報』に投稿した文書を分析することによって読み取ることを目指す。また、後年の回想ではあるものの、林が一九四〇年に書き著したムー

ディに関する記述を補足的に踏まえることで、彼が自身のムーディとの関係をどのように受け止めたのかを捉えたい。林がムーディの宣教事業におけるいかなる点を評価していたのかを明らかにすることは、彼のキリスト教思想と実践に対する考え方を浮かび上がらせる上で、重要な示唆を得ることにつながると考えられるからである。

1 『教会報』における巡回牧会の記録

第一章に述べたように、嘉義の読書人階級の家庭に生まれた林学恭は、キリスト教信仰のゆえに家族との断絶を経験しつつも聖職者となる道を選んだ人物である。一八九八年に初めて彼と出会ったムーディは、この「確固として霊的な精神を持ち、この上なく優しく、愛すべき人物」の人柄や、精力的な働きぶりについて繰り返し言及していた。(22) それでは、この人物自身はいかなる言葉を残し、それらは彼のキリスト教思想や宣教実践とどのように関わっていたのか。また、すでにムーディの来台以前に自身の信仰と思想を形成し始め、宣教に従事するようになっていた彼の目には、ムーディの宣教事業はどのように映ったのか。前述のように、林は一八九五年には澎湖駐留日本軍による台湾侵攻の案内役に動員された。この経験を通して目撃した「災い」を、彼はどのように受け止めたのか。また、それは前述の李春生のキリスト教論といかなる関係にあったのか。

(1) 各地教会の消息――信徒たちを結び合わせるもの

林学恭を著者とする『教会報』上の記事は、多数残されている。彼が「大学」に入学した一八八八年から、牧師を退職した一九二七年までの同誌の記事を見渡せば、林の筆による、あるいは彼の報告書簡に基づく記事が、計五八本あったことがわかる。ただし、その大半は巡回宣教・牧会を記録する報告書簡であり、一つ一つの記事は淡々とした文体によって短くまとめられる傾向にある。またこの中には、彼の文章そのものではなく、その要約を掲載したと思

表 1. 林学恭による『教会報』への投稿状況（1889-1924）（註 2-1）

発行年月		巻号	頁	記事タイトル	発行年月		巻号	頁	記事タイトル
1889 年	4 月	47	31-32	書籍販売の消息	1909 年	12 月	297	103	彰化礼拝堂の落成
	9 月	52	71-72	書籍販売の消息	1910 年	3 月	300	20	林牧師の教会巡回
1890 年	1 月	56	5-6	書籍販売の消息		5 月	302	36-37	林牧師の教会巡回
1891 年	9 月	77	65-66	澎湖の消息		7 月	304	52-53	林牧師の教会巡回
1895 年	6 月	124	58	澎湖の消息	1911 年	1 月	310	3	林牧師の教会巡回
	10 月	128	109-110	澎湖伝道師の消息		6 月	315	50	林牧師の教会巡回
1896 年	3 月	132	19	伝道師の手紙：澎湖	1913 年	4 月	337	4	林牧師の教会巡回
1897 年	1 月	142	2	澎湖林赤馬の手紙		7 月	340	3-4	教会の消息
	5 月	146	34-35	澎湖の消息	1914 年	4 月	349	2	林牧師の教会巡回
1903 年	5 月	218	39	彰化の消息	1915 年	8 月	365	8	教会の消息
	6 月	219	43-44	林牧師	1916 年	7 月	376	9	教会の消息
1904 年	2 月	227	10	林牧師の教会巡回		11 月	380	2	教会の消息
	5 月	230	43-44	教会の消息	1917 年	7 月	388	3-4	教会の消息
	8 月	233	76	教会の消息	1918 年	7 月	401	3-4	教会の消息
	12 月	237	120	教会の消息：彰化		10 月	403	12	教会の消息
1905 年	1 月	238	3	教会の消息：坑口、社頭崙仔、鹿港	1919 年	5 月	410	10	教会の消息
	2 月	239	13	教会の消息：番挖、水尾、茄苳仔		7 月	412	3-4	澎湖の消息
	3 月	240	24-25	教会の消息：烏牛欄、大濫、牛眠山		11 月	416	10	教会の消息
1907 年	3 月	264	18	林学恭の書簡	1920 年	1 月	418	9	教会の消息：嘉義廳
	6 月	267	41-42	林学恭の書簡		5 月	422	11-12	教会の消息
	7 月	268	49-50	林学恭の書簡		8 月	425	9-10	林牧師の教会巡回
	9 月	270	67-68	林学恭の書簡	1921 年	2 月	431	10	教会の消息：嘉義宣教
1908 年	6 月	279	48-49	教会の消息：彰化		5 月	434	8	教会の消息
	8 月	281	70-71	林牧師の教会巡回		8 月	437	11	教会の消息
	11 月	284	100-101	林牧師の教会巡回		11 月	440	9	教会の消息
1909 年	1 月	286	5	林牧師の教会巡回	1922 年	1 月	442	11	教会の消息
	6 月	291	44-45	林牧師の教会巡回		5 月	446	7	教会の消息
	8 月	293	69	林牧師の教会巡回	1923 年	6 月	459	11	教会の消息
	10 月	295	85	林牧師の教会巡回	1924 年	7 月	472	12-13	教会の消息

われる記事も含まれる。[23] とはいえ、表1が示すように、これらの記事は一八八九年四月から一九二四年七月までの約三五年の間、時折の例外を除けば、ほとんど途切れることなく掲載され続けている。このことは、少なくともこれらの記事が掲載された回数とほぼ同じぐらいの頻度で、林が宣教・牧会報告の書簡を『教会報』編集者に送付し続けたことを示している。

　また、表1からは、林学恭が「大学」に在学する神学生であった一八八九年から一八九一年までの間に、すでに四本の記事を投稿していたことがわかる。そのうち「書籍販売の消息」と題された三つの記事（一八八九年四月と九月、一八九〇年一月）は、一八八九年に台南宣教師会議により宗教書籍販売員に任命された彼が、[24] 各地を巡ってキリスト教関連書籍を販売し、街頭説教を行った経験を綴るものである。[25] 一方で、一八九一年九月の「澎湖の消息」は、同年六月に澎湖にて実施した宣教実習の状況を報告するものである。[26] 林がムーディとランズボロウの要請により澎湖から彰化へと異動した一八九九年前後の宣教記録は、『教会報』誌上では確認できないが、彼が彰化エリアの牧師に叙任された一九〇三年には、記事掲載が再開されている。その後、林の報告書簡は一九〇六年と一九一二年を除けば、毎年必ず一度は掲載されている。

　これらの記事には、林が何年何月にどの地域を訪ね、どの教会・宣教拠点で礼拝を執り行ったのか、受洗希望者は何名で、審査の結果、そのうち何名が洗礼を受けたのか、といった事実が詳細に記録されている。例えば、一九〇三年五月の『教会報』に掲載された林学恭の報告は、以下のような内容である。[27]

> 先月の〔中会の〕後、出かけて教会を巡回したことについて少し書いて皆さんにお知らせします。私は旧暦の三月二二日、渓湖《ケーオー》の会堂に行き聖餐式を行いました。そこでは二人を〔教会員として〕受け入れ、その日曜には三〇人以上が礼拝に来ました。その後、私は新結庄《シンケッツン》〔現雲林県二崙郷付近〕教会と番挖《ホアンオア》〔現彰化県芳苑郷〕に行き、受洗希望者の審査をしました。新結庄と番挖では二三名が受洗のため審査を受けました。旧暦三月二九日の日曜

日には新結庄にて聖餐式を行い、九人を〔教会員として〕受け入れ、また一名を陪餐停止としました。この日曜日には一〇〇名以上が礼拝に来ました。新結庄教会について言うと、最近は熱心なようで、黄さんは〔信徒たちの〕指導に励んでいます。その後、私は水尾庄《ツイボェツン》〔現彰化県伸港郷〕の礼拝堂に行き、また二崙仔《ジルンアー》〔現雲林県二崙郷〕、茄萣仔《カタンアー》〔現雲林県西螺鎮〕の教会にも行きました。この三つの教会では二四名が受洗のための審査を行いました。四月七日の日曜には、茄萣仔の礼拝堂で聖餐式を行い、六名の入教を受け入れ、また一名を陪餐停止としました。その日、茄萣仔礼拝堂では一〇〇名が礼拝をまもりました。胡さんはそこで何人かの子どもたちに勉強も教えています。〔…〕

引用からは、林学恭が一九〇三年四月頃に、雲林県北部と彰化県南西部周辺の宣教拠点を巡回し、受洗希望者の審査を行った上で、礼拝時に洗礼式と聖餐式を執り行っていたことがわかる。同時に、彼がそれぞれ新結庄と茄萣仔に通っていた信徒を一名ずつ「陪餐停止」としたことが記述されている。また、新結庄教会の「黄さん」、および茄萣仔の「胡さん」は、これらの宣教拠点に派遣されていた伝道師であったと推測される。陪餐停止とは、すでに受洗した者が聖餐に与ることを一時的に禁じられる状態を意味する。除名とは異なり、教会員としての身分を失うわけではないが、教会共同体の一致を確認する重要な儀式である聖餐式への参与を禁じられるため、強い戒めの意図があるものと言える。ここではその具体的な理由は明記されていないが、おそらくは教会メンバーとしてふさわしくないと判断されるような言動、あるいは出来事への関与が指摘されたためであったと思われる。教会がイエスへの信仰を持ち、その教えに従う者の集団としてのアイデンティティを内外に示すため、制度として設定した懲戒であると言える。

また、一九一一年六月の『教会報』に掲載された林の報告書簡には、次のように書かれてある。(28)

員林街《オアンリムケー》。三月五日、員林街の教会堂にて聖餐式を行い、三名を〔教会員として〕受け入れました。この日曜には五〇名以上が来て礼拝をまもり、教会員たちもとても活気に満ちていました。その日には李道生《リトォシン》と馬天送《ベェテンサン》を選出して長老として任命し、陳キプシィを執事とすることを明らかにしました。その後、〔陳キプシィは〕問題なく任命されました。

引用からは、員林街教会では一九一一年三月五日の礼拝式にて、信徒の中から李道生(29)（李本《リブン》、一八七一―一九三五）と馬天送（生没年不詳）が長老に選出・任命され、陳キプシィ（漢字名、生没年不詳）が執事に指名、後に任命されたことがわかる。このように、林は訪問時の各地教会の長老・執事、伝道師らの固有名詞もたびたび記録している。

林学恭は、このように自らの巡回宣教・牧会の実施状況や、訪問先である各地宣教拠点のその時々の様子を長期間にわたって記録し続けており、これらを見渡すことで、彼の活動の大まかな傾向を捉えることが可能となる。例えば、表2は、一九〇三年から一九二四年までの林学恭の巡回宣教・牧会の時期、動作線、および地域の傾向を整理したものである（巻末資料7―②も参照）。

前述のように、林学恭の報告書簡は一九〇六年、および一九一二年の『教会報』には掲載されておらず、年ごとの掲載回数も一回から五回とまちまちである。このため、表2の内容は、林が実際に行った活動を必ずしも包括的に記録するものではないと考えられる。しかしながら、「地域エリア名」欄を追うことで、彼の活動の大まかな流れを捉えることができる。

例えば、一九〇三年に彰化の牧師に叙任されて以来、林は彰化、雲林、南投、および台中を中心とする、中部台湾での巡回牧会を展開してきたが、一九一八年九月八日の朴仔脚《ポアカア》（現嘉義県朴子市）訪問、同年九月一五日の牛挑灣《グティアウオワン》（現嘉義県朴子市）訪問をはじめとして、一九二〇年代には南部の嘉義エリアの宣教拠点への訪問を活発化していることがわかる。また、一九二〇年から翌一九二一年にかけての嘉義エリアへの訪問には、ムーディが同行していたこともわかる。両者は一九二〇年三月二八日の柑仔宅《カマテェ》（現嘉義県竹崎郷）訪問に前後する同年二月から三月にかけて、北港（現嘉義県義竹郷）、新港、嘉義、打猫《ダーニャウ》、竹《テク》頭崎《タウキアー》（現嘉義県中埔郷）にて巡回宣教を実施し、同年末から翌一九二一年一月にかけても、朴仔脚、北港、新港、嘉義、打猫を共同で巡回している。

これらの記録からは、林学恭が一九二〇年前後を境に嘉義エリアでの宣教活動への関与を深めていたことがわかる。実際に嘉義出身の林がこのエリアの宣教に使命感を感じていたであろうことは、マーガレット・C・アーサーが著したムーディの伝記からも読み取ることができる。一九二一年前後の出来事を記述するにあたり、アーサーは次のように述べている。[30]

> いつも活発な林学恭牧師は長い間、故郷に戻ってそこで〔宣教〕運動を起こしたいと望んでいた。そこで、彼とムーディは嘉義エリアで二ヶ月を過ごし、林さんの経歴において、あの心動かす出来事が起こった舞台である「打猫」村も忘れずに訪ねた。この運動は読書人階級や商人たちだけではなく、嘉義市の大勢の人力車の俥夫たちにも深い印象を残した。

ただし、この同じ二ヶ月の共同宣教について、林自身は次のように述べている。「ムーディ牧師が、一緒に嘉義庁に行って街頭説教をしようと私を誘いました。二月初頭に出発し、三月に至って終えました。だいたい二ヶ月近くでした」[31]。このことからも、嘉義宣教は両者の共通した関心事であったと推測される。

（2）祈りの呼びかけ――教会を越える共同意識への模索

前述のように、林学恭による報告書簡のほとんどは、淡々とした文体で事実関係を簡潔に綴るものとなっているが、彼の問題関心やキリスト教思想の特徴を示す言葉が見受けられないわけではない。中でも着目すべきは、彼の教会内外の人々に対する共感と祈り、これらを媒体とした共同意識、共同体形成への志向と、神の介入・働きへの重視を読み取ることのできる言葉である。例えば、神学生時代に宗教書籍販売員として台湾各地を巡回した林は、一八八九年

1915	[5/9] 員林街 → [5/30] 彰化 → [6/6] 鯪鯉サン街 → [6/13] 大肚街 → [6/20] 渓湖 → [7/11] 鹿港	彰化→台中→彰化
1916	[3/5] 社頭崙仔 → [3/12] 草鞋墩 → [5/7] 丈八斗 → [5/14] 番挖 → [5/21] 渓湖 → [5/28] 南投	雲林→南投→彰化→南投
	[6/18] 大肚街 → [6/25] 和美線 → [7/2] 彰化	台中→彰化
1917	[3/25] 和美線 → [4/29] 社頭崙仔 → [5/6] 渓湖 → [5/13] 鹿港 → [5/20] 草鞋墩 → [5/27] 南投 → [6/10] 員林街	彰化→雲林→彰化→南投→彰化
1918	[5/12] 番挖 → [5/19] 丈八斗 → [5/26] 西螺 → [6/2] 水尾 → [6/9] 斗六 → [6/16] 土庫	彰化→雲林
	[9/1] 牛罵頭 → [9/8] 朴仔腳 → [9/15] 牛挑灣	台中→嘉義
1919	[2/23] 二八水 → [3/2] 斗六 → [3/9] 番挖 → [3/23] 西螺 → [4/9] 大城厝 → [4/23] 水尾	彰化→雲林→彰化→雲林→彰化→雲林
	[5/4]（代）馬公 → [5/11]（代）頂山	澎湖諸島
	[9/9] 斗六 → [9/14] 二八水 → [9/28] 牛罵頭 → [10/5] 林圯埔 → [10/12] 岩前・闊仔嶺	雲林→彰化→台中→雲林→台南
	[11/2] 土庫 → [11/9] 西螺 → [11/14] 斗六 → [11/16] 北港・新港 → [11/21] 丈八斗	雲林→嘉義→彰化
1920	[2/8] 二八水 → [2/15] 過溝 → [3/7] 西螺 → **[3/28] ＊柑仔宅 → [2/??~3/??] ＊北港・新港・嘉義・店仔口街・打猫・糞箕湖・竹頭崎**	彰化→嘉義→雲林→嘉義→台南・嘉義・南投
	[5/??] ＊新結庄・草鞋墩・員林街・丈八斗・南投・斗六・土庫・牛罵頭・大城厝	雲林・彰化・南投・台中
	[1920 年 12 月～1921 年 1 月] ＊斗六・朴仔腳・北港・新港・嘉義・打猫・鹹水港・搭里霧・大埔林	雲林・嘉義・台南
1921	[2/13] 斗六 → [2/27] 西螺 → [3/27] 土庫 → [4/3] 員林街 → [4/10] 崙仔 → [4/17] 大社・葫蘆墩	雲林→彰化→台中
	[4/24] 南投 → [5/1] 草鞋墩 → [5/8] 埔里街・烏牛欄 → [5/15] 丈八斗 → [5/22] 番挖 → [5/29] 嘉義 → [6/5] 斗六 → [6/12] 搭里霧 → [6/19] 民雄	南投→彰化→嘉義→雲林→嘉義
	[6/26] 北港・新港 → [7/3] 二水 → [8/14] 岩前・白河 → [8/28] 田中庄 → [9/11] 過溝 → [9/18] 鹿麻産 → [9/25] 牛罵頭 → [10/2] 丈八斗 → [10/9] 斗六	嘉義→彰化→台南→彰化→嘉義→台中→彰化→雲林
	[10/23] 水尾 → [10/30] 竹山 → [11/6] 土庫 → [11/13] 員林 → [11/20] 豐原 → [12/4] 二水 → [12/11] 民雄 → [12/18] 白河	雲林→彰化→台中→彰化→嘉義→台南
1922	[2/19] 嘉義 → [2/26] 牛罵頭 → [3/5] 崙仔 → [3/19] 嘉義 → [3/26] 麻豆 → [4/2] 新市・善化 → [4/9] 斗六 → [4/16] 員林	嘉義→台中→嘉義→台南→雲林→彰化
1923	[3/11] 沙山 → [3/18] 員林 → [4/1] 斗六 → [4/8] 牛罵頭 → [4/15] 南投	彰化→雲林→台中→南投
1924	[5/4] 烏牛欄 → [5/6] 北山坑 → [5/11] 大濫・埔里街 → [5/18] 二水 → [5/25] 頂山腳 → [6/1] 崗仔林	南投→彰化→台南

＊太字部分…ムーディとの共同宣教・牧会を示す。（代）…他の伝道師・牧師の代理による巡回宣教・牧会であることを示す。

表 2. 林学恭の巡回宣教・牧会活動の動作線（1903-24）（註 2-2）

年	月日、宣教拠点地名	地域エリア名
1903	[3/2] 新結庄 → [3/22] 渓湖 → [3/29] 番挖 → [3/30] 水尾・二崙仔 → [4/7] 茄苳仔 → [4/21] 社頭崙仔 → [4/28] 坑口 → [4/??] 大庄・草鞋墩	雲林→彰化→雲林→彰化→南投
	[5/31] 彰化 → [6/7] 鹿港 → [6/14] カタウ庄	彰化
	[11/22] ＊ 社頭崙仔・坑口 → [11/29] ＊ 大庄・草鞋墩 → [12/20] 新結庄	雲林→南投→雲林
1904	[3/20] 茄苳仔 → [3/22] 新結庄 → [3/24] 番挖 → [3/27] 渓湖 → **[4/10] ＊ 崙仔・坑口**	雲林→彰化
	[5/15] 彰化 → [6/5] 草鞋墩 → [6/19] 大庄 → [6/26] 鹿港	彰化→南投→彰化
	[11/4] 社頭崙仔 → [11/11] 鹿港 → [11/20] 彰化 → [11/21] 番挖 → [11/27] 坑口 → [11/28] 水尾	雲林→彰化→雲林
1905	[1/1] 茄苳仔 → **[1/29] ＊ 烏牛欄・大濫・牛眠山**	雲林→南投
1906	[??] 新結庄・社頭崙仔 → [12/9] 員林街 → [12/16] 大庄 → [12/23] 草鞋墩	雲林→彰化→南投
1907	[3/10] 彰化 → [3/31] 茄苳仔 → [4/7] 水尾 → [4/28] 新結庄 → [5/5] 番挖	彰化→雲林→彰化
	[5/12] 社頭崙仔 → [5/19] 坑口 → [6/2] 大庄 → [6/9] 草鞋墩 → [6/16] 彰化	雲林→彰化→南投→彰化
	[6/23] 彰化 → [6/30] 員林街 → [7/7] 大肚街 → [8/4] 鹿港 → [8/11] 鯪鯉サン街	彰化→台中→彰化→台中
1908	[3/8] 員林街 → [4/19] 番挖 → [4/26] 丈八斗 → [5/3] 鯪鯉サン街 → [5/11・12] 大社	彰化→台中
	[5/17] 渓湖 → [5/24] 大肚街 → [6/7] 草鞋墩 → [6/14] 大庄 → [6/28] 彰化 → [7/5] 鹿港	彰化→台中→南投→彰化
	[8/23] 坑口 → [9/20] 茄苳仔 → [9/27] 水尾	彰化→雲林
	[11/6] 坑口 → [11/29] 社頭崙仔	彰化→雲林
1909	[4/4] 社頭崙仔 → [4/11] 十五庄 → [4/18] 林圯埔 → [5/2] 新結庄 → [5/9] 番挖 → [5/16] 水尾	雲林→台中→雲林→彰化→雲林
	[5/23] 茄苳仔 → [5/30] 彰化 → [6/6] 草鞋墩 → [6/13] 大庄	雲林→彰化→南投
	[8/29] 渓湖 → [9/5] 社頭崙仔	彰化→雲林
	[11/11] 彰化	彰化
1910	[1/9] 社頭崙仔 → [1/16] 員林街 → [1/30] 彰化	雲林→彰化
	[3/13] 鯪鯉サン街 → [3/20] 渓湖 → [3/27] 茄苳仔 → [4/3] 水尾	台中→彰化→雲林
	[4/24] 社頭崙仔 → [5/1] 坑口 → [5/15] 彰化 → [6/12] 大肚街	雲林→彰化→台中
	[10/23] 員林街 → [11/13] 彰化	彰化
1911	[3/5] 員林街 → [3/12] 林圯埔 → [3/19] 崙仔 → [3/26] 新結庄 → [4/9] 彰化 → [4/16] 草鞋墩 → [4/26] 大庄 → [4/29] 大肚街	彰化→雲林→彰化→南投→台中
1913	[1/26] 彰化 → [2/16] 草鞋墩 → [3/2] 員林街 → [3/9] 渓湖	彰化→台中→彰化
	[4/27] 西螺 → [5/2] 水尾 → [5/4] 社頭崙仔 → [5/11] 大庄・南投 → [5/25] 彰化 → [6/1] 鯪鯉サン街 → [6/15] 鹿港	雲林→南投→彰化→台中→彰化
	[12/14] 社頭崙仔 → [12/21] 十五庄	雲林→台中
1914	[1/18] 彰化 → [3/1] 丈八斗 → [3/7] 番挖	彰化

九月の『教会報』に掲載された報告書簡にて、次のように述べている。[32]

> どうぞいつも私たちのために上帝に祈ってください。あの〔鳳山で街頭説教を〕聴いた人たちが、聖霊による心への促しを得て、罪を知り、我らの主イエスに信じてたのみ、上帝と親和し、かれの幸いを得ることができるように。これが〔私の〕心が願うところのことです。〔…〕どうぞ皆さん、お祈りの時にはこの二つの場所〔木柵《バクサ》と柑仔林《カマリム》〕の人たちが上帝を求め、聖霊の導きを受け、主を喜んで信じるようになるように覚えてください。これが〔私の〕心が願うことです。

ここでは、宣教従事者である「私」や「私たち」、および街頭説教の聴衆たちは、『教会報』の読者であり、信徒である「皆さん」の共感と祈りを必要とする存在であることが強調されている。具体的には、鳳山、木柵《バクサ》（現高雄市旗山区）、柑仔林（現高雄市内門区）などの特定の場であり、場合によっては遠隔地にあるあまり知らない土地における宣教事業の状況や、これらの土地に暮らす人々がキリスト教を受け入れるかどうかということが、キリスト教会の信徒である「皆さん」にとっての、関心を持つべきことと、祈り支えるべきこととして位置づけられている。このことからは、林学恭は教会内外の人々への関心と、宣教事業への共感を信徒の間に惹起し、キリスト教を軸とする共同意識を持つように促すことを重視していたことがわかる。

逆に言えば、こうした問題関心こそが、林の長期間にわたる巡回宣教・牧会の状況の共有を支え続けていたのではないかと考えられる。このことは、例えば、以下の三つの例に見られるように、林が後にも類似した表現を繰り返し使用していることからも窺われる。[33]

> 上帝がその霊の権能を用いて私たちの教会が元気になるように助けてくれますように、どうか私たちのために

上帝にお祈りください。（一九一〇年三月）

『報』（『教会報』）を読んでいる兄弟姉妹の皆さん、どうかこれらの教会が聖霊の力により、教会を元気にする助けを得られるようにお祈りください。これが〔私の〕心が願うことです。（一九一一年六月）

『報』（『教会報』）の読者の皆さん、どうかこれらの教会が今後早く元気になるように、いつもお祈りください。（一九一三年七月）

本セクションの冒頭に引いた一八八九年九月の掲載記事を含むこれらの言葉からは、神の介入――特に、聖霊としての神の働きかけ――に対する重視が窺われる。「聖霊による心への促しを得て、罪を知り、我らの主イエスに信じてたのみ、上帝と親和し、かれの幸いを得ることができるように」、「上帝を求め、聖霊の導きを受け、主を喜んで信じるようになるように」という言葉からは、林がそれぞれ人の心に働きかける「聖霊」と、具体的な信仰の対象としての「主イエス」を含み込む、三位一体の「上帝」を認識し、読者に伝えようとしていたことが読み取れる。また、ここでは「罪を知」ることと「主イエスに信じてたの」むこととの密接な関係が明確に提示されている。このことからは、一八八九年時点の林が、すでに罪の認識と信仰義認を核とするキリスト教論――ムーディが『異教徒の心』にてキリスト教の大文字テクストとして重視しつつも、多くの台湾人にとっては理解困難なものと認識していた教義を核とするキリスト教理解――を形成していたことが窺われる。

さらに、林学恭の書簡では、イエスへの信仰や「上帝」との「親和」、その「幸い」の獲得は、信仰者自身の自助努力によってではなく、聖霊による助けによって達成されるものと位置づけられている点が特徴的である。伸び悩む教会を「元気」にするもの、その「助け」を与えるものもまた、聖霊であり、その「権能」であるとされている。ただし、ここで林学恭が信徒たちに呼びかける共感と祈りの相手は、宣教活動の対象としての街頭説教の聴衆や、各地宣教拠点に限られないことを想起する必要がある。第一章で引いたように、一八九五年一〇月の書簡「澎湖伝道師の消息」では、林は澎湖駐留日本軍の台湾府進軍に動員されたときの経験を振り返り、占領軍による破壊を受けて困窮する人々のための祈りを呼びかけていた。「私は道々、人々の様子を見てきました。それは凄惨を極めるものでした。家を焼き払われて暮らすことができず、食べることもできず、着ることもできず、皆屋根のないところのあちこちに隠れて眠っています。どうかあの苦しんでいる人々のために祈ってください。あの悲惨な目に遭っている人々を救う道を上帝が開いてくれますように[34]」。

これらの「悲惨な目に遭っている人々」は、必ずしもキリスト者ではない。このことから、林が志向するキリスト者の共感と祈りの対象には、教会内外の区別や、街頭説教に興味を持ったか否かの区別がなかったことがわかる。彼が志向し、実践を試みていたものは、各地における宣教の取り組みや他者の困難・苦しみに関わる情報の共有と、これらの人々に対する共感と祈りを伴う牧会であり、それは、キリスト教を拒み、「災い」に直面する人々を、自助努力を怠ったために「上帝の怒り」に触れた人々と捉えた李春生の考えとは異なるものであった。したがって、前述のように、林における「共感」には他者の苦しみに対する「共苦」としての意味が込められていたことが明らかとなる。それは、憐れみとは異なり、ときには共感者自身がその相手から「安易な理解を拒絶される」ような経験を含む困難の中で、「自らの存在の根を揺るがされ」ながら「真に他者の苦悩への想像力」を持とうとする試みである[35]。キリスト教伝道師として日本軍に協力することを迫られ、心ならずも抵抗者らに「応戦し」、人々を「殺し」、家々を「焼き払」う側の一員となった林にとって、これらの人々の苦しみへの共感は、彼の切実な望みにほかならなかった考えられる。

2　「祈りの聖者」――共同宣教者ムーディへの評価

一八八九年から一九二四年の間に林の報告書簡に基づいて掲載された計五八本の記事のうち、ムーディが登場するものは計九本（一九〇四年二月、一九〇五年三月、一九〇七年六月、一九〇八年一一月、一九〇九年一二月、一九一九年五月、一九二〇年五月、一九二一年二月および八月）であり、その多くは一緒に活動したことへの言及のみに止まっている。このため、同時代の史料だけをもとに、林のムーディに対する評価を捉えることは困難である。ただし、このうち一九二〇年五月「教会の消息」では、短いながらもムーディの宣教手法に関する次のようなコメントがなされている[36]。

ムーディ牧師の手法について言うと、まるで陸軍が兵隊を召集するようにラッパを鳴らして人々を呼びます。その音はとても心地よく、威厳があり、遠くまで届くので、多くの人々が喜んで聴きに来ます。様々な人々が集まり、皆喜んで聴きます。それだけではなく、中には何度も聴きに来たことがあり、またその〔説教の〕意味を尋ねたいと思っている人もいます。街頭説教を聴きに来る人は時には四〇〇から五〇〇人、時には三〇〇から四〇〇人で、最少でも一〇〇人以上はいます。

引用からは、ムーディがラッパを用いて聴衆を集める際には、何らかのメロディーを奏でていたらしきこと、林が当時の聴衆たちを全体に好意的であったと認識したこと、および街頭説教の聴衆が「最少でも一〇〇人以上」と比較的大勢が集まっていたことが窺われる[37]。林はこれに続けて、ムーディの説教のテーマについても述べている。

彼〔ムーディ〕が話す説教では、上帝はイエスを世に遣わし、私たちのために贖罪したほどに私たちを愛されたということ、かれにたよる者は皆多くの幸いを得るのだということがよく話されます。〔…〕また、日曜日には、ムーディ牧師は何カ所もの礼拝堂に行き、兄弟〔信徒〕たちと救いの真理について議論しました。罪の赦し、新生、義とされる、といったことごとです。それは、兄弟たちが救いの道をもっとわかるように手伝いたいからです。ある場所では聴き終えた兄弟が非常に感動を受けました。このことからも今回の働きには大きな意義があったことがわかります。

第一章で確認したように、ムーディはキリスト教の中核的メッセージとしてキリスト論および信仰義認の教えを重視し、「教義談論」（一九〇三―一九〇四）や『宣教論』（一九一四）といった白話字文書ではこれらのテーマに関わる議論を展開していた。このことと右の引用からは、ムーディが実際に街頭説教や信徒との議論においても、イエスによる贖罪の業や「かれにたよる」ことへの呼びかけ、「罪の赦し、新生、義とされる」救いの過程について述べていたことが確認される。林は、こうしたムーディの取り組みを、信徒らが「救いの道をもっとわかるように」助ける意図を持ってなされたものであり、それが現に「大きな意義」を持ちつつあると評価している。

それでは、林は宣教仲間であったムーディをどのように評価していたのか。林が著したムーディの追悼文である「故キャンベル・ムーディ牧師の小伝」を参照して捉えたい。林は同史料を次のような言葉をもって書き出している。「私が慕っている古い友人であるキャンベル・ムーディ牧師が世を去ったと数日前に突然聞きました。とても辛い。ある人は私に、彼〔ムーディ〕の言動を並べて伝記を綴り、『公報』〔『教会報』〕に載せて他の人々も彼のことを思えるようにしてほしい〔と依頼しました〕。私もぜひそうしたい」。その上で、彼はムーディの「言動」のうちでも特に「彼が台湾にいたときのこと、私が知っていること」を中心に書き、「皆さんと一緒に彼を偲びたい」と述べている。[38]

林はムーディの青少年期の学歴や、彼がある「宣教師の講演会」（ケズウィック・コンベンション）を契機に台湾宣教への参与を決心した経緯を簡潔にまとめているが、その中には、アーサーによる伝記には見られないエピソードも含まれている。例えば、海外宣教をめぐるムーディと母メアリのやり取りである。林によれば、ムーディは宣教師となる決心を「母親には言うことができなかった。母親が心配してやめさせようとするのではと恐れたからである」。出発間際にようやく打ちあけると、彼女は「果たして心を痛め、激しく哀哭した」。ムーディはそのような彼女を「多くの言葉で慰め」、故郷を離れて台湾に赴いた、という。[39] ムーディの記述に鑑みれば、キリスト教のために母親の「心を痛め、激しく哀哭」させるという経験は、林自身も共有したものであった。ムーディが一九三〇年代の英文著書『王の客人たち』にて再び林に言及した際には、キリスト教に改宗した彼が祖先崇拝を拒否し、宣教パンフレットや讃美歌を読んでいることを知った母親が「涙を流し、『この不孝者！ こんな非人道な本を読んで！』と泣き叫びながら彼を追い、叩いた」が、「彼は黙って彼女を家まで連れて帰った」というエピソードが書き加えられている。[40] このことから、両者がキリスト教信仰への献身と家族との断絶に関する何らかの議論をしていた可能性が考えられるが、管見の限り、このことを明確に裏付ける同時代史料は確認されない。

「台湾での宣教」という小見出しの下に、林は自身が澎湖で初めてムーディと出会ったときのことや、彰化に異動した後「二〇年の間、〔ムーディと〕共に街頭説教をし、何百もの村を歩き、計一〇件の教会を設立してきた」ことを述べている。

その上で、彼は特にムーディと関わる中で「感動を受けた」ことを四点指摘している。

第一が、「彼の街頭説教と教会設立」の働きにおける「勤勉さ」と「艱苦への忍耐」である。林は次のように述べている。「〔ムーディは〕遠出をしないときには彰化で月曜から土曜まで、夕方四時から市場で街頭説教をする。遠出をして村々に行くときには早くに出発し、すっかり暗くなってから帰る」。二人で巡回宣教に行く際には、分担して聴衆を集め、一カ所での街頭説教が終われば、「時間を無駄にせず、次の村に行って話す」。ムーディは「少ない睡眠や疲れにも喜んで耐え忍」び、一日でかなりの距離を歩くのが常であった。渓湖では夜一一時半まで街頭説教をしたために寝る場所が見つからず、親切な人が貸してくれた「三尺幅の机」の上に二人で横になって眠った。この出来事については、ムーディも『フォルモサの聖徒たち』（一九一二）にて次のように回想している。「私たちが最初に〔渓湖を〕訪ねたとき宿屋はいっぱいだった。また、どの信徒の家からも六マイルは離れていたため、お店のカウンターで眠っても良いかとお願いした。そこで私たちはパタパタと自分たちを扇ぎながら、汗をぽたぽた流しながら並んで横になった」[41]。林はまた次のように回想する。南投では安宿に泊まり、ムーディは「西洋人を咬んだことがなかった」シラミに酷く咬まれた。「それでも彼は耐える。何があろうと、時を得ようと得まいと、悪く言われても耐え忍ぶ」。ここでは、ちょうどムーディが林の精力的な働きぶりを肯定的に描いていたように、林もまたムーディの直接的伝道の「勤勉」かつ「忍耐」強い取り組みを特筆していることがわかる[42]。

第二が、「彼の人に対する接し方」である。興味深いことに、ここでもまた、林によるムーディの描写には、ムーディによる台湾人描写との重なりが見出される。すなわち、他者への関心と「優しさ」への評価である。林は、ムーディが毎年夏に中部台湾の伝道師らを集めて修養会を開催し、「霊的に良いもの」を得られるように取りはからっていたことや、経済的に困難な伝道師がいれば、彼らを「こっそりと助け」、特に「ヨーロッパ大戦〔第一次世界大戦〕で物価が高騰したときに、彼は伝道師たちのために財布を空っぽにした」と述べている。また、「一般の信徒に対して」は、ムーディは「貧賤富貴を問わず、巨商貴客、老人であるか村の子どもであるかを論じず、温かく柔和に人を尊重し、礼をもって相対する」者であったと評価している。伝道師の「霊的」状況、および生活状況に対する気遣いや、すべての信徒に対する「尊重」と「礼」は、既述したように、キリスト者としての他者への共感と祈りを重視していた林自身の問題関心とも調和するものであると言える[43]。

第三が、「彼の日々の生活と慈善」である。すでに第一章にて引用したように、林はムーディが日々質素な暮らしを送りつつ、貯金した給与を教会に献金していたことを述べている。

そして第四が、「彼の祈り」である。林は、ムーディは「祈りの聖者」だと述べ、次のように回想している[44]。

何かをするときには、大きいことから小さいことまで、彼〔ムーディ〕は祈りをもってはじめ、また祈りをもって締めくくる。彼と街頭説教に出るときも祈り、帰ってくるときも祈る。彼を訪ねるといつも、彼はひざまずいているところである。祈っているのだ。彼の机の上には教会の名前、また伝道師の名前、および信徒たちの名前があり、毎日主の前でそれらの名前を見て、彼らのことを考えているのだ。

ここでは再びムーディの宣教事業における他者への関心、共感と祈りが認められ、評価されている。それはムーディと出会う以前から林自身が重視し、『教会報』誌上にて呼びかけてきた宣教姿勢そのものでもある。林はこうして在台活動期のムーディの宣教姿勢を回想した後に、離台してスコットランドに帰郷した彼が「ふた月に一度」の頻度で林に手紙を送り、「台湾の教会のことを尋ねていた」と述べている。さらに、その後のムーディが「古代の教会や教義に関する優れた著作」を著し、神学名誉博士の学位を得たこと、七五歳で「労苦を解かれて休んだ」ことを述べ、残された「ムーディ夫人」（アーサー）のための祈りを呼びかけている(45)。

以上に見てきたように、林学恭はムーディの追悼文を通して、ムーディの宣教事業における「勤勉」かつ「忍耐」強い働きや、他者を「尊重」し、これらの人々に共感と祈りをもって関心をよせる宣教姿勢を高く評価していた。もとより、ムーディの没後に書かれ、当初から『教会報』にて発表されることが想定されていた同史料は、林が実際にムーディとの共同宣教を行っていた時期に経験し、感じ取っていたことを必ずしもそのまま表現したものではないだろう。ただし、少なくとも同史料からは、林が宣教活動期の自身が志向していた宣教実践のあり方を、一九四〇年時点でも重視し続けていたことがわかる。それは、ムーディに関する描写からだけではなく、『教会報』の読者らに、「古い友人」を失った林自身と共にムーディを偲ぶことを求め、夫を失ったアーサーが「主の慰めを得られるように、お祈りしてください」と求める同史料からも確認される。これらはまた、共感と祈りを軸とする林の牧会・宣教実践の一つであった。

第三節　独立した信仰者の確立を目指して——廖得のキリスト教論

この時期、植民地台湾が直面した帝国主義的状況の「災い」を前に、これを相対化する物語を模索したもう一人の台湾人キリスト者として、廖得を挙げることができる。伝道師となり、後に牧師となった廖得は、一九二〇年代の教会自治運動の推進者の一人であり、一九三〇年代末から四〇年代の高雄市「前金伝道所」（現新興教会）開拓の貢献で知られる人物である。また、彼は一九四八年の牧師退職後に「伝道社」を創設して平信徒の宣教人員を養成すると同時に、自ら組み立てた街頭宣教用の三輪車である「福音車」に乗り、各地での巡回宣教を展開したことでも知られる。[46]

林学恭よりも一世代若く、一九〇二年に一三歳でムーディより受洗した廖は、ムーディの助言を受けて台南長老教中学校（一九一〇—一一年在学）、および台南神学校（一九一一—一五年在学）にて学び、聖職者の道を歩み始めた。このため、廖にはムーディを自身の教師として受け止めていた面があった。ただし、神学校卒業後の彼は、おもに高雄、澎湖、および台南に赴任し、ムーディの在台活動期に中部台湾で活動したのは、水尾教会（現崙背教会）に派遣された一九一八年のみであった。このためか、ムーディの英文著書には廖得について描写しているものと明確にわかる記述は見られない。匿名の人物として登場している可能性はあるが、確認は困難である。

そこで、以下ではまず、一九五七年に廖得が著した「六八年の回想録[47]」に沿って、この人物の改宗の経緯、およびムーディとの「師弟関係」のあり方を概観する。その上で、彼が一九一〇年代から二〇年代半ばまでの間に『教会報』に投稿した記事を分析することで、当時の彼がいかなるキリスト教論を形成していたのかを考察したい。

1　学びの喜び——少年期の経験とムーディへの「師事」

（1）キリスト教との出会い——「異教徒」の両親を通して

廖得は一八八九年、二崙仔（現雲林県二崙郷）にて一〇人の兄弟姉妹の末っ子として生まれた。彼が生まれる以前、父親の廖坤海（一八四九頃—一八九八頃）と母親の李知母（一八五二頃—一九一二）の間には、六人の娘と三人の息子がいたが、子どもたちは次々に亡くなり、二人の娘たちしか残らなかった。こうした不安がある中で、彼の両親はキリスト教に興味と好感を持ち、廖坤海は何度か近隣の茄苳仔（現雲林県西螺鎮）にある教会に行こうとした。しかしながら、村の長老格であった親戚に、改宗するなら村を出て行くようにと脅されたために断念したという。また廖得は、母親の李知母が幼い彼に次のようなことを話していたと回想している。「キリスト教は本当に良い！　キリスト教徒は男の人も女の人も皆字が読める!!〔…〕女の子は皆纏足《てんそく》をしない!!〔…〕鬼神を恐れない!!〔…〕悪事をしない!!〔…〕死んだら天国に行くと言う!!」自身も纏足をしていた李知母は、当時はキリスト者ではなかった。[48]

他方で、この頃に五、六歳であった廖得は、日本軍の攻撃から逃れる経験もしている。一八九五年夏、日本軍が濁《ロー》水渓《ツィケー》に迫ると、父親の廖坤海は他の村人らと共に日本軍に抵抗し、二崙仔の民衆にも協力を呼びかけた。これに応じた民衆たちは一度は日本軍を攪乱したものの、その反撃に耐えきれなくなった。[49]

日本兵は西螺《サイレー》街に入り、火をつけて家を燃やした。西螺街民は皆海〔西〕の方へ逃れ、道は人でいっぱいになった。荷物を担ぐ人、〔かがむ人〕、抱っこしている人、また這っている人もいた！　あの時、私は服を着ておらず、棒きれを持ってお母さんと一緒にブタを追い立てていたが、溝を越えるときに落ちて、溺れそうになってしまった。

その後、廖得は七歳から九歳の頃には働き始めた。昼にはちょっとした食べ物を売り、夜には父親と共に出かけて劇の舞台の近くで同じ食べ物を売り、夜が明けたら家に帰ってお金を勘定する。「時には抗日軍が大勢来て買ってくれ、また時には日本の交通憲兵が新ぴかのお金を払って買ってくれた。お母さんは毎日西螺街に〔商品の〕仕入れに行っていた[50]」。

九歳の時、病で父親を亡くした彼は、自分の貯金箱を割って道士に葬儀代を支払い、棺桶代はサツマイモや雑誌を拾って少しずつ返済した。父親の死後、人に貸していたお金も戻ってこなくなり、父親の改宗を禁じた親戚には鶏や竹を取られ、これに抗議しに行った母親は殴られてしまった。こうした事態を予見してか、廖坤海は亡くなる前に、もしも自分が死んだら廖得ら母子は引っ越して別の所に行きなさいと話していた。そこで、「お父さんが亡くなってから一〇〇日もしないうちに、私〔廖得〕たちは家を捨てて、お母さんの実家に行って生き延びた[51]」。生活は貧しく、彼は一一、一二歳になっても八歳の子どものように小柄であったという[52]。

引っ越しの翌年、キリスト教に改宗していた別の親戚が廖得らから古い木材を購入した。二崙仔にキリスト教の宣教拠点を建築するためであるという。これを契機に、廖得はキリスト教の集会に行って熱心に学び、最初の一日だけでも一八文字のアルファベットを覚え、讃美歌も何節かわかるようになった。二崙仔の宣教拠点が完成した後は、受洗した信徒が交代で執り行う礼拝に参加した[53]。

(2) ムーディとの出会い、学びの経験から教会自治への志向へ

一九〇二年、一三歳になっていた廖得は受洗を希望し、審査を受けるために茄苳仔の教会を訪ねた。この時の審査者がムーディであった。ムーディは廖に質問をし、聖書を開いて読ませ、祈りをさせた。審査の結果、廖は入教を認められ、他の十数名と共に洗礼を受けた。ところが、礼拝のときに次のようなことが起こった[54]。

ムーディ牧師は説教をしているとき、私の目が真っ赤になっているのを見て、私の目はどのくらい前から痛くなっているの？　と聞いた。その日の午後、聖餐式が終わった後〔ムーディ牧師は〕私に、帰って、お母さんに私を彰化医館〔彰化基督教医院〕に連れて行きたいのだけど、良いですかと尋ねなさいと話した。お母さんは喜んで〔承諾して〕くれた。

こうして廖得はムーディに連れられて彰化に行き、「まずは彰化西門礼拝堂の林学恭伝道師のお家を訪ね」、ムーディとランズボロウの借家に泊めてもらった。その後の一ヶ月間、廖得はムーディの「街頭説教の実地学習」を受けた。街であろうと、郊外であろうと、ムーディはまずは廖に話させたという。また、街頭説教以外のことについても、ムーディは「いくつかのことを私〔廖得〕に教えた(55)」。

1．村に入って説教をする前には、祈って心の準備を整え、話さないこと。
2．宣教者は教会の公費を管理すべきでない。ある本地の有名で熱心な牧師が、教会の公費を何百円も盗んでしまったよう〔なことがないために〕。
3．私が彼〔ムーディ〕に、一〇〇円分の本を買えば、それで足りますか？　と尋ねてみたら、彼は一〇〇〇円分〔の本を〕買っても足りない！　と話した。
4．〔ムーディは〕私に、お母さんに私は伝道師になっても良いですか？　もしも良いなら、三年間小学で、三年間中学で、四年間大学で勉強しても良いですか、と尋ねさせた。勉強はすればするほど良い！

引用からは、ムーディが街頭説教のための「心の準備」についてだけではなく、宣教従事者自身は教会組織の公費を管理しないようにといった、組織矛盾を回避するためのプラクティカルな知識を廖と共有したことが窺われる(56)。また、右の引用は、読書やミッションスクールへの就学を勧め、そのための許可を母親にもらうようにアドバイスするなど、ムーディが廖の聖職者としての歩みを積極的に牽引・補佐しようとしていたことを示している。「一〇〇〇円分〔の本を〕買っても足りない」、「勉強はすればするほど良い」といった言葉からも窺われるように、廖は宣教従事者は学び続ける者であることが望ましいという考えを、ムーディから受けたものと認識している。

この引用に続けて、廖得はムーディがカトリックとプロテスタントの違いについても教えてくれたことを回想している。カトリックは「イエスの十字架の贖いを信じる」。また、ペテロは天国の鍵を管理する権威を、慈悲深い聖母マリアは人々を主イエスに執り成す権力を持つと信じる。「昔犠牲になった聖人たちの功徳の庇護を信じ」、「自分の修行」、神父への告解、死後には罪を清める煉獄での過程を経て赦されると信じる。その過程も、「家族が〔故人のために〕献金をして、〔…煉獄にいる故人が〕早めに天に昇れるように促す」ことができるとされる。このように淡々とした文体で述べつつも、廖はムーディがカトリックの救済観はイエスだけではなく、「聖母マリア」の「執り成し」、「聖人たちの庇護」、「修行」や「告解」、「煉獄での過程」や「献金」などの信徒の側の努力を含む様々なルートで「罪が赦されると信じる」ものであると特徴づけていたと捉えている。[57]

また、廖はムーディがプロテスタントについては次のように述べていたと回想する。すなわち、プロテスタントもまた「イエスの十字架の贖いを信じる」。しかし、信徒は皆「ペテロと共に天国の鍵を持ち、人を天国に導く」者とされ、すべての信徒に宣教能力があることが強調された。また、「天父の御旨にしたがえば、主は私たちをかれの兄弟姉妹、そして母親として歓待する」。「主が行うことは、信徒もまたそれを行う」。「新生した人は罪を犯さない。それは、上帝の種がその人の中にとどまるから」といった言葉を通して、信徒と神・イエスとの近接を強調している。[58]

一ヶ月の後、ムーディとランズボロウのもとを離れて母親に再会した廖は、見違えるほどに変わり、「お母さんは〔私のことが〕わからなかった」という。彰化に出かける前には病気がちで顔色が悪かったのが、「新しい人に変わった。今では十数斤の荷物も運ぶし、一日六万歩も歩くようになった！[59]」、また、彼は二崙仔の宣教拠点にて交代で説教を行うようになった。廖が一四歳となった一九〇三年――この年には彼の母親も改宗し、纏足を解いた(60)――、「大学」を卒業したばかりの二四歳の伝道師・李章《リチョン》（一八七九頃―?）が台南宣教師会議によって派遣され、水尾の宣教拠点に附設する小学で月六円の俸給で働いていた。廖は、この人物の「人柄は本当に落ち着いていて勤倹」で、「教えるのがとてもうまい！　説教もとてもうまい！」と回想している(61)。

彼はこの李章、およびムーディとの出会いを、「私は良い先生たちに師事した」と振り返り、その後のムーディとの接点についても、次のように言及する。ムーディは、廖を含む六人の信徒に勉強を教えるようになった(62)。

〔ムーディ〕先生は熱心に教えてくれて、私たちも一生懸命に勉強した。黙読していても音読していても、まるで飛行機が飛んでいるみたいで本当に面白かった！　先生と学生の七人全員、一緒に一つの大きい机のところに座って、教え、学んだ。一年の間、先生は学生を叩くことも叱ることもせず、睨みつけることもなかった。学生が間違うと、先生が見てくるだけで学生はびっくりして〔間違いに気づく〕！

引用からは、ムーディが一九〇三年前後に、巡回宣教で二崙仔を訪れる度に、そこの六名の信徒と共に、何らかの書物を読む活動を行っていたことが推測される。右の記述だけでは、ここで用いられた書物が何であったのか、この勉強会では討論は行われたのかは不明である。また、「まるで飛行機が飛んでいるみたい」だという言葉が、具体的に何を示しているのかは明確にはわからない。しかし、これを「本当に面白かった！」と回想する廖得の言葉からは、彼が学びによって視野を広げる作業に喜びを感じていたことが推測される。また、ムーディは学費の捻出に困っていた当時の廖に「一〇年分の本を一年で読もう」と言って、「一生分の学費、私に十数円を応援してくれた」という。「十数円」とあることから、前述の教会附設の小学教師・李章の給与の二、三ヶ月分に相当する額である。「一生分」とは廖の強調表現であろうが、幼少より貧しい暮らしをしてきた彼にとって、それほどの意味があったということとだと思われる(63)。

廖得は、以上のように自身とムーディとの「師弟関係」を振り返った上で、ムーディの宣教手法を現地教会の独立を志向するものとして次のように評価した。ムーディは信徒のいない土地で街頭説教をして、ある程度信徒が集まり始めると、「天国の鍵」を彼らに託す。教会を建てるにふさわしい土地を見つけたら、まずは即座に私費で購入する。「人が苦しんでいるのを見たら、すぐにその問題を主に代わって解決しようとしてくれる」。彼は多くの女性執事を任命し、一九歳の未婚男性も長老に任命した。「彼はまた台湾人に牧師になるように促し、〔自身もそのために〕働き、寄付もして、それを支えた」。彼は自分が受け持つエリアの教会の老若男女、富貴貧賤を問わないすべての信徒に、毎月少なくとも五銭から貢献して相互補助基金を集めるように呼びかけた。「補助会」の創設である(64)。

管見の限り、他の史料でこの「補助会」に言及するものとしては、廖自身が一九二三年に『教会報』に投稿した「教会の独立」という論説文、および一九四〇年に牧師・楊註《イウツウ》（生没年不詳）が同誌に寄せたムーディ追悼漢詩しか確認されない(65)。このため推測の域を出ないが、「補助会」はムーディが受け持っていたエリアの教会での活動であったという記述に鑑みれば、台南宣教師会議や南部台湾長老教会の中会からの指示ではなく、ムーディ、および中部台湾の台湾人聖職者の間で独自に取り組まれたものであった可能性がある。

以上の記述から窺われるように、後年の廖得は、自身の「先生」と見なすムーディの宣教姿勢の中に、「天国の鍵」を台湾人信徒に託す自治的教会運営への志向を見出していた。それは、ムーディが女性や若い未婚男性を執事や長老などの教会役人に選出することを認め、台湾人牧師の輩出を促そうとしたという記述から窺われる。さらに、廖得にはキリスト教への改宗を、学ぶことの喜び――「まるで飛行機が飛んでいるみたい」に「面白い」と感じる心――、および「独立」と密接に関わるものとして捉える面があった。このため、「勉強はすればするほど良い」として、廖得の進学を助けようとしたムーディは、廖が「天国の鍵」を持つ独立した信仰者となることを支えた人物としても認識されたと考えられる。

これらは一九五七年時点の廖得が過去を振り返って論じたことである。それでは、一九二〇年代半ばまでの時期の廖得は、いかなるキリスト教論を形成していたのか。また、それは彼の学びへの情熱や、教会自治論といかなる関係にあったのか。

2　文書宣教活動と教会独立論

(1)　雑誌媒体による個の自治的学びへの呼びかけ

ムーディからの「十数円」の支援を受けた後にも、水尾教会に通いながら店員や月二円での派出所のお手伝いの仕事で学費を貯めた廖得は、火災や信仰の揺らぎなどの様々な曲折を経つつも[66]、一九一〇年には二一歳で台南長老教中学校に入学し、そこで二四円の奨学金を受けて一年間学んだ。彼は同校で日本語や算数などを学び、日曜日には当時舎監であった林燕臣《リムイエンシン》の引率で礼拝に参加したり、学生宣教隊の一員として街頭説教を行ったりした[67]。翌一九一一年四月に「大学」の後身で、当時は「福音書院」と呼ばれていた台南神学校に入学した彼は、一九一五年に卒業して伝道師となるまで聖書や日本語を学び、台南での街頭説教や、付近の教会での日曜礼拝の説教といった実習を積み重ねた[68]。

林学恭がそうであったように、廖が最初に『教会報』に投稿文を寄せたのはこの神学校在籍中の時期のことであり、それは同級生の陳朝明《タンティアウビン》と共に恒春での巡回宣教実習の様子を報告する一九一三年一二月の共著記事「恒春」であった[69]。その後、廖は一九五〇年代に至るまで比較的多くの文章を同誌に投稿し続け、本章で扱う一九二七年までという時期区分に即して同誌の記事を見渡してみても、それらは計三七本を数える。

これらの記事は、内容に即して「情報・紹介」、「論説」、「その他」の三つのグループに大別でき、これら三つもさらに次のように分けることができる。すなわち、「情報・紹介」記事は①「教会、および関係機関の紹介」、②「宣教関連出版物の情報」、③「議事録の転載」、④「海外の情報」に、「論説」は⑤「神学」、⑥「教会独立論」、⑦「教育」

に、そして「その他」は⑧「追悼文」と⑨「回想」に分けることができる。これら記事タイプの相違を踏まえつつ、廖得の一九三〇年までの『教会報』への投稿状況を整理したものが、表3である。

表3からは、一九三〇年以前の廖が、特に一九二三から翌二四年に集中的に『教会報』への投稿活動を行っていたこと、その記事の多くが「情報・紹介」タイプであることがわかる（二五本）。この「情報・紹介」タイプの記事のうち一二本を占めている①「教会、および関係機関の紹介」は、林学恭の投稿記事と同じ巡回宣教・牧会の報告である。廖は一九一五年以来、伝道師として鳳山教会（一九一五―一六）、水尾教会（一九一八）、澎湖瓦硐教会（一九一九）、台南医館（一九二〇―二一）、東港《タンカン》教会（一九二一―二二）、および澄山教会（一九二二―二四）に赴任しており、この間に投稿された記事もほぼその経歴に呼応していることがわかる[70]（「教会の消息――頂山（現澎湖県湖西郷）」［一九二〇年二月］、「台南医館」［一九二〇年三月と六月］、「教会の消息――山豹《ソアパー》（澄山）」［一九二三年八月］など）。

また、一九二四年四月に佳里教会にて牧師に叙任された彼は、同年一〇月に同教会の消息を伝える記事を投稿している。一九二四年四月以降に見られる③「議事録の転載」記事は、いずれも南部台湾長老教会の中会議事録の白話字訳文であり、これらは、同年から翌一九二五年にかけて廖が南部中会の書記を兼任した関係で掲載されたと考えられる。さらに、廖は少数ながらも、台湾の長老教会とは直接的に接点のない海外の社会や教会の様子をも報道している。それらの記事には、アメリカの禁酒法（一九二〇―三三）の実施状況を報告する「アメリカ禁酒の成績」（一九二四年五月）、および彼が「世界の教会の模範」と見なす朝鮮の宣川《ソンチョン》教会の活動状況を伝える「朝鮮宣川教会」（一九二四年九月）がある。[71]記述の簡易さに鑑みれば、これらは、彼が他の宣教文書が報じた統計データを援用しつつ書いたものだと推測される。

一方で、後者の記事トピックの選択には、教会自治の促進という明確な意図があったことが窺われる。同史料にて、廖は宣川の教会が宣教開始からわずか一〇周年で「完全に自立し、自養、自伝」するようになり、同時代には「牧師三名、長老二〇名、男性執事三三名、女性執事一〇名、日曜学校の男性教員七〇名、日曜学校の女性教員八〇名」を

表 3. 廖得による『台湾教会報』への投稿状況（1913-30）（註 2-3）

発行年月 年	発行年月 月	巻号	ページ	記事タイトル／タイプ
1913	12	345	1-2	恒春（共著・陳朝明）／①
1914	5	350	3-4	恒春教会（共著・陳朝明）／①
1916	1	370	9-10	リ・ラウオンの小伝／⑧
1920	2	419	11	教会の消息：頂山／①
	3	420	3-4	台南医館／①
	6	424	10-11	台南医館／①
1921	1	430	12	ホおばちゃんの小伝／⑧
	3	432	12	宣教文書／②
	10	439	9-10	イエスとは何か？／⑤
1923	2	455	1-2	内地の牧師／⑥
	4	457	10-11	実験のキリスト教／⑨
	8	461	3-4	教会の消息：山豹／①
			10	教会報への投稿について／②
	9	462	1-2	教会の独立／⑥
	10	463	1-2	教会の独立／⑥
			3-4	救霊団／①
	12	465	3-4	雑事：刊行物の紹介／②
1924	3	468	6-7	上等なキリスト教徒／⑤
			14	廉価書籍の紹介／②

発行年月 年	発行年月 月	巻号	ページ	記事タイトル／タイプ
1924	4	469	2	南部中会／③
			8-9	安い牧師／⑥
	5	470	9	アメリカ禁酒の成績／④
	6	471	10-11	お腹の中の感化／⑦
			11-12	キリスト教徒の常識、完全な教育／⑦
	7	472	10-11	内外教会の消息／①
	8	473	4	武官の修養／⑦
	9	474	2-3	朝鮮宣川教会／④
	10	475	8-9	佳里教会／①
	11	476	11-12	南部中会／③
	12	477	4	臨時中会／③
			13	刊行物の紹介／②
1925	11	488	15-16	会友のニュース／①
	12	489	15-16	東部教会巡回記／①
1926	1	490	3	中会議案／③
			13	給与負担表／②
			15	会友のニュース／①
	2	491	4	南部中会／③

記事タイトル／タイプ欄の番号は、以下の記事タイプを示す。①…教会、および関係機関の紹介、②…宣教出版物の情報、③…議事録の転載、④…海外の情報、⑤…神学、⑥…教会独立論、⑦…教育、⑧…追悼文、⑨…回想。

有し、幼稚園から中等・高等レベルの男女ミッションスクール、聖書学校を附設するまでになったこと、宣川全体として見ても人口九〇〇〇人余りのうち三八〇〇人以上がキリスト教徒であり、人々がキリスト教に好意的であることを報告している。その上で、これらの発展の源は「すなわち『実行』の二文字につきる。皆喜んで人に仕え、積極的に自治精神を持ち、皆互いに尊敬の念を持ち譲り合い、敬虔に主を讃える心と熱心に人を助ける志がなせるわざである」と論じることで、同教会を教会自治の成功例として位置づけている。後述するように、この時期の廖は教会独立論を積極的に展開しており、このことに鑑みれば、同記事の題材である宣川教会は、その関心に従って選択されたものであることが窺われる。(72)

この「情報・紹介」タイプ記事の中でも特徴的なのが、②の「宣教出版物の情報」記事である。これらの中には、中国で刊行されている漢文宣教書籍や雑誌をいくつか推薦し、その価格や在庫状況を知らせる「宣教文書」（一九二一年三月）と「刊行物の紹介」（一九二三年一二月、一九二四年一二月）、および上海の宣教文書出版機関である広学会The Society for the Diffusion of Christian and General Knowledge Among the Chinese（一八八七年設立）の事業を支えるために会員を募集していることを知らせる「廉価書籍の紹介」（一九二四年三月）が含まれる。(73)いずれも『教会報』の読者に、同誌以外の漢文宣教文書を積極的に読むように促し、具体的な推薦書籍名を示す内容となっている。例えば、「刊行物の紹介」（一九二四年一二月）にて、廖は次のように述べている。(74)

1．「神学誌」一年に四回、一年一円。南京金陵神学校の出版。今年は我々台湾では五十数本を購入しました。宣教者の専門雑誌です。

2．「興華報」一年に五〇本（週刊）、一円。上海アメリカ・メソジスト監督教会の機関誌。今年は改良されてとても良くなり、安くて興味深い（内容です）。知的で積極的なキリスト教徒に合います。

3．「公論報」一年に五〇回（週刊）、一・五円。これは上海長老教会の新聞で、以前はとても良い教会新聞でした。普通のキリスト教徒の家庭で用いるのにもっともふさわしいでしょう。〔…〕購入を希望する方は書房〔聚珍堂〕と交渉してください。その他の〔刊行物〕や『教会報』の購入を希望する方は、新楼書房にいらして、「中華教会年鑑」第七期の一四一ページから一四九ページをご参照ください。

引用からは、在台イングランド長老教会の出版室である聚珍堂が、中国のプロテスタント漢文宣教文書をまとめて購入し、台湾の信徒向けに販売していたこと、そしてこの取り組みに廖得も関与していたらしきことがわかる。各宣教出版物が「宣教者の専門雑誌」である、「知的で積極的なキリスト教徒に合」う、あるいは「普通のキリスト教徒の家庭で用いるのにもっともふさわしい」といった評価が彼自身によるものであるのか、あるいは他者の意見をも踏まえたコメントであるのかは定かではないが、いずれにせよ、同史料は当時の台湾における文書宣教が、必ずしも白話字文書のみに焦点化されていなかったこと、その読者としても「宣教者」から知識人、一般の信徒を広く包み込む人々を想定していたことを示している。

一方で、第四章にて後述するように、イングランド長老教会が来台して五〇周年にあたる一九一五年に牧師・呉《ゴ》希《ヒイ》栄《イン》が呼びかけた台湾教会自治運動に、林燕臣ら他の教会中堅層と共に賛同していた廖は(75)、こうした文書宣教事業を教会自治の促進という目標と密接に関わるものとして認識した。例えば彼は、『教会報』の充実化を呼びかけ、その投稿規則を紹介する「教会報への投稿について」（一九二三年八月）という記事では次のように論じている(76)。

近来、文化が進歩するにつれ、新聞雑誌も発達してきた。あらゆる団体は皆自分たちで発行した出版物を通して気持ちを伝え、知識を交換し、精神を鼓吹している。その力は非常に大きい。人の神経組織と変わらない。〔…〕我々台湾の教会は現在、宣教の時期から建設の時期に入っており、それは実に困難で危険な時期である。

この過渡の時代には、皆慎重に共に研究し、教会の真の進歩が自養、自治、自伝に至り、そうして真の独立ができるように望まなければならない。

ここで廖は、当時の台湾の教会がすでに「宣教の時期から建設の時期に入っ」たとの現状認識を示し、「自養、自治、自伝」を備える「真の独立」を実現できるかどうかの勝負の時期に差しかかっていると論じている。そして、宣教文書の充実、および信徒集団によるそれらの「慎重」な「研究」は、この「困難で危険」な時期を乗り越えるために必要な取り組みであるとの理解を示している。教会自治を実現し、支えるものとしての文書宣教や信徒の自立的な学びへの重視は、前述の漢文宣教文書の購読に対する呼びかけとも連動していたと考えられる。[77]

(2) 個の宗教的経験――台湾人による台湾教会を支えるもの

このように、廖得は信徒の自治的な学びを重視していたが、こうした個々の信徒の独立は、具体的にどのようにして教会組織の独立と連動するものと捉えられていたのか。また、教会の独立を実現するためには、具体的にはどのような取り組みが行われるべきと考えられていたのか。⑥の「教会独立論」タイプの記事群から捉えたい。まず、廖は「内地の牧師」(一九二三年二月)と題する一文にて、牧師・沢山保羅《さわやまぼうろ》(一八五二―八七)による日本で「最初の独立教会」である浪花教会(一八七七)設立の経緯に言及し、同時代日本に経済的に自立した教会が多いのは、この早期からの取り組みの成果であると評価している。[78]

これに対して、廖は、南部台湾の長老教会について「宣教五七周年、礼拝堂は一〇〇余カ所、信徒は二万近いが、現地人牧師は一〇名足らず」で、「母会」であるイングランド長老教会も人的・金銭的資源の不足に苦しんでいると述べる。だから、各地教会の自立的な取り組みによってこの状況を打開するしかないと強調する。「もっとも大事なことは、台湾の教会が自らの負担で現地人牧師を招聘する責任を負うことだ。現地人伝道師は台湾の牧師〔となる〕

責任を負うことだ。生きても死んでも、台湾人は自分で台湾教会の責任を負わねばならない」[79]。

当時、南部台湾の長老教会では各地教会が牧師の招聘を希望する場合、その牧師の一年分の給与を前もって準備することが条件とされており[80]、多くの教会にとって牧師招聘は経済的に敷居が高い目標であった。廖はこの困難を認識しつつも、「台湾教会の責任」を負わねばならず、また負うことができる者は唯一「台湾人」自身であることを強調する。この理念に基づき、彼は一方においては台湾の教会が台湾人牧師を積極的に招聘すること、またもう一方においては台湾人伝道師が台湾の教会に専属する牧師へと積極的になってゆくことを呼びかけている[81]。

この各地教会と個々の伝道師への二方面の呼びかけは、同年九月および一〇月に掲載された論説「教会の独立」にも見られる。これらの史料にて、廖は「二〇年前」、すなわち一九〇三年にムーディが彰化エリアの伝道師の経済的独立を目指して組織した「補助会」や、台湾人キリスト者が組織した相互扶助基金である慈善会（一九〇八）などを含む宣教師、台湾人聖職者、および信徒の努力にもかかわらず、南部台湾の長老教会の独立が十分に実現されていないことへの問題意識を表明している[82]。その上で廖は、同教会の独立に向けての具体的な目標として、すべての教会による「信徒の新生」、「宣教者の修養」、および「経費の倹約」という三つの条件を挙げている。このうち、第一の「信徒の新生」という条件に関して、彼は次のように主張する[83]。

> 信徒を自養――各々讃美歌を歌い、聖書を読み、祈り、自ら上帝を探し求め、聖霊による新生を得る〔段階〕――へと培わねばならない。自治は生まれ変わってはじめて可能となる。「生まれ変わった者は罪を犯さない」（ヨハネの第一の手紙三章九節）。また自伝できるようになる。このような人はどこにいようと、どのような職に就いていようと、どのような仕事をしていようと、真理について話さなければ我慢できない。生まれ変わったキリスト教徒は、教会の基礎なのである。〔傍点は引用者による〕

教会の自治や自伝は、信徒がまず新生することによって初めて可能となる。この新生という個人的かつ決定的な宗教的経験に至るまで、信徒は「各々讃美歌を歌い、聖書を読み、祈り、自ら上帝を探し求め」る「自養」的な信仰生活を積み重ねる必要がある。ここで廖得は、教会組織の自治的な運営、および宣教活動は、まず自養を達成することによってはじめて可能となるという理解を示している。また、右の引用は、多くの場合経済面での自立を意味する「自養」を、精神面での独立性を示す言葉として用いている点でも特徴的である。

このような精神的な「自養」の営みは、個々の宣教従事者にも要求される。具体的に、廖は宣教者に「祈祷」、「勉学」、「倹約」という三方面での「修養」を呼びかけている。祈祷は宣教者の「人格」と「力」だけではなく、リーダーとしての「権威」を成就するものである。また宣教者は自らの不足を知り、勉学の努力を継続しなければ「落伍者」になってしまう。廖は後年の回想録でも触れることとなるムーディとの会話を、ここでも紹介している。「二〇年前、私はムーディ牧師に『一〇〇円分の本を買えば足りますか?』と尋ねたことがある。彼は『私は一〇〇〇円分買っても足りないよ、一〇〇円分で足りるなんてことがあるのかい』と言った」。また、宣教者は「倹約して初めて自身を保ち、不義のお金を儲ける必要もなく、また他者を顧みることができるようになる」[84]。

廖は以上のように信徒と宣教従事者に対する提案をした後、各地教会にできる具体的な取り組みとして、「経費の倹約」を呼びかける。同時代は「世界財界の干ばつ期」であり、台南宣教師会議も赤字に悩んでいる。だから宣教師たちに「拳で石の唐獅子を殴る」ようなことをさせてはならない。さらに、信徒の経済力にも限界がある。だから信徒たちに「フンコロガシに石版を運ばせる」ようなことをさせて、無理に献金を要求してはならない。むしろ、しなければならないこととは、「献金の収支の方法に気をつけて、しっかりと管理すること」である、と[85]。

このように、廖得は同時代の台湾の長老教会が教会組織の充実と自治・独立に向けて動き出すべき時期を迎えているとの認識を持ち、その実現のためには、まず個々の信徒や宣教従事者による自立的な信仰生活、「慎重な研究」・勉学の積み重ねといった、精神面での「修養」が必要であると論じていた。同時に、廖は具体的な取り組みとして、各地教会は台湾人牧師を招聘すること、台湾人伝道師は牧師となること、そしてこの経済的に敷居の高い目標を達成するためにも、普段から教会財政を倹約することを呼びかけた。

それでは、このような「台湾人」による台湾教会の運営、「自身を保ち、〔…〕また他者を顧みることができる」独立した信仰者と教会の確立、およびその実現のための努力への志向は、李春生における自助的道徳主義と何が違っていたのか。また、廖のキリスト教論は、その教会独立論や学びと「修養」への志向とのいかなる関係の中で形成され、表明されていったのか。以下では、特に⑤「神学」、および⑦「教育」タイプの記事に焦点を当てて考察したい。

3　独立した信仰者の確立とそのキリスト論的根拠

（1）救いは「悲惨」の中にこそ——キリスト教的救済の逆説性

まず、廖得は一九二一年一〇月の投稿記事「イエスとは何か?」にて、フランスのナポレオン Napoléon Bonaparte（一七六九—一八二一）のキリスト教教育、信仰からの逸脱、および改心のエピソードを通してイエスの救済の業の性格と意味を論じ、キリスト教教育の重要性を主張している。廖によれば、ナポレオンは「彼の母親から良い家庭宗教教育を受け、真理を知り、イエスを信じ、上帝を拝んでいた」。しかし、「この島で生まれた田舎の少年が、思いがけずも大将になり、大総統になり、大帝王になり、ついには世界の大英雄に匹敵するとまで言われようになる」と、「彼の人格は変わり、信仰心は失われた。宣教者をさげすみ、イエス〔はもう必要ないとして〕、教会を破壊した。眼中一切傍若無人。あの『天上天下唯我独尊』の思想を抱くようになった[86]」。

しかし、「幸いなことに」ナポレオンには再び「真理」を知る機会が与えられた。一八一五年に連合軍に大敗して捕らわれ、大西洋のセントヘレナ島に幽閉された彼は、「非常に苦しみ、日々を失意の中で過ごしたが、幸い、一つの真理が彼の心を慰めた」。その後、ナポレオンはよく、彼に随行していた者とキリスト教について話し合うようになったのである。[87]「彼は悲惨な境遇に遭ったことにより、幼い頃の信仰心がよみがえってきたのだった。真理が大いに彼の心を慰めたので、彼はいつも真理について話し、聖書を研究するようになった」。そして、ナポレオンは次のように述べたと言う。「キリストの業とその成功は、この世界でもっとも戦慄すべきことだ」。これまでにもアレキサンダー大王のように世界を征服した人々はいたが、これらはすべて「一時的な征服であり、今日では誰が彼を愛し彼に仕えているのか?」私も一時は世界を征服しようとしたが、大きな失敗であった。「キリストだけがもっとも不思議で、もっとも成就している。彼の征服は一時的なものではなく、永遠のものだ[88]」。

廖得はこのように述べた上で、キリスト教における救済には、ナポレオンの経験に見られたように、「大帝王」・「大英雄」としては見失われるが、「悲惨な境遇」の中でこそよみがえるものとしての側面があること、すなわち逆説的な形で顕現されるものであることを指摘し、イエスの十字架の業もまさにそのような性格を備えるものであり、だからこそイエスは「真に上帝なのである」と強調してゆく。[89]

人は弱い存在である。どのような人でも、皆それぞれの欠点を持っている。キリストだけが真に強く、その弱点や欠点は見られない。かれが全能の上帝であるということが明らかにわかる。では〔そのことは〕何に顕れているのか? 無限の武力か、あるいは権力か? いいや! そうではない! それらは真逆である! かれはユダヤ人、大工の子として世界に顕れた。それゆえ名声もなく、この世の権力も持たなかったのだ! かれはいつも話していた。「私は全能の上帝の子であり、全能の上帝と一体である」。当時、〔これを〕聞いた人は皆非常に驚いた。多くの反対者が現れ、ついにはかれを十字架につけて殺してしまった。

廖得はここで、キリストは「真に強く」、「全能の上帝」そのものであると論じると同時に、その強さや権能が決して「武力」や「権力」ではないことを強調する。ローマ帝国の植民地支配を受ける「ユダヤ人」であり「大工の子」

であったイエスは、この世において「名声もなく」、「権力も持た」ず、十字架での「悲惨」な死を迎えた。しかし、この「悲惨」こそが、かえってイエスの権能と救済の性格をより明らかにしたのだと廖は論じる。[90]

我々世界の人がこのような非常に恥ずべき死を受けるとすれば、万事はすべて終わったと思うだろう。なんと不思議なことか！　キリストはこのような〔死を通して〕、かれが上帝であるということをかえってより明らかにした。このような辱めを受けることで、世界の人々を導いた。〔…〕全世界の人々を完全に征服したのだ。強暴で巨大な圧迫力により征服するのではない。このような圧制による征服、奴隷の征服は、キリストがもっとも忌み嫌うものだ。ゆえに、キリストの武器は愛である。無限の愛である。人の愛ではない、上帝の愛だ。この愛により全世界の人を征服するのだ。また全世界の誠実で、キリストの愛に感動した者は皆喜んで自らの望みに従い、自由な意志により〔キリストに〕よりたのむ。

イエスの十字架での「非常に恥ずべき死」は、「無限の愛」という「武器」、すなわち強さの表れであり、これこそが「誠実」な者たちの心を「征服」する。キリストの愛に感動を受け、「征服」された人々は、「皆喜んで自らの望みに従い、自由な意志により〔キリストに〕よりたのむ」。第一章で見たように、ここでの廖の議論に見られるような、この世的な弱さや恥がその実は神の目から見た真の意味での強さであるというパウロ的な逆説性は、ムーディもまた「教義談論」（一九〇三—一九〇四）、および『ローマ書』（一九〇八）にて強調していた。[91]

これらを踏まえれば、廖得のキリスト教論が次の二点において、李春生のそれと鋭く対立していることが明らかとなる。第一に、「災い」とは「自力で貪念を取り除」くことをしない者たちへの「上帝の怒り」によるという李の思想とは異なり、廖はむしろイエス自身がこの「災い」、「悲惨」を受ける側におり、それは「上帝の愛」のためであると強調している点。第二に、「中華」はキリスト教を奉ずることによってこの世的な強さを獲得する――「立身出世」

し、その「将来の国勢富強」を「諸列強のそれを上回る」ものとしてゆくべきだと呼びかける李に対して、廖は「強暴で巨大な圧迫力」は、「キリストがもっとも忌み嫌うものだ」と批判している点。

特に第二の点からは、廖が神と人との間には、「上帝の愛」の恩恵としての救済と、人間の自由意志に基づく応答の相互関係があるべきとの救済観を持っていたことが見出される。「上帝の怒り」がもたらす「災い」からの脱出のための服従は、「圧制による征服、奴隷の征服」でしかなく、そこには神―人の間の応答関係はない。これに対し、「上帝の愛」に「感動」を受けた人は、その自由意志に基づいて自らイエスに降伏する。従わざるを得ない状況に追い込まれた「奴隷」の心ではなく、心から従うことを願う「自由」な心による信仰を持つようになるのであり、そのような変化こそが廖の重視する「新生」であると考えられる。重要なことに、この「奴隷」の心の問題には、ムーディも言及している。前章で触れたように、ムーディは台湾人改宗者によるキリスト教の選択的受容の一つのあり方として、神への「恐れ」に基づく道徳主義的宗教生活の志向という特徴を見出し、そのような姿勢はキリスト教的な「新生」とはほど遠い「奴隷の心」に陥るものであると論じていた[92]。

こうして個々の信徒の自由意志に根付く信仰を重視した廖は、それを醸成するものとしてのキリスト教家庭教育に着目し、ナポレオンのキリスト教信仰が「暴風」に「倒れなかった」のは、彼の母親が幼少時の彼に置いた「善い基礎」のおかげであったと述べる。その上で、彼は台湾の教会の「兄弟姉妹たち」に、「来る暴風」に備えて「堅固な基礎」すなわち「家庭の宗教教育」を固めるようにと呼びかけている[93]。


我々に堅固な良い基礎があれば、この世におけるいかなる順調さとその不安定さも、あるいはこの世でのいかなる失敗、逆境の試練と苦しみも、キリスト教徒の生命を倒す心配はない。かえって何を受けようが、勝利して余りある。人情から見た大失敗や絶望は、大成功や幸いに変わる。ナポレオン大帝がそうであったように。キリスト教の力と生命とは、すなわちここにある。何と奥妙だろう！　イエスは真に上帝なのである。

引用からは、ここにおける「暴風」とは、ナポレオンにとってのセントヘレナ島での「苦しみ」だけではなく、「大帝王」・「大英雄」として信仰が試された経験、すなわち「順調さとその不安定さ」をも意味するものであることがわかる。この「次は我々のところに訪れようとしている」とされる「暴風」とは、先に引用した「教会報への投稿について」（一九二三年八月）にて廖が述べていた、教会建設という課題に直面せねばならない「困難で危険な時期」を示しているのではないかと考えられる。宣教の時代から教会建設の時代への移行は、一面では教会の「順調」な成長過程であると同時に、取り組み方によってはどのような教会が確立されるのかという問題が残される「不安定」な段階でもあるからである。と同時に、そこにはまた、着実に台頭している「台湾人」自治志向が、台湾総督府の権力に向き合う中で直面せねばならないだろう「失敗、逆境の試練と苦しみ」も想定されていたのかもしれない。

（2）赦された「罪人」たる信仰者の自認――教会の礎として

自らの自由な意志に基づいてイエスに従うことを望む「新生」した個々の信徒の存在がなければ、教会は「暴風」に立ち向かい得ないという考えは、彼が一九二四年三月の『教会報』に投稿した⑤「神学」タイプの記事、「上等なキリスト教徒」にも表明されている。同史料にて、彼は「甲」と「乙」という架空の人物の会話を通して次のように問題提起している。「甲曰く、教会の実力とは何か？／乙曰く、上等なキリスト教徒が教会の実力だ。／甲曰く、上等なキリスト教徒はどうやって教会の実力となるのか？」これに対して、「乙」は次のように返答する。[94]

〔…〕下等のキリスト教徒は利己主義で、〔イエスを裏切った〕ユダはその代表者だ。これらの人々は食教《チアカウ》〔便宜的な信仰者〕、あるいは利徒と言う。偽の熱心でキスをして、イエスを売るような、イエスを銀貨三〇枚よりも安いと見なすような人だ。非常に嫉み深く、人が善いことをするのをよく邪魔する人だ。このような人は羊の皮をかぶったオオカミで、もっともよく教会を倒す。主は言った、このような人は生まれなかった方が良かったのだと。また中等のキリスト教徒は団体主義で、マルタがその代表者だ。このような人の主への奉仕は、志が有り余るのに力が至らない。何かをするにもいつも他者の力に頼り、虎頭鼠尾〔「虎頭蛇尾」と同義〕に至る。自分を害し、他者を嫌い、うまくいかず、主は喜ばれない。

廖はまず、教会という集団の「実力」はそこに集うキリスト教徒が「上等」であるかどうかにかかっているとの認識を示している。自らの利益を追求するために他者を売り、嫉み、妨害する「利己主義」者や、他者に頼りつつもこれを「嫌」う「団体主義」者が集う教会は倒れてしまうか、うまくいかないだろう。このように、廖はイエスが良しとしないような否定的な自他関係を持つ「下等」および「中等」のキリスト教徒のあり方を批判した上で、次のように続ける[95]。

上等なキリスト教徒は独立主義で、〔ベタニヤの〕マリアがその代表者だ。このような人は主に仕え、人に巻き込まれず、また人を巻き込まない。人を嫌わず、また人に嫌われることを恐れない。一人で黙々とイエスのためになることをし、一人で黙々とイエスを愛する。またもっとも大切なものを献げ、自分ではあえて用いることのできないもの〔高価な香油〕を主に献げる。その人のすることは誠心誠意、素直に熱心にするのであり、ゆえに主はそれを受け入れ、教会の万国万代の模範として用いる。

「上等なキリスト教徒」は、周囲への嫉み、依存、嫌悪に捕らわれることなく、あくまで一個人として立ち、イエスに向き合う者とされている。さらに、廖はこの個々の信仰者の独立性が、台湾人教会の宣教師からの独立の実現可能性と密接に関わるものであるとの考えを示し、「上等なキリスト教徒が栄えなければ、我々南部教会の前途は困ったことになる」と述べている[96]。ここで描かれる「一人で黙々とイエスのためになることをし、一人で黙々とイエスを

えたキリスト教徒のそれと、ほぼ重なり合うものであることがわかる。

前述のように、廖得はこうした個々の信徒、および組織としての教会の独立性をキリスト教教育によって基礎付けることへの志向を表明しており、その教育に対する関心の高さは、彼が一九二四年に三本の⑦「教育」関連記事を投稿していることからも窺われる。それらの記事の中には、特に母親の子どもに対する教育的影響力の大きさを論じる「お腹の中の感化」（一九二四年六月）、「人が本来持っている知識、感情、意志を発達させ、また体格、資格、人格を養い、真、善、美の世界を創造」して人類を幸福にするために、科学、哲学、神学の三方面をすべて含む「完全」なる教育を実現せねばならないと呼びかける「キリスト教徒の常識、完全な教育」（一九二四年六月）、および中国北京のキリスト者武官である人物の祈祷、聖書研究、読書などの「修養」を含む一日のスケジュール表を紹介する「武官の修養」（一九二四年八月）が含まれる。[97] これらはいずれも、教育する側である「母親」や、学ぶ側の者に具体的な教育の心得や学習目標を提示するものである。

以上を踏まえれば、廖得の学びと教育に対する関心は、一九五七年の回想録を著す以前からすでに教会独立論に沿って形成され、明示されていたことが明らかとなる。重要なことに、廖の教会独立論はその実、青少年期の彼自身の経験に深く根付くものであった。このことは、彼がインタビュー形式の文体で著した半生記「実験のキリスト教」（一九二三年四月）から窺い知ることができる。同史料にて、自身の幼少期から一九一一年の母、李知母の死までの時期を振り返る廖は、異教徒であった両親がキリスト教に好意的であったこと、後にキリスト教に改宗した母親が、彼が聖職者になるための準備を整えてくれたことなどを回想し、自らが他者との関係性の中でキリスト教に導かれた者であることを確認している。その上で、廖は次のように述べる。[98]

問　〔キリスト教が〕そんなに素晴らしいものであるということは、あなたがキリスト教徒になって今に至ったのは、〔あなたに〕社会一般の人と比べて何か優れたところがあったからということですか？

答　とんでもない！　私自身はもっとも悪い者で、身体も弱く、貧しくて学問もありませんので、社会〔一般の人〕と比べようなんて思いもしませんよ！　それでも上帝に感謝します。「生きているのはもはや私ではなく、私のうちにおられるキリストが生きているのだ」（ガラテヤ人への手紙二章二〇節）。以前とその後の自分自身を比べると、それは天地の差です。つまり、今日の台湾にはキリスト教がある。私はそのことによって生かされているということです。

キリスト教への改宗は自身の功績や優越性を意味せず、自助努力による救いへの脱出としても描かれていない。逆に、改宗には「私はもっとも悪い者」であるのに、生かされている者だという認識が伴われることが確認されている。このような表現は、「教義談論」にてムーディもまた用いていたものであった点は着目に値する。キリスト教における救済のプロセスを説明する際、ムーディは信仰者の心情を次のように綴っている。「私は危険人物だ。悪人だ。自分を救うことができない。〔…そのような私を〕上帝が救おうとしてくれるのなら、私も救われたい[99]」。廖、およびムーディのいずれにおいても、この「もっとも悪い者」を生かす逆説的な救済は、一切の自助的救済と自己義認の可能性を否定すると同時に、この「悪人」を救う「キリストの愛」に「感動」を受けた人が個としてイエスに向き合い、その自由な意志によってかれに仕えることを望む信仰を持つに至らしめる、すなわち「新生」を実現するものとして捉えられている。

その上で、廖は話題を教会の現状に転じ、「今の台湾」におけるキリスト教会は、そもそも台湾の他宗教の思想の持ち主たちが集った組織であるために、「未だ完全にはキリスト教の教会になっていない」面があるが、「南部の一〇〇以上の教会の大部分は、地方の人々が自分たちで設立したものであり、またどこでも喜んで毎年毎年自分たちで何百何千もの献金をしている」と述べる。そして、教会組織とは、信仰を深く内在化し、「新生」した個々のキリスト教徒によって支えられるものであることを次のように述べている。(100)

答〔…〕すべての教会は道を得たキリスト教徒がいて初めて成り立ちます。道を得ていないキリスト教徒がいれば、教会は倒れます。もしも二、三人の道を得ているキリスト教徒がいる教会があれば、それは大繁盛です。道を得たキリスト教徒が一人だけいる教会は、消えることがないのです。教会があるところには、必ず道を得たキリスト教徒がいるのです。

教会は「道を得た」個々の信徒が支えているのであり、そのような人がたとえ「一人だけ」であっても例外ではないという考えが示されている。「一人だけ」という言葉が明確に表しているように、廖のキリスト教論においては、個々の信徒が「私はもっとも悪い者」で、生かされている者だという認識を持ち、新生することこそが教会組織の基礎であり、第一の条件であるとされた。この条件を実現する上で廖が重視していた宣教文書の購読やキリスト教教育への呼びかけは、キリスト教徒ではなかった頃からそれに惹かれて彼に影響を与えた両親や、「一〇〇〇円分の本を買っても足りない」と述べて宣教従事者の「修養」の必要性を説いたムーディとの関係性の中で、彼自身が形成し、表明するようになった信条と教会独立論に由来するものであったことが明らかとなる。

小　括

以上、本章ではまず李春生のキリスト教論を概観した上で、宣教師ムーディと近接し、彼との相互関係に関する史料を残している林学恭と廖得の議論を検討することで、一八九五年から一九二七年までの台湾人キリスト者における思想と実践、およびムーディの宣教事業に対する評価を読み取ってきた。
「台湾史上最初の思想家」と呼ばれる李春生は、キリスト教改宗とそれによる救済を、政治社会的危機からの脱出、または「保庇《ポピ》」の獲得として捉えた。それは、現に彼の目前で展開されていた諸列強による「中華」分割の危機に深く根ざす考えであり、当時のキリスト教が欧米帝国の富強と密接に結びつくものと見なされ、受け止められたことの表れでもあった。他方で、一連の語りの中で、彼が「中華」にキリスト教を選択するか否かという主体性を見出していた点は看過できない。英国系商社にて勤勉に働くことで貧しい生活を抜け出した経験を持つ李にとって、英国系商社、キリスト教、そして台湾総督府のような外来政権との「協力」は、当時の「災い」のコンテクストにおける現実的な選択肢であった。

しかしながら、父系血縁関係を重視していた彼が想定した救済の対象は、あくまで男性キリスト教徒らを頭とする家族、民族、国家といった、限定的な集団単位であり、この点において彼のキリスト教論は廖得が述べるところの「団体主義」的な考えとも言える。李は「志が有り余るのに力が至ら」ず、キリスト教や台湾総督府などの「他者の力に頼」ることを選んだ。このため、多くの非キリスト者台湾人、抗日ゲリラ、およびこれらの人々に共感する台湾人から孤立してしまい、「自分を害し」てしまった。李春生がこのような立場を選択した背景には、彼自身の社会的・地理的移動の経験のみならず、彼が属した世代や北部台湾長老教会との関わりがあったことを考慮する必要があるだろう。李は教会内外の人々に対する共感、および宣教使命をより明確に提示した林学恭や廖得よりも一世代から二世代は上の世代に属しており、当時宣教師マカイとその親族による「独裁」支配下にあった北部台湾の長老教会に関与する人物であった。このため、彼は廖得が志向したような教会自治や、個々の信徒の「独立」を論じる素地を、十分に持つことはなかったと考えられる。

一方で、嘉義の読書人階級に生まれ、改宗後に聖職者となった林学恭は、『教会報』への投稿文を通し、各地に点在するキリスト教会の信徒だけではなく、一八九五年の日本軍による破壊を受け「悲惨な目に遭っている」教会外の人々への共感と祈りを呼びかけた。また、林は信徒の心に働きかけて自らの罪を認識させしめる「聖霊」、および信じてたのむ相手としての「主イエス」を含み込む、三位一体の「上帝」の働きかけを重視するキリスト教論を形成した。罪の認識やイエスへの信仰による救済を核とするキリスト教理解は、ムーディのそれとも親和的である。このように親和的な見解があったからこそ両者が互いの宣教事業を認め合うこととなったのか、宣教事業に共に従事していたからこそ親和的な見解が形成されたのかということは、わからない。しかし、そこに深い相互理解を見出すことができるのは確かである。

林は一九四〇年にまとめた追悼文「故キャンベル・ムーディ牧師の小伝」にて、ムーディの「勤勉」で「忍耐」強い働きぶり、および他者を「尊重」し、これらの人々に共感し、祈りをもって関心をよせる宣教姿勢を評価していた。重要なことに、これらの諸要素はムーディが英文著書にて林の宣教事業を肯定的に認める際に指摘していた特徴でもあった。追悼文という史料の性質上、同史料は林が実際にムーディとの共同宣教を行っていた時期に経験し、感じ取っていたことをそのまま記録したものとして扱うことはできない。その一方で、本章では同史料を通して、林が一九四〇年時点においても一貫して共感と祈りという社会倫理的理念を軸としたキリスト教論を表明し続けていたことを明らかにした。

また、一九〇三年にムーディより受洗した廖得は、その直後から彼の「学生」となり、共同宣教や勉強会を通してキリスト教の思想を深め、ミッションスクールでの学業を経て伝道師となることを目指すようになった。廖が一九五七年に著した「六八年の回想録」からは、学ぶことは「まるで飛行機が飛んでいるみたい」に「面白い」、またそれは宣教者にとって「すればするほど良い」、不可欠な営みなのだという考えや、個々の信徒は皆「天国への鍵」を握る宣教従事者であるべきだとの理解を読み取ることができる。後年の廖は、これらの個人と教会の独立への志向をムーディの宣教事業の中に見出し、評価していた。

廖はまた一九一三年から一九二〇年代半ばに『教会報』に投稿した記事を通して、同時代台湾の教会は「宣教の時期から建設の時期」への移行期という、「困難で危険な時期」に直面しているとの認識を示した。このため、彼は個々の信徒がこの「危険」を乗り切るために自治的な学びを深めねばならないとの考えを示した。それは、こうした学びが「新生」という決定的に重要な宗教的経験と密接に関わっているのであり、「新生」を経た信徒こそが「教会の真の進歩」たる「独立」、「自養、自治、自伝」を可能とするのであるという考えに基づく主張であった。廖はこのほかにも宣教従事者の「修養」や、教会組織による財政の倹約といった精神的・具体的な行動目標を呼びかけた。

このような教会独立論や学びに対する重視を支えたものは、イエスは十字架という一見して恥ずべき「悲惨」な死を通して救済の業を達成したのであり、またその業によって救われるのは、「もっとも悪い者」、罪人であるのだ、というパウロ的な逆説性を核とするキリスト論であった。罪人を救う「上帝の愛」に直面した者は「感動」を受け、自らの自由な意志によって神に従うものとされる。ここにおいて、廖がその教会独立論の中でも繰り返し強調していた「新生」という宗教的経験の根底には、信徒個人の罪の認識があるということが明らかとなる。このような経験を経ることで、キリスト者は独立した「上等なキリスト教徒」になる。本章ではこうしたキリスト教理解が、「災い」を神の教えをまもらない人々に対する「上帝の怒り」として受け止めた李春生の救済観とは鋭く対立するものであったことを捉えた。廖得において、「災い」や「悲惨」とはイエス自身もまた受けたものであり、だからこそ「新生」と救済への回路でもあるとされた。また廖は、「無限の武力」や「権力」によるこの世的な支配力は、「キリストがもっとも忌み嫌うもの」であるとして否定していた。こうしたキリスト教論は、第一章で確認した白話字宣教文書におけるムーディのそれとも重なり合っている。

しかしながら、第一章にて検討したように、ムーディは理論上では台湾人教会の自治・自養能力を認めながらも、その自伝能力については明確に留保をかけるという立場をとっていた。このような宣教論は、台湾人による独立した教会の実現を現実的な目標として掲げていた廖得の議論とは大きく食い違うものである点は看過できない。次章以降で論じるように、一九二〇年代の南部台湾長老教会では、ムーディの「学生」であった廖得を含む一部の台湾人キリスト者が中心となって教会自治運動を組織化しつつあった。こうした動向を受け、宣教後期以後のムーディは、その宣教論の修正を迫られることとなる。

第三章　ムーディによる宣教事業の捉え直し
――教会自治運動の中での宣教師の役割への問い（一九一五―三一）

はじめに

一九〇八年末、妻フィンドレーの体調悪化を理由にイングランド長老教会を辞職して以来、オーストラリア・ニュージーランドでの牧会活動に携わってきたムーディは、在台宣教師の人員不足、および医師の助言を受けて台湾宣教に復帰した。その時期は一九一四年末から一九一五年初頭にかけての冬の季節であったと考えられる。彼の不在期間中のメンバーの入れ替わりを経て、在台宣教師は街頭説教を含む直接的伝道への理解をそれまで以上に示すようになったという(1)。一時辞職によりムーディと他の宣教師との関係が相対的に改善されたと考えられる。この後、ムーディは一九三一年の辞職に至るまで、台湾のイングランド長老教会宣教師として活動し続けている。そこで、ここでは彼が台湾宣教に復帰した一九一五年から、ミッションを退職した一九三一年までの時期をムーディの宣教後期と捉えた上で、引き続き彼の宣教事業を考察する。

この時期の最初の数年の間、ムーディは一九一五年一一月のフィンドレーの急死、翌一九一六年三月の自身のインフルエンザと肺炎の併発などの困難を見た。このため彼は同年に一時帰国し、一九一八年一一月に再び台湾に戻るまでの間、本国各地の教会における講演活動や初代教会研究に専念し、一九二〇年に出版された英文研究書『初代改宗者たちの精神』の原稿を執筆している。[2] 一九一八年末の台湾復帰後、彼は従来の説教活動や伝道師修養会などの集会を含む直接的伝道に加えて、在台宣教師の人員不足を背景に、教育・文書宣教を含む多方面での活動に携わった。まず、教育の方面ではこの時期の彼は北部台湾長老教会の神学教育機関である台北神学校（「理学堂、大書院 Oxford College」の後身、一八八二年創立）での講義、およびミッションスクールである淡水高等女学校（「女学堂」の後身、一八八四年創立）、淡水中学校（一九一四年創立）での講演に招聘されている。また、南部教会の台南長老教中学校、および「女学」の後身である台南長老教女学校での定期集会を受け持ち、一九二二年には「大学」の後身である台南神学校校長を務めている。文書宣教の方面では、一九一九年に南部台湾長老教会の中会が招集した白話字讃美歌集の韻律改善検討委員に加わり、牧師高金聲《コーキムシン》（一八七三―一九六一）の助けを得つつ、讃美歌改訳作業を行った。さらに、前述のように、一九二〇年には『教義談論』を刊行したほか、休暇中のニールソンに代わって聚珍堂の責任者を受け持った一九二二年には、白話字による書き下ろしの初代教会史『古の教会／古早的教會《コォツァアエカウホエ》 *Kó-chá ê Káu-hōe*』（一九二二）を出版している。[3]

一方で、彼は一九一九年に看護伝道師として台湾宣教に参入したマーガレット・C・アーサー（ペギー）と出会い、彼女に閩南系台湾語を教える中で親交を深めた。両者は一九二一年に結婚後、夫妻で台南神学校での教育活動、および彰化エリアを中心とする宣教活動を展開したが、その中で二人は病を得、一九二四年の休暇帰国の後は、繰り返し台湾復帰を延期し続けることとなった。その間、ムーディは本国にて海外宣教委員会に台湾宣教資金の改善を呼びかける傍ら、初代教会研究や神学研究を継続し、一九二八年には前述の『初代改宗者たちの精神』を含む著書群の功績を認められ、グラスゴー大学から神学名誉博士の学位を受けた。また彼は、一九二九年には母校であった自由教会神学校の後身である連合自由教会神学校でのブルース講演の講師として招聘され、同年にはその講義録『共観福音書にみるイエスの目的 *The Purpose of Jesus in the First Three Gospels*』（一九二九）を出版した。[4] 同書にて、彼は同時代欧米のキリスト教会がイエスから乖離しているとの認識を示し、これに警鐘を鳴らした。すなわち、彼は同時代欧米のキリスト者が貧富の格差などの社会矛盾を自明視し、他者の身体的・物質的困難の問題を軽視していると感じ、このように、人類の救済のために「貧しくなられた」イエスのあり方とは相容れない姿勢にキリスト者が陥るのは、これらの者たちがイエスに対する無関心に陥っているために他ならないと認識したのである(5)。

これらの活動・考察や、度重なる台湾復帰の試みとその失敗を経た一九三一年、すでに六〇代半ばを迎えていたムーディは、高齢と体調悪化を理由にイングランド長老教会ミッションを退職した。一九三一年五月二一日、イングランド長老教会「海外宣教財政および総務委員会」は、彼の退職について以下のように記録している(6)。

キャンベル・ムーディ博士からの書簡について。彼の退職を承認すべきと提言すること、および委員会は多くの年月の間、給与を受け取ることなく捧げられた彼の奉仕に深謝の意を表すことを決定した。

ムーディはなぜ給与を受け取らずに活動し続けたのか。その背景と右に概観してきた多方面における台湾宣教事業とは、いかに関連していたのか。ここでは、これらの問いについて考察するために、まずは第一節にてこの時期の海外宣教運動の動向を概観する。その上で、第二節以降では、宣教後期ムーディの宣教事業を追うことで、この時期の彼の宣教論がいかに転換し、その背景にはいかなるコンテクストと、テクストへの神学的再考作業があったのかを考察する。すなわち、第二節ではムーディの教育機関での活動に着目し、特に一九二二年に台南神学校校長を務めた際の彼の言論に焦点を当て、彼が植民地支配下の神学教育機関のあり方に対していかなる可能性と問題点を見出していたのかを明らかにする。また、第三節ではムーディの初代教会研究作業を追い、この時期の彼の宣教、および教会の歴史に対する観点の特徴を捉える。第四節では、ムーディがこの時期の教会自治への台湾人キリスト者の努力を目にする中で、宣教師の役割を再考し、宣教論を転換していった過程を再構築する。

第一節　反帝国主義から問われる第一次世界大戦後のキリスト教宣教運動

1　世俗化、ナショナリズム、および反帝国主義による問い

第一章で述べたように、一九一四年前後は世界キリスト教海外宣教運動の転換点であったと指摘されている。一九一〇年代前半までにムーディを含む多くの宣教師が共有し、エディンバラ世界宣教師会議でも表明されたような全世界のキリスト教改宗に対する楽観的観測は、一方では一八世紀以来の合理主義・自然科学の台頭や、世俗主義の拡大によって衰退しつつあった。一九世紀には政治経済、および宗教の各次元における改革への志向を媒体に結集していたイギリス中産階級は、しだいに社会的発言力を増すことで帝国政策に関与するようになり、これに伴って「宗教離れ」していった。このため、世紀転換期には「伝道協会でも、従来、協会幹部として活動を支えてきた人びとの関心が薄れていることへの懸念がしばしば表明され」るようになった。[7] また、スタンレーが指摘するように、エディンバラ世界宣教師会議が前提としていた「世界はキリスト教世界と異教世界とに分類することができ、後者の犠牲の上に実現される前者の領土的拡大こそが、平和、文明、および進歩の唯一の希望を指し示す」とする「キリスト教世界のイデオロギー」の自信は、第一次世界大戦におけるキリスト教国家同士の戦争に直面することで、「二度と立ち直れないほどの打撃」を受けた。[8]

また、従来のキリスト教海外宣教運動のあり方は、同時期の非ヨーロッパ世界各地で高まったナショナリズム運動、およびこれと結びつく宗教運動や政治社会思想によっても大きく揺るがされた。インドにおけるヒンドゥー教や仏教の高まり、中国におけるマルクス主義の展開は、いずれもその後のキリスト教宣教運動に重大な影響を与えることとなった。[9] 特に、ライアン・ダンチによれば、一九二〇年代半ば以降の中国では、すべてのミッションスクールを中国

政府の管轄下に置くべきと論じる教育権回収運動（一九二四―二五）を皮切りに、反帝国主義・反キリスト教ナショナリズム運動が高まり、これらが北伐（一九二六―二七）に伴う社会混乱と相まって、市民や兵士によるキリスト者やキリスト教関連機関への襲撃、および宣教師の大量避難といった事態を生み出した[10]。

同時期の台湾においても植民地被支配者らが、より自治的な社会への模索を展開した。レオ・チンが指摘するように、一九二〇年代から三〇年代にかけての台湾では、リベラリズムとマルキシズムという二つの大きな反植民地運動の流れが巻き起こった。台湾の人々の自決権を要求する前者の動向は、台湾議会設置請願運動に代表される。後者は「抑圧される人々の完全なる解放と植民地被支配者の自決への道のためのヴィジョンを提供する」ものとして広く注目され[11]、三〇年代にはその影響が台湾人キリスト教青年の間にも見られるようになる[12]。また、駒込武が捉えるように、植民地支配を通して「日本人のヘゲモニーを固持し続けようとする」台湾総督府の体制に直面してきた台湾の人々の間には、その対立物としての「〈台湾人〉意識」が生み出され、これを結節点にキリスト教徒・非キリスト教徒を問わない台湾人らが、イングランド長老教会設立の「中学」の後身であるミッションスクール台南長老教中学を「台湾民衆の教育機関」としてゆこうとする動きが見られたのも、一九二〇年代のことである[13]。

これらの動向は、従来の宣教運動のあり方の修正を促し、各地の宣教師らは限定的ながらもこれに応答することを試みた。例えば、中国では一九二八年、教育権回収運動を受けた国民党政府が、中国人校長、および大多数が中国人から構成される理事会を備えることを条件とする学校認可制を制定した。このように、当時の中国における反キリスト教運動もまた、宣教師―改宗者間の序列的関係の問題を焦点としていた。同運動により明るみに出された「ミッションによる教育、教員と学生、そして外国人校長および教員と中国人教員との間の関係性における深刻な構造的問題」を受けた宣教師らは、外国人および中国人スタッフの人種間関係や中国人教員の給与の見直しを試みた[14]。人種間関係に関しては、例えば一九二五年に汕頭《スワトウ》のイングランド長老教会宣教師マーガレット・ドライバラ Margaret Dryburgh（一八九〇―一九四五）が次のように論じている。「海外のイギリス人について［…］我々は尊大であり優越意識を持っているという、民衆の間での批判」には「非常に真実性があります」。したがって、本当に「この東洋の美しい土地に新たなエルサレムを建設」したいのであれば、「マレー人や中国人を我々の兄弟と見なす」必要があるのだ、と。[15]

2 応答の試みとその限界——エルサレム世界宣教師会議（一九二八）

こうした動向は、世界宣教師会議のあり方にも大きく影響した。一九二八年、エルサレムで開催された同会議は、その参加者の顔ぶれや会議全体のトーンにおいて一九一〇年のエディンバラ会議とは大きく異なるものとなった。エディンバラ会議では一二〇〇人の参加者中、一〇〇〇人がイギリスと北アメリカ出身の宣教従事者であり、非ヨーロッパ世界の「若い教会」からの参加メンバーは、一七名に止まっていた。[16] これに対し、エルサレム会議は二三一名の参加者中、五二名が「若い教会」からの参加者であり、非ヨーロッパ世界の教会リーダーらの存在感がかなり高まった。[17] これらの人々の中には、それぞれの民族衣装を身に着けて参加した者もいたと報じられている。[18] 議論の内容に目を向けても、エルサレム会議には、もはやエディンバラ会議が前提としていたような、全世界がキリスト教に改宗することへの期待と自信が見られず、議題の多くは他宗教との関わり方や宣教手法の見直し、および反植民地主義的ナショナリズムの勃興や社会矛盾への対応といった問題であった。

例えば、「若い教会と古い教会の関係」に関するセッションでは、後に中華基督教男青年会 YMCA of China の議長を務めた中国人参加者・梁小初 S. C. Leung が、ミッションと現地教会の二つの組織が同時並行で展開するキリスト教宣教のあり方はもはや過去のものであり、宣教師に中国から退去せよと言うわけではないが、今後は中国の教会による完全な自治を実践すべきだと主張している。また、中国人教育者の余日章 David Yui は、「宣教師は中国での活動の場を持ち続けるべきである。ちょうど、将来的には中国人の宣教師がアメリカに活動の場を持ち続けるべきであるのと同じように。そのように言うことが許されるのであれば」と述べている。[19]このように、エルサレム世界宣教師会議には、「若い教会」による自治独立志向が色濃く反映されていた。

また「人種の対立とキリスト教宣教」のセッションの記録を見れば、社会的マイノリティ、あるいは植民地被支配者出身のキリスト教知識人による発言が多くあったことが窺われる。それらの発言者には、アフリカ系アメリカ人教育者・社会運動家のジョン・ホープ John Hope、南アフリカのYMCA議長を務めたアフリカ系アメリカ人教育者にしてマルクス主義者でもあるマックス・ヤーゲン Max Yergan、フィリピン人教育者ジョージ・ボコボ Jorge Bocobo、アフリカ系南アフリカ人教育者デイヴィドソン・ドン・テンゴ・ジャバヴ Davidson Don Tengo Jabavu、朝鮮人女性運動家キム・ハルラン（金活蘭／김활란）、インド人詩人タラ・N・ティラク Tara N. Tilak らが含まれている。これらの人物の議論には、人格の不可侵性の主張のほか、キリスト教宣教という枠組みにとらわれない経済侵略や政治的支配を含む植民地主義への批判、政治的自治の主張、教会共同体内部の差別問題や人種隔離問題とその構造への分析・批判が含まれている。しかしながら、同セッションに出席した欧米世界出身の宣教師の発言に目を向ければ、被差別者・被支配者側がマジョリティ集団に向ける「敵意」と武力抵抗こそが問題なのであり、これを封じ込めるために現状の差別的待遇は必要であるとする議論も見られた。こうした傾向は、とりわけ自国の植民地で活動する欧米人宣教師に顕著だった。全体として見ても、同セッションでは前述の発言者らが提起した問題に対する具体的な対応策は構想されず、ただキリスト教精神と信仰を通した他民族との緊密な協力関係が呼びかけられるに止まっている。[20]

このように、一九二〇年代末には各地の現地人キリスト教知識人が台頭し、世界宣教師会議といった場において、従来宣教事業を主導してきたヨーロッパ世界のキリスト教指導者に向けて教会自治の必要性を呼びかけるだけではなく、同時代の帝国主義的状況の問題と構造に対する政治的・社会的発言をもしていた。文化的・道徳的優越性を自認してきた欧米世界出身の宣教師らは、提起された問題の一つ一つに対する十分かつ具体的な応答を展開することはできなかった。とはいえ、宣教師らがこうした議論に参与し、宣教活動のあり方や、それを取り巻く社会的状況を問わざるを得ない状況が現れていたという事実は看過できない。

第二節　宣教後期ムーディの活動――台南神学校校長として

1　改革の必要性――台湾人専属教員の不在に対する問題意識

一九一〇年代後半から二〇年代にかけて、ムーディは南北長老教会の神学校、およびミッションスクールで講義や講演を行った。これらの活動は、いずれも他の宣教師との緊密な協力関係の下で遂行された。例えば、北部教会系の教育機関での活動期には、ムーディはカナダ長老教会宣教師ダンカン・マクラウド Duncan MacLeod（一八七二―一九五七）およびコンスタンス・マクラウド Constance MacLeod（一八八一―一九五六）夫妻の家に滞在している。一九〇七年の台湾宣教参入以来、教育事業のみならず、北部台湾での巡回宣教を含む直接的伝道を活発に展開したダンカン・マクラウドは、宣教手法の理解者としてムーディを勇気づけた人物であったという。[21] また南部教会系の台南長老教中学校での講演は校長エドワード・バンド Edward Band（一八八六―一九七一）の、台南長老教女学校での講演は校長ジーニー・A・ロイド Jeanie A. Lloyd（一八七〇―一九三三）の要請によるものであった。[22] 台南宣教師会議が本国海外宣教委員会に提出した一九一九年の活動報告には、両校におけるムーディの「特別福音伝道集会」の結果、六〇名以上の生徒がキリスト教への入信を希望したと記録されている。[23]

これらの教会学校での宣教事業への参与については、ムーディは積極的にその役割を引き受けていたと考えられる。他方で、一九二二年の台南神学校校長就任は、人員不足を受けてやむをえずなされた対応であったようである。当時、ファーガソンとニールソンは病気や休暇のために帰国し、バークレーは白話字『厦英大辞典』[24] の改訂作業のため上海に滞在していたので、台南を拠点に活動する宣教牧師は、バンドおよびW・E・モンゴメリ W. E. Montgomery

（一八八一―一九六八）の二名のみであった。直接的伝道を重視するムーディは、神学校での活動は暫定的な処置であると知りつつも、本国からの新たな宣教牧師の派遣が簡単には見込めない状況下で[25]、どれほどの間教育宣教に携わらねばならないのか不安に感じていた。そのことは、彼が当時の海外宣教委員会書記Ｐ・Ｊ・マクラガン P. J. Maclagan に宛てた一九二二年三月二二日付の書簡から窺われる[26]。

私は現在一時的に神学校の責任者を務めています。しかし四月以降にはここを去る必要があります。〔…〕秋にはどうなるのでしょうか？　神学校はバークレー博士が上海から戻るまで閉鎖されるべきでしょうか？　あるいは我々は秋までここに残るべきでしょうか？　しかしそれは〔彰化などの地における〕教会や異教徒たちを無視することを意味していて、神学校の閉鎖よりも深刻なことなのではないでしょうか？

引用からは、ムーディが依然として直接的伝道よりも教育宣教を優先するイングランド長老教会の方針への不満を示していることが窺われる。

このような姿勢は、同年六月一五日前後に台南宣教師会議の依頼で作成したものと思われる彼の二つの意見書、すなわち「神学校」、および「他の機関との関係における福音伝道活動」にも表明されている[27]。彼は「神学校」意見書にて、あくまで「関係者ではなく傍観者」としての考えであると断りつつも、神学校の現状は改革されるべきだと述べる。その理由として彼は、何よりもまず台湾人神学生の多くが、自身あるいは友人の日本留学経験を通して、台南神学校の設備や人員が不十分であることを認識しているという事実を挙げている。

ムーディは、一九二二年当時の同校では「一人のコーロッパ人、一人の日本人、そして一人か二人の漢族」の教員が授業を担当していると述べている。バンドの記述によれば、ムーディが同校校長を務めた際には高金聲の補佐を得ていた。このことから、ここでムーディが述べる「漢族」の教員には、高が含まれていたと考えられる[28]。ムーディは続けて日本人教員の「Mr. Kono」（河野政喜、一八七二—一九二八）について次のように述べている。河野氏は「いくつかの非常に重要な科目、すなわち、哲学（論理、心理学、形而上学）、教会史、倫理、聖書神学」を担当している。「しかし、これらの科目は日本語で教授されている。そして、より多くの教育を受けてきた学生たちにとってその言語（日本語）がどれほど親しんできたものであろうと、どれほど少なく見積もっても、彼らの母語（閩南系台湾語）とは比較にならない。その上、我々台湾人の会衆は、日本の会衆とはまったく似ておらず、牧会学および説教学——河野氏によって教授されている知識——は、台湾の言語や人々を知らない者には教えることはできない」。その上で、彼は台湾の教会で働く聖職者の養成には、あくまで閩南系台湾語に精通する教員、可能であれば日本語と閩南系台湾語の双方を使いこなす教員が必要であると主張している。(29)

　以上の言葉から、ムーディが教育宣教に戸惑いを感じていたのは、直接的伝道を重視したためだけではなかったことがわかる。教授用語としての日本語使用をはじめとして、教育宣教という手法には政治的支配者としての日本人との交渉や妥協の必要性が否応なくつきまとっていた。このために「台湾の言語や人々」、すなわちコンテクストが無視されてしまうような事態を生み出すという問題を認識していたことが窺われる。さらに、彼はここでいずれ台湾社会に出て教会内外での牧会・宣教に携わることとなる神学生らに対して、これらの重要な教養は、彼らの「母語」によって、「台湾の言語や人々を知る」台湾人教員によって教授されることが望ましいという考えを明確に提示している。換言すれば、ムーディは、同校では台湾人スタッフが中心となるべきことを訴えかけていた。

　「台南神学院教職員録」（一九五七）によれば、一九二二年前後に同校に一年以上の間にわたって勤めた宣教師以外のスタッフは、河野政喜だけであった（一九一四—二四）。その他には、詩人・漢文教師である林逢春（林珠浦、一八六八—一九三六）、および黄彰輝《ンチョンフィ》の父親で当時台南長老教中学校の舎監、スクールチャプレン、教員を兼任していた南部台湾長老教会伝道師・黄俟命《ンスービン》（一八九〇—一九五〇）が、それぞれ一九一八年、および一九二〇年に一時的に台南神学校教員を務めている。(30)これに対して、宣教師であるバークレーは一八八〇年から一九二五年まで同校の校長を務め、ファーガソンをはじめとする他の宣教師が必要に応じてその代理を務めてきた[31]。同校は、清末期からこうして教会内外の台湾人を招聘してきたものの、「一人か二人の漢族」教員という前記のムーディの表現からも推測されるように、これらの人々はおそらく長期間にわたって常勤教員として専属するものではなかった。ムーディが促した同校の台湾人スタッフの充実は、一九二五年に林燕臣《リムイェンシン》、および高金聲の二名の教会リーダーらが同校の専任教員となるまで待たねば実現しなかった[32]。

2　台湾社会からの乖離への問題意識

実際、台南神学校が一九二二年一〇月二四日付で台湾総督府に申請した「私立台湾基督長老教台南神学校設立認可」申請書[33]を確認すれば、同校の教授活動がごく小規模なものであったことが窺われる。同史料に添付されている台南神学校の「学科課程及毎週教授時数表」は、表1の通りである。

表1と「私立台湾基督長老教台南神学校設立認可」申請書、および前記のムーディのマクラガンへの書簡を合わせて見れば、一九二二年当時の台南神学校で実施された課程、時数、および使用言語のバランスを大まかに捉えることができる。まず、第一学年の一週間の授業時数は一六時間、第二学年のそれは二四時間である。第三、四学年の課程時数の判読不可部分を、仮に第二学年以来変化がなかったと考える（例えば、第三学年における英語の時数は、第二学年におけるそれと同じ「三時間」であったと見なす）場合、第三学年の一週間の授業時数は二四時間、第四学年でも二四時間と推測される。次に、この仮定に基づけば、第一学年における閩南系台湾語使用授業時数は週に二〇時間であるのに対して日本語使用授業は六時間、第二学年では一九時間に対して五時間、第三学年では一八時間に対して六時間、第四学年では一六時間に対して八時間となり、学年が上がるにつれて日本語使用授業時間の割合が増えていったことが推測される。それは、心理学、哲学、神学、説教学、牧会学といった、学年を追うごとに加えられる授業を

表 1. 1922 年台南神学校「学科課程及毎週教授時数表」（註 3-1）

	第一学年 時数	第一学年 課程	第二学年 時数	第二学年 課程	第三学年 時数	第三学年 課程	第四学年 時数	第四学年 課程
聖書	七	旧新約全書字音解説 旧新約全書釈義 旧新約全書総論	八	同上	七	同上	七	同上
基督伝	二	基督伝大意						
基督教史	二	古代史	二	中世史	二	近世史	二	同上
教授法	二	聖書教授法大意	二	同上	二	同上		
国語	四	講読、作文	一	同上	一	同上	一	同上
外国語（英語）	三	講読、作文、□□	三	同上	□	同上	□	同上
漢文	四	講読、作文	四	同上	四	同上	□	同上
自然科学	二	□□、□□、□□、	二	同上	□	同上	□	同上
心理学			一	心理学大意	一	同上		
哲学					二	哲学大意	二	同上
神学							二	系統神学
説教学			一	説教学大意				
牧会学							一	牧会学大意

網かけ部分は日本語使用科目を、□は判読不能を示す。

前記の日本人教員河野が担当していたためであり、その背景には日本語による授業の割合を増やすことへの総督府による圧力があったと考えられる。

アーサーの回想によれば、閩南系台湾語使用クラスのうち、ムーディは自然科学（自然地理学、基礎天文学）を、アーサー自身は英語を担当していた(34)。ムーディが六月時点の書簡では、ヨーロッパ人教員が一人であると言及していたことに鑑みれば、アーサーはそれから一〇月の設立認可申請書の提出までの間に、同校での教育事業に加わったと推測される。他方で、廖得の回想によれば、同校では常に英語の授業を持っていたわけではなかった。廖は、神学生時代（一九一一―一五）に何名かの同級生と共に、当時の校長であったバークレーに英語を教えて欲しいと依頼しにいったが、「君たちの宣教相手はイギリス人じゃないんだよ！　英語を勉強してどうするんだい？　英語の本もとても高いし、買うお金があるのかい？」と言われたこと、同時期には日本語の授業もあったことから、神学生らは「僕らは日本でだって就職するわけじゃないのに！　日本語を勉強してどうするんだよ？」と考えていたことを回想している。廖によれば、この頃の「ヤガワ〔矢川（正式名、生没年不詳）〕長老」による日本語のクラスには、五、六名ほどの学生しか出席していなかったという。一方で、同時期に関する廖の記述からは、この頃の台南神学校には少なくとも二十数名の神学生がいたことがわかる(35)。これらの記述からは、日本語、および日本語による教授が台湾のコンテクストを無視したものであるという不満を、神学生らも感じていたことがわかる。

ここで再び前記のムーディによる六月一五日前後の「神学校」意見書に目を戻すと、彼はこのような人員不足を解決し、閩南系台湾語による授業を充実させるためには、一九一二年の南北台湾の長老教会中会の合同以来検討されてきた、南北神学校の合同を実施すべきであるという意見を述べている。彼は、合同によって台南の学生を北部に連れて行くことで、台南市および近郊における神学生による街頭説教や巡回宣教が必然的に縮小され、イングランド長老教会の活動実績が大幅に落ち込むことになろうとも、共に人員不足に苦しむ両神学校を活性化するという観点から見れば、それは必要な措置だとする考えを示した(36)。

ムーディはまた、「他の機関との関係における福音伝道活動」意見書では、教育宣教の有用性を認め、これらの活動がキリスト教家庭出身者だけではなく、裕福な異教徒の子どもたちの中から受洗者を生み出すという「数年前では幻にすぎなかったような」事態を確かに作り出してきたと述べている。とは言え、彼は同史料にて、宣教師の「最優先すべき役割」とは、「異教徒」に「キリストのことを説く」ことであるとの使命感を繰り返し述べ、次のようにしめくくっている。「台湾の宣教師会議からの提案を受けなければ、私はこの問題については黙っておくつもりでした。私は大変心を痛めながら〔この意見書を〕書き結んでいます。我々の医療スタッフを例外とすれば、〔宣教師は〕ほとんど誰も異教徒のもとへ行こうと考えていないということ、このことを耐えがたく感じます」[37]。この言葉からは、彼が問題としていたのは教育宣教の有用性というよりも、むしろ宣教師が異教徒にどれほど積極的に向き合うことができるのかという問いであったとわかる。

以上のように、ムーディは台南神学校校長を務めた一九二二年においても、宣教師の本来の任務は教育宣教ではなく直接的伝道であるとする宣教初期以来の考えを貫いていたことが確認される。また、彼のこのような宣教手法に関する思想は、台湾社会の一部の「より多くの教育を受けてきた学生たち」だけが使いこなし、それでも彼らの母語ほどには使いこなせていない日本語よりは、閩南系台湾語による教育に重点を置くべきとする考えにつながっていたことが明らかとなる。興味深いことに、このようなムーディの教育事業に対する姿勢は、彼の次のような自己認識とも関わっている[38]。

私は〔自分の〕性質に駆り立てられたくはないのですが、これらも考慮すべきことではあります。私のような、教えることを嫌い、それに対してすぐに疲れを感じる者が、他の人たちの方がずっとふさわしいような〔教えるという〕仕事に恒久的に携わり続けることは、ほとんど想像できません。

アーサーの回想を見れば、当時のムーディが一方では宣教論や聖書、神学に関する議論を神学生らと活発に交わしていたという事実があることから、彼が広義の教育的営みそのものの意味をすべて排していたわけではなかったことが窺われる。(39) また、第一章で論じたように、ムーディ自身も宣教初期以来、比較的活発に白話字宣教文書を通したキリスト教思想の伝播・教育に努めており、前章にて取り上げた廖得の回想録では、むしろ教育・学習の作業を重視し、それを勧める「先生」としてのムーディの姿が描き出されていたことを忘れてはならない。

これらに鑑みれば、ここでムーディが問題としているのは、あくまでも宣教師はどのような作業をもっとも重点的に行うべきかという問題であって、教育事業そのものの是非ではなかったことが窺われる。直接的伝道を重視していた彼にとって、宣教師の使命とは、台湾社会のコンテクストを受け止めつつ、そこにおけるテクストとしての「福音」の意味を模索し、提示してゆくことであった。そのような作業には、「台湾の言語や人々」をよく知り、「我々台湾人の会衆」に訴えかけることのできるような台湾人聖職者の存在が欠かせない。

しかしながら、教育機関たる神学校では、日本語を優位に置く植民地支配のコンテクストを意識せざるを得なかった。卒業した神学生らが向き合うべき台湾の人々は、「日本の会衆とはまったく似て」いないにもかかわらず、である。前記の史料からは、ムーディがこの問題を教育機関における日本語使用への圧力の問題として明確に認識していたかどうかは読み取れない。しかしながら、宣教師らがこのように台湾の人々のコンテクストから乖離する面のあった教育宣教にばかり力を入れ、本来向き合うべき台湾の人々から顔を背けてしまうような事態は、彼にとってもどかしいことと感じられたのだろう。これに加えて、一九一二年に台南長老教中学校校長に任命されたバンドが日本内地に留学して日本語能力を身につけたのとは異なり、(40) 一八九五年に来台し、約一年ほど閩南系台湾語を学んだ後すぐに彰化での宣教活動に参入したムーディは日本に留学したこともなく、日本語能力を身に着けていなかった。そうしたムーディにとって、総督府当局との交渉が困難なものであったことも、校長の仕事を「耐えがたく」、「疲れる」ものと感じさせたことだろう。

第三節　初代教会研究——教会史研究者として

1　人間精神による啓示理解の不完全性——人の能力への悲観

前述のように、宣教後期のムーディは、英文による『初代改宗者たちの精神』（一九二〇）、および白話字による『古の教会』（一九二二）という二冊の教会史研究を出版している。いずれも紀元三〇年前後以来の地中海世界における福音書と使徒書簡の受容状況を起点に、紀元三〇〇年代までの初代教会におけるキリスト教受容のあり方を通時的に追う大著となっている。そこで扱われる史料は、大まかに（1）「使徒教父」文書（紀元一世紀末から二世紀前半に著され、新約聖書には収録されなかったキリスト教文書）、（2）「護教家」による文書（紀元二世紀から三世紀にかけて展開された、他の宗教思想に対するキリスト教擁護論）の二タイプに分けられる。

ただし、これら英文・白話字著作の目的と性格は、当然ながら異なったものであった。まず、前者『初代改宗者たちの精神』は、漢族台湾人および初代教会におけるキリスト教の受容状況を相互に照らし合わせ、それぞれに対する理解を深めようとしてきた宣教初期以来のムーディの考察の集大成という意味合いが大きかった。このため、同書においてムーディが行っている作業とは、初代キリスト教改革者らにおける十字架の「弱さ」への抵抗感、およびこれと裏腹なものとしての唯一神の絶対的善性と超越性への志向の問題を、初代教会関係史料から詳細かつ包括的に検討・論証するというものであった。さらに、ムーディはこれらの作業を通して、彼が考えるところの「カトリック的傾向」——ユダヤ教的律法主義や、ギリシア哲学の影響下で展開された自己義認的救済観——の発展史という一つのテーマについて考察することを目指していた。

したがって同書では、以上のようなテーマを着想する上で重要な役割を果たした漢族台湾人によるキリスト教の選択的受容の状況も繰り返し言及されている。例えば、ムーディは初代キリスト者が同時代漢族台湾人キリスト者と同様、「キリストが我々の罪のために死んだ」ということを一応は受け止めつつも、信徒でない者には「十字架が弱さと罪の証のように見える」ことを知るがゆえに、「十字架を恥じる」、すなわちイエスの生涯、および十字架の出来事への言及を避ける傾向にあると指摘している。彼はまた、キリスト教徒になることで自文化におけるマイノリティとなったこれらの人々が、キリスト教を宣教し、これを他の宗教・思想による批判から擁護することを主眼とするために、もっぱら「創造主であり支配者、『万物の父』である至高の神の存在」や「異教世界の多くの神々を崇めることの愚かさと不道徳性」を説く傾向にあるとも考えた。[41] 重要なことに、前章で述べたように、これらの傾向は李春生《リツウンシン》の『聖経闡要講義』（一九一四）にも見出される。ムーディは、このため特にギリシア哲学の素地を有した初代教会においては、神を「何物をも必要とせず、受け取ることをしない、自己完結的で不変の存在」、「自由なる、無感情の理性あるいは精神」として捉える思想が登場し、[42] これが「できるだけ何も必要としないようにし、欲望を抑えることで、『できる限り』、『神に従い』、『神に似る』、『神に倣う』、あるいはまさに『神になる』ことを目指す教会」が論じられるようになったと考えている。[43]

これに対して、後者『古の教会』は、宣教初期の白話字『ローマ書』註解と同様、台湾人宣教従事者および信徒を想定読者としている。その内容は、キリスト教の神学とその歴史的展開への理解を促すために、キリスト教の本質的メッセージとして決して手放してはならないものとは何であるのか、またとらわれすぎてはならない非本質的要素とは何であるのかという、彼自身のキリスト教理解を提示するものとなっている。例えば、ムーディは護教家の中にはキリスト教を哲学と結びつけようとした知識人がいたことを指摘し、「聖書は哲学ではなく、信者も哲学者ではない。またイエスはただの道や理気に止まるものでもない、救い主なのである。この主を信じる〔護教家の〕先生は、知識を重んじ、信仰を十分に重んじず、イエスをあまり重んじていない」と批判している。同様に、護教家の一人テオフィロスの「上帝は律法と新しい命令を我々に与えた。かれに従って行う者が救われるように」という言葉についても、

「このような話はパウロの教えとはほぼ反対のものであり、ローマ・カトリック〔天主教〕と少し似ている」と述べている。[44]

こうしたムーディの教育的意図は『古の教会』の章立てにも現れており、同書の最初の約三分の二は『初代改宗者たちの精神』と同様の通時的叙述から、残りの三分の一は「古の宣教」や「礼拝および教会役員」、「ローマ・カトリックの由来」といったテーマごとの論考から構成されている。ムーディは、同書が高金聲の査読によって明快で読みやすいものへと修正されたという謝辞を序文で述べた上で、同書が「教会内の先生〔聖職者〕」に「古の教会について知ってもらうこと」をおもな目的としていることを示した。そのため、彼は「教育経験のない方には、第一章から六章、およびアウグスティヌスの経験の第一章を読んでいただければと思います。他の部分はやや難解なものなので、読まなくても大丈夫です」という言葉を付け加えている。[45]

『初代改宗者たちの精神』および『古の教会』は、基本的には宣教初期以来のムーディのテーマ——「人間の精神」の啓示への理解能力に対する悲観と、キリスト教文化の累積を継承することで両者のギャップを縮めることができるという楽観との共存——を反映するものである。このことは、『初代改宗者たちの精神』における、「間違いなく、我々個々人が持っているキリスト教の知識は、我々自身が彼〔パウロ〕の書物や、新約聖書の他の書物に対する熟読で得たものではない。我々は、別のところで学んだことを福音書やパウロに読み込んでいるのであり、このために我々はこれらの書物がいかに難解なものであるのかを常に忘れている」という言葉からも窺われる。[46]

2　神は人の精神を待たず啓示を与える——神の主権性の再確認

しかしながら、特に啓示そのものの性質への言及が含まれる前者『初代改宗者たちの精神』からは、当時の彼の聖書理解やキリスト教受容をめぐる悲観、およびキリスト教の歴史的発展に対する楽観に微妙な変化が見出される。同書で彼は次のようなスタンスを示した。「古カトリック教会の発展は、現在非常に着目されている主題である。本書の主要な目的は、このテーマに極東からの光を当てること、そして他の光と交差するこの光によって、我々の父祖たちの信仰に対する認識、誤認、あるいは部分的理解がいかに自然なもので、ほぼ不可避的なものであったのかを示すことである」[47]。そして、まさにこれらの歴史的状況が、受け手の多くが「当惑」せざるを得ないほどの「啓示の圧倒的な豊かさ」を指し示すものであることを指摘することである、と[48]。

もとより、ムーディは宣教初期からすでにキリスト教文化圏と非キリスト教文化圏の人々の間の精神の差異は、「人間の精神」と「啓示」との間の相容れなさに比較すれば大きな問題とはならないと述べていた。しかし、右の言葉は「啓示」と「人間の精神」との間の断絶の、これまで以上の強調を意味しており、そのことによる彼の人間精神に対する悲観の深まりと、神の側から与えられる啓示に対する重視・信頼の再確認につながった点で特徴的である。先の言葉に続けて、彼は次のように述べている[49]。

キリストは徐々に退位させられたのではない。しかし、古代のイグナティオス、現代におけるシー牧師やバー兄（「漢族の聖フランチェスコ」）といった多くの注目すべき例外を伴いながらも、全体としては、キリストがすべての人々の精神と心を満たすような、そのあるべき位置にあるということがこれまでにもなかったのは事実である。オリゲネスの時代に至るまでの古代の歴史を見ても、この点におけるめざましい進展は窺われない。しかし、本書で我々が見てきたように、その後の時代を見れば、アンブロシウス、アッシジのフランチェスコや他の人々に見られたように、西洋において、キリストがいかにしてついにそのあるべき位置に来られたのかを知ることができる。我々はこのようなことを多くの漢族改宗者の中にも見出している。とりわけ「キリストの愛が我々をとらえてくださる」という言葉を座右の銘とするバー兄において。あとどれほど経てば、東洋あるいは西洋において、新しくより完璧なキリストの姿が顕わされ、かれに従う者たちに信仰の力を与えるより完全な啓示が〈顕われる」のかは、誰にもわからない。

西洋や東洋といったキリスト教文化の継承の度合いによる区別は、もはやあるべきキリスト教理解を決定づけるものとはされず、いつどのような形で与えられるのか人には知りようがない神の側からの啓示への期待が強調されている。こうした神の主権性の再確認は、第五章にて後述するように、一九二〇年代以降の欧米神学界の転換と軌を一にしていたとも考えられる。と同時に、キリスト教文化の累積という要素を相対化するこのような姿勢――受け手の側の歴史的条件がいかなるものであろうとも、啓示は神の側からの働きかけによって与えられるという大文字テクストへの信条――は、当時の彼が現に自治的に運営されつつある台湾の教会の姿を目にする中で確認されたものでもあり、宣教師の役割に対する新たな再考作業を促す上での背景の一つでもあったと考えられる。

第四節　伝道師給与問題への関与――イギリス人宣教師として

1　台湾人伝道師とイギリス人宣教師の経済的格差の問題

一九二〇年二月、台湾人信徒の間で教会自治運動が組織化されてゆく中、『教会報』に「維新改良――甲乙談」と題する匿名記事が掲載された。甲と乙という二人の登場人物の会話形式をとる同史料は、次のように書き出されている(50)。

甲曰く、食・衣・用について外国から学ぼう。どうだろう?
乙曰く、私たちは台湾人だし、外国の礼についてはあまり覚えられない。熱帯に住んでいるし、二重植民《ヌンティインシッビン》

n̄ng-têng sit-bîn を受けている。収入は少なく、支出は重く、物価も高い。

「私たちは台湾人」という言葉から推測されるように、おそらく台湾人キリスト者であった同史料の著者は、右の言葉に続けて台湾がこの「二重植民《ヌンティンシッビン》」——日本による政治的支配を受けるだけでなく、他国との経済的格差に直面しながら欧米への文化的な憧れを持つ状況——に置かれていることへの問題意識を批判的に表明した。その上で、この匿名の筆者は、台湾人改宗者は「ただ虚しく他人の文明の外殻を学び、上等人の名声を望む」のではなく、自らの「精神文明」をこそ「維新」しなければならないと呼びかけた(51)。同教会の自治運動は、本章の冒頭で概観したような、より広義の政治社会的「台湾人自治」への志向と重なる面を持ちながら展開されていたのである。こうした動向を受け、ムーディはいかなる応答を迫られたのか。時期はさかのぼるが、ここでは宣教初期以来のムーディの言動をも踏まえつつ、彼の台湾人伝道師の給与に対する関わり方を検討する。

第一章で述べたように、宣教初期のムーディは、台湾人およびイギリス人宣教人員の間の俸給や生活水準の格差に対する問題意識を持ち、それを本国への書簡にて表明していた(52)。彼は『フォルモサの聖徒たち』においても教会雇用者が他の職種よりも低額の給与を受けているケースを挙げており、前述の許敏《コービン》は月に一ポンドで木挽きとして働いていたが、一九〇六年にムーディのお手伝いに転職したことで、給与が五分の三ほど、すなわち月一二から一四シリングへと減ったという(53)。

ムーディとの共同伝道に携わった林学恭《リムハッキョン》や郭朝成《コェティアウシン》は、このような背景の下で、ムーディが自身の給与の一部を台湾人伝道師に分けていたと回想している(54)。この行動は、台湾人伝道師が受けるべきサポートを確保することで、宣教活動の効率を上げるという実際的・戦略的意図によるものであったと考えられるが、このことを知った台南宣教師会議によって問題視されることとなった。前述したように、同会議は一九〇六年二月に「彰化エリアのある伝道師たちは会議が定めた額の給与を受け取っていないという事実」を取り上げ、以後一九〇八年に至るまで、ムーディの在台活動期に集中して、彼に対する釈明要求や議論の呼びかけ、およびその延期を繰り返した。[55]その背景には同会議の議長キャンベルとムーディとの間の摩擦があったことについてはすでに述べた。[56]これらを踏まえれば、一九〇八年末から約六年間の不在の後、一九一五年に台湾に戻ったムーディの他の宣教師らとの関係が、宣教初期に比して改善したのも、彼と衝突関係にあったキャンベルが一九一六年に退職を申請し、翌一九一七年に帰国したことが関係していたとも推測される。

台湾宣教に復帰後、ムーディは伝道師の給与が依然として少額であることを問題視し続けた。しかしながら、台湾ではすでに一九〇〇年代から台湾人信徒・聖職者による教会財政の自治化を目指す取り組みがなされるようになっており、第一次世界大戦によるイングランド長老教会財政への打撃や台湾の物価高騰は、関係者らにその必要性をよりいっそう意識させていた。宣教初期のムーディは、台湾人伝道師の給与問題を、おもに宣教効率の問題、あるいはキリスト論的信条に基づく改宗者との関係性の問題として捉えていた。少額の給与のために生活に困窮していては、伝道師は十分に宣教事業に専念できなくなる。「イエス・キリストを代理するために来た」はずの宣教師は、このように台湾人伝道師が困窮しているそばで「金持ちのように暮らし、輿に乗せられてあちこち移動する」ようなやり方をしていても良いのか。[57]伝道師給与問題に関するこれら宣教初期ムーディの疑問に、教会財政とその運営に対する決定権や宣教事業のリーダーシップ、すなわち教会自治の問題としての側面が明確に加えられるのは、台湾人信徒による教会自治運動が活発化していた宣教後期においてであった。

ここで、日本植民地期台湾における南部台湾長老教会の財政運営について確認すると、同教会は信徒からの献金とイングランド長老教会海外宣教委員会の補助によって支えられていた。一方で、既述のように同教会は一八九六年には台湾人聖職者と信徒代表が構成する中会を設置したが、中会は設立当初から「選挙権を有する査定人／準会員として〔中会と共に〕働くよう宣教師を招待」していた。また前述のように、各地教会が牧師を招聘する権利を持つには、まず牧師に一年分の給与を払う能力を有すること、という困難な条件が課されたため、[58]牧師・伝道師の給与額や派遣教会は、他の重要事項と共に実質的には台南宣教師会議が調整・決定していた。教会財政は台英協力で支えたが、運営についてはイギリス人宣教師が主導権を有する形となっていたと言える。

さらに、同教会は当初、一部の例外を除く信徒の大多数が貧しく、献金額に限界があった。清末期の宣教師らは改宗者の中には小作農や俥夫などの貧困層の人々が多いことを記録している[59]。一方で、台湾人キリスト者は近代西洋的教育を肯定的に受け止め、総督府医学校（一八九九年創立）のような台湾総督府の設置による教育機関をも積極的に受け入れる傾向にあったことから、一部のキリスト教家庭出身者は医学の修得や日本留学などを通して徐々に社会的地位の向上を果たしていった[60]。こうした台湾人キリスト者全体としての社会的移動の傾向があった一方で、ムーディによれば、一九二〇年代当初においても多くの信徒が自然災害や税制などに影響を受けやすい農家の人々であった[61]。このため、各地に散らばる教会の多くは牧師招聘権を獲得できず、一九一一年時点の南部台湾の長老教会は九四の宣教拠点を擁しつつも、台湾人の叙任牧師はわずか五名であり、一九二三年時点でも一〇名にとどまっていた[62]。また、教会組織全体が慢性的な財政困難に直面し、台湾人雇用者の給与はごく少額に止まっていた[63]。

例えば、本節の冒頭で触れた匿名記事「維新改良――甲乙談」では、第一次世界大戦以前の台湾人伝道師の年俸は九六から三六〇円前後、同じ宣教従事者でも日本人では三六〇から三五〇〇円であることが報告されている。これに基づいて両者の宣教従事者の最低月給を算出すると、台湾人では八円、日本人では三〇円である[64]。一方で、例えば一九一三年の日本人大学卒業者の初任給は四〇円であった[65]。このことから、一九一三年前後の日本における高等教育経験者の最低賃金が三〇円から四〇円前後であったこと、台湾における神学校卒業者のそれがこれにはるかに及ばなかったことが明らかとなる。既述のように、第一次世界大戦後にはイングランド長老教会の財政基盤が悪化し、台湾でも物価が高騰したため、こうした伝道師の困窮はいっそう深まった[66]。

例えば一九二〇年七月の『教会報』には、八人の子どもを持つある伝道師が、月四九・五〇円の給与を受けていたケースが挙げられている[67]。こうした状況下で、一部の伝道師は生活を支えるために副業を営んでいた。例えば一九二〇年九月の『教会報』には、医療、養蜂、商業を兼業する伝道師を批判する匿名記事が掲載され[68]、一九二三年九月の同誌では、第二章で扱った伝道師廖得が、頼れる親族が少なく、家族を養わねばならない年配の伝道師の多くは「描写しがたい境遇」にあり、「やむを得ず他の職で収入を得て生活を保っている」と述べている[69]。

他方でイングランド長老教会のイギリス人雇用者の給与額は海外宣教委員会が定め、一九二六年の記録によれば、未婚男性宣教師は年二二〇ポンドから、既婚男性は年三二〇ポンドに加え、子どもの人数に応じたサポートと教育費を受け取るものとされた[70]。また、同教会と連携する女性宣教団の宣教師は年一七〇ポンドから、台湾では年二一〇ポンドに加え、就職時の支援金として五〇ポンドを受けるものとされていた[71]。なお、一九二六年当時の外国為替相場を参照すれば、当時の一ポンドは一〇円に相当していた[72]。したがって、未婚男性宣教師の場合、一月あたり二〇〇円近くの収入があったことになる。

このような状況下で、折から台湾人による教会の自治的運営を呼びかけていた一部の台湾人聖職者らは、一九〇八年には各教会からの献金で基金を立ち上げ、これを予算不足の教会への補助や伝道師給与に充てる「佈教慈善会」を設立したほか、一九二〇年には高齢あるいは病気のため退職した伝道師に補助金を給付する「養老会」を組織するなどの独自の取り組みを行っていた[73]。

前述のように、当時の南部台湾長老教会の信徒の中には、台湾が日本による政治的支配に加え、西洋諸国に対して文化的・経済的に不利な立場にあると認識した者が存在した。こうした状況を「二重植民」と描写した「維新改良――甲乙談」（一九二四年二月）の匿名著者は、欧米各国、日本、台湾における伝道師の年俸や物価の一覧を示しながら次のように批判的に主張している。すなわち、日本では欧米よりも給与が低く物価が高いのだから、ましてや台湾人はさらに低い給与、さらに高い物価に直面している、このため「台湾の普通の人」は「ボロ服を着て、サツマイモの千切り干しに塩をかけて食べる」貧しい生活をしているにもかかわらず、贅沢な欧米文化に憧れ、真似をしたいと思うようになっている、と[74]。

こういった台湾人の声が表明されつつある中で、ムーディもまた彼なりの対処を行った。前述のように、廖得はムーディが一九〇三年に「補助会」を設立し、「彰化エリアの伝道師の〔経済的〕独立を促そうとした」と回想しており、[75]また先に見たように、林学恭や郭朝成によれば、ムーディは自身の判断で自らの給与の一部を困窮していた伝道師らに分けていた。これら二つの行動の関係は未詳であるが、ムーディが宣教後期にも同様の行動をとっていたことは、郭朝成の回想録から窺われる。郭によれば、彼は第一次世界大戦後の急激な物価高騰のため、月一四円で家族六人を養わねばならないという困難に直面した。そこにムーディが現れて農村宣教の計画を持ちかけ、断るのも聞かずに「仕事を引き受けてくれたのだから」と八〇円のサポート金を渡してきたことがあったという。[76]

2　台湾人教会自治運動を受けて——海外宣教委員会への働きかけ

この時期のムーディは、伝道師給与問題に関する在台イングランド長老教会の取り組みに正式に関わるようになった。一九二一年三月二三日の台南宣教師会議にて、海外宣教委員会に佈教慈善会への援助を依頼する役割に任命されたのである。[77]同月一〇日の南部台湾中会では、この年に生じる三〇〇〇円の赤字に対処するため、各教会にて慈善会へのサポートを呼びかけ、海外宣教委員会への支援依頼のための漢文書簡を林燕臣が、その英訳書簡をファーガソンが準備すると決議されたことからも、ムーディの書簡は中会の決定に応じた台南宣教師会議の措置であったとわかる。[78]彼は宣教師会議から二日後の三月二五日に、海外宣教委員会書記マクラガンに宛てた手紙にて、台湾の教会は「生活費が以前の二・五倍ほどに高騰した事実を見据えて」伝道師給与を引き上げ、その結果「二年間で給与はほぼ二倍になった」が、「この目を見張るべき速度での〔給与の〕引き上げにもかかわらず、伝道師たちが物価高騰前ほどの暮らしができていないのは明らかです」という現状を報告した。彼は、台湾各地の教会が伝道師給与の引き上げに賛同し、嘉義の小さな教会でさえ、これまで何とかして伝道師の半年分の給与として一二〇円を払ってきたのを、引き上げに応じて一八〇円払おうと宣言していることに触れ、「まさにこの嘉義エリアのいくつかの小さくて貧しい教会が直面する深刻な困難」こそが、海外宣教委員会に支援を申請すべきことを示すと述べた[79]。ここで具体的に嘉義という地名が登場するのは、それが一九二〇年以降に林学恭と共に自ら集中的に巡回したエリアであり、第二章の表2に示したように、同エリアの各地教会に関する現状報告を、その後も林が継続していたためであったと考えられる。

さらに、彼は台湾における伝道師給与額改善の努力が報われないのは、一年前の財政危機のためであると説明した。一九二〇年には不況のため多くの富裕層が財産を失い、米価が従来の約半分にまで下落した。このため、「我々の会衆の多くを占める農家たちは、その小作料をほとんど払うことができず、〔…〕昨年夏の壊滅的な洪水が一部の教会メンバーの土地を破壊しました。それに、これらすべてに加えて税金が引き上げられました。私はここ数ヶ月ほどに村々が住人たちに見捨てられたのを見たことがありません。農家は貧困のために土地を遠く離れて製糖所や雇用してもらえる所に行かねばならなくなりました」と述べている。実際、この時期の台湾では、米穀年度一九一九年度には一一・六一円、二〇年度には一〇・九八円であった在来粳米（玄米）の現物相場が、二一年度に六・八九円へと下落している[80]。また、税率についても台湾全島における田んぼ一甲あたりの地租が、一九一七年から一九年までは平均して六・八円前後であったのが、一九二〇年には平均一〇円前後へと跳ね上がった。ムーディがおもに活動した台中庁・南投庁エリアでは、田んぼ一甲あたりの地租は一七年から一九年までには平均して七・一七円であったのが、二〇年に一一・九八円となっている。嘉義庁の場合は、一七年から一九年までの平均が四・五三円であったのが、やはり二〇年に六・二二円へと引き上げられている[81]。

ムーディはこうした背景を踏まえた上で、一九二一年の赤字に対応するためには海外宣教委員会の支援が必要であることを改めて確認し、次のように締めくくっている[82]。

我々にはもっとできるメンバーがいることは疑いありません。これは台湾にもイングランドにも当てはまることです。また、もしも会衆の間を行き来する宣教師がもっといれば、そしてその宣教師たちがこの目標のためにエネルギーを傾けるのであれば、何らかの進展が得られることも疑いようがありません。しかし、我々宣教スタッフがとても少なく、ほとんどが各地に散らばる会衆に会うこともできていないにもかかわらず、牧師と伝道師の給与が二年で二倍になったことを考えると、漢族の会衆が驚くほどよくやったことは明らかです。私自身について言えば、彼らがこれほどのことを引き受けたり、成し遂げたりするとは思いもよりませんでした。

このように、ムーディは台湾の教会会衆が困難な状況下で伝道師給与の問題に対処するため、いかに「思いもよ〔らない〕」ほどの努力を重ねているのかを強調し、だからこそ海外宣教委員会はこの努力に応答して支援すべきであると主張した。一見すれば、このような言葉からは、彼が台湾人信徒の自治的宣教能力を認めていないかのような印象を受ける。しかしながら、同書簡をさらに読み進めれば、彼がイングランド長老教会の支援をあくまでも台湾の教会自治を軌道に乗せるための一つの手段と考えていたことがわかる。このことは、彼がカナダ長老教会から惜しみない支援を受ける北部台湾の長老教会の実態と、イングランド長老教会から十分な支援を受けていない南部台湾の長老教会の落差を批判しつつも、「北部教会がカナダのお金に依存するように、南部教会がイギリスのお金に依存するようになればよいとは、南部台湾の誰もが望んでいません」と語っていることから明らかとなる。[83] 台湾の教会がイギリスの教会に財政的に「依存」すれば、その自治的運営はさらに困難となるだろう。台湾人信徒はそのような事態を望まず、また実際に望むべきではないという認識が窺われる。

一九二四年の帰国後もムーディがこの問題に関与し続けたことは、ロンドン出張時の彼がマクラガンに宛てた一九二五年三月一一日の手紙からもわかる。この書簡でムーディは、本国各地の教会を巡回し、海外宣教のための献金を呼びかける計画について次のように語っている。[84]

本国の会衆に話すことは、海外での働きに劣らず重要なことだと私はよく感じます。我々イギリスの教会の資力は、知っての通り莫大で、我々は〔海外宣教のための〕資金と人員の大幅な増加を望んでいます。〔…〕あなたが差し迫った必要に急き立てられていることを私はよく理解しています。ですが、その一方で、我々台湾の宣教師は、ちょっと前に期待や必要を超えるボーナスを受け取ったのです。漢族のクリスチャンがその〔献金〕義務を思い起こさせられるべきだということは確かにそうです。しかし、彼らが〔義務を遂行〕できていないという誤った印象がこの国の人々の間に持たれているのであれば、それはとても不幸なことです。〔海外宣教〕委員会で話した時、私はこの考えに反対したかったのです。我々の教会メンバーの多くは、すでに〔台湾の教会によって〕なされてきた多大な努力や、我々の〔台湾の〕牧師たちが教会からあと少しのお金を出してもらおうとどれほど歩き回っているのかについて知らないのです。

引用からは、ムーディは「莫大」な資力を持つはずのイギリス本国の教会から献金を引き出すための呼びかけの努力が必要だと述べると同時に、海外宣教委員会が「差し迫った必要」に追われていると言いつつも、宣教地のイギリス人スタッフに不必要な「ボーナス」を割り当てることに対して不満を持っていたことが読み取れる。さらに、本国では台湾の教会が予算確保のため「多大な努力」をはらってきたことが知られず、逆に献金の義務を果たせていないのではないかと思われていることを問題視している。ムーディのこのような懸念は、同月六日にマクラガンが彼に宛てた書簡に触発されてのものだった。マクラガンはその手紙で、「ここ本国やクリスチャンたちのポケットはお金で潤っています。それがどうやって〔彼らのポケットから〕出てくるのかが難しい問題です」と認める一方で、「ここの我々の教会生活で起きている残念なことは、そちらでも皆無ということはないと確かに聞いています。クリスチャンの手の中にお金はあるけれども、キリスト教の目的に見合うように献金されない、共通の必要が満たされないのに会衆が自己中心的であるといったことです」と述べ、台湾の教会が自らこのような事態を見直すことで状況を改善するようにと暗に提案していたからである。[85] これに対してムーディは、宣教資金の不平等な配分への不満を一貫して示し、手紙の締めくくりには「私は宣教師たちの家のための不必要な支出のことを〔問題だと〕強く感じます」と述べている。さらに、彼は手紙の最初のページの余白部分に書き込んでいる「追伸」にて、次のように述べる。[86]

確かに、バンドさんは家を必要としていました。しかし、彼は小さい、小さな家を望んでいたのです。我々の困難の一つは、我々〔イングランド長老教会派遣〕の教師や医師たちが〔台湾の〕教会と接点を持っていないということです。我々〔台湾の教会〕と接点を持つ者には、伝道師たちを飢えさせるくらいなら、より多くの献金をせざるを得ないということがしばしばあるのです。こうしたお金は我々から出るべきではないのではと思うことも、ときにあります。

これらの言葉からは、ムーディが「宣教師たちの家のための不必要な支出」と言うときに、具体的にバンドのケースを思い浮かべていたこと、台湾人伝道師たちの困窮は、宣教団体全体で組織的に取り組むべき問題であるとの考えを持っていたことが明らかとなる。またここには、そうした問題を各地に散らばる個々の宣教師による支援という、多分に恣意的かつ一過的な対応に依存し続けるミッションのあり方への苛立ちも窺われる。

このように、一方では財政の逼迫により宣教活動を縮小する本国海外宣教委員会の方針に直面し、また一方では台湾人信徒・聖職者による自治的教会運営への努力を受けたムーディは、宣教初期にはおもに宣教者–改宗者間の序列的関係性の問題をキリスト論的に内省する中で関心を持ってきた台湾人伝道師給与問題について、新たなテーマとの関わりの中で考えるようになっていった。すなわち、自治的教会運営を徐々に実現しつつある台湾の教会の現状と、これに対してイギリス本国の教会はいかに向き合うのかという問題である。以下に見てゆくように、この気づきは一九二〇年代末以降のムーディの宣教論、および海外宣教運動のアイデンティティに対する再考を方向付けることとなる。

3　宣教師主導論の相対化――キリスト論に立脚する献身への模索

（1）宣教論の修正――「海外宣教の終焉」（一九二七）

一九二七年一二月、ムーディはイングランド長老教会の定期刊行物『メッセンジャー』に「海外宣教の終焉 The End of Foreign Missions」と題する記事を寄せた[87]。一見、単に宣教師の有用性を主張するかに見える同記事には、その実、宣教地の教会の自治的運営の実現への喜びと、これまでの宣教師の取り組みが不十分であったことへの不安と焦燥が入り混じる、複雑な様相が呈されている。折から同誌では教育権回収運動を含む中国宣教地の混乱が繰り返し報じられており[88]、イギリス社会でも海外宣教の存在意義が再び問われるようになっていた中での投稿であった。

同記事の始めにて、ムーディは宣教師は撤退して各地の宣教活動をその土地の信徒に任せるべきとする議論を「ほとんど夢のようなことである」と退けた。しかしその直後には、もともとは海外宣教の終焉こそが宣教の最終目的であったことを次のように思い起こしている[89]。

　だが夢でさえ実現可能であることを神に感謝しよう。何だって！　世の国がついに神の国になっているというのは本当か？　我々の子どもたちの中には偶像が完全に破壊される日を見ることになる者がでてくるのだろうか？　その考えに、すべての心は踊るだろう。

ところが、その直後には、彼はこの喜ばしいはずの海外宣教の終焉を前にすれば、自分は「突然の寒気を感じる」であろうと述べ、世界キリスト教宣教運動の中に宣教師の居場所がなくなることへの不安を率直に語り始める[90]。

長くても数年のうちに、海外宣教委員会は解散されます。もうすることがなくなったからです。と、説教台から報告を受けたら、我々会衆はショックを受けるのではないだろうか？　もう捧げたり祈ったりする機会がないなんて。それに我々はやっと捧げたり祈ったりし始めたばかりなのに！

このように、海外宣教の終焉に対するムーディの不安は、本国の教会や宣教師が宣教地の教会に対してまだ十分に「捧げたり祈ったり」できてこなかったという認識と密接に関わっていた。このように不安を語った後、ムーディは話を転じ、台湾の教会がいかに自治的に運営されているのかを語り始める。(91)

会衆は集まり、委員会は開かれ、執事たちは財政を整える。一年の端から端まで、一人の宣教師に会うこともなく。中会は独自の漢族らしいやり方で仕事を処理する。宣教師がいれば歓迎される。しかし、いなくても不自由だとは思われない。南部台湾に散らばるキリスト教徒たちの人数は、大きな街をうめるに十分なほどである。一〇〇ほどの教会会衆が礼拝のために集まれば、南北ロンドンのすべての長老派会衆と同じくらいの人数になる。

さらに、彼は何名かの台湾人信徒を名前を伏せた形で紹介し、かつて五〇〇〇人の軍を率いた元抗日ゲリラのリーダーや、(92)広大な土地を持つ大地主の妻で、キリスト教への改宗のため夫に追い出された人物など多様な人々が、いかに自らの決意で改宗し、教会に集まっているのかを描写した。その上で、これらの人々の教会で漢族牧師が洗礼をさずけ、活気にあふれる説教をし、長老たちがパンとぶどう酒を配り、執事たちが礼拝後に献金を記録するのを見れば、「ここに宣教師の居場所などない！」と感じられるだろうと述べた。

しかし、それに続いてムーディは中国での教育権回収運動を意識したと思われる一文にて、「宣教師が校長として働こうが、その地位を現地の人に譲ろうが、ヨーロッパから自らを捧げに来た男女はこれからも長い間、ミッションスクールや神学校の生命となるだろう」と述べている。宣教師は従来のように宣教地の教会組織を率いる指導者的地位に留まり続ける必要はないにしても、まったく居場所を失ってしまうということはなく、独自の有用性を発揮できるはずだという主張である。さらに、彼はこの宣教師独自の有用性の根拠を、これらの人物がキリスト教文化圏から「自らを捧げに来た」人々であるという事実そのものに求めた(93)。

キリスト教を広めることは漢族たちに任せたらいいと君は言うかもしれない。これはくだらない言い方だ。贖われた者の言うことではない。漢族の教会は、世界を勝ち取るには十分に強くなく、あるいは十分に温かくない。最高の善意を持つどんな漢族の人にも、君にできることをできる者はいない。君は外国人だが、パウロがそうであったように、有利な点がある。君は「たとい弁舌はつたなくても、知識はそうでない」。それにキリストの愛が君をとらえてくださる。何世紀ものキリスト教的経験を背後に持つ君の言葉は、生命であり炎である。

直前までは、台湾の教会がいかに活発で自立的であるのかを説得的に語り、もはや現地の教会組織における宣教師の指導的立場にこだわることはないと認めていたムーディが、なぜここで唐突に、漢族の教会は「十分に温かくない」と述べたのであろうか。同記事を読み進めると、ここでは実は漢族の教会への批判というよりも、むしろ現実には宣教地の教会に対して「十分に温かくない」本国教会の姿が描き出されていることが明らかとなる(94)。

今日という日は人類の歴史における偉大な時である。その時は来た。そして、その時は過ぎ去ってゆくだろう。そしてこのいいお天気の日に、この長く待ちわびられて来た晴れの日に、〔イギリス本国の〕教会は眠りこけているのだ。なぜ眠りこけていると言うのかって？　目醒めている教会が必要とされている少しの献金を払おうとしないということがあろうか？　それなのに教会はこれを払おうとしない。目醒めている教会が中国や台湾が必要としている人員を出したがらないことがあろうか？　それなのに教会は人員を出そうとしていない。さて本稿のタイトルはいったいどんな意味だと考えるべきか？　海外宣教の終焉というタイトルの意味は。どんな終焉なのか？　それはすばらしい完成であるのか、あるいは未熟なままでの死なのか？

このように、同記事におけるムーディの最大の問題関心は、本国教会が従来の宣教運動において十分に「捧げたり祈ったり」できてこなかったにもかかわらず、宣教活動からの「撤退」が議論されている事態にあった。前述のマクラガンに宛てた手紙と同様に、ムーディはあくまでも、イギリス本国の教会が「もっとできる」はずではないかということを問題としていた。

またこの記事は、当時のムーディが台湾人信徒による教会の自治的運営の事実を受け止め、教会組織内における宣教師のリーダーシップを重視しなくなったことを示している。宣教師がいなければ台湾の教会はやっていけないとして両者を序列づけることは傲慢である。しかし、海外宣教委員会の財政の逼迫や宣教人員の不足などの理由で撤退してしまうとしたら、それも無責任ではないか。宣教初期の彼が述べていたように、もともと宣教師は「需要がない商品〔キリスト教〕」を売る役割だった。[95]宣教事業からの撤退が取りざたされる今だからこそ、我々は何を伝えようとしていたのかということが「生命」や「炎」という言葉で表されているように思われる。「何世紀ものキリスト教的経験を背後に持つ君の言葉は、生命であり炎である」という言葉は、事実というよりも当為であり、そのような者として本国教会における信仰の「生命」と「炎」を燃え上がらせていくことがムーディの願いであったことだろう。先に引用した一九二五年三月のマクラガン宛の書簡にて述べていたように、台湾人キリスト者らによる伝道師給与額改善のための「多大な努力」を知りもせず、逆にその困難は台湾人信徒が献金の義務を果たしていないことが原因なのではないかと言うイギリス本国教会側の姿勢をムーディは批判していた。[96]それは到底「生命」や「炎」となり得ない姿勢であり、「海外宣教の終焉」にてムーディが「贖われた者の言うことではない」、「くだらない言い方だ」と強く非難したイギリス本国教会のあり方そのものだったと言える。

注目すべきは、この時期のムーディにおいて、本国教会における宣教熱の衰退が、あくまでも具体的なコンテクストの問題――経済的には圧倒的に不利でありながらも自治的教会運営を目指している台湾の教会との具体的な関係性――を起点に認識されたことである。キリスト教のアイデンティティと宣教論に関するこれらのムーディの問いは、講義録『共観福音書にみるイエスの目的』（一九二九）において、本国教会における大文字テクストの問題――聖書解釈の再考――にまで及ぶこととなる。

（２）神学的根拠――『共観福音書にみるイエスの目的』（一九二九）

それでは、この時期のムーディはキリスト教の大文字テクスト、およびその信徒との関係をどのように捉えていたのか。『共観福音書にみるイエスの目的』の序章にて、ムーディは同時代の欧米教会の人々が「かつてほどにはかれ〈キリスト〉への愛着を持たなくなった」と同時に、「自身の説にとって不都合な言葉はすべて疑い、取り除き、あるいは変形させ」る多くの聖書研究者が「イエスの教えを不正確に伝え」、「キリストの人格はきわめて背景的なもの」と見なされるようになったという認識を示した。その上で彼は、イエスが何を誰に伝えようとしていたのか、その目的とは何であったのかという問題を、新約聖書の最初の三つの福音書である共観福音書（マタイ、マルコ、ルカ）を読み解くことで改めて問うことを目指すと語った。(97)

ムーディはまず、イエスは父なる神の愛を明らかにするために来たのであり、そのすべての教えは「放蕩息子の譬え」に登場する父親の愛に集約されるという解釈に疑問を呈した。「放蕩息子の譬え」とは、新約聖書、ルカによる福音書一五章にてイエスが語った譬え話の一つである。ある人に二人の息子があったが、あるとき弟の方が父親に自分の財産の取り分を要求し、財産分与後に家を出て放蕩生活を送り、豚飼いに凋落してしまった。餓死しかねない状況に追い込まれた弟は「本心にたちかえ」り、家に帰って「父よ、わたしは天に対しても、あなたにむかっても、罪を犯しました。もうあなたのむすこと呼ばれる資格はありません」と言った。ところが、父親は失われた息子が戻ったことを喜んで宴会を開き、最高級の歓迎をもって迎えた。これを知った兄は怒りを感じ、不真面目な生き方をして財産を食いつぶした弟を大切にする父親を責めた。父親はこれに対して次のように応えた。「子よ、あなたはいつもわたしと一緒にいるし、またわたしのものは全部あなたのものだ。しかし、このあなたの弟は、死んでいたのに生き返り、いなくなっていたのに見つかったのだから、喜び祝うのはあたりまえである」。

　この譬え話は「罪」ある者が最高級の歓待を受けるという、キリスト教における逆説的な救済の性格を象徴するものである。一方で、第一章にて白話字『ローマ書』註解（一九〇八）の検討を通して見たように、ムーディは、キリスト教における救いをあえて労働者の例えを用いて説明するのであれば、それは働いていない者がそれでもなお給与をもらうのに似ていると述べていた。このように、彼は「働かない」者、「財産を食いつぶした」者に対する神の側からの一方的な「恩典」としての救済そのものは重視しており、ここでもそれを否定しているのではない[98]。むしろ、ここで彼が問題としているのは、イエスの役割は父なる神の愛を伝えること一点のみだという解釈である。このようにイエスを「神、および神に対する正しい姿勢についてしか語らなかった」存在のように解釈する考え方では[99]、福音書におけるイエスの降誕、宣教、および十字架での死と復活といった一連の出来事の固有性や意味がぼやけてしまうのではないかという懸念である。彼は「父親としての神の愛に対する心からの感謝」は、旧約聖書ですでに表明されており、キリスト教徒が「神の父性を福音の独占物であるかのように語る」のをユダヤ教徒が不愉快に感じるのは当然だと述べる[100]。その上で、彼はイエスの言葉と宣教のユニークさを、共観福音書の記述と二〇世紀の欧米教会のあり方とを対比させながら捉えていった。

　例えば、彼はイエスの宣教活動では人々の身体的な苦しみを癒す奇跡が重要な位置を占めている一方で、自身を含む同時代のキリスト教徒は「単にキリストの癒しの力を信じることは、比較的に重要でなく、かれがその信奉者たちに期待していたような霊的な希求からはずいぶんかけ離れたものだと考える。〔…このため、〕我々の天に浮かび上がった〔抽象的な議論に偏るような〕考え方は、すべてのとは言わないが、多くの苦しんでいる人々の心から遠く離れてしまっているに違いない」と指摘した。(101)

キリスト教徒がイエスの宣教姿勢という大文字テクストから逸脱し、現に目前に広がる他者の苦しみのコンテクストに無関心となる事態は、「富と、その使い道」の問題に関わっても論じられた。ムーディは、「すべての時代の多くのキリスト教徒たちは、我らのために貧しくなられたあの方〔イエス〕の生涯と言葉の影響を受け」、これまでにも富めるも貧しきも多くの信徒が「他の人々が十分に得られるように、自分の生活を切り詰めてきた」と指摘する。しかし「〔同時代の〕教会の中ではそのような人々は奇人だと思われる」ようになり、「奇妙な、悪魔的な無気力が我々〔キリスト教徒〕の上におとずれた」と述べる。(102)

さらに彼は、このような教会の現状はイエスの隣人愛の教えによって問われるべきであると論じた。(103)

イエスによって取り上げられ、繰り返された古い契約の言葉が、我々の耳の中でずっと鳴り響いている。「自分を愛するようにあなたの隣り人を愛せよ」とかれは言う。そして、「何事でも人々からしてほしいと望むことは、人々にもそのとおりにせよ」と言う。何よりも、かれは仕えられるためにではなく、仕えるために来たと我々は考えている。それなのに我々は、多くのキリスト教徒が――他の〔クリスチャンではない〕人たちはもとより――、十分に食べることができず、みすぼらしい服を着て、狭い部屋にぎゅうぎゅう詰めに暮らしている一方で、仲間であるはずの他のキリスト教徒たちが美しい庭に囲まれた広い家に暮らしているのを見ている。これは我らの主にとって喜ばしいことなのかと問わずにおられようか？

このように、ムーディはイエスの言葉や宣教のあり方の重要な特徴として、身体的・物質的困難の問題をも含む、他者への関心とその呼びかけがあったことを再確認し、「イエスの目的は、かれに結びついた者が神の国の公義を実現しなければ、間違いなく達成されないだろう」と論じた[104]。

彼はさらに、この問題は個々の信徒とイエスの人格的関係性の問題として考えるべきであると主張し、なぜならそれは、「キリストの教えのほぼすべては個人 individual に向けられたもの」であり、「個人は社会を待つことなく、すぐに行動を起こす可能性を持つ」からだと論じた[105]。

このムーディの主張の基盤には、二つの密接に関わり合う考えがあった。すなわち、「『キリストの律法〔教え〕』は、すでにかれに深い愛着を持っている人々に向けられたものである」という解釈と[106]、キリスト教徒一人一人が、まさにこの「かれ自身への愛着 attachment to Himself」を持つ者たち――救い主であるイエスと、その教えの遂行のために自分自身を捧げようとする人々――であるはずだという考えである[107]。

ムーディは、共観福音書のイエスの言葉を読み解けば、かれが「かれ自身と共にあるようにということを、何度も何度も、驚くべきほどの厳粛さを以て、時間と永遠の中で唯一の必要なこととして語っている」ことがわかると指摘している[108]。また、「わたしのもとにきなさい」、「わたしについてきなさい」、「帰って、持っているものをみな売り払って、〔…〕わたしにしたがってきなさい」、「わたしを受けいれる」、「人の前でわたしを受けいれる」といった表現はすべて、イエスが「神の国に入るために必要な唯一のこと」[109]としてのかれ自身への愛着を説いたものであり、この「大変な切迫性」を持つメッセージの前では「いかなる現状や国家の状況も、〔…〕家も、財産も、もっとも親しく愛しい者も、生命そのものも」捨て去られるだろうと述べた。その上で、彼は「福音書において、かれ〔イエス〕の最重要な目的とは、神の国に入る唯一の手段、神に近寄るための唯一の手段としてのかれ自身へと人々を招くことであった」と指摘する[110]。

こうしてムーディは、イエスによる深い愛着の要求は個々のキリスト教徒にとって「もっとも親しく愛しい者」や「生命」を含む、あらゆる価値を掘り崩されるほどの「切迫」感を伴うこと、それはなぜなら、これこそがその人の救済の鍵を握っているからであるということを論じていた。その上で、彼はこの教えの意味を「理解する」ことの難しさを認め、次のように論じている。[111]

> イエスはその信奉者たちに、生身の人間には実現不可能な基準を課した。かれ自身と共にあるようにという教え以外には、かれはそれを達成するための手段に関するヒントをほとんど与えてくれなかった。〔…〕私は、我らの主がなぜかれ自身と共にあるようにという教えの意味さえほとんど話してくれなかったのかわからないと白状しなければならない。しかしかれが去った直後には、その信奉者たちはかれの〔要求した〕基準を実現し始めた。死ぬときの〔殉教者〕ステパノが明らかにしたように。そして徐々に、あの炎のように熱心なパウロも同じ教えを学んだ。〔…〕パウロと当時の人々は、すべてをイエスへの信仰に帰するものとしていた。我々にとっては、子なる神においてその愛をあらわした父なる神にむかって直行するのが、よりシンプルで論理的なように思われるかもしれない。だが我々の論理とは本当にそれほど確かなものなのか？　我らの主とその信奉者たちは本当に間違っていたのか？

右の引用に続けて、彼はこの教えが理解困難なものであるからといって「いとも簡単に避けて通り」、神やイエスについて「我らの主とその信奉者たち」の言葉からではなく、「我々の論理」を基準に捉えようとする姿勢を批判した。以上のような議論に基づき、彼は「〔イエスの〕福音はすべて『放蕩息子』の譬えに集約でき」、イエスの主要な、あるいは唯一の目的は「父なる神の愛をあらわすこと」に他ならないという解釈は問い直されねばならないとした。[112]

イエスの目的は「父なる神の愛」の顕現に尽きるという解釈へのムーディの反対は、前述のようにイエスのメッセージのユニークさは信徒の救済に関わる「かれ自身への愛着」の要求にこそあり、それが個々のキリスト教徒のイエスとの人格的関係、宣教や生き方の軸となるべきだという考えに基づいている。

逆に言えば、彼はこの「イエスへの愛着」の喪失が、キリスト教的な宣教からの逸脱のみならず、神やイエスを人間の感覚にとって理解可能なものへと矮小化し、その自由意志を否定するという重大なミスにつながると懸念していた。彼はこの問題を、同時代のキリスト教徒が、神の裁きの警告といった聖書に語られるネガティブで恐ろしいイメージに言及することを避け、これと「神の愛」とを切り離し、あくまでも後者だけを強調しようとする傾向に見出した。(113)

イエスがこんなにも次々と警告と訴えかけをするのを読んで、恐れかしこまらないでおられようか？　それら〔警告の言葉〕を並べてみて、我々はそれらがどれほど厳粛なものであるのかに初めて気づく。その切実さに強い戒めを感じさせられない者がいるだろうか？　今日、説教台から述べられる言葉は概して、以前のものに比べて、より興味深く、快活である。しかし良心に訴えかけることは少ない。我々は本当に「キリストに立ち返る」ことができたのか？　我々キリスト教徒は、かれ〔イエス〕の精神を共有しているのか？　我々説教者は、この世的で自己満足的な生活の恐ろしさと危険性を感じているのだろうか。そして、聴衆たちもまた「主の怒りの恐ろしさ」を共有するようになるまで、彼らにそのことを伝えることができているのだろうか？

ムーディはこのように問いかけると同時に、「愛であり、愛以外の何ものでもない」神のイメージが現にポピュラーになってゆく中で、裁きに関するイエスの警告が看過され、「罪人が悔い改めようが、悔い改めまいが、それは神にとっては何の変化も意味しない。神は不変の愛なのだから」とされるようになったことへの懸念を示す。彼は、このような神の裁きの消失は「人にとっては喪失でしかない」と述べる。なぜなら、もしも本当に神が審判をしないとすれば、人間がどうしようが、それは「神にとっては何の変化も意味せず」、「〔人の〕魂は永遠に自分自身を審判し続け、永遠に孤独のまま」となり、まったく自己完結的な状況に閉じ込められてしまうからである。それだけではなく、「愛以外の何ものでもない」神のイメージは、神の独立した人格を否定し抽象化し、人々を救うために自由な意志によって犠牲となったイエスの業を矮小化するものであり、キリスト教からの逸脱に他ならないとした。イエスが自らの意志で十字架での死によって罪人の身代わりとなったことは、本来「我々の道徳的感覚にとっては衝撃的な、衝撃を受けるべき」出来事であった。しかし、神が愛以外の何ものでもなく、イエスが父なる神の愛をあらわしにきただけの存在だとすれば、そのような神やイエスは「理性の神、あるいは経験の神と同じくらい小さな存在」になってしまい、その性質は「我々のそれよりももっと限定的なもの」にまで成り下がってしまう(114)。

このように論じることで、ムーディはキリスト教徒が「かれ自身への愛着」を失うことは、神やイエスを「我々の論理」や「道徳的感覚」にとって理解可能な存在として読み替えることにつながるのであり、それはすなわち、神によって問いかけられる存在としての人間の可能性を遮断し、人を永遠の孤独に陥らせることになると指摘した(115)。

小括

以上、本章ではムーディが台湾宣教に復帰した一九一五年からイングランド長老教会を退職した一九三一年までを彼の宣教後期と捉え、この時期の彼の宣教事業を検討した。この作業により、本章では海外宣教運動が世俗化だけではなく、各地におけるナショナリズムや反帝国主義運動により問われる中で、ムーディが台南神学校校長として、教会史研究者として、およびイギリス人宣教師として、イングランド長老教会の宣教手法、キリスト教受容史に対する解釈、および宣教論を問い直してゆく過程を明らかにした。

一九二二年の台南神学校校長への就任は、彼が当時の神学教育機関の校長として直面せねばならなかった植民地的現状や、これに対する問題意識を間接的に浮かび上がらせる出来事となった。同年の台南神学校のカリキュラムからわかるように、同校では多くの重要な科目が日本語によって教授されていた。ムーディはこうしたあり方が、教育機会に恵まれず日本語を解さない多くの台湾人キリスト者や異教徒が生きる台湾社会のコンテクストに合致しないものであると認識していた。「台湾の言語や人々」をよく知る台湾人聖職者と共に、キリスト教の「福音」が当時の台湾社会にいかなる意味を持つものとして提示され得るのかを考える必要を感じながらも、日本語使用への圧力に晒される教育機関で活動することは、ムーディを挫折させ、疲れさせることとなった。

本章ではまた、宣教後期のムーディが台湾宣教参入以来考察し続けてきた、同時代台湾の教会、および初代教会におけるキリスト教の選択的受容の問題をどのようにまとめたのかを分析した。この時期のムーディの英文研究書『初代改宗者たちの精神』、および白話字書籍『古の教会』は、想定読者や目的に相違がありつつも、キリスト教の福音という「啓示」を前にした「人間の精神」が、それを十分に理解することができず、律法の遵守や禁欲主義などの行いによる自己義認を志向する、彼が考えるところの『カトリック的」な小文字テクスト――神学や礼拝形式――を展開させていったプロセスを通時的に描き出す点で共通していた。しかしながら、本章ではこの時期のムーディによる「啓示」と「人間の精神」の関係に対する考え方に、微妙な変化が現れたことをも見てきた。それは、人間の側がいかなるコンテクストにあろうと、大文字テクストたる啓示は、神の側から与えられるものだとする、神の主権性の再確認であった。

この新たな考えは、一九二〇年代の南部台湾の長老教会が、現に自治的に教会を動かしつつある状況を目にする中で確認され、その後の彼の宣教師の役割に対する再考作業にも影響を与えた。本章で見てきたように、その決め手となったのが、ムーディが宣教初期以来着目してきた台湾人伝道師の給与問題であった。一九二一年三月、台湾人聖職者らが設立した「佈教慈善会」への財政支援を海外宣教委員会に依頼する任に就いたムーディは、本国とのやりとりを通して、当時の台湾人教会が伝道師の給与額を改善するための取り組みをほぼ自治的に成し遂げてきたこと、物価高騰や自然災害によりその努力が報われていないことを報告し、台湾の信徒のこのような努力を前に、本国の教会はできる限りの誠意と支援を示すべきだと呼びかけていた。本章ではこうした考えが、彼の宣教論の転換を象徴する英文記事「海外宣教の終焉」にも色濃く反映されていたことを確認した。

こうして、本国教会は台湾人キリスト教徒にどのようにコミットすべきかという具体的なコンテクストの問題を通してキリスト教徒のアイデンティティを問うたムーディは、同時代の本国教会における大文字テクストの解釈――特に、イエスの役割と目的を捉えようとするキリスト論――に関する議論を展開した。本章で見てきたように、一九二九年の講義録『共観福音書にみるイエスの目的』にて彼が提示したのは、個々のキリスト教徒はイエスとの人格的関係性を、したがって「かれ自身への愛着」を持つ者であり、だからこそ、その宣教姿勢はイエスという大文字テクスト――独立した意志を持ち、信徒に「神の国の義を達成」することを要求する存在――によって問われるものであるという考えであった。

以上の考察を踏まえた上で、本章第二節の冒頭に残した問いを思い起こしたい。一九三一年五月、イングランド長老教会「海外宣教財政および総務委員会」は、ムーディの退職希望を承認し、長年給与を受け取らずに働いた彼に「深謝の意」を表した。一九二四年の帰国以後、病気のため台湾への復帰を延期し続けたムーディが、一九三一年までのある時点で、これ以上台湾で活動することなく給与を受け取ることをやめることにしたとわかる。(116) あくまで宣教師としてのアイデンティティを認識し、イングランド長老教会や台湾の長老教会の財政の逼迫状況を知っていた彼は、もはや直接的に台湾人信徒や異教徒と関わることができなくなった自身には、給与は「期待や必要を超えるボーナス」となったと考えたのではないだろうか。「我らのために貧しくなられたあの方」であるイエスに実際に付き従うこととは、自身をも貧しくしつつ、他者の苦しみに関心と共感を持ち、これらの人々に仕えることを意味していた。それは、ムーディ自身が述べるように、「生身の人間には実現不可能な基準」である。そして、彼はこれを可能とする唯一の道としての「かれ自身への愛着」、「あの方」と「共にある」ことという人格的関係性を、共観福音書の研究の中から再確認したのである。

第四章　台湾人信徒による自治的宣教事業
――林燕臣・林茂生らによる「神の国」への呼びかけ（一九二八―三四）

はじめに

一九二〇年代、一部の台湾人信徒は、台湾が西洋と日本の文化的・政治的「二重植民」を受けていることへの問題意識を抱き(1)、台湾人教会自治への関心を強めた。こうした教会内での言動は、一九二〇年代から三〇年代にかけて台湾で巻き起こった反植民地運動と無関係ではなかった。同時期の抗日社会運動やこれに対する志向は、台湾議会設置請願運動のような政治社会的運動のみならず、ミッションスクールである台南長老教中学を「台湾民衆の教育機関」とすべく、その専門学校入学者検定による指定校としての認定を実現するために、教会内外の台湾人が協力した例においても見出される(2)。

第二章で触れたように、このような状況下で高まった台湾人教会自治運動は、イングランド長老教会宣教師の来台五十周年にあたる一九一五年には、すでに組織化されつつあった(3)。具体的な取り組みとしては、林燕臣《リムイェンシン》、鄭溪泮《テーケーポアン》（一八九六―一九五一）、高金聲《コーキムシン》・高篤行《コートクヒン》（一八七九―一九六二）兄弟、楊世註《イウセーツウ》（一八八一―一九七一）、黄俟命《ンスーピン》、王倚《オンオア》（王《オン》占魁《チャムコエ》）、卓偉臣《トォウィシン》（生没年不詳）、および前述の廖得《リャウティ》などの台湾人聖職者らが推進した、南部中会分区自治計画が挙げられる。南部中会を高雄、台南、嘉義、台中の四区に分け、それぞれに区議会を置くことで各地域におけるより自治的な宣教事業の実現を目指す同計画は、一九一八年三月の南部中会にて、阿猴《アカウ》教会（現屏東教会）の牧師呉希栄《ゴヒイン》が提唱した阿猴エリアでの新中会の設立案を受け、[4] 林燕臣が発展的に提案したものであった。[5] その過程ではムーディ、およびファーガソンら宣教師も「分区域自治部会」のメンバーとして任命され、中会分区に関連する事務処理を補佐する者とされていた。[6] こうした活動への関与もまた、後一九二〇年代末にムーディがその宣教論を修正する一因となったと考えられる。

南部中会は一九二一年には高雄エリアを自治区として試運転することを議決して「高雄州教務局」を創設、林燕臣と呉希栄が局長に、宣教師ニールソンが顧問に、廖得と鄭溪泮が書記に任命された。[7] また、同年には鄭溪泮が中心となって高雄エリア（現高雄市、および屏東県を含む）の教会を対象とする独自の教会雑誌『高雄基督教報』を創刊した。同誌はより充実した印刷設備を備える出版室「醒世社」が屏東に創設された後、一九二四年に『教会新報』としてリニューアルしている。[8] こうした準備の積み重ねの末、南部中会の分区自治は一九三〇年三月に実行され、これに伴い翌一九三一年には従来の南部中会が「南部大会」へと名称変更した。一方で、一九二八年には台南神学校でも台湾人教員と神学生を中心に『校友会雑誌』という漢文雑誌（後に和漢文雑誌）が創刊されている。

それでは、こうした雑誌媒体と中会分区自治の推進をはじめとする台湾人教会自治運動とは、どのように連なっていたのか。そして、この一九二〇年代から三〇年代にかけての時期において、台湾人信徒は具体的にいかなるキリスト教論を展開していたのか。本章では教会内の自治を求める動きの中心人物の一人であった林燕臣に焦点を当てて、これらの問いを検討することにしたい。林燕臣もまた、林学恭《リムハッキョン》や廖得と同様にムーディと縁の深かった人物であり、『教会報』や前述の台南神学校『校友会雑誌』などの雑誌媒体に活発に関与した人物でもあるからである。その上で、本章では林燕臣の息子である林茂生《リムボーシン》のキリスト教論にも着目する。林茂生は台南長老教中学の教頭であるとともに、抗日運動関係者とも密接な交わりを持っており、教会内外の動きを結びつけていく役割を担っていたと考えられるからである。したがって、本章で焦点を当てる時期は、より厳密には台南神学校『校友会雑誌』が創刊された一九二八年から、林燕臣が同校教員職を退いた一九三四年までとする。

以下ではまず、第一節にて林燕臣の宣教事業の有り様を、彼のムーディとの関係性をも踏まえつつ、特に彼の雑誌媒体に関する考え方に沿って概観する。第二節では林が深く関わった台南神学校『校友会雑誌』の分析を通して、同校に関係する台湾人キリスト者集団の傾向を捉える。その上で、第三節では林茂生の論考「基督教文明史観」（一九三二―三三）を一例に、同時代台湾人信徒によるキリスト教論の一端を捉える。

第一節　台湾人牧師・林燕臣と雑誌媒体による宣教事業

1　「聖徒」の「本分」――自治的宣教事業と共感的関係性を目指して

一九二五年から台南神学校教授を務めた林燕臣は、同校の『校友会雑誌』に以下のような漢詩を掲載している。(9)

一、回顧せば六十五年前、基督聖教未だ設成せず。百姓放縦して天命に逆らい、風俗は敗壊して文明なし。

二、幸いなるかな天父の大慈悲、英国馬医師〔ジェームズ・マクスウェル James L. Maxwell（一八三六―一九二一）〕を感化せり。一人搭舟して台南に到り、壮胆伝教《そうたんでんきょう》して真に勇敢なり。

三、大窘逐《だいきんちく》に遇着《ぐうちゃく》せど、寛容忍耐にして陵辱《りょうじょく》を耐受《ないじゅ》す。伝道行医《でんどうこうい》真に仁愛にして、四方《しほう》患者は直直《じきじき》〔次々と〕来たる。

四、伊《かれ》〔彼〕の愛痛《あいつう》〔愛〕を受くる人ますます多く、医生を称呼して老父となす。道理ますます伝わりてますます広闊《こうかつ》し、教会設立相接継《しょうけい》す。

五、後日李庥《リヒウ》〔ヒュー・リッチー Hugh Ritchie（一八四〇―七九）〕牧師来たりて、四囲伝教して亦《ま》た仁愛なり。牧師旗後《キーアウ》に過身し〔没し〕、性命を惜しまず伝えて到老《とうろう》す。

六、以後牧師と姑娘《コーニウ》〔女性宣教師〕とは、尽力して人を引《ひき》いること同一様。今に至り南北伝わりて開闊《かいかつ》し、天国振興《しんこう》して亦たますます大なる。

七、聖徒は本分をますます尽くすことを欲し、自養の真精神を興起す。先ず四区を分けて自治し、牧師を設立して料理〔采配〕し来す。

八、資格を陞《のぼ》すことを欲して志気強く、同心協力して中央に稟《ひん》す。南区議会今昇格し、聖旨《せいし》天父に由りて成るを得る。

九、仰望《ぎょうぼう》す出力《すいりょく》してますます齋《さい》すをえて、謙卑祈祷《けんひきとう》して上帝に頼らんことを。四〔百〕外万の衆生の、拯救《じょうきゅう》を負担する使命を有す。

十、南区中会今成立し、恭賀《きょうが》議員皆齋集《さいしゅう》す。又請う聖霊聚會《しゅうかい》し来りて、地基堅固《ちきけんご》にして万万歳ならんことを。

主の降誕より一九三〇年昭和五年六月一七日　台南神学校代表　林燕臣謹祝

韻を踏みつつも「直直」、「伊」、「愛痛」、「過身」、および「来料理」など、閩南系台湾語独特の表現を含む平易な文体によって綴られるこの漢詩は、来台した宣教師の働きと教会の設立・発展を回顧すると同時に、台湾人信徒による教会自治運動の取り組みや、その成果としての「南区中会」——新設された台南中会——の成立を喜ぶものである。一見すれば、ここで林がイングランド長老教会によるキリスト教宣教以前の台湾社会を「百姓放縦して天命に逆らい、風俗は敗壊して文明なし」と描写する言葉は、異教世界に不道徳性を見出し、これを否定的に類型化する宣教師側の語りに似ている。しかしながら、より詳細に見れば、ここには異教世界とキリスト教との表面的な対立関係とは異なる、また別の次元の対置関係が設けられていることがわかる。すなわち、人々の「放縦」、すなわち自己中心的な生き様と、それがもたらす社会の「敗壊」や「文明」の喪失状態と、宣教師らによる民族的・宗教的他者への「仁愛」、および台湾の「聖徒」らの「同心協力」といった共感的な関係との間の対置である。

林がこの詩の第五節にて言及するヒュー・リッチーのように、宣教師の中には台湾で没するまで働いた者も存在した。ただし、その一方で、本書のこれまでの議論で見てきたように、民族的・宗教的他者に対する文化的・道徳的優越意識を持つ傾向にあった宣教師の姿勢は、必ずしも「仁愛」だけでは割り切れないものであった。こうした現状にもかかわらず、林がキリスト教を選択したのはなぜなのか。また、彼はそこにいかなる意味を見出していたのか。

林はこの詩を通して「放縦」を「天命」に逆らうあり方であり、社会の「敗壊」をもたらすものと位置づけた。彼にとって「文明」のない状態とは、こうした利己主義の蔓延や社会倫理の衰退に他ならなかった。彼はキリスト教の「天父の大慈悲」を、このようなあり方とは対照的なものと位置づけ、他者に対する共感的な関わり方こそが「聖徒」というキリスト者集団の「本分」であるとした。この点だけを踏まえれば、彼のキリスト教論には、宣教初期以来のムーディにおける、洋の東西を問わない人々の「冷酷な自己愛」への批判との共通性を指摘することもできるだろう。第一章で論じたように、ムーディは人々の「冷酷な自己愛」を、「世を愛された」神によるすべての人々に対する関心と対置させていた[10]。

一方で、着目すべきことに、ここで林がキリスト者の「本分」として描写するものには、教会内外の人々に対する共感的関係の構築を自らの使命として引き受け、実践する自治的宣教姿勢も含まれている。林の描写によれば、南部中会の分区自治は、信徒らが「自養の真精神を興起」し、「天父」の「聖旨」によって「成るを得」た。しかし、台湾のキリスト者にはまだ「四〔百〕外万の衆生の、拯救を負担す使命」がある。この使命を遂行するために、台湾人信徒はより「出力」し、「謙卑祈祷して上帝に頼ら」ねばならない。

一九二〇年代から三〇年代の台湾において、この「四〔百〕外万」、または「四百万」という数字には、特別な意味が込められていた。それは、「台湾人」の共同意識を象徴する言葉となっていたのである。特に、「四百万同胞」という表現は、当時の抗日ナショナリズム運動の舞台でも台湾人全体を意味する言葉として用いられ、例えば、台湾人経営による初の日刊紙『台湾新民報』や、「台湾地方自治聯盟宣言」（一九三一）などにも見られる。[11] こうした「台湾人」意識を媒体とする共感的関係性のヴィジョンは、宣教初期ムーディの議論には見られなかったものである。

2 「神の国」を第一義とする者――ムーディが見た林燕臣

一八五九年、林燕臣は台湾府にて林嫣選と王明の間に生まれた。幼少より学問に励んだ彼は、清末期台湾の科挙秀才となった読書人である。前述のように、林は一八九五年末に来台した宣教師ムーディ、ランズボロウ、ニールソンらの閩南系台湾語教師として雇用され、これを契機にキリスト教に触れた。漢文への造詣が深かった彼は、一八九八年にはミッションスクールである「中学」の漢文教師に任命され、同年に受洗して信徒となった。早くも翌一八九九年には台南の太平境教会の長老に任命され、一九一四年以後にはミッション設立による神学校での教育を経ることなく東港《タンカン》教会、および竹仔脚《テクアカァ》教会の牧師に叙任された。一九一五年以降は台湾大会、および南部中会の書記を務めるなど、台湾人教会の中堅的存在として活躍するようになり、一九二五年から三四年にかけては台南神学校教授としても働いた。三四年には牧師職に復帰して東港教会に赴任し、一九四四年に八四歳で亡くなった。彼には三人の息子たちがいたが、前述のように、長男の林茂生は台湾キリスト教知識人としてよく知られる。[12]

林燕臣は生前から台湾人キリスト者の間で「老師林燕臣、篤學且行仁、犧牲熱播道、信真（林燕臣老師は篤学にして仁を行う人。自らを犠牲にして熱心に宣教し、その信仰は真実なものである）」、また「燕臣老夫子、性質大仁慈、人人可欽敬、公學[13]（燕臣老夫子。その性質は仁愛に満ち、あらゆる人に尊敬されるべき人。その学問は公正である）」と評されており、その人柄を慕われた人物であったことが窺われる。林の閩南系台湾語の学生であったムーディもまた、すでに宣教初期には彼に関するまとまった描写を残している。『フォルモサの聖徒たち』（一九一二）にて、ムーディは、一般に「もっとも狡猾な者たちと見なされる読書人階級」の中にも、そのようなイメージでは捉えられない者がいると論じ、「台南の聖徒たちの中でももっとも誠実でひたむきな者の一人は、秀才の林氏Mr Wood、中学の教師である」と述べる[14]。

ムーディによれば、宣教師らに言語を教えるために雇用された彼は、当初キリスト教に関してはまったくの「無知」であった。しかし、彼はすぐさまその「几帳面さ」で知られるようになる。わずか一週間で白話字の読み書きをマスターし、他の教師たちとは異なり、遅刻や早退もせずに時間通りに教えてくれ、教える途中であくびをしたり居眠りをしたりしない。「彼の忍耐力を尽きさせることはほぼ不可能である。そして、長時間座って〔行う勉強〕を彼の方から終わらせてくれるのを待つのは絶望的なことだ。たとえそれが彼にとっては単調でつまらない苦役であり、彼の学生〔ムーディ〕にとっても骨が折れる労苦であっても。もしも私が、あなたを長く拘束しすぎてしまいましたとそれとなく言うと、彼は私は急いでいませんよと言い、かえって、あなたがもう一段落読みたければ教えてあげますよと言うのである[15]」。

「漢族の教師たちはおおらかで、礼儀正しすぎて〔学生の〕間違いを正さない傾向にある」。林も当初はそうであったため、間違いを厳しく正してほしいと頼んだ。すると林は、「あなたが中国語〔閩南系台湾語〕をうまく話せなければ〔…〕それは私の責任です」と述べ、ムーディの発音ミスを厳密に修正するようになった。ムーディは朗読の途中で何度も止められ、林が正しい発音をゆっくりはっきりと一〇回ほど繰り返すのを聞かされた。このため、彼は思わず、林の「あまりの堅忍と厳密さに抗いたいと願うほどだった」と回想している[16]。

両者はキリスト教についても語り合った。あるとき、ムーディは林にお祈りをしたことがあるかを尋ねた。すると林は、時々祈っている、この季節であれば、雨を降らせてくださいと願っている、なぜなら「米は高く、貧しい人々は苦しんでいるから」と返答した。数ヶ月後、ムーディが「〔閩南系台湾語の〕筆舌に尽くしがたい難しさ」に苛立っていると、林に「あなたは〔このことで〕神に助けを祈り求めていますか？」と聞かれてしまった。ムーディは林と共に聖書を読み、それがこの「文化的な異教徒の精神」にいかなる印象を与えているのかを見る作業は興味深かったと回想している。福音書において、イエスが捕らえられた際に、自身も捕らえられてしまうことを恐れたペテロが、イエスの弟子であることを三度否認する場面にさしかかると、林は大声で笑い出したという。このような反応は、この同じペテロがわずか数時間前には「主よ、わたしは獄にでも、また死に至るまでも、あなたとご一緒に行く覚悟です」（ルカによる福音書二二章三三節）と豪語していた事実との落差があまりにもひどく、そんなばかなと感じたためのものではないだろうかとムーディは受け止めている[17]。

それでも、林はこの頃から礼拝に出席するようになった。ムーディは、それは当初は「友人たち〔宣教師たち〕」に気を遣ってのことだったのではないかと述べている。その後、林は次第に自らキリスト教に傾倒し、ときに息子や美しく着飾っている妻、父親や兄弟を礼拝に連れてくるようになった。「彼は今や読書人仲間のからかいも微笑して受け流せるほど、十分にキリスト教的な者となった」。知り合ってから二年後に再会したときには、林は受洗希望者であり、ムーディはその審査者であった。間もなく受洗し、長老となった林は、従来と同じく「教師として」務めた。しかし、その「エネルギーは学校だけに閉じ込められはしなかった」。「彼は教会に関するあらゆる仕事に熱中した。彼は自己中心的な野心や利己的な関心から自由な者たちの一人であったからだ。そのような人は滅多にいない」。「その第一の関心事が神の国である、いや、ただそうだというのではなく、明白にそうであるような漢族〔信徒ら〕は何名か存在しているのであり、林氏はその中の一人なのである[18]」。

ムーディは次のように続ける。林は中会の重要人物となったが、その性質には「外交家」的な如才なさがない。彼は困難な計画でも良い提案であれば歓迎する。彼には「漢族的な礼儀正しさ」はあるが、「漢族的な巧妙さ」はあまりない。「今や彼はますます素朴で誠実な人物である。彼のことを考えるとナタナエルの名を思い出さずにはおられない[19]」。ナタナエルとは、イエスの弟子の一人であり、ヨハネによる福音書一章四七節に次のように言及されている。「イエスはナタナエルが自分の方に来るのを見て、彼について言われた、『見よ、あの人こそ、ほんとうのイスラエル人《びと》である。その心には偽りがない』」。ムーディはこうして林の心の純粋さを強調し、このような人物こそが「ほんとうのイスラエル」——真の神の民——にふさわしいのではないかとの思いを表した。その上で、彼の外見について次のように描写している。「彼の姿は物静かであり、彼の顔は色白で痩せて長い。だが、その顔はよく、優しく気品のある笑みで輝く」[20]。

彼は熱心に働き、その説教が優れているため、神学校で学んではいなくとも牧師に叙任すべきだとよく言われる。「ミラノのアンブロシウスのように」。アンブロシウス Ambrosius（三三九頃—九七）とは、ローマ帝国の官僚であったが、ミラノ司教の後継人事問題の調停に関わる中で、民衆に推挙されて自らその職に就任した人物である。その説教は、古典に通じた雄弁なものであったとされる[21]。しかし、林の説教には独自のスタイルがある。「多くの読書人は話すときに古典を引用するのを好む。彼らは我々の父親たちがホラティウスを引用するのを我慢できないのと同じくらい、孔子を引用せずにはおられない。しかし林氏は、学問を見せびらかすことを一切せず、よく準備された説教を、シンプルでゆっくりとした厳粛なスタイルで述べる」。彼は突き進んで行って、街頭に出て人々に大声で話しかけるタイプではない。しかし、自身が提示する主題によって、聴衆の間に何が呼び覚まされるのかをよく把握している[22]。

林はよく自身が経験した困難 adversity をテーマとした。かつて彼は病や家族の死に苦しめられ、その経験をどのように受け止めていったのかをムーディに語った。「彼は私に静かに、だが心を打つような様子で、いかにして自身の苦しみ afflictions のことを神に感謝するようになったのかを語ってくれた」[23]。ここでムーディが言及する林の「困難」に関しては、林自身の言葉からも確認される。一九二八年七月、林は『教会報』に「感想」と題するエッセイを投稿し、旧約聖書の詩篇一一九篇七一節「苦しみにあったことは、わたしに良い事です。これによってわたしはあなたのおきてを学ぶことができました」という言葉を主題に所感を綴っている。人には「上帝の心」ははかりがたく、「病やお金の損失、死別などの苦しい境遇」に遭えば、いかに親戚や友人が慰めようと、それを受け止めることができず、絶望を深めてしまう。しかし、パウロがローマ人への手紙五章四節に述べているように、「〔わたしたちは〕患難をも喜んでいる」。なぜなら、「患難は忍耐を生み出し、忍耐は錬達を生み出し、錬達は希望を生み出すことを、知っているからである」。林は自身が「三〇年ほど前〔一八九八年前後。受洗した頃である〕に行き当たった試練」が、この詩篇の言葉に非常によく当てはまるものであると述べる。この頃、一度に二人の子どもを亡くしたことを一つの契機に、妻はキリスト教に改宗した。またあるとき、林自身は脚の骨に腫瘍ができ、ひどい熱が一九日間続いて生命が危険な状態となった上、母親を病で亡くした。友人らは「立て続けに二つの災難に遭う苦しみ」を受ける林のキリスト教信仰の「役立たなさ」を笑った。しかし、彼は「出来事が過ぎた後、上帝の大恩を知った」。なぜなら、彼の病を契機に父親はキリスト者となり、すでに改宗していた母親は、臨終のときにイエスが彼女を迎えに来る「異象を見た」からである。林はこれらの出来事を神に感謝し、この詩篇の言葉は「まさに私自身が経験したことだ」と述べている。(24)

ムーディは、こうした深い宗教的経験を持つ林について、「その性質の中でももっとも美しい特質」とは、彼の息子・茂生の「霊的な幸福さと有用性への配慮」であると述べる。「彼〔林燕臣〕は私に会えば、彼〔林茂生〕のために祈って欲しいと頼まないことはほとんどない」。林はちょうど「スコットランド人の父親たち」がそうであるように、息子に牧師になって欲しいと望んでいる。今、この若者は「日本のキリスト教系大学〔正確には同志社普通学校〕」に留学し、父親である林燕臣は彼のために祈り、また他の人々にも祈ってほしいとお願いしている。(25)

以上のように、ムーディは自身の閩南系台湾語の「堅忍」・「厳密」な教師である林燕臣を、「文化的な」精神を持つ読書人、「自身の苦しみ」を宗教的に受け止めるキリスト者、「自己中心的な野心や利己的な関心から自由」な誠実な人物として捉えていた。これらは、あくまでも台湾人教会自治運動を本格的に組織化し始める以前の林に関する回想である。とはいえ、重要なことに、ムーディの描写の中には後の林の活動を予感させるような言葉もまた見られる。すなわち、「その第一の関心事が神の国である、いや、ただそうだというのではなく、明白にそうであるような漢族〔信徒ら〕は何名か存在しているのであり、林氏はその中の一人なのである」という一文である。

第一章で神学生時代のムーディの教授であったA・B・ブルースの議論に沿って示したように、「神の国」という言葉には、社会倫理的意味、すなわちあるべき共同体の充実・建設への志向が伴われる。ブルースは、すべての人々は「神に対して子どもとしての関係性を有する」「人格」的存在であり、キリスト者はこれらすべての人々の「尊厳」と「幸福」をまもる「神の国」の正義を実現しなければならないと主張していた。すなわち、ブルースにおいて「神の国」は、キリスト教が本来的に「ソーシャルなもの」であることを宣言する理念として捉えられていた。[26]また、第三章にて論じたように、一九二〇年代末のムーディも「神の国」を社会倫理的問題に連なるものとして認識していた。『共観福音書にみるイエスの目的』（一九二九）にて、「イエスの目的は、かれに結びついた者が神の国の公義を実現しなければ、間違いなく達成されないだろう」と論じた彼は、教会内外の人々の間に見られる貧富の格差や、それを自明視するキリスト者の無関心の問題を批判していた。[27]それでは、ムーディはいかなる意味において、林燕臣を「神の国」を第一義とする者として捉えたのか。そうした問題関心は、林自身の言葉ではどのように表明されていたのか。

3　共有と自治の呼びかけ――『教会報』への投稿状況

（1）宣教事業の消息と個の宗教的体験の共有

林燕臣が受洗した一八九八年以後の『教会報』を見渡すと、彼が最初に同誌に投稿したのは一九〇七年五月、中学教師であった時期であることがわかる。その後、林は台南神学校教授職を退職する一九三四年までの二七年の間に、計七二本にも及ぶ記事を投稿し続けている。その内容も多岐にわたり、大まかには次の六タイプに分類することができる。すなわち、①「エッセイ・逸話」（自身の体験や伝聞を元に所感を述べるもの）、②「情報・紹介」（教会や関連機関の消息）、③「論説」（聖書の言葉や宣教目標に関する議論）、④「呼びかけ・通信」（読者一般への呼びかけ、および特定の者への通信）、⑤「追悼文」、および⑥「詩文」の六つである。これら記事内容のタイプを踏まえた林の『教会報』への投稿状況を整理したものが、表1である。

発行年月		巻号	ページ	記事タイトル／タイプ
1924年	2月	467	15-16	高雄州宣教会／②
	3月	468	3	雑事：通知／②
			3-4	一日一角銀／④
	4月	469	3	雑事：通知／②
	6月	471	4	秘密の善行／④
1925年	2月	479	11-12	教会の消息：東港、竹仔脚、鹹埔仔／②
	3月	480	4	教会の消息／②
	5月	482	4	教会告別／④
	6月	483	4	宣教六十年／⑥
	8月	485	11-12	求道者研究会を求む／③
1926年	2月	491	9	送別会／②
	5月	494	2	宣教隊進行／②
	8月	497	3	感想／①
	9月	498	9-10	澎湖の消息／②
	12月	501	12-13	クリスマス／③
1927年	12月	513	4	投稿募集／④
1928年	2月	515	6-8	礼拝をまもる／③
			8	投稿文の発表／④
	7月	520	5	感想／①
1929年	2月	527	9-10	らい病の病院を設立する／②
	4月	529	4-5	祈りが応えられる／①
	8月	533	8	思いもよらない出来事〔突然の訃報〕／⑤
1930年	9月	546	7	花蓮港の状況／②
1931年	9月	558	7-8	楽山園の実現／②
	11月	560	8	玉井宣教／②
1932年	5月	566	3	教会報の合同／④
	8月	569	10-11	教会の消息：永康教会／②
	10月	571	9	安平献堂式祝詞／⑥＊
	11月	572	8-9	神学校による宣教／②
1933年	1月	574	11	用守勇二字冠首／⑥＊
	2月	575	8-9	台南中会：酉年の感想／①
	4月	577	18	謹祝臺灣醫學士蘇振輝君開業式／⑥＊
	10月	583	2-3	平民のキリスト伝／②
	11月	584	10	宣教部／②
1934年	2月	587	11	書籍の紹介／②
			11	専門眼科／②

表 1. 林燕臣による『教会報』への投稿状況（1907-34）（註 4-1）

発行年月		巻号	ページ	記事タイトル／タイプ
1907 年	5 月	266	37	漳泉教会遊歴／①
			37-38	受洗した子どもたちの名簿／②
	6 月	267	45-46	漳泉教会遊歴／①
	7 月	268	54-55	漳泉教会遊歴／①
	8 月	269	61-62	漳泉教会遊歴／①
1908 年	1 月	274	4-5	聖書を読み慰めを得る／①
1913 年	4 月	337	7	勝利を得る／③
	5 月	338	2	勝利を得る／③
	6 月	339	3-4	勝利を得る／③
	8 月	341	8-9	勝利を得る／③
	10 月	343	9	勝利を得る／③
1914 年	5 月	350	12	台湾の消息：お礼／④
	8 月	353	4	教会の消息：東港演説会／②
	11 月	356	2-3	追悼伝／⑤
1915 年	1 月	358	10	竹仔脚の消息／②
	4 月	361	2-3	宣教会：東港／②
	5 月	362	9-10	琉球教会の消息／②
	6 月	363	3	教会の消息／②
	7 月	364	9-10	婚姻について／③
1916 年	3 月	372	9	教会の消息：琉球、東港、竹仔脚、鹹埔仔／②
	4 月	373	11	教会の消息：東港／②
	7 月	376	9	教会の消息：東港／②
	8 月	377	11	教会の消息：竹仔脚／②
1918 年	9 月	402	11-12	功を労して反って拙なり／①
1921 年	2 月	431	9-10	東港礼拝堂／②
	3 月	432	9-10	教会の消息：東部の教会／②
	8 月	437	12	雑事：中学の不足金／②
	9 月	438	12	雑事：中学の不足金／②
			12	小伝：蔡添貴氏／⑤
	12 月	441	3	キャンベル博士／⑤
1922 年	11 月	452	11	教会の消息：東港献堂式／②
1923 年	3 月	456	4	潘氏買の小伝／⑤
	5 月	458	8	進行方針／②
			9	奮興会／②
	7 月	460	3-4	高雄州宣教会／②
			10	楠梓教会／②

記事タイトル／タイプ欄の番号は、次に示す記事タイプに対応する。すなわち、①エッセイ・逸話、②情報・紹介、③論説、④呼びかけ・通信、⑤追悼文、⑥詩文。＊は投稿文が漢詩であることを示す。

ここでは、表1から読み取ることのできる林燕臣の投稿活動に関する次の二つのポイントに焦点を当てたい。

まず、表1からは、林が一九〇七年五月の最初の投稿以来、ほぼ継続的に『教会報』に寄稿していること、その半数強を②の「情報・紹介」タイプの記事が占めていることがわかる（三七本）。その内容は、林学恭の投稿記事と同様の巡回宣教・牧会の活動報告、およびキリスト教系医院などの教会関係機関に関する消息である。例えば、これらの記事の中には、林燕臣がムーディ・アーサー夫妻に依頼して一九二三年四月上旬から中旬にかけて挙行した「奮興会」の記録も含まれ、両者の宣教手法に対する林の評価を窺い知ることができるものもある。同史料によれば、ムーディは林が牧会していた東港教会をはじめとする高雄および台南エリアの教会にて講演会を開き、各集会では六〇から二〇〇名の人々が集まったという(28)。

林によれば、アーサーもまた各教会にて婦人会の設立に関わり、四月九日に阮厝《ンツゥ》（台南市中西区）にて活動した際に、彼女はマタイによる福音書一三章四四節にある「天国は、畑に隠してある宝のようなものである」という言葉にちなんだ説教を行った。その「宝」とは「（1）上帝、（2）イエス、（3）聖霊」の三つであると説明する彼女の説教を、林は「非常に明解でシンプルであり、覚えてもらいやすい」と評価している。また、彼はムーディの説教は「信徒の役割にふさわしい」ものであり、その内容は以下のようであったと報告している(29)。

主の力により頼み、一切の有形無形のけがれを捨て去ろう。すでにキリストに属している人は、新しく創造された人なのであり、自然に上帝に似た者へとなってゆくのだ。上帝が憎むことは、我々も憎む。上帝が愛することは、我々もまた愛する。心をいつも清らかにして、聖霊が我々と共にあることができるように、かれ〔聖霊〕を悩ませないようにしよう。また他者のことを顧みよう。信徒が当然に考慮すべきことは、だいたいにおいて三つ。（1）家族のことを顧み、（2）教会のことを顧み、（3）教会外のことを顧みることだ。

重要なことに、ここで林燕臣は、ムーディがキリスト者の「役割」として「家族」や「教会」だけではなく、「教会外のことを顧みる」ように呼びかけていたと述べている。このことから、教会外の人々に対する共感的関係性の実現という宣教理念を、林とムーディが共有していたこと、あるいは共有していたと林自身が認識していたことが窺われる。

林はこのようにムーディのメッセージの要点をまとめ、読者である「兄弟姉妹」たちに「〔ムーディ〕牧師の仕事のために祈り、聴衆たちが熱心な心を興し、すべての教会を元気にさせることができるように」祈るよう求めている。また、林は同史料にて、「身体が強くはないのに喜んで働き、毎日止まることなく話し続けてくれた」ムーディへの個人的なお礼を述べ、彼の宣教姿勢は「まことに我々の心を感激させるものであり、我々宣教者が倣うべきものである」と評価している(30)。

同史料におけるムーディ夫妻の描写や林燕臣の投稿文の多くが「情報・紹介」タイプの記事であるという事実は、彼もまた第一章で検討した林学恭と同様に、情報の共有、およびこれによる共感と祈りの共同体形成への志向を明確に有していたことを示している。このような問題関心は、彼の①「エッセイ・逸話」タイプの記事からも読み取ることができる。例えば、一九二九年四月、林は「祈りが応えられる」という記事にて、当時神学生であった黄武東《ンブートン》（一九〇九—九四）が、同年二月に神経衰弱のために倒れて入院し、耳が聞こえなくなったことに触れ、その容態の変遷を日時ごとに詳しく述べている。また、林は黄がこの病を通して深い宗教的経験を得たこと、祈りが応えられて聴覚が戻ったことを報告し、「武東の心は、親しい友人たちに彼の良い消息を伝えたがっている。また〔彼は〕信徒たちに懇切に祈り求めることを重視するように、それは空虚な労苦ではないのだと励ましたいと望んでいる」と述べている(31)。

（２）教会自治、および宣教者の使命をめぐる議論の共有

このように、林は信徒同士の消息や宗教的経験の共有を重視し、これらの情報を『教会報』誌上で意識的に発信していた。この取り組みと密接に関わる第二の特徴が、④の「呼びかけ・通信」タイプの記事の存在である。同タイプの記事は計七本と少なめである一方で、林自身の活動拠点や教会組織の現状、および『教会報』そのものの変遷を記録する重要な資料となっている。例えば、一九一四年五月、林は「お礼」という短い記事にて、牧師叙任に伴って中学教師職を辞することになった彼のために送別会を開いてくれた「中学の良い友人の皆さん」への感謝の言葉を述べている。[32]また、一九二四年三月、林は「一日一角銀」と題する一文にて、同年二月五日に屏東教会で開催された「和会」（長老・執事および一般信徒による協議会）での議論を紹介している。和会では、特に当時の教会財政で伝道師給与金が一七〇〇円分の赤字となっているという問題が取り上げられ、財政独立のためにも避けたかったが、「残念ながら」「英国母教会」に支援を依頼するしかないという結論に至ったと述べている。[33]この事態を受け、林は以前『教会報』で読んだ玉里教会のある貧しい信徒のことを思い出したという。林によれば、六〇歳以上のこの人物は、畑の管理をする人で、一日一角銀（一〇銭）、一年で三六・五円の献金をしている。林はこの人物のエピソードを読み、「思わず、〔このことに〕何言か付け加えて全台湾の愛する兄弟姉妹たちと相談したいと願った」という。[34]

我々は上帝が派遣した僕《しもべ》である英国母教会により育てられ、今に至り約六〇年となった。我々はすべての教会が自治、自養、自伝を実現でき、独立できるように望まねばならない。もしも我々一人一人があの玉里の貧しい兄弟のように一日一角の銀を献金すれば、南部であれば六〇〇〇以上の信徒がいるので、そのように努力すれば、一年で確実に一五万銀以上となる。「私にはそんなにたくさん出すことはできない」と言う人があるかもしれない。私はこう返事したい。「それは確かだ。だが、諺《ことわざ》にも言うように、『望めばできる、望まなければできない』」と。

右の史料からは、一九二四年二月の屏東教会和会にて、台湾人長老・執事、および信徒たちが教会財政の独立を志向し、伝道師給与金の赤字問題への対応を試みようとしたことだけではなく、林もまたこの課題を解決して教会独立を達成すべく、信徒一人につき一日一〇銭の献金をするという目標を掲げ、呼びかけていたことがわかる。重要なことには、林自身も述べるように、彼のこのような具体的な目標は『教会報』上に掲載された記事を読むことで着想したものであった。林において『教会報』とは、自身が遠隔地のある信徒の取り組みを知る回路となっただけではなく、この情報を「何言か付け加えて」再び共有することで、「全台湾の愛する兄弟姉妹たち」に働きかけるための回路としての意味をも有するものであったことがわかる。

さらに、林燕臣は同誌を他の雑誌媒体とも連結させている。一九二七年一二月、林は「投稿募集」と題する一文にて次のように呼びかけている。(35)

皆さんこんにちは！　長い間、皆さんに論題を出して〔論説投稿を募って〕きませんでした。今回、私はニールソン牧師と相談して、皆さんに一つの課題を出すことにしました。漢文を用いて書いたもので、期限は今年の一二月三一日までとします〔論説を送る際には、台南神学校の林燕臣までお願いします〕。題目は「宣教者の精神」。牧師、教師、伝道師、神学生から募集し、この四種以外の方からは受け取りません。本題の意義を詳細に完成度高く書き、文章が明瞭で読みやすければ選抜されます。三名を選出する予定です。〔…〕選抜された〔文章〕は他日、伝道師校友会の雑誌に掲載します。

ニールソンは、当時『教会報』の発行人であった。彼との相談により論題を決定したとの言葉からは、この頃の林が同誌への論説文の投稿募集に関わっていたらしきことがわかる。また、「牧師、教師、伝道師、神学生」以外の投稿者の論説は受け付けないという一文からは、この出題には宣教従事者という特定の職業集団の自己認識、および使命感に関する意見交換と確認、という意図があったことが窺われる。このことを踏まえれば、引用で触れられる「伝道師校友会の雑誌」とは、本章の冒頭で引用した林の漢詩を掲載した台南神学校『校友会雑誌』を示すものと推測される。林はこの記事を投稿した翌一九二八年二月には、「投稿文の発表」という『教会報』誌上の記事を通し、選抜者の名前、またはペンネームを掲載すると同時に、「よくできたもの〔論説〕を校友会の雑誌の第2号に掲載します」と語っている[36]。後述するように、台南神学校『校友会雑誌』にもまた、同校の学生および教員という宣教関係者の共同意識を促す目的があり、同誌の第2号（一九二九年一二月）には、先の引用にて林が出題している「宣教者の精神」というテーマと同タイトルの漢文論説が二つ収録されている[37]。

以上のように、林は『教会報』にて教会やその関係機関、台湾人教会役人および信徒を中心とする和会の問題関心を共有するだけではなく、同誌を台南神学校『校友会雑誌』のような他の雑誌媒体と連携させ、双方の誌面充実を図っていた。

（3）雑誌媒体の充実化――「見識」の拡大と自治促進のために

これらの事実に鑑みれば、林が宣教事業における雑誌媒体の役割を重視していたことが窺われる。このことは林自身の言葉からも見出される。林は一九三二年五月の「教会報の合同」という記事にて以下のように論じている[38]。

新聞の創始は人類に非常に大きな利益をもたらした。人の思想は本来狭く、その見識には限界があるからである。諺に言うように、まるで井の中の蛙が何も知らないように。〔…〕新聞を読めば思想は開け、見識は加わり、あたかも蛙が井戸から跳び出してきたように、宇宙には限界のない闊大が存在するということを知るようになる。ゆえに、四七年前、教会が何十カ所かに建設され、一八八五年に至り、西国の先生らは書房を設立して聚珍堂と名付け、ローマ字の雑誌を印刷し、老若男女みな教会報を読めるようにした。こうして人が得られた知恵は小さからぬものとなった。教会が設立されて時が経つにつれ、人物もより多く出た。十数年前に阿猴庁にて何名かの有志者が教会自治、自養、自伝のために醒世社を設立し、自ら『教会新報』を刊行し、教会が早く独立できるよう促そうとした。後に、中部の教会も早期の自立実現のために『福音報』を創刊した。その志気もまた称賛に値する。四中会の常設部は合同協議し、『福音報』、『教会新報』、および『台湾教会報』を合同して『台湾教会公報』とし、南部大会の下で経営することとした。（1）基礎は堅固、（2）テーマは豊富で、計三〇ページにもおよび、（3）購入者はより節約できる。〔…〕

引用史料は、従来イングランド長老教会の台南宣教師会議に所属していた『教会報』（当時の正式名称は『台湾教会報』）が、前述の高雄エリアの『教会新報』、および台中中会の『福音報』と合同した上で、正式に『台湾教会公報』へと改称し、南部大会の管轄下に入ったことを報告している。この方針は同年三月一日の南部大会にて決定され、[39]三月一七日のイングランド長老教会本国「海外宣教財政および総務委員会」の会議において賛同されている。[40]これに伴い、一九三二年五月二日には、醒世社および聚珍堂の合併と「台湾教会公報社」の成立を記念する礼拝が行われた。[41]林が述べるように、南部大会移譲後の『台湾教会公報』の紙面は一新され、三〇ページに及ぶ記事には、それぞれ三、四ページの「高雄中会」、「台南中会」、「嘉義中会」、「台中中会」欄が設けられた。また、末尾にはおもに病院や商店の広告を掲載するページが登場しており、同誌が広告料をも収入源とするようになったことがわかる。

また、先の引用文からは、林が「新聞」・雑誌媒体に対して二つの機能を見出していることが明確になる。すなわち、「思想」や「見識」の拡大、および「教会自治、自養、自伝」の促進である。雑誌媒体は、人が自身に直接的に関わる世界――「井戸」のことだけではなく、遠隔地や直接的には目にすることのできない事物――「宇宙」のことを知ることを可能とする。このことにより、人の「思想」や「見識」は充実する。また、高雄エリアの醒世社や台中中会などのように、台湾人キリスト者を中心とする組織による独自の教会雑誌の刊行には、教会の自立を促す意図があり、その「志気」は「称賛に値する」、という議論である。前述のように、『教会報』を通した各地教会や信徒の取り組み、宗教的経験の共有を重視していた林にとって、台湾人信徒独自の刊行物には、台湾人信徒同士の共同意識の高揚という機能が期待され、したがって台湾の教会の自立を促す役割を担うものと捉えられていたことが窺い知れる。重要なことに、雑誌媒体を通して遠隔地の信徒同士が共同意識を養成することを重視する姿勢は、同時期のムーディによっても表明されている。『教会報』のリニューアルに先立つ一九三一年一月、ムーディは同誌に「新年の感想」と題する次のような挨拶文を投稿した。(42)

読者の皆さんこんにちは！　新年おめでとうございます！　台湾を離れて今に至るまで、私たちはいつもあなた方のことを懐かしく思い、毎日あなた方のためにお祈りをして上帝に感謝しています。教会の熱心さと発展のことを聞き知り、私たちはとても感心しています。また、私たちの美しい小さな島がイエス・キリストの楽園になることができるよう、深く願っています。

離台後スコットランドに戻ってからすでに七年近くを迎えていたムーディは、距離的にも時間的にも大きく隔たった台湾の信徒らに向け、自身がこれらの人々を「懐かしく思い」、祈っていることをこのように強調した上で、次のように続けている。(43)

先日、私たちは手紙を受け取りました。〔その手紙によると〕台南神学校の職員と学生が雑誌を発行する計画をしているということです。〔それは〕『私たちの学友』というタイトルで、皆互いに連絡し、互いに慰め、励ますことができるためのものだということです。この目的は大変良いと思います。私が思うに、学友を一体とするだけではなく、天下の信徒を一体とすることができるでしょう。近来、遠隔地は近くなり、新聞・雑誌、電報、電話、無線を用い、遠方の人々と交流し、どこかの教会が活発であれば、別のところの教会がその感化を受けることができます。私は『台湾教会報』や『福音報』に何かおもしろい論はあるかな、良い消息はあるかなと〔思いながら〕読んでいると、心がさらに熱くなり、もっと主に近づきたいと思うようになります。

このように、ムーディは『私たちの学友／咱的學友《ランエハクイウ》 *Lán ê Hak-iú*』という雑誌の発行計画を知って、雑誌媒体を通した神学校関係者同士の共同意識の涵養は「大変良い」取り組みであること、自身も現に『台湾教会報』や『福音報』といった台湾の教会に関わる雑誌媒体により、「心がさらに熱くなり、もっと主に近づきたいと思う」ようになる、すなわち「感化を受け」ていることを述べている。ここでムーディが言及している『私たちの学友』という雑誌が具体的に何を意味するのかは、必ずしも明確ではない。しかしながら、時期としては台南神学校『校友会雑誌』と重なり合っており、後述するように、神学校の関係者同士が「皆互いに連絡し、互いに慰め、励ますこと」という目的もまた、同誌のそれと共通している。推測の域を出ないが、これらのことからは、少なくとも『私たちの学友』は、『校友会雑誌』によって触発されたもの、あるいはその附録のような性格を持つものとして構想されていたのではないかと考えられる。一方で、ここで着目すべきことは、ムーディが台南神学校の校友たちの共同意識を促す雑誌媒体を「大変良い」と評価しているだけではなく、それを「天下の信徒を一体とする」ものに発展させることへの期待を表明している点である。

第三章で論じたように、一九二七年に「海外宣教の終焉」と題する英文論考を発表したムーディは、台湾人信徒による自治的教会運営が事実上実現していることを認め、自らの宣教論を修正し、現地教会における宣教師のリーダーシップはもはや必要とされないとした。同時に、彼は本国イギリスの教会に、台湾という遠方にある教会の信徒たちに対して「炎」のような「生命」的な献身をするように呼びかけていた。彼が一九三一年一月の新年の挨拶文において、台湾人信徒による自治的刊行物を肯定しつつも、民族的・距離的に隔たりを有するキリスト者同士の共同意識をも促そうとした背景には、台湾の教会に対して「十分に温かくない」本国教会の有り様に対する問題意識があったのではないかと思われる。

前述のように、ムーディは宣教初期にはすでに林燕臣を、「神の国」を第一義とする台湾人キリスト者であると評価していた。このことから、彼は自身の著書ではそれを主題として論じることはしなかった一方で、林が一九二〇年代末から三〇年代初頭に「四〔百〕外万の衆生」という言葉で表明したような「台湾人」意識を媒体とする共感的関係性を志向していたことを認識していたとわかる。それでは、当時の台湾人信徒は具体的にはどのような形で「台湾人」意識を表明していたのか。また、それはこれらの人々のいかなるキリスト教受容と宣教実践を生み出し、また逆に、そのキリスト教思想によっていかに意味づけられていたのか。以下では、林燕臣が深く関与していた台南神学校『校友会雑誌』に焦点を当て、台南神学校関係者という一つの集団の傾向を捉えることによって、これらの問題について考察する。

第二節　台南神学校『校友会雑誌』にみる自治的宣教の構想

一九二八年に創刊された和漢文雑誌である台南神学校『校友会雑誌』は、現役の神学生を含む、ほぼすべて台湾人で構成される校友会会員により執筆・編集されたものである。植民地支配下の台湾人自身が語り、発信し、当時「国語」とされた日本語以外の言語を用いて書かれた媒体である同雑誌は、台湾人キリスト教徒、神学生・聖職者のおかれた状況と関心の所在を示す着目すべき史料であると言える。

ここで、そもそも校友会雑誌という媒体がいかなる性格のものであったのかを、先行研究を踏まえつつ簡単に確認したい。台南神学校の校友会組織に着目した先行研究は台湾キリスト教史の文脈では存在しないが、『校友会雑誌』という媒体そのものの研究としては斉藤利彦の研究が挙げられる。斉藤は、戦前期日本および植民地・占領地、海外の日本人学校で広く発行されたこれらの史料に着目し、その多くが「教員と生徒の手で編集され」、したがって「『学ぶ者』の側の意識や状況を反映」するものとしての意義を有すると指摘している。[44] このため、斉藤は『校友会雑誌』という史料に、学校における「支配的な『全体文化』」とそのような「支配的な価値や規範との拮抗という諸相」の双方を窺い知ることができる可能性を指摘している。[45] また、市川雅美は戦前期日本の校友会の有り様を検討し、これらの組織が部分的にではあるが生徒自治の萌芽を有していたことを指摘している。[46] これらの議論に即すれば、台南神学校校友会組織もまた、台湾人が主体的に運営する自治的空間としての一面を有しつつも、日本内地とは異なり、植民地的支配関係の下でその自治的性格がかなり限定されていたと予想される。しかし、そうであればこそ、このような試みの意義はより明確化され、評価される必要があるだろう。

一方で、台湾史の文脈では、台湾総督府国語学校の『校友会雑誌』を検討した陳文松の指摘が示唆的である。陳は、植民地ナショナリズムの担い手である「青年」は、母語と宗主国の言語の「二重言語読み書き能力」を備えていたというベネディクト・アンダーソンの指摘を踏まえ、『校友会雑誌』の記事の執筆が、投稿者らの「青年」的実践としての意味を持ち、一九二〇年代台湾の抗日ナショナリズム運動の担い手、すなわち「台湾青年」の前身である「校友」のアイデンティティを形成する場であったと論じている。[47] すなわち、ここにおける「青年」的な実践とは、台湾人としてのナショナリズムと抗日意識を形成・確認する作業を示すものである。ただし、一九一〇年代においてもっとも高度な教育機関の一つであった国語学校とは異なり、聖職者養成を目的とする台南神学校では、漢文と日本語のみに焦点を当てる場合、こうした二重言語読み書き能力を有する者はごく一部に限定され、むしろ時期によっては漢文のみ、あるいは和文のみでなければ自己表現の困難な人々も存在していたであろうことに注意が必要である。逆に、長老教会関係者であった台南神学校の学生らの中には、閩南系台湾語のローマ字表記である白話字を用いる者も多く含まれていたことから、多くは白話字および漢文、または日本語といった形での二重言語読み書き能力があったと指摘できるだろう。

これらの前提を踏まえ、以下では、台南神学校『校友会雑誌』の（1）書誌情報、および（2）校友会組織の二つの角度から、同誌発行の背景に関わる情報の整理を行い、同史料の特徴、およびそこから読み取ることができる一九三〇年前後の台南神学校を取り巻く状況を捉えることを目指す。

1 台湾人キリスト者独自の刊行物

（1）台湾人聖職者・神学生の相互交流を目指して

一九二七年、創立五十周年を迎えた台南神学校は校友会を組織し、その翌年に『校友会雑誌』を創刊した。『校友会雑誌』の毎号巻末（第2号を除く）に掲載される全一二条の「校友会々則」（以下「会則」）によれば、校友会は「本校〔メンバー〕の愛情のつながり、智識の交換を助ける」ことを目的とし、このため「毎年少なくとも一回漢文の校友会雑誌を発行すること」を定めている。[48] 林燕臣は、同誌の第1号に寄せた漢文の「発刊詞」にて、以下のように述べている。[49]

憶えば南部に神学校を創立して以来、今に至り五十年。その中でイギリスより来た諸宣教師の知恵と努力は果てしない。募金を集め、敷地や建物を確保し、人材を選抜し、良師を招聘し、今日の規模と設備を有するに至った。それも神の鴻恩《こうおん》があればこそである。台湾の民の幸福は何と限りないことか。その五十年の歴史を想えば、家を離れて学校で学び、一年また一年経ち、ある者は牧師となることを選び、ある者は教授となった。今日東西南北を見れば、教会堂が林立し、人文は栄えている。その源とは何か。それは母校の教えであったとわかる。その助けを得、その益は非常に大きかった。諸人は手分けして良き知らせを足早に運び、聖旨を伝えた。水火の中で民を救い、〔…〕ただ望む、四百万同胞と共に、救いの道を登ることを。これが神学校設立の由来である。しかし、伝道師らは四方に散っている。各地の悪い知らせと良い知らせ、および抱いている想い、交わりと親しい付き合いは、どのようにして疏通すべきか。今は神学校記念の時である。ちょうど伝道師たちが集まる日である。互いに相談し、ついに校友会雑誌のことを定めた。

引用からは、林が台湾宣教における神学校教育の役割を重視しているだけではなく、その目的を「四百万同胞と共に、救いの道を登ること」と位置づけることで、ここでも教会内外の台湾人に対する共感的関係性への志向を明示していることがわかる。また彼は、校友会雑誌は「四方に散っている」伝道師同士の「悪い知らせと良い知らせ、および抱いている想い、交わりと親しい付き合い」を「疏通」すべく創刊されたものであると位置づけている。伝道師をはじめとする神学校関係者同士の共同意識の促進という目的については、同じく第1号に「発刊詞」を寄せた潘道榮《ポアトオイン》（一八八九―一九五二）も言及している(50)。

さて〔台南神〕学校は創立五十年を迎えようとしている。校友会は組織されたばかりであり、〔校友会〕雑誌が初めて発刊された。〔…〕確かに本校は特殊であり、他校とは比べられない。ゆえに歴史が長いとは言え、卒業生はわずか一七五人である。現在の生存者は一〇〇人前後に過ぎず、その歩み始めが遅れていることを笑ってもいけない。今日の教育事業は日々変化している。共に論じることをしなければ、一致することもできない。それゆえ、〔この〕雑誌が刊行されたのである。まずは、我々の精神を表現するものとして。さらに我々の理想を発揮することができるように。次に、神学上の問題を論じるために。最終的に、校友の親しい愛情をつなぎ止めるために。これがすなわち〔この〕雑誌の発刊の目的である。

潘は、林とは異なり、台南神学校という教育機関がその歴史の長さにもかかわらず、小規模で「特殊」であるという限界性を認識している。ゆえに、彼がここで表明する校友会雑誌への期待とは、それが「日々変化している」教育状況の中で、他校に比して不利な立場にある同校の関係者がまず「共に論じること」で「一致する」ための場を提供するものとなることであった。潘もまた自身の問題関心に基づき、台南神学校関係者が互いの「精神」を表現し、「理想」を発揮すること、神学議論を通して交流し、相互の「親しい愛情」を培うことを重視していたことが明らかとなる。

筆者はこれまでに、同誌の第1号（一九二八年一月）、第2号（一九二九年一二月）、第3号（一九三一年七月）、第4号（一九三三年七月）の現存を確認した。第5号以降の発行については確認できないが、次に挙げる二つの点から、その発行はなされなかった可能性が高いことを指摘できる。まず、第4号の「編集室」欄には、「教務に忙殺され、毎年一回発行することができていない。遺憾だ！」という言葉が見られる。[51]このことから、当初想定されていた「毎年一回」のサイクルでの発行が困難であったことがわかる。

また、第4号が一九三三年という年に発行されている事実に着目すれば、同年から翌三四年にかけての台南長老教中学排撃運動の影響も考えられる。後述するように、台南神学校の姉妹校である長老教中学は、神社参拝問題をめぐり、一九三四年に日本語新聞による激しい攻撃を受けた。台南神学校校友会の組織以来、それぞれ会計と書記という中心的役割を担ってきた黄俟命と潘道榮の両者は、台南長老教中学の生徒が訪れる台南東門教会の牧師、および副牧師も兼ねていた。一九三四年、長老教中学排撃運動およびその余波として顕在化した東門教会の内部分裂により、黄は同中学のチャプレン職に続き、東門教会の牧師職をも失った。このため、二人の関係は複雑化し、台湾人信徒の間にも大きな亀裂が生じることとなった。[52]また、駒込武が指摘するように、同事件の後には長老教中学の校友会雑誌における日本語文の比重が圧倒的に高まっている。[53]日本語使用への圧力が強くなる中で、台南神学校『校友会雑誌』の和漢文雑誌としての存続もまた、困難となったと思われる。

着目すべきことに、このように長老教会関係者を取り巻く当時の状況に大きく左右された同誌は、その実、どちらかと言えば私的な性格を持つものであった。奥付によれば、同誌は「台南市港町一丁目一七五、一七六番地」（現台南市西区中正里）の「五端第三支店印刷部」で印刷された。神学校側の代表者は第1号が林燕臣、第2号以降が潘道榮とある。発行部数は未詳だが、四冊共に「非売品」と記されている。一般の雑誌とは異なり、「検閲済」の判がなく、このことから校友会組織の会員を中心とする私的なサークルでの共有が想定されていたと考えられる。なお、筆者が台南神学校の後身である台南神学院の図書館で収集した三冊（第1、3、4号）は綴じられており、第1号に「金然蔵書」の判がある。「金然」とは、校友会会員の一人で、同誌創刊時には神学生であった陳金然《タンキムゼン》（一九〇〇―六七）を示すと思われる。一方、筆者が収集した版本の一部には、「昭和九年十二月拾七日」付の印刷者・高田平次による台南図書館への寄贈サインがあるものが含まれる（第2、3、4号）。このことからは少なくとも、同誌が一九三四年末時点から校友会関係者の想定した範囲以外にも閲覧可能なものとなったことがわかる。

既述のように、「会則」によれば同誌は創刊当初は漢文雑誌たろうとしていた。ただし、第2号以降では「漢文壇」とそれに続く「国文壇」（和文欄）、および漢文と和文が入り交じる「雑録」欄が設けられ、第4号では逆に「国文壇」に「漢文壇」が続いている。第3号以降に掲載される「会則」では、同誌の目的が「毎年少なくとも一回和漢文の校友会雑誌を発行すること」と変更されたことも確認できる。[54] この変更は、同誌の性格や想定読者を考察する上で示唆的である。

台南神学校の学科課程は全体として清末期以来、聖書、白話字、宣教実習、漢文（経書、聖書）を中心とし、時期によっては他に算術、音楽、地理などが教えられた。[55] 宣教師と台湾人は閩南系台湾語で話し、クラスでは白話字と漢文が教えられた。一方、一八九五年の日本による台湾領有後は、日本人教員による日本語教授が徐々に導入された。[56] 第三章で確認したように、このことはムーディが同校の校長を務めた一九二二年のカリキュラムからも窺われる。同校では清末期と日本統治期を通して歴代校長を宣教師が務めるなど、宣教師が一貫して中心的位置を占めてきた一方で、文化的にはイギリス人、台湾人、日本人から構成される多民族環境が、言語に関しては閩南系台湾語と日本語が、言語表記では漢字、ローマ字、仮名が用いられる多言・多文環境が展開された。なお、台南神学校『校友会雑誌』創刊当時（一九二八年）の同校スタッフは、校長モンゴメリ、舎監の高金聲、教員のダンカン・マクラウド、林燕臣、山本岩吉（生没年不詳）の五人であった。後述するように、いずれも清末期の生まれであった林燕臣と高金聲は日本語の読み書きが自在にはできず、閩南系台湾語を教授用語として、白話字と漢文のテクストをおもに用いていたと考えられる。これに対して、台湾人信徒、神学生、および聖職者のうち、日本語教育や日本留学の経験者であった者は、閩南系台湾語、および日本語を読み書きの言葉として使用していたと考えられる。

また、一九〇九年に来台したモンゴメリは、一九三七年に台南神学校の教授用語を日本語または英語としなければならないとする総督府の要求を受け、在日宣教師T・H・ヘイデン T. H. Haden を招聘していることから、自身は日本語を自在に使いこなせなかったと推測される。[57] 一九〇七年にカナダ長老教会により派遣されたマクラウドも、閩南系台湾語に長けていた反面で日本語が得意ではなかった。[58] 一方で、イングランド長老教会は後に台湾に派遣する宣教師に日本語を学ばせる取り組みを開始した。例えば、前述のように、一九一二年に台南長老教中学校校長に任命されたエドワード・バンドは、日本での言語学習を経た上で、一九一四年に宣教活動を始めており、一九二一年に参入したレズリー・シングルトン Leslie Singleton（一八九一—一九七一）、およびジェシー・W・ゴールト Jessie W. Galt（生没年不詳）[59]、一九三〇年に来台したフランシス・ヒーレイ Francis Healey（一九〇三—九二）らも閩南系台湾語と日本語を学んだ上で活動を開始している。[60]

既述のように、在台イングランド長老教会宣教師は白話字を中心とする文書宣教を展開していた。その背景には、漢文は多くの信徒には難解である反面、白話字は閩南系台湾語話者にとって習得しやすいものであるという宣教師らの判断があった。実際、同ミッションによる宣教の初期段階では、一部の読書人階層出身者を別として、多くの信徒は漢文を使えず[61]、これまでにも見てきたように、同教会の主要な宣教文書である『教会報』は、白話字によってキリスト教に関する意見や情報の交換、および信徒教育を行う場として機能してきた。[62]

このことから、台南神学校『校友会雑誌』の出版言語としての漢文の選択は、白話字使用圏としての台湾の長老教会組織外にある、漢文を使用する人々を意識してのものであったと考えられる。当時、『教会報』を中心とする白話字文書宣教への重点的取り組みは、教会の結束を促した反面で、漢文を使用する人々への働きかけを困難にした側面がある。その一方で、一部の台湾人信徒が漢文宣教文書を非キリスト教徒台湾人と共有する例もまた見られた。例えば、既述のように、林学恭の改宗の契機はキリスト教徒となった友人の家で見た漢文讃美歌集であった。(63) また、ムーディによれば、北部の信徒・長老である陳其祥《タンキーション》（一八六五―一九二二）は、すでに信徒となっていたお手伝いの少年「マース Mirth」を通じて漢文訳の聖書を読み、キリスト教に改宗している。(64) 後述するように、同誌の内容には「キリスト教徒である」ことを論じる中で、「台湾人である」ことの意味を表明するものが含まれている。このように問題関心が教会内部に限定されていなかった点も、漢文という表現手段を用いたことと整合する。なお、第2号以降の『校友会雑誌』が和漢文雑誌へと変更されたことに関しても、一面では教会外への働きかけと整合性があったと言える。日本語教育、および日本留学を経た日本語使用者が徐々に増加するにつれ、教会内外の共通言語という意味では、和文もまたある程度の機能を果たし得るようになったと考えられるからである。

（2）校友会組織――台湾人を主体とする担い手たち

「会則」の第六条によれば、台南神学校校友会組織の会員には「甲種　正会員　本校出身者」と「乙種　名誉会員　本校教師」があるとされている。また、第八条には同組織の会員の入会と退会に関する規定が次のように定められている。「第八条　入会及び退会　すべて本校の出身者は本会に加入するものである。ただし会員で本会の名誉を傷つける者があれば、役員は退会を宣告することができる」。(65) このため第1号には宣教師モンゴメリや前述の日本人教師・河野政喜を含む、乙種・名誉会員としての「現在職員」、「前任職員」が一覧にして示されており、第2号以降では「雑録」欄にて甲種・正会員としての「現在生存の校友」らのリストが付け加えられるようになった。このリスト

表2. 台南神学校『校友会雑誌』第2号（1929）掲載の卒業生、およびその職業リスト（註4-2）

職業など	人数
伝道師／嘱託伝道師 *	50名
牧師 *	22名
商業	11名
医師／医生／歯科医	3名
本校〔台南神学校〕教師 *	2名
農業、農商／商農、牧畜業、米穀商	各2名
裁縫業、旅館業、理髪業、薬種商、店員、会社員、庄会計、教師	各1名
前長中〔長老教中学〕教師 *	1名
内地留学中	1名
不詳	1名
計	114名

*…広義の宣教事業に関わる職種を示す。

には卒業生の職業も記入されており、例えば第2号に掲載される卒業生リストでは表2のようなバランスとなっている。

表2からは、第2号発行時点での卒業生には、伝道師・牧師・長老教会の教育機関の教師など、広義の宣教事業に携わる者が七五名、このほかに農商、医師、会社員、裁縫業、旅館業、牧畜業、理髪業、米穀商など、長老教会の組織外で活動する者が三〇名いたことが窺われる。このことから、同校は聖職者養成を目的とする教育機関であった一方で、その卒業生の中には長老教会の組織外をおもな活動舞台としつつ、校友会組織と連なる者が存在していたことがわかる[66]。

会を運営する役員は会員選挙で任命され、任期は二年（再選可）であった。一九二八年当初の役員は、会長の高金聲、副会長の廖得、書記の潘道榮、会計の黄俟命である。台南神学校出身ではない林燕臣は「名誉会員」という立場にあったために選出されていないと考えられる。ただし、後述するように、彼は創刊号の編集部長という要職を占めている。一九二八年時点の役員は、三三年時点でも変わらず、少なくとも二回再選されたと考えられる。彼らの多くは親の世代以来のキリスト教徒であり、南部台湾の長老教会における中堅層に属していた。例えば、高金聲は最初期の伝道師高長《コーティオン》（一八三七―一九一二）の子、潘

表 3. 台南神学校校友会役員の変遷（1928-33）（註 4-3）

		1928		1929		1931		1933	
会長		高金聲		高金聲		高金聲		高金聲	
副会長		廖得		廖得		廖得		廖得	
書記		潘道榮		潘道榮		潘道榮		潘道榮	
会計		黄俟命		黄俟命		黄俟命		黄俟命	
地方委員	高雄区	楊士養	林金柱	蘇育才	高篤行	蘇育才	高篤行	—	
	台南区	卓偉臣	陳思聰	陳思聰	王進丁	陳思聰	王進丁	—	
	嘉義区	王倚	郭朝成	王倚	胡再享	王倚	胡再享	—	
	台中区	楊世註	戴反	劉振芳	郭朝成	劉振芳	郭朝成	—	
編集部員	部長	林燕臣		楊世註	潘道榮	楊世註	潘道榮	楊世註	潘道榮
	部員	王進丁		—		—		—	
		許水露		—		—		—	
		許有才		—		—		—	
		方降生		—		—		—	

道栄は最初の牧師潘明珠《ポァビンツゥ》の子、黄俟命もまた初期の伝道師黄能傑《ンリンケッ》（一八五三―一九二七）の子であり、ムーディに聖職者への道を勧められて入学した廖得を含め、いずれも台南神学校を出て南部台湾の長老教会やその教育機関で働いてきた人物であった。

このほか、『校友会雑誌』の編集・発行を担う編集部員が設けられ、神学校教員や牧師が「部長」を、伝道師や神学生が「部員」を務めた。例えば、一九二八年と二九年以降の編集部長を務めた林燕臣と楊世註は、当時それぞれ神学校教授、彰化教会の牧師であった。編集部員の王進丁《オンチンティン》（生没年不詳）は一九二八年には台東東門教会の伝道師であり、許水露《コーツィロー》（一九〇四―六九）と許有才《コーイウツァイ》（一九〇三―八四）は現役の神学生であった[67]。また、記事投稿を担当する者として、各地で活動する牧師・伝道師らが、高雄区、嘉義区、台南区、台中区の四つの地域ごとの地方委員として任命された。興味深いことに、これらは同時期に準備が進められていた南部中会分区自治計画における四中会の区分と重なり合っている。このことから、同誌の記事投稿・編集システムには、中会分区自治の先駆けとしての意味が込められていた可能性がある。一九二八年の『校友会雑誌』創刊から一九三三年までの間の役員の変遷は、表3の通りである。

重要なことに、これらの役員の中には、南部台湾長老教会自治運動の推進者が多く含まれている。前述のように、林燕臣、高金聲、楊世註、黄俟命、廖得、および一九二九から三一年に校友会高雄区の地方委員を務めた高篤行、一九二八年以来の嘉義区地方委員・王倚、同年の台南区地方委員・卓偉臣などは、いずれも呉希栄の提唱に呼応して推進された南部台湾長老教会の中会分区自治計画に関与している。[68] 同誌関係者の多くが教会自治の取り組みに対する高い関心を共有していたことが窺われる。

台南神学校校友会のおもな活動は、集会と『校友会雑誌』の発行であった。集会には定期役員会と校友大会があった。後者については、第二回校友大会記録（一九二九年七月九日）が第3号に掲載されている。これによれば、第二回校友大会は名誉会員二名（モンゴメリ、林燕臣）、正会員四〇名が参加し、会計の黄俟命による収支報告（一九二七年から二八年）、役員選挙、『校友会雑誌』第2号以降での漢文と和文の併用を含む、いくつかの議案と議決がなされた。[69] 他方で、『校友会雑誌』の原稿執筆は地方委員が担当していたが、前述のように『教会報』でも原稿募集が行われることがあった。例えば、一九二九年一〇月の同誌には、「今年は第2号の校友会雑誌を印刷します。そこで校友の皆さんに原稿の募集をします。漢文、和文を問わず、どちらでも良いです。期間は一〇月末までとします」という募集が掲載されている。[70]

以上のように、台南神学校の教師の中に宣教師はもちろん、日本人も含まれることがあった。しかしその一方で、校友会組織において台湾人を主体とする自治的な運営がなされていたこともまた確かであり、注目すべき事実であると言える。

（3）分断された言語能力——記事タイプおよび投稿者らの顔ぶれ

台南神学校『校友会雑誌』の内容は、形式により「漢詩」、「論説」、「雑録・転載」、「その他」の四種に分類できる。

これに従うと、学校行事に関わる記録や、遺書などの転載された文書からなる「雑録・転載」を除けば、同誌に直接寄稿された文書の大半は、「漢詩」と「論説」に分類できる。漢詩には、本章の冒頭で引用した林燕臣による作品のような記念歌のほか、聖書の内容や宣教の熱意を表現するもの、牧師就任者や新婚夫婦への祝いなどの信徒同士の挨拶が含まれている。例えば、当時草屯《ツァウトゥン》教会の牧師であった郭朝成《コェティアウシン》は、第2号に「敬歩林燕臣恩師原韻（林燕臣恩師の原韻を敬歩す）」と題する以下の漢詩を詠んでいる。[71]

救世軍兵四方を守り、
戦術を精求して華堂に集う。
相逢《あいおう》うて道を談じて感情好く、
神恩《しんおん》に多謝《たしゃ》して永《なが》く志を〔忘れ〕ず。

「原韻を〔…〕敬歩す」、すなわち「元の韻に慎んで従う」というタイトルは、この詩が林燕臣の漢詩への返歌として詠まれたものであったことを示す。この詩と同じページには、おそらく郭がベースとしたと思われる林燕臣の漢詩「祝台湾南部伝教師総会懇親会」も掲載されている。[72]

精兵各一方に苦戦し、
今朝休憩して華堂に萃《つど》う。
相親しみ相愛して情愫を談じ、
神契《しんけい》道同じくして楽《よろこ》びを忘れず。

二つの詩はほぼ共通した場面展開をしているだけではなく、傍点で示した第一句の「方《ホン》 hong」、第二句の「堂《トン》 tông」、第三句の「好《ホオ》 hó」と「愫《ソオ》 sò」（いずれも原文では各句の最後の一文字となっている）の韻が重なり合っていることがわかる。このように、『校友会雑誌』には校友の相互コミュニケーションの場としての機能があった。

他方で、「論説」には台湾宣教の沿革をふりかえる「沿革」、宣教や神学校、同誌の目的と使命を語る「目的」、キリスト教神学や聖書解釈を論じる「神学・聖書」、倫理や自然科学に関わって人の在り方を考察する「哲学」、礼拝説教の大要をまとめた「礼拝説教」の五つのサブグループを設けることができる。「雑録・転載」もまた「祝辞」、「追悼・遺書」、運動会のプログラムなどを含む「行事記録」、「名簿」、「会則」、「会計・統計」の六つのサブグループに分けた。神学校関係の活動紹介や唯一の和漢文記事である編集後記は「その他」に分類している。その上で、漢文と和文それぞれごとに本数を示したのが、表4である。

表4から各号の特徴を見ると、第1号には「雑録・転載」の「祝辞」タイプの記事が集中している。これは創刊号である本号が、一九二七年六月二九日開催の台南神学校創立五十周年記念会におけるスピーチを多く転載していることによる。このため、同誌に投稿した唯一の宣教師である校長モンゴメリのスピーチもまたここに含まれる。また、第2号には宣教の意気込みを語る「目的」タイプの記事が多く、第3号には南部台湾の長老教会や関連機関の創立記念日のリストなど、「沿革」に関わる漢文論説が多い。言語上のバランスでは、第2号以降の各号の和文記事は漢文記事よりも約一〇から二〇頁多いが、記事本数は漢文記事が圧倒的に多い。これは全本数の四〇パーセントを占める「漢詩」と二五パーセント近くを占める「雑録・転載」が、ほぼすべて漢文であることによる。ただし、論説全体、および論説の「聖書・神学」、「哲学」、「礼拝説教」タイプでは、逆に和文記事の本数が多く、それも号を追って「神学・聖書」タイプを中心に増えている。そのため、第2号以降の「漢文壇」:「国文壇」:「雑録」の頁数は、以下のようになっている。

表 4. 台南神学校『校友会雑誌』（1928-33）記事タイプと本数（註 4-4）

		第1号		第2号		第3号		第4号		計		
		漢文	和文	漢文	和文	漢文	和文	漢文	和文	漢文	和文	総計
漢詩		7	0	28	0	22	0	34	0	91	0	91
論説	沿革	1	0	0	0	3	0	0	1	4	1	65
	目的	4	0	6	3	2	3	2	0	14	6	
	哲学	0	0	1	3	1	3	2	1	4	7	
	神学・聖書	1	0	4	2	2	5	3	7	10	14	
	礼拝説教	0	0	0	0	0	0	0	5	0	5	
	小計	6	0	11	8	8	11	7	14	32	34	
雑録・転載	祝辞	9	0	2	0	2	0	2	1	15	1	46
	追悼・遺書	1	0	1	0	1	0	2	0	5	0	
	行事記録	0	0	0	1	2	0	1	0	3	1	
	名簿	2	0	4	1	3	0	4	0	13	1	
	会則	1	0	0	0	1	0	1	0	3	0	
	会計・統計	1	0	0	0	2	0	1	0	4	0	
	小計	14	0	7	2	11	0	11	1	43	3	
その他		0	0	0	1	2	0	1	2	3	3	6
計		27	0	46	11	43	11	53	17	168	39	
総計		27		57		54		70		208		

第2号　三二（漢文壇）：三九（国文壇）：一〇（雑録）
第3号　二四（漢文壇）：五二（国文壇）：二六（雑録）
第4号　二二（漢文壇）：五四（国文壇）：一二（雑録）

ただし、漢詩の掲載数も号を追うに従って増えていることから、和文中心の「論説」と、「漢詩」および漢文中心の「雑録・転載」とが分化してゆく傾向が指摘できる。

以下では、「論説」タイプの記事に焦点を当てて、執筆者の教育経験を踏まえながらその特徴を分析する。同誌の「論説」記事は、ペンネームの者と、三名の中国人や東南アジアの華人など台湾の長老教会組織外の者を含む三〇名の著者によって寄稿されているが、そのうち本名と生年が判明している台湾人著者は一五名存在する。この一五名の生年、日本留学の経験の有無に着目し、漢文・和文それぞれの「論説」の本数を示すと、表5のようになる。

表5によれば、台南神学校『校友会雑誌』投稿者には二〇代から七〇代までの者が含まれる。投稿言語に着目すると、大きく分けて一八九〇年以前に生まれた者は漢文を、それ以降の生まれの者は和文を中心的に用いている。また、和文での投稿者は日本への留学経験者を中心としている。

表 5. 台南神学校『校友会雑誌』（1928-33）論説著者の日本留学経験と投稿言語（註 4-5）

	日本への留学経験				計	
	無		有			
生年	漢文	和文	漢文	和文	漢文	和文
1880 年以前	林燕臣 4、高金聲 1、高篤行 1	—	—	—	6	—
1881-90 年	楊世註 1、郭朝成 5、王占魁 1、廖得 1	—	潘道榮 3	潘道榮 4	11	4
1891-1900 年	陳思聰 2	陳金然 3	—	陳瓊琚 1、劉振芳 2、王守勇 2	2	8
1901-10 年	—	—	—	許水露 4、周天來 2	0	6
計	16	3	3	15	19	18

これらの特徴は、多言・多文環境にあった当時の台南神学校の状況を反映しており、校友会のメンバー間にも、自己表現の言語としてより使い易いものが相違する状況が現れていたことを窺わせる。

例えば、ムーディを含む宣教師の閩南系台湾語教師を務めた林燕臣は、既述のように清朝時代の科挙秀才であり、漢文への造詣が深く、一八九八年以降には「中学」で、一九二五年以降には神学校にて漢文を教授している(73)。逆に、この人物が和文を自在に読み書きできた可能性は低いと考えられる。

五本の漢文論説を著した郭朝成の教育経験は、その回想録から比較的詳細に知ることができる。九歳の齢から草屯の書房で三字経や四書を学んでいた彼は(74)、一六歳の時には知り合いに誘われて父親と共に教会を訪れ、キリスト教に興味を持った(75)。一九〇二年、一九歳で台中公学校の三年生に編入学したが、「学生の年齢と学力の差は大きく」、勉強に身が入らなかった。「毎日晩ご飯を食べたらグループで街に行って、公園に着くと大きな柱に登って夜遅くまで高らかに歌い、またグループを作って帰って床に入ったが、眠れなければ古今話をした。この一年の歳月を完全に虚しく浪費して、何の収穫も利益もなく、今思えばもったいなくばかばかしくまた恥ずべきことだった」。結局、この時点で「すでに伝道師となることを選択しており、医学を学ぼうという心も未練もまったくなかった」彼は、一年後に多くの同級生と共に退学し、同級生のうち公学校に残った者は二〇名中二名だけであったという(76)。

その後、一九〇四年から翌年までの間、郭は南投の大庄《トアツン》（現南投県名間郷）

教会附設の小学に通った。そこで、彼は「大学」の実習生であった李東傑（生没年不詳）により教えられたが、学生の方が漢文に通じていたため、李は徹夜で授業の準備をしてくれたという[77]。この頃、彼は巡回宣教に訪れたムーディに受洗希望者として審査され、一度は落ちたが、四ヶ月後の再審査にて受洗を許された[78]。彼は「大学」への入学を希望したが、ムーディのアドバイスに従い、まずは「中学」、すなわち長老教中学校にて学びを深めてから「大学」に入ることとした[79]。こうして一九〇五年に長老教中学校に入学した彼は、新旧約聖書、『天路歴程』、イエス伝、パウロ伝などを含む「宗教科」のほか、漢文、数学、天文学、地理学、化学、動物学、体操、および音楽などを学んだ。同校の当時の教師は、校長フレデリック・R・ジョンソン Frederick R. Johnson、「ジョンソン夫人（正式名未詳）」、林燕臣、許凌雲（一八六二―一九四四）、井上秀夫（生没年不詳）、潘道榮、および自身も生徒でありながら助教として教えていた林茂生であったと彼は回想している[80]。しかしながら、彼は最初の夏休みで帰省した際に衰弱した父親を看病することとなり、間もなく父親を亡くした後に家業を引き受けたため、学校に戻ることができなくなった。この頃、再び巡回宣教に訪れたムーディは、郭がなぜ「大学」に進学しないのかを案じて尋ねたという[81]。郭は母親の望みに従い、一九〇六年からは台中庁が開講した農林業に関する教育機関である「農会」の講習を受け、翌一九〇七年に修了した。このため、彼には台北農事試験場（一八九五年創立）に進学して良い職に就くという選択肢もあったが、やはり初志を貫いて台南神学校に入学し、一九一一年の卒業後に伝道師となった[82]。

以上のように、郭は九歳以来、漢文学習を重ねており、和文を本格的に学び始めたのは二〇歳を過ぎて長老教中学に入学して以降のことであったと思われる。このことに鑑みれば、少なくとも和文の読解ができたと推測される一方で、先の林燕臣との漢詩のやり取りの例からも窺われるように、書く言語としてより自在に用いることができたのは、漢文であった可能性が高い。

一方、一八九五年の台湾植民地化により、台湾の人々に対する日本語を身につけることへの圧力が強まった。このことは、一八九〇年以降の生まれの校友の日本留学の増加にも反映された。陳金然は台南師範学校（一九一九―

二〇在学）を卒業して教師として務めた後、台南神学校を経て（一九二六—三一在学）、三一年に牧師となった。(83) 周《チウ》天来《ティエンライ》（一九〇五—七五）は、一九一九年に台南長老教中学校に入学し、台南神学校（一九二二—二五在学）で学んだ。周は一九二五年の『明治学院神学部一覧』によれば、彼はこの年同学部予科に「特別生」として在籍した。その後、周は屏東で「日用雑貨商」を営んだが、『教会報』に多数の白話字記事を投稿するなど、長老教会組織に活発に関わり続けた。(84) 陳金然に関しては、管見の限り日本留学経験の記録は存在しないが、一九〇〇年代生まれで当時の若い世代に属した彼は、生まれたときから日本語を「国語」とする環境で育ち、読み書きの言語としては漢文よりも和文に親しんでいた可能性が高い。

他方、やや年上の潘道榮は、一八九九年に台南長老教中学校に、一九〇六年に台南神学校に入学し、一九〇九年にはイングランド長老教会の公費で明治学院に留学した人物である。(85) 清朝時代の生まれであるが、日本への留学経験を通じて日本語能力を身につけたものと思われる。漢文・和文の双方で論説を著した者には潘道榮のほか、生年不詳のため表5には含まれない半樵子、潘徳彰、潘願如（願如生）がおり、半樵子、願如生はペンネームであると考えられる。

なお、「半樵子」というペンネームの人物は、台南神学校『校友会雑誌』の編集部長を務めた潘道榮（一九二九—三三在任）である可能性を、頼永祥長老より教示いただいた（二〇一二年九月一四日）。確かに、両者は和文と漢文の双方を使いこなす点、英国史をテーマとした論説を投稿している点で類似しているほか、(86) 潘が編集部長を務めた第2号から4号に投稿が集中している点、「潘《ポア》 phoa^{n}」と「半《ポア》 pòa^{n}」の音の類似に鑑みても、同一人物であった可能性を指摘できる。なお、前述のように、同誌の論説投稿者の中で和文と漢文の双方を使いこなす著者名はこの潘道榮、半樵子、および潘徳彰、潘願如（願如生）の四つである。このうち、潘願如（願如生）は「東門教会週報附録」の転載、および「東門基督教会沿革」という記事を投稿している。(87) このことから、潘願如（願如生）もまた、当時東門教会の副牧師を務めていた潘道榮のペンネームだったのではないかと推測される。これらのことから、以下では半樵子を潘道榮と同一人物と見なして論じる。一方で、潘願如（願如生）については、さしあたり別個の著者として扱い、この人物が潘道榮であったかどうかという問いの検証を、今後の重要課題としたい。

また、表5において、一八九一年以降生まれかつ日本留学経験者は、和文のみで投稿していることがわかる。例えば二本の和文論説を著した劉振芳《ラウチンホン》（一八九七―一九六九）は、一九一二年に台南長老教中学校に入学し、台南神学校（一九一七―二一在学）を経て日本に赴き、二七年に明治学院神学部を卒業後、翌二八年に牧師となった[88]。このような人物もまた、自己表現の言語としては漢文よりも和文に親しんでいた可能性が考えられる。

このように、表5に含まれる台湾人論説著者の投稿言語の選択の背後には、世代や教育経験の相違が見られる。そこには、同じ教会の関係者でありながらも、植民地支配の影響により、言語感覚における懸隔を有するようになった人々の姿を見出すことができる。しかしながら、これらのメンバーの間には、共通の問題関心もまた存在した。

2　「四百万同胞」への宣教使命――人格的尊厳、自治、社会正義の交差点

（1）台湾人による自治的台湾宣教という使命

台湾人キリスト教徒は宣教にどのようなヴィジョンを見、それは台湾社会とはどのような関係にあったのか。この問いをもって同誌を見ると、宣教の目的を語る漢文論説を中心に、「我台」、「台民」、「台島」、「四百万同胞」などの表現が多く見られる点が着目される。

すでに駒込の研究を引いて述べたように、アイデンティティに関わるものとしての「〈台湾人〉意識」は、総督府が提示する「日本人のヘゲモニー」に対立するものとして、抗日社会運動が高まった一九二〇年代に形成・明確化されたものである[89]。台南神学校『校友会雑誌』上でこれに連なる言葉として用いられるものとしては、以下の四タイプを上げることができる。

（A）「台湾人」を示す「（我）台民」、「我全台島民」、「（台）島人」
（B）「四百万同胞」や「同胞」
（C）「我が」という所属の意識と、所属場所としての「台湾」が組み合わさる「我台」、「吾台」、「吾島」
（D）「我が」という明確な所属意識を示す語が付随しない「台疆」、「台陽」、「台地」、「全島社会」、「此小島」

（A）、（B）、および（C）は、第1号の一三箇所、第2号の八箇所、第3号の一一箇所、第4号の三箇所で用いられている。また、（D）は、各号を通して頻繁に用いられている。重要なことに、これらの言葉は世代や教育経験の相違を越えて、林燕臣（A、B、C、D）、郭朝成（A、B、C、D）、潘道榮／半樵子（A、B、D）、陳金然（B）、劉振芳（C）など多数が用いている。

具体的には例えば、前述の林燕臣の例のほかにも、女性宣教活動のパイオニアとされる潘氏筱玉《ポァシーシァウギョク》（一八七八―一九四四）は、神学校創立五十周年記念スピーチの転載記事において、「（台南神学校は）全台湾に傑出する模範者である。五十年来、台湾の民を救うことを自らに任じてきた」と述べ、その卒業生らは「この島台湾の多くの民が、滅んでしまう」ことがないよう、「四百万の同胞が、暗闇を去り、光に向かうように」働く「台湾の指導者に違いない」と述べている。(90)

また廖得は、漢文論説「台湾之死活問題」にて、キリスト教宣教を戦いに見立てて以下のように述べる。(91)

思い返せば我々の神学校の校友は二百余人。その内の三分の二が天の国の戦線に立っている。逃亡兵や敗将たち。その数は数えきれない。今や我々は七十余人となった。百余りの教会を導くことができるのか。二万余りの天の兵士たちを指揮することができるのか。外患と内乱、ばらばらになってしまった精神の世界から救うことができるのか。この小さな島の四百万同胞たち。逃げて身を守る場所があるのか。ただ我々が「牧師」か「牧私」

または「牧敗」の職責をとるかどうかにかかっている。我等校友よ共に勉めよう。皆で「牧師」になろうと。そうすれば台湾の天の国は幸福に微笑むことになるだろう。

このようにキリスト教徒が自らの宣教活動を「死活問題」に関わる戦いに見立てることは、先に見た第2号における林燕臣と郭朝成の漢詩のやり取りにも見られるように、さほど特異ではない。ここではむしろ、「二万余り」の「天の兵士」という表現が着目される。廖得がこの記事を投稿してから五年後の一九三四年には、南部台湾の長老教会信徒数が三万三四四四名であったことに鑑みれば、これはキリスト教徒を示すものと思われる。[92] さらに、「四百万同胞」という語は当時、『台湾新民報』や「台湾地方自治聯盟宣言」などの抗日ナショナリズム運動の舞台でも用いられたものであり、一つの共同体イメージとしての台湾人全体への呼びかけであったことについては、すでに述べた通りである。[93]

このように、潘氏筱玉や廖得は、林燕臣と同様に台南神学校校友は「四百万同胞」——長老教会組織内外の台湾人——に対する宣教と救済の使命を負うものと考えていた。この認識は同時に、これらの人物たちにおいて、社会に対する「キリスト教徒」の使命を語ることが、「台湾人である」ことに伴われる「四百万同胞」に対する使命感の表明と重なり合っていたことを意味すると言える。

これらのことから、少なくとも「我台」、「四百万同胞」などの当時の長老教会のコミュニティ内外を連ねるチャネルを意識的にふまえた台南神学校『校友会雑誌』の著者らは、同誌を通して台湾人固有の使命を有するキリスト教徒としての自己認識、いわば「台湾人キリスト教徒」としてのアイデンティティを提示し、確認していたことが窺われる。逆に言えば、これらの著者にとって、台湾人でありかつキリスト教徒であることとは、「四百万同胞」と「共に、救いの道を登る」という「台湾人キリスト教徒」固有の使命と理想に向かう行動＝宣教によって、確認されるものであった。[94] これらの言葉が世代や植民地支配によって生じた教育経験の相違を抱えていた校友会メンバーの間で共通して用いられたことは、重要な事実である。

（2）倫理的自他関係に立脚する台湾社会の形成――郭朝成の宣教論

このように「台湾人」意識とも連なり得たキリスト教と社会の関係に関する問題は、しばしば同誌の論説記事の中心的トピックとなっている。

ここでは、その一例として、先に経歴を紹介した郭朝成の論に着目する。その内容は、一見すると第二章にて概観した李春生《リツウンシン》の道徳主義的自助思想と類似しているように見えるが、重要なことに、より仔細に文脈を追ってゆくと異なる趣旨にいきつくものである。

まず、郭は「滿招損謙受益論」と題する論考にて、次のように論じている。(95)

満《まん》は損《そん》を招き、謙《けん》は益《えき》を受《う》く、時《こ》れ乃《すなわ》ち天道《てんどう》なり〔驕りは損失を招き、謙遜は益をもたらす。これは天道である〔書経　大禹謨〕〕。何とすばらしい言葉だろうか。ゆえに国の東西にも、時の古今にも、人の〔肌の色が〕黄色であるか白色であるかにもかかわらず、〔皆〕これを教訓として従うべきである。国家はこれによって興隆し、人民の道徳もまたこれによって高尚となる。〔…〕中華を見てみよ。国は大きく民は多く、土地は広く資源は豊かである。それを当然だと思うようになり、傲慢になった。唯我独尊となり、四隣《しりん》を蔑視し、これらを蛮夷戎狄《ばんいじゅうてき》と見なした。さらに驕りは怠惰につながり、国政を修めず、科学を究めなかった。内部での戦いには力があっても、外敵との戦いには力が足りなくなった。いったん危機が迫ると、畏縮《いしゅく》して進むことができなかった。何度も土地を割譲してその場をしのぎ、ついに外国に侮辱されて今日に至っている。その原因とは何か。すべて驕りが招いた損失によるものであるのだ。

郭は中国古典である『書経』の言葉を出発点に以上のように論じ、同時代の「中華」が受ける「侮辱」は、自らの「驕り」と「怠惰」がもたらしたものだと論じる。続けて彼は以下のように述べている(96)。

しかして我が日本は、国は小さく民は少ないが、上下皆勤勉で倦《う》まず。謙遜にして自らを治め、他者の長所で自らの欠点を補うことに長け、精を養い鋭を蓄え、一度興れば力強く進み、前に向かって駆け抜ける。国家に事があれば義勇奉公し、一戦にして満清に勝利した。再び戦い強大なロシアを駆逐し、一躍にして世界の強国となった。これは謙遜は益をもたらすということの明白な証拠なのだ。

日本はその「勤勉」や「謙遜」といった道徳的価値により「世界の強国」となったと解釈する語りは、李春生の道徳主義的自助思想、自立的な選択により自らを高めることへの志向と類似したものである。このことは、郭が第2号に投稿した「破除迷信論」と題する一文からも窺われる。同史料にて、彼は「強い国民であることは、無宗教の思想では不可能である」と述べ、以下のように論じている。「宗教思想を持てば、必ず深い篤信の心を具《そな》えるようになり、何かをするときの標準、自身を律する範囲を持つようになり、私欲や借金に陥ることもなく、高尚なる人格は、篤信によりその基礎を立てる」。また、もしも「迷信」を信じてしまえば、こうした宗教思想が可能とする道徳的「標準」や「範囲」を持つことができずに、「まるで舟が大洋に浮いて果てしなく広がる岸辺を〔見るように〕、迷った羊が岐路に立つように」なってしまう、それは「無益なだけではなく、かえって害をもたらす」ことである、と。このように宗教思想に道徳的「標準」や「範囲」を明確化する機能を見出し、それを肯定的に評価する議論は、道徳主義的自助思想の表れであると言える。このため、彼は次のようにも述べている。「あえて一言すれば、迷信を取り除かず、宗教を持たない状態から宗教を持ち、迷信を取り除こうとし、全能、全知、全善、全聖なる創造主ヤハウェ上帝を信奉することが、純粋なる大国民を養成するのである(97)」。

他方で、ここでは郭があえて「国」や「国民」といった言葉を用いている点が注目される。比較的明確な共同体イメージを持つ李春生の「中華」、林燕臣、潘氏筱玉や廖得における「四百万同胞」などとは対照的に、郭は「国民」という言葉を曖昧な性格を持つものとして用いているからである。この点について、先の「滿招損謙受益論」を引き続き分析することで検討したい。

重要なことに、郭は「滿招損謙受益論」においては、「中華」の困難や日本の立身出世をキリスト教信仰の有無と必ずしも明確に結びつけていない。「破除迷信論」での議論とは異なり、同史料において郭は、キリスト教を信奉すれば自動的に道徳的に正しい者となると論じているわけではないのである。このことは、彼が前述の帝国日本の台頭を語る引用に続けて、次のように述べていることからも窺われる。「そもそも人類の善徳は謙遜を根本としており、敗徳は驕りを禍《わざわ》い〔の元〕としている。どの国の何人であろうと、皆謙遜の美を知っており、謙譲の人を見れば必ず粛然《しゅくぜん》として敬い、驕る人を見れば必ず憤然として軽蔑する(98)」。ここでは、「驕り」と「謙遜」の対立関係が、国や立場の差異を越えた「人類」共通の倫理問題として想定されている。それは「日本」と「中華」の差異のみならず、キリスト教と他宗教の対立をも含むさまざまな宗教・国家の相違にも先立つ、「どの国の何人であろうと〔…〕知って」いる倫理問題である、と。

さらに、郭は「周公の才の美有るも、驕《きょう》且つ吝《りん》ならしめば、其の余は観るに足らざるのみ〔周公のような才能の美を持っていても、驕り高ぶるけちな者であれば、それ以外のことは見る価値のない者だ〕（論語　泰伯第八）」という孔子の言葉を引き(99)、「天地の広さ、その摂理に限りが無いこと、宇宙の中で人がどれほど限界性のある存在であるのかを知る」「知恵のある人」は、より謙遜な者となると論じる。「孔子のような聖人も、私は聖人や仁者のようなことはとてもできないと話し、その子臣弟友に対してもなお〔自身を聖人である、仁者であるとは〕述べなかった(100)（論語　述而第七）」。

そして、郭はここで初めてキリスト教に直接的に言及する。彼はイエスが自らの弟子たちの足を洗ったというエピソードを踏まえ、次のように述べている。「キリストのように尊い者も弟子たちの足を洗った。いましめて曰く、私はあなた方の主であり師であり、なおあなた方の足を洗う。あなた方もまた互いに足を洗うようにしなさい」。続けて、郭はアメリカ大統領であったワシントンも「私は総統であり、すなわち民衆の公僕なのである」と述べ、自ら兵士を助けて車を押したこと、周公もまた王族でありながら「天下の賢を求めた」ことに触れ、これらの人々も「知恵のある」謙遜な者たちであると述べる[101]。

　これらの孔子のような「万世の師」、イエスのような「救世主」、ワシントンや周公のような「大人物」の例は、冒頭に触れた日本帝国の台頭の例を徐々に相対化するものとなっている。興味深いことに、郭は同様の手法を第3号に投稿した「伝教師須《すべから》く立徳、立言、立功して名を不朽《ふきゅう》に垂《た》るべき論」でも用いている。宣教従事者の心得を論じる同史料にて、彼は「立功」した人物らを並列する際、まず「我が国先帝、明治天皇。毅然として維新し、国運をして興隆ならしめ、一躍世界の一等強国となした」と述べている。しかしながら、その直後では、英国の支配に抗して「民を束縛から脱せしめ、自由を得た」アメリカのワシントンや、革命により「漢族の江山を取り戻して民に平等の幸福を得させた」中国の孫文らの足跡を肯定的に捉えている[102]。こうして、郭はさまざまに異なる特定の立場へと視点を意識的に転換させることによって、逆にその特定性から離れる遠心力を働かせるかのような描写を展開している。このような手法は、ここで彼が「我が日本」という言い回しを用いていながらも、必ずしも「日本」と一体化した意識を持っているわけではないことを示している。

　郭の議論において、「我が日本」、「我が国」の「興隆」自体が必ずしもその論点ではなかったことは、「満招損謙受益論」の結論部における以下の呼びかけを見ることでより明らかとなる[103]。

> 我が台湾の諸宣教者たちに深く望む。驕りは損失を招き、謙遜は益をもたらすということをもって自らを勉励《べんれい》することを。このようにできれば必ず玉成する日が来る。そうできなければ必ず衆矢《しゅうし》の的《まと》となり、教会の繁栄を

阻害するだろう。〔…〕。救い主が言うように、自らを高くする者は低くされ、自らを低くする者は高くされるだろう。〔マタイによる福音書二三章一一節から一二節〕。人を率いる者は、必ず人のための僕《しもべ》とならねばならない〔エペソ人への手紙六章五節から九節か〕。〔…〕ゆえに、宣教者はキリストの心を自分の心にしなければならない。パウロの志を自らの志としなければならない。自らを低めることをもって自らを治めることで、どこにおいても必ず人の尊敬を得ることができる。そしてキリストの光が全島社会を照らし出すだろう。〔…〕

引用からは、同史料の論点があくまでも「台湾の諸宣教者たち」に対するあるべき宣教姿勢への呼びかけであったことがわかる。そこで志向されるものは、「我が台湾の諸宣教者たち」が、自ら「キリストの心」、「パウロの志」を内在化し、実践することによって、「キリストの光が全島社会を照らし出す」ようになることである。

このように、郭朝成の語りには、目の前の現実に即しながら抽象的・普遍的次元に議論を引き上げ、現に存在する文化・民族の序列関係を相対化した上で、「台湾人キリスト教徒」の使命を論じるという、二重三重にもひねりを加えた主張方法の工夫が見られる。このことから、彼が「破除迷信論」にて「国民」という曖昧な表現を用いているのも、ある既存の、特定の固定的な民族イメージにとらわれることなく、未だ実現してはいないが、自らを律する道徳的「標準」や「範囲」を通して今まさに形成してゆくべき、現在進行形の「国民」イメージへの志向があったのではないかと推測される。

（3）個の「人格的生命」を生かす社会倫理――周天來のキリスト教論

同誌にはまた、キリスト教的人間観や理想を論じることを通して、より明確に植民地支配下にある社会の序列関係を相対化しようとするような論説も含まれる。和文論説を中心に展開されるこれらの語りは、植民地台湾の状況とは異なる社会のイメージを提示することで現状批判を行い、社会的コミットメントに消極的な教会の姿勢に対しても批判的である。
例えば、前述のように屏東で商業を営んでいた周天來は、和文論説「イエスの倫理的教訓」の冒頭にて以下のように述べている。[104]

イエスは権威ある教師の最大なるものであった。之は共観福音書を繙《ひもと》くものの目に映ずる一つである。吾等《われら》は至る処《ところ》に教うるイエスを見る。野に、山に、家に、宮に諄々《じゅんじゅん》として説いて倦《う》むなき教師を見る。彼は奇蹟を行い医療を施した。併《しか》し彼の真面目は教師たる所にあった。しかも権威ある教師であった。教師としてのイエスは様々な事を、教えた。けれどもその教えは決して哲学的なものでなく、神学的臭みをもたず、主として倫理的なものであった。「汝等《なんじら》悔い改めて福音を信ぜよ」と獅子吼《ししく》して新運動を開始したイエスは常に罪に対し不義に向って容赦なく諤々《がくがく》の言を発した。ガリラヤの山上に使徒らに与えた教訓は〔…〕単純にして実際的な倫理的教訓である。けれどもイエスの教訓は単なる倫理訓ではない。その根底に流れて居るものは、彼の宗教である〔。〕イエスに於《お》てはその倫理と宗教と密接不可離の関係をもって居るのである。〔…〕悔改は倫理的である。けれども神に対するものなるが故に宗教的である。「九福」に現るる諸徳は道徳的性質である。けれども天国に対し神に関するが故に宗教的である。

引用文からは、この論説文の主題がほかならぬキリスト論であることがわかる。周天來は、共観福音書の記述を見ればイエスを「教師」として捉えることができると論じている。また、その教えは「哲学的」ではなく、「神学的臭み」を持たない「倫理的」なものであると位置づけている。「単純にして実際的な倫理的教訓」という表現は、彼が「哲学的」、「神学的臭み」といった表現に込めたような、複雑さや抽象性に批判的であったことを示している。さらに、周はイエスの教えにおいては倫理と宗教とが「密接不可離の関係をもって居る」こと、それはイエスが「『汝等悔い改めて福音を信ぜよ』と獅子吼し」た教えが「神に対するもの」であり、イエスが説いた「九福」が「天国に対し神に関するが故に」そうであるとしている。「九福」とは、「山上の垂訓」という名でも知られるマタイによる福音書五章三節から一一節の言葉を示している。この箇所では、「こころの貧しい人たちは、さいわいである、天国は彼らのものである。悲しんでいる人たちは、さいわいである、彼らは慰められるであろう。〔…〕平和をつくり出す人たちは、さいわいである、彼らは神の子と呼ばれるであろう。義のために迫害されてきた人たちは、さいわいである、天国は彼らのものである」という一連の記述が繰り返されることで、個々人の個人的・社会的倫理と、それに対する「慰め」や「天国」といった「報い」が描写されている。このように周は聖書の記述を根拠に、イエスの倫理的教訓が同時に「天国」（神の国）という社会倫理的理念と、「神」との関係性の問題に関わるものであると論じている。

その前提の上で、周は「イエスの教に於ける倫理理想」には、「生命」、「神の国」、および「神の完全」の三つの要素があると論じる。まず、「生命」とは「人格的自我の内容」であり、イエスは「是を実現し獲得することをもって彼の理想とした」と言う。彼はその根拠として、「人全世界を贏《もう》くとも己が生命を損せば、何の益あらん又其生命の代《しろ》に何を与えんや」（マタイによる福音書一六章二六節）という聖書の言葉を示した上で、「人格的生命は全世界をもっても代え得べからざる価値を有する」と述べる。このため、彼は「恐らく、イエスは肉的生命を無視したのではないであろう」と述べつつも、イエスにおける「生命」とは「霊的」なものであり、イエスの言う「永生〔永遠の生命〕」とは、「人格的自我実現」を示すものだと捉えている。[105]

次に、周は「生命をもって個人的倫理理想とすれば神の国は社会的倫理理想である」と述べ、マタイによる福音書一三章四四節から四六節などの典拠を示しつつ、それがイエスの教えにおける「至上価値」であると述べる。重要なことに、周天來はこの「神の国」を「全然終末的のものとする」一部の「学者」の説を否定し、それは「現在に於て神の動作の行わるる理想社会であり、其原理は、此の団体に属する各員の間に公義と愛と奉仕とが行われて神の統治の実現せらるる事である」と述べる。このように、彼は「神の国」とは世の終わりにおいて初めて実現されるものではなく、今この時、このコンテクストの中で持たれているテクストへの志向によって追い求められるものであると論じた。その上で、この「公義」、すなわち社会正義の理想は「イエスの社会的表現であって、人は神の国に於て社会全体の実現をなし、自我の内容を愈々《いよいよ》豊富ならしめ得るのである」とした。すなわち、周は、イエスの教えにおいては社会正義による「社会全体の実現」こそが、個々人の「自我の内容を〔…〕豊富ならしめ」、「生命」的なものへとしてゆくのだと論じている。(106)

それでは、周はここで志向されるキリスト教テクストの内実をどのように描き出していたのか。彼は「生命と神の国と云うは、畢竟《ひっきょう》神の聖旨《せいし》が個人人格〔又〕社会的人格に実現せらるる理想を言ったものである」と述べている。その上で、これら個々人の「人格」の「実現」や社会の充実と倫理性は、「観念としての神でなく、『天の父』なる人格である」神によってしか実現できないとしている。周は、神の「聖、義、および愛」における「道徳的完全」もまた、イエスの教えにおける理想の一つであると論じ、次のように述べている。神の「聖」とは「罪の原理が働かない」という消極的なものではなく、「常に積極的な道徳力が充満して居ること」である。この「聖」こそが、神の「義と愛」という互いに補い合う二つの「道徳的性格」を可能とし、「神の性格」を「清くして温かきもの」としているのである、と。(107)

同時に、彼はこれらの倫理理想の実現は現実的には非常に困難であろうと論じ、キリスト教の「品性」をもって「利己主義、征服主義の世にイエスの理想を実践せんとする者は、当然大なる犠牲と迫害とを覚悟しなければならぬ」と述べている。(108)ここで周が「利己主義、征服主義の世」とごく短く言及する社会の現状は、ちょうど林燕臣が言うところの「百姓放縦して天命に逆らい、風俗は敗壊して文明なし」という有り様とも類似している点で着目される。前述のように、林は「放縦」、「文明なし」という言葉を近代キリスト教宣教師の到来以前の台湾の状況を描写する場面で用いているが、彼の作品は自己中心的なあり方と自他を生かす共感的関係性との対置を根底に書かれているのであり、以下に指摘するように、周もまたこの対立軸を明確に示しているからである。周はキリスト者がイエスの倫理を

踏襲するには、以下の三つの「本務」を守らねばならないと論じた。(109)

（一）自己に対する本務。

（A）自己保存　即《すなわ》ち生くべき義務である。〔…〕之と関聯《かんれん》して考うべきは自己防衛の義務である。

（B）自己の保全　即ち精神的全一を保持する事、虚偽は自己人格の分裂である。又自己の個性を没却する事も亦此本務に反する行為である。之は職業選択の場合等に於て注意せらるべき重要なる倫理問題でなくてはならぬ。

（C）自我の実現　成長発達が信仰生活の本質である事はイエスの教えた所である。自ら人と断ち、神と離れ、我一偏の生活をなす事は自我実現の所以《ゆえん》でない。

（二）隣人に対する本務。一言にして尽せば愛である。

（A）隣人に対する尊敬、公平、真実等である。

（B）赦の心である。赦す心に現われた愛の積極的行動は、軈《やが》て隣人に対する奉仕となって現れる。

（C）善良なる模範感化を与うることである。〔…〕隣人に対する愛と同情とは、斯《か》くして、隣人に対する公平、真実、赦免、奉仕、感化の行為をイエスの徒《と》の為《な》すべき務《つとめ》として現れて居る。

（三）神に対する本務。イエスは心を尽し力を尽して神を愛すべき事を教えた。神に対する愛は、

（A）神に対する信頼である。「汝等神を信ぜよ」とは常にイエスの教えた所である。

（B）礼拝である。神をかしこみ畏《おそ》るる事は吾等の当然取るべき態度である。吾等の生活そのものが礼拝であらねばならぬ。

（C）神の聖旨に服従すべき事である。

こうしたキリスト論を軸とする信徒の宣教姿勢、あるいは他者との関わり方に対する提言は、宣教初期以来のムーディの議論とも重なり合っている。ムーディは「教義談論」（一九〇三―一九〇四）にてマルコによる福音書一二章二九節から三〇節に基づき、人の「本分」とは神と隣人に対する愛であると論じていた[110]。先の引用文では、周もまた聖書の同じ箇所を引いて「イエスは心を尽し力を尽して神を愛すべき事を教えた」と述べ、「隣人に対する本務」を説いている。

その一方で、周の議論には、ムーディのキリスト教論では明確には見られなかった重要な論点が付け加えられている。すなわち、「自己に対する本務」である。周は個々人の身体・精神を含み込む全「人格的生命」を守ることを、イエスによって与えられた「義務」と位置づけ、そこには「職業選択」の問題も関わると論じている。駒込の研究が明らかにしているように、台湾総督府は台湾人の「中等・高等教育に対しては抑止的」であり、その教育のためには実業教育、道徳教育、日本語教育を中心とする国語学校、医学校、農事試験場などしか設けないという差別的「教育非奨励論」を基本としていた[111]。このことに鑑みれば、ここでの「職業選択」の問題への言及には、鋭い現状批判の念が込められていたことがわかる。教育の内容や選択肢に関わる有限性は、すなわち職業選択の不自由を意味するからである。職業選択の不自由を「自己」に「虚偽」をもって「個性を没却」せざるを得ず、「自己人格を分裂」させられるような状況として表現する周は、その個人的・社会的次元における不正義に対して、きわめて批判的であった。ムーディの議論には見られなかったこのような論点は、周、およびその想定読者の多くがムーディとは異なり、「自己」の身体的・精神的「生命」を守るべきことを主張しなくてはならない立場に置かれていたことを示している。

同誌には周のほかにも、キリスト者が守るべき「本務」としての個と社会の自由を主張する投稿者が存在する。

例えば、一九二〇年に台南長老教中学に入学し、台南神学校（一九二四―二八在学）を経て、一九三〇年前後には「東京の神学校」に留学することとなる許水露は[112]、ギリシア哲学やキリスト教における霊魂に関する議論、および唯物論批判を行う「霊魂不滅」と題する和文論説の冒頭にて、次のように述べている[113]。

〔神は〕勿論万物の造主であるから或る意味から言えば万物の父である。併かし彼が直接に造り給いしものは人の霊魂である故に人が其の子に対する愛をもって神は人の霊魂を愛し給う。である故に霊魂は凡べて平等である。之に貴賤の差別もなければ又君臣、父子、夫婦、兄弟の差別もない、凡べての霊魂は神の子であって〔神〕に在りては兄弟姉妹である。

引用文はあくまでも論説の前置き部分であるが、許において、人は神の創造物であり、「子」であるという宗教的信条が、すべての人々の「霊魂」の「平等」の根拠とされていたことを明確化するものである。

また、半樵子こと潘道榮は、和文論説「清教主義の歴史と其中心思想」にてイングランドのピューリタニズムの歴史をふりかえり、エリザベス一世を、神学を重視しなかった君主として批判し、「今日吾国に於ても宗教を奨励し利用せんとし乍《なが》ら宗教上の問題に対して極めて冷淡なる政治家が決して少なくない様である」と述べている。続けて半樵子は、ピューリタンたちの性質に関して次のように論じている。(114)

斯《か》く清教徒は内的生活を尊重し、正義の念が強烈であったが、夫《そ》れと同時に亦《また》社会のあらゆる階級的思想および制度を悪《にく》み、自由を尊んだ。〔…〕而《しか》して彼等は地上に神の王国を建設する為には、神の命令を遵奉しなければならぬ。夫れが為めには神の命令に反する横道非違《おうどうひい》を極力打破しなければならぬと考えて、之が為めに解放と自由を主張し信仰上神の真理に服するの外《ほか》、決して人の威圧に屈服しなかった。〔…〕彼等諸教徒〔清教徒〕は啻《ただ》に宗教上の自由を求めたのみならず、亦政治上の自由をも要求した。

ここで半樵子は、「内的生活」・「宗教上の問題」のみならず、「政治上の自由」をも自身の問題として重視するピューリタンと、逆にそれを「冷淡」に扱う君主や政治家の姿を描き出し、それらを対置している。さらに半樵子は、キリスト教的ヴィジョンに立脚して社会に対峙することには、「階級的思想および制度」との対抗という政治的コミットメントが伴われることを自覚的に論じている。このような論調には、婉曲的ながらも反植民地主義的ともとれる姿勢が見られる。それは、半樵子が「地上に神の王国を建設す」べく「解放と自由を主張し〔…〕決して人の威圧に屈服しなかった」ピューリタンには、「ユーモアーを欠ぐ〔ママ〕の傾向」といった「短所」はあるが、我々は「其長所に学ばなければならない」と結論していることからも窺われる。同時に、政治的なラディカリズムとの結合を示唆する同論説がペンネームによって投稿されたのは、たとえ私的なサークルで配布することを基本的な性格にしていたとしても、当局による監視の視線を意識せざるを得なかったことを物語るものだろう。

このため、同誌投稿記事の中には、周天來と同様、こうしたキリスト教の「本務」の追求が、「利己主義」や「征服主義」の蔓延するこの世のあり方と相容れないことを認識し、そうであるが故に、キリスト者とは本来、常に苦難に晒される者なのではないかとの考えを示すものが登場する。

このことは、潘道榮にも当てはまる。彼はペンネーム・半樵子の名の下に著した和文論説「人生の奮闘と後援」にて、「此《こ》の世に於いて為すべき事業を耶蘇《ヤソ》から授かって居る」キリスト教徒は、「此の苦難多き世」に「最後まで踏み留まり」、「世の中を善くする」ために「苦しみを忍び、戦いにも堪えねばならぬ」と述べている。(115)

また、潘徳彰は和文論説「復活の希望」にて以下のように論じている。(116)

> 吾人をして言わしむれば、現代の我基督教徒に受難なく墳墓《ふんぼ》がない。随《したが》って、復活がない。之は吾人の深く考えねばならぬことである。吾人基督教徒は、その本来の立場を失って、余りに俗世と苟合《こうごう》し、世に迎えられんと考え、名誉、地位、権勢に浮き身を扮《ふん》しているのではなかろうか。斯《かく》しては俗世に歓迎されるかも知れない、然《しか》し、そこには生命なく、力がない。

これらの言葉からは、キリスト教の「本来の立場」を守ることには、李春生が志向したような国勢富強の獲得、立身出世の物語とは異なる、オルターナティヴの物語への追求としての意味があるのだという理解を窺い知ることができる。立身出世の物語が「利己主義、征服主義の世」、あるいは「名誉、地位、権勢」を第一義のものとする「俗世」のあり方そのものを問うことなく、その中で生き残ることを目指したのとは反対に、これらの論者は、キリスト教徒がその「本来の立場」を守ることには、あえて「苦しみ」に留まる選択としての意味があるのだということを表明している。このことは、植民地台湾のコンテクストにおいて、周天來が述べる三つの「本務」——キリスト教信仰に立脚する自他の人格的尊厳、共感的関係性、および社会倫理の主張が、当時の社会のあり方と真っ向から衝突する困難な課題であったことを浮かび上がらせもする。

このように、台南神学校『校友会雑誌』には、キリスト教的理念と連なり、同時に政治的意味合いをも帯びる、反差別や「解放と自由」などの自治および社会正義のイメージを提示することで、植民地支配下にある台湾社会の序列関係を相対化し批判する論説が存在した。逆に言えば、これらの論説は周の議論における職業選択の問題への言及が象徴するような、日本植民地支配下の個々の「台湾人」が直面しなければならなかった人格的尊厳の喪失状態という共通の経験を出発点に、集団としての台湾人キリスト者の使命を論じるものである。この点において、これらの論者の問題意識は、台湾人「聖徒」に教会内外の「四百万同胞」への共同意識と宣教使命を持つことを呼びかけた林燕臣の想い——ムーディの言うところの「神の国」を「明白に」「その第一の関心事」とするような考え方——と通ずるものでもあったと言える。植民地的状況に対抗して「世の中を善く」しようとすること、およびそうすることによって受けるであろう「迫害」の「苦しみ」への覚悟を呼びかけるこれらの議論の背後には、キリスト教論に基づく人格的尊厳の理念と、「台湾人」意識を形成・表明する自治への志向が存在する。このことから、台南神学校『校友会雑誌』という台湾人独自の刊行物上におけるキリスト教の社会的意味の模索には、人格的尊厳、自治、および社会正義の交差点を確かに見出すことができる。

第三節　「基督教文明」を問う――白話字雑誌媒体と林茂生の格闘

1　「上帝の国の教育のために」――台湾人青年と向き合って

以上のように、一九二八年に創刊された台南神学校『校友会雑誌』には、教会内外の「四百万同胞」への宣教使命、およびこれと密接に関わるものとして、社会批判とも相通ずる「本務」を担う台湾人キリスト者のアイデンティティが表明されていた。職業選択の自由を含む個々人の「人格的生命」の保護や、「解放と自由」を貫徹するものとしてのキリスト教社会倫理、すなわち「神の国」の理念は、教会への所属の有無を問わず、社会的不正義の中におかれたすべての人々にとっての共通の目標としてイメージされたと考えられる。

こうした問題関心は、台南神学校関係者以外の台湾人キリスト者にも共有されていた。あくまで平信徒の立場から個々人の宗教的経験を重視し、キリスト教の社会倫理的意味を追求した林茂生もまた、その一人であった。ここでは、この人物が個人と社会に対するキリスト教の倫理的意味をどのような形で見出そうとしていたのかを、一九三一年八月に開催された「夏季学校」という活動の例を起点として考えたい。

一九三一年六月、『教会報』上に「第三回　キリスト教夏季学校」と題する記事が投稿された。南部台湾長老教会が青年クリスチャンをおもな対象として約一〇日間にわたって開催する「夏季学校」の案内と参加募集を行うものである。同記事には、以下のように述べられている。[17]

今年の夏季学校の標語は、「何よりもまず上帝の国とかれの義を求める」です。これは上帝の国と青年との間にいかなる関係があるのかを共に研究するためです。言い換えると、宗教と信仰は人生で一番大切なものです。多くの経験ある先生方を招聘し、この問題について講演してもらいます。このことで私たちは上帝の国の意義、上帝の国の真髄、および〔それが〕私たちといかに密接な関係を持っているのかをよく知ることができるでしょう。多くの青年たちが決心して上帝の国の新しい生活に入り、有意義な人生を形成することを望みます。将来、どのような立場にあろうと、各方面において、真実なるキリスト教徒としてこの地上に上帝の国を建設することができますように。

引用文は、「夏季学校幹事会代表」である台南長老教中学教員・バンドと林澄藻《リムティンツォ》（一八九九―一九七三）、台南神学校教員・高徳章《コーテクチォン》（一九〇四―四一）、および潘道榮により署名されている。

この教会夏季学校は、従来の教会では「自己の経験」と「学問上の研究」とが分離しているとの問題意識を出発点に、これらを結び合わせ、「我々の教会の信仰をより堅固に、より基礎を持つものにし、またより社会状況に合い、より多くの人々を主の救いを受け入れるように導くことができるものにする」ことを目標として、一九二九年に開始された取り組みである。[118] 第一回は台南長老教中学にて、同年七月三一日から八月九日までの間に開催され、「台湾が欠くところのキリスト教、キリスト教の基礎事実、キリスト教と平和、キリスト教と人種問題」といったテーマが論じられた。[119] 一九三〇年八月五日から一四日に同じく長老教中学で開催された第二回の題目は、ヨハネによる福音書一〇章一〇節の言葉「わたしがきたのは、彼ら〔羊〕に命を得させ、豊かに得させるためである」であった。[120] これらを踏まえれば、「より社会状況に合」うキリスト教信仰を模索すべく一九二九年に始められたこの教会夏季学校は、一九三一年にはまさにその目的に直接的に関わる「上帝の国とかれの義」、すなわち「神の国」と神の正義という、互いに密接に関わり合うトピックをテーマとしたことがわかる。

一九三一年九月の『教会報』上には、同年八月四日から一三日までの間に開催された第三回教会夏季学校の大まかな日程が掲載されており、その中には開催期間中の午前八時から一一時三〇分の間に開講されていた授業の講師、科目名、および時間数の一覧も含まれる。例えば、潘道榮は「旧約聖書中の上帝の国」（一時間）、「現代青年における上帝の国の使命」（一時間）の二科目を受け持ち、黄俟命は「教会における上帝の国の使命」（一時間）を、台湾基督教知識人・政治運動家である蔡培火《ツォアポェホェ》は「社会的理想の上帝の国」（三時間）、宣教師ジェシー・W・ゴールトは「女性における上帝の国の位置づけ」（一時間）を担当した。「上帝の国の教育のために」と題する三時間のクラスを開講した林茂生は、(121)初めて参加した第二回目の教会夏季学校でも教育に関するテーマを扱い、「近代文明の特徴、および新教育の傾向」という科目を受け持っていた。(122)また、林は第三回教会夏季学校では、午後二時三〇分から三時三〇分までの間の「相談会」にて、「青年会と教育の問題について」の「研究」にも関与した可能性が考えられる。高井ヘラー由紀の研究が明らかにしているように、林はすでに一九二〇年代初頭には台南太平境教会の協力を受けながら「台南基督教青年会」を設立するなど、教会青年を主体とする活動に関与してきた人物だからである。(123)

教会夏季学校のおもな対象は青年クリスチャンであった。しかしながら、第三回教会夏季学校には、各地の教会代表や教会青年会代表らが六九名、教会に所属していない青年が七名、計七六名の参加者が台南長老教中学に集ったことが報告されている。(124)

在台イングランド長老教会宣教師フランシス・ヒーレイは、この第三回教会夏季学校の様子を以下のように記録している。(125)

〔この集会の講師たちは〕共に「神の国」について考えるため、他の六〇から七〇名と共にこの島の異なる地域から訪れています。彼らは西洋から日本へと伝染病のように広まった新しい思想でいっぱいです。電子と直感と社会変革。アインシュタインと賀川〔豊彦〕とマルクス。美、真実、そして善。これらは彼らが福音に結びつけたがっている標語の中のいくつかです。考えの古い牧師たちは、彼らが学校や大学で日々直面している困難のことなど聞いたことさえありません。福音もまた古いものなのだろうか？　討論の中で指摘される問いを聞いていくと、本国と海外の新しい世代の必要とするものは非常に興味深くも似ているということに我々は気づきます。

引用文からは、ヒーレイ自身は「考えの古い牧師たち」からは距離を取りつつも、この夏季学校で論じられ志向される「新しい思想」に対しても、それを「伝染病」になぞらえるなど、慎重な態度を示していることがわかる。同時に、彼の言葉からは当時の台湾人クリスチャンらがキリスト教の社会的意味を自ら模索している姿が窺われる。ヒーレイが言及する賀川豊彦（一八八八―一九六〇）は、神戸新川の貧困地区、および関東大震災（一九二三）後の東京での宣教活動や、労働争議の指導、組合の設立などで知られるキリスト教社会運動家、宣教者であり、一九二九年から三二年までの三年にわたり、労働者階級を対象とする「神の国運動」という大規模な宣教運動を展開した。黄彰輝《ンチョンフイ》によれば、かねてから賀川を尊敬してきた彼の父・黄俟命は、一九三〇年三月には賀川を招待して台南の東門教会での宣教大会を開催したところであった。このことを踏まえれば、当時の教会中堅層にあった牧師の中にも、社会改革と連動するようなキリスト教のあり方を志向する者がいたことが窺われる。(126)

続けてヒーレイは、いくつかの講演の内容も大まかに記録している。(127)

講義は十分に理解しやすいものです。まずはバンド氏からで、彼は流暢な日本語で「宇宙と神の目的」という大きく魅力的なキャンバスを〔広げ〕、それを他の講師たちのための前提として提供しました。この背景を踏まえつつ、我々は新約聖書における神の国概念の複雑性を台南神学校の教員によって示してもらいました。絵画の教師は「芸術と神の国」について話しました。ある傑出した台湾人学者は、アメリカの心理学者の例を用いつつ、教育と神の国について扱いました。それは彼の聴衆にとっては新しいワインのようだったでしょう。〔…〕

一九三一年九月の『教会報』の記述との重なりからも、ここでヒーレイが「ある傑出した台湾人」と呼ぶ人物は、駒込の指摘するように林茂生であったことがわかる[128]。「新しいワイン」とは新約聖書マタイによる福音書九章一七節にあるイエスの言葉をベースにしたものと思われる。ここでは「新しいアイディア、思想」といった意味であろうか。前述のように、林は第二回教会夏季学校では、「近代文明」や「新教育」をキーワードとする講義を受け持っていた。教育と神の国、すなわち、教育とキリスト教社会倫理というテーマを扱った第三回目の講義においても、同様の問題意識を起点に議論を展開した可能性が考えられる。それでは、林において人の成長・発達に関わる「教育」と、キリスト教社会倫理に関わる「神の国」とはいかに関係していたのか。「近代文明」という要素は、そこではいかに位置づくものと考えられていたのか。

また、少数ながらも非キリスト者を含む台湾人の若者たちを対象としたこの活動において、林はいかなるキリスト教論を示したのか。史料的な制約のため、教会夏季学校における彼の講義そのものを再構成することは困難である。しかし、彼は『教会報』上に多くの投稿文を掲載している。以下では、これらの記事をヒントに彼のキリスト教論の特徴を捉えたい。

2　台湾人知識人としての経験と取り組み

（1）教育経験およびムーディとの関係

前述のように、林茂生は南部台湾長老教会の現地人リーダーとして活躍し、台南神学校校友会でも中心的な役割を演じていた林燕臣の長男であった。幼い頃より漢学を学び、キリスト教信仰や近代西洋の学問の素養を身につけた彼は、教会で長老や執事といった役職には就かなかった一方で、台湾を代表するエリートとも言うべき特異な学歴を持ち、当時の南部長老教会でよく知られる存在であった。一九〇四年に台南長老教中学校に就学して優秀な成績を修めた彼は、一九〇八年からは教会の支援で留日し、同志社普通学校、第三高等学校を経て、一九一六年に東京帝国大学文科大学哲学科を卒業した。帰台後、台南長老教中学校の教員兼教頭となり、一九一八年以後は台南師範学校や台南商業専門学校での教授を務めた。ただし、彼は長老教中学校とは密接に関わり続け、一九二〇年代半ばには同校の専門学校入学者検定による指定校としての地位を実現すべく、寄付金の収集に奔走した。一九二七年には台湾総督府在外研究員としてコロンビア大学に留学し、二九年に博士論文「日本統治下台湾における公教育――その発展と文化的諸問題に関する歴史的理論的分析 Public Education in Formosa under the Japanese Administration: A Historical and Analytical Study of the Development and the Cultural Problems」を提出した。台湾人の文化的充実を目的とする「台湾文化協会」（一九二一）などの教会外の台湾人社会運動にも関与し、一九二〇年代初頭には同協会をモデルに「台南基督教青年会」を設立した。(129) また、彼は一九二三年からは台湾文化協会が基督教青年会名義で開講した講習会にて、二四年からは霧峰《ブーホン》林家にて開催された「夏季学校」――教会夏季学校とは区別される――にて、「哲学」や「西洋文明史」の講師を務めている。(130) こうした教育経験や多言語能力を有する林茂生は、最新の宗教哲学動向に直接アクセスし、これを植民地支配下台湾における社会倫理的問題に即するキリスト教論へと組み込んでいった。

既述のように林茂生は、父親である林燕臣の閩南系台湾語指導生で友人でもあったムーディとは、少年時代から何度か直接接触している。彼は父親に連れられて初めて教会を訪れた少年として、また日本留学に赴いた青年としてムーディの著書にも登場しており、ムーディは林燕臣に会えば必ずと言ってよいほど、息子のために祈ってほしいと頼まれていたことを回想していた。(131) また、ムーディが一九一九年には台南長老教中学校、および台南長老教女学校での「特別福音伝道集会」を開催したという事実を思い起こせば、彼が長老教中学教頭としての林茂生とも関わっていたことがわかる。(132) また、後述するように、一九二〇年代末から三〇年代にかけて、スコットランドで晩年を過ごしていたムーディは、何名かの台湾人キリスト者の訪問を受けている。その中の一人で、一九三五年にムーディ・アーサー夫妻宅を訪ねた劉主安《ラウツゥアン》（一九〇五―九四）は、林茂生もまた「六、七年前」、すなわち一九二八年、あるいは二九年にムーディを訪ねて来たということを聞いている。(133) 林茂生が一九二九年にコロンビア大学に博士論文を提出し、一九三〇年一月の帰台以前にドイツとイギリスに立ち寄って講演活動をしていることに鑑みれば、それは二九年末の出来事であったろうと思われる。(134)

（２）『教会報』への投稿状況

張妙娟が整理しているように、日本植民地時代の林茂生は、一九〇八年九月から一九三五年三月までの約二七年の間に、計五一本の記事を『教会報』に投稿している。張はこれらを①京都での留学生活および見聞を綴る「京都見聞」、②新年の挨拶やエッセイ、追悼文を含む「時勢および人物追悼文」、③「劇の脚本」、④日本植民地統治後の台湾に生まれた新しい閩南系台湾語の語彙を分析する「語学教育」、そして⑤論説「基督教文明史観」という五つのグループに分類している。(135)ここで、張の分類に従って『教会報』誌上の林茂生の著作を整理したものが、表6である。

表6からは、教会役職を持たず、聖職者ではなかった林茂生が、教会消息や巡回宣教の報告といったタイプの記事を投稿していない反面で、ある定まったテーマに沿った記事を、時期ごとに集中的に書き著していることがわかる。例えば、彼は京都に留学していた一九〇八年から一九一三年頃には①「京都見聞記」を、一九一四年から翌一五年までには③「劇の脚本」を、まとまった時期にかけて執筆・投稿している。

ここでは、本章が着目する一九三〇年初頭という時期に発表されたものであり、林のキリスト教思想をもっとも体系的に示す史料でもある「基督教文明史観」に着目する。(136)表6に示したように、一九三二年六月から三三年一〇月にかけて『教会報』に連載された同史料にて、林は「キリスト教の文明は崩壊するだろう」という当時「よく聞かれるようになった」言葉を出発点に、（1）「キリスト教文明」がいかなるものであるのか、（2）その「崩壊」は何を意味するのか、（3）またそれは本当に「崩壊」し得るのか、という三つの問いに沿って議論を展開しようとしている。しかし同史料は、このうち第一の問題を論じている途中で未完に終わっている。林は「キリスト教文明」即「西洋の文明」という先入観を問い直し、後者がその実はゲルマン、ギリシア、ヘブライ文化の三要素間の連動や衝

表 6. 日本植民地期・林茂生の『教会報』への投稿状況の一覧
（張妙娟［2004］の分類に準ずる）（註 4-6）

発行年月		巻号	ページ	記事タイトル／タイプ
1908 年	9 月	282	86-87	日本の消息：林茂生の手紙／①
1910 年	8 月	305	64-65	死ぬまで忠を尽くす／①
1911 年	1 月	317	68	雪子の人助け／②
	7 月	316	59-61	京都台湾青年会／①
1912 年	3 月	324	4	京都台湾青年会／①
	5 月	326	8-9	内地宗教界の近況／①
	8 月	329	3-4	広告／留学案内＊
1913 年	2 月	335	7	京都の消息／①
	8 月	341	11-12	京都台湾青年会／①
1914 年	10 月	355	3-4	廖三重君を慎んで追悼する／②
1919 年	6 月	411	1-2	皇太子殿下／②
1923 年	1 月	454	1-2	真の生まれ変わり／②
1924 年	1 月	466	1-2	新年を迎える／②
	11 月	476	10-11	舞台：ルターの宗教改革／③
	12 月	477	11-12	舞台：ルターの宗教改革／③
1925 年	1 月	478	10-11	舞台：ルターの宗教改革／③
	2 月	489	14-15	舞台：ルターの宗教改革／③
1926 年	1 月	490	1-2	本当の喜び／②
1932 年	6 月	567	10-11	基督教文明史観／⑤
	8 月	569	8-9	基督教文明史観／⑤
	9 月	570	7	基督教文明史観／⑤
	10 月	571	8	基督教文明史観／⑤
	11 月	572	8	基督教文明史観／⑤
	12 月	573	9-10	基督教文明史観／⑤
1933 年	1 月	574	9-10	基督教文明史観／⑤
	2 月	575	10-11	基督教文明史観／⑤

発行年月		巻号	ページ	記事タイトル／タイプ
1933 年	4 月	577	8-9	基督教文明史観／⑤
			10	過去の人を想う／②
	5 月	578	8-9	基督教文明史観／⑤
	6 月	579	9-10	基督教文明史観／⑤
			20-21	宗教心理学講座／講演記録＊
	7 月	580	10-11	基督教文明史観／⑤
	8 月	581	8-9	基督教文明史観／⑤
	9 月	582	3	宗教心理学講座／講演記録＊
	10 月	583	10-11	基督教文明史観／⑤
	12 月	585	10	新台湾語陳列館／④
1934 年	1 月	586	11	新台湾語陳列館／④
	2 月	587	6	新台湾語陳列館／④
	3 月	588	10	新台湾語陳列館／④
	4 月	589	9	新台湾語陳列館／④
	5 月	590	9	新台湾語陳列館／④
	6 月	591	9	新台湾語陳列館／④
	7 月	592	8	新台湾語陳列館／④
	8 月	593	4	新台湾語陳列館／④
	9 月	594	5	新台湾語陳列館／④
	10 月	595	6	新台湾語陳列館／④
	11 月	596	9	新台湾語陳列館／④
			10	英台ことわざ対照一覧／④＊
	12 月	597	9	新台湾語陳列館／④
1935 年	1 月	598	8	新台湾語陳列館／④
	3 月	600	8	新台湾語陳列館／④

＊…張妙娟（2004）において未分類のものを示す。また、記事タイトル／タイプ欄の番号が示す記事タイプは次の通り。①…京都見聞、②…時勢および人物追悼文、③…劇の脚本、④…語学教育、⑤…基督教文明史観。

突の中で変遷、形成されてきた複合的性格を有するものであることを論じている。[137] その文体は「標榜《ピャウポン》 phiau-pong」や「国家組織《コッカァツォチッ》 kok-ka cho-chit」などの、日本語にも共有される漢語を多く用いる明解なものとなっている。また、同史料は以下のようにいくつかの章節に分けて展開されている（小見出しＡＢＣ、および①②③は引用者による。網かけ部分は未出版）。

Ⅰ　序
　Ａ　背景と問題提起
　Ｂ　三つの問い——本文の構成（Ⅱ、Ⅲ、Ⅳ）
Ⅱ　キリスト教の文明とは何か？
　Ａ　西洋文明を構成する三要素——ゲルマン、ギリシア、ヘブライ文化を提示
　Ｂ　キリスト教の精神——上帝、罪、自己否定、仲保、積極的道徳、人類愛の諸観念
　Ｃ　キリスト教精神が産み出した文化的産物
　　①ヘブライ、ギリシア文化の特徴、力関係の変遷とその影響（宗教改革、帝国主義）
　　②キリスト教文明史における近代宣教事業の位置づけ
　　③基督教文明による他文明・文化への影響——宗教、道徳、学問、政治、風俗
Ⅲ　キリスト教の文明が崩壊すれば、人類にはどのような結果がもたらされるのか？
Ⅳ　キリスト教の文明は、本当に崩壊するのかどうか？

3　「基督教文明史観」（一九三二―三三）にみる歴史的・同時代的格闘

（1）「基督教」と「文明」への歴史的問い

以上の基本情報を踏まえ、ここでは林茂生「基督教文明史観」の内容を、文化・文明観、およびキリスト教論の二つの角度から考察したい。

まず、林茂生の文化・文明観についてである。同史料の冒頭にて、林は「キリスト教の文明は崩壊するだろう」という同時代の「エホバの証し人」明石順三（一八八九―一九六五）の言葉に着目し、以下のように問題提起している。(138)

多くの人は、キリスト教の文明とはすなわち「西洋の文明」なのだと誤解している。その上さらに、西洋の人は一人一人がすべてキリスト教徒だと思い込んでいる。この誤解のために、西洋の社会が徐々に衰えたり、以前のように発展しなくなったのを見て、あるいは西洋人の多くがキリスト教の教えを顧みないのを見て、一本の竹竿で一艘の船をひっくり返すように「キリスト教の文明はもうすぐ崩壊するぞ！」と言うのである。〔…〕歴史上から見れば、西洋の文明には三種類の要素がある。（1）ゲルマン族の文化、（2）ギリシア文化、（3）ヘブライ文化である。さてここで西洋の文明を一人の人間に例えると、ゲルマン族の文化はこの人の肉体であり、ギリシア文化はこの人の頭脳で、ヘブライ文化こそがその人の良心であると言える。この三つはいずれも、全体の人として見れば、全体と部分の関係にある。言うまでもなく、部分は全体に対して密接な関係にあり、全体を示してこれが〔ある〕部分だと言ったり、〔ある〕部分を示してこれが全体だと言ったりすることはできない。〔…〕したがって、歴史上から西洋の文明を見るときにも、このような現象が存在する。あることからすべてを断じようとする、あるいはすべてからあることについて断じようとすることは、非常に危険なことである。

林はこのように、キリスト教文明こそが西洋の社会の強勢や「発展」の根幹であり、西洋人がキリスト教の教えを顧みなくなればそれらの勢いは失われるという考え方を明確に否定している。このような文化・文明観は、李春生のように欧米列強の富強をキリスト教における救済と結びつける考え方とは一線を画すものであることがわかる。このように、キリスト教文明と西洋文明との同一視を戒める林は、西洋人の「進取《しんしゅ》的な様子と尚武《しょうぶ》勇敢な精神」は、むしろ「有史以前にゲルマン族から伝来した特質」であると論ずる。このゲルマン的特質があるからこそ、彼らは厳しい自然と戦い、「生活に役立つ道理を研究し、植民地を開拓し、現在の西洋文明における、物質的方面の文明を建設してきた」。それは、本来的にはキリスト教文明とは「それほど密接な関係は存在しない」ものである。林はこのように述べて、西洋文明における物質的豊かさの追求が、必ずしもキリスト教に由来するものではないことを主張した。(139)また、西洋人が「非常に個人の自由を重んじていること」、彼らの「国の政治と法律の組織、秩序が非常に整然としていること」や、彼らの発達した「科学文明」は、ギリシア・ローマ文明の感化によるものであること、特に「この科学文明の要素こそが、現在の西洋文明の基礎を造った」のであり、「もしも科学文明を軽視すれば、〔それは〕西洋文明ではない」と論じている。「西洋文明」を特徴づけるものは、キリスト教文明ではなく、むしろ科学文明の方だという考えである。(140)

しかしながら、林は西洋文明においてこれら三つの要素が互いに無関係であったとは論じていない。むしろこれらは「互いに助け合」い、また「互いにぶつかり合う」非常に密接な相互関係にあったと位置づけている。(141)このことは例えば、一三、四世紀の「文芸復古 Renaissance」が長らく「キリスト教という大樹に覆われ影の中にあった」ギリシア文明の復興や、「当時の宗教家の独占を受けていた学問上の専売特許権の解放」といった意義を有したほか、ルターやカルヴァンの宗教改革といったキリスト教の「復古」――「本来の姿」を取り戻す「保守」化運動――をも促したとする記述から窺われる。(142)同様に、一四、五世紀以来のヨーロッパ人による盛んな海外進出についても、それは「植民開拓の欲望」と「異邦人への伝道を望む精神」に促されたものであり、西洋人はこれを実現するために「当時とても幼かった文明の理気」をより発達させ、科学文明を築いてゆくこととなったとも記述している。このような理解もまた、西洋文明におけるゲルマン、ギリシア、ヘブライ文化の密接な相互関係を捉えるものと言える(143)。

以上のように、林茂生は西洋文明の歴史をゲルマン、ギリシア、ヘブライ文化の相互関係の中で展開されてきたものと捉え、一三、四世紀に展開されたルネサンス、宗教改革、および物質主義の主流化と海外進出の活発化といった一連の変化は、「良きにつけ悪しきにつけ」ヨーロッパ史上の重要な転換点であったと位置づけている(144)。興味深いことに、林は西洋文明の複合的性格を読み解く必要性を論じたのと同様に、ヨーロッパ人による海外進出と近代キリスト教海外宣教運動の関係を一概に同一視するのではなく、それをより注意深く分析すべきであると呼びかけている(145)。

キリスト教の異邦伝道は、近代になってから始まったものではない。キリスト教が存在して以来、異邦伝道は存在してきた。キリスト教の歴史とは、すなわち異邦伝道の歴史である。「あなたがたは行って福音を伝えなさい」というイエスの遺言は、キリスト教の異邦伝道の歴史の出発点である。〔…〕そのため、近代キリスト教の異邦伝道について、それをもっぱら帝国主義の爪牙だ、手先だと言うのは、無知によるのであれ意図的にであれ、歴史的事実を無視して揣摩《しま》憶測《おくそく》するような議論であり、反駁する価値もない。

引用からは、林が「キリスト教の異邦伝道」と「帝国主義」とを同一視する考えにも、「全体を示してこれが〔ある〕部分だと言ったり、〔ある〕部分を示してこれが全体だと言ったりする」ことの危険性を見出し、批判していることがわかる。しかしながら、林はこの直後には次のようにも述べている。「このような議論の多くは中国から発信され、多種多様の非常に複雑な国際的、政治的事情もまた存在している。〔これらの事情に〕多くの共感すべき点もまたあるが、本文とはあまり関連しないことから、ここでは詳細には説明すまい(146)」。

ここで林が言及する「中国」発の「議論」とは、時期的に見ておそらく一九二〇年代中国で高まった反キリスト教・反帝国主義ナショナリズム運動を示すものと思われる。彼はこれらの議論とは距離を取りつつも、人々をこうした運動へと駆り立ててゆく状況に共感を示している。このことから、林は本来は「それほど密接な関係は存在しない」ものであるべきキリスト教と帝国主義とが、現に複雑に絡まり合い、植民地支配の追認や宣教師—改宗者間の序列関係を帯びていることに対して批判的であったことが推察される。

しかしながら、林は当時のキリスト教宣教に確かに伴われていたこれら支配—被支配関係の矛盾という「部分」を示して、これがキリスト教宣教の「全体だ」と言うことはできないとした。このような主張は、キリスト論的信条を軸に植民地支配者や西洋人宣教師による「冷酷な自己愛」を批判的に問うたムーディのような宣教師の存在からも裏づけられる。他方で、前述のように、宣教初期のムーディはヨーロッパ世界で歴史的に継承されてきたキリスト教を理解するための「精神」の固有性を想定したが、一九二〇年代末にはこの解釈を批判的に捉え直した。西洋文明とキリスト教との間に必然的な関係はないと論じる林茂生は、そうしたムーディの内省をより鋭く言語化し、ヨーロッパ世界においてキリスト教文明が展開したことの偶然性をより明確に捉えたものとも言える。

(2)「仲保者」イエスによる個の贖罪への重視——危機神学との呼応

次に、林茂生が「贖罪」、さらに信仰義認に関わる問題についてどのように論じているのかを見てゆこう。

林茂生の文化・文明観には「四、五百年前」の「ヨーロッパ北部の民族」や、アフリカの「幼い」文化と「中国、インド、日本、朝鮮のような〔…〕固有の民族性、固有の古い文明のある国」とを区別し、[147] 物質的な捧げ物や献金によって救済を確保しようとする「低級」な贖罪観と、より抽象性が高い霊的な「清さ」を重視する「精神的」な贖罪観とを対置させるなど、[148] 欧米世界で広く共有されてきた啓蒙主義的な序列関係の認識を踏襲する面もあった。ただし、彼はこれらの区別をあくまでも「文化」の次元に属するものと扱い、「人種」的本質に回収させてはいない。また、キリスト教文明（ヘブライ文化）をゲルマン族の文化、およびギリシア文化と並列させて一つの文化的要素として扱い、それと他の文明との力関係を常に変遷するものと捉えている。これらの点に鑑みれば、右のような語り方が、必ずしも彼の漢族キリスト者としての優越意識を示すものではないことが窺われる。

この点については、林の博士論文を読み解き、「近代教育」とは「子どもの創造的な力」を損なわずに「内側から個々人を発達させる」ものであるという理念がそこに表明されていたと捉える駒込武の研究が示唆的である。駒込は林の論考に台湾原住民に対する関心や共感の低さという限界を見つつも、林自身の議論の中に、「原理的には」この限界性をも克服し得る契機があったと捉えている。駒込によれば、林の論文において「近代的」という言葉は、「欧米人あるいは日本人」がその担い手を自認し、植民地の人々にしばしば強制してきた「新式」・「文明的」といった暴力的な表現とは異なるものとして使われている。「自らが生まれ落ちた言語・文化」を外部から抑圧されることで「人格」が「崩壊」させられることがあってはならない、そうではなく、「個の自発性」を生かすような教育こそが「近代的」なのであるとする林の学位論文での議論は、「『わたしたちの言葉』『わたしたちの文化』の重要さを説くナショナリズムと、このナショナリズム自体も相対化する可能性を備えたリベラリズムやコスモポリタニズムが混在」したものである。[149] 駒込がこのように捉える林の思想の特徴は、以下に見てゆくように、「基督教文明史観」で提示される彼のキリスト教思想が、イエスの「仲保」による個々人の救いと信仰義認、および「良心の解放」を中核としていることからも確認される。

以上を踏まえて林茂生のキリスト教論を読み解きたい。キリスト教文明の本質を語るにあたり、林は「キリスト教の精神」における「もっとも重要な要素」として、①上帝、②罪、③自己否定、④仲保、⑤積極的道徳、⑥人類愛の諸観念を挙げた。彼はまず、キリスト教の「上帝」の観念は、基本的には、無力で有限な人間に対置される宇宙万物の主宰という、様々な宗教に共通する観念であるとしている。しかしながら、キリスト教の上帝はその「属性」と「道徳性」において、あらゆる宗教の「神」に比してもっとも「完全」かつ「普遍的」な、「世界のすべての人の『天父』」であると述べる。[150] 罪の観念についても、林はそれが様々な宗教に共通のものであるとしつつも、キリスト教における「罪」とは単に「人間の定めた道徳律に背くこと」ではなく、「心霊上、上帝を認めない」ことであると指摘する。さらに、彼は上帝と人との間には「越えたくても越えられない大きな溝がある」と述べる。「偽りに満ち」た存在である人間は、「完全」なる上帝の前で「無」でしかなく、そのような上帝を信じないという「罪」を犯すような者だからである。これが自己否定の観念である。そして、「ここにまさにキリスト教におけるもっとも重要な『契機』が存在する。すなわち『仲保』の観念である。これは他の宗教には存在しないものであり、またまさにキリスト教の特質である」。林はこのように論を展開し、以下のように続けている。[151]

上に述べたこの大きな溝は、普通一般の宗教であれば「修行」、善行によって越えることができるとされる。修行、善行を通して、自分が慕い、敬う対象と互いに和解できる。しかしキリスト教の教えではここに大きな差が存在する。すなわち、ある手続きを経なければならないのである。この手続きとは何か？　それは「仲保者キリスト・イエスを信じる」ことである。〔…〕ただこの手続きを経るだけで、すなわちただイエスを信じるだけで、大罪人もその人が慕う上帝と仲直りできるのである。人が赦すことができない者を、上帝は赦すのである。さきほどの「修行」、「善行」では人には赦されるかもしれないが、上帝は赦さないのである。キリスト教の言うところのこのシンプルな「恵み」の道理もまた、ここにある。この道理をわからなければ、またこの手続きを体験しなければ、世の人々に人格がある、あるいは非常に大きな貢献をした人だといくら思われても、上帝の前では義だと認められない。これがキリスト教の根本精神である。

引用文は、キリスト教における罪の赦しが個々人の道徳的な善行の努力によってではなく、「仲保者キリスト・イエスを信じる」という手続きの体験のみによるという、信仰義認の考えを明確に表現している。林茂生の信仰義認への重視は、すでに一九二〇年代半ばから表明されていた。このことは、彼が一九二四から翌二五年にかけて『教会報』に連載した舞台劇「ルターの宗教改革」の脚本からも窺われる。同脚本では、「天來萬應膏　一服罪皆赦　快來快來〔天からの万能薬　一服すればすべての罪が赦される　いらっしゃい、いらっしゃい〕」という幟を掲げて免罪符を売るテッツェル Johann Tetzel（一四六五頃―一五一九）と、これにのせられる老婦人の会話、ルター Martin Luther（一四八三―一五四六）の「九十五箇条の論題」を見かけて読み上げる学生たちの姿、ルターを異端とした一五二一年の神聖ローマ帝国によるヴォルムス帝国議会の再現を通して宗教改革の発端が描かれている。また同史料は、閩南系台湾語によるキャラクターたちの軽妙で親しみやすいやり取りや、張妙娟が指摘するように、免罪符を示す「符」やアヘンを意味する「萬應膏」といった言葉が繰り返し登場する「非常に〔台湾の文脈に〕本土化され理解しやすいパラレルと構造」を用いている[152]。

一方で、「仲保者」イエスを核とする林茂生の思想のキーコンセプトの多くは、危機神学（弁証法神学）の主唱者の一人であるエーミール・ブルンナーの神学議論を踏まえてのものだったと考えられる。特に「基督教文明史観」の議論は、一九二七年にドイツ語で刊行されたブルンナーの『仲保者 *Der Mittler*』[153]と多くの点で重なり合っている。林が一九三一年から台南高等工業学校にて英語とドイツ語を教授していたという事実に鑑みれば[154]、彼が同書を原文で読んでいた可能性は高い。第四章補論および第五章にて後述するように、危機神学は人間理性や歴史の進歩などの近代的諸価値に積極的に応答してきた一九世紀以来の「自由主義神学」への内部批判として、一九二〇年代に生まれた。ブルンナー、カール・バルト、フリードリヒ・ゴーガルテン Friedrich Gorgarten（一八八七―一九六七）らスイスやドイツのプロテスタント神学者を主唱者とする同神学は、神や聖書に対する人間の側の理解力の限界性を強調し、あくまで神の側からの自己啓示を重視することで、一九三〇年代には欧米や日本各地の宗教哲学界で広く注目された[155]。

ブルンナーは『仲保者』にて、「自身の善に対する信仰」に支えられる近代精神は「自己信頼 Selbstsicherheit の崩壊」を意味する「〔自らの〕悪の承認」ができず、「罪」についても「解明すべき」研究対象として封じ込めようとする傾向にあると捉えている[156]。彼はまた、これに対してキリスト教は本来、悪が「〝我の本質〟に属する」ことを悟り、

「罪を真剣視」するものであると指摘し、以下のように論じている。[157]

　基督教的認識は、架橋不可能なる深淵 Kluft、治癒し難き裂傷 Riss の認識であるが、この裂傷は神の側よりの特殊の為し方 Geschenhen に依るに非《あらざ》れば治癒し難《がた》きもの、又《ま》たこの深淵は、神自身にあらざれば架橋し難きものである。この深淵に架する橋梁 Brücke を仲保者という。〔…〕完全なる罪認識は、唯に仲保者の中にのみある。

引用文を踏まえれば、林茂生のキリスト教論がブルンナーの神学議論とかなり共鳴し合っていたことがわかる。ブルンナーはまた、一九二八年にアメリカ各地の神学校を訪れ、当時ちょうど林茂生が留学していたコロンビア大学に隣接するユニオン神学校でも講演活動を行っている。その講演録の和訳版である『危機の神学』（一九三一）を参照すれば、ブルンナーはこれらの講演においても、人間の善性や「楽天的進化論」を信じる近代主義的な倫理思想を批判し、[158]「罪人である」自己は神の「恩寵のみによって義とせらる」という救済観や、これに立脚した「信仰」以外には「意志の実際的善というものはない」とする倫理観を提示している。[159]後述するように、林茂生は「基督教文明史観」において、ブルンナーのこのような主張と呼応するような倫理観を提示している。

（3）危機神学をめぐるムーディとの議論の可能性

林茂生が「基督教文明史観」を著した一九三〇年代初頭は、ムーディを含むスコットランドの神学者らの間でも、危機神学——中でも特にブルンナーの議論——が着目されつつあった。前述のブルンナーのアメリカでの講演記録『危機の神学』の翻訳者であった岡田五作（一九〇〇—七七）は、「エディンバラのマッキントシュ教授」を訪ねた際、「バルト神学〔危機神学〕に対する態度如何によって、その人の神学的立場は決定する」と言われたことを回想している。[160]「マッキントシュ教授」とは、一九〇四から一九三六年までエディンバラのニューカレッジ神学教授を務めたヒュー・R・マキントシュ Hugh Ross Mackintosh（一八七〇―一九三六）を示すと思われる。一九二四年以来、スコットランドの神学雑誌『エクスポジトリー・タイムズ *The Expository Times*』にて危機神学を紹介しているマキントシュは、後述する一九三〇年代のムーディの神学書『我々のための・我々のうちのキリスト *Christ for Us and in Us*』（一九三五）の原稿の査読者でもあった。[161]『エクスポジトリー・タイムズ』とムーディの関係は深く、同誌はたびたび彼の神学論文や、[162]彼の著書に対する書評を掲載してきた。[163]同誌は特にブルンナーへの関心を強く示し、マキントシュは彼について「スイス学派〔…〕の中でも、もっとも有能な者だろう」と述べている。[164]また、『エクスポジトリー・タイムズ』第四七巻七号（一九三六年四月）には、ムーディを引きつつ、ブルンナーの議論を含む一連のキリスト論、および贖罪論・和解論の動向を批判的に分析する記事が掲載されている。[165]

同時期のムーディもまた『我々のための・我々のうちのキリスト』にて、信仰義認について論じる際に、短いながらもバルトとブルンナーに言及している。ムーディは、人が神に対して自らが罪人であることを知って絶望するとき、その人はそのような自己が神に救われたことを知り平安を得るという、一見矛盾するかのような二つの認識が表裏一体となっていることを説明するが、このような両義性の問題を明瞭に説明したものとして、バルトの『教会教義学』（一九三二）に言及している。[166]また、彼は義認の教義の難解さを示す際、『仲保者』にあるブルンナーの表現を踏まえ、「義認はもっとも難解なものの一つであり、創造的言葉 a Creative Sentence なのである」と述べている。[167]第三章に述べたように、彼がすでに一九二〇年代には『初代改宗者たちの精神』において「啓示」と「人間の精神」との圧倒的断絶を前提に、神の側からの自己啓示に希望を見出していたことに鑑みれば、彼にとってこれらの危機神学者の議論は比較的受け入れやすいものであっただろう。信仰義認の両義性、あるいは逆説性を論じるバルトの議論や、この教義の難解さと「創造」性を指摘するブルンナーの言葉は、いずれもこれまでのムーディの議論と調和的であると言える。

これらの事実を踏まえれば、ムーディと林茂生がほぼ同時期に、おそらくは一九二九年の再会時の多少の情報交換と議論を交えつつ、危機神学への関心を深め、それをそれぞれのやり方で自らのキリスト教思想の中に受け止めていったことが窺われる。

（4）良心の解放と倫理的社会を目指して——自民族中心主義との格闘

それでは、信仰義認に立脚する「信仰」以外には「意志の実際的善というものはない」という倫理観を示したブルンナーに着目する林にとって、キリスト教倫理とはいかなるものであったのか。林はキリスト教思想の中核を「仲保者キリスト・イエスを信じる」という「手続き」に見出した上で、ここから派生するキリスト教の「積極的道徳」「人類愛」の観念を説明する。彼は、人が尽くすべき本分について、「こうこう〔悪事や親不孝を〕してはいけない」と論じるに過ぎない「普通の道徳観念」では、道徳の根拠が不明確であるのに対して、キリスト教の道徳観念における「人道」(「人を自分のように愛せよ」)には、「あなたの主である上帝を愛せよ」という非常に明確かつ積極的な根拠が存在すると指摘している。これが積極的道徳の観念である。すなわち、キリスト者が人を自分のように愛さなければならないのは、それが「あなたの主である上帝」の命だからであり、また「すべての人は皆、キリストの仲保において上帝の子ども」だからである。これがすなわち人類愛の観念である。彼は次のように述べている。(168)

〔…〕キリスト教の人道とは「人を愛する」ことである。しかし、キリスト教が言うところの人を愛することと、普通の道徳の言うその範囲との間にも、大きな差異が存在する。キリスト教の隣人愛とは「博愛」であり、広くはかれ〔上帝〕が愛する「全世界」にも及ぶ。孔子の道理は愛という言葉を論じる上で、「仁」という字を用いてその意味を含ませた。しかし孔子が言うところの「仁」とは、差別のある愛であり、そのため「愛に差等《さとう》有り」と言うのである。〔…〕このため、「仁」という言葉の愛とキリスト教の愛の範囲は異なっている。愛には、すでに差等があり、自分を愛することと隣人を愛することは違ったことである。家族を愛することと郷里を愛することも違う。郷里を愛することと国を愛することも同じではない。自国を愛することと他国を愛することも違っている。敵までも愛するべきである、この言葉は儒教の中には見られない。だがキリスト教の愛とは、(1)広く全世界に、敵にまでも及ぶのであり、(2)その性質は、自分であるかのように愛することである。これは他の宗教にはないものだ。もっとも似ているものは、仏教であると言えよう。しかし、キリスト教の愛、または人類愛は、非常に強い根拠を持つ。なぜ「人を自分のように愛せよ」と言うのか?　なぜならすべての人は皆、キリストの仲保において上帝の子どもだからである。理路整然だ。そもそも!　ゆえに、「人類愛」とはキリスト教の根本精神であり、その特質である。

ここで林が「キリスト教の人道」と呼ぶ教えは、新約聖書マルコによる福音書一二章二九節から三〇節に基づくものであり、宣教初期のムーディが「教義談論」にて人の「本分」として位置づけていた神と隣人に対する愛の教えと関連するものであるとわかる。重要なことに、林はこの「人道」は「すべての人は皆、キリストの仲保において上帝の子どもだからである」という教えに「非常に強い根拠」を持つとしている。ムーディの言うところの神に対する「愛」に通底するようなあり方こそが、キリスト教の社会倫理的意味を生み出すという考え方である。

他方で、「愛に差等有り」という言葉は、その実孔子自身が発したものではない。では、林茂生は孔子を誤って解釈したのか。彼が、秀才の資格を持つ父・林燕臣に幼少時より儒教を学んできたことに鑑みれば、そのようには考えにくい。一方で、儒教思想の解釈において孔子の思想を「愛に差等有り」という観点から解釈する見解は存在した。その最たるものが、教育勅語の「博愛」という言葉に関わる公定解釈であったことに留意すべきだろう。すなわち、孔子自身が「愛に差等有り」と述べたかのような議論は、同時代の帝国日本における国家主義的道徳観・宗教観への批判を展開するために、林が用いたカモフラージュであったと推測される。具体的には、島薗進が指摘するように、一八九〇年代の『教育と宗教の衝突』論争」の火付け役となった東京帝国大学文科大学教授・井上哲次郎(一八五六―一九四四)のキリスト教批判が、林の議論の射程内にあったのではないかと考えられる。井上は、林茂生が東京帝国大学文科大学哲学科に留学していた一九一六年前後には、同学長を務めていた人物でもある。一八九〇年一〇月に発布された教育勅語に体系的意味づけを付与することで、それを「学校教育だけでなく国民生活の全体に関わる道徳体系へと広め及ぼしていくことを目指した」井上は、キリスト教をこれと相容れない非国家主義的なものとして批判した。(169) 例えば、彼は論考集『教育と宗教の衝突』（一八九三）にて、キリスト教を「東洋の教」と対置させながら以下のように論じている。(170)

我邦《わがくに》の耶蘇教徒は云う、耶蘇は博愛を主とするものなりと。然《しか》るに東洋にも古来博愛の教《おしえ》あり、即ち孔孟の教是《こ》れなり。〔…〕是故に歴史的事実を探求せずして大早計に判断を下ださば、耶蘇教も孔孟の教も此点に於《おい》ては同一轍に出づるが如し。然れども詳細に見来たれば、決して然らざるものありて存するなり。孔孟の博愛は順序あるものなり。〔…〕勅語にも「博愛衆《しゅう》ニ及ボシ」とあり、此「及ボシ」の一語は孟子が「老吾老、以及人之老、幼吾幼、以及人之幼（自分の身近の年寄を年寄として敬いつかえ、ついでその心を広く他人の年寄の上に及ぼしてゆく。又身近の幼い者を幼い者としていつくしみ愛し、ついでその心を他人の幼い者の上に及ぼす〔孟子　梁恵王章句上〕）」と云えると同じく親近より次第に拡充するの意あり。即《すなわ》ち其博愛の際限なきものにあらざるを知るべきなり。孔子の博愛主義に類して大に異なるものは、墨子の兼愛主義なり。〔…〕墨子の兼愛は、耶蘇の博愛と同じく博愛の際限なきものにて、即ち無差別的の博愛なり。淮南子氾論訓《えなんじしろんくん》に據《よ》れば墨子は孔子の差別的の博愛に反して起るものなり。然るに兼愛主義にては忠孝の道、成立つべからざるが故に孟子力を極めて楊墨（楊朱と墨子）を排斥し、洪水猛獣に比せり。

井上は、儒教における「博愛」は、キリスト教や墨子の教えにおけるそれとは異なり、「順序あるもの」「差別的の」ものであると位置づけ、それが「博愛」たるのは「親近より次第に拡充する」ものとして、という意味においてであり、教育勅語における「博愛」も、まさにそのようなものであると論じている。彼はキリスト教における「博愛」と「墨子の兼愛」に対する批判点も明確に示している。すなわち、これらの「愛」には「際限」がなく、したがって「忠孝の道」を成り立たせることができないという点である。

以上の議論を踏まえることで、林茂生が、井上が示したような自国・自民族中心主義的な道徳観を「基督教文明史観」にて暗に批判していたと解釈してよいだろう。また、このことは「敵までも愛するべきである、この言葉は儒教の中には見られない」という一節でより明確化する。林はこのように述べて、「自分」・「自国」により近い者への「愛」に止まる姿勢を鋭く批判している。

こうして「自分」・「自国」により「親近」なる者だけを重視する姿勢を批判する林は、同史料にて一貫して宗教思想における「特殊」と「普遍」を対置させ、「特殊性」を持つ宗教や神観念への批判的姿勢を示している。例えば彼は、旧約時代の神に伴われるヘブライ人の選民思想を一つの限界と見なし、これと新約聖書でイエスが提示した「世界のすべての人の『天父』」としての神観念とを対置させている。[171] 同様に、彼は「東洋人が仕える神」を「分業」を持ち、「ただ一つの国にだけ、一つの民族にだけ功能がある」ような相対的・特殊的な限界あるものとして批判的に捉え、これに「キリスト教の上帝の絶対、普遍」を対置させている。[172] 彼は儒教とキリスト教を対比する際に、贖罪観の相違についても論じている。林は次のように述べる。儒教における贖罪は「一時的」かつ「国家を一体として含む」ものであり、「政治的なこと」である点で限定的なものである。このため、個々人の「良心の主観的な苦痛、および解放された喜び」を重視しない、「表面的な客観的な思想」に止まっている。これに対し、キリスト教の贖罪は「永遠」であり、「個々人の精神に注目し、個々人の良心を解放する」ものである、と。

ここで注意したいのが、林のこのような議論の根底にあったのは、「特殊」性の否定ではなく、むしろあらゆる事象は本来等しく「特殊」固有なものであるという前提であったということである。「特殊」性をめぐって彼が問題視しているのは、それが「ヘブライ人の選民思想」や、「ただ一つの国にだけ、一つの民族にだけ功能がある」とされる宗教・思想への信奉のように、排他性を帯びる場合、すなわちそれぞれに「特殊」な背景、立場、民族の相違などを基準に人々が分断され、序列づけられるような場合である。このような前提に立っていたからこそ、林は生まれながらにそれぞれに異なる「特殊」な人々すべてが持ち、また互いにそれを認め合うべき「普遍」的価値として、「個々人の良心」を掲げているのではないだろうか。

林茂生は個人の「主観的な」「天性の良心」の解放こそが、「贖罪の第一の根本」であるとし、キリスト教における仲保者イエスによる罪の赦しこそが、これを可能とすると述べている。彼は、個々人は信仰義認による良心の解放を経ることで、初めて各々の精神に倫理的動機を持ち、自らの救い主である上帝を心を尽くして愛するという「天道」を尽くし、だからこそ上帝の命令としての隣人愛、すなわち人類愛という「人道」を尽くすことが可能とされると論じた。彼はまた、以下のように論じている。[173]

近来の心理学には「精神分析学派」というものがある。この一派が言うに、人の精神が変われば（より深刻な、すなわち発狂〔を意味する〕）、タイミングに合っていないことを話し、タイミングに合っていないことをする。これはその人が以前持っていた私欲、あるいは満足させることができなかった希望が、封じ込められたからそうなったのだという。しかし病気になったとき、あなたがその人にあの我慢していた時は、ちょうどどのような原因で〔そうしたのか〕尋ねても、その人は言い出すことができず、またはよくあることはすでに忘れてしまって、無意識の中に沈んでいて、言うことができない。だから、このような症状を治療しようとするとき、精神分析を用いていつも質問して、その起源にいたるまで聞いて、すなわちそのふたをされた望みからその人を解放すれば、その人は自然によくなる。

林はこのように述べた上で、「人が罪を犯すことは、このような変化してしまった精神病患者と大同小異である」

とし、人が生まれながらに「天からもらった良心」を意味する閩南系台湾語の「天良《ティエンリョン》 thian-liông」という言葉を用いて、このような精神病の例を個人の良心と罪の関係になぞらえている。林によれば、この天良は「教育を受けたかどうかとか〔受けた教育の〕深さ浅さを問わずに、人に正義と不正義を区別させることができる」。しかし、人が何らかの契機で自らの天良をそこない、罪に「呪縛」されてしまった場合、「あの天良を喪失したはじまりを探し続け、見つけ出すことによって解放されなければ、その人の人格は完全に破綻した状態になってしまう」[174]。

しかし、「ここにキリスト教の贖罪観の大きな要点がある。信じる、ただただ信じるだけで、今このとき、どんな罪であろうが、どんな責めであろうが、一切が抹消され、天良がやっと解放される日となるのだ。天良が解放され、それから善行を行う力を持ち、一人の精神上病気のない善人になる」。彼はこのように述べてキリスト教には個々人の「天良」を解放して生かす契機があると強調し、それが「東洋の一切の宗教にはまったくない」とまで述べている[175]。

これらの議論は、一見すれば単なるキリスト教護教論のようである。しかしながら、前述のように林は暗に、「東洋の教」を動員しながら、教育勅語における「差別的」な「愛」を正当化する井上哲次郎の国家主義的道徳観・宗教観に対抗していた。このことを思い起こせば、ここで彼があえて「東洋の一切の宗教には」という表現を用いている意図が窺われる。

（5）台南長老教中学排撃運動というコンテクスト

重要なことに、同史料は折しも台南長老教中学の生徒による神社参拝の是非をめぐる議論が展開される中で連載されていた。既述のように、台湾人による抗日社会運動が高まった一九二〇年代には、キリスト教徒・非キリスト教徒を問わず、多くの台湾人関係者らが、台南長老教中学を「台湾民衆の教育機関」としていこうとする動きが見られた。それは具体的には、同校を専門学校入学者検定による指定校とすることを目指す取り組みであった。

一九二二年に制定された「第二次台湾教育令」では、それまで日本人は「小学校」に、台湾人は「公学校」にと民族別に区別されていた初等教育レベルについて、「国語ヲ常用スル者」は台湾人でも小学校に入学可能であると改め、中等教育以上については台湾人と日本人は原則的に共学とすべきと定めるなど、一見すれば従来の差別的教育システムを克服しているかに見えた。しかし、同教育令の下で台湾人生徒が実際に直面したのは、母語ではない日本語で試験を受けなければならないという不利な競争であった。さらに、台湾人の共学公立学校に対する不満と私立学校への流出を警戒した総督府は、同年六月に「私立学校規則（府令第一三八号）」を制定し、私立学校への進学が公立学校へのそれに比して不利益なものとなるように定めた。すなわち、「私立学校を中学校として位置づける場合には『台湾公立中学校規則』（府令第六六号）を『準用』する、そうでない場合は『中学校ニ類スル学校』あるいは『各種学校』とみなす」と定めることで、台湾に既存する私立学校を、卒業生らが上級学校への受験資格を持たない「各種学校」として位置づけたのである。[176]こうして私立中等学校経由の高等教育機関への進学ルートを阻まれた台湾人生徒の多くは、長老教中学を中途退学し、日本内地の学校へと転学することを選択した。このため、同校関係者は第二次台湾教育令の制定直後から模索してきた措置――日本内地におけるミッションスクールと同様に、「専門学校入学者検定規定（文部省令第一四号）」（一九〇三）が定める指定校となることで、上級学校への進学ルートを確保する――の実現を急ぎ、その条件として当局が提示した二つの課題の達成を目指した。それらの課題とは、「有資格教員の比率を三分の二以上とすること、財政基盤を安定させるために一〇万円の基本財産を形成して財団法人を設立すること」であった。[177]

駒込の研究が明らかにしているように、当時中等教員免許を有する台湾人教員は少数であり、日本人教員を雇うには高額の給与を備えねばならなかった。在台イングランド長老教会の財政状況が芳しくない中、この条件は財団法人の設立と同様に実現困難なものであった。しかし、同校の台湾人関係者らは積極的に状況打開に努め、スクールチャプレンであった黄俟命は南部中会に呼びかけて後援委員会を設置、理事長であった林茂生は教会外の非キリスト者を含む人々に寄付を呼びかける後援会を組織した。[178]台湾人の中等学校への進学が学校数の少なさなどの背景のため現実には困難であったこと、たとえ進学できてもそこで日本人生徒との衝突や日本人教員による監視に耐えねばならない状況から「台湾人が台湾人として結束できる場所」の必要性が希求されたことを背景に、これらの取り組みは教会内外からの幅広い協力者を集め、長老教中学は一九二七年に総督府より財団法人の設置を認可された[179]。

しかしながら、総督府は一九二八年、着実に準備を進めてきた林茂生らに対して、台南長老教中学を指定校として認定するためには、同校の生徒による神社参拝が必要であるとする条件を持ちかけた。このため、同校の台湾人関係者およびイギリス人宣教師は、神社参拝の是非を巡る葛藤と摩擦に巻き込まれることとなった。駒込はこの台南長老教中学神社参拝問題を、同時代の帝国日本各地で展開された一連の排撃運動――「思想・信条・信仰の統制に関わる行政的圧力を前提としつつ、暴力的な威嚇という手段によって、異端的な思想・信条・信仰の担い手とみなされた人びとを追い詰め、影響力のある社会的地位から排除する運動」――として位置づけ、同問題の背景、関係者、及びこの事件の意味を詳細に検討している[180]。また、駒込は一九三〇年に日本内地のキリスト教関係五五団体が発表した「神社問題に関する進言」の白話字訳文が、同年九月の『教会報』に掲載・紹介された事実に着目し[181]、南部台湾の長老教会が当時から、神社参拝問題を権力が特定の宗教的価値を国民に強要するものとして批判的に見ていたことも指摘している。これらを踏まえ、ここでは台南長老教中学排撃運動が同校の台湾人関係者にいかなるインパクトを与えたのかを、黄俟命の経験に即して確認するにとどめたい。

台南長老教中学排撃運動は、同校の生徒による神社参拝の可否をめぐる議論が難航する中で、以前から生徒からの人望を失っていた日本人教頭・上村一仁《うえむらかずひと》の解任が一九三四年一月に決定されたことをきっかけに急激に展開した。上村が自らの解任は神社参拝問題のためだと述べたために、台南長老教中学はその後約五ヶ月にわたって和文新聞による激しいメディア攻撃を受け、林茂生や黄俟命の辞職、閩南系台湾語による聖書クラスの撤廃などを含む「改革」を余儀なくされたのである。さらに、黄俟命はこのとき台南長老教中学の生徒が通う台南東門教会の主任牧師職をも失っている[183]。黄彰輝によれば、黄俟命はこのとき「精神的・身体的、そして何よりも霊的に」打ちのめされ、父親のそのような姿を見ることは、彼にとって「人生の中でももっとも辛い経験」となったという。[184] 黄俟命の東門教会牧師職喪失の背景には、副牧師・潘道榮を支持するグループとの摩擦の問題があった。潘道榮派の信徒らは、日本留学経験を持ち、日本語を流暢に話す潘道榮こそが、中学のチャプレン職を失った黄俟命などよりも時代の流れにふさわしい牧師だと主張していたという。[185]「台湾人が台湾人として結束できる場所」を求めた人々が、ミッションスクールの生徒による神社参拝の可否をめぐって分断されたように、同じ教会に属し、さらには世代による教育経験や言語感覚の相違を越えて「四百万同胞」への宣教使命を共に語ろうとした人々もまた、日本語使用への圧力を強める「時代の流れ」を前に、相互の間の亀裂を深められていったことが窺われる。

これらのコンテクストに鑑みるとき、「ただ一つの国にだけ、一つの民族にだけ功能がある」ような神や、「差等」の有る「愛」に対する林茂生の批判には、具体的かつ深いリアリティが伴われていたことが明らかとなる。個人の良心としての「天良」という「普遍」的価値を生かすことができるのか、あるいはできないのかという基準の下で展開される林の議論には、ある「特殊」な国家や民族の集団的共同性を義務づけることで、個人の信教の自由を否定する動きや、これに権威を与える社会への問題意識が、婉曲的ながらも込められていたと考えられる。それは、台南神学校『校友会雑誌』第3号にて自他の人格的尊厳、および社会倫理の追求を、キリスト者の「本務」と位置づけた周天來のキリスト教論とも呼応するものである。その背後には、この両者が「台湾人」として共有した「人格的生命」の危機の経験があっただろう。

他方で、林茂生の議論は、他者を「愛する」ことのできない人間の「冷酷な自己愛」と、あらゆる人々に関心を示すキリスト教の神とを対置させたムーディの議論とも呼応している。『愛の忍耐強い働き』（一九一三）においてムーディが批判した無関心、「軽蔑と侮辱」、さらには「残虐な暴力」をもって民族的・宗教的、そして社会的な他者に相対する人間のあり方は、[186] 林茂生が「基督教文明史観」で批判していたような「差等」有る「愛」そのものであると言える。また、台南長老教中学排撃運動において林茂生や黄俟命らが突きつけられた「人格的生命」の危機の問題は、その後のムーディの神学的作業にも大きな影響を与えた。あるいは「台湾民衆の教育機関」の設立を目指し、あるいは信教の自由を志向したさまざまな立場の台湾人たちが、まさにそれぞれの「天良」と「人格」を圧殺される事態を生み出した同事件は、最晩年のムーディが「苦しみ」に対する宗教的問題意識を深める上での一つの重要な契機となっていったのである。

小括

以上、本章では一九二八年から一九三四年までの台湾人教会自治運動、および教会の枠組みを越えた「台湾人」への呼びかけを含む雑誌媒体上の議論との関係性を明らかにするため、林燕臣の宣教事業、彼が関わった和漢文雑誌である台南神学校『校友会雑誌』、および林茂生のキリスト教論を検討してきた。

廖得を含む一部の台湾人キリスト者らと共に、いち早く教会自治運動に関与し始めた林燕臣は、教会内外の「四〔百〕外万の衆生」に対する共感的関係性の実現という理念を持ち、それを雑誌媒体を通して意識的に形成・実践しようとしていた。林は『教会報』への投稿文にて各地教会の消息を伝え、自身を含む個々人の宗教的経験を紹介し、『教会報』や台南神学校『校友会雑誌』などの雑誌媒体の紙面の充実をはかった。林の共感的関係性に対する志向は、彼の閩南系台湾語の学生であった宣教師ムーディによっても感じ取られ、ムーディは林を「明白に」「神の国」のことを「第一の関心事」とする人物であると評価していた。

台南神学校『校友会雑誌』の書誌情報と内容からは、同誌の投稿者である台湾人キリスト教徒らが、台湾社会におけるキリスト教宣教の使命と意義を語る中で、「四百万同胞」への宣教を固有の使命とする「台湾人キリスト教徒」のアイデンティティの提示と確認を行なっていたことが明らかとなった。これにより、一九三〇年前後の一部の台湾人キリスト教徒において、「台湾人である」ことと「キリスト教徒である」ことという二つの意識が、次の二つの段階を経て相互補完的に関わり合っていたことを捉えた。すなわち、①「利己主義」や「征服主義」が支配する当時のコンテクストに対抗して、自他の人格的尊厳と自治への志向を表明すること、および、②このために受けねばならなくなるであろう「迫害」や「苦しみ」を覚悟することである。宣教の呼びかけと実践こそが「台湾人」意識や「台湾人」共同体の想像に連結し得た背景には、こうした思想的作業があったのである。このようなキリスト教受容・理解は、従来は各地で自明視され、踏襲されていた帝国主義的状況から離脱する、オルターナティヴな関係性や社会のヴィジョンを指し示そうとするものであった。

改めて確認すべきことは、同誌が基本的には「校友」という関係者のサークルを中心に、いわば私的に共有されるものでありながらも、「国語」としての日本語使用を義務付ける植民地状況下の権力関係と無縁ではあり得なかったことである。当時、和文もまた一部の台湾人にとっては現実的な言語ツールの一つであったとは言え、当初は漢文雑誌として創刊された同誌が後に和文欄を設け、その割合が号を追うに従って増加したことからは、校友会組織の外部からの監視の目を意識していた可能性も否めない。しかし、そうであればこそ、台湾人が誌面構成の中心的な主体となった媒体において、個人の人格の実現、隣人との公平かつ誠実な関係性、および神への服従という、キリスト論的大文字テクストの主張と、自治への志向や、社会正義の理念を提示する反植民地主義的とも解釈できる論説が掲載されていたことの意味は小さくない。しかも、同じ台湾人キリスト教徒であっても、これらの人々は生まれた世代や日本への留学を含む教育経験により、読み書きに使用する言語ひとつをとっても植民地支配の影響による大きなズレを互いに抱えていた。そうした状況の中で、「四百万同胞」への使命を語る言論が登場しつつあったことが重要であろう。

こうして一九三〇年代までに林燕臣や他の台南神学校関係者らによって構想された教会内外の「四百万同胞」への宣教使命、およびこれを担う台湾人キリスト者のアイデンティティは、「台湾人」という集団の共同意識を軸とする社会倫理的意味を担わされるものであった。そして、ここにおける「台湾人」とは、植民地的コンテクストのもとで生きるという、ある共通の歴史的経験を有する人々として浮かび上がるものであった。その一方で、これらの話者の中には、周天來のように、社会倫理とは個々人が人格的に解放されなければ実現しないという考えに基づくキリスト教論を提示した者もいた。こうした個の人格的生の確保に焦点を当てた議論を展開したのが、林茂生の「基督教文明史観」であった。キリスト教信仰の中核とは「仲保者キリスト・イエス」による贖罪、およびこれによって可能とされる信仰義認という個人的な宗教的経験にほかならないとした林のキリスト教論は、危機神学一派の神学者の一人であるエーミール・ブルンナーの議論と呼応する。また、林の「基督教文明史観」は一九三三から三四年にかけて問題となった台南長老教中学排撃運動を背景に展開された。それは林にとって、自身を含む同校の台湾人関係者の「天良」と「人格」が抑圧される経験であり、社会倫理の破壊に他ならなかった。

台南神学校関係者という一つの集団、およびこれらの人々と直接的・間接的に関わっていた林燕臣・林茂生親子は、キリスト教論という一見すれば抽象的な言葉を通して、「利己主義」や「征服主義」など具体的コンテクストにおける問題を批判し、これらに対抗する価値として、教会内外の台湾人の共同意識や個の「人格的生」・「天良」を提示した。また、林茂生はさらに一歩踏み込み、自己に「親近」なる者を優先的に「愛」する教育勅語的な「道徳」観を批判していたと解釈できる。林燕臣が「文明なし」と批判した近代キリスト教の到来以前の台湾社会の「放縦」、すなわち自他の共感的関係性の欠落は、林茂生においては「個の自発性」への抑圧と表裏一体のものとして認識された。日本による植民地統治下台湾の教育を論じるにあたり、「内側から個々人を発達させる」教育こそが「近代教育」であると位置づけていた林茂生は、個々人の「天良」をそこなうような社会は、それ自体が非「近代」的なものであると理解していたからである。

これらの話者はいずれも、それぞれの言葉と手法を通して植民地社会における差別的状況のコンテクストを問う、オルターナティヴとしての「神の国」を模索していた。それは植民地被支配者たる「四〔百〕外万の衆生」の「拯救」という、当時の台湾社会では未だ実現されていなかった社会正義であった。そして、この社会正義の主張の根底には、周天來が述べたような台湾人の職業選択の自由の問題や、林茂生のライフワークであった「個」を生かす教育の問題が厳然として存在していた。第五章に論じるように、こうした社会正義の不在状況は、ムーディにおいては民族的・距離的に隔たる他者の「苦しみ」に対する宗教的問題意識をより深めてゆく契機となった。

第四章 補論　台湾人信徒による神学的追求
――雑誌『福音と教会』にみる危機神学と全体主義批判（一九三三―三九）

はじめに

林茂生《リムボーシン》が「基督教文明史観」にて仲保者イエスによる個々人の「天良《ティエンリョン》」の解放を重視し、ここにキリスト教の個人的・社会的倫理の基盤があると論じた一九三〇年代初頭は、ちょうど台湾基督長老教会における自治運動のピークの幕開けの時期であった。この時期、台湾人教会自治運動は、日本留学経験者を多く含む教会青年層が各地教会でもった勉強会や教会改革運動などを通して推進されるようになった。第四章で触れた一九二九年以来開催されてきた南部台湾長老教会夏季学校の取り組みからも窺われるように、この時期の台湾基督長老教会では、青年とその主体的な活動が重要なキーワードとなりつつあったのである。

当時から台湾人教会自治運動に共感的であったカナダ長老教会宣教師ヒュー・マクミラン Hugh MacMillan（一八九二―一九七〇）は、一九二〇年代末に組織化された同運動が、三〇年代には留日学生らを中心に展開された神学議論により全盛期を迎えたと回想している。「彼ら〔留日台湾人学生たち〕は自分たちの聖書を読み、自分たちで考えるようになった。彼らは台湾に戻り、自分たちのやり方と自分たちの資金によってキリスト教青年会の基礎を作った」(1)。これらの活動の特徴は、台湾人キリスト者独自の雑誌媒体との連携の下に展開された点にあり、そのおもなものとして、白話字雑誌『伝道師会会誌』（一九三四、一九三五）と和漢文機関誌『聯盟報《れんめい》』（一九三三年刊）を挙げることができる。

宣教師文書とは異なる独自の活字メディアにより、台湾人信徒が台湾宣教の使命を形成、提示したこれらの動向は、マクミランによれば、軍国主義が深まる中で「キリスト教青年が常に監視される」ようになり、教会自治運動が「異様に困難な時期」を迎えた一九三〇年代末にも引き継がれていた。彼によれば、当時のキリスト教青年の一部は、「ローマ帝国と日本の帝国主義的なやり方の類似性」に着目することで、新約聖書に改めて重要な意味を見出し、自らが直面する植民地的状況に対して、キリスト教がいかなる意味を持つのかを自分たちなりに模索していたという(2)。

それでは、この「異様に困難な時期」である一九三〇年代末に展開された教会自治運動は、第四章にて捉えてきた教会内外を問わない台湾人の共感的関係性への志向、「四百万同胞」への宗教的コミットメント、および個々の信徒の宗教的体験への重視とは、いかなる関係にあったのか。台南長老教中学排撃運動に象徴されるように、全体主義的体制の浸透がはかられたこの時期、この新たな「ローマ帝国」を前にして、台湾人信徒らはキリスト教にいかなる個人的・社会的意味を見出し得たのか。

ここでは、第四章の補論としてこれらの問いに答えたい。具体的には、一九三八年に創刊された台湾人キリスト者の和文雑誌『福音と教会』に焦点を当て、同誌の関係者という一つの集団の傾向を捉えることを目指す。そこで、まず第一節では、一九三〇年代半ばまでに台湾人青年クリスチャンが中心となって刊行していた前述の『伝道師会会誌』および『聯盟報』の特徴を概観し、『福音と教会』創刊以前の台湾人教会自治運動のコンテクストを捉える。同時に、『福音と教会』の書誌情報を検討し、同誌が三〇年代半ばまでの青年運動や教会改革運動といかなる関係にあったのかを明らかにする。第二節では、危機神学受容を含む神学議論が『福音と教会』においていかに展開されたのかを捉える。したがってここでは、『聯盟報』が創刊された一九三三年から、筆者が現存を確認している『福音と教会』の第5号が刊行された一九三九年までの時期を扱う。

第一節　『福音と教会』に至る文脈——青年運動と教会改革運動を受けて

1　北部教会の改革運動と『伝道師会会誌』における神学的探求

『伝道師会会誌』は、台湾北部教会の伝道師会メンバーにより、神学や教会のあり方を論じる不定期の言論機関として刊行された。(3) カナダ長老教会の宣教活動によって創設された北部教会は、既述のように一九〇四年には独自の中会を、一九一二年には南部教会との合同により、南北両中会を統率する台湾大会を設置した。しかしながら、南部教会が台南宣教師会議によって仕切られたように、北部教会も最初の宣教師ジョージ・マカイの活動期以来、マカイの子偕叡廉《カイゾェリエム》（一八八二—一九六三）や、その義理の兄弟である陳清義《タンチンギ》（一八七七—一九四二）ら一部の教会中堅層が大きな影響力を持つという組織矛盾を抱えていた。(4) このため、一九三〇年代には日本留学経験者を中心とする台湾人伝道師らが、より自治的な教会組織を作ることを呼びかける「北部新人運動」が起こった。この運動は、同時期の台湾人青年伝道師らの神学議論と重なり合い、陳渓圳《タンケーツン》（一八九五—一九〇〇）、鄭蒼國《テーツォンコク》（一九〇二—九一二）、高端莊《コートァンツォン》（一九〇四—四四）を含む、少なくとも八名の『伝道師会会誌』執筆者が、同時に新人運動にも参与していた。

北部新人運動を研究する鄧慧恩は、同運動や『伝道師会会誌』に関与した「新人」らの特徴として、教会運営の方法をめぐって中堅層と激しく対立したことや、日本文化に親和性を感じることで自己認識にかかわる独特の複雑性を抱えていたことなどを挙げている。鄧は『伝道師会会誌』上の発言を分析し、日本留学を通じて新たな文化を取り入れた新人らが、台湾の将来を想うと同時に、「日本精神」を困難に立ち向かう際の指標として真剣に受けとめる「二重のアイデンティティ」を持つ状況にあったと述べている。(5) さらに鄧は、北部新人運動の特徴として、新しい神学動向への関心を挙げている。鄧によれば、新人らは、従来のように基本的な教義の理解や、敬虔な態度と祈りの姿勢のみを要求されることに飽き足らず、日本の神学界を通してヨーロッパの神学動向を積極的に取り入れていた[6]。

例えば、京都帝国大学を卒業し、淡水中学校の教員となった陳能通《タンリントン》（一八九九―一九四七）は、『伝道師会会誌』にて危機神学やイギリスの「オックスフォード運動」など、同時期のヨーロッパで展開された教会の内部批判的議論や運動を紹介している。オックスフォード運動とは、一九三〇年代に英国国教会で起こった運動で、プロテスタンティズムに見られる個人主義的傾向とカトリックにおける教皇絶対主義の両者を批判した教会改革運動である[7]。陳は、危機神学とオックスフォード運動について次のように述べている。すなわち、この両運動は第一次世界大戦により「宗教が致命的な打撃を受け」、人々が教会から離れていく中で生まれたものである。「この二つは互いにまったく関係なく、まったく異なる場を拠点としているが、共に人とその文化に対する絶望をもって上帝の恩典とかれの創造力を見出すものであり、それがこれら〔二つ〕の共通点である[8]」。このことから、陳が危機神学やオックスフォード運動の根底に、罪人たる人間は、神への信仰によってしか義とされ得ないという「絶望」があること、またこの「絶望」のゆえにこそ、「上帝の恩典とかれの創造力」を見出す、逆説的救済への神学的信条の存在を確認していたことが明らかとなる。

このように、一九三〇年代北部教会の青年伝道師は、新人運動や『伝道師会会誌』を通して教会の改革を呼びかけており、それは同時期のヨーロッパで起こった従来のキリスト教界を問い直す神学議論や教会改革運動への関心と密接に連動していた。このことは、一九三五年まで日本神学校に留学していた郭和烈《ケーホーリエッ》（一九〇六―七四）の回想録からも確認される。郭は、一九三〇年代とは、留学を通して日本のキリスト教会の自治的風潮とヨーロッパの神学動向を取り入れた青年が、帰国後に新人運動を形成し、伝道師修養会や青年会での講演・討論を通して、従来の宣教のあり方を活発に問い直した「神学思想の萌芽時代」であったと記している[9]。

これらは、一見すれば日本やヨーロッパで議論される神学的テクストの「輸入」作業のように見える。しかしながら、この作業の契機となり、それを方向づけたものは、北部台湾の長老教会組織の問題や宣教のあり方であり、それこそ同教会の青年伝道師らが直面し、克服することを目指していたコンテクストであったことを見落としてはならない。

2 『聯盟報』と台湾人青年クリスチャンによる自治的宣教への模索

この時期に、北部新人運動と同様にキリスト教青年の自治的空間としての役割を果たしたのが、台湾各地教会の青年会（ＹＭＣＡ）、その連合組織である台湾基督教青年聯盟（以下、「聯盟」）、およびその機関誌『聯盟報』であった。聯盟結成の契機は、第四章にて言及した一九三一年の南部台湾長老教会による第三回教会夏季学校であった。その開催状況を報告する同年九月の『教会報』には、この時の「相談会」にて「青年の将来について議論した」結果、次のような案を決定したと述べられている。「南部台湾基督長老教会青年同志会を創立すると決議した。各教会の青年会、あるいは個人であるとを問わず、本会の主旨に賛同する人は皆加入できる」[10]。同史料の直後には、青年同志会創設の由来、およびその会則を紹介する潘道榮《ポアトオイン》の「青年同志会」という記事も投稿されている。潘が転載している会則によれば、同会の目的は「各キリスト教青年会の会員、および個人青年男女同志の連絡、向上、キリスト教信仰の確立、キリスト教的生活を実現し、喜んでキリスト教会内で奉仕し、共同事業を実行できるように図ること」とある。また同会への加入者は、各地教会の青年会のメンバー、および会の主旨に賛同する「満一六歳の青年男女」とすること、年に一度の「総会」を開催すること、役員としては、会長、副会長が各一名、書記が二名、会計一名を設けることなどが定められている。同会の「事業」としては、①夏季学校、②研究会およびその他の集会、③出版物、④その他役員総会が決定した事業、などが定められた[11]。

ここで、南部台湾の各地教会に結成されている青年会（ＹＭＣＡ）と、一般に言う「ＹＭＣＡ」との間には微妙な相違があることに注意が必要である。もともと、ＹＭＣＡ（Young Men's Christians Association）とは会員相互の交流や社会への働きかけを目的に、一八四四年にロンドンで創設されたキリスト教青年団体である。各教会や地域のYMCAは同盟で結びつき、一八五五年にはパリで世界YMCAが、一九〇三年には日本キリスト教青年会同盟（日本YMCA同盟）が結成された。[12] しかし、高井ヘラー由紀が指摘するように、台湾基督教青年聯盟に参与した台湾人YMCA関係者の中には、あくまでも台湾人クリスチャンの連帯を目指す動きがあった。このため、台湾人YMCAは「日本YMCA同盟」傘下の「台湾YMCA」（一八九八年創設）には加盟せず、東アジアのYMCA運動を支援していた「北米YMCA」の正式な認知も受けなかったため、YMCAの中でも、いわゆる「非公式」のものと位置づけられていたのである。[13] 特に北部教会における青年会の開設や聯盟結成への参画を含む台湾人YMCA運動は、北部新人運動と同様に教会中堅層との摩擦の中で展開されており、[14] このことは両運動に賛同し、『聯盟報』にも投稿文を寄せた前述の宣教師マクミランの報告からも窺われる。[15]

高井の研究によれば、学生YMCAや各地教会の台湾人青年会は、一九一〇年代に設置され始め、一九三二年八月に聯盟が結成されるまでには、台北、台南、東京の三つの中心点が存在していた。このうち台南基督教青年会は、前述のように林茂生が中心となって創設した組織である。[16] 聯盟が台南を拠点に「台湾人主体の諸YMCAの連携」を構想しつつあった一方で、南北両教会の青年が構成するメンバー間には、日本人主導下の「台湾YMCA」と連携すべきか否かをめぐる緊張が常に存在していたことなど、同組織の実態と性格については高井の研究に詳しい。一方で、現存する『聯盟報』の内容に着目すると、同誌は①YMCAとその聯盟が負う台湾宣教の使命の確認、②聯盟傘下の各地教会YMCAの消息の紹介、③神学議論と回想などの、大きく分けて三タイプの記事から構成されていることがわかる。

これらをごく簡単に見渡すと、例えば①タイプの記事には、黄耀煌（生没年不詳）による和文記事「YMCAよ！共同団結せよ！」のように、「私立圏」としての各地教会YMCAの自治的性格を確認し、これらに対して「台湾精神界を風靡」することを目指し、「台湾同胞を愛する」のであれば、「同盟」・「団結」すべきであると呼びかけるものがある[17]。また投稿者の中には「宜蘭一青年」というペンネームの人物のように、「我が愛する四百万の同胞」への宣教使命を論じ、以下のように呼びかける者もいる。「彼等〔四百万の同胞〕の運命を我が運命と覚え彼等の十字架に近づけないことは我々の無責任なるを悔いざるを得ない。基督と十字架の心を以て同胞の現状並に将来を憂えなければならない。我が台湾をどうか御互いの双肩にある神より負わされた使命を真に果たせるように勉めよう」[18]。また、②タイプの記事の中には、台南学生基督教青年会の主催で一九三三年四月二三日と三〇日、および五月七日の三日間にわたって台南太平境教会にて開講された林茂生「宗教心理学講座」の消息をごく短く報告するものもある[19]。

③タイプの記事としては、東京での苦学を経て、帰台後工場での作業中に事故で右手を失うも、陸上競技選手となった自身の半生を振り返る江有成（生没年不詳）の「私の体験」[20]や、「イエスキリスト」との「個人的接触」という宗教的体験に基づく信仰義認の教えを核に、「聖愛なるが故に何処までも罪に対する〔…〕怒と審判」を持つ神や、個々の信徒とイエスとの関係性を現在進行形のものとして与える聖霊に関する神学理解を提示する郭和烈の「基督の神を知れ！」が含まれる[21]。信徒個人の宗教的体験を信仰義認の根底に置く郭の議論は、台南神学校『校友会雑誌』における周天來《チウティエンライ》や「基督教文明史観」における林茂生のキリスト教論とも通底するものと言える。

重要なことに、同史料には、概してこれら青年層には理解を示さない傾向にあるとされた教会中堅層の寄稿も見られる。例えば、林燕臣《リムイエンシン》は漢文メッセージ「新春青年感想」にて、青年クリスチャンの運動に「我が同胞の青年を救い、諸々の水火の中を出でて、救いの道を登ること」への期待を示している。その上で、林はヨハネによる福音書九章四節「わたしたちは、わたしをつかわされたかたのわざを、昼の間にしなければならない。夜が来る。すると、だれも働けなくなる」というイエスの言葉を引き、この言葉に耳を傾けつつ活動に打ち込むようにと読者に呼びかけている[22]。

これらの記事からも、聯盟の構成メンバーらが台南神学校『校友会雑誌』に表明されていたような教会内外の「四百万同胞」に対する共感的関係性への志向を受け継いでいたことがわかる。また、聯盟関係者は教会組織内における台湾人「青年」――「昼」に属し、今まさに働かねばならない者――としての独自のアイデンティティを意識的に打ち出していたことが窺われる。

3 『福音と教会』の基盤──神学教育、留日経験、および自治運動

(1) 書誌的検討──総督府監視下での神学的追求の模索

雑誌『福音と教会』は、南北教会合同の組織である台湾基督長老教会伝道師会によって一九三八年に創刊された[23]。後述するように、それはちょうどムーディが最後の台湾関係英文著書『山小屋──フォルモサの物語 *The Mountain Hut: A Tale of Formosa*』を刊行した年でもある[24]。

筆者はこれまでに『福音と教会』の創刊号(一九三八年二月)、第2号(一九三八年五月)、3号(一九三八年九月)、4号(一九三八年一二月)、および5号(一九三九年四月)の現存を確認してきた[25]。所澤潤、川路祥代、王昭文、および駒込武作成による「長栄中学校史館所蔵資料仮目録──教会関係資料之部」(二〇〇三年九月)によれば、台南長老教中学の後身である私立長栄高級中学のアーカイブには、『福音と教会』の創刊号と第4号のほか、第6号(一九三九年五月)と10号(一九四三年六月)が所蔵されている[26]。同史料館における二〇一〇年から一四年までの筆者自身の史料調査では、実際の史料を確認することができなかったが、右のデータからは『福音と教会』誌が第6号以降も継続され、少なくとも一九四三年の第10号までは発行されていたことが確認される。

同誌はおそらく台湾人聖職者を中心とする伝道師会会員の間での共有を想定されたものだが、それ以外の人々にも開かれていたと考えられる。このことは、創刊号と第2号の巻末の「編輯後記」に、「本誌は非売品であるが若し神学研究に趣味をもたれる方には配布します。が学生の方は送料共年六十銭通常の方は八十銭以上の寄付をお願いします」とあることから推測される[27]。第3号以降では、「本誌は非売品ではあるが神学研究に興味をもたれる方にもお送りします。斯かる方を特別会員と称する。学生の方は送料共年六十銭一般の方は八十銭以上の御寄付を願います」と

書き改められ[28]、一九三八年九月時点で台湾人聖職者以外の人々を対象とする「特別会員」という読者の枠が定められたことがわかる。このように、同誌は台湾人聖職者、および「神学研究」に関心のある学生・一般の人々を対象とする、小規模なサークル内での共有を想定するものであった。にもかかわらず、同誌が当局の監視の対象となったことは、毎号の内扉に押されてある「南署秘警」、「台南州警務部高等警察課」、「警務局図書掛」の検閲印が物語っている（巻末資料8—⑥—［1］）。台湾総督府は、一九一七年に公布した「台湾新聞紙令」により、「①日刊紙発行の制限、②発行前の納入義務、③『新聞掲載ノ事項』に違反した場合の行政処分、④台湾島外発行紙の輸入制限、⑤新聞記事掲載の差止め、⑥司法処分」などを規定しており、日本統治下台湾における新聞・雑誌媒体の発行・流通は大きく制約されていた[29]。『福音と教会』誌の内扉に見られる検閲印は、このうち「②発行前の納入義務」が同誌にも適用されていたことを意味する。河原功によれば、刊行物の納入義務は当時日本内地でも規定されていたが、「内地では『発行と同時』に納めればよいとされていたのに対して、台湾では『発行の前』に納めることが義務づけられていた」。このため、例えば台北市において新聞・雑誌を発行する場合、関係者は発行に先立って「台湾総督府に2部、台北州庁、台北地方法院検察局に各1部を納める必要があり、その3機関の許可を得た後でなければ発行することは許されなかった[30]」。このことに鑑みれば、台南神学校の関係者間での共有を前提とした同校の『校友会雑誌』とは異なり、『福音と教会』誌は通常の新聞・雑誌媒体と同様の扱いを受ける程度の規模で刊行・流通されていた可能性がある。

（2）人的基盤——『福音と教会』委員、および投稿者の顔ぶれ

『福音と教会』創刊号から第5号までは、台湾基督長老教会伝道師会が任命した一四名の委員を中心に刊行され、二三名の執筆者による投稿記事から構成されている。おもに南部台湾長老教会のメンバーが執筆・編集した台南神学校『校友会雑誌』とは異なり、同誌は南北双方の台湾人聖職者によって担われた雑誌である。『福音と教会』の一四名の委員は、南部教会からの劉振芳《ラウチンホン》、梁秀德《ニウシウテク》（一九〇一—一九三三）、潘道榮、施鯤鵬《シークンピン》（一九〇二—一九四五）、陳金然《タンキムゼン》、許有才《コーイウツァイ》、

楊士養《イウスーイオン》（一八九八―一九七五）、黄主義《ンツゥギ》（一九〇五―八九）の八名、および北部教会からの陳渓圳、呉清鎰《ゴチンイェク》（一九〇七―九一）、蔡受恩《ツォアシウン》（生没年不詳）、駱先春《ロクセンツウン》（一九〇五―八四）、郭和烈、蕭樂善《シァウロクセン》（一九〇〇―九二）の六名であり、南部教会出身者の数が北部教会メンバーのそれをやや上回っている。この『福音と教会』委員一四名および、二三名の執筆者から二名の宣教師と一名の日本人教師、詳細不明の五名を除いた一五名の台湾人投稿者の学歴、留学経験と職業を一覧にすると、表1のようになる。

　ここでは、この二四名の職業および、学歴と留学経験の二つの角度から、『福音と教会』関係者の集団としての傾向を捉え、同誌の書誌的分析を行う。まず、表1の『福音と教会』委員および投稿者二四名のうち、一九三八年の同誌創刊年にすでに牧師であった者が一五名、後に牧師となった者が五名、伝道師が一名であることが確認される。また、劉主安《ラウツゥアン》はキリスト教系学校の専任教員であり、一般の学校教員になった高約拿《コーイオッナー》（一九一七―四八）と早世した呉《ゴ》昌盛《チォンシン》（一八九七―一九二八）を除けば、表中の同誌関係者のほぼ全員が聖職者、あるいは広義の宣教に携わる者であったことがわかる。編集委員の黄主義が、巻頭言「福音と教会誌発刊の辞」にて、同誌の使命は「福音を正しく理解し宣教し、また教会観を正しく認識する」ことであると論じていることからも、同誌が台湾宣教の担い手が神学議論を通して「福音」と「教会」に対するコンセプトを確認し合い、あるべき宣教と教会運営を目指すための言論機関たろうとしていたことが窺われる。(31)

　『福音と教会』創刊号から第5号までに投稿された記事を、形式ごとに①論説（神学書や聖書を引用し論考を展開するもの）、②書評（神学書を紹介しコメントを述べるもの）、③聖書解釈（聖書のある章節について解釈を示すもの）、④その他（巻頭言、エッセイ、短言、漢詩を含む）の四タイプに分け、前述の一五名の台湾人投稿者による投稿本数を一覧にすると、表2のようになる。

　これら四タイプのうち①論説、②書評、③聖書解釈がいずれも神学議論と関連するものであることや、このうち①論説タイプのものが一三本ともっとも多いことからも、同誌が神学議論に特化したものであることが確認される。

表 1.『福音と教会』委員、および台湾人投稿者の学歴、留学経験と職業（註 4 補 -1）

氏名（生没年）	台湾での教育		留学	職業
	中等教育など	高等教育		
○楊世註 (1881-1971)	（書院）	台南神学校 (1908-12)	—	牧師 (1917)
◎潘道榮 (1889-1952)	台南長老教中学 (1899-1903)	台南神学校 (1906-?)	明治学院 (1909-?)	牧師 (1927)
●陳渓圳 (1895-1900)	—	理学堂、大書院 (?-1916)	同志社大学神学部 (1916-?) 東京神学社 (?-1919)	牧師 (1936)
○呉昌盛 (1897-1928)	—	—	同志社中学 (1913-18) 青山学院神学部 (1921-27)	早世
●劉振芳 (1897-1969)	台南長老教中学 (1912-?)	台南神学校 (1917-21)	明治学院神学部 (1923-27) オーバン神学校 (?-1935)	牧師 (1928)
○頼仁聲 (1898-1970)	台南長老教中学 (1913-?)	台南神学校 (1916-21)	東京聖書学院 (??)	牧師 (1924)
●楊士養 (1898-1975)	台南長老教中学 (?-1914)	台南神学校 (1914-19)	明治学院 (1921-?)	牧師 (1925)
◎陳金然 (1900-67)	台南師範学校 (1919-20)	台南神学校 (1926-31)	—	牧師 (1932)
●蕭樂善 (1900-92)	淡水中学校 (?-1920)	台北神学校 (1920-?)	日本神学校 (1931-34)	牧師 (1940)
◎梁秀德 (1901-93)	台南長老教中学 (1915-19)	台南神学校 (?-1923)	—	牧師 (1931)
●施鯤鵬 (1902-45)	—	台南神学校 (1927-31)	—	牧師 (1935)
●許有才 (1903-84)	台南長老教中学 (1920-?)	台南神学校 (1924-28)	—	牧師 (1935)
◎黃主義 (1905-89)	台南長老教中学 (1919-22)	台南神学校 (1926-30)	日本神学校 (1930-36)	台南神学校教員 (1937-40) 牧師 (1938)
●駱先春 (1905-84)	淡水中学校 (1922-27)	台北神学校 (1927-31)	中央神学校 (1931-33)	台北神学校教員 (1937) 牧師 (1938)
○劉主安 (1905-94)	—	—	青山学院中等部 (??) 東京高等工業学校 (?-1926) バーミンガム長老教神学校 (1935-36)	台南長老教女学校教員 (1926)
◎郭和烈 (1906-74)	淡水中学校 (?-1928)	—	日本神学校 (?-1935)	牧師 (1938) 台北神学校理事 (1940)
●呉清鎰 (1907-91)	淡水中学校 (?-1926)	—	日本神学校 (?-1934)	牧師 (1938)
○胡文池 (1910-2010)	淡水中学校 (1927-31)	台北神学校 (1931-?)	—	牧師 (1942)
○許益超 (1914-83)	—	台南神学校 (1932-36)	—	伝道師 (1936)
○呂春長 (1914-2010)	—	台南神学校 (1937-41)	—	牧師 (1943)
○鐘茂成 (c.1914-??)	台南長老教中学 (1927-30)	台南神学校 (1933-37)	厦門英華書院 (1930-32)	牧師 (1941)
○謝緯 (1916-70)	台南長老教中学 (??)	台南神学校 (1934-38)	東京医学専門学校 (1938-42)	医師 (1946) 牧師 (1949)
○高約拿 (1917-48)	台南長老教中学 (1930-?)	台南神学校 (1935-39)	日本神学校 (?-1944) 東京音楽学校 (?-1945)	第一女子中学教員 (1946)
●蔡受恩 (??)	淡水中学校 (?-1928)	—	中央神学校 (?-1934)	牧師 (1937)

●は委員を、○は投稿者を、◎は委員兼投稿者を示している。また、網かけ部分は北部教会出身者を示している。

表 2.『福音と教会』(1938-39) 記事タイプごとの投稿本数(註 4 補 -2)

氏名(生没年)	創刊号	第2号	第3号	第4号	第5号	計
○楊世註 (1881-1971)					④	1
○潘道榮 (1889-1952)	①					1
○呉昌盛 (1897-1928)					①	1
○賴仁聲 (1898-1970)				①		1
○陳金然 (1900-67)			①	①		2
○梁秀德 (1901-93)		④				1
○黃主義 (1905-89)	④、①	①	②			4
○劉主安 (1905-94)	④	①				2
●郭和烈 (1906-74)	①		③	③	③	4
●胡文池 (1910-2010)				①		1
○許益超 (1914-83)				①		1
○呂春長 (1914-2010)		②				1
○鐘茂成 (c.1914-??)		①	①			2
○謝緯 (1916-70)	②					1
○高約拿 (1917-48)	②					1

○は南部教会出身者を、●は北部教会出身者を示す。

表1における『福音と教会』関係者二四名の出身教会に着目すれば、前記のように、委員一四名のうち南部、および北部教会からのメンバーはそれぞれ八名と六名であったが、投稿者一五名に着目すると、このうち北部教会出身者が郭和烈と胡文池《オーブンティ》(一九一〇—二〇一〇)の二名のみであり(表2)、同誌の少なくとも第5号までは、執筆者の大半が南部教会出身者であったことがわかる。次に、この二四名の学歴と留学経験に着目すれば、早くから日本留学に赴いた呉昌盛と劉主安、および就学先不明の三名を除く一九名が、台湾で聖職者養成教育を受けており、このうち一五名が台南神学校にて、四名が台北神学校(およびその前身である理学堂、大書院)にて神学を修めていたことがわかる。また、表1からは日本に留学して神学を究めた者が一三名いたことが確認され、『福音と教会』関係者に多くの留日経験者が含まれていたことがわかる。

これらの人物の日本留学の傾向には、当時の台湾人キリスト教徒の日本留学状況と重なる二つの特徴を指摘できる。第一に、呉昌盛や劉主安のように、中等・初等教育段階から日本のキリスト教系学校に留学する台湾人キリスト教徒が一定数存在していたことである。先行研究によって指摘されているように、日本のキリスト教系学校の中等部は、台湾人学生にとって日本の高等教育機

表 3. 留日経験台湾人キリスト教徒の教会自治運動参加状況（註 4 補 -3）

氏名（生没年）	①台南神学校『校友会雑誌』	②台湾人ＹＭＣＡと台湾基督教青年聯盟	③北部伝道師会と新人運動	④『福音と教会』
○潘道榮 (1889-1952)	◎			◎
●陳渓圳 (1895-1900)			◎	◎
○呉昌盛 (1897-1928)		◎		◎
○劉振芳 (1897-1969)	◎	◎		◎
●蕭樂善 (1900-92)		◎	◎	◎
●鄭蒼國 (1902-92)		◎	◎	
●駱先春 (1905-84)			◎	◎
○劉主安 (1905-94)		◎		◎
●郭和烈 (1906-74)		◎	◎	◎
●呉清鎰 (1907-91)			◎	◎
○謝緯 (1916-70)		◎		◎
●蔡受恩 (??)			◎	◎

○は南部教会出身者を、●は北部教会出身者を、◎は各刊行物・運動への参加を示す。

関への接続ルートとして重要な役割を担っていた。戦前同志社のアジア留学生を研究する阪口直樹は、特に台南長老教中学と淡水中学校の卒業生が、同志社中学を日本への「最初の上陸拠点（経由地）」とする傾向にあったと述べている。[32] また、戦前青山学院への台湾・朝鮮からの留学生の実態を検討する佐藤由美は、当時の台湾のミッションスクールが上級学校に接続する私立中学校としての認定を受けていなかったという事実を踏まえ、三年次、四年次で青山学院を含む「『内地』の中学校に編入し、上級学校を受験するというパターンが、ある一定の社会層の〔台湾人〕子弟には多かった」と指摘している。[33]

第二の特徴は、日本で神学を修めた者の主要な留学先が、日本神学校系列の教育機関を中心とする長老派の神学校に集中していることである。[34] 日本神学校は、一九三〇年に明治学院神学部（一八八七年設置）、および東京神学社（一九〇四年設置）という二つの長老派系神学部・神学校が合同することで成立した聖職者養成機関である。[35]

『福音と教会』関係者のうち、日本における最終学歴を神学校で修めた一二名に着目すれば、このうち八名がこの日本神学校系列の教育機関で学び、二名は同校と同じく長老派である神戸の中央神学校で学んでいたことがわかる。[36] 残り二名のうち、呉昌盛はメソジスト派の青山学院神学部（一八九四年設置）にて、頼仁聲《ロアジンシン》（一八九八―一九七〇）はホーリネス派の東京聖書学院（一九〇三年創立）で神学を修めた[37]。このように、日本留学生の多くが日本神学校系列の教育機関、および中央神学校にて神学を学んでいたことは、前述の阪口が述べるように、これらの神学校と南北台湾の長老教会との宗派が同じであったことと関係しているためであろう[38]。

これらを踏まえた上で、『福音と教会』誌、日本留学経験、および一九三〇年前後の台湾人キリスト教徒による教会自治運動という三つの要素の間に存在する関連性を指摘したい。表3は、留日経験を持つ台湾人キリスト教徒の中でも、①台南神学校『校友会雑誌』、②台湾人ＹＭＣＡ運動と台湾基督教青年聯盟、③北部伝道師会と新人運動、④『福音と教会』の四タイプの刊行物・運動のうち、二つ以上に参与したことが判明している一二名を表にしたものである。

表3によれば、前記四種のうち二つ以上の動向に関わった台湾人キリスト教徒日本留学生は、鄭蒼國を除くほぼ全員が『福音と教会』の委員や投稿者である。また、同誌に関わる南部教会メンバーの多くが台湾人ＹＭＣＡ運動に参与しており、同じく同誌に関わる北部教会メンバーは、全員が北部教会伝道師会・新人運動のいずれか、あるいは双方に関与している。このことからは、一九三〇年代初頭に台湾の教会自治運動に参与した日本留学経験者のネットワークが、少なくとも部分的に、三〇年代末の『福音と教会』の構成メンバーの基盤となったことが明らかとなる。

第二節　『福音と教会』の自治的神学的追求――人格的尊厳と社会正義を求めて

1　「ただあの神にのみ」――バルトの危機神学と全体主義の問題

後述するように、『福音と教会』誌も『伝道師会会誌』と同様、当時の欧米世界で最新の神学動向として注目されていた危機神学を、書評や神学議論などを通して紹介している。危機神学が一九二〇年代半ばから三〇年代にかけてのキリスト教神学界に訪れた一つの転機を体現する動向であったことは、既述の通りであるが、その実、自由主義神学をはじめとする一九世紀以来試みられてきた人間理性や進歩などの近代的諸価値と神学との整合性の模索は、聖書における神・イエスの無条件かつ絶対的な権威という、合理主義では説明不可能な要素を前に、当初から修正を迫られていた。[39]危機神学は、この近代神学における内的矛盾を明確に批判するものとして、第一次世界大戦の衝撃を経た一九二〇年代以降に起こった神学運動であった。[40]

一方で、この危機神学が各地で着目された一九三〇年代初頭は、その担い手であった神学者ブルンナー、バルト、ゴーガルテンらが互いの異なる解釈と立場を認識し、対立していった時期でもあった。ゴーガルテンはナチスによる教会統制を支持する「ドイツ的キリスト者信仰運動」との親和性を示すようになり、ブルンナーは人間には自然物や自然現象を通じて神の属性を理性的に認識する能力があるとする「自然神学」に親和的な立場をとるようになった。バルトはあくまで神の啓示のみを唯一の権威としなければならないと強調することで、一九三三年にはこれらの仲間たちとの「訣別」を宣言した。[41]国家を神格化する考え方に寄り添ったゴーガルテンと、これを批判するバルトとの対立関係は明確であったが、バルトとブルンナーの神学論争には、当事者であったブルンナーをも困惑させる側面があった。ブルンナー自身は、ナチスやドイツ的キリスト者信仰運動を支持したわけではなかったからである。しかしながら、バルトにしてみれば、信仰における人間側の可能性を認める自然神学には、社会の現状やその中の事物を含むコンテクストに神の属性を読み込んでしまう危険性が伴われるのであり、ドイツ的キリスト者信仰運動は、まさにそのような罠に陥ることで「民族性《フォルクストゥーム》」や「慣習《ジッテ》」、「国家」を神格化するに至ったものと認識されたのであった。[42]

このことは、彼がドイツ的キリスト者信仰運動に対抗する「ドイツ告白教会」の一員として共同執筆した「バルメン宣言」（一九三四）にある次の言葉からも窺われる。「神学は今日、〔…〕ありとあらゆる自然神学から訣別すべきであり、あの狭さ・あの孤立《イゾリールング》の中にあって、ただあの神にのみ――イエス・キリストにおいてご自身を啓示し給うたあの神にのみ――固着することを敢えてなすべきである」[43]。すなわち、バルトにおける反全体主義的立場の表明とは、彼にとってはあくまでも、キリスト教徒は「ただあの神にのみ〔…〕固着」すべきで、その他のいかなる「権威《インスタンツ》」をも認めてはならないとする神学的信条を厳格につきつめる中で発されたものであった。

他方でブルンナーは、自身はドイツ的キリスト者信仰運動には加担しておらず、バルトの批判は誤解によるものだと反論した。彼は、自らの神学的観点において確認されているのは、形式として「神の言が人間をしてそれに耳を傾けさせしめる」ということであって、実体としての人間存在に啓示を読み取る能力が組み込まれていると考えているのではないと繰り返し弁明した。しかし、当時のブルンナーの説明はいずれも、「ありとあらゆる自然神学から訣別すべき」との立場を貫いていたバルトには聞き入れられなかった[44]。一九三四年を中心に展開された両者のやりとりは、神学界および宗教哲学界で「自然神学論争」として広く知られることとなり、日本においては同論争を含む危機神学の動向が、日本神学校系列の神学者である高倉徳太郎（一八八五―一九三四）、熊野義孝（一八九九―一九八一）、桑田秀延（一八九五―一九七五）、および一九三四年には直接バルトに師事した哲学者の滝沢克己（一九〇九―八四）らによって紹介され、論じられている。また、ムーディを含む一九三〇年代初頭のスコットランド神学界では、特にブルンナーの議論を中心に危機神学が受容され、贖罪論・和解論を中心とするキリスト論への再考作業が行われたことについては、第四章にて述べた通りである。こうして三〇年代までに危機神学、およびこれに触発されて展開された新たな議論は、歴史の進歩や人間理性への信頼を改めて問う近代批判、これと連動するキリスト論の再考作業や、特にバルトの場合は差別的民族主義と全体主義を含む社会問題への批判を伴うものであった。

それでは、『福音と教会』誌上において、台湾人キリスト者は具体的にどのような形でこの危機神学を受け止めていたのか。管見の限りでは、危機神学の主唱者たちの論争がナチスの教会統制問題を背景に展開されたものであることを、同時代の台湾人キリスト教徒が認識していたことを示す史料は見つかっていない。しかし、郭和烈の回想からは一九三〇年代に日本に留学した台湾人キリスト教徒の多くが和訳神学書を通じてバルトやブルンナーの思想に触れていたことが確認される。[45] ここで踏まえるべきことは、バルトがナチス全体主義への抵抗運動に参与した三〇年代半ば以降には、日本内地における危機神学受容が相対的に困難となり、同神学をめぐる議論が、学問的抽象性に限定されてしまう傾向を持たざるを得なかったという事実である。[46]

欧米および日本のキリスト教会は、一九三四年前後のドイツにおける教会闘争に関心を寄せ、アメリカでは一九三三年以来、当時「もっとも高く評価されていた主流の超教派プロテスタント雑誌」であったと言われる『クリスチャン・センチュリー *Christian Century*』（一八八四年刊）がドイツの教会を取り巻く危機的状況や全体主義を批判している。[47] また、前記のスコットランドの『エクスポジトリー・タイムズ』でも、例えば一九三四年には、ドイツの教会はアーリア人の教会へと「浄化されねばならない」とするドイツ的キリスト者信仰運動を、キリスト論的根拠から断固否定するバルトのパンフレットを肯定的に紹介している。[48] 日本でも、日本基督教会の機関誌『福音新報』（一八九一―一九四二）が『クリスチャン・センチュリー』を含む英米史の記事紹介や、ドイツやスイスへの留学生・渡航者による報告を通して関連情報を発信していた。しかしながら、三〇年代半ばには情報統制が厳格化する中でこのような報道は困難となり、告白教会のマルティン・ニーメラー Martin Niemöller（一八九二―一九八四）が逮捕・投獄された一九三七年七月に断絶してしまう。[49] このためか、一九三四年から東京帝国大学に留学していた黄《ン》彰輝《チョンフィ》は、そこでバルト―ブルンナー論争に関わる活発な議論に触れながらも、その背景たるドイツ教会闘争については、一九三七年に渡英した際に初めて知ったと回想している。[50]

2　ただ主たるイエスにのみ――郭和烈による危機神学受容作業への内省

このように、危機神学と全体主義の問題に関する情報は、台湾や日本のキリスト者の間で、必ずしも広く共有されていなかった一方で、『福音と教会』の投稿者らは、一九三〇年代末という時期に危機神学の意味を台湾宣教の舞台に位置づけることに独特な意味を見出していた。前述の北部教会の『伝道師会会誌』の場合と同様、『福音と教会』の投稿者らにとって、危機神学を受容し、紹介するという一見して単純な「輸入」作業は、その実台湾のコンテクスト、およびそこにおける宣教のあり方を自治的に問い、論じてゆく上での重要な手段となっていたのである。例えば、『福音と教会』の著者の中には、謝緯《チァウィ》（一九一六—七〇）、高約拿、および呂春長《ルーツゥンティオン》（一九一四—二〇一〇）のように、書評という形でバルトの神学や、これを日本に紹介した桑田秀延、および高倉徳太郎の議論を取り上げ、危機神学の主張への共感を示す者がいた。[51]

一方で、『福音と教会』投稿者の中には、以下に見る郭和烈のように、いかなる人間的営みの絶対化をも拒否するバルト的な姿勢を貫くことで、危機神学受容作業そのものを相対化するような議論を展開した者もいた。換言すれば、郭の議論は危機神学受容作業とは異なる次元のものである一方で、キリストの他にいかなる価値や活動にも宣教のメッセージを読み込んではならないと主張する点で、かなりの程度バルトと共通した問題意識を示していたと言える。[52]

郭和烈は一九〇六年、台北県社子庄《シァアーツン》にて伝道師・郭珠記（一八八二—一九〇〇）の子として生まれた。一九二八年に淡水中学を、一九三五年に日本神学校を卒業した彼は、『福音と教会』が創刊されて間もない一九三八年五月に大《タイ》甲《カー》教会の牧師に叙任された人物である。[53] 彼は『福音と教会』第5号に新約聖書コリント人への第二の手紙四章五節の言葉、「我らは己の事を宣べず、ただキリスト・イエスの主たる事と我らがイエスのために汝らの僕たる事とを宣ぶ」を解釈する記事を投稿し、同箇所のギリシア語原文を次のように私訳している。「我々が宣言するのは、己自身ではなく、ただ主たるキリスト・イエスである。——我々自身の如きはイエスの故に汝らの僕たるに過ぎぬ」。その上で、彼は当時の和訳版、および白話字版聖書が原文のニュアンスを汲み取れていないことを批判し、次のように述べている。[54]

確《たし》かに「ただ主たるキリスト・イエス」は〔コリント人への第二の手紙の著者とされる〕パウロにとって十分な福音、

完全な福音であった。彼は之に何らかの附加物をも必要としなかった。第二義的な、本質的ならぬ事を余り沢山に述べ立てるような説教は恐らくパウロの唾棄《だき》する所であったであろう。パウロがここに否定しているのは自己宣伝であり、力説しているのは主たるキリスト・イエスであった事は自己を主とする現代の、否——その各時代の説教者達〔へ〕の貴い警鐘ではないでしょうか。我々の説教はどうでしょう。大に反省する必要があると思う。

ここでは、郭和烈が危機神学に言及することなく、聖書原文の言葉を直接的に参照することで、自身を含む「自己を主とする現代」の、および「各時代の説教者達」の宣教姿勢に内省を促していることが窺われる。これに続けて、彼は危機神学を含む同時代の神学・教会改革運動に初めて言及しながら、神ではなく自己を中心に据える姿勢全般への批判を展開する。[55]

> 我々の宣教のメッセイジはただ一つ即《すなわ》ち主たるイエス・キリストである。之《これ》のみを福音として宣伝《のべつた》えるべきである。それは「自己宣伝」に非《あら》ず、「精神慰安」に非ず。「原罪の原理、福音的基督教、バルト神学等の紹介」に非ず、「オックスフォード・グループ運動の勧誘」に非ず、「道徳的勧善」に非ずして、キリスト・イエス、光と暗を分《わか》つ神の言《ことば》である。説教に於《おい》て自己の学識を誇るな！　自己の信仰、聖霊、異言、奇蹟を誇るな！　広告の軽気球のように高い所でフワリフワリと自己宣伝をやっている、その高い所から下りよ！〔イエス・キリストは〕我らの語る凡《すべ》ての文章の主語である。常に之が主語に止るのである。如何程《いかほど》壮大に語られたとしてもこの隠れた主語を有《も》たなければ、凡《すべ》ては空言《くうげん》であるであろう。

郭は前述の高倉徳太郎の著書名である「福音的基督教」、「バルト神学」や「オックスフォード・グループ運動」など、『福音と教会』誌やその背景となった台湾人青年キリスト者運動でも取り上げられてきたトピックに言及し、説教者がこれらを導入し紹介することで「自己の学識を誇る」状態に陥ることに対して警鐘を鳴らしている。たとえ危機神学やオックスフォード運動に、教会や社会の現状を批判する原動力が組み込まれているとしても、それらの受容・紹介作業を、自己を「高い所」に引き上げ、「宣伝」するための手段としてしまうのであれば、それ自体があるべき神学姿勢からの逸脱である、と。

こうした議論は、バルトが『我れ信ず』において「自己自らに於て絶望する我々の理性でなく、ただ神の啓示のみが、神の把捉し得られないことを我々に承認せしめる」と主張していた姿勢に通底するものと言える。たとえ「理性」が「自己自ら」の限界に気づき、「絶望する」としても、その「絶望」自体を「理性」によって獲得した一つの発見と考えてしまうのであれば、「主語」は依然として「神の啓示」ではなく自己の「理性」のままとなる。このように、バルトの批判もまた、神と人との間の関係における「主語」の問題として読むことができるだろう[56]。本書の序論にて引いた武田清子が述べていたように、キリスト教は原理的には教会および社会的コンテクストを鋭く問う社会運動の基盤となり得たと同時に、その運動自体が絶対化されることをも批判する契機を内包している[57]。ここでバルトが強調する「神の啓示」、あるいは郭が言うところの「主たるキリスト・イエス」の絶対的主権の主張は、そのような契機としての意味を持ち得た例と言える。

3　全体主義批判という神学的作業――イエスの宣教と祈りに立脚して

（1）「無抵抗の抵抗」――鐘茂成の覇権主義批判

重要なことに、『福音と教会』誌にはこのほかにも、明確には危機神学受容という形式をとらないながらも、神の啓示としてのイエスや、その宣教姿勢を中核に据える神学議論を展開することで、帝国主義、覇権主義、および全体主義に対するオルターナティヴを批判的に提示するものが含まれていた。例えば、第3号に投稿された鐘茂成《チョンボーシン》

（一九一四頃―？）の論説「奉仕の福音書」である。鐘茂成の背景の詳細は不明であるが、台南神学院卒業生名簿によれば、彼は台南庁・鳳山の出身者である。(58) 鐘自身の回想によれば、一九二七年に台南長老教中学に入学した彼は、黄彰輝の同級生でもあった。同校に入学して三年後、厦門《アモイ》英華書院に留学したが、二年後の一九三二年には上海事変のためにやむなく帰台し、長老教中学の五年生として学び続けた。彼は黄俟命《ンスービン》による聖書クラスや東門教会での礼拝説教、バンドによる英語と数学、シングルトンの物理と化学、林茂生による英語のクラスを受けたこと、上村一仁もまた英語を担当していたことなどを回想している。いずれも彼が同校を卒業した直後の台南長老教中学神社参拝問題の関係者である。鐘は一九三三年から三七年までは台南神学校にて学び、四一年に牧師叙任を受けた。(59) このことから『福音と教会』創刊時の鐘は、神学校を卒業して間もない伝道師であったと考えられる。

鐘茂成は、宗教的な「奉仕」の精神の意味を考察する論説「奉仕の福音書」にて、イエスの宣教運動とガンディー Mohandas Gandhi（一八六九―一九四八）の非暴力不服従運動 satyagraha の類似性を指摘し、この二つの非暴力運動は共に「ローマ帝国に対する完全なる勝利」を実現し得る力を持つと論じている。(60)

> マルコ伝福音書〔マルコによる福音書〕を読めばすぐマルコ伝は奉仕の福音書であると印象づけられる。マルコ福音書はロマ〔ローマ〕人にあてた福音書で、ロマ人は読んで薄気味の悪い気持になったことであろう。此の福音書を読むことに依ってキリスト教の力を発見することが出来る。反抗は決してしなかった。無抵抗の抵抗でインドのガンヂーが現今実行している所はそれに外ならない。けれどもこれこそ三百年の後に及んで、遂にロマ帝国に対して完全なる勝利を獲たキリスト教の力であった。その原動力は何であったか……奉仕そのものであった。

ここでは、ローマ帝国に相対する二つの姿勢、すなわち「反抗」と宗教的「奉仕」を含む「無抵抗の抵抗」が提示されている。鐘はこのうち宗教的「奉仕」の姿勢の力こそが、「遂にロマ帝国に対して完全なる勝利を獲た」ものであると強調しているが、必ずしも「反抗」というあり方を全否定しているわけではない。彼はむしろ、ユダヤ人によるローマ帝国への「反抗」をごく自然なものとして受け止め、キリスト教的な「無抵抗の抵抗」を、この「反抗」の心と闘いがローマ帝国の強大な軍事力によって徹底的に「踏みにじられ」る中から生まれてきたものとして位置づけている。(61)

ロマに対して革命を企てた人も多かった。〔…〕しかしロマの軍隊は強かったから、ユダヤの国を自由に治める位は何でもなかった。然もユダヤはごく狭い、三四百万人位しか人口がない故、これを左右するのは何でもなかった。何しろ四国全体と余り変らぬ程であった。けれども神に特別な選びを受けたアブラハムの末裔だと言う自尊心を把握し、独立心に燃えていた。いかにかして独立国を造りたいと飽迄《あくまで》戦ったのは実に勇ましかった。余《あま》り最後迄《まで》争い尽《つく》したので、今日では跡形もないほど踏みにじられている。徹底したものである。主イエスの昇天後二世紀の終《おわり》まで革命をし続けた。そして主イエスの預言通り、瓦の上に他の瓦が残っていない程つぶされた。そこで無抵抗の抵抗であるキリスト教の原動力である奉仕の事実をローマ人に説明するため、ペテロが弟子のマルコ、即《すなわ》ち主イエスの又弟子に筆記させたものが此の書物である。

鐘はこのように新約聖書の舞台となったローマ帝国植民地支配下ユダヤ国の状況を捉え、「無抵抗の抵抗」を語る「マルコ伝」が著されたのは、このユダヤ人の「革命」の試みと繰り返される挫折の中においてであったと位置づけている。その上で、彼は新約聖書時代のユダヤ人の独立への願いと異民族間の緊張感や、そのような中で「無抵抗の抵抗」としての宗教的奉仕の精神を持つことが、いかに理解しがたいことであったのかをユーモア溢れる文体を通して描写している。(62) 鐘はイエスの生前に、その弟子たちが彼のことをまったく誤解し、彼を革命を起こして「ユダヤの王」になる人物だと考え、その暁には「自分もえらくなるのだと思っていた」と述べる。「今日でも教会へ来るのは修養して成功するためだと考えている人がある。成程《なるほど》神を信じて正しい生活を送れば自然成功する。然しそれだけならば、頗《すこぶ》る主我的な個人主義的な考え方である」[63]。独立への希求はごく当然のものである一方で、革命によって獲得されるであろう自身の権威――「えらくなる」こと――への志向は、あくまでも「主我的な個人主義的な考え方」であり、イエスの示した奉仕の精神とは相容れないものとされた。

鐘は引き続き当時のローマ帝国と被支配民との間の緊張関係を描写しつつ、この奉仕の精神が誰に向かうものであったのかを説明する[64]。

> 例えば主イエスの先駆者ヨハネが、ヘロデ・アンチパス王に殺され、民衆が怒った余《あま》り、もう辛抱出来ず革命を起そうとした時も〔弟子達は〕そうであった〔イエスを誤解していた〕。尤《もっと》もこの事はマルコ伝には省いてある。革命の陰謀があったと書けばすぐ発行禁止になるから、食わず飲まずに民衆がついて来たとだけ書いてある。がヨハネ伝〔ヨハネによる福音書〕はロマ帝国の勢が少し弱った時に書かれたから遠慮なくあからさまに記録している。〔…〕そして五千人にパンを食べさせたのが興味深い。社会の苦しみをしらぬ者にはここらの呼吸が解らない。腹がへって動けぬ迄《まで》やりまくる。

ヨハネとは、イエスと同時期に洗礼運動を展開した預言者的人物であり、鐘が述べるように、死後に「イエスの先駆者」と位置づけられた。ヘロデ・アンティパスは、ローマ帝国によって任命されたガリラヤ地方の領主であったが、異母兄の妻であったヘロディアとの結婚を違法なものとヨハネに告発されたことから、彼を投獄・処刑した人物である[65]。鐘はこのヨハネというカリスマ的人物の処刑に怒った「民衆」らが、イエスに革命を率いてくれるようにと迫ったのに対して、イエスがしたのは五〇〇〇人にパンを食べさせるということであったという点に注意を促している。

「社会の苦しみをしらぬ者にはこころの呼吸が解らない」という言葉が示しているように、彼はこの場面に「苦しみ」を抱える人々に奉仕するイエスの宣教姿勢の核を見出している。と同時に、彼はこれらの人々の「苦しみ」を、革命を希求し続け、「腹がへって動けぬ迄やりまく」った果ての「苦しみ」として描いている。

このような描写からは、鐘が革命や社会正義を求める人々の精神的、また身体的な「苦しみ」を軽視していなかったこと、それでもなお、キリスト者は新約時代のユダヤ人が求めたような政治社会的な革命ではなく、宗教的奉仕の精神によって、より善い世界を実現すべきであると考えていたことが窺われる。このことは、彼がイエスの教えは「レーニンやトロツキー一派の革命」とは異なるものだと明記していることからも確認される。[66]「道徳の腐敗したロマには、神と良心で勝つより仕方がない。真理に立つ時、ロマの勢力がどれだけ踏みにじっても、最後には必ず勝つ、良心さえしっかりしておれば国は破れない。主イエスは神が良心の中央にありさえすれば、ロマが亡んでも神の国は滅びないと主張した[67]」。

ここで鐘が言う「国」がイスラエルを示すのか、それとも台湾、インド、あるいは日本を指すものであるのかは、必ずしも明確ではない。しかしながら、前述のように同史料にて彼が肯定的に引くガンディーの思想が、一九三〇年代初頭までは日本当局によって危険思想とみなされていた事実を看過してはならない。一九三二年九月二五日の『台湾日日新報』には、日本神学校を拠点に「台湾民族解放を起こさんと文化サークルを組織」し、「台湾の赤化を企てた」として、学生の呉坤煌（一九〇九―八九）が逮捕されたと報じられている。同紙は呉が「ガンヂーイズムにより台湾人の差別待遇を打破して民族解放運動を画策していた」という一文を入れ、反植民地主義に対する強い警戒感を表明している。[68]これらを踏まえれば、鐘茂成は新約聖書の分析を通して浮かび上がったイエスによる「無抵抗の抵抗」、およびそのような「抵抗」が必要とされたローマ帝国支配下の社会的コンテクストを、一九三〇年代台湾の政治社会的状況と密接に関わるものとして受け止めていたことがわかる。

(2)「自由主義的・個人的祈祷」――胡文池の全体主義批判

一九三〇年代台湾の社会的状況に対して、『福音と教会』誌上で示されたもう一つの注目すべき応答に、胡文池の「祈祷会改革論」がある。胡文池は一九一〇年に台北県新荘《シンツン》市にて伝道師・胡清渓（原名阿賢、生没年不詳）の子として生まれた。胡清渓はその父、すなわち胡文池の祖父にあたる胡丙丁（生没年不詳）と共に抗日ゲリラとして日本軍と戦ったが、このとき負傷した丙丁を助けることができずに敗退した。その後、清渓はキリスト者となり、淡水の理学堂、大書院にて学んだが、日本軍の追跡を避けるために間もなく新荘に逃れ、そこで薬剤師として生活した。彼は数年の間警戒を解かず、いざという時のための隠れ家も用意したが、それを使う必要に迫られることはなかった。[69] こうした背景の下に生まれた胡文池は、一九一八年に新荘公学校に入学し、一九二七年から三一年までは淡水中学にて学んだ。同三一年に台北神学校に入学して神学を修めた彼は、一九三四年には伝道師としての活動を開始した。彼は後に台湾原住民・ブヌン族への宣教活動でよく知られるようになる人物でもある。[70]

『福音と教会』第4号に投稿した前述の論考「祈祷会改革論」にて、胡文池は同時代教会における祈祷会の形骸化を問題視し、これをいかに「鼓舞」するのかを考察すべく、新旧約聖書における異なる祈祷形式を比較検討している。そこで彼は、旧約時代の祈祷を次のように批判している。[71]

> 平民は礼拝する義務はあるが、祈祷する権利は与えられていないのである。幕屋や神殿の聖所は祭司のみが入り、会衆に代って献物と祈祷をしたが彼等にはそれが出来なかった。斯《か》く個人的祈祷の不自由な所に祈祷会のあろう筈《はず》がない。我々が今日持つ祈祷会なるものは個人と神との関係が可能である限りに於て成立する。然るに旧約宗教は民族的なるが故に神人の関係は常に団体的である。そこに個人はない。個人の霊性も問題としない。個人の罪も団体的に罰せられる。〔…〕一言にすればかかる全体主義的民族宗教に於ては自由主義的・個人的祈祷会はあり得なかった。それは神を個人的に解放し給うた主イエスに待って初めて可能となったのである。

旧約時代のユダヤ教における祈祷を、「団体」的・「民族」的共同性と「個人」、そして「全体主義」と「自由」といった、きわめて「現代的」な対立概念の下で批判する手法は、一見すればプロテスタント伝道師によるいくぶん不公平な他宗教批判のようである。しかし、胡文池がこのような議論を、軍国主義が深まり、集団的共同性への服従の圧力が高まる中であえて行っていたという事実は看過できない。一九三〇年代、台湾人キリスト者は前述した台南長老教中学排撃運動だけではなく、礼拝における皇居遙拝や君が代斉唱の要求に直面し、一部の聖職者は厳しい監視の下で皇民化運動を率先して進めざるを得なくなっていった。(72)

このことは例えば、台南の太平境教会に残されている国語講習会の記録からも窺われる。同史料によれば、台湾基督教青年聯盟の議長であり、太平境教会の長老でもあった劉子祥《ラウツション》(一九〇六―八八)を含む同教会のメンバーは、一九三九年から翌四〇年までの間に、週に四日、夜間の日本語講習会を開講していた。講習会の内容の大半は、日本語の発音と会話練習である一方で、その題材には君が代や神社、日章旗といった「愛国的」なテーマも一部含まれていた。毎学期の始業式・終業式では皇居遙拝と君が代斉唱が行われ、これらの集会には当時の牧師・施鯤鵬も参加していた。太平境教会の国語講習会は一見して信徒により自発的に立ち上げられたかのように見えるが、同教会が講習会の学期ごとの活動報告を台南州庁に提出していたという事実に鑑みれば、こうした活動が当時の政治的圧力の下で選択されたものであったことが浮かび上がる。(73)

しかしながら、こうした集団的共同性への服従、強要される愛国と天皇崇拝に対する胡文池の批判は、国家の教会への介入に対する単なる抵抗として捉えきれるものではなく、それは、彼のキリスト論的信条と密接に関わるものであった。彼は次のように論じている。(74)

「もし汝等のうち二人、何にても求むる事につき地にて心を一つにせば、天にいます我が父は之を成就し給うべし」(マタイ伝一八・一九)という「恩寵の約束」が祈祷会の動因である。此の「二人」というのは数の制限でないことは下の句によって明かである。「二三人わが名によりて集る所には、我もその中に在るなり。」之は単に多数の中に於ける最少数のものを表したものに過ぎないものである。如何なる小き団体の一致的祈祷も個人の祈祷よりも効果が一層確実であることを主イエスは約束し給うたのである。同時に之は祭司主義的祈祷への抗議でもある。預言者、祭司が聖所に於て祈祷を独占し、而も民衆はその祈祷を知らない。そこに一致協力がない。併《しか》し新約の平等精神は信者が祈祷に均等の機会と権利とを持つことを意味し、而も兄弟愛の一致に在る時、父なる神は喜んで確実にその祈祷に応え給うことをイエスは確言し給うた。

ここでは、胡が個々の信徒による自由な「祈祷する権利」を前提としつつも、これらの個々人による「兄弟愛の一致」を基盤とする、あるべき共同体イメージを提示していることが確認される。さらに、「多数の中に於ける最少数」、「如何なる小き団体」もといった言葉が表しているように、神はいかに弱小なる集団にも向き合うものとされた。このような神学的信条を根拠に、胡は祈祷会とは一人一人が「無責任」になってしまうような代表者の集まりではなく、独立し、責任感を持つ個々人による、自治的な、また相互への敬愛の念を持つ集会であるべきとの考えを示した。「個人の恩恵が豊富にされた時、教会は充実される」[(75)]。このように、共同体や社会といった関係性の「充実」は、個々人の「恩恵」が「豊富」とされない限り実現不可能なものであることを主張する胡の議論には、個々人の解放にこそ、キリスト教における救いと積極的社会倫理の契機があると論じた林茂生のキリスト教論との間に、重要な重なりを指摘できる。

以上のように、鍾茂成や胡文池は、それぞれイエスの宣教運動における奉仕の精神、あるいはイエスが提示した個々人の自由かつ責任ある祈祷といったキリスト論的原則を原動力に、当時としては大胆とも言える明確さで、一九三〇年代植民地台湾が直面していた全体主義、覇権主義、帝国主義を批判した。それはちょうど、「あの狭さ・あの孤立《イゾリールング》の中にあって、ただあの神にのみ〔…〕固着」するからこそ、全体主義を批判したバルトの姿勢とも通底するものである。それはまた、一九二〇年代末以来、台湾人キリスト者が追い求めてきた個々人の自由と解放、小さき団体の願いが直視される神の国の社会正義への志向を反映する議論であったと言える。

小括

以上、第四章の補論である本セクションでは、一九三八年に台湾人キリスト教徒によって刊行された『福音と教会』の背景と書誌情報、および記事内容を分析してきた。このことにより、同誌が台南神学校『校友会雑誌』と同様に、台湾人キリスト者による台湾社会への自治的宣教を構想し、実践する場であったこと、その根底には林茂生も関与した台湾人ＹＭＣＡ運動や、北部教会の新人運動といった一九三〇年代半ばまでのキリスト者青年の教会自治運動のコンテクストが流れていたことを捉えた。

また、『福音と教会』の一四名の委員、および詳細が判明している一五名の台湾人投稿者に着目することで、同誌関係者の多くが聖職者、あるいはキリスト教系学校の教員を含む広義の宣教従事者であること、同誌には台湾人伝道者があるべき宣教についての意見を発表・交換する場としての役割が期待されていたことを明らかにした。さらに、同誌の委員および執筆者の半数強が日本の、特に長老派の神学校にて聖職者訓練を受けていたことを踏まえ、留日経験を持ち、三〇年代初頭に教会自治運動に参与した台湾人キリスト者のネットワークが、『福音と教会』運営メンバーの基盤を部分的に形成していたことを捉えた。

本セクションはその上で、『福音と教会』誌の多くの記事が、おもに日本留学や和文書籍を通して台湾人キリスト教徒が受容してきた危機神学に言及していることを踏まえ、同誌関係者の自治的宣教の理念と神学観や、これに基づく危機神学受容のあり方が、これらの人物の植民地主義や全体主義に対する批判的姿勢に重要な根拠と言語を与えていたことを確認した。当時の台湾人キリスト者にとって、危機神学の受容は単なる「輸入」作業以上の意味を有していた。危機神学という最新の神学動向を受け止め、紹介する作業には、その実、従来の教会のあり方を無批判に引き継ぐのではなく、その意味を当時の台湾のコンテクストにおいて受け止め、考察しようとする自治的かつ主体的な神学姿勢が伴われていたのである。

また、同誌には危機神学への直接の言及をせずとも、キリスト論的信条という大文字テクストを軸に、現状の帝国主義、覇権主義、および全体主義を批判する論説も掲載されていた。中でもイエスの宣教姿勢や祈祷に関する言葉に立脚して教会批判・社会批判を展開した鐘茂成と胡文池の論説は、集団的共同性への服従や、国家による信教の自由の侵害に対する抵抗の契機を、宗教的営みの中に明確に見出した点で特徴的である。特に、個人の「恩恵」が豊富にされなければ、教会のような共同体は「充実」することはないと論じた後者の議論には、個々人の人格的解放こそがキリスト教社会倫理の基盤であるとした一九三〇年代初頭の林茂生の議論との重要な重なりを見出せる。

このように、『福音と教会』誌上には、個の人格的尊厳、その実現によって初めて可能となる社会正義や、社会的不正義とは相容れないキリスト教の大文字テクストのイメージが提示されていた。このことにより、同誌は、植民地支配下台湾人が自らの運命を自ら決める＝自決権に解放のヴィジョンを見出してきた一九二〇年代以来のコンテクストを引き継ぎ、三〇年代の台湾人教会自治運動の集結点の一つとなり得たことが明らかとなる。

第五章　ムーディにおける「苦しみ」の神学
――「失敗」した宣教事業と社会正義をめぐる考察（一九三三―四〇）

はじめに

一九三三年から翌三四年にかけて問題となった台南長老教中学排撃運動は、台湾における宣教師と総督府当局との関係性の転換を象徴する出来事となった。一八九五年の日本による台湾領有以来、在台イングランド長老教会と台湾総督府当局との関係は、ときに緊張感を帯びつつも、全体としては協調的なものであった。両者の間に敵対と協調が共存していたことは、当時のイギリス人宣教師らが共有していた、清末期以来のキリスト教＝文明世界の体現者としての自己認識と密接に関わっている。一八九六年には、宣教師が英字新聞で征服戦争における日本軍の残虐さを訴えたことで、日本に対する国際的な批判が集まったことからも思い起こされるように、イギリス人宣教師による日本批判の根底には、ともすれば非キリスト教的立場を基本とする「彼ら」日本という「東方新強国」に対する蔑視意識へとつながる可能性が常に潜んでいた。しかしながら、宣教師らが日本による台湾植民地統治を追認したのもまた、このキリスト教＝文明国の優越意識があったからであった。そのような姿勢は、日本を含む諸列強の帝国主義的拡大と植民地支配を「『適者生存』をもたらす自由で高潔な競争」として肯定したキャンベルだけではなく[1]、日本の台湾統治に対する当面の評価を控えつつも、これが交通の発達や読書人階級の破壊、儒教や「偶像崇拝」の衰退につながり、キリスト教宣教の障壁を取り除くと予想したバークレーにも見出される。[2]

他方で、一九三〇年代に入ると、イングランド長老教会ミッションと台湾総督府との関係性は急激に悪化する。両者の対立は同時代日本の軍国主義化、一九三一年の「満州事変」以降の日本の国際社会からの孤立を背景に、台南長老教中学生徒の神社参拝問題において先鋭化した。第四章で述べたように、台南長老教中学に関係した台湾の人々は、神社参拝問題を、ミッションスクールのキリスト教主義の保護の問題には止まらない、個人的・集団的な「苦しみ」として経験した。それでは、このコンテクストを前にしたとき、ムーディは、これに神学的に応答することができたのだろうか。また、応答したとすれば、それはどのような形で模索され、表現されたのだろうか。

一九三一年のイングランド長老教会ミッションの退職後、ムーディはグラスゴー郊外レノックスタウンの自宅にて、書簡を通して台湾の宣教師や信徒らと連絡を取り続ける傍ら、[3]神学研究と執筆活動に専念して晩年の八年間を過ごした。この時期、彼は台湾宣教に基づく英文著書『王の客人たち』[4]（一九三二）、および既述の神学書『我々のための・我々のうちのキリスト』（一九三五）を刊行し、[5]もう本を書くことはないと話したという。[6]しかしながらその後、彼は一九三八年にさらに二冊の著書を刊行した。一冊は彼の最後の初代教会史となった『教会の子ども時代 *The Childhood of the Church*』、[7]そしてもう一冊は第四章補論で触れた『山小屋——フォルモサの物語』[8]である。彼はなぜ再びペンをとったのだろうか。

アーサーの回想によれば、この時期の彼は「キリスト者にとって、痛みの問題、苦しみの意味とは何であるのか」という問いを深め、日中戦争の開戦、台湾における日本軍国主義の高まりや学校生徒に対する神社参拝への圧力、そしてヨーロッパにおけるユダヤ人弾圧について知り、悩んでいたという。[9]

以下、本章ではこの他者の「苦しみ」の問題を前に、一九三二年から一九四〇年までの最晩年のムーディが、いかなる神学的追求に駆り立てられたのかを明らかにしたい。そこで、まず第一節では、この時期の彼がキリスト論的信条に立脚しつつ、欧米キリスト教会、およびその宣教事業の有り様をいかに内省したのかを探る。また第二節では、当時のムーディが日本植民地支配下台湾における帝国主義的状況を改めて批判的に捉える中で、その問題性をいかに個々の台湾人（架空の人物も含む）の経験を通して描き出そうとしていたのかを確かめる。そして、第三節では、この時期の彼が、深刻化する社会的分断と全体主義のコンテクストの中で、キリスト者は常に裁きの神によって倫理的に問われているとする神学議論を展開するようになった過程を明らかにする。

第一節　社会不正義と宣教の「失敗」——欧米キリスト教会の姿

1　イングランド長老教会宣教師の社会矛盾批判——シングルトンの場合

第三章で述べたように、一九二〇年代から三〇年代には、インドや中国、アフリカを含む各地において、ナショナリズム運動、およびこれと結びつく宗教運動や政治社会運動が見られた。同時期の台湾でも台湾議会設置請願運動を含む抗日社会運動が組織化される一方で、駒込武が指摘するように「植民地支配の現実にコミットしない教会への批判意識を鮮明にしつつあった」若い世代の台湾人キリスト者らは、マルクス主義を含む社会改革のヴィジョンに重要な意味を見出そうとしていた。[10]そうした動向には、第四章で概観した一九三一年の南部台湾長老教会・第三回夏季学校における「神の国」の模索もまた含まれるだろう。[11]

台湾人信徒の間に見られるこうした傾向への関心を示した宣教師として、レズリー・シングルトンが挙げられる。イングランド、ランカシャー出身のシングルトンは、一九二一年にイングランド長老教会の台湾宣教に参入し、台南長老教中学で英語と化学の教員を務めつつ、台南宣教師会議の許可を得て一時直接的伝道にも携わった人物である。このため、ムーディは彼の活動状況を熱心に追っていたという。[12]一九三二年一月、イングランド長老教会の定期刊行物『メッセンジャー』には、植民地台湾における社会格差や民族問題に触れ、台湾人信徒の間に広まるキリスト教社会主義への懸念を表明するシングルトンの報告が掲載された。[13]

もちろん〔台湾には〕非常に裕福な人々と非常に貧しい人々がいます。このことと、日本人と漢族との間の民族感情のために、中国や日本内地のそれとはやや異なった形態の共産主義が生じています。キリストとマルクスは、一つの福音を説くものであるというのです。すべての者が平等となるためには、物質的な富の不平等と、そこから生じる権力とが真の悪であるというのです。どうすれば人々の心の中の欲望を取り除き、富める者は暴力によって〔その富を〕奪い去られるべきであるというのです。どうすれば人々の心の中の欲望を取り除き、すべての者がキリストにおける兄弟として平等に歩むことができるのだろうか。このような考えは生じず、あるいはアヘンだと見なされてしまうのです。

引用から明らかなように、シングルトンは貧富の格差や台湾人と日本人との間の民族感情といった当時の台湾社会の分断状況の問題を認識していた。その反面で、彼はこれを批判するマルクス主義的な社会改革への志向にもまた「暴力」的分断意識が見出されると捉え、警戒感を示している。さらに、同史料にて彼は、この異なる集団同士の対立という、現状でもあり運動の前提でもある社会のあり方を克服し得るものは、「唯一の活ける、愛に溢れる神」がもたらす、「新しく素晴らしい平安」であり、「すべてを包み込む救い」、すなわちキリスト教精神のみであるとの考えを示している。[14]

同様の議論を、シングルトンは一九三四年の『日本基督教年鑑』に寄せた報告「フォルモサにおける未完の課題」にて以下のように論じている。[15]

フォルモサや他の場所におけるキリスト教の未完の課題は何かと問われれば、非常に難しい議論が始まるだろう。キリスト教の課題とは何か？〔…〕週に一度か二度、どこかでキリスト教の礼拝に参加するだけで十分か？

この問題は、個人的なことだけに関わる単純なものであって、社会的・政治的、そして国際的な問題は問わないのか？　人種差別、弱者や発展途上にある者たちの搾取、貧しい者を抑えつけて金持ちが権力を持ち、くつろいで過ごすなどといったことに対する問いは投げかけられないのか？〔…〕したがって、フォルモサや他のどこにおいても、我々キリスト教の課題とは、すべての人々の心にできる限りキリストの精神を深くしっかりと植え付けること、そうすることによって個々人や社会の、そして国際的な不正が、そもそも存在し得ないようにすることである、という単純な結論に達するのである。

ここにおいても、シングルトンは同時代台湾や「他の場所」における社会問題を意識的に批判しており、キリスト教は単に個々人が礼拝に行くかどうかという問題に止まらず、政治社会的、国際的不正義に対抗すべきものであるという考えを暗に示している。ただし、彼はここでもまた、これらの問題は非暴力的なキリスト教精神を通して改善されるべきであるという曖昧な結論を示すに止まっている。一九二八年のエルサレム世界宣教師会議を彷彿とさせるこのような議論の展開は、一面ではこれらの史料の主眼が、あくまで本国の宣教支持者らに台湾宣教の意味を訴えかけることにあったために導かれたと考えられる。第三章で述べたように、エルサレム世界宣教師会議では従来のキリスト教宣教における宣教師―改宗者間の人種問題やキリスト教と他宗教との関係に対する内省的議論が模索された一方で、これらの諸問題に対する具体的な解決策は提唱されず、キリスト教精神と信仰による民族的他者同士の協力関係が呼びかけられるに止まっていた。

2　社会矛盾の自明視と宣教の「失敗」――ムーディの欧米教会批判

一方で、同時期のムーディは、本国における社会問題を出発点にキリスト教宣教のあり方を問い直す切り口を提示した点で特徴的である。台湾宣教を通して出会った人々や見聞きしたエピソードを綴る英文著書『王の客人たち』の巻末補論において、ムーディはイギリスのキリスト教会における社会的分断の問題を次のように批判している。「教会内では、階級と物質的豊かさの格差は、以前と比較してさほど改善していない。少数者についていかに論じられていようとも、平均的なキリスト者はほとんど黄金律を考慮していない[16]」。ムーディは、この「黄金律」――隣人愛の教えに通ずる福音書に依拠するキリスト教倫理――への看過が、近年目覚ましい社会的上昇を果たした台湾のキリスト教改宗者らにも共有されていることを指摘している。「我々は、宣教地においてアヘン、酒、情欲、そして博打などの悪習慣に対するキリスト教の勝利がいかに偉大であろうとも、キリストの愛による革命的な影響が非常に不完全にしか現れていないのを、不安をもって見つめている」。この問題は、「キリスト教の果実の一つであるあの成功そのもの」によってもたらされる。「キリスト者が繁栄すれば、彼らは自分たちのために良い家を建て、自身や家族のためにお金を使うからである[17]」。その上で、ムーディはその原因は従来の欧米キリスト教会や宣教師の姿勢にあると論じている[18]。

宣教師たちが、ヨーロッパやアメリカのように、まだこれほど不完全にしかキリスト教的でないところの教会から送り込まれてきているというのに、〔キリスト教の本質の〕誤った提示がされないはずがあるだろうか？　子どもの頃から、〔宣教師たちは〕社会的階級が冷淡に強調されるのを見慣れてきた。食料も少なく、服もボロボロで、狭いところに暮らしている聖徒たちがいる一方で、その兄弟姉妹たちが有り余るほど十分に有しているのを見ることによって、彼らのキリスト教的感覚は継続的に鈍らされた。これでは、一体どうやって、隣人を自分自身のように愛せよと教えることができるのか、あるいはキリストの模範を自分の生活において示すことができるのだろうか？　無意識的にであるとしても、彼らはその出身社会の、尊大で贅沢好きな、自己中心的なやり方を抱え込んでしまっていることが多い。

この問題が当時の彼にとって重要な位置を占めていたことは、神学書『我々のための・我々のうちのキリスト』からも読み取れる。同書において「自己正当化」、「自己満足」を含む一連の自己義認的道徳主義を批判するムーディは、これらは「国家、人種、民族、階級、そして人と人との間の自由な相互関係を妨げ」、「いかなる高尚な力に対する依頼をも嫌い〔…〕神の愛を何とも思わず、赦しを受け入れず」、「あの戦争を引き起こした精神そのもの」であると述べた。また彼はこうした発想が、ヨーロッパ各地の国家指導者らが第一次世界大戦の責任を互いになすりつけ合う中で再び拡大しているとの懸念を示し、「〔本書の〕読者の中にも、新聞上で国の代表者の自画自賛を読むごとに、自国のために赤面する人がいるのではないか」と述べている。[19] これらの教会と社会に対する批判は、あらゆる自己義認的発想をも廃すべきとする彼の信仰義認の神学的信条に基づくものであると同時に、一九二四年以来、八年近くの間イギリス社会のコンテクストに身を置く中で得てきた洞察の結果でもあった。こうした姿勢は、宣教初期における「冷酷な自己愛」批判にすでに提示されていたが、一貫して海外宣教運動を擁護してきた彼が、『王の客人たち』では従来以上に明確に、いわゆるキリスト教文化圏の否定的側面を論じた点は看過できない。このような変化は、一面では彼がミッションを退職したことで可能となったことだとも考えられる。

しかしこのことは、彼が読者として宣教支持者らを想定していなかったことを意味しない。『王の客人たち』の序文において、ムーディは「不穏に感じたくない方」には同書の巻末補論を「読み飛ばしてもらいたい」と述べている。[20] 本国の宣教支持者らが、キリスト教文化圏発の宣教事業が台湾のような異民族・異文化社会にて成果を挙げ、意義深さを示していることをいかに期待しようが、現実はその逆であること――「尊大ぶって、贅沢を愛する」宣教師らの「自己中心的なやり方」が、キリスト教の本質を伝えることに失敗してきたこと――を示そうとしたことが窺われる。アーサーによれば、この時期のムーディは宣教師としての自身の人生は「失敗」であったと語っていたという。[21] この回想を裏づけるかのように、ムーディ自身は先の『王の客人たち』の引用文に続けて、次のように述べている。「我々宣教師の中には、このことを考えるとき、もう一度最初から宣教師の人生をやり直したいと思う者もいるだろう」。[22]

このように、シングルトンとムーディの社会矛盾批判は、いずれもキリスト教的精神の欠落を問題としていた一方で、両者がその内実として思い描いたものは微妙に異なっていた。現役のイングランド長老教会宣教師という立場から、植民地台湾に生きる人々の対立感情を批判したシングルトンがキリスト教の大文字テクストとして提示したのは、「平等」や「愛」、「平安」といった調和的な理念であった。これに対し、すでにミッションを退職していたムーディは、イギリス本国、および台湾におけるキリスト者の「自己中心的」なあり方に批判の焦点を当て、あくまでキリスト者が大文字テクストとしての「キリストの模範」——「かれ〔キリスト〕は仕えられるためにではなく、仕えるために来た」[23]——から、いかに逸脱しているのかという、いわば不調和的な状況を提示した。

ムーディがこうしてあえて「不穏」な感情を呼び起こすことでキリスト者の倫理を問うたのは、彼が一九二九年の『共観福音書にみるイエスの目的』で論じたように、神の裁きへの警告というネガティブで恐ろしい側面を直視することこそが、神と人との人格的相互関係を可能とするという信条のゆえであったと考えられる[24]。キリスト論的原則からの逸脱としての「自己中心」性に対するムーディの問題意識は、宣教初期以来の「冷酷な自己愛」批判と連なるものであり、それは主に欧米キリスト教会に対する内部からの問題提起としての性格を色濃く有していた。しかしながら同時に、このキリスト教文化圏における非キリスト教性への批判的な問いは、日本植民地支配下台湾における「痛みの問題」という、一九三〇年代のムーディにとっての最大の問いへとつながってゆくものでもあった。

第二節 「苦しみ」への共感——個の経験を通した植民地支配への問い

一九三一年以後、ムーディは台湾の状況に関心を持ち続け、それを新聞、書簡によってだけではなく、英国を訪れた台湾人たちから直接聞き知っていた。アーサーによれば、この時期の彼は三人の台湾人の訪問を受けている。それらの人物とは、彼の閩南系台湾語の指導教師であった林燕臣《リムイエンシン》の長男で、少年時代の彼にムーディ自身も何度か会っている林茂生、台南のキリスト教望族（地域名望家）出身で台南長老教女学校の教員であった劉主安、および若き日の黄彰輝《ンチョンフイ》である。[25]

前述のように、劉主安自身もムーディ宅への訪問を回想する史料を残している。劉が一九三七年六月の『教会報』に投稿した回想によれば、彼は英国に留学した一九三五年、ムーディの招待を受けてクリスマス休暇を夫妻の自宅で過ごした。劉自身はそれまでムーディに会ったことはなく、林燕臣や郭朝成《コェティアウシン》、台南長老教女学校の関係者から彼のことを聞いていただけであったが、留学先のバーミンガムの長老教会神学校で、彼の知人と偶然出会ったことで得られた機会だという。訪問時に劉は、ムーディおよびアーサー夫妻が朝夕の家庭礼拝で白話字聖書を読み、台湾の教会や個々の信徒のために祈る時間を持っていること、夫妻の庭の小山が牛罵頭《グマタウ》（清水）の地形にどことなく似ているので、それを見ては台湾のことを思い出していること、その小山は六、七年前――すなわち、一九二八あるいは一九二九年――に訪ねてきた林茂生にも「なるほど確かに牛罵頭に似ている」と言われたということなどを聞いた。[26]林茂生訪英の足跡からも、それが一九二九年のことであったとわかる。他方で、この時期に関する黄彰輝の回想は残されていないが、彼は一九三七年以降に英国留学していることから、ムーディを訪ねたのも同年からムーディが没した一九四〇年までの間であったことが推察される。

前述のように、それぞれ台南長老教中学の理事長であった林茂生、およびスクールチャプレンを務めていた黄彰輝の父・黄俟命《ンスービン》は、一九三三から翌三四年の同校への排撃運動のために理不尽に辞職を余儀なくされた人物たちであった。林茂生の「基督教文明史観」（一九三二―三三）における議論からも考察したように、この出来事は植民地台湾における個々人の「天良」の抑圧という社会不正義を象徴するような出来事であった。同事件によって直接的に深く打撃を受けたこれらの人々の消息を知ることは、その後のムーディの神学的作業に重大な影響を与えたと思われる。以下に論じるように、このことは、この時期の彼が台湾における植民地的状況の問題を、改めて英文著作を通して問い始めたことから確認される。

もとよりムーディは一九三〇年代以前から、台湾人の生活のさまざまな側面に入り込む日本の植民地支配の姿を描写してきた。例えば、日本人に雇われる人々や、街頭説教を行うムーディに「日本と君の国は、どっちの方が強いんだ？」と尋ねる人[27]、彰化教会の会堂建設の際に日本製の屋根瓦が正しく敷かれていないことを教えてくれた近所の日本人商人[28]、台湾人牧師に見抜かれて逮捕された日本人詐欺師[29]、日本人巡査に侮辱された「誇り高い老人[30]」、公学校に通う子どもたち、日本留学に赴く若者たちや、日本へのバナナの輸出[31]、そして、宴会で日本人に酒を強要されて酔いつぶれ、母親を悲しませた陳其祥《タンキーション》などである[32]。

これらの個々のエピソードは、ムーディがその具体的な宣教実践の中で台湾人の生活に近接してきたことだけではなく、日本の人々にもまた身近に接していたことを示している。しかし、以下に見てゆくように、一九三〇年代に書かれた『王の客人たち』と『山小屋——フォルモサの物語』は、それぞれの決意と相互関係の中で行動する台湾の人々の姿と、これらの人々が直面した日本植民地支配の暴力的側面を、個々の人物に即してクローズアップすることを試みた点で特徴的である。同時に、これらの著作はそのような状況下で、互いに異なる立場と経験を持つ台湾の人々が共同意識を持とうとしていた姿を浮かび上がらせている。

1　ある「無法者」の物語——『王の客人たち』より

『王の客人たち』は、おもにムーディが台湾で出会った「奇妙なほど互いに似ていない」人々[33]のエピソードを収録する短編集である。一見すれば、同書はそれまでキリスト教を知らなかった台湾の人々の改宗物語を綴り合わせたものであるかのような印象を受ける。しかし、詳細に読めば、これらのエピソードには、お手伝いの少年「マース」を通して改宗した陳其祥[34]、友人を介してキリスト教に惹かれた林学恭《リムハッキョン》[35]、漢族からの差別にも負けずに根気と機転をもって宣教する平埔《へいほ》族伝道師「ソン氏 Mr. Song」、教会自治運動の先駆者であった呉美見《ゴービーケン》（呉希栄《ゴーヒィイン》）の宣教事業を含む[37]、台湾人キリスト者による台湾宣教の物語が多く含まれていることが明らかとなる。また、同書でムーディは特に次の二人の人物の描写を通して、日本による台湾植民地支配の姿を描き出している。それらの人物とは、宣教初期以来ムーディの著作に頻繁に登場してきた林学恭、および宣教後期のムーディが霧峰《ブーホン》で出会った元抗日ゲリラ「あるキリスト教徒 A Christian」である。

一八九五年、澎湖駐留日本軍の台湾上陸に林学恭が動員された経緯については、第一章にて林自身の史料を用いて述べた。既述のように、宣教初期のムーディはこのことを英文著書では言及せず、一九三二年の『王の客人たち』で初めて触れている。その描写は短いながらも、澎湖に駐留する日本軍を示す「侵略者 the invaders」という言葉や、日本軍が林に課した仕事を「危険な hazardous」ものと描写する表現からは[38]、日本の台湾征服戦争に対する彼の批判的姿勢を読み取ることができる。

もう一人の人物「あるキリスト教徒」は、ムーディの英文著作の中では、『王の客人たち』に収録されるエピソード「無法者 The Outlaw」にて初めて登場する。ムーディはこの人物に出会ったときのことを、次のように回想している。あるとき、巡回宣教を行うムーディらに食事を出してくれたこの「広い額に四角く骨張った顔、確固とした表情」の人物は[39]、元「無法者」、すなわち抗日ゲリラのリーダー的存在の一人であった。食卓についたとき、彼の家までの道を案内してくれた別のキリスト教徒が、「間違いがあって、彼〔「あるキリスト教徒」〕の名前は戸口に登録されていなかった」ために、彼は最近まで大変だったのですよと話した。ムーディは続けて次のように描写している。「『間違いのためではない』。重々しく、そして幾分かの厳しさを込めて〔本人が〕言った。厳格な事実を丁寧〔な言い回しで〕避けることは正しくないと思ったのだろう[40]」。そして、ムーディたちはこの人物の経験を、本人や道案内をしてくれたキリスト教徒から聞くこととなった。

ムーディは宣教初期以来の自らの見聞を交えてこの人物の半生を紹介する。霧峰や南投が位置する谷は東部の山脈と西部の丘に挟まれ、隠れやすい地形となっている。このため、その近辺では「反抗者たち malcontents」が多く活動した。「何百もの無法者たちが殺され、多くの無実の人々が道づれにされた」。この頃、「皆の耳にはここで繰り返したくないような痛々しい話の数々が聞こえてきた」。「一例で十分であろう。ある晴れた朝に、私〔ムーディ〕は銃声を聞いた。歩き続けるとすぐに、藍色のコートとズボンを着ている男性が草地に倒れているのを見た」。彼はゲリラの温床である南投出身であるというだけで、旅の途中で出くわした警官の一群に射殺されたのであった。[41] ときに苦しめられた人々による日本軍への復讐が行われ、それに対する報復によって再び「無実の人々が巻き込まれた」。

その頃、このエピソードの主人公である「愛国者の心 the heart of a patriot」を持つ「あるキリスト教徒」は、日本軍と戦ってきた「ならず者 desperadoes」たちを束ね、ついには五〇〇〇人の軍団を率いて「台中を占領すべく北進した」。しかし「激しい土砂降り」のために形勢不利となり、軍団は解散した。その後も日本軍との衝突や、「赦免の約束に応じた」投降により仲間を失った彼は、原住民や漢族の友人たちの助けを得ながら、家族と共に山地を転々とし、隠れ住んだ。彼らは一度、丘陵地に暮らすキリスト者のバナナ農家の近くに住み、キリスト教を受け入れた。しかしながら、これらの人々に困難をもたらしかねない「歓迎されない隣人」であった彼は、再び移動せざるを得なかった。このような生活は、実に二〇年後に彼の知り合いが総督府の役人に働きかけ、彼とその家族のための「赦免」を得ることに成功するまで続いた。今では彼は「日本の国民」として登録され、家族で霧峰の教会に通っている。[42]

この話は、事実に基づくものと思われる。一八九五年の日本による領有後、台湾各地では異なるリーダーの下にいくつかの武装抵抗グループが立ち上げられた。その中の一人であった雲林の「柯鐵虎」こと柯鐵（一八七六―一九〇〇）は、一八九六年には他の抗日リーダーらと共に新しい年号「天運」を定めて日本軍と戦った。柯鐵の軍は南投、鹿港《ロッカン》、彰化付近の村落を攻撃したが、雲林の日本軍が台中からの援軍を得たのを受け、山地に退却した。[43] 第四章でも触れたムーディと親しかった台湾人聖職者・郭朝成は、一八九七年、一四歳だったときに、彼が暮らしていた草屯《ツァウトゥン》の街門付近で四人の農民が日本人兵士に殺害され、住民の怒りが爆発したことを回想している。郭によれば、草屯の人々は抗日武装集団を立ち上げ、何千名もの軍団となって北進し、台中を包囲した。当時、台中駐在の日本軍の大半は柯鐵軍と戦うために斗六《タウラッ》に移動しており、台中の日本軍は圧倒的に不利な状況にあった。しかしながら、反乱軍は激しい土砂降りを受けて台中占領作戦を放棄し、周囲の山地に離散した。日本軍の報復を恐れた草屯住民も山地に逃れ、郭自身も身体の弱かった父親と共に四ヶ月の間山に隠れ住んだ。その間に草屯の家々は焼かれてしまった(44)。ムーディの描写と郭の回想の重なりを踏まえれば、『王の客人たち』に描写される「あるキリスト教徒」は、おそらく草屯に集結した武装抵抗グループに関与していたと推測される。

この「あるキリスト教徒」のエピソードにおけるムーディの描写は、二つの点で特徴的である。第一が、重々しく厳格な雰囲気である。日本軍の無差別的な破壊と殺戮、および台湾の民衆の武装蜂起の悲劇的な連鎖を背景に展開される同エピソードは、台湾におけるキリスト教宣教の過程を描写する『王の客人たち』所収の他の物語に比して異色の作品となっている。このエピソードが帯びる重々しい雰囲気は、主役の立ち居ふるまいや受け答え、それらを表現する文体によっても醸し出されている。例えばムーディは、逃亡中にどうやって生活していたのかをこの人物に尋ねたときの会話を、以下のように回想している(45)。

「彼ら〔原住民〕に攻撃されなかったのですか?」我々〔ムーディら〕は驚いて尋ねた。「いいえ」と彼は答えた。「我々は互いに親しかったのです」。では彼らはどうやって暮らしを立てたのだろうか? 漢族の農家をときどき襲撃したのだろうか? 「いいえ、我々は土匪《どひ》ではありませんでした」。首領は、威厳をもって我々に思い起こさせた。

このように、ムーディは「重々しく gravely」、「厳しさ asperity」、「厳格な stern」、そして「威厳 dignity」といった表現を意識的に用いることで、この「無法者」と呼ばれた「愛国者」が背負う過去の重みを、できる限り受け止めようとしたことが窺われる。

「『無法者』と呼ばれた『愛国者』」といった、ぶつかり合う表現の意識的な並列が、同エピソードの第二の特徴である。ムーディはこの物語の主人公を、「愛国者の心」をもって「ならず者」たちを集め、日本軍と戦った「無法者」、または反乱の「首領」といった異なる名前で呼んでいる。さらに、前述のように、ムーディは南投出身であるというだけで無実の者が「悪事」を企む者と取り違えられ、「正義の警察官」によって射殺された事件を描写している。このような一見矛盾した表現を並列する言葉遣いからは、ムーディが読者の側に、あるイメージを呼び起こすような表現を意識的に用い、その直後に期待を裏切るような描写を展開することで、先のイメージを相対化させる意図を持っていたことを示す。それは、「愛国者」が当局によって「無法者」と呼ばれるような植民地的状況の現実への洞察に基づくものであったと考えられる。

2 『山小屋――フォルモサの物語』――「愛国者」ツォイ・テェコの半生

『王の客人たち』に登場した「あるキリスト教徒」の物語は、ムーディが一九三八年に出版した台湾に関わる最後の英文著書『山小屋――フォルモサの物語』(以下、『山小屋』とする)において繰り返されることとなる。

この物語は、丘陵地に隠れ住む元抗日ゲリラのツォイ・テェコ Mr. Choy Tee-Ko とその家族、妻のツォイ夫人 Mrs. Choy、息子フアン Whan、娘キム Kim、赤ん坊のバン Ban を中心に展開される。主人公ツォイは「まっすぐに立つと、〔…〕屈強な男の人である。広く四角い額に強くしっかりとした顎をした顔には、確固とした表情がある。彼は言葉数の少ない人である」と描写される。[46] ツォイは抗日ゲリラのリーダー的存在として日本軍と戦ったが、やがて組織的な抵抗を諦めざるを得なくなる。その後、彼は原住民や漢族の友人の助けを得つつ二〇年もの逃亡生活を経て、知り合いの努力により総督府の「赦免」を得、「日本の国民」となった。これらの描写からは、ツォイの風貌と半生が『王の客人たち』の「あるキリスト教徒」に酷似していることがわかる。

アーサーによれば、同書は「子どもたちのための物語で、台湾で起きた実話に基づいて」おり、「宗教パンフレット協会 The Religious Tract Society のドミニオン・シリーズの一冊として出版された」[47]。宗教パンフレット協会は、イギリスのプロテスタント中産階層が、宣教文書を国内の労働者階級に廉価で配布することを目的に、一七九九年に組織した出版機関である[48]。同組織はその後、商業的出版を導入して財政基盤を固め、海外向けの宣教文書作成にも着手し、一九世紀末までには年齢・宗教を問わない、より広い対象読者へのパンフレット、書籍、月刊誌などの作成・頒布・販売を行う「イギリス宗教界における影響力ある勢力」となった[49]。「ドミニオン・シリーズ」については未詳だが、『山小屋』と装丁が酷似することから同シリーズに属していたと推測されるアーサーの著書『天賜と中国のいとこ *Come-from-Heaven and the Cousins from China*』（一九三四）との比較からいくつかの示唆を得ることができる[50]。『天賜と中国のいとこ』は、会話文を中心とする簡易な文体を用い、台湾の幼い子どもたちを主人公としている点からも、児童書であると考えられる。『山小屋』はフアンやキムといった子どもたちだけではなく、ツォイ夫妻や彼らの友人といった大人たちの目線からも描かれるが、文体は会話文を多用した読みやすいものである。また、同書は日曜学校の生徒に贈られている[51]。これらのことから、「ドミニオン・シリーズ」は少なくとも出版社や購入者には、子ども向けのシリーズとして想定されていたことがわかる。

『山小屋』の物語の中心となっているのは、日本軍の追っ手から逃れるため丘陵地に隠れ住み、山地を転々とするツォイ一家の逃亡生活、抗日ゲリラとしてのツォイの経験の回想、ツォイたちを助ける人々の生活などである。これらの人物の中には、霧峰近隣と思われるバナナ・プランテーションの村に暮らすビン Bin というキリスト教徒の一家も登場し[52]、物語には彼らが教会代わりの民家で世間話をする場面も挿入されている。しかし、そこで話されている内容は直接信仰に関わることではなく、おもに日本植民地支配が始まった頃の戦乱状態、「土匪 robbers」や「反乱者 rebels」の登場に関することである。日本軍による破壊を受けたことで「反乱者」となっていった人々を描写する目線は、『王の客人たち』におけるそれとほぼ重なり合っている。

ただし、ムーディの描写には日本人を単純に悪者としてのみ描くことは避けようとしているような慎重な表現も存在する。例えば、ツォイ夫人の次の言葉である。「彼ら〔日本軍〕は私たちの言葉がわからなかったし、私たちも彼らが何を言っているのかわからなかった。うまく言えないけど、日本から来た兵隊も警察も、いい人と悪い人の区別がもちろんできなかった」[53]。また、ツォイ一家を追う日本人兵士の一人を「人生の大半を大阪の紡績工場で過ごしてきて、重い荷物を背負わされている少年」と描写する箇所もある。[54] これらを踏まえれば、ムーディが当時英国と対立関係を深めつつあった日本に対して多くの英国人が持っていた黄禍論的スタンスとは単純には同化すまいと意識していたことがわかる。

物語の最後では、長い逃亡生活を経てようやく「赦免」を受けたツォイ一家が、ビン一家と寄り添って暮らすこととなり、フアンやキムは教会学校の子どもたちと親しくなる。そこには改宗が暗示されてはいる。しかし、全体を通して、この物語におけるキリスト教会は、多くの要素の中の一つに留まっている。重要なことに、ツォイ一家を助けた人々の中には、キリスト教徒ではないタン Tan とその息子テク Tek も含まれている。二人は日本の製糖会社のサトウキビ畑で働いており、時々食料や雑貨、ニュースを持ってツォイを訪ね、日本軍が山地に探索に入るときには、狼煙をあげてツォイに警告の合図を送っていた。

同書はまた、ムーディが『王の客人たち』の序章で触れた、「奇妙なほど互いに似ていない」台湾の人々の姿を描き出すことをも主眼としている。例えば彼は、台湾原住民、漢族移民、日本人入植者という、歴史の経緯に沿って現れてきた異なる民族同士の対立・支配関係を描くことで、同時代台湾社会の複雑な民族構成を示している。ムーディは原住民の歴史を語る中で、これらの人々が漢族移民らに「対抗できず」、「その支配に従うか、山地に逃げることしかできなかった」経緯を描き、次のように述べている。[55]

何百年もの間、彼ら〔漢族たち〕は次々とそこに移り住み、二〇〇年以上にわたってフォルモサを支配した。今度は逆に、彼らが征服者に降伏しなければならなくなる日が来るまで。中国は日本との衝突を繰り返し、一八九五年に敗北したとき、フォルモサを日本の占領に引き渡さねばならなくなった。この物語が始まる頃には、人々はこの〔日本の〕支配下に長いことおかれていた。

この描写において、ムーディは台湾という場には互いに立場と経験の異なる人々が、対立・支配関係の中で併存してきた歴史的経緯を捉えている。彼はまた、ツォイを助けるタン一家や、ビンをはじめとする台湾人キリスト教徒たちの会話を通して、日本の植民地支配を受ける中で漢族系台湾人の間に生まれてきたズレ、世代による日本人や漢族の民族感情との距離感の相違をも捉えている。例えば、ムーディはタン一家の様子について、台湾の諺を多用しながら、日本人警官といざこざを起こしてはならないと話しているタン夫妻の姿、街の公学校に通っている夫妻の息子たちが、両親のまったく理解できない日本語でまくし立て合っている様子などを、一連の場面の中で描写している。その場面では、ムーディはこの日本植民地支配下生まれの少年たちを以下のように描いている。[56]

彼らはフォルモサが中国の一部であった頃のことについて何も知らない。彼らにとって中国は異国で、その国のロマンチックな物語には関心がない。学校では日本の歴史と地理を勉強している。日本人の先生は優しくて、彼らはその先生のことを気に入っている。近くの村に行く時には、時々日本人警官の子どもたちと一緒に遊ぶし、警官のこともまったく恐れていない。

引用から明らかなように、ムーディは漢族の民族感情やアイデンティティとの距離感を鍵として、この一家のメンバー間に存在するズレを、捉えようとしている。しかし、同書において重要なことは、このように世代や教育経験によってばらばらにされている人々が、互いのズレを内包しつつ共存している姿を描く点である。互いに異なる立場と経験を有する日本植民地支配下台湾の人々が共存する、というモチーフは、『山小屋』の物語構造そのものであると言える。このことは、漢族抗日ゲリラのツォイ・テェコとその仲間たちを匿った原住民ら、ツォイを助けるために協力し合う「異教徒」の台湾人タン一家と、キリスト教徒台湾人ビン一家といった、物語を動かす重要な局面や登場人物たちが象徴している。

本書はまた、ばらばらの人々がお互いの「苦しみ」への共感の心を媒体に一致してゆくプロセスをも描いている。例えば、ツォイ一家に協力するキリスト教徒ビンが、教会代わりの民家で日曜日の礼拝前の雑談に加わる場面である。キリスト教徒たちの談話の中では、「土匪」を制圧し、治安をもたらした当局のことを「日本人は有能だな」とほめる若いテェ Tee や、ビンの息子ペク Pek に対し、しかしそもそも治安の悪化自体は日本人がもたらしたものだったと指摘するビンの意見がぶつかる。ビンが日本軍の見境ない破壊のため「反乱者」となっていった人々の話をした後にも、息子のペクは再び「日本人は有能だな」と述べる。原文では “The Japanese are very clever” とあるこの言葉は、おそらく閩南系台湾語の「日本人真賢《ジップンランチンガウ》 Jip-pún-lâng chin gâu」の直訳ではないかと考えられる。「賢《ガウ》」には、例えば子どもをほめて「良くできた」、「賢いぞ」、「すごい」というようなニュアンスがあるが[57]、支配者である日本人を、ときに子どもをほめる場合に用いられる「賢《ガウ》」という言葉で表現することには、強烈な皮肉が込められている可能性も考えられる。ムーディによる地の文には、ペクの考え方に変化があったという明確な描写はなされていない。しかし、以下に見るように、「苦しみ」を共有する人々の一致という『山小屋』のテーマに即して考えるとき、この言葉が文字通りの単純な褒め言葉ではなかったと考えることは十分に可能である。

同書には「苦しみ」を共有する人々へのアタッチメント、それに対する理解・共感を象徴するような場面が存在する。ある日、ツォイたちは平地に住む協力者のタンがあげた合図の狼煙を見て、かねてから計画していた手順で隠れ場所に逃げ込み、捜索に乗り込んできた日本軍をやり過ごす。このような経験は子どもたちには初めてだったので、娘のキムは両親に次のように尋ねた。「兵隊たちはなぜ私たちが嫌いなの？　お父さんは悪い人なの？」ツォイ夫人はこの質問に答えて、父親は抗日ゲリラのリーダーであったのであり、「タンさんが言うところの『愛国者 a patriot』」なのだと述べる。ムーディはこの「愛国者」という言葉が「新しい日本語の一つ」であるということをツォイ夫人に託して説明しつつ、ツォイがその仲間 people を愛し、苦しんでいる仲間たちのために戦った人物なのだと説明する。この話を聞いた子どもたちは「お父さんは降参しなかったんだね？」と誇らしく言う。(58)

この場面でムーディは「苦しんでいる仲間たち」に共感し、コミットするツォイの姿、それに対する子どもたちの誇りを通して、反植民地主義的なナショナリズムの形成過程を描いていると言える。ここで、ムーディはこの一家の苦しみは憎しみによるものなのか、人は「悪い人」だから苦しまねばならないのかといった神学にも通じる問いを、ツォイの娘の声を借りて発している。『山小屋』の物語はこうして歴史的に複雑な民族関係を内包してきた植民地台湾という具体的なコンテクストに根付きつつ、共感と正義の選択、抵抗と降伏の決断、これらすべての根底に横たわる「苦しみ」の問題を捉えようとしている。このことから、一九三〇年代のムーディが、植民地台湾では異民族による支配への精神的反抗＝自治・自決（＝愛国）が、苦しみの問題への応答＝社会正義の追求と重なり合うものであることを認識しつつあったことが読み取れるのではないだろうか。

第三節　「苦しみ」の神学的問題と裁きへの警告

1　神はなぜこれほどまでに苦しみを許すのか？

以上のように、一九三〇年代のムーディは、キリスト教と反植民地主義ナショナリズムというテーマを、個々の植民地被支配者の「苦しみ」の問題を結節点に正面から扱った。このことから、彼は当時の台湾における反植民地主義的台湾人意識が、それ自体社会正義への模索であり志向であったことを感じ取っていたことが窺われる。前述のように、一九二九年から三〇年代にかけて林茂生、劉主安、および黄彰輝がムーディを訪ねている。これらの人々との対話の詳細な記録は現存せず、彼らが台南長老教中学排撃運動に関する議論を現にどこまで深められたのか、あるいはそもそも議論し合ったのかどうかということを確認することはできない。しかし、少なくとも指摘できることは、もしキリスト者が一九三〇年代の植民地台湾という具体的な歴史的舞台と、そこで生きる具体的な人物たちの「苦しみ」のコンテクストに直面することができなければ、それは何のための福音や福音主義、牧師職なのかを問う必要性を、ムーディが感じ取っていたということである。ここに、一九三五年時点ではもう本を書くことはないと話していた彼が、再びペンをとった理由があったのではないだろうか。

最後の神学書『教会の子ども時代』の巻末補論にて、ムーディは一九二九年の『共観福音書にみるイエスの目的』で論じた神の裁きの問題に再び言及し、次のように論じている。[59]

神は愛であるという議論は我々を虜にしてきており、既述のように、我々の新約聖書解釈に大きな影響を及ぼした。しかしそれは我々の問題を解決することはなかった。逆に、それは我々を新たな困惑へと突き落とした。もしも、神が愛であり、愛以外の何ものでもないのであれば、なぜ彼はこれほどの苦しみと悲しみを引き起こす、あるいは許すのか？　と切迫的に問われている。

ムーディはこの問いが、「神の正義の裁き」を自明視していた上の世代のキリスト者ではなく、このような恐ろしいイメージを恥じ、神の愛だけを強調しようとする同時代キリスト者においてこそ、深刻な問題になっていると指摘する。彼は、人類の救済のためのイエスの自己贈与は「逆説的で、理解しがたい愛」であるとはいえ、確かに「神の愛の固有の顕れ」であると述べる。その上で彼は、イエスの教えそのものは、それが「神の愛の教えであり、それ以上の何ものでもない」という点には決して回収され得ないと論じる。「なぜなら、裁きへの警告が〔イエスの教えの〕

もっとも重要な要素の一つだからである」。ムーディは以下のように続ける。[60]

その実、〔裁きに対する〕警告の〔イエスの〕声は何度も何度もあがる。主イエスの語る言葉は、我々を震えさせる厳粛さに満ちている。恐れに対する訴えかけは価値がないものだ、愛に対する訴えかけ以外のいかなる〔訴えかけ〕も価値を持たないのだと、しばしば考えられている。〔…〕だが生きるとは複雑なことである。ある動機が別の動機につながることもある。また魂を神に至らしめる最初の動機はたいてい、より劣った自愛であるとも考えられる。忘れてはならないのは、人が自身の幸せを願うことには何ら非難すべき点はないということだ。また、この世界が幸せとは悪の中にあるのだとますます人に示すようになってきているこのとき、その人に悪は死に至るのだと教えないということなどできない。その人が侵すリスクのことを思えば、我々は当然のこととしてそうする〔その人に教える〕だろう。

イエスの言葉には恐ろしい裁きへの警告が含まれている。その「厳粛さ」は「我々を震えさせる」ほどである。ムーディはこのように述べた上で、「愛」ではなく「恐れ」を動機とする宗教的救済への希求を軽視するような考え方を否定する。なぜなら「人が自身の幸せを願うこと」、それを失わせるような事物を恐れることは、ごく自然なことだからである。しかしながら、ムーディの認識において、当時の世界は「幸せとは悪の中にあるのだと人に示す」ものである。このため、彼は人々がこの「死に至る」悪に向かわないように警告しなければならないという使命感を示す。ムーディが『共観福音書にみるイエスの目的』にて、「奇妙な、悪魔的な無気力が我々〔キリスト教徒〕の上におとずれた」と述べていたことを思い起こせば、[61] ここで彼が「死に至る」悪に引き寄せられ、警告を受けねばならない人々として想定しているのは、非キリスト者ではなく、むしろ他者に仕えることに対して「無気力」となり、自分たちの「幸せ」を確保しようとするキリスト者たち自身であったことが窺われる。

2　神の正義――キリスト者への裁きの警告

以上の議論に続けて、ムーディは「正義 Justice」と「愛」の関係性について、以下のように考察していく[62]。

正義の逆は慈悲ではなく不正義だと指摘することは簡単だ。だがこのことは、正義と慈悲は同一だということを意味しない。至高の方〔神〕は慈悲深いとき正しいのである。だが恵みの概念そのものが、彼はただ単に公正なだけではなく、それ以上 *more than just* なのであること、我々には最悪のものが見合う *deserve* のに、彼は〔我々に〕最高のものを与えたのだということを示している。「主はわれらの罪にしたがってわれらをあしらわず」〔詩篇一〇三篇一〇節〕。そして罪悪感 Guilt の概念そのものが、我々は苦しむに値するのだ *deserve to suffer*、我々が苦しむとき、我々は正当に *justly* 苦しんでいるのだということを示す。もしも正義が愛と同一なのだとすれば、罪悪感と恵みの概念は、存続の危機に立たされる。

「正義」と「慈悲」または「愛」は、対立する概念ではない。しかし、これらはイコールでもない。「正義」は人々がそれぞれのあり方に見合うものや結果を受けるべきだという発想を支えるものであり、罪深い我々には「最悪のものが見合う」のだと考える。しかし、神の恵み、すなわち「愛」は、こうした「deserve」の発想を超え、罪人に「最高のもの」を与える。この「恵み」に対するムーディの理解は、彼が宣教初期に著した白話字聖書註解書『ローマ書』（一九〇八）にて、キリスト教における救済を、働いていない労働者がそれでもなお給与をもらう状態に例えていたことを思い起こさせる[63]。また、このような「恵み」に対する理解は、その裏返しとして、この世における苦しみに対する彼の考え方をも明らかにしている。宣教初期のムーディは、『フォルモサの聖徒たち』（一九一二）にて経済的困難や社会的疎外に苦しむ「素朴な草刈り」に言及し、この人物の心を悲しませるものは「彼の罪ではない、彼の不運なのだ」と述べていた[64]。苦しみはその人の罪に見合う程度に与えられるものでは決してない。しかし人はそのように考えがちである。このことは、先の引用にてムーディが「罪悪感」とは人に属する概念であり、それは自身を含む罪人が苦しむのは「正当」なことだと考える「正義」の発想に基づくものだと捉えていることからも窺われる。このように神の「愛」と人の「正義」とは互いにぶつかり合う面を有しているのであり、もしもこれらが同一だとすれば、両者は互いを打ち消し合って「存続の危機に立たされる」だろう、というのがムーディの理解であった。

　このように論じた上で、彼はそれでもこの「愛」と「正義」とが非常に密接な関係を持つものであることを指摘し、さまざまな角度からの考察を試みている。「良い親による厳しい叱責に見られるように、愛は決して怒りから遠いものではない」。しかし、そうだとしても、やはり「善行への志向は、怒りの非難とは区別しなければならないと思う」。「責めは愛からではなく、抑えることのできない正義感から生まれるもの」だからである。同様のことは「自己非難」についても言える。「良心 conscience は情け容赦なく〔我々自身を責める〕」。しかし、「良心」の主体は自分自身であるため、我々が「自分たちを無罪にする」こともあり得るだろうし、逆に「自分を憐れみいじける」ような意味での「自責 a bad consicence」に陥る危険性もある。このように、ムーディは人間の「正義」は弱く、いつでも自身の罪に本当の意味で向き合う姿勢から逸脱し得るものであると捉えていた[65]。責めには報いが伴われること、怒りが不義への責めを伴う感情であることは否定しがたい。「報いとは、責め、自己非難、あるいは法による罰のいずれの形をとっていようが、善のための手段となるかもしれないし、そうはならないかもしれない。だが悪いことに、改心の希望が失われても、それ〔罰〕は取りやめられないというのが事実である。〔…〕いかに優しさで軽減しようとしても、罰であるということの本質は取り除かれない。それに悪いことをした人は、それに見合う者だから投獄されているのだ〔と考えられている〕[66]」。人の正義は常に「それに値する deserve」か否かという発想の中に閉じ込められており、それが思考停止とも言えるあり方、コミットメントの放棄を生み出している。

　ムーディは人間の「正義」に関わるこれらの「残酷な事実」を踏まえれば、裁きへの警告を発するキリストの言葉を「恥じる」のは性急に過ぎるのではないかと問いかける。「著者たちは福音書のもっとも厳粛なるテーマにほんの少し触れただけでもすぐに弁解がましく説明し、説教者はそれら〔のテーマ〕については最初から避けてしまっている」。しかし、「我々は本当にイエスよりも賢く慈悲深いのか？　かれが父なる神の愛と同様に裁きの正義を顕すとき、誤っているというのは本当か？　ついにすべての人間の魂は満ち足りるというのは本当か？」(67)。このように問いかけた上で、ムーディは次のようにキリスト教会の現状を問うている(68)。

この恐ろしいテーマに関する現代思想の動きに、悪魔的な作用が関わったのではないかと考えてしまう。神学者たちは、ついにすべての魂は神との和解、および永遠の至福に導かれるかもしれないという推測に踏み切った。〔…〕しかしこの可能性――可能性と言うこともほとんどできないが――にも満足できず、著者や説教者らはじきにそれを確実なこととして扱いはじめ、それを「福音」だとさえ言うようになった。そしてこの究極の救済の希薄な希望にも満足できずに、彼らは自身の頭の中から裁きに関するすべての信条を払いのけた。地獄への恐れは追放された。地獄を信じることは中世的な妄想として扱われるようになり、主イエスがそのことを教えたという明白な事実もまた無視された。我々はこのような状況に至っている。近年我々は、福音はこのばらばらになった世界の唯一の希望だ、または自己中心的で腐敗した社会の唯一の希望だ、あるいは個人の平安と幸福を獲得するための唯一の手段だとまで言われるのを耳にする。だが人の永遠の運命については、この世における寄留をどう過ごすのかということは大した問題ではないとされているようだ。人々は我らの主イエス・キリストの父なる神の手の中で安全であるのだとされている――この同じイエスは自身が選んだ者の一人〔イスカリオテのユダ〕について「その人は生まれなかった方が、彼のためによかったであろう」と言ったのだが。イエスが人をこれほどまでに愛していなければ、かれは福音書に満ちているこれらの厳粛なる宣言を述べはしなかっただろう。自らが救おうとする人々への完全なる忠実さをもって、かれは来たるべき裁きのことを警告し続けたのだ。

ムーディは以上のように論じ、裁きや地獄に関する信条を退け、すべての人々の「神との和解、および永遠の至福」を保証したがる「現代思想の動き」には、「悪魔的な作用が関わったのではないかと考えてしまう」と述べている。ここでもまた、『共観福音書にみるイエスの目的』でムーディが述べた「奇妙な、悪魔的な無気力が我々〔キリスト教徒〕の上におとずれた」という言葉を思い起こせば、ムーディがここで「悪魔的な作用」と呼ぶものが、キリスト者における自己中心的な考え、他者の苦しみへの無関心を示すものであることがわかる。いくら福音は「ばらばらになった世界の唯一の希望だ」などと宣言しても、いずれ「神の愛」によって救われるであろう人間にとっては「この世における寄留をどう過ごすのかということは大した問題ではない」とする安易な考えを持っているのであれば、それは福音書の歪曲であり、イエスの言葉の「無視」、すなわち、もう一つの思考停止であり、コミットメントの放棄である。ムーディにとってキリスト者の「この世における寄留」への問いが、他者の苦しみへの関わり方に対する問いそのものであったことは、同書を締めくくる彼の次のような祈りの言葉から窺われる。「聖霊が我らに与えられんことを。そして、我らをかれの愛によって隣人を愛する者とならせ給え。かれが誠実であるごとく我らを誠実とならせ、かれが隣人の幸福を重んじるごとく我らも隣人を重んじる者となさせ給え。そして『主の恐ろしさを知ること』が、人を促さんことを(69)」。

キリスト者は「この世における寄留をどう過ごすのか」、また他者の苦しみにいかに直面すべきか。これらはキリスト論的原則への信条を軸に、宣教師の改宗者に対する関わり方を問い続けてきた従来のムーディの問いとも密接につながるものであった。その一方で、神の裁きと「恐ろしさ」といった「不穏」なイメージの強調により、キリスト者の社会倫理的行動の契機を模索した最晩年のムーディは、神と人との断絶に対する悲観をよりいっそう強めたことも窺われる。むろん、宮本久雄がアメリカの「独立宣言に発する自由の歴史物語」の例に即して指摘しているように、このような形での他者への「共感」や「正義」の追求には深刻な危うさが伴われる。宮本によれば、アメリカの人々は「自由を護ろうという『独立宣言』に発する呼びかけ」を媒介に、個人的・集団的な「物語的自己同一性」を形成してきた。一方で、こうした自己同一性は「全体主義的様相をおびる」危険性と裏腹のものでもあり、「自由擁護の名の下に『世界のポリス』として、異文化や他者の声を排斥し、自己のシステム・体制、つまり結局自らの物語に自閉し続ける」――朝鮮やヴェトナムで繰り広げた戦争のような――有り様をも生み出した。[70] 宮本は、このような「閉ざし」の罠を打開する可能性を、ヘブライ的存在論であるハヤトロギアに即して、他者との「邂逅」、それによる「差異化」の働きかけに対して開かれると同時に、これに「聴従」するような「ハーヤー」的な――「未完了態で自己脱自的」存在としての――あり方に見出している。[71] また、そうしたあり方を可能とする他者からの働きかけの一つとして、「風・気（ルーアッハ・プネウマ）」――聖霊――を挙げている。[72]

最終的には、あくまでもこの「聖霊」という他者の働きかけに「我ら」の根本的・倫理的変化の契機を託そうとする先のムーディの祈りの言葉からは、自らを裁きの主体と同一視する「閉ざし」には陥るまいとする彼の努力が窺い知れる。とはいえ、そうした危険性は、裁きへの警告という行為そのものに否応なく伴われる。それでもなお、彼がそのような言葉を発せざるを得なくなった背景には、急速に深まる第二の世界大戦への予感だけではなく、植民地台湾で「精神的・身体的、そして何よりも霊的に」打ちのめされる台湾人らの存在を知ることで深められた、抗いがたい不安と怒りがあったのだと考えられる。[73]

小括

以上、本章では一九三二年から一九四〇年までの最晩年のムーディが、同時代欧米社会、および植民地台湾における他者の「苦しみ」の問題を前に展開した神学的問いかけと作業を探ってきた。

この作業により、本章では一九二四年の離台以来、イギリス社会のコンテクストに身を置いてきたムーディが、本国を含む欧米キリスト教会の「キリストの模範」というテクストからの逸脱――他者の苦しみに関心を示さない「自己中心的」なあり方――を問題とすると同時に、これを海外宣教の「失敗」の原因として捉える視角を示したことを明らかにした。

こうして欧米キリスト教会の非キリスト教的なあり方を内省した三〇年代のムーディは、もう一つのコンテクストの問題、すなわち台南長老教中学排撃運動を受け、日本による台湾植民地支配の現状への問題意識もまた新たにした。彼はこの排撃運動に直接言及する史料を残していないが、植民地支配下台湾において、同事件に象徴されるような民族的・宗教的他者への個人的・集団的抑圧の問題を問うことが、キリスト教の倫理的意味への問いと無関係ではあり得ないことを認識した。このことは、『王の客人たち』や『山小屋』といった晩年の英文著作にて、彼が台湾における植民地的な社会の状況を個々の台湾人の経験にできる限り寄り添いながら捉えようとしたことから明らかとなった。中でも、『王の客人たち』で初めて登場し、『山小屋』の主人公ツォイ・テェコのモデルとなったと思われる元抗日ゲリラであった人物の描写からは、台湾人による反植民地主義ナショナリズムに対する共感的姿勢を読み取ることができる。「苦しんでいる仲間たち」に共感し、コミットするこの「愛国者の心」を持つ「無法者」と、これに誇りを感じる子どもたちの姿は、個々人の苦しみを起点としつつも、これに対する共感的関係性を結ぶ人々の集団的経験を象徴するものであり、その意味において反植民地主義ナショナリズムの形成過程を体現するものと捉えられるからである。

一九二九年以降にムーディ夫妻を訪れた林茂生、黄彰輝ら台南長老教中学神社参拝問題の関係者の苦しみは、彼にキリスト者は「この世における寄留をどう過ごすのか」、また他者の苦しみにいかに直面すべきかという社会倫理的な問いを強く促すこととなった。こうした苦しみと社会不正義のコンテクストを前にムーディは、キリスト者は常に神によって問われる存在であり、行動すべき個であることを従来以上に感じるようになった。このことが、最晩年の彼をして、神の裁きとその「恐ろしさ」を否応なく語らしめたのだと言える。

結　論

1　絡み合うキリスト教と植民地支配への問い

本書では、宣教師キャンベル・N・ムーディの宣教事業、および台湾基督長老教会信徒・聖職者の自治的キリスト教論の変遷を、キリスト教の「文脈化」という観点から検討した。「文脈化」とは、台湾人牧師黄彰輝《ンチョンフィ》の提唱した「文脈化神学」に由来する言葉である。同神学は、キリスト教の「福音」というメッセージ（テクスト）の普遍性と超越性を想定すると同時に、キリスト教があくまでも日本植民地支配下台湾のような、個別具体的な時と場（コンテクスト）に縛られるものであることを見据えようとする神学思想である。このため、文脈化神学は、一定のコンテクストの下でテクストの意味が解釈／再解釈され、そうして解釈／再解釈されたメッセージがまたコンテクストを問うような双方向的関係を表現するものであった。これらの議論を踏まえ、本書では、次の三つの次元に沿って日本植民地支配下の台湾で文脈化するキリスト教の軌跡を時期ごとに捉えた。すなわち、①宣教論および教会形成論（一八九五―一九二七）、②宣教の主体に関する再考（一九一五―三四）、そして③自らの信条の意味を再考する作業としての神学議論（一九三一―四〇）である。

まず、第一章・第二章では、おもに一八九五年から一九二七年までのムーディの宣教論、および台湾人キリスト者の教会形成論を分析した。

第一章ではムーディに焦点を据えて、グラスゴーでの神学生時代から宣教初期（一八九五―一九一四）における宣教師としての自己形成の有り様を捉えた。具体的には、彼が①宗教的他者をネガティブな類型的イメージによって捉える宣教師の姿勢を、民族的他者を抑圧する植民地支配者のそれと同じ「冷酷な自己愛」として内省したこと、②その一方で、台湾人信徒にはキリスト教世界出身者のような、キリスト教を理解するための「精神」が継承されていないとの啓蒙主義的認識を根拠に、海外宣教における宣教師のリーダーシップを自明視していたことを明らかにした。また、③彼が台湾人改宗者には理解しがたいであろうと観察した罪の認識や信仰義認といったキリスト論に連なる教えを、白話字宣教文書にて重点的に論じていたことを捉えた。

第二章では、一八九五年から一九二七年までの台湾人キリスト者のキリスト教理解、および教会形成論を扱った。具体的には、まず①勤勉な道徳主義的自助努力による「国勢富強」を希求した李春生《リツンシン》のキリスト教理解について、信仰を「保庇《ポピ》（守護と御利益の混合）」の獲得として捉える漢族台湾人の宗教文化の系譜にあるものとして確認した。その上で、②ムーディと深い関わりを持ったふたりの牧師、すなわち林学恭《リムハッキョン》と廖得《リャウティ》が、教会外にある他者の「苦しみ」への共感、教会内における祈りへの呼びかけ、個々の台湾人信徒自身の独立を基盤とする教会運営と宣教など、「保庇《ポピ》」とは異質な方向で教会形成を追求したことを解明した。

第三章・第四章では、一九一五年から一九三四年までのムーディ、および台湾人キリスト者の議論を対象として、これらの人物が台湾の政治社会的コンテクストの変遷の中で、それぞれに従来の宣教論をいかに相対化し、また台湾人を主体とする台湾宣教のヴィジョンをいかに形成・発信するようになったのかを捉えた。

第三章では、宣教後期（一九一五―三二）のムーディがキリスト教宣教を問い直した作業を考察した。具体的には、まず①ムーディが一九二二年に一時的に台南神学校の校長に就任した際に、重要科目の多くが日本人教員によって日本語で行われている体制への違和感を表明し、台湾人教師中心の神学校運営を求めたことを指摘した。また、②教会史研究を通して、キリスト教理解は改宗者の「精神」の成熟度に左右されるとする啓蒙主義的発展史観を修正し、③

台湾人信徒・聖職者らの教会自治運動を受け、宣教師と台湾人伝道師の間の教会運営に対する決定権や俸給額の格差という問題に取り組む中で、従来の宣教師主導論を克服し、台湾人信徒への監督ではなく献身こそが、宣教師の役割だと論じるようになった過程を明らかにした。

第四章では、一九二八年から一九三四年までの台湾人キリスト者による宣教論を分析し、個々人の人格的尊厳を保護する倫理的社会としての「神の国」のヴィジョンが、これらの人物によっていかに模索されたのかを考察した。具体的には、まず①ムーディの閩南系台湾語の教師であった牧師・林燕臣《リムイェンシン》の議論を検討し、彼が「四百万同胞」、すなわち台湾社会全体に対する宣教使命を持ち、共感的関係性の構築を呼びかけたことを捉えた。その上で、②彼が台南神学校教員として創刊に関与した同校の『校友会雑誌』を検討し、同誌が自治的台湾宣教の構想、実践という形での「台湾人」意識の表明の場であったと同時に、政治社会的解放への志向を示す空間でもあったことを捉えた。さらに、③林燕臣の息子であり、代表的なキリスト教知識人でもあった林茂生《リムボーシン》の「基督教文明史観」（一九三二―三三）を分析し、彼が危機神学の提唱者の一人エーミール・ブルンナーの議論を踏まえつつ、個人の「良心」の解放こそが積極的社会倫理の基盤となると論じ、教育勅語の公定解釈に示される自民族・自国中心主義を暗に批判していたことを明らかにした。

第四章補論では、南北台湾長老教会の聖職者が一九三八年に刊行した和文雑誌『福音と教会』の背景、書誌情報、および記事内容を検討した。この作業により、『福音と教会』誌が一九三〇年代初頭以来の台湾人キリスト教青年運動や教会改革運動を背景とするものであったことを指摘した。その上で、同誌が欧米や日本で注目されていた危機神学の受容作業を通して、植民地台湾のコンテクストにおいて聖書というキリスト教テクストをいかに読むべきかを改めて問う場であったことを捉えた。同時に、同誌が台湾人信徒・聖職者にとって、同時代の全体主義的風潮に抗する信仰のあり方を問い直す場でもあったことを明らかにした。

第五章では、宣教師引退後（一九三二―四〇）のムーディにおける神学議論を考察した。まず、①彼が同時代の欧米教会に見られる民族的・社会的他者の「苦しみ」への無関心を、イエスの宣教姿勢からの深刻な逸脱と見なし、このために従来の宣教事業も「失敗」であったとの認識を示すようになる過程を捉えた。また、②台湾におけるキリスト者への迫害に関わる情報を受け止めた彼が、台湾人の反植民地主義ナショナリズムへの共感的姿勢を示すようになり、実在の台湾人元抗日ゲリラをモデルとする主人公の物語を執筆したこと、③すべての者は「愛以外の何ものでもない」神によっていずれ救われるだろうとする安易な救済観を持って他者の苦しみに無関心となっていた欧米キリスト者に対し、「神の裁き」への警告を発するようになったことを明らかにした。

2 宣教師ムーディと台湾基督長老教会信徒の相互関係

本論で見たように、ムーディと台湾人キリスト者は『教会報』という雑誌媒体や台南神学校のような学校で対話の場を持っていた。林学恭、廖得、林燕臣のように、ムーディと個人的に関わった人物らの存在も浮かび上がった。こうした接点の存在は、植民地台湾というコンテクストの中でキリスト教というテクストをいかに受け止めるのかという問題を、両者がある程度まで共有することを可能にしたと言える。他方で、植民地支配というコンテクストの下で、キリスト教というテクストが再考され、再解釈される出来事は、実は同時代の世界各地で生じていたと思われる。その上で、ムーディと台湾人キリスト者の相互関係性の中で生み出されたテクスト理解、言い換えれば神学的信条は、どのような特質を備えていたと言えるのだろうか。

この点について本書では、相互に密接に関わり合う次の三つの側面を指摘した。すなわち、①個々の信徒に個人的・人格的に関わるイエスのあり方、②十字架の死というイエスの自己贈与、および③罪人の救い、屈辱的な刑死による救済の逆説性、である。ここでは、こうしたテクスト理解が日本植民地支配下台湾というコンテクストの中で常に再考され、受け止め直されたものであったことを、ムーディ、および彼と深く関わった三名の台湾人キリスト者―

──林学恭、廖得、林燕臣──の相互関係に即して捉え直したい。

(1) 林学恭とムーディ──人格的交わり、および個別具体的経験の重視

ムーディがその英文著作にて「Mr Brown-Horse Wood」として繰り返し言及した共同宣教者・友人であった林学恭は、彼自身もムーディを友人として受け止めていた人物である。一八八三年、二六歳でキリスト教に改宗し、聖職者の道を歩み始めた林は、一八九八年にムーディと出会う以前から、『教会報』への投稿文を通して、聖霊としての神の働きかけ、罪の認識とイエスへの信仰による「上帝」との「親和」を重視するキリスト教理解を表明していた。[1] 特に罪の認識とイエスへの信仰の教えは、宣教初期ムーディがキリスト教の中核的メッセージとして重視する一方で、台湾人改宗者には理解しがたいものだろうと観察していたイエスによる個々人への救済(①)、イエスの自己贈与(②)、および救いの逆説性(③)のいずれの信条とも密接に関わるものであった。本書の考察からは、林学恭とムーディが共同宣教を通して寝食を共にしつつ、こうした神学に関わる問題だけではなく、キリスト教信仰への献身と家族との断絶(宣教師として海外に赴くことで、あるいはキリスト教への改宗により祖先崇拝を拒絶することで、母親の「心を痛め、激しく哀哭」させるという経験)に関する問題意識も共有し、語り合っていたらしきことが明らかとなった。[2]

ムーディは宣教従事者としての林学恭の「勤勉さ」と「優しさ」を積極的に評価したが、その根底には人格的存在としてのイエスに関する彼の信条(①)があった。この信条に基づき、彼はキリスト教における救済はきわめてパーソナルな経験であり、したがって信仰者はイエスに救われた個としてイエス自身への「愛着」を持ち、イエスの宣教姿勢を模倣し、教えに従う者となるのだと理解した。ムーディにおいて、イエスの宣教姿勢とはあらゆる人々への関心──「愛」であり、[3] その教えとは後述する「神の国の公義」──社会正義であった。[4]

あらゆる個々人への関心としての「愛」は、すべての人の人格的尊厳を重視する。したがって民族的・宗教的他者をネガティブに類型化し、序列立てるようなあり方とは相容れない。そのようなあり方には他者に向き合い、出会お

うとする姿勢はなく、ただ自民族や自国、あるいは自分の宗教に対する優越意識としての「冷酷な自己愛」があるのみである。それは、他者の犠牲の上に生きる、あるいは他者を否定することで自己を正当化する植民地主義や、キリスト教宣教の独善性を支えるものでもある。ムーディの英文著書において、台湾人の姿がくっきりとした輪郭を備えた個人として登場することは、ムーディがこの点を自覚的に追求していたことを物語る。

林学恭をはじめとする台湾人との個別具体的な出会いは、日本による台湾植民地支配に対するムーディの受け止め方にも大きな影響を与えた。一八九五年、林学恭は澎湖駐留日本軍の台湾進軍に案内役として動員された。その痛々しく「危険な」経験への共感的想像力を持とうとする中で、ムーディは植民地支配の現実を被支配者一人ひとりの経験に即して批判的に捉える視点を与えられた[5]。一八九五年の日本軍による破壊を受け、困窮する教会内外の人々のための祈りに見られたように、他者の苦しみに共感するというあり方は、林自身が形成し、実践しようとしていたものでもあった[6]。このため、彼は——ちょうどムーディが彼の「優しさ」を評価したように——ムーディによる他者への関心と祈り、および「尊重」を評価していた。このように、林学恭とムーディは、互いの神学的信条と宣教姿勢を認め合う相互理解を形成しつつあった。

(2) 廖得とムーディ——自ら学び、信仰する個を目指して

一九〇二年に一三歳でムーディより受洗し、その助言と支援を受けて聖職者への道を歩みはじめた廖得は、ムーディのことを、学ぶことの大切さを教えてくれた教師として受け止めていた。しかしながら、廖はこの学びへの重視を自身の教会形成論につなげ、教会の自治独立の基盤としての個々の信徒による精神的「自養」の姿勢として発展的に解釈した。さらに、彼はこの考えを軸にムーディの宣教姿勢を再評価し、そこに台湾人信徒に「天国の鍵」を託す自治的教会運営への志向を見出した点で独特であった。ムーディによる廖得に関する明確な言及が残されていないため、推測の域を出ないが、かつての「学生」である廖が、一九二〇年代を中心に『教会報』にて教会独立論を熱心に展開

し、南部中会分区自治計画に関与する姿を見たことこそが、二〇年代末のムーディが、従来主張してきた宣教師主導論を克服した決定的な要因の一つだったのではないかと考えられる。

重要なことに、廖得はイエスの自己贈与（②）、およびキリスト教における救済の逆説性（③）を深く認識した点で、ムーディと明確に呼応していた。

ムーディにおいて、イエスの自己贈与、イエスは我々のために「貧しくなられた」という信条は、我々は「仕えられるためにではなく、仕えるために来た」のだという宣教姿勢、および宣教師としてのアイデンティティの根拠となった。(7) 彼はこの信条を軸に、宣教師と台湾人伝道師の俸給額の格差問題を批判的に考察し、晩年には同時代欧米教会に見られる社会矛盾の自明視への批判や、従来の宣教は「失敗」であったとする認識につなげて内省を深めた。

また、罪人は信仰のみによって救われる、それもイエスの十字架という屈辱的な刑死によって、という救いの逆説性の信条から、ムーディは勤勉なる自助努力や善行による自己義認的な救済観を否定した。そもそもイエスの救済の対象とは「罪人」――自身の神に対するパーソナルな罪を認識する者――であるはずだった。その救いの業もまた、勤勉なる自助努力による経済的成功とは縁もゆかりもない、十字架上での悲惨な刑死であった。白話字文書を通してこれらの信条を繰り返し論じたムーディは、英文著書においても、あらゆる自己義認的なあり方を退けるべきだと主張し、自国を自画自賛するヨーロッパ諸国の代表者たちの姿勢を批判した。(8)

『教会報』上の廖得の投稿文からは、彼がムーディが重視したこれらの神学的信条を深く受け止めていたことが明らかとなった。廖はキリスト教における救済には、この世の権力者としては見失われるが、「悲惨な境遇」の中でこそよみがえるものとしての側面があること、それは「優れた」者にしか到達できないものではなく、「もっとも悪い者」にも「恩恵」として与えられるものであること、イエスが「真の上帝」であるのは、その力が「武力」でも「権力」でもなく、十字架での屈辱的な刑死によって罪人を救おうとする「愛」であるからこそだということを強調した。(9)

ムーディが台湾人信徒はイエスの十字架での死を「恥じる」傾向にあると観察し、白話字宣教文書ではこの逆説的な救いに関する説明を心がけていたことを思い起こせば[10]、この点を廖得が強調したことは偶然ではなかったとわかる。

ただし、廖はこれらの神学的信条を台湾人教会自治運動へと発展的につなげた点でムーディとは異なっていた。彼はイエスの自己贈与や救いの逆説性の信条と密接に関わる形で、イエスと信徒との人格的関係性への信条（①）を重視し、一人ひとりのキリスト者が、罪人である自分がイエスによって救われたのだという、パーソナルな宗教的経験としての「新生」を持つことこそが、教会の自治独立の基盤となると論じていたのである[11]。

（3）林燕臣とムーディ——倫理的社会への模索

ムーディの閩南系台湾語の教師であった読書人・林燕臣は、自身の学生である宣教師らとの出会いを契機に、一八九八年にキリスト教に改宗した人物である。人望が厚く、篤学であった彼は「中学」や台南神学校の教員、教会役人を務める中で台湾人信徒や宣教師の信頼を得て教会リーダーとなり、廖得らと共に南部台湾中会分区自治計画を推進し、教会自治運動を牽引した。林は『教会報』への活発な投稿活動だけでなく、自身が教員として創刊に関与した台南神学校『校友会雑誌』で発表した漢文論説や漢詩を通して、「百姓放縦して天命に逆ら」うという利己主義的なあり方を批判し、キリスト者は教会内には「自養の真精神」を発揮し、教会外には「四〔百〕外万の衆生」への宣教使命を自覚することで、共感的関係性を構築する者としての自覚を持たねばならないと呼びかけた[12]（②）。また、林はキリスト教の救いにおける固有性（①）と逆説性（③）への認識をも示していた。

重要なことに、こうした林のあり方を認識したムーディは、彼を「神の国」を第一義とする者だと呼んだ。「神の国」という言葉が、神学生時代以来のムーディに大きな影響を与えたA・B・ブルースのキーワードであったこと、またムーディがそれを社会正義というイエスの教えとして受け止めていたことを思い起こせば、彼が林の中に倫理的社会の充実を目指す理念を見出したことがわかる。このため、ムーディはイエスの言葉を引用しながら、林のような人物こそが「ほんとうのイスラエル」——真の神の民——なのではないかと述べた[13]。

ムーディはまた、林燕臣が自身の宗教的経験に即して、キリスト教における逆説的な救いの教えを深く理解し、内在化していたことに気がついた。一八九八年前後に家族を相次いで亡くし、自身も病を得た林は、そうした患難の経験こそがキリストの救いに対する希望を与えてくれたと受け止め、ムーディはそのように語る林の言葉に心を打たれたという(14)。このように、林燕臣とムーディの神学的信条は明確に呼応し合っていた一方で、廖得の場合と同様、林が提示した宣教論や共感的関係性のヴィジョンは、「台湾人」意識を媒介とするものであった点で、ムーディの議論とは必ずしもイコールではなかった。

以上に見てきたように、ムーディ、林学恭、廖得、林燕臣らは、それぞれの経験と問題関心、および相互関係の中で、①人格的存在としてのイエス、②イエスの自己贈与、③救済の逆説性に関する信条を受け止め合い、再解釈し、内在化していた。このことからも、これらの人物が植民地台湾というコンテクスト、およびそこにおける経験の中で、キリスト教のテクストをいかに受け止めるのかという問題を確かに共有していたことがわかる。

もとより、ムーディは欧米世界の教会に属し、全般的に見れば彼が語りかけ、警鐘を鳴らした相手は、おもに欧米キリスト教会であった。駒込が指摘するように台湾人の声を欧米世界に知らせる「メガホン」という観点から見れば、彼の議論には「不十分」な側面もあったかもしれない。しかしながら、ムーディは、他の宣教師とは異なり、重大な虐殺事件のようなことが起きた時だけに台湾人の声を世界に伝えようとしたのではなかった。むしろ重要なことは、彼の宣教論の修正作業や、キリスト論を中核に据える宣教実践、および神学議論がいずれも、宣教師はキリスト者として台湾人といかに向き合うべきかという問いによって牽引されたものであったということである。その上で、台湾人の「苦しみ」のコンテクストを、イエスをめぐる大文字テクストとの格闘作業の根幹に置くべきものと位置づけた点にこそ、ムーディの独自性を見出すべきであろう。

3　台湾人信徒の雑誌媒体──自治的宣教、および神学の模索の場として

一方で、ムーディとは必ずしも直接的に関わることのなかった台湾人キリスト者らも、彼が再考し、再確認した先の三つの神学的信条──①人格的存在としてのイエス、②イエスの自己贈与、③救済の逆説性──を自らの「呣願《ムゴアン》」を打ち破るメッセージとして独自に受け止め、内在化した。本書は、これらの台湾人信徒・聖職者が、雑誌媒体上での神学議論という清末期以来宣教師らを主体としてきた表現形態を、一九二〇年代以降に徐々に自らのものとして取り入れることで、自らの宣教事業と神学的探求を展開したことに着目した。

白話字教会刊行物である『教会報』は、一八八五年の創刊から一九三二年に南部台湾基督長老教会大会に移譲されるまで、およそ四七年の間、イングランド長老教会宣教師らに運営されていた。にもかかわらず、一九二〇年代には同誌で、台湾人が西洋と日本による文化的・政治的「二重植民」を受けているとの問題意識が表明され[15]、廖得や林燕臣のように、自らの神学的信条に立脚しつつ、台湾人による自治的台湾宣教を呼びかける者が登場した。また、南部大会に移譲された後の同誌には、キリスト教思想への考察を深めることで、台湾における植民地的状況を間接的ながらも批判するものが登場した。林茂生の「基督教文明史観」は、自身の罪を深く認識する個人が、「仲保者」イエスの犠牲によって救われ（②、③）、その「天良」を解放されるという深くパーソナルな宗教的経験こそが（①）、人類愛という普遍的かつ積極的な倫理の基盤となるとするキリスト教論を展開した。本論で考察したように、そこには人類愛とは相容れない自民族・自国中心主義だけではなく、折しも林自身が直面していた台南長老教中学排撃運動に見られたような、台湾人が良心の自由を守ろうとすれば不利益を被るものとされるような事態への批判が込められていた[16]。

『教会報』が南部大会に移譲されるに先立ち、一九二八年に台南神学校関係者によって創刊、運営された『校友会雑誌』は、台湾人神学生や教員だけでなく、教会外の「四百万同胞」との相互関係を射程に入れる漢文雑誌たること

を目指すものであった。漢文という出版言語の選択から確認したように、そこには白話字を操る宣教師から一定の距離をとろうとする意図があった。しかしながら、同誌には第2号から和文欄が設けられ、その割合は号を追うに従って増加した。このことは、同誌が校友会組織外部からの監視の視線、あるいは日本語を「国語」として用いることへの圧力から完全には自由ではあり得なかったことを浮かび上がらせる一方で、投稿者の中には、一八九〇年代以降の生まれで日本語教育や留日経験を有する者を中心に、自己表現の言語としては漢文よりも和文に親しんでいた者たちが存在したこともまた明らかとした。

そうした教育経験や言語感覚のズレを抱えながらも、台南神学校『校友会雑誌』への投稿者らは、台湾社会全体たる「四百万同胞」に対する台湾人キリスト者独自の宣教使命を模索し、許水露《コーツィロー》や「半樵子」こと潘道榮《ポアトォイン》のように、反差別や「解放と自由」などのキリスト教と結びつくキーワードを動員しながら、日本植民地支配下台湾における現状を問うていた。その中には、周天來《チウティエンライ》のように、植民地的現状とキリスト教思想の問題を明確に関連づけて論じるものも存在した。周は個々の信徒に人格的に関わる存在としてのイエスの信条（①）を基盤に、職業選択の自由をも含む個の「人格的生命」を保護し、倫理的社会を達成することこそが「イエスの倫理的教訓」だと論じることで、中等レベル以上の教育機会を制限され、職業選択の自由を持ち得ない一人ひとりの台湾人の人格的尊厳の喪失や、自らの未来を決定する自治＝自決権の不在を鋭く問うた。(17) これらの議論を支えた問題意識は、同誌の創刊に深く関わった林燕臣による利己主義の蔓延や社会倫理の廃れへの批判、およびこれらとは正反対のものであるべき教会内外「四百万同胞」との共感的関係性の構築、すなわち「神の国」という社会的理念への志向と通じるものだった。

台南神学校『校友会雑誌』は、全体主義体制へと向かう帝国日本の政治社会的コンテクストの影響――具体的には、同誌に直接的に関わる黄俟命《ンスービン》や潘道榮が、一九三三から翌三四年にかけての台南長老教中学排撃運動と、その余波に巻き込まれてしまったこと――により、その後の刊行の継続が困難となったと考えられる。にもかかわらず、同誌は台湾人キリスト者がその自治的空間を構築し、そこで自らの意見を表明するにあたり、漢文ないし和文雑誌上での神学議論というスタイルをとる、という方法を確立する契機となった。その後の台湾人信徒らによる自治的台湾宣教、および社会正義の主張方法を大きく方向付けたこの出来事が、台南神学校という教育機関を舞台としていたのは偶然ではなかった。神学校での学びは、神学議論の新たな主体としての台湾人キリスト者を生み出しただけでなく、これらの信徒の中からは、同校を卒業した後に日本内地の神学校に留学し、イングランド長老教会を介することなく当時の最新の神学議論を学び、取り入れる自治的台湾宣教の担い手たちが登場したのである。

本書では一九二〇年代から三〇年代にかけての台湾人キリスト者の日本内地留学の実態に関する包括的検討は行っておらず、今後の重要課題として残されている。一方で、本書では二〇年代から三〇年代の内地留学経験者の特徴と意義を、これらの人物が一九三八年に創刊した和文雑誌『福音と教会』に焦点を当てることで、限定的ながら指摘した。南北台湾の長老教会聖職者が中心となって運営した『福音と教会』は、台南神学校『校友会雑誌』を含む一九二〇年代末から三〇年代半ばまでの台湾人教会自治運動、キリスト教青年運動、および教会改革運動の延長上に位置づけられる。三〇年代にはバルトのナチス批判のために、日本の神学界では危機神学の受容が非常に困難になっていた。しかしこの時期に創刊され、発行前の検閲などの当局の監視を受けたにもかかわらず、同誌は危機神学に着目し続け、当時としては大胆とも言える明確さをもって植民地台湾の現状を問うた。例えば、信徒とイエスとの個人的・人格的関係性（①）を重視した胡文池《オーブンティ》は、個人的祈祷の余地が許されない「全体主義的民族宗教」を批判し、教会を含む共同体は「個人の恩恵」が豊富とされるときに初めて充実すると述べることで、当時の帝国日本がその「臣民」に突きつけた愛国と天皇崇拝、集団的共同性への強制を批判した[18]。

また鍾茂成《チョンボーシン》は、自己贈与というイエスの奉仕の姿勢（②）こそが、社会正義への切り札であるとの論を展開した。鍾は強大な軍事力によってイスラエルを支配するローマ帝国の繁栄のあり方を根本的に問い、最終的にはそれに対する完全なる勝利を収めることとなったのは、あらゆる武力抵抗が挫折し尽くされた先に生まれた、この奉仕の精神であると論じた。自己の利益を追求し、そのためには他者を犠牲にし、自民族や自国の繁栄を誇り、その優越性を標榜するあり方と、その社会不正義に真っ向から対立する価値観を提示する奉仕の精神は、一時的に影響力を誇ったローマ帝国が消え去った後にも残り続けるであろう、というのが彼の主張であった[19]。

さらに、同誌の投稿者の中には、郭和烈《ケーホーリエッ》のように、罪人がイエスへの信仰のみによって救われるという、「deserve」の発想を越える逆説的な救いの恩典の信条（③）に立脚し、あらゆる自己義認的発想を退けるべきだと論じた者もいた。その批判と内省の射程には、植民地支配や全体主義の矛盾といったコンテクストだけではなく、それらを問う自己自身のあり方を絶対化してしまうキリスト者の姿もまた含まれていた[20]。それは、自らが問われる存在であることを忘れたいがために、裁きや地獄のコンセプトを捨て去ったキリスト教会を批判したムーディの議論とも通底する批判であったと言える。

このように、宣教師ムーディ、および台湾基督長老教会信徒・聖職者らは、植民地台湾というコンテクストにおいてキリスト教のテクストの意味を捉え直し、そうして再解釈したテクストに立脚しつつコンテクストを問うという作業を、ある程度まで共有していた。このことから、両者の宗教的格闘が双方向的なものであり、きわめて複合的な性格のものであったことが明らかとなった。ムーディと台湾人キリスト者らはそれぞれに、帝国主義的状況に抗する解放の物語を、個々人に人格的に関わり、その自由と良心を救済するものとしてのイエスの中に見出そうとしていた。もっとも、これらの人物たちが、帝国主義批判というような政治的モチーフをあらかじめ持っていたわけではないことには留意が必要である。植民地支配下というコンテクストにおいて、「福音」とは何か、イエスとはどのような存在かという大文字テクストをめぐる格闘を行ったことが、結果として帝国主義批判というモチーフとも結びつくキリスト教理解にいたったのだと考えられる。

4　人格的「出会い」の社会的意味

以上に論じてきたように、ムーディと台湾人信徒はいずれも、日本植民地支配下台湾という共通の歴史的コンテクストの中でキリスト教という大文字テクストを問い、また同時に後者に立脚して前者を問うていた。帝国の物語から排除され、自国における「二等市民」とされた台湾人キリスト者は、抑圧される人々の人格的尊厳と解放という社会正義を指し示す自治＝自決運動の実践の中に、「台湾人である」ことと「キリスト教徒である」ことの現実と本質を見出すことによって。また、自らが内在化していた帝国の物語が、いかに社会的、および民族的・宗教的他者の人格の尊厳を損なってきたのかに気づかされた宣教師ムーディは、「台湾に関わった宣教師」であり、まず「キリスト教徒である」者として、この不正義に対する批判的内省を呼びかけ、反植民地主義ナショナリズムへの共感的姿勢を示すことによって。

しかし両者の背景や営みの間には、確かに断層が存在している。ムーディの論と台湾人キリスト者の論に相似する側面があるとしても、まったく同じというわけではなかったし、厳密な意味での思想的な影響関係を解明できたわけでもない。さらに仔細に検討するならば、互いに相手を理解していると思いながらも、実は理解にズレがあった可能性もある。この点をさらに詳細に解明するのは、今後の課題となる。とは言え、本書の作業では、こうした異なる背景を持つ両者が、互いの「出会い」を契機とする新たな経験や「外来」の価値を批判的・選択的に内在化することで、自らを変容させていったことを明らかにした。両者の出会いによって、ムーディは植民地台湾というコンテクスト抜きでは語れないようなキリスト教思想を醸成し、台湾人キリスト者たちはキリスト教思想に立脚する「台湾人意識」、および人格的・政治的解放のイメージを構想することができた。こうして両者の内に生み出された複合的なアイデンティティこそが、日本植民地支配下台湾におけるキリスト教の歴史的軌跡を形作ったと言える。

着目すべきことに、林茂生が「基督教文明史観」において引用した神学者ブルンナーは、この「出会い」の中にこそ、人格的解放の理念と社会正義とを連ねる契機があることを捉えていた。

ブルンナーは次のように述べる。近世以来、ヨーロッパ世界の西洋哲学および科学は、「主観客観の対立図式」によって支配されてきた。そのような思考は「相手をわがものにしようという意志、暴力的ともいうべき行為に由来」しており、またそれは「人間が自然を相手として学んできた行為である」[21]。それは「私が『何か』を認識する」、そのことによってそれを自分の「所有物」にしようとするような姿勢である[22]。ところが、そこに「あらゆる存在の根拠である方が人間に向かってやって来る」[23]。しかも、それは「私に『自己を打ち開ける』ことで彼自身を語る」。この「ご自身を啓示し給う神と、この神の啓示を通して自己を打ち開く人間との出会い」を通し、「私」にとって「彼」はもはや「何か」ではなく、「汝」となる。両者の間には「固有（sui generis）」の関係、「出会い」が生じている。「信仰とは、〔家＝人の〕模様替えであり、革命であり、政権の転覆である。自主的な主人は聴き従う者になる。〔…〕主人として自分の中に閉じこもっていた『我』は、こじ開けられる」[24]。これが、本来は「自分の安全な隠れ家にとどまり、自我という砦の城壁に隠れている」人間の「自己保証」または「自己確実性」の完全放棄としての信仰、すなわち「ピスティス」である[25]。そして、この「ピスティス」があって初めて、「人間は『アガペー』という意味で愛することができる」、つまり、所有の対象としての「何か」としてではなく、人格を持つ「汝」としての他者と出会うことができる、と[26]。

ムーディにおける宣教論の変遷は、ブルンナーが論じている神との間の、いわば垂直的な「出会い」と、これによって可能とされる「アガペー」という大文字テクストに立脚する内省の試みとして捉えることができるだろう。また、それはムーディと台湾人キリスト者それぞれが神との間で垂直的に「出会う」ことを通じて、相互にも水平的に「出会う」ことを可能にしていったと考えられる。この二重の意味での「出会い」という契機のゆえに、潘道榮や胡文池、林茂生や、以下に見る若き日の黄彰輝を含む台湾人キリスト者らは、「彼ら」を押しのけて自らを助けるあり方を批判的に問い、あくまで個々人の人格、すなわち「天良」を生かす社会的なあり方としての自治を主張することによって社会正義を求め、解放の物語を構想したと言える。これらはいずれも、キリスト教的原則の社会的意味を示す、一つの重要な歴史的軌跡と捉えることができるのではないだろうか。

5　青年黄彰輝の格闘――「苦しみ」のコンテクストの中で

序論にて述べたように、本書の目的は、台湾人牧師黄彰輝が一九六〇年代以降に展開した文脈化神学が生まれるにいたった裾野となる経験そのものを解明することである。また、そのことによって、この神学がなぜほかならぬ台湾に生まれたのかを考察することであった。

本書では考察の対象を、黄彰輝が少年・青年として自己形成を遂げた時期に限定しているために、彼の展開した神学そのものについては論じることができなかった。しかし、本書で論じた内容は、今度は黄彰輝を中心として、台湾人キリスト者の戦前・戦後の歩みを描くための重要な補助線となるはずである。ここでは本書のまとめに代えて、青年黄彰輝の格闘と、その後について仮説的な展望を記しておくことにしたい。

東京帝国大学に留学していた黄彰輝は、一九三四年四月に同校ＹＭＣＡ学生寮の日誌に以下のように書き記している。(27)

> 然《しか》るに今は何たる世相ぞ！　強者は弱者の肉を探すに余念なく信義愛情共に地に落ち互いに虎視眈々《こしたんたん》として機をうかがっているのではなかろうか！　多くの既成宗教は此の時勢に応ずるまでもなく消極的に成り防御的に成り徒《いたず》らに末葉《まつよう》に走り宗教を自己安寧《あんねい》、甚《はなは》だしきは修身の術に置き換えている様な感なきにしもあらずである〔。〕教会中に斯《かか》るものはなかろうか？　もし有りとせば実に心外である。キリスト教の本旨は飽《あく》まで積極的な創造的なものであると信ずる。クリスチャンの血は常に構成的破壊の精神に漲《みなぎ》っているべきだと思う〔。〕イデアへの

邁進《まいしん》であり途上の障碍《しょうがい》は憤然として除《のぞ》くべきだと信ずる〔。〕主イエスは十字架に釘つけられても社会の障碍を魂の汚物を除かんとしたではないか！〔…〕舎〔東京大学ＹＭＣＡ学生寮〕に来てから早祷を心から感謝する私は其《それ》を単なる自己修養のための神との交わりと見たくない〔。〕来たるべき時への備えだ。爆発への点火だ。激情の冷静だ。

ここからは、他者の犠牲の上に利己主義的に生きる「強者」たち、「信義愛情共に地に落ち」て倫理的に荒廃しきった社会、そしてそのような社会に否と言うことをしない「多くの既成宗教」への怒りが窺われる。この直後に「キリスト教の本旨」が論じられていることに鑑みれば、ここで黄が批判している「既成宗教」とは、その実キリスト教そのものであったと考えられる。「主イエスは十字架に釘つけられても社会の障碍を魂の汚物を除かんとしたではないか！」それなのに、教会はなぜイエスのように「社会の障碍」や「魂の汚物」と闘わないのか。キリスト教は利己的で保身的な「自己修養」に陥ってはならない。イエスに従うこととは、本来「構成的破壊の精神」を持つことなのではなかったか。

青年黄彰輝がこのような「激情」を表明した背景には、まさにこの時期に深刻化していた台南長老教中学への排撃運動の存在があった。第四章で記したように、黄彰輝の父である黄俟命は、同事件のため、彰輝が右の日誌を著した一ヶ月後の一九三四年五月には、同校のスクールチャプレン職と台南の東門教会牧師職の喪失を余儀なくされた[28]。晩年の黄彰輝は、このとき父親の黄俟命が「精神的・身体的、そして何よりも霊的に」打ちのめされた姿を見たことが、彼の「人生の中でももっとも辛い経験」となったと述べていた[29]。

黄彰輝はまた、一九三五年に林茂生に会った際、林が黄俟命の東門教会辞職事件に激しく憤りながら、彼に次のように問いかけたと回想している。「教会が君のお父さんをあのように追放するのだったら、君は何のために牧師になるのか？」[30] これらの経験を経て、黄彰輝は「あらゆる次元における生きることの苦しみという根本的な問題にまっすぐに立ち向かうことなく、福音や福音主義を語ることはまったくの不誠実なのではないか」という問いを持つようになったという。ここで語られる「苦しみ」には、「他国の植民地における二等市民として耐えねばならない苦しみ」、「日本帝国主義支配下の台湾の経験」の「苦しみ」もまた含まれている。(31)

既述のように、黄俟命の東門教会牧師職喪失の背景には、留日経験を持ち、日本語をより自在に操ることができる潘道榮こそが、中学のチャプレン職を失った黄よりも時代の流れにふさわしいのではないかとする潘道榮派の信徒らの主張があった。すでに一九三四年三月に日本留学に赴いていた黄彰輝自身は、このような教会分裂の詳細について当時ほとんど知らなかったという。(32)一方で、「教会が君のお父さんをあのように追放するのだったら」という言葉からも窺われるように、林茂生はこうした事態を察していたと推測される。「二等市民」の母語ではなく、支配者の言葉を使いこなすことこそが、時代の流れに相応しいのではないか。このようなことを言い出して、君のお父さんを苦しめた教会で、君は牧師として働くつもりなのか。ここで実際に問題となっているのは台南の東門教会という一つの教会である。しかしながら、これから先、「時代の流れ」に押し流されることで、人々の苦しみを見過ごし、あるいは生み出す教会は、果たして東門教会だけで済むのだろうか。

こうした現状に対する林茂生の深刻な懸念が、教会が説くべき大文字テクストたる「福音」と、歴史の中の教会そのものが「時代の流れ」として重視するものとの間のギャップに対する黄彰輝の認識を深めさせることとなったと考えられる。そこには、父親を苦しめた「時代」というコンテクストへの問いだけではなく、「福音」とは本当は「あらゆる次元における生きることの苦しみという根本的な問題にまっすぐに立ち向かう」ものなのではないのかという、テクストへの問いが含まれていた。後年の彼が「呣願《ムゴアン》」に関わる神学の起点を、自身の日本植民地支配下台湾における経験の中に見出したのは、まさにこの「苦しみ」と、それに対する格闘の経験があったからこそであった。

そして、この「苦しみ」は日本による植民地支配からの解放後にも、いっそう深まりこそすれ、解消されることはなかった。

五〇年に及ぶ日本の植民地統治を乗り越え、一九四五年に中華民国への「光復」に喜んだ台湾の人々は、間もなく一九四七年の二・二八事件、およびそれに続く戒厳令と白色テロの時代を迎えることで、脱植民地化への希望を挫折させられた。その過程では林茂生や陳能通《タンリントン》といった日本時代以来の教会リーダーを含む多くの人々が犠牲となっている。第二次世界大戦の終結を受け、一九四七年九月に一〇年ぶりに英国から帰還した黄彰輝は、留学前に親炙し、「篤い友情と関心を示してくれた」林茂生にもはや会えないことを知り、「もっとも深く悲しい衝撃」を受けたという(33)。しかし、まさにこうした深い「毋願《ムゴアン》」の感情を原動力に、彼は文脈化神学を提唱した。

一九七〇年代から八〇年代における台湾基督長老教会の政治的コミットメントの展開過程を分析する天江喜久が指摘するように、黄自身が一九六五年の再度の渡英後に実質的な海外亡命を強いられたにもかかわらず、閩南系台湾語を公用語とする台南神学院での教育活動、および「不断の神学的内省」を促す文脈化神学の思想は、確かに同教会の「政治運動の種子」として根づいていった。当初は政治的活動に消極的であり、個々のメンバーによる「党外勢力」(国民党一党独裁体制の下で民主化を求めた勢力)への共感と協力のみが見られた台湾基督長老教会は、一九七九年一二月一〇日の美麗島事件という国民党政府による弾圧事件を契機に、党外政治活動家や台湾社会全体と共に受難を経験することになった。台湾基督長老教会の総幹事たる高俊明《コーツンビン》が党外活動家を匿った罪で投獄される状況の中、事件被害者のための祈祷会や被害者家族による選挙活動への協力、礼拝堂の開放による集会のための空間の提供といった諸活動が展開された。天江は、台湾基督長老教会はこうした取り組みを通して、台湾人の「自決」を追求する「台湾市民的ナショナリズム」の形成・維持に大きく貢献したと同時に、その根底にある不断の文脈化の試みを通して、教会そのものが確かに「生まれ変わっていった」のだと位置づけている(34)。

本書が明らかにしてきたのは、あくまでもこの文脈化神学へと通じる裾野となった経験、すなわちコンテクストとしての日本植民地支配下台湾のイギリス人宣教師ムーディの宣教事業、台湾人キリスト者の自治的キリスト教論、および双方の相互関係の有り様であった。宣教師と台湾人キリスト者それぞれの営みの、いわば橋渡しとしての役割を持つ本研究は、この両者が相互に大きく異なる背景や立場を有したと同時に、まったくに断絶されていたわけではなかったことを示した。このことにより、本書は個々人の人格的尊厳、および社会正義を根拠づけるキリスト教信条が、台湾人の自治＝自決の追求、およびこれに対する共感という形で表明されるという、台湾における独自の状況を浮かび上がらせた。ただし、ムーディを含む宣教師や台湾人信徒・聖職者らそれぞれの背景と言動、およびこれらの人々の相互関係の内実については、今後さらに検討を深め、より厳密に再構成されねばならないと考えている。こうした作業の積み重ねこそが、一九四五年以降の台湾において、台湾独自の個人的・社会的正義がいかに根拠づけられ、模索され、主張されたのかという問いへの答えを探し求める作業、文脈化神学そのものの展開過程を明らかにする作業へと通じてゆくものだと思われるからである。

あとがき

本書は、筆者が二〇一五年一二月に京都大学大学院教育学研究科に提出した博士論文「宣教師キャンベル・N・ムーディと台湾基督長老教会——文脈化するキリスト教の軌跡」に加筆・修正を施したものである。各章の内容は、それぞれ以下の既出論文を翻訳または改稿して構成した。

第一章　「日本植民地支配下台湾におけるキリスト教宣教——キャンベル・N・ムーディの宣教経験に着目して」『キリスト教史学』第六六集（キリスト教史学会、二〇一二年七月）。

"Campbell N. Moody's Reflections on the Christian Mission." *International Bulletin of Missionary Research* 38.3 (July 2014).

第三章　「宣教中後期（一九一四—三二）ムーディの伝道論と実践——伝道師の給与問題を中心に」『アジア・キリスト教・多元性』第一二号（現代キリスト教思想研究会、二〇一四年三月）。

第四章「台南神学校『校友会雑誌』（一九二八年—）にみる「台湾人」意識」『日本の教育史学』第五六集（教育史学会、二〇一三年一〇月）。

「林茂生「基督教文明史観」（一九三二—三三）を読む」『教育史フォーラム』第一〇号（教育史フォーラム・京都、二〇一五年五月）。

第四章補論　「教会刊行物『福音と教会』（一九三八—）の書誌的検討からみる台湾基督長老教会自治運動」『教育

史フォーラム』第九号（教育史フォーラム・京都、二〇一四年五月）。

"Towards the Development of Contextualizing Theology: Taiwanese Christians' and Campbell Moody's Reflections on Christian Mission in the Colonial Context of the 1920s-1930s." in 黃彰輝牧師百歲紀念活動委員會主編《黃彰輝牧師的精神資產研討會論文集》（南神出版社、二〇一五年六月）。

第五章　「日本統治下台湾におけるキリスト教と反植民地主義ナショナリズム——宣教文書『山小屋』（一九三八）に見る「苦しみ」と「愛国」の問題に着目して」『日本台湾学会報』第一四号（日本台湾学会、二〇一二年六月）。

"Taiwan and China through the Eyes of English Presbyterian Missionaries: Focusing on the Issue of Nationalism during the Late 1920s to 1930s." in 王成勉主編《傳教士筆下的大陸與臺灣》（中央大學出版中心、遠流出版社、二〇一四年一〇月、学会報告論文　"Taiwan and China through the Eyes of English Presbyterian Missionaries: Focusing on the Issue of Nationalism during the Late 1920s to 1930s." 國立中央大學歷史所、台灣基督教史學會、中原大學通識教育中心主辦、傳教士筆下的大陸與臺灣國際學術研討會、國立中央大學文學院、二〇一二年一二月二日に基づく）。

本書の出版は、「京都大学総長裁量経費・若手研究者出版助成事業」の助成を受け、実現した。また、新教出版社の小林望氏には本書刊行の機会を与えていただいただけでなく、同社の工藤万里江氏と共に未熟な筆者が本書を出版するまで大変お世話になった。これらすべての助けに心底より感謝したい。

思えば本研究そのものも、多くの方々の助けによって支えられた。二〇〇九年四月に筆者が京都大学大学院教育学研究科に入学して以来、研究指導を賜った諸先生方には、ゼミや論文指導の場において、筆者が研究の方向性を探り、作業をまとめる上で、親身に指導いただいた。また、研究科の学生仲間の皆さんにも多くの有意義な助言をもらった。

特に、筆者の学位論文審査の主査である駒込武先生からは、台湾・朝鮮の歴史、および日本教育史を知識として学んだだけでなく、歴史を生きた人々の経験への想像力をたくましくし、その意味を理解しようとする歴史研究のあり方を示していただいた。これほどまでに魂を込めて歴史と向き合う先生に出会うことができたことに感謝している。また、辻本雅史先生からは、常に自らの研究の目的と意義を吟味し、大局的な視野を持つことによって、対象やフィールドの違いを越え、他の研究者と語り合う開放性を持つことの大切さを教えていただいた。論文審査の副査である西平直先生からは、博士論文に残されていた重大な課題や今後に持つべき新たな視点について、ご自身の経験を交えつつじっくりと教えていただいた。さらに、もう一人の副査である山名淳先生は、図や立体模型によって、筆者が博士論文で扱った諸問題を検討するための新たな観点の可能性を示してくださった。田中智子先生には、筆者の都合による短い時間の中で本書の原稿を丁寧に読んでいただいた。そして、筆者の分析概念の意味を原語にまで遡って吟味し、説明の至らぬところを指摘くださった。また、京都大学大学院文学研究科の芦名定道先生には、講義や研究会などの場においてキリスト教思想や哲学的問題、宣教や聖書学をめぐるさまざまな歴史的テーマを教えていただくことで、視野を広げていただいた。

王昭文氏・王貞文牧師姉妹には、最初のフィールドワーク以来、台南を訪れる際にほぼ毎回助けてもらった。両氏には史資料集めに協力を賜っただけでなく、関係情報や貴重な史料のコピーを分けていただいた。また、彰化や新化の台湾基督長老教会に関係する場所へのドライブに誘っていただき、史資料だけではわからない台湾各地の雰囲気を見せてもらった。両氏の紹介で知り合えた郭文隆氏は、悲しいことに、筆者が本書の原稿を準備していた二〇一六年夏に突然逝去された。氏には一度しかお会いできなかったが、当時閩南系台湾語を十分に理解できなかった筆者のために小さな銅鑼を持ってきてトントン鳴らしてみせ、ムーディの街頭宣教での聴衆集めのエピソードについて熱心に話してくださったことは嬉しく印象深い思い出となっている。また、氏の紹介で知ることができた董英義氏・陳秀麗氏ご夫妻からはいつもお便りをいただいた上に、彰化でのフィールドワークを進めるにあたって大変助けていただいた。また、王昭文氏・王貞文牧師姉妹に紹介していただいた張瑞雄牧師には、黄彰輝や小山晃佑ら神学者の議論を中心に、台湾の歴史に関わる多くの事実を教えていただいた。長栄高級中学の鄭加泰牧師・朱忠宏牧師は、筆者が同校の教会史料館を訪れるたびに、大切な授業や学校のお仕事の合間を縫って調査に協力してくださった。

高井ヘラー由紀氏には貴重な史資料を分けていただいただけでなく、歴史事実を丹念に再構築するストイックな姿勢や、東アジアにおける現在進行形のコンテクストの中で台湾キリスト教史を問うことの重要性を教えていただいた。また、鄧慧恩氏からはすべてのディテールを大切に史資料に向き合う姿勢を学んだ。特に、筆者が二〇一四年に半年間台南に滞在した際、鄧氏には中部台湾でのフィールドワークに数度にわたり同行していただき、また、ご家族の皆さんにも車に乗せていただいたり、台湾の家庭料理をご馳走していただいたり、大いに助けられた。また、国立成功大学歴史系の陳文松先生・陳恒安先生には、二〇一四年の同校での滞在研究の大切な機会をいただいた。フィールドワークでは太平境馬雅各紀念教会の段振福氏をはじめ、台中柳原教会、彰化教会、鹿港教会、大社教会、頭城教会の皆さんの多大な助力をいただいた。その中には、彰化教会で偶然お会いした信徒ご夫妻のように、マーガレット・フィンドレーのお墓までの山道をバイクで案内してくれ、ドリンクまでご馳走していただいたのに、きちんとお名前をきく間もなく帰ってしまった方たちもいる。

台湾にていち早くムーディ研究に携わってこられた鄭仰恩牧師からは、同時代英語圏におけるムーディの知名度や、ムーディと親しかった台湾人キリスト者、ムーディに対するスコットランド啓蒙哲学の影響などに関する多くの具体的なアドバイスをいただいた。また頼永祥長老には、氏のオンライン・アーカイブに日々助けられるだけではなく、筆者が二〇一三年に訪米して氏を訪ねた際にも快く時間をいただき、筆者の研究に関わることや、一九四五年以降の台湾における台湾人のための大学としての「延平大学」の創設時の体験を教えていただいた。これらの皆さんの助けに深い感謝の意を表したい。

また、筆者が国際基督教大学の学部生であった頃からお世話になっている菊池秀明先生、菊池先生のご紹介で会うことのできた盧千惠先生、先行研究に関する具体的なアドバイスをくださった京都大学東南アジア研究所の速水洋子先生、キリスト教史学会で筆者の報告へのコメントをくださったヘレン・ボールハチェット先生、吉田教会の鈴木和哉牧師、大学院時代の両親の研究指導者であった衣川堅二郎先生や、二〇一二年にエディンバラにて開催された学会でしどろもどろの英語の発表をした筆者に流暢な日本語でコメントをしてくださったネルソン・ジェニングス牧師、これらの皆さんが筆者の研究に興味を示し、研究の方針や史資料の読みに関する具体的なコメントやアドバイスをしてくださったことは、筆者にとっての大きな励みとなってきた。

最後に、いつも支えてくれ日本語を直してくれた父の三野真布、他人との違いを恐れずに堂々としている妹の三野恵子、難解な白話字史料の読解を何度も助けてくれたり、歴史や信仰に関わる率直な意見を述べてくれたりした母の李璧如、台湾を訪ねるたびに歓迎してくれた伯母の李璧妃に感謝したい。そして、青少年時代だった植民地期の体験を活き活きと語ってくれた祖父の李文富と祖母の李黄月娥。祖父は二〇〇四年に、祖母は二〇一四年に亡くなり、二人には本研究の「一段落」を見てもらうことができなかった。しかし、「昔は他人の国を盗ってしまう奴が『英雄』だったんだよ」と淡々と述べた祖父の言葉、「台湾のことなどを研究してくれる人がおるのか。台湾にはそんな研究するに値するものはないと思っていたのに」という祖母の言葉に垣間見えた「毋願《ムゴアン》」は、今でも筆者の中に一つの動機として残り続けている。

二〇一六年一二月一日

三野和恵

著者
三野 和惠（みの・かずえ）

1986年　新潟県生まれ
2009年　国際基督教大学教養学部社会科学科卒業
2011年　京都大学大学院教育学研究科修士課程修了
2016年　同博士後期課程修了、博士（教育学）

文脈化するキリスト教の軌跡
イギリス人宣教師と日本植民地下の台湾基督長老教会

2017年3月20日　第1版第1刷発行

著　者……三野和惠

発行者……小林　望
発行所……株式会社新教出版社
〒162-0814 東京都新宿区新小川町 9-1
電話（代表）03 (3260) 6148

印刷・製本……河北印刷株式会社

ISBN 978-4-400-22726-7　C3016

人名索引

あ

アーサー（Arthur, M. C.），ムーディ，ペギー・C（Moody, Peggie C., 洪伯祺）35, 50, 59, 94, 139, 146, 149, 180, 191, 193, 234, 280, 338, 343-345, 351, b15, f1, f4, f19, n3-n4, n6, n8-n10, n12, n14, n18, n26, n32-n37, n39, n41, n52, n61-n64
アインシュタイン（Einstein, A.） 277
アウグスティヌス（Augustine of Hippo） 108, 196
青野太潮 105, b21, n20
赤江達也 31, b20, n4
明石順三 284
アッシジのフランチェスコ（Francis of Assisi） 197
アデア（Adair, L., 安義理） n45
アブラハム（Abraham） 328
アベル（Abel） 127
天江喜久 383, b8, n67
天野有 b19, n57
雨宮栄一 n58
アルパーズ（Alpers, B. L.） b15, n58
アレキサンダー大王（Alexander the Great） 166
アンダーソン，ジェラルド（Anderson, Gerald H.） b16, n10
アンダーソン，ピーター（Anderson, Peter, 安波得） 65, f1, n26
アンダーソン，ベネディクト（Anderson, Benedict） 243
アンダーソン，ボリス（Anderson, Boris） b14, n1, n49, n58, n65, n67
アンダーソン，ルーファス（Anderson, Rufus） 52, n10
アンティパス，ヘロデ（Antipas, Herod） 329, n59
アンブロシウス（Ambrose） 197, 229, n42

い

イード（Ede, G., 余饒理） 65, b12, f1, n15
楊士養（イウ　スーイォン） 251, 316-317, b9, n13, n29, n42
楊世註（イウ　セーツウ） 221, 251-252, 256, 317-318, f9, f13-f14, f16
楊註（イウ　ツウ） 156, f9, f15, n28
楊福春（イウ　ホクツゥン），喜春（ヒーツゥン） 76-77, n15
イェイツ，ウィリアム（Yeats, William B.） n5
イェイツ，ティモシー（Yates, Timothy） b18, n34
イエス，キリスト（Jesus, Christ） 18-19, 24-25, 27, 42-43, 48-49, 53, 59, 70, 73, 80, 88-89, 94-96, 98-99, 101-103, 105-106, 113, 115-119, 122, 124, 127-129, 137, 142-143, 145-146, 154, 159, 165-170, 172, 175-176, 180-181, 192, 195, 197, 200, 210, 212-218, 220, 228, 230-232, 234, 240, 257, 264-271, 279, 286-290, 292-294, 296-297, 304, 307, 313, 321, 323-331, 333, 335, 338, 340-344, 356-357, 359-362, 368-369, 371-377,

さ

サイード（Said, E. W.） 29-31, b21, n4-n5
蔡重陽 b8-b9, n27
斉藤利彦 242-243, b20, b22, n44
佐藤優 b22, n57
阪口直樹 319-320, b22, n56-n57
佐藤研 n59
佐藤由美 319, b21, n56
沢山保羅 162

し

施鯤鵬（シー　クンピン） 315, 317, 332
シートン（Seton, R.） b16, n34
シー牧師（席勝魔） 197, n36
シェンク（Shenk, W. R.） n10
島薗進 294, b23, n53
蕭樂善（シァウ　ロクセン） 316-317, 319
ジャバヴ（Jabavu, D. D. T.） 185
謝萬安 n7
周公 264-265, n47
周再賜 n7
ジョーンズ，ウィリアム（Jones, William） b14, n64
ジョーンズ，D.（Jones, D. P., 曹恩賜） f1, n34
徐謙信 b9, n4, n13, n43
ジョンソン，フレデリック（Johnson, Frederick R., 費仁純） 257, f1
シングルトン（Singleton, L., 沈毅敦） 248, 327, 339-341, 344, b12, b14-b15, f1, n33, n62

す

スタントン（Stanton, H.） 34-35, b16, n5
スタンレー（Stanley, B.） 30, 182, b16-b17, n3-n5, n10, n14, n33
ステパノ（Stephen） 216
ストウ（Stowe, D. M.） n10
スミス，ウィリアム（Smith, William R.）n9
スミス，ドナルド（Smith, Donald C.） b17, n9

せ・そ

盛清沂 b9, n63
蘇育才（ソ　イォクツァイ） 251, f9
曾正智 n60
蘇振輝（ソ　チンフイ） 232, f14
蘇文魁 n45
宋泉盛（ソン　ツォアンシン） b20, n1
孫文 265

た

ダーウィン（Darwin, C.） 46
戴反 251
高井ヘラー由紀 277, 312, b21, n4-n5, n45, n49, n55, n68
高井保雄 b21, n18
高倉徳太郎 322, 324-325, b18, f15, n58
高田平次 247
高橋哲哉 b22, n26
滝沢克己 322
ダグラス，カーステアズ（Douglas, Carstairs） n34
ダグラス，ジェームズ（Douglas, James） b12, n39
武田清子 20, 326, b21, n2, n58
陳有成（タン　イウシン） 102
ダンカン（Duncan, A. N.） b17, n36
陳其祥（タン　キーション） 249, 346, f10, n56
陳金然（タン　キムゼン） 247, 256-258, 260, 315, 317-318, f10-f13, f15-f16, n46
陳瓊琚（タン　キンクー） 256, f10
陳瓊瑤（タン　キンヤウ） f10, f12, n56
陳溪圳（タン　ケーツン）309, 316-317, 319
陳思聰（タン　スーツォン） 251, 256, f10-f11, f13
ダンチ（Dunch, R.） 182, b16, n33
陳清義（タン　チンギ） 309

陳朝明（タン　ティアウビン）157, 159, b5, n28
陳能通（タン　リントン）310, 383, b10, n55

ち・つ

謝緯（チァ　ウィ）　317-319, 324, b18, f15, n58
周天來（チウ　ティエンライ）　256, 258, 266-269, 271, 273-274, 301, 304-305, 313, 375, b6, f12-f13, n48, n67
チャーマーズ（Chalmers, T.）91, b16, n2, n8, n18
張妙娟　40, 281-282, 290, b8-b9, n3, n7, n45, n50-n51, n54
鐘茂成（チョン　ボーシン）　317-318, 326-330, 333, 335, 376, b18, f15, f25, n59, n67
チン，レオ（Ching, Leo C. S.）183, b16, n33
陳炘　b9, n50, n52
陳淑容　b9, n59
陳俊宏　b9, n25
陳清忠　n7
陳文松　243, b21, n44
蔡受恩（ツォア　シゥウン）　316-317, 319
蔡添貴（ツォア　ティアムクイ）　233
蔡培火（ツォア　ポェホェ）　40, 277

て

張有義（ティウ　イウギ）　78, 84-85, 121, n17
張瑞雄（Chang, Jonah）　b16, f25, n2
張道三（ティウ　トォサム），張安貴（ティウ　アンクイ）　102
鄭仰恩　38-39, b8-b10, f25, n5, n7-n8, n13, n18, n27, n60
鄭兒玉　89, 124, b22, n17, n24
デイビス（Davis, A. E.）　f1, n34
テイラー（Taylor, J. H.）　n36
ティラク（Tilak, T. N.）　185
ティレット（Tillett, B.）　n9
鄧慧恩　126, 309, b9, n7-n8, n24, n55
鄭溪泮（テー　ケーポアン）　221-222
鄭蒼國（テー　ツォンコク）　309, 319-320
テオフィロス（Theophilus of Antioch）　195
テッツェル（Tetzel, J.）　290
出村みや子　n31
寺園喜基　n9, n52, n57

と

卓偉臣（トォ　ウィシン）　221, 251-252, f9
所澤潤　314, b19, n56
ドッズ，マーカス（Dods, Marcus）　n9
ドッド（Dodd, J.）　125
土肥昭夫　b22, n17, n24
ドライバラ（Dryburgh, M.）　183, b12, n34
ドラモンド（Drummond, H.）　50
トレヴェリアン（Trevelyan, G.M.）　b22, n2, n8
トロツキー（Trotsky, L.）　330

な・に・ね・の

ナタナエル（Nathanael）　228
ナポレオン（Napoléon Bonaparte）　165-166, 168-169, b23, n30
並河葉子　b22, n3, n8, n10, n33, n38
南原繁　32
ニーバー（Niebuhr, R.）　b21, n2, n58
ニーメラー（Niemöller, M.）　323
ニールソン（Nielson, A. B., 廉德烈）57, 65, 180, 186, 222, 226, 237, b1, f1, n34, n37
梁秀德（ニウ　シウテク）315, 317-318, f15
西原廉太　n17, n55, n57
ネイスミス，メアリ・E（Naismith, Mary E.）　47, 68, 147, b13, f2, f6-f7, n14
ノックス（Knox, J.）　n8

は

バークレー（Barclay, T., 巴克禮）37, 63, 65, 109-114, 122, 186-188, 191, 338, b11-b12, b14, f1, f4, f9, n14, n21, n45, n52, n61
ハート（Hart, J. W.）　b16, n57

パウロ（Paul）　35, 103-105, 107, 109, 114, 122, 167, 176, 196, 210, 216, 229, 257, 266, 324-325, b21, f13, f15, n6, n19, n20
ハッチソン（Hutchison, W. R.）　b16, n34
ハリス（Harris, W. W.）　n33
バルト（Barth, K.）　24, 290-292, 320-326, 333, 376, b16, b18-b20, b22, f15, n57-n58
潘願如（願如生）　258-259, b7, f13, n47
潘稀祺（打必里・大宇）　35, b10, n6
バンド（Band, E., 萬榮華）　186-187, 193, 207, 248, 276, 278, 327, b12, b14, f1, n3-n4, n11, n14, n21, n30, n34-n35, n37, n45
潘德彰　258, 273, b7, f10, f11-f13, n48

ひ・ふ・へ

ヒーレイ（Healey, F., 希禮智）248, 277-278, b12, n33, n49, n62
ビッカーズ（Bickers, R. A.）　b16, n33-n34
平野清美　b22, n57
ファーガソン（Ferguson, D., 宋忠堅）　65, 186, 189, 203, 222, f1, f4, n14
ファイフ（Fyfe, A.）　b16, n64
フィンドレー（Findlay, M. R.）　54-55, 179, f3-f4, n32
フード（Hood, G. A.）　b16, n10
ブラウン，カラム（Brown, Callum G.）b16, n9
ブラウン，スチュワード（Brown, Steward J.）　b16, n2, n8, n18
ブルース（Bruce, A. B.）48-51, 180, 230-231, 372, b14, f4, n9, n42
ブルンナー（Brunner, E.）　24, 290-293, 304, 321-323, 367, 378-379, b16, b19, n51-n53, n57, n67
フロマートカ（Hromádka, J. L.）　b22, n57
ヘイデン（Haden, T. H.）　248
馬天送（ベェ　テンサン）　138
ペテロ（Peter）　103, 154, 228, 328, n59
ベルトラン（Bertrand, H.）　n30
ヘロディア（Herodias）　329

ほ

潘氏筱玉（ポァシー　シャウギョク）260-261, 264, b6, f9, n47
潘氏買（ポァシー　ボェ）　233
潘道榮（ポァ　トォイン），半樵子　245-247, 250-251, 256-260, 272-273, 276-277, 301, 311, 315, 317-319, 375, 379, 382, b5-b7, f9-f10, f11-f15, f23, n44, n47-n48, n54-n55, n67
潘明珠（ポァ　ビンツゥ）25, 251, f11, n47
ホイットフィールド（Whitefield, G.）　91, n17
方降生　251
ポーター（Porter, A.）　b16, n10
ボーテルヌ（Beauterne, R. F. A. de.）　b23, n30
ホープ（Hope, J.）　185
ボールハチェット（Ballhatchet, H.）　b21, n10
墨子　295-296
ボコボ（Bocobo, J.）　185
細川瀏　n45
ホラティウス（Horace）　229

ま

マーシャル（Marshall, D. F., 馬大闢）　n45
マカイ（Mackay, George Leslie, 馬偕）　126, 174, 309, b8, n8, n45
マキントシュ（Mackintosh, H. R.）291-292, b11, n53
マクスウェル，一世（Maxwell, J. L., 馬雅各）　223, f1
マクスウェル，二世（Maxwell, J. L., Jr., 馬雅各二世）　f1, f3, n11, n35
マクミラン（MacMillan, H., 明有德）　307-308, 312, b14, n54-n55
マクラウド，コンスタンス（MacLeod, Constance, 劉根坦）　186
マクラウド，ダンカン（MacLeod, Duncan,

劉忠堅） 186, 248, n45
マクラガン（Maclagan, P. J.） 187, 189, 203, 205-206, 211, b12-b14, f8, n34-n35, n37-n40, n62
松浦高嶺 b22, n2, n8
松谷好明 b20, n18
マリア，イエスの母（Mary, mother of Jesus） 154, n20
マリア，ベタニアの（Mary of Bethany）170, n31
マルキ・ド・モントロン（marquis de Montholon, C.） n30
マルクス（Marx, K.） 277, 340
マルコ（Mark） 99, 212, 271, 294, 327-329, n19, n40
マルタ（Martha of Bethany） 170, n31

み・む

宮本久雄 106-107, 361-362, b20, n20, n25, n65
閔庚培（ミン キョンベ） b22, n17, n24
ムーディ，キャンベル・N（Moody, Campbell N., 梅監務） 21-28, 32-33, 35-39, 41-43, 45-48, 50-52, 54-61, 64-72, 74-94, 96-97, 99-116, 118-125, 129, 133-134, 136, 138-140, 143, 145-157, 163-164, 167-168, 172-177, 179-182, 186-189, 191-197, 199-200, 203-220, 222-223, 225-231, 234-235, 240-242, 247, 251, 256-257, 271, 274, 279-280, 287, 291-292, 294, 301-302, 305, 314, 322, 337-339, 341-350, 352-363, 365-374, 377-379, 383-384, b1, b3-b5, b11-b13, b15, f1-f8, f17, f19-f21, n3, n6, n8, n10-n29, n31-n42, n44-n46, n48-n50, n52-n54, n56, n61-n66
ムーディ，D. L.（Moody, Dwight L.） 78
ムーディ，ペギー・C（Moody, Peggie C., 洪伯祺） → アーサー（Arthur, M. C.）
ムーディ，ロバート（Moody, Robert） 47
村上嘉英 b22, n1

め・も

明治天皇 265
メキー（Mechie, S.） 49, b16, n8-n9
孟子 295, b19, n53
モット（Mott, J. R.） b15, n10
百瀬文晃 n1, n20
森泉弘次 b20, n2
森岡巌 n58
森本あんり 32, b19, b21, n1, n4, n17, n67
モンクリフ（Moncrieff, H., 何希仁） f1, n34
モンゴメリ（Montgomery, W. E., 滿雄才） 186, 248-249, 252, 254, f1, n34

や・ゆ・よ

ヤーゲン（Yergan, M.） 185
矢内原忠雄 32
山折哲雄 b23, n53
山本岩吉 248
ユダ（Judas Iscariot） 169, 360
楊朱 295
吉田賢抗 b20, n47
吉田寅 b22, n17, n24
余日章 184
ヨハネ（John） 103, 127, 163, 228, 276, 313, 329, f16, n28, n31
ヨハネ，洗礼者（John the Baptist） 329, n59

ら

ラーナー（Learner, M.），ランズボロウ，マージョリー（Landsborough, Marjorie, 連瑪玉） b14, f1, n12, n17
賴永祥 40, 76, 258, b9-b10, n4, n6-n7, n13, n15, n24, n27, n43-n45, n47-n48, n50, n54, n58, n60, n67
劉振芳（ラウ チンホン） 251, 256, 259-260, 315, 317, 319, f11-f12, n47
劉主安（ラウ ツゥアン） 280, 316-319, 345, 356, b1, f4, f15, n50, n63
劉子祥（ラウ ツション） 332

劉俊臣（ラウ　ツンシン）　25, f11
劉賢（ラウ　ヘン）　77, n15
ランズボロウ, デイヴィッド（Landsborough, David, 蘭大衛）　25, 57, 59, 61, 68-69, 136, 153-154, 226, b14, f1, f3, f21, n11-n12, n17
ランズボロウ, マージョリー（Landsborough, Marjorie, 連瑪玉）→　ラーナー（Learner, M.）

り

李篠峰　b9, n50, n52
李章（リ　チョン）　155
李春生（リ　ツゥンシン）　41, 124-134, 144, 165, 167, 173-174, 176, 195, 262-264, 274, 285, 366, b8-b9, n24-n25, n45
リッチー（Ritchie, H., 李庥）　223, 225, f1
李知母　151, 171
リデル（Riddell, J. G.）　b11, n53
李東傑　257
李道生（リ　トォシン）, 李本（リ　プン）　138, n26
李徳聲　125
林燕臣（リム　イェンシン）　42, 57, 157, 161, 189, 203, 221-231, 233-240, 242, 244-245, 247-248, 250-253, 256-257, 260-261, 264, 269, 274, 279-280, 294, 302-304, 313, 344-345, 367-369, 372-374, b3, b6-b7, f2, f9-f11, f13-f14, f22, n41-n44, n46-n47, n56, n66
林乾（リム　カン）　78, 83-84, 86, 121
林謙益　78
林金柱（リム　キムティアウ）　251
林順意（リム　スンイ）　77
林澄藻（リム　ティンツォ）　276
林学恭（リム　ハッキョン）, 林赤馬（リム　チャーベェ）　25, 27, 41, 58, 60-61, 76-82, 102, 121, 123-125, 129, 133-139, 141-150, 153, 157-158, 173-174, 199, 203-204, 222, 234-235, 249, 346-347, 366, 368-370, 373, b3, b5, f2, f18, f21, n6, n12-n13, n15-n16, n25-n27, n37, n45, n61, n65-n66
林学敦, 林汝倫　78, n15-n16
林茂生（リム　ボーシン）　27, 40, 42, 221-223, 226, 230, 257, 275, 277, 279-282, 284-294, 296-302, 304-305, 307, 312-313, 327, 333-335, 345, 356, 363, 367, 374, 378-379, 381-383, b2, b8-b9, f4, f14, f22, n50-n54, n64-n67
林嬬選　226
李明輝　b8-b9, n24
廖坤海　151-152
廖三重（リャウ　サムティオン）　282
廖得（リャウ　ティ）　27, 41, 123-125, 150-176, 191, 193, 202-203, 221-222, 250-252, 256, 260-261, 264, 302, 366, 368-374, b1, b5-b6, b8-b9, f9-f10, f12, f22, n27-n32, n35-n36, n38, n47, n66
劉永福　62-63
劉銘伝　126
梁小初　184
林献堂, 灌園　n39, n48
林衡道　b9, n63
林信堅　b9, n13, n29, n42
リンゼイ（Lindsay, T. M.）　48-50, b14, n9
林川明　n60
林攀龍　n7
林逢春, 林珠浦　188
林有　125

る・れ・ろ

呂春長（ルー　ツゥンティオン）　317-318, 324, b18, f15, n58
ルター（Luther, M.）　108, 282, 285, 290, b2, b21, n18, n51
黎漢基　b8, n24
レーニン（Lenin, V.）　330
賴仁聲（ロア　ジンシン）317-318, 320, f16
ロイド（Lloyd, J. A., 盧仁愛）　186, f1
駱先春（ロク　センツゥン）　316-317, 319

わ・ん

ワシントン（Washington, G.） 265
黄俟命（ン　スービン） 188, 221, 246, 251, 277-278, 299-301, 327, 345, 375, 381-382, f12, f25
黄深河（ン　チムホー） 77
黄彰輝（ン　チョンフイ , Coe, Shoki., Hwang, C. H.） 15-16, 18-21, 27-28, 188, 278, 300, 323, 327, 345, 356, 363, 365, 379-383, b8, b11, b14, b16, b22, f4, f25, n1-n2, n49, n54, n58, n65, n67
黄主義（ン　ツゥギ） 316-318, b18, f10, f15-f16, n56
黄對（ン　ティオ），黄作邦（ン　ツォクパン） 77, 102
黄武東（ン　ブートン） 235, b8-b9, f10, n4, n13, n43
黄憲章（ン　ヘンチョン） 102
黄茂盛（ン　ボーシン） 77-78, 81
黄能傑（ン　リンケッ） 251

事項索引

す

せ・そ

た

ち

つ・て

と

な

に

は

ひ

ふ

へ・ほ

ま・み・む・め

や・ゆ・よ

れ・ろ

わ

地名索引

あ行

か行

さ行

二八水（ジーパツイ） → 後に二水（ジーツイ） 140, f18
善化（シエンホア） 140, f18
社子庄（シャアーツン） 324, n58
社頭崙仔（シャタウルンアー） 135, 140-141, f6-f7, f18
彰化 45, 55, 57-59, 61, 83-84, 135-138, 140-141, 147, 153-154, 163, 180, 187, 193, 199, 203, 251, 346, 348, b3, f2-f4, f6-f8, f15, f17-f18, n11, n17, n25
小琉球，琉球 233, f17, n28
二崙仔（ジルンアー） 137, 141, 151-152, 154-155, f18
シンガポール 22, 54, 56, 66-67, 72, 87, 121, f2, f7
新港 138-140, f18
新結庄（シンケッツン） 136-137, 140-141
新荘 331
新市（シンチー） 140, f18
汕頭（スワトウ） 52, 183, f2
清水 58, 345, f18
山豹（ソアパー） → 後に澄山 158-159, b2, n29
宣川（ソンチョン） 158-160, b2, n29

た行

打猫（ダーニャウ） → 後に民雄 61, 78, 139-140, f18
大甲（タイカー） 324, f16-f17
台中 83, 138, 140-141, 204, 221, 239, 251, 256-257, 348-349, f2, f7, n48, n59
台南 21, 55, 62, 140, 150, 157, 186, 191, 221, 223-224, 226-227, 232, 234, 239, 246-247, 251-252, 257, 277-278, 300, 312-313, 315, 327, 332, 345, 381-382, b5, f2, f4-f6, f8, f17, n11, n15, n18, n23, n29, n31, n33, n40, n65
台北 125, 312, 315, 324, 331, f17
台湾府 → 後に台南 21, 57, 63, 65, 144, 226, f2, n3
斗六（タウラッ） 140, 349, f18
高雄142, 150, 221-222, 234, 239, 251-252, b8-b9, f10, n26-n27, n38
搭里霧（タリブー） 140, f18
東港（タンカン） 158, 226, 232-234
東大墩（タントアトゥン） → 後に柳原 58, f2, f7, f17-f18
草鞋墩（ツァウエトゥン） → 後に草屯（ツァウトゥン） 140-141, f18
草屯（ツァウトゥン）253, 256, 348-349, f17
十五庄（ツァプゴツン） 141, f18
田中庄（ツァンティオンツン） 140, f18
曾文溪（ツァンブンケー） 62-63
水尾庄（ツイボェツン），水尾（ツイボェ） 135, 137, 140-141, 150, 155, 157-158, f18
店仔口街（ティアマカウケー） → 後に白河（ペェホー） 140
鐵線橋（ティーソアキョ） 62
頂山（ティンソア） 140, 158-159, b1, n28
頂山腳（ティンソアカァ） 140, f18
竹仔腳（テクアカァ） 226
竹山（テクサン） 140, f17-f18
竹頭崎（テクタウキアー） 138-140, f18
大社（トアシア） 58, 140-141, f6, f17-f19
大城厝（トアシアーツゥ），大城 140, f17-f18
大庄（トアツン） 141, 256, f18
大肚街（トアトーケー），大肚 140-141, f17-f18
大埔林（トアポーナァ） 140
大濫（トアラム） 135, 140-141, f7
澄山 158
丈八斗（トゥンペトォ） 140-141, f18
土庫（トォコォ） 140, f18

な行

南投 59, 70, 138, 140-141, 148, 204, 256, 347-348, 350, b19, f17-f18, n35, n41, n59
ニュージーランド 22, 41, 54, 71, 116, 179, f3

は行

木柵（バクサ）　142
北山坑（パクソアケー）　140, f18
パテアロア　54
霧峰（ブーホン）　347-348, 351, f17, n39
プクトイ　54
糞箕湖（プンキーオー）　140, f18
屏東　222, 236-237, 258, 267, n29
白河（ペェホー）　140
ベーリンゲン　54, f3
朴仔脚（ポアカァ）　62, 138-140, f18
番挖（ホアンオア）　→　後に芳苑郷沙山（サーサン）　135-136, 140-141, f18
芳苑　136, f17
澎湖　61-63, 76, 78, 134-136, 140, 144, 147, 150, 158, 232, 347, 370, b3, f2, f6, f17, n13, n25-n26, n66
鳳山　142, 158, 327
布袋嘴（ポーテーツイ）　62
葫蘆墩（ホーロートゥン）　→　後に豐原（ホンゴアン）　140, f2, f17-f18
ボスウェル（Bothwell）　22, f2, f8
北港　138-140, f17-f18
和美線（ホビサン），和美　140, f17-f18
埔里（ポリ），埔里街（ポリケー）　140, f7, f17-f18
豐原（ホンゴアン）　140, f18

ま行

馬公（マーコン）　140, f17
民雄　61, 140, f18
麻豆（モアタウ）　62-63, 140, f18

ら行

楠梓（ラムツゥ）　233
鯪鯉サン街（ラリサンケー）　140-141
ランカシャー　339
林圮埔（リムキーポー）　140-141, f18
柳原　58-59, f2
崙仔（ルンアー）　140-141, f18
レノックスタウン　338, f4, n41
濁水溪（ローツイケー）　151
鹿麻產（ロクモアサン）　140
鹿港（ロッカン）　58, 135, 140-141, 348, f2, f17-f18, n26
ロンドン　205, 209, 312, f2, f4, f8, n6, n11, n37-n38

わ行

ワイピアタ　54
阮厝（ンツゥ）　234

参考文献

白話字（アルファベット順）

①新聞・雑誌類（著者またはタイトルごと）……白話字雑誌上の漢文記事を含む

"Hā-kî Ha̍k-hāu: Tē III hôe［夏季学校：第三回］." *Tâi-oân Kàu-hōe-pò*［台湾教会報］. 558 (September 1931): 4-6.

"Î-sin Kái-liông: Kah It tâm［維新改良：甲乙談］." *Tâi-oân Kàu-hōe-pò*［台湾教会報］. 419 (February 1920): 10-11.

"Jîn-sò͘-toa^{n}［人数表］." *Tâi-oân Kàu-Hōe-pò*［台湾教会報］. 466 (January 1924): 2.

"Kàu-hōe ê Siau-sit［教会の消息］." *Tâi-lâm hú-siâ^{n} Kàu-hōe-pò*［台南府城教会報］. 238 (January 1905): 3-4.

"Kín-kò: Sîn Hak-hāu Hāu-iú Chap-chì［原稿の募集：神学校校友雑誌］." *Tâi-oân Kàu-hōe-pò*［台湾教会報］. 535 (October 1929): 6.

Koeh Tiâu-sêng［郭朝成］. "Siàu-liām Mûi Kam-bū Bo̍k-su［故キャンベル・ムーディ牧師を偲ぶ］." *Tâi-oân Kàu-hōe Kong-pò*［台湾教会公報］. 664 (July 1940): 7-9.

"Lâm-pō͘ Tâi-oân Ki-tok Kàu-hōe Hā-kî Ha̍k-hāu［南部台湾基督教会夏季学校］." *Tâi-oân Kàu-hōe-pò*［台湾教会報］. 532 (July 1929): 2-3, 534 (September 1929): 2-3, 544 (July 1930): 6-7, 546 (September 1930): 2-3.

Lâu Chú-an［劉主安］. "Siàu-liām Mûi Bo̍k-su［ムーディ牧師を懐かしむ］." *Tâi-oân Kàu-hōe Kong-pò*［台湾教会公報］. 627 (June 1937): 8-10.

Lâim Tek-liat［A. B. Nielson］. "Chóng-siàu-toa^{n} 1919［総帳簿 1919 年］." *Tâi-oân Kàu-hōe-pò*［台湾教会報］. 424 (July 1920): 3-4.

Liāu Tit［廖得］. "Kàu-hōe ê Siau-sit: Téng-soa^{n}［教会の消息：頂山］." *Tâi-oân Kàu-hōe-pò*［台湾教会報］. 419 (February 1920): 11.

—. "Tâi-lâm I-koán［台南医館］." *Tâi-oân Kàu-hōe-pò*［台湾教会報］. 420 (March 1920): 3-4, 423 (June 1920): 10-11.

—. "Pò-to ê Chheh［宣教文書］." *Tâi-oân Kàu-hōe-pò*［台湾教会報］. 432 (March 1921): 12.

—. "Iâ-so͘ sī Sím-mih?［イエスとは何か？］." *Tâi-oân Kàu-hōe-pò*［台湾教会報］. 439 (October 1921): 9-10.

—. "Lōe-tē Bo̍k-su［内地の牧師］." *Tâi-oân Kàu-hōe-pò*［台湾教会報］. 455 (February 1923): 1-2.

—. "Sit-giām ê Ki-tok-kàu［実験のキリスト教］." *Tâi-oân Kàu-hōe-pò*［台湾教会報］. 457 (April 1923): 10-11.

—. "Kàu-hōe Siau-sit: Soaⁿ-pà［教会の消息：山豹］." *Tâi-oân Kàu-hōe-pò*［台湾教会報］. 461 (August 1923): 3-4.

—. "Kàu-hōe-pò Tâu-kó［教会報への投稿について］." *Tâi-oân Kàu-hōe-pò*［台湾教会報］. 461 (August 1923): 10.

—. "Kàu-hōe To̍k-lip［教会の独立］." *Tâi-oân Kàu-hōe-pò*［台湾教会報］. 462 (September 1923): 1-2, 463 (October 1923): 1-2.

—. "Pak-tó͘-lāi ê Kám-hòa［お腹の中の感化］." *Tâi-oân Kàu-hōe-pò*［台湾教会報］.471 (June 1924): 10-11.

—. "Ki-tok-tô͘ ê Siông-sek Oân-choân ê Kàu-io̍k［キリスト教徒の常識、完全な教育］." *Tâi-oân Kàu-hōe-pò*［台湾教会報］. 471 (June 1924): 11-12.

—. "Bú-koaⁿ ê Siu-ióng［武官の修養］." *Tâi-oân Kàu-hōe-pò*［台湾教会報］. 473 (August 1924): 4.

—. "Siāu-kài Pò［刊行物の紹介］." *Tâi-oân Kàu-hōe-pò*［台湾教会報］. 465 (December 1923): 3-4, 477 (December 1924): 13.

—. "Siōng-téng Ki-tok-tô͘［上等なキリスト教徒］." *Tâi-oân Kàu-hōe-pò*［台湾教会報］. 468 (March 1924): 6-7.

—. "Siāu-kài Pan-gî chheh［廉価書籍の紹介］." *Tâi-oân Kàu-hōe-pò*［台湾教会報］. 468 (March 1924): 14.

—. "Pan-gî Bo̍k-su［安い牧師］." *Tâi-oân Kàu-hōe-pò*［台湾教会報］. 469 (April 1924): 8-9.

—. "Bí-kok Kìm-chiú Sêng-chek［アメリカ禁酒の成績］." *Tâi-oân Kàu-hōe-pò*［台湾教会報］. 470 (May 1924): 9.

—. "Ko-lê Soan-chhoan Kàu-hōe［朝鮮宣川教会］." *Tâi-oân Kàu-hōe-pò*［台湾教会報］. 474 (September 1924): 2-3.

—. "Sin-kim Hū-tam-pió［給与負担表］." *Tâi-oân Kàu-hōe-pò*［台湾教会報］. 490 (January 1926): 13.

Lîm Bō͘-seng［林茂生］. "Hì-chhut: Lō͘-tek Kái-kàu［舞台：ルターの宗教改革］." *Tâi-oân Kàu-hōe-pò*［台湾教会報］. 476 (November 1924): 10-11, 477 (December 1924): 11-12, 478 (January 1925): 10-11, 479 (February 1925): 14-15.

—. "Ki-tok-kàu Bûn-bêng Sú-koan［基督教文明史観］." *Tâi-oân Kàu-hōe Kong-pò*［台湾教会公報］. 567 (June 1932): 10-11, 569 (August 1932): 8-9, 570 (September 1932): 7, 571 (October 1932): 8, 572 (November 1932): 8, 573 (December 1932): 9-10, 574 (January

1933): 9-10, 575 (February 1933): 10-11, 577 (April 1933): 8-9, 578 (May 1933): 8-9, 579 (June 1933): 9-10, 580 (July 1933): 10-11, 581 (August 1933): 8-9, 583 (October 1933): 10-11.

—. "Sin Tâi-oân-ōe Tîn-lia̍t-koán［新台湾語陳列館］." *Tâi-oân Kàu-hōe Kong-pò*［台湾教会公報］. 585 (December 1933): 12.

Lîm Bo̍k-su［林〔学恭〕牧師］. "Chiang-hòa Siau-sit［彰化の消息］." *Tâi-lâm hú-siâⁿ Kàu-hōe-pò*［台南府城教会報］. 218 (May 1903): 39.

Lîm Chhiah-bé［林赤馬］. "Phêⁿ-ô͘ ê Siau-sit［澎湖の消息］." *Tâi-oân-hú-siâⁿ Kàu-hōe-pò*［台湾府城教会報］. 77 (September 1891): 65-66.

—. "Phêⁿ-ô͘ Thoân-tō--ê ê Siau-sit［澎湖伝道師の消息］." *Tâi-lâm-hú-siâⁿ Kàu-hōe-pò*［台南府城教会報］. 128（October 1895）: 109-110.

Lîm Ha̍k-kiong［林学恭］. "Bē-chheh ê Siau-sit［書籍販売の消息］." *Tâi-oân-hú-siâⁿ Kàu-hōe-pò*［台湾府城教会報］. 47 (April 1889): 31-32, 52 (September 1889): 71-72, 56 (January 1890): 5-6.

［—］. "Lîm Bo̍k-su sûn Kàu-hōe［林牧師の教会巡回］." *Tâi-lâm Kàu-hōe-pò*［台南教会報］. 300 (March 1910): 20, 315 (June 1911): 50.

—. "Kàu-hōe ê Siau-sit［教会の消息］." *Tâi-oân Kàu-hōe-pò*［台湾教会報］. 340 (July 1913): 3-4, 422 (May 1920): 11-12.

—. "Kò͘ Mûi Kam-bū Bo̍k-su ê Sió-toān［故キャンベル・ムーディ牧師の小伝］." *Tâi-oân Kàu-hōe Kong-pò*［台湾教会公報］. 664 (July 1940): 9-12.

Lîm Iàn-sîn［林燕臣］. "Seh-siā［お礼］." *Tâi-oân Kàu-hōe-pò*［台湾教会報］. 350 (May 1914): 12.

—. "Hùn-heng-hōe［奮興会］." *Tâi-oân Kàu-hōe-pò*［台湾教会報］. 458 (May 1923): 9.

—. "Chi̍t-ji̍t chi̍t-kak-gîn［一日一角銀］." *Tâi-oân Kàu-hōe-pò*［台湾教会報］. 468 (March 1924): 3-4.

—. "Teng-bûn Kóng-kò［投稿募集］." *Tâi-oân Kàu-hōe-pò*［台湾教会報］. 513 (December 1927): 4.

—. "Teng-bûn Hoat-piáu［投稿文の発表］." *Tâi-oân Kàu-hōe-pò*［台湾教会報］. 515 (February 1928): 8.

—. "Kám-sióng［感想］." *Tâi-oân Kàu-hōe-pò*［台湾教会報］. 520 (July 1928): 4-5.

—. "Kî-tó tit-tio̍h Èng-ún［祈りが応えられる］." *Tâi-oân Kàu-hōe-pò*［台湾教会報］. 529 (April 1929): 4-5.

—. "Kàu-hōe-pò Ha̍p-it［教会報の合同］." *Tâi-oân Kàu-hōe Kong-pò*［台湾教会公報］. 566 (May 1932): 3.

Lo̍k-tō-chú［駱駝子］. "Tiong-kò Lâm-pō͘ Thoân-tō-su［忠告南部伝道師］." *Tâi-oân Kàu-hōe-pò*［台湾教会報］. 426 (September 1920): 9-10.

"Lūn Sîn-siā būn-tê［神社問題を論ず］." *Tâi-oân Kàu-hōe-pò*［台湾教会報］. 546 (September 1930): 1-2.

Mûi Kam-bū［キャンベル・ムーディ］. "Tâm-lūn Tō-lí［教義談論］." *Tâi-lâm Hú-siaⁿ Kàu-hōe-pò*［台南府城教会報］. 220 (July 1903): 50-52, 221 (August 1903): 59-61, 222 (September 1903): 69-71, 226 (January 1904): 7-8, 228 (March 1904): 23-24.

—. "Lūn Pò͘-tō͘［宣教について］." *Tâi-lâm Kàu-hōe-pò*［台南教会報］. 280 (July 1908): 64-66, 281 (August 1908): 73-75, 282 (September 1908): 83-85, 283 (October 1908): 93-96.

—. "Sin ê Sim［新しい心］." *Tâi-lâm Kàu-hōe-pò*［台南教会報］. 284 (November 1908): 102-104.

—. "Pó-pòe［宝］." *Tâi-lâm Kàu-hōe-pò*［台南教会報］. 285 (December 1908): 112-114.

—. "Pêng-an［平安］." *Tâi-lâm Kàu-hōe-pò*［台南教会報］. 286 (January 1909): 1-2.

—. "Hok-khì［幸福］." *Tâi-lâm Kàu-hōe-pò*［台南教会報］. 287 (February 1909): 9-11, 288 (March 1909): 20.

—. "Sī kū iáu-kú Éng-sin［古く、また新しいもの］" *Tâi-lâm Kàu-hōe-pò*［台南教会報］. 289 (April 1909): 29-30.

—. "Bô Jîn-lûn［人倫なし］" *Tâi-lâm Kàu-hōe-pò*［台南教会報］. 290 (May 1909): 39-41, 291 (June 1909): 46-47.

—. "Thian sī Chó͘-ke［天は我が家］." *Tâi-lâm Kàu-hōe-pò*［台南教会報］. 292 (July 1909): 55-56.

—. "Lâng ê Sìⁿ-miā bô Kú-tn̂g［人の命は短い］." *Tâi-lâm Kàu-hōe-pò*［台南教会報］. 292 (July 1909): 56-59.

—. "Lūn Sìn［信じることについて］." *Tâi-lâm Kàu-hōe-pò*［台南教会報］. 295 (October 1909): 87.

—. "Chōe Tit-tio̍h Sià［罪が赦される］." *Tâi-lâm Kàu-hōe-pò*［台南教会報］. 296 (November 1909): 93-95.

—. "Lâng Hiâm Tō-lí sī Sin--ê Chó͘-kong só͘ Bô--ê［人が真理を嫌うのは新しく、祖公がないから］." *Tâi-lâm Kàu-hōe-pò*［台南教会報］. 298 (January 1910): 5-7.

—. "Chōe ê Khùi-la̍t［罪の力］." *Tâi-lâm Kàu-hōe-pò*［台南教会報］. 299 (February 1910): 15-18.

—. "Bat Ka-tī［己を知る］." *Tâi-lâm Kàu-hōe-pò*［台南教会報］. 329 (August 1912): 4-6.

[—]. "Mûi Bo̍k-su ê Phoe［ムーディ牧師の手紙］." *Tâi-oân Kàu-hōe-pò*［台湾教会報］. 537 (December 1929): 6-8.

Môe［Mûi］Kam-bū［キャンベル・ムーディ］. "Sin-nî ê Kám-sióng［新年の感想］." *Tâi-oân Kàu-hōe-pò*［台湾教会報］. 550 (January 1931): 1-3.

[—]. Kí Un-jiû［紀溫柔］. Tiong Tiong Thong-sìn: I. Mûi Bo̍k-su ê phoe［中中通信：I. ムーディ牧師の手紙］. Tâi-oân Kàu-hōe Kong-pò［台湾教会公報］.620 (November

1936): 18-19.
Ông Chiàm-khoe［王占魁］. "Góa Só͘ Chun-kèng Siàu-liām ê Su-iú: Lūn Lîm Ha̍k-kiong Bo̍k-su［私が尊敬し追悼する師友：林学恭牧師について］." *Tâi-oân Kàu-hōe Kong-pò*［台湾教会公報］. 939、940 (August 1964): 17-19、944 (October 1964): 10-11、945 (November 1964): 12-13、946 (December 1964): 8-10、949 (January 1965): 11, 13.
Phoaⁿ Tō-êng［潘道榮］. "Chheng-liân Tông-chì-hōe［青年同志会］." *Tâi-oân Kàu-hōe-pò*［台湾教会報］. 558 (September 1931): 6-7.
Tân Tiâu-bêng［陳朝明］, Liāu Tit［廖得］. "Hêng-chhun［恒春］." *Tâi-oân Kàu-hōe-pò*［台湾教会報］. 345 (December 1913): 1-2.
Tân Tiâu-bêng［陳朝明］, Liāu Tit［廖得］. "Hêng-chhun Kàu-hōe［恒春教会］." *Tâi-oân Kàu-hōe-pò*［台湾教会報］. 350 (May 1914): 3-4.
"Tē III hôe: Ki-tok-kàu Hā-kî Ha̍k-hāu［第三回：キリスト教夏季学校］." *Tâi-oân Kàu-hōe-pò*［台湾教会報］. 555 (June 1931): 7-8.
"Toa-o̍h［大学］." *Tâi-lâm-hú-siâⁿ Kàu-hōe-pò*［台南府城教会報］. 460 (July 1923): 9-10.
伯瑕生「十七字歌」, *Tâi-oân Kàu-hōe Kong-pò*［台湾教会公報］. 574 (Janurary 1933): 11.
許清如「十七字歌」, *Tâi-oân Kàu-hōe Kong-pò*［台湾教会公報］. 574 (Janurary 1933): 11.

以上、いずれも《台灣教會公報全覽：台灣第一份報紙》（教會公報出版社、2004 年）として復刻。

②書籍類

Mûi Kam-bū［キャンベル・ムーディ］. (1908). *Lô-má-phoe*［ローマ書］. Tâi-lâm［台南］: Tsū-tin-tông［聚珍堂］.
—. (1914). *Pò-tō Lūn*［宣教論］. Tainan: Sin-lâu Chū-tin-tông［新楼聚珍堂］.
—. (1920). *Tâm-lūn Tō-lí*［教義談論］. Tâi-lâm［台南］: Sin-lâu Chū-tin-tông［新楼聚珍堂］.
—. (1922). *Kó͘-chá ê Kàu-hōe (Le̍k-sú, Lé-sò, kap Tō-lí): Tùi Khí-thâu kàu Chū-āu 323 Nî*［古の教会（歴史、儀式、および教義）：そのはじまりから紀元 323 年まで］. Tâi-lâm［台南］: Sin-lâu, Chū-tin-tông［新楼聚珍堂］.

以上、いずれも梅監務 (2006).《聚珍堂史料 5 梅監務作品集》（教會公報出版社）に再録・復刻。

③オンライン史料

Liāu Tit［廖得］. "68 Hôe-ek-lio̍k［68 年の回想録］." *Oa̍h-miā ê Bí-niû*［日ごとの糧］. 32

(January 1957): 39-44, 33 (February 1957): 39-42, 34 (March 1957): 44-48, 35 (April 1957): 41-45, 36 (May 1957): 31-37, 37 (June 1957): 47-50, 38 (July 1957): 38-41, 39 (August 1957): 40-42, 40 (September 1957): 38-41, 41 (October 1957): 42-48, 42 (November 1957): 42-43, 43 (December 1957): 43-49.〈珍本聖經數位典藏查詢系統〉、《Sìn Bōng Ài［信望愛］》、閲覧日：2016 年 9 月 6 日〈http://bible.fhl.net/ob/ro.php?book=41&procb=0>〉.

國立台灣師範大學台灣文化及語言文學研究所 .《台灣白話字文獻館》、閲覧日：2016 年 9 月 6 日〈http://pojbh.lib.ntnu.edu.tw/script/index.htm〉。

華語および漢文（画数順）

①新聞・雑誌類（刊行年月・ページ番号順）……和漢文誌上の和文記事を含む

《創立五十周年記念 校友會雜誌 第一號》. (1928).（私立臺南長老教神學校）。

— 林燕臣 .〈發刊詞〉、p. 1。

— 潘道榮 .〈發刊詞〉、p. 2。

— 潘氏筱玉 .〈祝神學五十週年〉、pp. 13-14。

— 郭朝成 .〈滿招損謙受益論〉、pp. 18-19。

—〈校友會々則〉、p. 23。

—〈本年校友會役員〉、pp. 24-25。

《臺灣基督教會臺南神學校 校友會雜誌 第貳號》. (1929).（臺灣基督教會臺南神學校）。

— 林燕臣 .〈傳教師之精神（其一）〉、pp. 1-2。

— 郭朝成 .〈傳教師之精神（其二）〉、pp. 2-3。

— 郭朝成 .〈破除迷信論〉、pp. 14-15。

— 廖得 .〈臺灣之死活問題〉、p. 18。

— 林燕臣 .〈祝臺灣南部傳教師總會懇親會〉、p. 19

— 郭朝成 .〈敬步林燕臣恩師原韻〉、p. 19。

— 許水露 .「霊魂不滅」、pp. 42-46。

— 潘道榮「ジョン・ウエスレーと其の神学」、pp. 46-49。

—〈現在生存校友遵照會則第六八條編入正會員之氏名列左〉、pp. 74-76。

—〈本年校友會役員如下〉、p. 77。

《台南神學校 校友會雜誌 第參號》. (1931).（臺灣基督教會臺南神學校）。

— 郭朝成 .〈傳教師須立德立言立功名垂不朽論〉、pp. 3-5。

— 林燕臣 .〈臺南中會成立祝歌〉、p. 6。

— 周天來 .「イエスの倫理的教訓」、pp. 43-53。

— 半樵子 .「人生の奮闘と後援」、pp. 76-78。

— 〈現在生存校友遵照會則第六八條編入正會員之氏名列左〉、pp. 80-83。

— 〈本年校友會役員如下〉、p. 83。

— 〈校友會々則〉、p. 84。

— 〈第二回校友大會紀錄〉、pp. 86-87。

《臺南神學校 校友會雜誌 第四號》. (1933).（南部臺灣基督長老教會臺南神學校）。

— 潘徳彰 .「復活の希望」、pp. 3-4。

— 半樵子 .「清教主義の歴史と其中心思想」、pp. 5-13。

— 潘願如 .「東門教会週報附録」、pp. 13-25。

— —.「東門基督教会沿革」、pp. 25-29。

— 〈現在正會員名簿〉、pp. 77-80。

— 〈本年校友會役員如下〉、p. 80。

— 〈校友會々則〉、p. 84。

— D. E. H.〈編輯室〉、pp. 87-88。

《台湾基督教青年会聯盟報》第 2 号 . (1933, July).（台湾基督教青年会聯盟事務所）。

— 黄耀煌 .「Y.M.C.A よ！共同団結せよ！」、p. 2。

—「各会ニュース」、pp. 5-6。

《台湾基督教青年会聯盟報》第 3 号 . (1933, October).（台湾基督教青年会聯盟事務所）。

— 宜蘭一青年 .「吾が青年の務」、p. 5。

— 江有成 .「私の体験（一）」、p. 6。

《台湾基督教青年会聯盟報》第 4 号 . (1934, January).（台湾基督教青年会聯盟事務所）。

— 郭和烈 .「基督の神を知れ！」、pp. 1-2。

— 林燕臣 .〈新春青年感想〉、p. 2。

— 江有成 .「私の体験（二）」、p. 4。

②名簿・リスト

長榮中學校長中校友會 . (1942).《會員名簿》（長榮中學校長中校友會）。
《桃李爭榮—私立淡江中學校校友名冊》. (1966).（私立淡江中學校）。
臺南神學院 . (1957).〈臺南神學院教職員錄〉,《Sîn-hak kap Kàu-hōe［神学と教会］》慶祝八十週年特刊號（臺南神學院）, pp. 221-227。
臺南神學院 . (1957).〈西曆 1876 年臺南神學校（大學）開設以後之學生姓名〉,《Sîn-hak kap Kàu-hōe［神学と教会］》慶祝八十週年特刊號（臺南神學院）, pp. 233-246。

③書籍類

台南長老大會 . (2004).《聚珍堂史料 3 南部大會議事錄（二）1914-1927》（教會公報出版社）。

李春生 . (1914).《聖經闡要講義》、李明輝、黃俊傑、黎漢基合編 . (2004).《李春生著作集 3》（南天書局）、pp. 141-243。
胡文池 . (1997).《憶往事看神能：布農族宣教先鋒胡文池牧師回憶錄》（台灣教會公報社）。
郭和烈 . (1962).《台灣基督長老教會北部教會歷史》（郭和烈）。
郭朝成 . (2006).《傳道行程 上冊》（非壳品）。
—. (2006).《傳道行程 下冊》（非壳品）。
黃武東 . (2009).《黃武東回憶錄—台灣教會發展史的寶典》（嘉西出版社）。
《新約附詩篇・箴言 白話字／台語漢字對照》. (2004).（台灣聖經公會）。
蔡重陽 . (2009).《生生不息：高雄市新興基督長老教會設教 70 週年教會史》（高雄市新興基督長老教會）。廖得牧師教會葬治喪委員會編 . (1977).《廖得牧師紀念文集》（新興基督長老教會）。

④学術論文・記事類

王昭文 . (2009).《日治時期臺灣基督徒知識分子與社會運動（1920-1930 年代）》（國立成功大學 歷史系 博士論文）。
大江喜久 . (2015).〈行過死蔭的幽谷：美麗島事件前後期台灣長老教會信徒與黨外人士的合作關係之研究，1977-1987〉、黃彰輝牧師百歲紀念活動委員會主編《黃彰輝牧師的精神資產研討會論文集》（南神出版社）、pp. 380-429。
阮宗興 . (1999, October).〈必也正名乎？—從不同角度看梅監務之漢名〉，《台灣教會公報》第 2483 期（台灣教會公報社）、p. 11。
—. (2000, March 26, April 2).〈瑜亮情結—試談甘為霖與梅監務之關係〉，《台灣教會公報》第 2508、2509 期（台灣教會公報社）。
—. (2009, March).〈翻看記帳單閒話梅監務〉，《台灣教會公報》第 2979 期（台灣教會公報社）、p. 12。
張妙娟 . (2004, June).〈《臺灣教會公報》中林茂生作品之介紹〉，《臺灣風物》第 54 卷第 2 期（臺灣風物社）、pp. 45-69。
鄭仰恩 . (2001).〈擁有寶貝的瓦器—懷念可敬的胡文池牧師〉，《信仰的記憶與傳承—台灣教會人物檔案 2》（人光出版社），pp. 329-338。
—. (2006).〈梅監務的初代基督教研究〉，《臺灣神學論刊》第 28 期（台灣神學院）、pp. 17-51。
—. (2007, June).〈試論梅監務的台灣宣教研究〉，《玉山神學院學報》第 14 期（玉山神學院）、pp. 13-40。
—. (2012, December).〈蘇格蘭啟蒙運動對早期臺灣基督教的影響：從馬偕的現代化教育理念談起〉，《臺灣文獻》第 63 卷 4 期（國史館臺灣文獻館）、pp. 137-164。
—. (2014).〈梅監務筆下的臺灣社會及漢人宗教文化〉，王成勉主編《傳教士筆下的大陸

與台灣》（中央大學出版中心、遠流出版社）、pp. 335-361。
鄧慧恩 . (2011).《日治時期台灣知識份子對於「世界主義」的實踐：以基督教受容為中心》（國立成功大學台灣文學系博士論文）。
—. (2012).〈芥菜子的香氣：再探北部基督長老教會的「新人運動」〉,《台灣文獻》第 63 卷第 4 期（國史館台灣文獻館）、pp. 67-99。

⑤**解説・研究書類**

王昭文 . (2004).〈導讀：蘭醫生媽講台灣故事—《福爾摩沙的故事》解說〉、連瑪玉 . (2004).《聚珍堂史料 1 福爾摩沙的故事》（台灣教會公報社）、pp. 15-79。
台灣基督長老教會歷史委員會編 . (1965).《台灣基督長老教會百年史》（台灣基督長老教會）。
李明輝 . (1995).〈序言〉、李明輝編《李春生的思考與時代》（正中書局）、pp. 1-3。
李筱峰 . (1996).《林茂生・陳炘和他們的時代》（玉山出版社）。
吳光明著、陳俊宏、洪碧霞譯 . (1995).〈李春生的基督教人生原則〉、李明輝編《李春生的思考與時代》（正中書局）、pp. 41-68。
吳坤煌著 . (2013). 吳燕和・陳淑容主編《臺灣文學與文化研究叢書 文獻篇 4 吳坤煌詩文集》（國立臺灣大學出版中心）。
吳學明 . (2003).《聚珍堂叢書（1）從依賴到自立—終戰前台灣南部基督長老教會研究》（人光出版社）。
阮宗興 . (1999).〈土地羅生門—員林教會土地來源考〉. in《員林街紀事：員林基督長老教會百週年紀念冊 1899-1999》（員林基督長老教會）, pp. 16-23。
—. (1999).〈關於梅監霧牧師—梅監霧牧師的生平與在台宣教事工年表初稿〉. in《員林街紀事：員林基督長老教會百週年紀念冊 1899-1999》（員林基督長老教會）, pp. 66-71。
—. (2003).〈導讀：介紹一本特殊的教會史料—兼談校注甘為霖的《台南教士會議事錄》的一些問題〉, in 甘為霖 . (2004).《聚珍堂史料 6 臺南教士會議事錄》（教會公報出版社）、pp. 14-29。
盛清沂、王詩琅、高樹潘編著, 林衡道、臺灣省文獻委員會主編 . (1979).《臺灣史》（眾文圖書）。
黃茂卿 . (1988).《台灣基督長老教會太平境馬雅各紀念教會九十年史（1865-1955）馬醫生傳》（太平境馬雅各紀念教會）。
黃武東・徐謙信合編、賴永祥增訂 . (1995).《台灣基督長老教會歷史年譜》（人光出版社）。
張妙娟 . (2005).《開啓心眼—《台灣府城教會報》與長老教會的基督徒教育》（人光出版社）。
楊士養編著、林信堅修訂 . (1994).《信仰偉人列傳》（人光出版社）。
蔡重陽 . (2013).〈高雄新興教會的創設者—廖得牧師〉, 鄭仰恩・江淑文主編《信仰的記

憶與傳承—台灣教會人物檔案 2》（台灣教會公報社），pp. 248-257。
潘稀祺（打必里・大宇）. (2008).《臺灣街頭佈道之父：梅監務博士傳》（潘稀祺）。
鄭仰恩 . (2001).〈英國乞丐？台灣的保羅？—梅監務牧師小傳〉，《信仰的記憶與傳承—台灣教會人物檔案（一）》（人光出版社）、pp. 46-57。
—. (2006).〈導讀：梅監務的白話字著作〉. in 梅監務 . (2006).《聚珍堂史料 5 梅監務作品集》（教會公報出版社），pp. 15-97。
賴永祥 . (2003).〈聚珍堂史料發刊總序〉. in 洪伯祺《聚珍堂史料 4 宣教學者梅監務》（教會公報出版社）, pp. 8-14。

⑥オンライン史料

中央研究院語言学研究所、台語信望愛共同作成《台語辭典（台日大辭典台語譯本）》、閲覧日：2016 年 9 月 6 日〈http://taigi.fhl.net/dict/〉。

內政部 .《地名資訊服務網》、閲覧日：2016 年 9 月 6 日〈http://gn.moi.gov.tw/geonames/index.aspx〉。

〈台灣地方自治聯盟宣言〉. (1931).《台灣地方自治聯盟要覽》（台灣地方自治聯盟）、《數位典藏數位學習國際型科技計畫》、閲覧日：2016 年 9 月 6 日〈http://catalog.digitalarchives.tw/item/00/29/51/1d.html〉。

《台灣基督長老教會》、閲覧日：2016 年 9 月 6 日〈http://www.pct.org.tw/〉。

《傳道師會會誌》第二回 . (1934).（北部台灣基督長老教會傳道師會）。〈北部傳道師會誌第二回影像（28）〉. 國立台灣師範大學台灣文化及語言文學研究所《台灣白話字文獻館》、閲覧日：2016 年 9 月 6 日〈http://pojbh.lib.ntnu.edu.tw/script/index.htm〉。

— 陳能通 .〈危機神學與牛津團運動〉，pp. 6-9。

《北部傳道師會會誌》第四回 . (1935).（北部台灣基督長老教會傳道師會）。〈北部傳道師會誌第四回影像（35）〉. 國立台灣師範大學台灣文化及語言文學研究所《台灣白話字文獻館》、閲覧日：2016 年 9 月 6 日〈http://pojbh.lib.ntnu.edu.tw/script/index.htm〉。

《養心神詩》（福州美華書局、1875 年）。〈珍本聖經數位典藏查詢系統〉、《Sìn Bōng Ài［信望愛］》、閲覧日：2016 年 9 月 6 日〈http://bible.fhl.net/ob/ro.php?book=64&procb=0〉。

賴永祥 .《賴永祥長老史料庫》、閲覧日：2016 年 9 月 6 日〈http://www.laijohn.com/index.htm〉。

英語（アルファベット順）

①-1. 新聞・雑誌・パンフレット類

Barclay, Thomas. (1917). “Some Thoughts on the New Translation of the Vernacular New Testament.” in 巴克禮 . (2005).《聚珍堂史料 8 巴克禮作品集》（教會公報出版社）, pp. 195-209.

Coe, Shoki. (1973). “In Search of Renewal in Theological Education.” *Theological Education.* 9.4: 233-243.

Hwang, C. H. (1962). “A Rethinking of Theological Training for the Ministry in the Younger Churches Today.” *The South East Asia Journal of Theology* 4.2: 7-34.

—. (1964). “The Life and Mission of the Church in the World.” *The South East Asia Journal of Theology* 6.2: 11-38.

“In the Study: Recent Literature in Apologetics.” *The Expository Times* 23. 10 (July 1912): 454-457.

“In the Study: Some New Books for the Study.” *The Expository Times* 25. 5 (February 1914): 227-231.

“Literature.” *The Expository Times* 47. 2 (November 1935): 59-64, 50. 4 (January 1939): 160-169.

“Literature: Among the Books of the Month.” *The Expository Times* 19. 4 (January 1908): 170-176.

“Literature: The New Testament and After.” *The Expository Times* 32. 5 (February 1921): 205.

“Literature: The Unchanging Christ.” *The Expository Times* 32. 5 (February 1933): 208-212.

Mackintosh, H. R. (1924, November). “Recent Foreign Theology: The Swiss Group.” *The Expository Times* 36. 2: 73-75.

—. (1932, August). “Notes of Recent Exposition.” *The Expository Times* 43. 12: 529-533.

Moody, Campbell N. (1913). “The Western Form of Christianity.” *The East & the West: A Quarterly Review for the Study of Missions* 11: 121-146.

—. (1921, July). “ ‘Gentiles Who Never Aimed at Righteousness’: A Study of a Chinese Village in Formosa.” *The International Review of Missions* 10.39: 364-375.

—. (1927, January). “Spiritual Power in Pagan Religions and in the Old Testament.” *The Expository Times* 38. 4: 180-184.

—. (1927, September). “Spiritual Power in Later Judaism and in the New Testament.” *The Expository Times* 38. 12: 557-561.

“Notes of Recent Exposition.” (1934, January). *The Expository Times* 45. 4: 145-151.

Riddell, J. G. (1936, April). “Recent Thought on the Doctrine of the Atonement.” *The Exposi-*

tory Times 47. 7: 327-332.

①-2. 新聞・雑誌・パンフレット類（DVD 資料集）

Band, Edward. (1934, August). "Church and State in Tainan." *The Presbyterian Messenger* 1,073: 473.

Dryburgh, Margaret. (1925, October). "Let Us Rise Up and Build." *The Presbyterian Messenger* 967: 146.

Ede, George. (1884, August). "Formosa: Letter from Mr. Ede." *The Messenger and Missionary Record of the Presbyterian Church of England* 80: 157-158.

Healey, Francis. (1931, December). "The New Generation in Formosa." *The Presbyterian Messenger* 1,041: 211-212.

James, Douglas. (1927, January). "The Situation in Swatow, 1925-6." *The Presbyterian Messenger* 982: 243-244.

Moody, Campbell N. (1927, December). "The End of Foreign Missions." *The Presbyterian Messenger* 993: 209-210.

Singleton, L. (1932, January). "Evangelising in Formosa." *The Presbyterian Messenger* 1,042: 245-246.

"The Escape from Wukingfu." (1925, October). *The Presbyterian Messenger* 967: 151-152.

以上、いずれも台灣基督長老教會 教會歷史委員會發行《*The Messenger* 使信月刊》（DVD 資料集）として復刻。

②報告・書簡・会議録類

Barclay, Thomas. (1895). "Report of the Tainanfu Mission for 1895." in 巴克禮 . (2005).《聚珍堂史料 8 巴克禮作品集》（教會公報出版社）, pp. 180-191。

Band, Edward. (1930, September 17). Letter to Ex-Moderator., MS, *Presbyterian Church of England Foreign Missions Archives* (hereafter PCEA). Microfiche No. 10.

Gibson, John C. (1907). "The Chinese Church." *Records: China Centenary Missionary Conference, Held at Shanghai, April 25 to May 8, 1907.* Shanghai: Centenary Conference Committee, pp. 1-33.

Maclagan, P. J. (1925, March 6). Letter to Campbell Moody., March 6, 1925, MS, *Presbyterian Church of England Foreign Missions Committee,* Series V, Box 9, Individual Files, Rev and Mrs Campbell Moody, SOAS Library, University of London, London (hereafter PCE/FMC Series V, Box 9, SOAS Library).

Minutes of the Synod of the Presbyterian Church of England. Held in Regent Square Church, London, on the 3rd, 4th, 5th, 6th, and 7th, Days of May, 1920: Together with the Minutes of the Executive Commission of Synod, the Reports of the Synod's Committees. And Other Papers Received by the Court. (1920). London: Offices of the Presbyterian Church of England.

Moody, Campbell N. (1898, March 23). Letter to Lizzie., MS, archived in the Museum of Church History, Tainan Chang Jung Senior High School, Tainan (hereafter MCH Tainan).

—. (1898, May 4). Letter to Jeanie Renfrew., MS, MCH Tainan.

—. (1898, June 20). Letter to the Mothers of Hill Street., MS, MCH Tainan.

—. (1898, June 20). Letter to the Young Men and Women's Class., MS, MCH Tainan.

—. (1898, June 30). Letter to Mary Ewing Naismith., MS, MCH Tainan.

—. (1898, August 9). Letter to Friends., MS, MCH Tainan.

—. (1898, September 25). Letter to Jeanie Renfrew., MS, MCH Tainan.

—. (1898, November 14). Letter to James McCulloch., MS, MCH Tainan.

—. (1899, January 4). Letter to Matthew Laurie., MS, MCH Tainan.

—. (1921, March 25). Letter to P. J. Maclagan., MS, PCE/FMC Series V, Box 9, SOAS Library.

—. (1922, March 22). Letter to P. J. Maclagan., MS, PCE/FMC Series V, Box 9, SOAS Library.

—. (1922, June 15). Letter to P. J. Maclagan., MS, PCE/FMC Series V, Box 9, SOAS Library.

—. (n.d.［1922?］) "Theological College (Copy for Dr. Maclagan)." MS, PCE/FMC Series V, Box 9, SOAS Library.

—. (n.d.［1922?］). "Evangelistic Work in Relation to Other Agencies (The Problem of the Relative Claims of This & Institutional Work) (Copy for Dr. Maclagan)." MS, PCE/FMC Series V, Box 9, SOAS Library.

—. (1925, March 11). Letter to P. J. Maclagan., MS, PCE/FMC Series V, Box 9, SOAS Library.

—. (n. d.). Note without a Title and the Date［1897年10月20日～12月7日までのムーディの買い物記録］, MS, MCH.

Records: China Centenary Missionary Conference, Held at Shanghai, April 25 to May 8, 1907. (1907). Shanghai: Centenary Conference Committee.

Record of the FINANCE AND GENERAL COMMITTEE (Foreign Missions), at London and within the Church Offices. (1931, May 21), in "Finance & General Committee minutes." PCEA. Microfiche No. 1,644.

Record of the FINANCE AND GENERAL COMMITTEE (Foreign Missions), at London and within the Church Offices. (1932, March 17), in "Finance & General Committee minutes." PCEA. Microfiche No. 1,644.

"Record of Foreign Missions Executive Board Meeting in London." (1926, February 16). PCEA. Microfiche No. 1,424.

Singleton, L. (1928, March 3). Letter to P. J. Maclagan., MS, PCEA. Microfiche No. 59.
—. (1928, September 19). Letter to P. J. Maclagan., MS, PCEA. Microfiche No. 60.
—. (n.d.［1934?］). "The Unfinished Task in Formosa." PCEA. Microfiche No. 66.

③書籍類

Band, Edward. (1936). *Barclay of Formosa.* Ginza, Tokyo: Christian Literature Society.
—. (1972). *Working His Purpose Out: The History of the English Presbyterian Mission, 1847-1947.* Taipei: Ch'eng Wen.
Bruce, A. B. (1885). "The Kingdom of God." in Bruce, A. B. et al. *Christianity and Social Life: A Course of Lectures.* Edinburgh: Macniven & Wallace, pp. 1-16.
Bruce, Alexander Balmain. (1889). *The Kingdom of God: Or, Christ's Teaching According to the Synoptical Gospels.* Edinburgh: T. & T. Clark.
Campbell, William. (1889). *An Account of Missionary Success in the Island of Formosa.* Vol. II. London: Trübner.
—. (1910). *Handbook of the English Presbyterian Mission in South Formosa.* Hastings: F. J. Parsons, as 甘為霖 . (2004).《聚珍堂史料 6 臺南教士會議事錄》（教會公報出版社）.
—. (1915). *Sketches from Formosa.* London: Marshall Brothers.
Carswell, Catherine MacFarlane, and John Carswell. (1997). *Lying Awake.* Edinburgh: Canongate Book.
Coe, Shoki. (1993). Boris Anderson (Ed.), *Recollections and Reflections* (2nd ed.). Taiwan: Taiwan Church News.
Jones, William. (1850). *The Jubilee Memorial of the Religious Tract Society: A. D. 1799 to A. D. 1849.* London: The Religious Tract Society.
Landsborough, Marjorie. (1924). *Stories from Formosa.* London: Religious Tract Society. in 連瑪玉 . (2004).《聚珍堂史料 1 福爾摩沙的故事》（教會公報出版社）.
—. (1932). *More Stories from Formosa.* London: Presbyterian Church of England. in 連瑪玉 . (2004).《聚珍堂史料 1 福爾摩沙的故事》（教會公報出版社）.
—. (1957). *Dr. Lan: A Short Biography of David Landsborough, Medical Missionary of the Presbyterian Church of England in Formosa, 1895-1936.* London: Presbyterian Church of England, Publication Committee, as 連瑪玉著、劉秀芬譯 . (2005).《蘭醫生 Dr. Lan》中英對照（財團法人彰化基督教醫院）.
Lindsay, T. M. (1885). "Christianity and the Position of Women." in Bruce, A. B. et al. *Christianity and Social Life: A Course of Lectures.* Edinburgh: Macniven & Wallace, pp. 89-104.
MacMillan, Hugh. (1934). "Activity among Christian Young People in Formosa." Roy Smith

(Ed.), *The Japan Christian Year Book continuing The Japan Mission Year Book being the thirty second issue of The Christian Movement in Japan and Formosa issued by The Federation of Christian Missions in Japan in Cooperation with the National Christian Council.* Ginza, Tokyo: Kyo Bun Kwan, pp. 211-217.

—. (1953). *Then Till Now in Formosa.* Taipei: English and Canadian Presbyterian Missions in Formosa.

Moody, Campbell N. (1907). *The Heathen Heart: An Account of the Reception of the Gospel Among the Chinese of Formosa.* Edinburgh: Oliphant, Anderson & Ferrier.

—. (1912). *The Saints of Formosa: Life and Worship in a Chinese Church.* Edinburgh: Oliphant, Anderson & Ferrier.

—. (1913). *Love's Long Campaign.* London: Robert Scott Roxburghe House Paternoster Row, E.C.

—. (1920). *The Mind of the Early Converts.* London: Hodder and Stoughton.

—. (1929). *The Purpose of Jesus in the First Three Gospels.* London: Allen & Unwin.

—. (1932). *The King's Guests: A Strange Formosan Fellowship.* London: H. R. Allenson.

—. (1935). *Christ for Us and in Us.* London: George Allen & Unwin.

—. (1938). *The Childhood of the Church.* London: George Allen & Unwin.

—. (1938). *The Mountain Hut: A Tale of Formosa.* London: The Religious Tract Society.

Moody, Peggie C. (1934). *Come-from-Heaven and Cousins from China.* London: R. T. S. Office.

—. (2005). *Campbell Moody: Missionary and Scholar*, as 洪伯祺《聚珍堂史料 4 宣教學者梅監務》（教會公報出版社）.

Mott, John R. (1910). "Closing Address." *The History and Records of the Conference: Together with Addresses Delivered at the Evening Meeting.* Edinburgh: Oliphant, Anderson, & Ferrier, pp. 347-351.

Singleton, Leslie. (1934). "The Unfinished Task in Formosa." Roy Smith (Ed.), *The Japan Christian Year Book continuing The Japan Mission Year Book being the thirty second issue of The Christian Movement in Japan and Formosa issued by The Federation of Christian Missions in Japan in Cooperation with the National Christian Council.* Ginza, Tokyo: Kyo Bun Kwan, pp. 205-210.

The Christian Mission in the Light of Race Conflict: Report of the Jerusalem Meeting of the International Missionary Council March 24th. – April 8th., 1928. Vol. IV. (1928). London: Humphrey Milford, Oxford University Press.

④研究書類

Alpers, Benjamin L. (2003). *Dictators, Democracy, & American Public Culture: Envisioning*

the Totalitarian Enemy, 1920s-1950s. Chapel Hill: The University of North Carolina Press.

Anderson, Gerald H. (Ed.). (1998). *Biographical Dictionary of Christian Missions*. New York: Macmillan Reference USA.

Bickers, Robert A. (1996). "'To Serve and Not to Rule': British Protestant Missionaries and Chinese Nationalism, 1928-1931." Robert A. Bickers and Rosemary Seton (Eds.), *Missionary Encounters: Sources and Issues.* Richmond: Cuzon Press, pp. 214-216.

Brown, Callum G. (1987). *The Social History of Religion in Scotland since 1730.* London: Methuen.

Brown, Stewart J. (1982). *Thomas Chalmers and the Godly Commonwealth in Scotland.* Oxford: Oxford University Press.

Chang, Jonah. (2012). *Shoki Coe: An Ecumenical Life in Context.* Geneva: WCC Publication.

Ching, Leo C. S. (2001). *Becoming "Japanese": Colonial Taiwan and the Politics of Identity Formation.* Berkeley: University of California.

Comaroff, Jean and John. (1991). *Of Revelation and Revolution: Christianity, Colonialism, and Consciousness in South Africa.* Vol. One. Chicago: The University of Chicago Press.

Dunch, Ryan. (2001). *Fuchou Protestants and the Making of a Modern China 1857-1927.* New Haven: Yale University Press.

Fyfe, Aileen. (2004). *Science and Salvation: Evangelical Popular Science Publishing in Victorian Britain.* Chicago: The University of Chicago Press.

Gaitskell, Deborah. (2003). "Apartheid, Mission, and Independent Africa: From Pretoria to Kampala with Hannah Stanton." Brian Stanley and Alaine Low (Eds.), *Missions, Nationalism, and the End of Empire.* Cambridge: William B. Eerdmans Publishing Company, pp. 237-249.

Hart, John W. (2001). *Karl Barth vs. Emil Brunner: The Formation and Dissolution of a Theological Alliance, 1916-1936.* New York: Peter Lang.

Hood, George A. (1986). *Mission Accomplished? The English Presbyterian Mission in Lingtung, South China: A Study of the Interplay between Mission Methods and their Historical Context.* Frankfurt am Main: Verlag Peter Lang.

Huang, Po Ho. (2005). M. P. Joseph (Ed.), *From Galilee to Tainan: Towards A Theology of Chhut-thau-thiN.* Manila: Association for Theological Education in South East Asia.

Hutchison, William R. (1987). *Errand to the World: American Protestant Thought and Foreign Missions.* Chicago: The University of Chicago Press.

Mechie, Stewart. (1956). *Trinity College Glasgow: 1856-1956.* London: Collins Clear-Type Press.

Porter, Andrew. (2005). "An Overview, 1700-1914." Norman Etherington (Ed.), *Missions and*

Empire. Oxford: Oxford University Press, pp. 40-61.

Smith, Donald C. (1987). *Passive Obedience and Prophetic Protest: Social Criticism in the Scottish Church 1830-1945.* New York: Peter Lang.

Stanley, Brian. (1990). *The Bible and the Flag: Protestant Missions & British Imperialism in the Nineteenth & Twentieth Centuries.* Leicester, England: APOLLOS.

—. (2006). "Christian Missions, Antislavery and the Claims of Humanity, c. 1813-1873." Sheridan Gilley and Brian Stanley (Eds.), *The Cambridge History of Christianity. Vol. 8. World Christianities: c. 1815-1914.* Cambridge: Cambridge University Press, pp. 443-457.

—. (2006). "The Outlook for Christianity in 1914." Sheridan Gilley and Brian Stanley (Eds.), *The Cambridge History of Christianity. Vol. 8. World Christianities: c. 1815-1914.* Cambridge: Cambridge University Press, pp. 593-600.

The Confessional Synod of German Evangelical Church. (1934). *Barmen Declaration,* in Arthur C. Cochrane. (1962). *The Church's Confession Under Hitler.* Philadelphia: The Westminster Press.

⑤オンライン史料

"A World League at Jerusalem." *The Children's Newspaper* [London].(1928, April 28). 475: 7. *Look and Learn: History Picture Library.* 6 Sep. 2016 〈http://www.lookandlearn.com/index.php〉.

Duncan, Annie N. (1902). *The City of Springs or Mission Work in Chinchew.* Edinburgh: Oliphant, Anderson, & Ferrier. *Open Library.* 8 Aug. 2012. 6 Sep. 2016 〈https://openlibrary.org/works/OL10720363W/The_city_of_springs〉.

"Helen Keller's Bible." (1902, February 9). *The New York Times* [New York].*The New York Times.* 6 Sep. 2016 〈http://www.nytimes.com/〉.

"Rebellion in Mid-Formosa." (1896, August 25). *The Times* [London]. *Newspapers.com.* 6 Sep. 2016 〈http://www.newspapers.com/newspage/33024641/〉.

Second Report of the Commissioners of Religious Instruction, Scotland. (1837). Edinburgh: W. & A. Johnston. *Google Books*. 25 Aug. 2010. Web. 6 Sep. 2016.

"The Japanese in Formosa: The Appalling State of Affairs." (1896, July 18). *The China Mail* [Hong Kong]. *Hong Kong Public Libraries: Multimedia Information System.* 6 Sep. 2016 〈https://mmis.hkpl.gov.hk/home〉.

"The Westminster Shorter Catechism." *Center for Reformed Theology and Apologetics.* 6 Sep. 2016 〈http://www.reformed.org/documents/wsc/〉.

Ward, Vanessa B. (2011). ""Lifelong Homework" : Chō Takeda Kiyoko's Unofficial Diplo-

macy and Postwar Japan-Asia Relations." *The Asia-Pacific Journal*, 9(30). 6 Sep. 2016 〈http://www.japanfocus.org/-Vanessa-Ward/3575/article.html〉.

"Xi Shengmo (Pastor Hsi)." *Biographical Dictionary of Chinese Christianity*. 2014. 6 Sep. 2016 〈http://www.bdcconline.net/en/stories/x/xi-shengmo.php〉.

Yates, Timothy. (1996). *Christian Mission in the Twentieth Century.* Cambridge: Cambridge University Press. *Google Books*. Web. 6 Sep. 2016.

日本語（五十音順）

①新聞・雑誌類（刊行年月・ページ番号順）

「希望に満つる日刊台湾新民報の使命」、「言論解放と経済権益の伸張」. (1932, January 16).『台湾新民報』第 398 号。

「文化サークルを組織し台湾の赤化を企つ　首魁は台湾人木村俊男事呉坤煌　東京の神学校を根據に暗躍」. (1932, September 25).『台湾日日新報』。

Z・G 生 . (1934, April 19).「海外神学界：ヒットラーの統一政策と独逸教会（上）（クリスチヤンチユリー紙社説より）」『福音新報』第 1993 号、p. 14。

Z・G 生 . (1934, April 26).「海外神学界：ヒットラーの統一政策と独逸教会（下）」『福音新報』第 1994 号、p. 14。

『福音と教会』創刊号 . (1938, February).（台湾基督長老教会伝道師会）。

— 黄主義 .「福音と教会誌発刊の辞」、pp. 1-2。

— 謝緯 .「桑田秀延訳 カールバルト『我れ信ず』」、pp. 29-37。

— 高約拿 .「高倉徳太郎著 福音的基督教」、pp. 38-52。

—「編輯後記」、p. 53。

『福音と教会』第 2 号 . (1938, May).（台湾基督長老教会伝道師会）。

— 呂春長 .「伝道者の書斎 桑田秀延氏著 基督教の本質」、pp. 28-49。

—「編輯後記」、p. 50。

『福音と教会』第 3 号 . (1938, September).（台湾基督長老教会伝道師会）。

— 鐘茂成 .「奉仕の福音書」、pp. 11-18。

—「編輯後記」、p. 35。

『福音と教会』第 4 号 . (1938, December).（台湾基督長老教会伝道師会）。

— 胡文池 .「祈祷会改革論」、pp. 36-45。

—「編輯後記」、pp. 46-47。

『福音と教会』第 5 号 . (1939, April).（台湾基督長老教会伝道師会）。

— 郭和烈 .「聖句研究 哥林多後書四章五節」、pp. 27-29。

—「編輯後記」、pp. 53-55。

②名簿・リスト

所澤潤、川路祥代、王昭文、駒込武 . (2003, September).「長栄中学校史館所蔵資料仮目録――教会関係資料之部」（非売品）。

日本神学校同窓会 . (1939).「昭和十四年（一九三九年）十二月卅一日現在　日本神学校同窓会員名簿」（日本神学校同窓会）。

明治学院 . (1925).『大正十四年（1925）十一月　明治学院神学部一覧　東京市外淀橋街角筈一〇〇』（明治学院）。

③公文書類

「キャンベル、エン、ムーデー 私立台湾基督長老教台南神学校設立認可ノ件」『台湾総督府公文類纂』第 148 巻 (1922). 國史館臺灣文獻館, 文獻大樓（南投市、台湾）所蔵。

台湾総督府財務局 . (1916).『大正五年　台湾総督府税務年報』。

—. (1917).『大正六年　台湾総督府税務年報』。

—. (1918).『大正七年　台湾総督府税務年報』。

—. (1919).『大正八年　台湾総督府税務年報』。

—. (1921).『大正十年　台湾総督府税務年報』。

台湾総督府殖産局 . (1937).『台湾米穀要覧 昭和十二年』。

「台湾北部土匪投誠顛末」水沢市立後藤新平記念館編『後藤新平文書』、マイクロ史料、資料番号 7-63 (n.d.). 京都大学附属図書館所蔵。

④書籍類

E・ブルンナー著、森本あんり・五郎丸仁美訳 . (2006).『出会いとしての真理』（教文館／国際基督教大学出版局）。

内野熊一郎著 . (1962).『新釈漢文体系 4　孟子』（明治書院）。

H・エミール・ブルンネル著、岡田五作訳 . (1931).『危機の神学』（新生堂）。

エミル・ブルンナー著、郡山幸雄訳 . (1944).『仲保者――キリスト教信仰の想起の為めに 第一巻 前提』（春陽堂書店）。

小野沢精一著 . (1985).『新釈漢文体系 26　書経　下』（明治書院）。

カール・バルト著、天野有編訳 . (2011).「訣別」『バルト・セレクション 4　教会と国家 I』（新教出版社）、pp. 446-471。

カール・バルト著、天野有編訳 . (2011).「神学的公理としての第一誡」『バルト・セレクション 4　教会と国家 I』（新教出版社）、pp. 276-334。

カール・バルト著、桑田秀延訳 . (1936).『我れ信ず』(基督教思想叢書刊行会)。国立国会図書館デジタル化資料送信サービス(京都大学附属図書館)。
小山晃佑著、森泉弘次・加山久夫編訳 . (2009).『神学と暴力——非暴力的愛の神学をめざして』(教文館)。
週刊朝日編 . (1988).『値段史年表——明治・大正・昭和』(朝日新聞社)。
『聖書(口語)』.(1954).(日本聖書協会)。
宋泉盛編、岸本羊一監訳 . (1896).『台湾基督長老教会獄中証言集』(教文館)。
日本基督教団宣教研究書教団史料編纂室編 . (1997).『日本基督教団史資料集　第 1 巻・第 1 篇　日本基督教団の成立過程(1930~1941 年)』(日本基督教団宣教研究書)。
日本銀行統計局編 . (1966, July).『明治以降本邦主要経済統計』(日本銀行統計局)。
宮本久雄 . (2002).『存在の季節　ハヤトロギア(ヘブライ的存在論)の誕生』(知泉書館)。
松谷好明訳 . (2008).『ウェストミンスター小教理問答——聖句付き』(一麦出版社)。
吉田賢抗著 . (1960).『新釈漢文体系 1　論語』(明治書院)。

⑤学術論文・記事類

赤江達也 . (2001).「無教会派知識人と近代——日本におけるキリスト教の社会・思想史的位置」『ソシオロゴス』25 号(ソシオロゴス編集委員会)、pp. 69-86。
市川雅美 . (2003).「旧制中学校の校友会における生徒自治の側面——校友会規則の分析を中心に」『東京大学大学院教育学研究科紀要』第 43 巻(東京大学大学院教育学研究科)、pp. 1-13。
稲垣春樹 . (2012).「帝国と宣教——一九世紀イギリス帝国史における宗教の復権(研究動向)」『史学雑誌』121 篇第 6 号(公益財団法人史学会)、pp. 67-90。
河原功 . (2006).「日本統治期台湾での『検閲』の実体」、『東洋文化　特集　日本の植民地支配と検閲体制——韓国の事例を中心に』第 86 号(東京大学東洋文化研究所)、pp. 165-214。
駒込武 . (1997).「『文明』の秩序とミッション——イングランド長老教会と一九世紀のブリテン・中国・日本」近代日本研究会/編『年報・近代日本研究・19　地域史の可能性——地域・日本・世界』(山川出版社)、pp. 1-43。
—. (2000, September).「台南長老教中学神社参拝問題——踏絵的な権力の様式」『思想』No. 915(岩波書店)、pp. 34-64。
—. (2003).「植民地支配と近代教育——ある台湾人知識人の足跡(Symposium コロニアリズムとしての教育学)」『教育思想史学会』12 巻、pp. 83-96。
斉藤利彦 . (2011).「『校友会雑誌』研究に向けて——その意義と課題」斉藤利彦『旧制中等諸学校の『校友会誌』にみる学校文化の諸相の研究と史料のデータベース化』(2009-2012 年度科学研究費補助金　基盤研究 (B) 研究成果報告書(第一集))、

pp. 1-10。
佐藤由美 . (2004).「青山学院と戦前の台湾・朝鮮からの留学生」『日本の教育史学』第 47 集（教育史学会）、pp. 154-155。
高井ヘラー由紀 . (2003).『日本統治下台湾における日本人プロテスタント教会史研究』（国際基督教大学大学院 比較文化研究科提出博士論文）。
—. (2005, March).「植民地支配、キリスト教、そして異文化交流——日本軍による台湾武力制圧における事例より（一八九五年）」『日本研究』第 30 集（国際日本文化研究センター）、pp. 109-132。
—. (2012).「日本植民地統治期の台湾人 YMCA 運動史試論」『明治学院大学キリスト教研究所紀要』第 45 号（明治学院大学キリスト教研究所）、pp. 71-117。
—. (2015, July).「戦後台湾キリスト教界における超教派運動の展開と頓挫」『キリスト教史学』第 69 集（キリスト教史学会）、pp. 74-110。
高井保雄 . (2001).「レトリックから見たルターのカテキズム」『ルター研究』第七巻、pp. 77-102。
武田清子 . (1949, February).「光の子と闇の子——ニーバーの思想をめぐる座談会」『理論』3 巻 2 号（民主主義科学者協会）、pp. 33-50。
—. (1949, July).「アジアのキリスト教と共産主義——戦後アジアの精神的状況」『思想の科学』4 巻 5 号（先駆社）、pp. 41-52。
—. (1950, March).「革命に対する『イエス』と『ノー』——ニーバーの歴史観の課題」『展望』51 巻（筑摩書房）、pp. 85-93。
陳文松 . (2005).「『校友』から『台湾青年』へ——台湾総督府国語学校『校友会雑誌』に見る『青年』像」『年報地域文化研究』第 9 号（東京大学大学院総合文化研究科地域文化研究専攻）、pp. 138-142。
ヘレン・ボールハチェット . (1987, November).「ウォルター・デニング——明治初期における宣教師の活動」『アジア文化研究』16 号（国際基督教大学）、pp. 21-55。
森本あんり . (2005).「文脈化神学の現在——『アジア神学』から見た『日本的キリスト教』解釈の問題」『宗教研究』第 79 巻 346 号（日本宗教学会）、pp. 25-47。

⑥解説・研究書類

青野太潮 . (2005).「弱いときにこそ——パウロの「十字架の神学」」新約聖書翻訳委員会編『聖書を読む 新約篇』（新約聖書翻訳委員会）、pp. 77-102。
李省展 . (2006).『アメリカ人宣教師と朝鮮の近代——ミッションスクールの生成と植民地下の葛藤』（評論社）。
エドワード･W･サイード著、大橋洋一訳 . (1998).『文化と帝国主義　1』（みすず書房）。
—. (2001).『文化と帝国主義　2』（みすず書房）。

大貫隆ほか編 . (2002).『岩波　キリスト教辞典』（岩波書店）。
絹川久子 . (2002).『ジェンダーの視点で読む聖書』（日本キリスト教団出版局）。
駒込武 . (1996).『植民地帝国日本の文化統合』（岩波書店）。
—. (2015).『世界史のなかの台湾植民地支配——台南長老教中学校からの視座』（岩波書店）。
斉藤利彦編 . (2015).『学校文化の史的研究——中等諸学校の『校友会雑誌』を手がかりとして』（東京大学出版会）。
阪口直樹 . (2002).『戦前同志社の台湾人留学生——キリスト教国際主義の源流をたどる』（白帝社）。
G·M·トレヴェリアン著、松浦高嶺·今井宏訳 . (1990).『イギリス社会史 2』（みすず書房）、pp. 342-369。
高橋哲哉ほか著、『〈コンパッション〉は可能か？』対話集会実行委員会編 . (2002).『〈コンパッション（共感共苦）〉は可能か？——歴史認識と教科書問題を考える』（影書房）。
鄭兒玉著、吉田寅訳 . (1981).「台湾のキリスト教」呉利明、鄭兒玉、閔庚培、土肥昭夫共著『アジア・キリスト教史（1）——中国、台湾、韓国、日本』（教文館）、pp. 67-111。
並河葉子 . (2004).「世紀転換期のミッションとイギリス帝国」木村和男編著『イギリス帝国と 20 世紀 第 2 巻 世紀転換期のイギリス帝国』（ミネルヴァ書房）、pp. 327-361。
バルト神学受容史研究会編 . (2009).『日本におけるカール・バルト——敗戦までの受容史の諸断面』（新教出版社）。
フロマートカ著、平野清美訳、佐藤優監訳・解説 . (2012).『神学入門——プロテスタント神学の転換点』（新教出版社）。
村上嘉英編著 . (2007).『東方台湾語辞典』（東方書店）。

⑦手稿史料

黄彰輝 . (1934, April).「四月二十五日（水）」、『二階村早祷日誌』（手稿史料）、東京大学 YMCA 学生寮に保管。
《昭和十四年四月起 記錄薄 太平境國語講習會》. (1939-40).（手稿史料）、太平境馬雅各紀念教會歷史資料館に所藏。

⑧オンライン史料

『青山学院大学』、閲覧日：2016 年 9 月 6 日〈http://www.aoyama.ac.jp/〉。

井上哲次郎 . (1893).『教育と宗教の衝突』（敬業社）、pp. 116-119。国立国会図書館『国立国会図書館デジタルコレクション』、閲覧日：2016 年 9 月 6 日〈http://kindai.ndl.go.jp/info:ndljp/pid/814826/1〉。

島薗進 . (1998).「日本における『宗教』概念の形成――井上哲次郎のキリスト教批判をめぐって」山折哲雄・長田俊樹／編『日文研叢書 17　国際日本文化研究センター共同研究報告　日本人はキリスト教をどのように受容したか』（国際日本文化研究センター）、pp. 61-75。『国際日本文化研究センター』、閲覧日：2016 年 9 月 6 日〈http://publications.nichibun.ac.jp/ja/item/niso/1998-11-30/pub〉。

『東京神学大学』、閲覧日：2016 年 9 月 6 日〈http://www.tuts.ac.jp/index.html〉。

『東京聖書学院』、閲覧日：2016 年 9 月 6 日〈http://jhc.or.jp/tbs/index.html〉。

『日本キリスト教改革派教会』、閲覧日：2016 年 9 月 6 日〈http://www.rcj-net.org〉。

「日本銀行を知る・楽しむ」『日本銀行』、閲覧日：2016 年 2 月 23 日〈http://www.boj.or.jp/announcements/education/oshiete/history/j12.htm/〉。

その他の言語

Beauterne, Robert François Antoine de. (1841). *Fragments Religieux Inédits. Sentiment de Napoléon Sur la Divinité de Jésus-Christ. Pensées inédites recueillies à Ste. Héléne par M. le Comte de Montholon et publiées. Google Books,* 3 Feb. 2009. Web. 6 Sep. 2016.

巻末資料

1. 清末期および日本植民地統治期台湾の宣教師一覧

〈女性宣教団宣教師〉

姓名（漢字名）	在台活動期
E. Murray（馬姑娘）	1880-83
Mrs. Ritchie（李庥牧師娘）	1867-84
Joan Stuart（朱約安姑娘）	1885-1913
Annie E. Butler（文安姑娘）	1885-1924
Margaret Barnett（萬真珠姑娘）	1888-1926
Jeanie A. Lloyd（盧仁愛姑娘）	1903-33（没）
Annie Benning（孟姑娘護士）	1909-10
Marjorie Learner（連馬玉姑娘）	1909-36
Alice Fullerton（富姑娘護士）	1911-16
Agnes D. Reive（李御娜姑娘）	1913-19
A. A. Livingston（林安姑娘）	1913-45
Sabine E. Mackintosh（杜雪雲姑娘）	1916-44
Margaret（Peggie）C. Arthur（洪伯祺姑娘護士）	1919-24
Jessie W. Galt（吳瓅志姑娘）	1922-36
M. D. Anderson Scott（蘇姑娘）	1922-25
Jessie Connan（高姑娘護士）	1925-26
S. Gladys Cullen（連雅麗姑娘）	1926-47
Agnes Nicol（尼姑娘）	1926-28
Marjorie Brooking（巫瑪玉姑娘護士）	1933-34
Margaret W. Beattie（米真珠姑娘）	1933-49
Ruth MacLeod（劉路得姑娘）	1934-??

〈イングランド長老教会宣教師〉

姓名（漢字名）	在台活動期
James L. Maxwell（馬雅各醫生）	1864-85
Hugh Ritchie（李庥牧師）	1867-79（没）
Matthew Dickson（德馬太醫生）	1871-76
William Campbell（甘為霖牧師）	1871-1917
Thomas Barclay（巴克禮牧師）	1875-1935（没）
David Smith（施大闢牧師）	1876-82
Peter Anderson（安波得醫生）	1879-1910
William Thow（涂為霖牧師）	1880-94（没）
James Main（買雅各牧師）	1882-84
W. R. Thompson（佟牧師）	1883-87
George Ede（余饒理牧師）	1883-96
John Lang（萊約翰醫生）	1885-87
Gavin Russell（盧嘉敏醫生）	1888-92（没）
Duncan Ferguson（宋忠堅牧師）	1889-1923
Murray Cairns（金醫生）	1892-95
Campbell N. Moody（梅監務牧師）	1895-1924
David Landsborough（蘭大衛醫生）	1895-1936
A. B. Nielson（廉德烈牧師）	1895-1928
F. R. Johnson（費仁純先生）	1900-1908
J. Laidlaw Maxwell, Jr.（馬雅各醫生二世）	1900-23
A. E. Davis（戴美斯牧師）	1907-09
Hope Moncrieff（何希仁牧師）	1909-15
W. E. Montgomery（滿雄才牧師）	1909-50
G. Gushue-Taylor（戴仁壽醫生）	1911-40
Edward Band（萬榮華牧師）	1912-40
D. P. Jones（曹恩賜牧師）	1917-19
Percival Cheal（周惠霖醫生）	1919-32
L. Singleton（沈毅敦先生）	1921-56
Dansey Smith（鐘寶能醫生）	1923-26
R. H. Mumford（文甫道醫生）	1925-33
E. Bruce Copland（高瑞士牧師）	1929-31, 1956-65
F. G. Healay（希禮智牧師）	1930-41
J. L. Little（李約翰醫生）	1931-39
G. Graham Cumming（甘堯理醫生）	1933-37
R. G. P. Weighton（偉清榮牧師）	1933-47

2. ムーディの足跡・略年表

時期区分	年	月日	齢	事　項
教育経験期	1865	11/10	0	キャンベル・ネイスミス・ムーディ、グラスゴー郊外ボスウェルのスコットランド自由教会信徒ロバート・ムーディとメアリ・E・ネイスミスの次男として生まれる
	1873	-	7	ギルバートフォード・スクールに入学
	1877	-	11	グラスゴー・ハイスクールに入学
	1880	-	14	グラスゴー大学に入学
	1884	-	18	同大学を卒業、自由教会神学校グラスゴー・カレッジに入学
	1888	-	22	グラスゴー・カレッジを卒業、国内での説教活動に携わる 姉マギーを亡くす
	1889	-	23	父ロバートを亡くす
	1890	秋季	24	グラスゴーのセント・ジョンズ自由教会のガロウゲイト宣教に参入
	1892	11/20	27	スコットランド自由教会の国内宣教牧師に叙任
	1893	夏季		ケズウィック・コンベンションに参加し、海外宣教への召命を感じる
宣教初期	1895	10/25	29	ロンドンでオセアナ号に乗船、台湾に向かう
		12/28	30	台湾府に到着
	1896	11/3	31	台湾府から彰化へ
	1897	3/28		鹿港教会の設置
	1898	3/6~15		澎湖諸島に滞在し、街頭説教を行う。そこで伝道師・林学恭に出会い、宣教や神学に関して活発に語り合う
		5/8		東大墩教会の設置（後の台中柳原教会）
	1900	3/18	34	葫蘆墩教会の設置（後の豊原教会）
		7 月		最初の休暇でスコットランドへ
		8/28		スコットランドに帰国
	1901	5/23		健康上の理由からシンガポールへの異動が決定
		10 月末		シンガポール、ブテキマ通のクック夫妻宅に滞在
		11 月	35	アンソン通の借家に移り、閩南語話者への宣教活動を準備
		12 月		タンジョン・パガル通を拠点に、出稼ぎでシンガポールを訪れている閩南語話者への宣教活動（街頭説教、英語による聖書講習、教会建設の準備）を行うも、多くの宗派・ミッションの競合状態に直面する
	1902	4 月頭		台湾・彰化への再異動が決定
		7 月末		シンガポールから汕頭、厦門を経由して台湾へ
		8/9		台南に到着し、林燕臣と再開
	1903	4/10	36	林学恭が牧師に叙任される
		7 月		『台南府城教会報』にて「教義談論」の連載を開始
	1904	3 月	37	『台南府城教会報』での「教義談論」の連載を終了

宣教初期	1905	4/5	39	台南宣教師会議が嘉義に宣教副中心を開設したいというムーディの提案を受けるが、検討を延期
		6/1		台南宣教師会議が嘉義に宣教副中心を開設する計画を承認
	1906	2/1	40	台南宣教師会議にて彰化エリアの伝道師が定められた額の給与を受けていないということが問題視され、このことについてキャンベルがムーディに問い合わせることが決定
		6/7		台南宣教師会議にて、キャンベルがムーディの著書『ローマ書』註解の刊行への反対意見の記録を希望
		7/4		彰化エリアの伝道師給与に関するムーディからの書簡が台南宣教師会議に届くが、詳細な検討は延期。またムーディ及び彰化エリアの伝道師らから、総督府より免除されているはずの教会堂、及び教会所有物件への納税を要求されて困惑しているとの連絡を受け、台南宣教師会議は納税免除宣言文書の写しを送付することを決定
		9/6		二度目の休暇でスコットランドに帰国
	1907	7/30	41	海外宣教師会議がムーディの休暇を一年延期することを決定、これに対して台南宣教師会議が「厳重抗議」を表明
		10 月		『異教徒の心』を刊行
		11/25	42	姉メアリを亡くす
	1908	-		白話字書籍『ローマ書』註解を刊行
		1/24		マーガレット・R・フィンドレーと結婚
		3/13		休暇を終え、台湾・彰化に到着
		7 月		『台南教会報』にて『宣教論』所収記事群の連載を開始
		7/22		台南宣教師会議がムーディに台南神学校での短期活動を依頼
		8/29		台南宣教師会議への返信にて、台南神学校での短期活動の依頼を断る
		10/28		海外宣教委員会からの書簡にて、宣教師会議と彰化副宣教中心との間の財政問題をめぐる関係を問われ、同会議は近日中にムーディの同席の下で検討することを決定
		11/20		台南宣教師会議（ムーディ同席）にて、同会議と彰化副宣教中心との財政問題をめぐる関係についての検討を延期することが決定。また台南新楼医館のマクスウェル二世の休暇期間中に、ランズボロウが彰化基督教医院を一時閉鎖して新楼医館で活動すべきとの同会議の決定に対して、海外宣教委員会が「厳重抗議」を表明。同会議は海外宣教委員会がムーディを特別扱いしているとする非難を表明
		12/4	43	フィンドレーの体調悪化を理由にイングランド長老教会を辞職
	1909	2 月		オーストラリア（ウェントワース・フォールズ、ベーリンゲン）で補佐説教者として活動
		2/24		台南宣教師会議にて、ムーディ夫妻の辞職を惜しむ声明文が作成、承認される
		5 月		ニュージーランド長老教会に異動し、南島セントラルオタゴ地区にて牧会活動を行う
	1912	8 月	46	『台南教会報』での『宣教論』所収記事群の連載を終了
		-	47	『フォルモサの聖徒たち』を刊行
	1913	-	48	『愛の忍耐強い働き』を刊行。また *The East & the West: A Quarterly Review for the Study of Missions* 誌に「The Western Form of Christianity」を投稿
	1914	-		ニュージーランド長老教会を辞職し、カナダへ。また白話字書籍『宣教論』を刊行
		11/16	49	イングランド長老教会に復職、台湾・彰化に帰還

宣教後期	1915	4/23	49	第一次世界大戦のために帰国を断念し、夏季を日本・有馬で過ごす
		11/8		フィンドレーを亡くす
	1916	3 月	50	インフルエンザに罹り台南で療養、その後帰国を決定
		5/26		スコットランドに帰国
	1918	9 月	52	リバプールからカナダ経由ルートで台湾に向かう
		11 月	53	台湾に到着
	1920	-	55	『初代改宗者たちの精神』、及び白話字書籍『教義談論』を刊行
	1921	11/29	56	マーガレット・C・アーサーと再婚
	1922	-		ファーガソンの病気・帰国を受け、台南神学校教員・校長、及び聚珍堂の編集者を務める
	1923	-	57	彰化に帰還、夏季に日本・雲仙、長崎へ
	1924	4 月		バークレーの来台 50 周年記念集会
		6/21	58	休暇のためスコットランドに帰国
	1925	12 月	59	台湾に向かうためロンドンに到着するも病気のため足止めされる
	1927	1 月	61	*The Expository Times* 誌に「Spiritual Power in Pagan Religions and in the Old Testament」を投稿
		9 月		*The Expository Times* 誌に「Spiritual Power in Later Judaism and in the New Testament」を投稿
		12 月	62	『メッセンジャー』誌に「海外宣教の終焉」を投稿
		-		台湾に向かう準備をするが、病気が再発して足止めされる
	1928	6 月		これまでの研究・著作活動の功績を認められ、グラスゴー大学より神学名誉博士の学位を授かる
	1929	-		連合自由教会神学校（自由教会神学校グラスゴー・カレッジの後身）のブルース講演の講師として招聘され、その講義録『共感福音書にみるイエスの目的』を刊行。またコロンビア大学の博士課程を終えた林茂生がグラスゴー郊外レノックスタウンのムーディ夫妻宅に訪れる
		10/15		10 月頭にスコットランド長老教会（公定教会）と連合自由教会が合同し、このときの総会に参加したムーディは、その模様を台湾の教会に伝える白話字書簡を執筆
	1931	5/21	65	海外宣教委員会にムーディのイングランド長老教会退職が受理される
晩年	1932	-	67	『王の客人たち』を刊行
	1935	-	70	『我々のための・我々のうちのキリスト』を刊行
		12 月		英国留学中の劉主安がグラスゴー郊外レノックスタウンのムーディ夫妻宅に訪れる
	1937~	-	72~	英国留学中の黄彰輝がグラスゴー郊外レノックスタウンのムーディ夫妻宅に訪れる
	1938	-	73	『山小屋――フォルモサの物語』、及び『教会の子ども時代』を刊行
	1939	12 月	74	アーサーの母ジェーン・カミング・タロックを亡くす
	1940	2/28		グラスゴー郊外レノックスタウンの自宅にて亡くなる

3. ムーディの主要著作（英文・白話字書籍、および論考）一覧

出版年	言語	タイトル	出版情報
1907	英文	*The Heathen Heart: An Account of the Reception of the Gospel Among the Chinese of Formosa*	Edinburgh: Oliphant, Anderson & Ferrier
1908	白話字	*Lô-má-phoe*［ローマ書］	Tâi-lâm［台南］: Tsū-tin-tông［聚珍堂］
1912	英文	*The Saints of Formosa: Life and Worship in a Chinese Church*	Edinburgh: Oliphant, Anderson & Ferrier
1913	英文	*Love's Long Campaign*	London: Robert Scott Roxburge House Paternoster Row, E. C.
	英文	"The Western Form of Christianity"	*The East & the West: A Quarterly Review for the Study of Missions* 11: 121-146
1914	白話字	*Pò-tō Lun*［宣教論］	Tainan: Sin-lâu Chū-tin-tông［新楼聚珍堂］
1920	白話字	*Tâm-lūn Tō-lí*［教義談論］	Tâi-lâm［台南］: Sin-lâu Chū-tin-tông［新楼聚珍堂］
	英文	*The Mind of the Early Converts*	London: Hodder and Stoughton
1921	英文	"'Gentiles Who Never Aimed at Righteousness': A Study of a Chinese Village in Formosa"	*The International Review of Missions,* 10.39: 364-375
1922	白話字	*Kó-chá ê Kàu-hōe (Le̍k-sú, Lé-sò, kap Tō-lí): Tùi Khí-thâu kàu Chū-āu 323 Nî*［古の教会（歴史、儀式、および教義）：そのはじまりから紀元323年まで］	Tâi-lâm［台南］: Sin-lâu Chū-tin-tông［新楼聚珍堂］
1927	英文	"Spiritual Power in Pagan Religions and in the Old Testament"	*The Expository Times,* 38. 4: 180-184
	英文	"Spiritual Power in Later Judaism and in the New Testament"	*The Expository Times,* 38. 12: 557-561
	英文	"The End of Foreign Missions"	*The Presbyterian Messenger,* 993: 209-210
1929	英文	*The Purpose of Jesus in the First Three Gospels*	London: Allen & Unwin
1932	英文	*The King's Guests: A Strange Formosan Fellowship*	London: H. R. Allenson
1935	英文	*Christ for Us and in Us*	London: George Allen & Unwin
1938	英文	*The Childhood of the Church*	London: George Allen & Unwin
	英文	*The Mountain Hut: A Tale of Formosa*	London: The Religious Tract Society

4. ムーディの英文書簡一覧

出典	年	月日	齢	発信場所	宛名	関係
A 群	1897	9/23	31	台南府	George (Moody)	弟
		11/24	32	台南府	James	ガロウゲイト友人
		12/10		台南府	Friends	ガロウゲイト信徒
		12/31		台南府	George (Moody)	弟
	1898	1/12		彰化	Dan Cree	ガロウゲイト友人
		1/26		社頭崙仔	George (Moody)	弟
		2/1		彰化	Jeenie	ガロウゲイト友人
		2/4		Tsa̍p-sa^{n}-kah 会堂	Robert (Moody)	兄
		2/10		彰化	Friends	ガロウゲイト信徒
		2/21		台南府	Mother (Mary Naismith)	母
		3/11		馬口（澎湖諸島）	Mary (Moody)	姉
		3/19		Āu-lâng 会堂	Robert (Moody)	兄
		3/20		Chhân-biâu（苗栗付近）	(Jeanie) Renfrew	ガロウゲイト同僚
		3/23		彰化	Lizzie	ガロウゲイト友人
		3/30		彰化	Friends	ガロウゲイト信徒
		4/5		彰化	Mary Mackintosh	友人（日曜学校教師）
		4/5		彰化	Mary Ann	友人
		4/12		彰化	George (Moody)	弟
		4/19		彰化	Robert (Moody)	兄
		4/26		彰化	Mother (Mary Naismith)	母
		4/29		彰化	Mary (Moody)	姉
		5/3		彰化	Mothers	ガロウゲイトお母さん集会の信徒
		5/4		彰化	(Jeanie) Renfrew	ガロウゲイト同僚
		5/17		彰化	Nellie	ガロウゲイト友人
		5/26		大社	George (Moody)	弟
		6/20		大社	The Mothers of Hill Street	ガロウゲイトお母さん集会の信徒
		6/30		〔大社〕	The Young Men and Women's Class	ガロウゲイト青年集会の信徒
		6/30		大社	Mother (Mary Naismith)	母
		7/9		大社	Mary (Moody)	姉
		7/18		彰化	James McMulloch	友人
		7/25		大社	(Jeanie) Renfrew	ガロウゲイト同僚
		8/1		彰化	(Jeanie) Renfrew	ガロウゲイト同僚
		8/9		大社	Friends	ガロウゲイト信徒
		8/13		大社	Robert (Moody)	兄
		8/19		大社	George (Moody)	弟
		8/26		Thô͘-kat-khut, 淡水	-	-
		9/4		神戸への船上、神戸	(Jeanie) Renfrew	ガロウゲイト同僚

		9/8		Kyo-mizu Hotel（有馬）	Mary (Moody)	姉
		9/13		〔有馬〕	Mary Ann	友人
		9/19		Ballard 夫人宅（神戸）	Robert (Moody)	兄
		9/25		台湾への船上、淡水	(Jeanie) Renfrew	ガロウゲイト同僚
		-	32	船上、淡水	(Jeanie) Renfrew	ガロウゲイト同僚
		10/1		淡水、彰化	Mary (Moody)	姉
		10/21		彰化	Friends	ガロウゲイト信徒
	1898	10/24		彰化	(Jeanie) Renfrew	ガロウゲイト同僚
		10/31		彰化	Grant	ムーディの教師
		11/14		東大墩会堂（台中）	James	ガロウゲイト友人
		11/19		Tsa̍p-sa^{n}-kah 会堂	Robert (Moody)	兄
		11/30		茄苳仔会堂	George (Moody)	弟
		12/5		社頭崙仔会堂	Mother (Mary Naismith)	母
		12/5		社頭崙仔会堂	Friends	ガロウゲイト信徒
		12/27		彰化	Robert (Moody)	兄
		12/27		彰化	Mary Mackintosh	友人（日曜学校教師）
A 群		1/4		彰化	Matthew Laurie	ガロウゲイト友人
		1/19		彰化	(Jeanie) Renfrew	ガロウゲイト同僚
		1/30		彰化	(Jeanie) Renfrew	ガロウゲイト同僚
		1/30		彰化	George (Moody)	弟
		2/2		彰化	Ross	友人
		2/6	33	彰化	James	ガロウゲイト友人
		2/12		彰化	Bessie	友人
		3/3		彰化	Mary Ann	友人
	1899	3/3		彰化	Lizzie	ガロウゲイト友人
		3/13		彰化	Mary (Moody)	姉
		3/20		彰化	(Jeanie) Renfrew	ガロウゲイト友人
		3/21		Thô-siâ^{n}（埔里への途上）	Robert (Moody)	兄
		3/25		埔里	Friends	ガロウゲイト信徒
		3/29		大濫（埔里）	(Jeanie) Renfrew	ガロウゲイト同僚
		4/8		彰化	Friends	ガロウゲイト信徒
		4/18		彰化	Mary (Moody)	姉
		5/13		彰化	Mother (Mary Naismith)	母
		11/6	35	Cook 夫妻宅（シンガポール、ブテキマ通）	(William) Dale	海外宣教委員会書記
		11/19		アンソン通	(Alex) Connell	海外宣教委員会議長
	1901	12/12		タンジョン・パガル通	(Alex) Connell	海外宣教委員会議長
		12/16		タンジョン・パガル通	(William) Dale	海外宣教委員会書記
B 群		12/20		タンジョン・パガル通	(Alex) Connell	海外宣教委員会議長
		12/25	36	タンジョン・パガル通	(William) Dale	海外宣教委員会書記
		1/23		タンジョン・パガル通	(William) Dale	海外宣教委員会書記
		1/30		タンジョン・パガル通	(Alex) Connell	海外宣教委員会議長
	1902	1/30		タンジョン・パガル通	(William) Dale	海外宣教委員会書記
		2/6		タンジョン・パガル通	(William) Dale	海外宣教委員会書記

B群	1902	2/12	36	タンジョン・パガル通	(William) Dale	海外宣教委員会書記
		2/24		タンジョン・パガル通	(Alex) Connell	海外宣教委員会議長
		3/6		タンジョン・パガル通	(Alex) Connell	海外宣教委員会議長
		3/22		タンジョン・パガル通	(Alex) Connell	海外宣教委員会議長
		4/12		タンジョン・パガル通	(Alex) Connell	海外宣教委員会議長
		4/15		タンジョン・パガル通	(Alex) Connell	海外宣教委員会議長
		5/5		タンジョン・パガル通	(Alex) Connell	海外宣教委員会議長
		6/12		タンジョン・パガル通	(William) Dale	海外宣教委員会書記
C群	1918	1/31	52	Bothwell（スコットランド）	(P. J.) Maclagan	海外宣教委員会書記
		5/22		Bothwell	(P. J.) Maclagan	海外宣教委員会書記
		7/2		Bothwell	(P. J.) Maclagan	海外宣教委員会書記
		7/27		J. E. Sandeman宅(Fife、スコットランド)	(P. J.) Maclagan	海外宣教委員会書記
		8/2		Bothwell	(P. J.) Maclagan	海外宣教委員会書記
		8/8		Bothwell	(P. J.) Maclagan	海外宣教委員会書記
		8/30		Bothwell	(P. J.) Maclagan	海外宣教委員会書記
		12/3		彰化	(P. J.) Maclagan	海外宣教委員会書記
	1919	9/22	53	彰化	(P. J.) Maclagan	海外宣教委員会書記
	1921	1/7	56	彰化	(P. J.) Maclagan	海外宣教委員会書記
		3/25		彰化	(P. J.) Maclagan	海外宣教委員会書記
		3/25		彰化	(P. J.) Maclagan	海外宣教委員会書記
		4/12		彰化	(P. J.) Maclagan	海外宣教委員会書記
		6/27		彰化	(D. C.) Macgregor	海外宣教委員会議長
		8/19		彰化	(P. J.) Maclagan	海外宣教委員会書記
		11/22	57	彰化	(P. J.) Maclagan	海外宣教委員会書記
	1922	3/22		台南	(P. J.) Maclagan	海外宣教委員会書記
		6/15		台南	(P. J.) Maclagan	海外宣教委員会書記
	1924	7/16	58	Golders Green（ロンドン）	(P. J.) Maclagan	海外宣教委員会書記
		12/3	59	Bothwell	(P. J.) Maclagan	海外宣教委員会書記
	1925	1/23		Golders Green	(P. J.) Maclagan	海外宣教委員会書記
		3/11		Golders Green	(P. J.) Maclagan	海外宣教委員会書記
		3/25		Golders Green	(P. J.) Maclagan	海外宣教委員会書記
		5/21		Bothwell	(P. J.) Maclagan	海外宣教委員会書記
		6/15		Bothwell	(P. J.) Maclagan	海外宣教委員会書記
		8/3		Cardrose（スコットランド）	(P. J.) Maclagan	海外宣教委員会書記
		9/5		George Moody宅(Ayr、スコットランド)	(P. J.) Maclagan、D. Phil	海外宣教委員会書記、？
		12/3	60	Golders Green	(P. J.) Maclagan	海外宣教委員会書記

（注）A群…台南長栄高級中学教会史料館所蔵、B群…*Presbyterian Church of England Foreign Missions Archives,* 1847-1950. Microfiche No. 1,081-1,082.、C群…*Presbyterian Church of England Foreign Missions Committee,* Series V, Box 9, Individual Files, Rev and Mrs Campbell Moody, SOAS Library, University of London, London 所蔵。

5. 台南神学校『校友会雑誌』第1号～第4号（1928-33）記事一覧

《創立五十周年記念 校友會雜誌 第一號》（私立臺南長老教神學校、1928年）					
順	筆者	記事タイトル	記事タイプ	言語	頁
(1)	—	神學校校舍寫真校歌	—	—	—
(2)	高金聲	神學五十週年記念歌	漢詩	漢	1
(3)	林燕臣	發刊詞	論説—目的	漢	1
(4)	潘道榮	發刊詞	論説—目的	漢	2
(5)	滿雄才	五十週年記念會式辭	雑録・転載—祝辞	漢	3
(6)	高金聲	臺南神學校之沿革	論説—沿革	漢	4
(7)	林燕臣	神學校禧年紀念日古歌	漢詩	漢	8
(8)	卓道生	神學校五十週年記念	雑録・転載—祝辞	漢	8
(9)	—	臺南神學校々友芳名	雑録・転載—名簿	漢	11
(10)	—	英國母會支給	雑録・転載—会計・統計	漢	12
(11)	教會公報記者	喜神學五十年	雑録・転載—祝辞	漢	12
(12)	潘氏筱玉	祝神學五十週年	雑録・転載—祝辞	漢	13
(13)	顏振聲	祝詞	雑録・転載—祝辞	漢	14
(14)	汪培英	祝詞・祝辭	雑録・転載—祝辞	漢	15
(15)	許水露	東門教會牧師就任式祝詞	雑録・転載—祝辞	漢	16
(16)	蘇育才	設神學傳教五十週年七律	漢詩	漢	17
(17)	李文前	前題	漢詩	漢	17
(18)	歐壽祺	前題七絕	漢詩	漢	17
(19)		其二	漢詩	漢	18
(20)	郭朝成	滿招損謙受益論	論説—目的	漢	18
(21)	卓偉臣	得魚忘筌	論説—目的	漢	19
(22)	林燕臣	論洗禮	論説—神学・聖書	漢	19
(23)		文壇	雑録・転載—追悼・遺書	漢	21
(24)	楊註（楊世註敬書）	祝本年五芸友上任式	雑録・転載—祝辞	漢	22
(25)	卓偉臣	百家姓詩	漢詩	漢	23
(26)	—	校友會々則	雑録・転載—会則	漢	23
(27)	—	本年校友會役員	雑録・転載—名簿	漢	24
(28)	廖得	祝詞	雑録・転載—祝辞	漢	25

《臺灣基督教會臺南神學校 校友會雜誌 第貳號》（臺灣基督教會臺南神學校、1929年）					
順	筆者	記事タイトル	記事タイプ	言語	頁
(1)	—	前任校長バークレー博士之写真	—	—	—
(2)	—	現任校長モントゴメリー博士之写真	—	—	—
(3)	—	本校々舍全体之撮影（自後面）	—	—	—
(4)	林燕臣	傳教師之精神（其一）	論説—目的	漢	1
(5)	郭朝成	傳教師之精神（其二）	論説—目的	漢	2
(6)	潘道榮	基督品性之一班	論説—神学・聖書	漢	4

(7)	陳思聰	基督徒之負債（羅馬一章十四節）	論説―目的	漢	6
(8)	潘德彰	得救之功夫（腓立比二章十二節）	論説―神学・聖書	漢	9
(9)	記者（潘道榮）	三十年前教會外交之通信	雑録・転載―祝辞	漢	11
(10)	郭朝成	破除迷信論	論説―哲学	漢	14
(11)	高篤行	基督再臨	論説―神学・聖書	漢	15
(12)	半樵子	酒類須別其損益	論説―神学・聖書	漢	17
(13)	廖得	臺灣之死活問題	論説―目的	漢	18
(14)	半樵子	耶穌釘身十架七絕三首	漢詩	漢	18
(15)	林燕臣	祝臺灣南部傳教師總會懇親會	漢詩	漢	19
(16)	郭朝成	敬步林燕臣恩師原韻	漢詩	漢	19
(17)	陳瓊瑤	淸心者福矣以其能見上帝也	漢詩	漢	19
(18)	林燕臣	咏西子灣景	漢詩	漢	19
(19)		高雄州主日學教員修養會場所西子灣歡迎詩	漢詩	漢	20
(20)	潘德彰	敬和林燕臣先生歡迎詩原韻	漢詩	漢	20
(21)	陳秀水（金然）	陶淵明歸隱	漢詩	漢	20
(22)	黃主義	前題得歸字七絕	漢詩	漢	20
(23)	黃武東	前題	漢詩	漢	20
(24)	黃主義	浪子回頭得游七律	漢詩	漢	20
(25)	黃家英	前題	漢詩	漢	20
(26)	故陳瓊瑤〔陳其祥のミスか？〕	亡羊嘆	漢詩	漢	20
(27)		聞道有感	漢詩	漢	21
(28)		恭賀牧師養閑	漢詩	漢	21
(29)		贈天幕傳道隊	漢詩	漢	21
(30)		耶穌釘十字架（全部六十五首）	漢詩	漢	21
(31)		同僚相待遇	漢詩	漢	22
(32)		基督教佈道團	漢詩	漢	22
(33)		耶穌釘十字架（各要意）	漢詩	漢	23
(34)	陳其祥	與耶穌同死（自盡文）	雑録・転載―追悼・遺書	漢	24
(35)	陳瓊瑤	辭職雜感	漢詩	漢	26
(36)		我當何為	漢詩	漢	27
(37)		禁食祈禱	漢詩	漢	27
(38)		傳道精神	漢詩	漢	27
(39)		救主耶穌	漢詩	漢	27
(40)	李秉文	祝陳瓊瑤牧師佳里就任	漢詩	漢	27
(41)		步李秉文君原韻	漢詩	漢	27
(42)	胡紹芳	謹慎言語	論説―目的	漢	29
(43)	王占魁	謹慎言語 其二	論説―目的	漢	31
(44)	許淸如	頌道榮牧師	漢詩	漢	32
(45)	王守勇	構案法に就いて	論説―哲学	和	33
(46)	許水露	霊魂不滅	論説―神学・聖書	和	42
(47)	潘道榮	ジヨン・ウエスレーと其の神学	論説―神学・聖書	和	46
(48)	陳瓊琚	理想的宗教家ノ出現	論説―目的	和	50
(49)	許水露	文学の貴族的方面に就いて	論説―哲学	和	53
(50)	陳金然	生命の起源に就いて	論説―哲学	和	54

(51)	劉振芳	現代神学校の使命	論説—目的	和	67
(52)	ロバート・マーレー・マッケイン（潘徳彰訳）	祈祷を以て一日を始めよ	論説—目的	和	69
(53)	潘道榮	祝辞	雑録・転載—祝辞	和	70
(54)	—	南部臺灣基督教會設教以來所封立牧師之芳名列左	雑録・転載—名簿	漢	72
(55)	—	現在生存校友遵照會則第六第八條編入正會員之氏名列左 (依卒業順序)	雑録・転載—名簿	漢	74
(56)	—	現在學生	雑録・転載—名簿	漢	77
(57)	—	現任職員	雑録・転載—名簿	和	77
(58)	—	本年校友會役員如下	雑録・転載—名簿	漢	77
(59)	陳金然	在校生の日常生活	その他	和	78
(60)	—	三校（神中女）聯合運動会、聯合運動会プログラム	雑録・転載—行事記録	和	79

《台南神學校 校友會雜誌 第參號》（臺灣基督教會臺南神學校、1931 年）					
順	筆者	記事タイトル	記事タイプ	言語	頁
(1)	—	本校々舎正面全景	—	—	—
(2)	—	第一代本島人牧師故潘明珠及故劉俊臣之写真	—	—	—
(3)	仲偉儀	義人因信得生賦	論説—神学・聖書	漢	1
(4)	林燕臣	南部大會昇立祝文	雑録・転載—祝辞	漢	2
(5)	郭朝成	傳教師須立德立言立功名垂不朽論	論説—目的	漢	3
(6)	半樵子	人生緊急問題	論説—神学・聖書	漢	5
(7)	林燕臣	臺南中會成立祝歌	漢詩	漢	6
(8)	陳思聰	臺南太平境教會歷史	論説—沿革	漢	6
(9)	半樵子	南部教會第一代本島人牧師故潘明珠牧師小傳	雑録・転載—追悼・遺書	漢	16
(10)		勿各顧己事亦宜顧人之事	論説—哲学	漢	17
(11)	陳觀斗	傳道經驗談	論説—目的	漢	18
(12)	潘道榮	公函及祝詞	雑録・転載—祝辞	漢	21
(13)	潘德彰	白話字之創始	論説—沿革	漢	22
(14)	半樵子	張之江先生證道感言	漢詩	漢	22
(15)	郭朝成	追懷故愛子素娥 七絕六首	漢詩	漢	23
(16)	陳英方	祝蘭大衛博士御還曆並渡臺三十三年記念	漢詩	漢	23
(17)	彩田生	雜感	漢詩	漢	24
(18)		賞月	漢詩	漢	24
(19)		鄉思	漢詩	漢	24
(20)		十條誡	漢詩	漢	24

(21)	半樵子	康熙帝十字架贊	漢詩	漢	24
(22)		耶穌升天	漢詩	漢	24
(23)		聖靈降臨	漢詩	漢	25
(24)	陳瓊瑤	先父遺稿	漢詩	漢	25
(25)		海浪（歩友原韻）	漢詩	漢	26
(26)		人生（新聞抄錄）	漢詩	漢	26
(27)	柯設偕	寒夜懷君	漢詩	漢	26
(28)	陳伯瑜	步韻賀喜	漢詩	漢	26
(29)	陳伯瑕	先母七週年追念日	漢詩	漢	27
(30)		聖餐偶感	漢詩	漢	27
(31)		先父九週年追念日	漢詩	漢	27
(32)	潘道榮	輓近宗教々育の特徴	論説—哲学	和	28
(33)	王守勇	協働的宗教々育	論説—哲学	和	35
(34)	劉振芳	カルヴイニズムの研究	論説—神学・聖書	和	38
(35)	周天來	イエスの倫理的教訓	論説—神学・聖書	和	43
(36)	許水露	詩篇に於ける神観	論説—神学・聖書	和	53
(37)	陳金然	新しき物質観	論説—哲学	和	66
(38)	半樵子	朽ちぬ生命	論説—神学・聖書	和	73
(39)		人生の奮闘と後援	論説—神学・聖書	和	76
(40)	リチャード、シーケル	祈祷と奉仕	論説—目的	和	78
(41)	記者	基督者の三要務	論説—目的	和	78
(42)	記者	或る人の座右銘	論説—目的	和	79
(43)	潘道榮	現在生存校友遵照會則第六第八條編入正會員之氏名列左(依卒業順序)	雜録・転載—名簿	漢	80
(44)		本校校友會役員如下	雜録・転載—名簿	漢	83
(45)		校友會々則	雜録・転載—会則	漢	84
(46)	潘德彰	南部教會及其他重要機關創立記念日	論説—沿革	漢	85
(47)	潘道榮	第二回校友大會記錄	雜録・転載—行事記録	漢	86
(48)		聖書公會通信及捐款收據	雜録・転載—会計・統計	漢	88
(49)	—	讀聖經歌	漢詩	漢	89
(50)	半樵子	聖日禮拜式順序	雜録・転載—行事記録	漢	89
(51)	陳瓊瑤	南部教會年報（一九三〇年度）	雜録・転載—会計・統計	漢	92
(52)	黄俟命、潘道榮、高德章、廖得、劉振芳、王倚、高端芳	臺灣臺南神學校圖書館趣意書	その他	漢	97
(53)		臺灣臺南神學校圖書館規則書	その他	漢	97
(54)	潘道榮	南部臺灣基督長老教會傳教師一覽	雜録・転載—名簿	漢	101

《臺南神學校 校友會雜誌 第四號》(南部臺灣基督長老教會臺南神學校、1933 年)

順	筆者	記事タイトル	記事タイプ	言語	頁
(1)	潘道榮	パウロの信仰生活	論説—神学・聖書	和	1
(2)	潘德彰	復活の希望	論説—神学・聖書	和	3
(3)	半樵子	清教主義の歴史と其中心思想	論説—神学・聖書	和	5
(4)	潘願如	一九三三年　東門教会第七週報附録(午前礼拝説教概要)	論説—礼拝説教	和	13
(5)		一九三三年　東門教会第七週報附録(午後礼拝説教概要)	論説—礼拝説教	和	15
(6)		一九三三年四月十六日　東門教会第十六週報附録(午前礼拝説教概要)	論説—礼拝説教	和	16
(7)		一九三三年五月十四日　東門教会第貳拾週報附録(午前礼拝説教概要)	論説—礼拝説教	和	19
(8)	—	一九三三年　東門基督教會第二十二週報	雑録・転載—行事記録	漢	21
(9)	潘道榮	一九三三年五月二十八日　東門教会第二十二週報附録「誤解の悲劇」	論説—礼拝説教	和	23
(10)	潘願如	東門教会沿革	論説—沿革	和	25
(11)	東門生	永遠への道	論説—神学・聖書	和	30
(12)	彩田子	生涯に対する道(五ヶ条)	その他	和	31
(13)		神と真画の太陽(ヘンリ・ウオド・ビーチャー)	その他	和	31
(14)		十字架(エス・ルツフォード)	その他	和	31
(15)		己に克つ人(グッドリッチ)	その他	和	32
(16)	M・C・H	讃=(聖書)	その他	和	32
(17)	願如生	復活と基督教	論説—神学・聖書	和	33
(18)	周天來	宗教音楽は何をなすべきか	論説—哲学	和	33
(19)	陳金然	三位一体に就いて	論説—神学・聖書	和	37
(20)	許水露	共励協力者として神を見出せ	論説—神学・聖書	和	53
(21)	周之德	養成會友讀經説	論説—目的	漢	55
(22)	林燕臣	真孝論	論説—哲学	漢	57
(23)	嚴慶鏞	勿慮虛榮(引深慮論)	論説—神学・聖書	漢	57
(24)	楊世註	真理圖	論説—神学・聖書	漢	58
(25)	落伍生	克己之福音	論説—目的	漢	59
(26)	林燕臣	弔詞(萬姑娘)	雑録・転載—追悼・遺書	漢	63
(27)		弔詞(盧姑娘)	雑録・転載—追悼・遺書	漢	63
(28)	蕭文德	禍害之益	論説—神学・聖書	漢	64
(29)	高金聲	歡迎詞	雑録・転載—祝辞	漢	66
(30)	郭朝成	家庭主義與個人主義優劣論	論説—哲学	漢	67
(31)	旗後教會(何榮明)	旗後教會牧師就任式祝辭	雑録・転載—祝辞	漢	68
(32)	林燕臣	祝水露賢契榮任牧師誌喜	漢詩	漢	68
(33)	陳思聰	祝水露先生榮任牧師三慶	漢詩	漢	68

(34)	東門教會	祝旗後貴堂會聘牧師	漢詩	漢	69
(35)	臺南新樓書房	祝旗後貴堂會聘牧師	漢詩	漢	69
(36)	楊世註	仁愛詩	漢詩	漢	69
(37)	伯瑜生	贈神州君金春孃新婚祝詩	漢詩	漢	70
(38)		贈滄海君秀玉孃新婚祝詩	漢詩	漢	70
(39)		贈傳沛賢師七絕	漢詩	漢	70
(40)	楊世註	敬和原韻	漢詩	漢	70
(41)		祝蘇振輝君開業	漢詩	漢	70
(42)		又	漢詩	漢	70
(43)		祝玉麟君素娥孃新婚祝聯	漢詩	漢	70
(44)		同 祝詞	漢詩	漢	70
(45)	伯瑜生	敬和原韻	漢詩	漢	70
(46)	楊世註	贈新池君水治孃新婚祝聯	漢詩	漢	70
(47)	伯瑕生	同 十七字祝歌	漢詩	漢	71
(48)		又	漢詩	漢	71
(49)		十七字歌	漢詩	漢	71
(50)		又	漢詩	漢	71
(51)	李秉文	寄懷	漢詩	漢	71
(52)	林燕臣	基督釘死十字架（七）	漢詩	漢	71
(53)	三屋清陰	贈林茂生君留學美國	漢詩	漢	71
(54)	仲偉儀	讀詩篇廿三篇有感（擬古）	漢詩	漢	72
(55)	許清如	獻孤生兒以作傳道（歌）	漢詩	漢	72
(56)		上帝的愛	漢詩	漢	72
(57)		世間	漢詩	漢	73
(58)		世間	漢詩	漢	73
(59)		認罪	漢詩	漢	73
(60)		讀聖經	漢詩	漢	74
(61)		天堂	漢詩	漢	74
(62)		讀聖詩	漢詩	漢	74
(63)		小子就耶穌	漢詩	漢	75
(64)		佈道歌	漢詩	漢	75
(65)		佈道	漢詩	漢	76
(66)	潘道榮	現在正會員名薄	雑録・転載—名簿	漢	77
(67)	—	本校友會役員如下	雑録・転載—名簿	漢	80
(68)	潘道榮	校友會々則	雑録・転載—会則	漢	80
(69)		現在教職員及學生氏名如下	雑録・転載—名簿	漢	81
(70)		一九三三年　南部臺灣基督長老教會傳教師一覽	雑録・転載—名簿	漢	82
(71)		一九三三年度南部教會統計	雑録・転載—会計・統計	漢	87
(72)	D・E・H	編輯室	その他	和漢	87

6.『福音と教会』創刊号〜第 5 号 (1938-39) 記事一覧

『福音と教会』創刊号（台湾基督長老教会伝道師会、1938 年 2 月）				
順	筆者	記事タイトル	記事タイプ	頁
(1)	黃主義	巻頭言「福音と教会誌発刊の辞」	その他―巻頭言	1
(2)	郭和烈	教会と福音	論説	3
(3)	―	教会ニュース	その他―消息	5
(4)	劉主安	祈りの人パウロ	その他―エッセイ	6
(5)	鐵筆生	教会短言	その他―短言	9
(6)	潘道榮	祈祷の根源とは何か？	論説	10
(7)	黃主義	共観福音書に現れたる主イエスの神国観（上）	論説	12
(8)	―	神学校ニュース	その他―消息	28
(9)	謝緯	バルト著 桑田秀延訳「我れ信ず」	書評	29
(10)	―	同労者らのニュース	その他―消息	37
(11)	高約拿	高倉徳太郎著「福音的基督教」	書評	38
(12)	黃主義	編輯後記	その他―編輯後記	53

『福音と教会』第 2 号（台湾基督長老教会伝道師会、1938 年 5 月）				
順	筆者	記事タイトル	記事タイプ	頁
(1)	劉主安	パウロの復活観	その他―エッセイ	1
(2)	梁秀德	教役者の態度	その他―エッセイ	6
(3)	楊註	祝彰化王守勇牧師蒞任一本賦呈	その他―漢詩	10
(4)	鐘茂成	新教に於ける教会とは	論説	11
(5)	黃主義	共観福音書に現れたる主イエスの神国観（下）	論説	14
(6)	呂春長	伝道者の書斎　桑田秀延氏著「基督教の本質」	書評	28
(7)	黃主義	編輯後記	その他―編輯後記	50

『福音と教会』第 3 号（台湾基督長老教会伝道師会、1938 年 9 月）				
順	筆者	記事タイトル	記事タイプ	頁
(1)	滿雄才（W・E・モントゴメリー）	論説　近代心理学と基督教罪悪感	論説	1
(2)	陳金然	講壇「汝は何処におるや？」	論説	5
(3)	郭和烈	聖句研究　ルカ伝二十三章四十三節	聖書解釈	9
(4)	鐘茂成	奉仕の福音書	論説	11
(5)	田中従夫	詩篇第十一篇を読みつつ	聖書解釈	19
(6)	黃主義	ルウドフ・オット氏著『聖なるもの』	書評	22
(7)		編輯後記	その他―編輯後記	35

『福音と教会』第4号（台湾基督長老教会伝道師会、1938年12月）				
順	筆者	記事タイトル	記事タイプ	頁
(1)	L・K・生	三位一体神論	論説	1
(2)	明有徳（ミクミラン）	約拿書	論説	14
(3)	郭和烈	聖句研究　ヨハネ伝二十一章五節—十九節	聖書解釈	17
(4)	陳金然	講壇「禍なる哉我滅びなん」（イザヤ書六・五）	論説	20
(5)	賴仁聲	神癒論	論説	26
(6)	台南神学校図書係	同労者の皆様に対するお願い	その他—消息	32
(7)	許益超	ラザロの復活について	論説	33
(8)	胡文池	祈祷会改革論	論説	36
(9)	黄主義	編輯後記	その他—編輯後記	46

『福音と教会』第5号（台湾基督長老教会伝道師会、1939年4月）				
順	筆者	記事タイトル	記事タイプ	頁
(1)	黄云	贖罪論に就いて	論説	1
(2)	陳伯瑜・楊世註	大甲設教三十年並郭和烈君任牧祝詩	その他—漢詩	26
(3)	郭和烈	聖句研究　哥林多後書四章五節	聖書解釈	27
(4)	楊世註	台灣長老教會現在之組織及將來組織之希望	その他—組織系統図	30
(5)	呉昌盛（遺稿）	台湾基督教史	論説	35
(6)	陳伯瑜	臺北中會發會祝詩	その他—漢詩	52
(7)		新竹中會發會祝詩	その他—漢詩	52
(8)		東部中會發會祝詩	その他—漢詩	52
(9)	楊世註	前題和韻	その他—漢詩	52
(10)		同上	その他—漢詩	52
(11)		同上	その他—漢詩	52
(12)	黄主義	編輯後記	その他—編輯後記	53

7. 地 図

① ムーディのおもな活動範囲

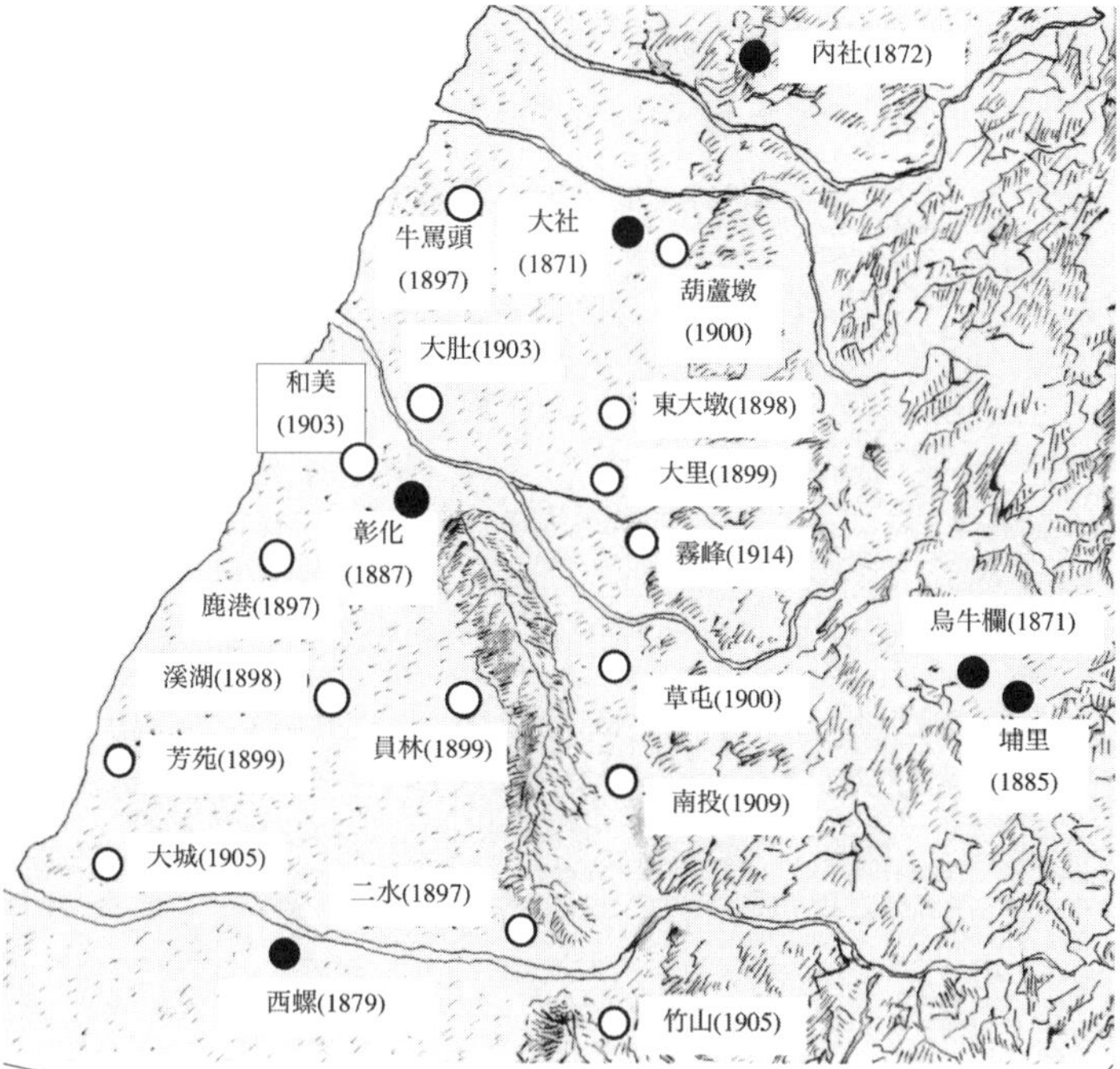

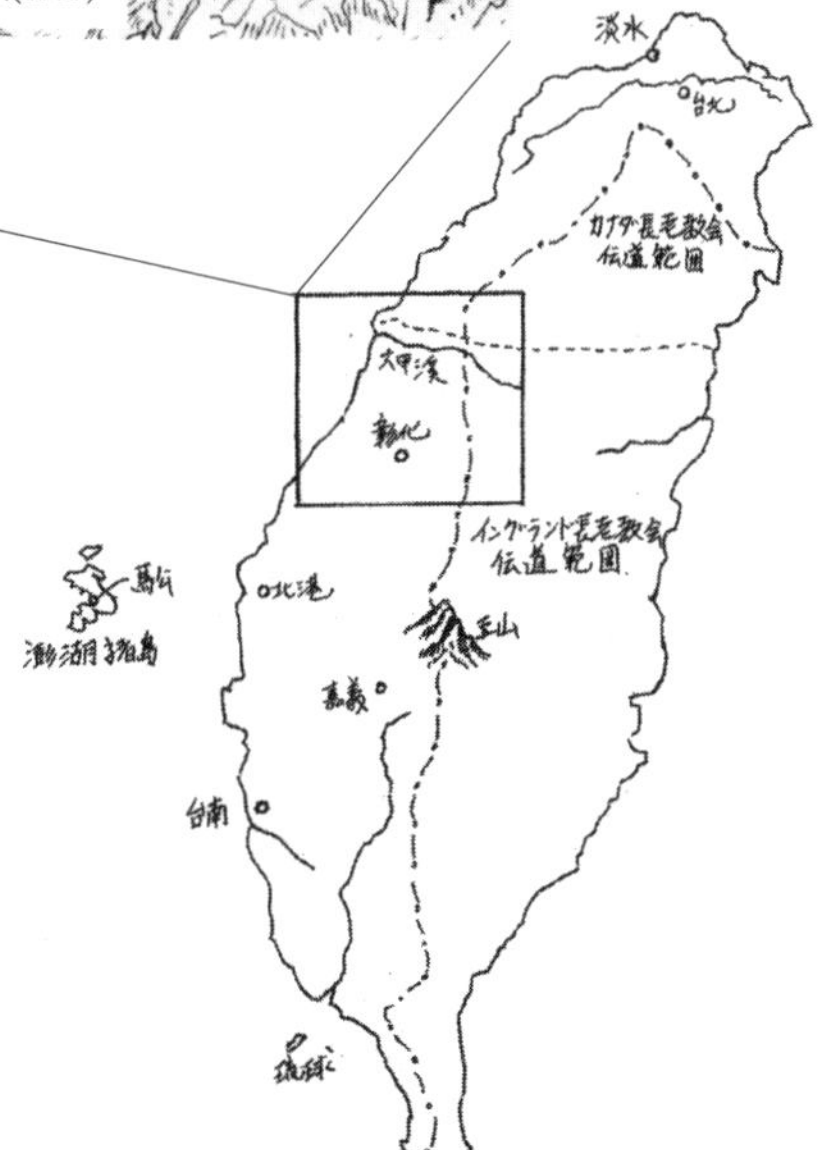

（注）●はムーディの来台以前からの、○はムーディ来台後の宣教拠点を示す。各宣教拠点名に付される年号は、その設置年を示す。

② 林学恭のおもな巡回宣教・牧会範囲

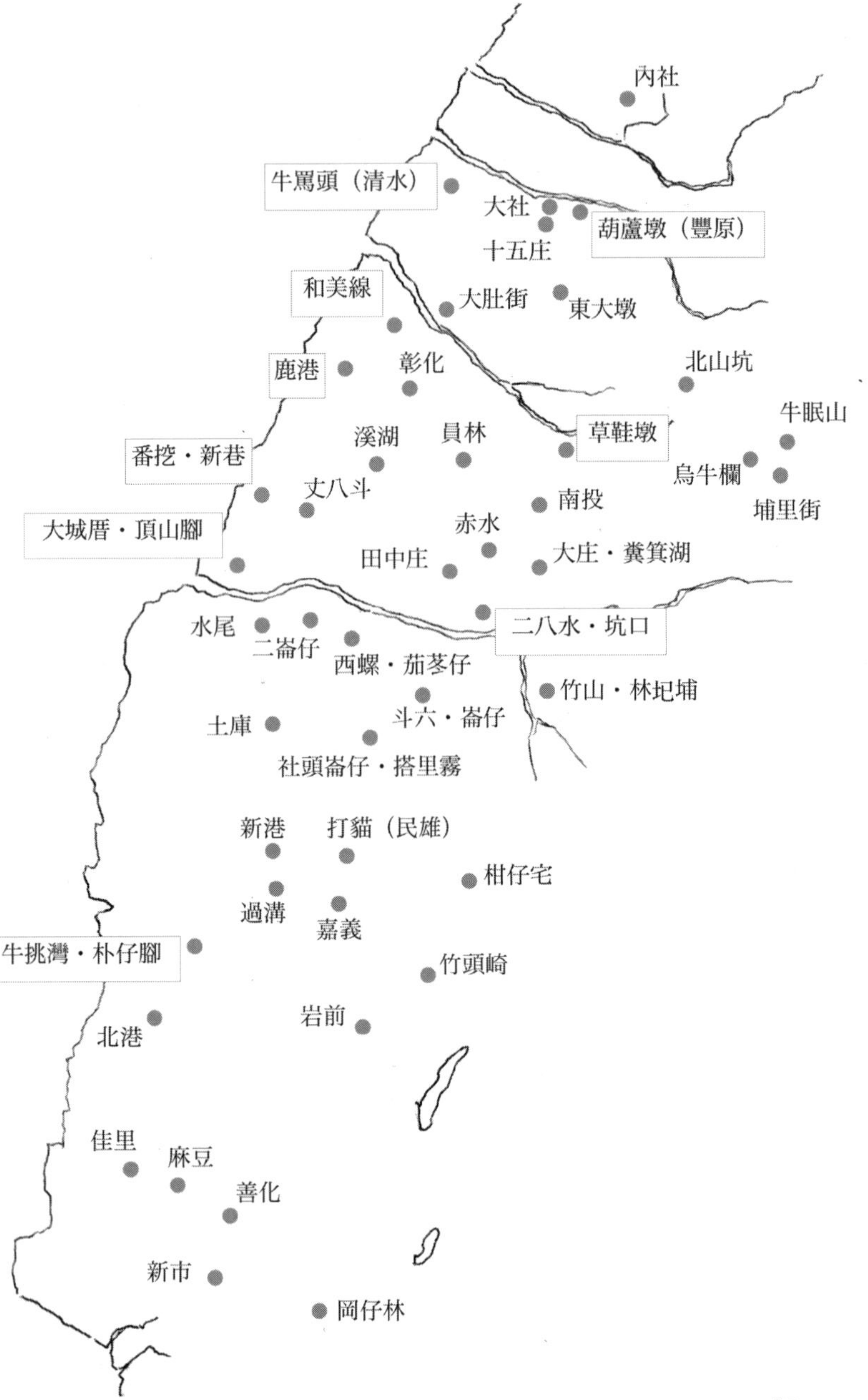

8. 写 真

① キャンベル・N・ムーディ（Campbell N. Moody, 1865-1940）

［1］ムーディ
"The General Assembly." *The Presbyterian Messenger* 963 (June 1925): 36-57, p. 44.

［2］ムーディとアーサーの大社教会訪問。
前列中央に座って腕を組む人物がムーディ、その右隣に座る白い服の人物がアーサー。
潘稀祺（打必里・大宇）《臺灣街頭佈道之父：梅監務博士傳》（潘稀祺、2008 年）、p. 92。

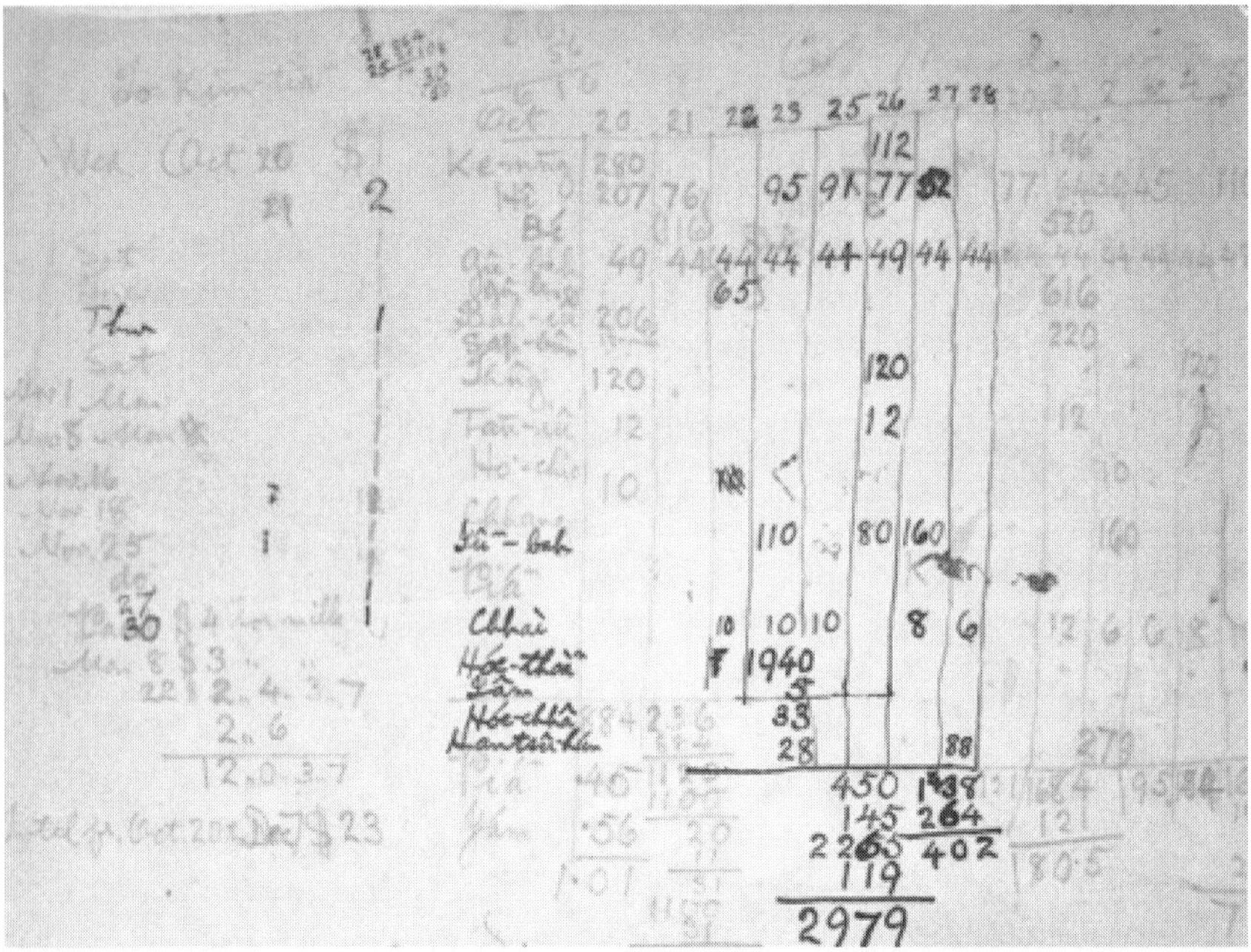

［3］宣教初期ムーディの書簡のカーボンコピー・ノートに書かれた食費リスト。
台南長栄高級中学教会史料館所蔵。2010 年 8 月 23 日に筆者撮影。

② 林学恭

［1］林学恭
《南部臺灣基督長老教會設教七十週年紀念寫真帖》（教會公報出版社、2004 年）、p. 235。

［2］林学恭の牧師叙任記念（1903 年 4 月）。中央でうつむき加減に座る人物が林学恭。後列の中央左側の眼鏡をかけた人物がムーディ。彼と並ぶ後列中央右側の人物がランズボロウ。
Moody, Campbell N. *The Heathen Heart: An Account of Reception of the Gospel Among the Chinese of Formosa.* Edinburgh: Oliphant, Anderson & Ferrier, 1908, p. 158.

③ **王倚（王占魁、1887-1969）、郭朝成（1883-1943）、廖得（1889-1975）**

いずれも 前掲《南部台灣基督長老教會設教七十年紀念寫真帖》、p. 243。

④ **林燕臣（1859-1944）と林茂生（1887-1947）**

前掲《南部台灣基督長老教會設教七十年紀念寫真帖》、p. 243, p.249。

⑤ 台南神学校『校友会雑誌』(1928-) とその関係者

潘道榮（1889-1952）　　高金聲（1873-1961）

前掲《南部台灣基督長老教會設教七十年紀念寫真帖》, p. 221, p. 253。

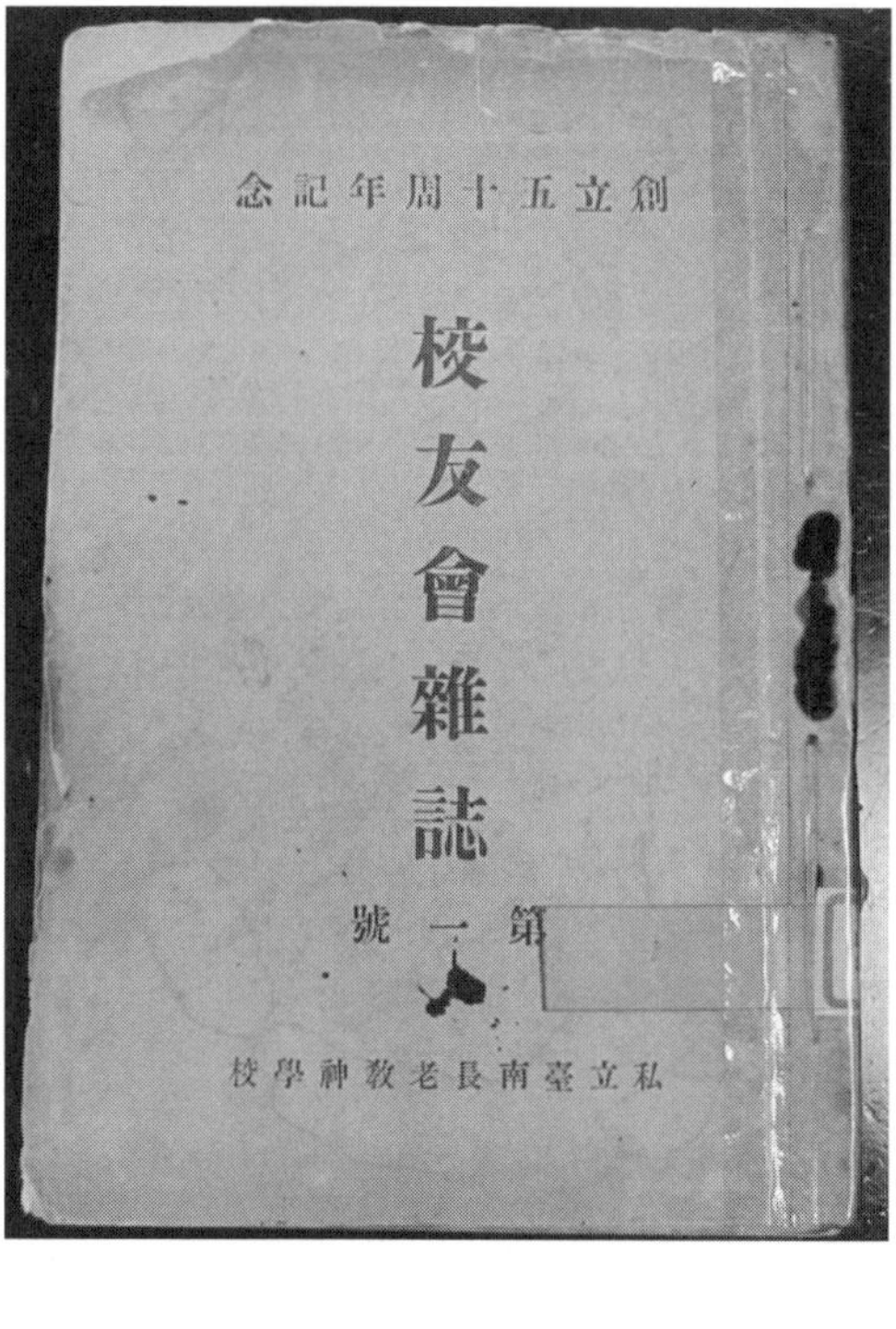

台南神学校『校友会雑誌』第1号（1928年）の表紙。台南神学院図書館に所蔵。2011年7月5日に筆者撮影。

⑥『福音と教会』(1938-) とその関係者

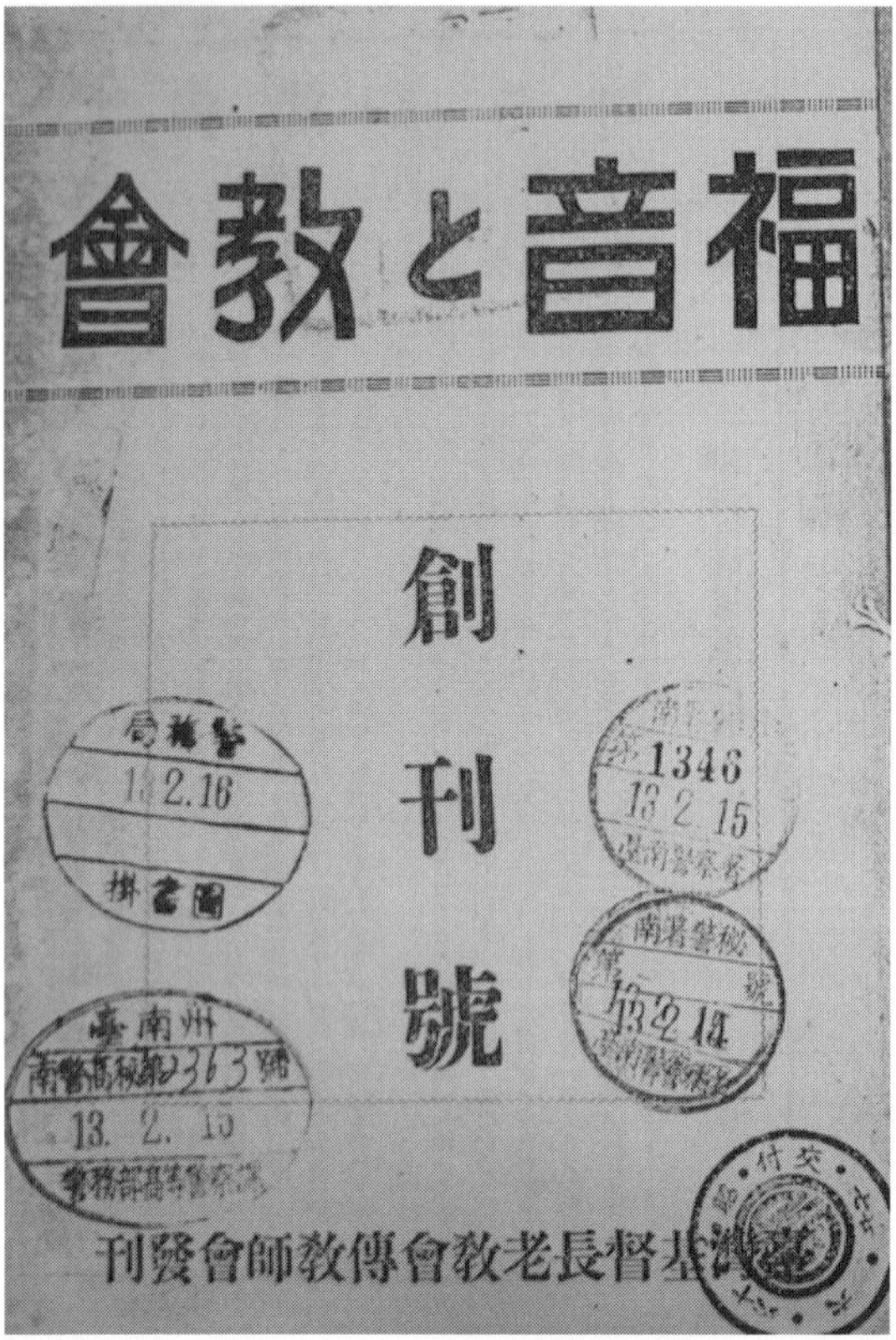

［1］『福音と教会』創刊号（1938 年 2 月）の内扉。警察の検閲印が見られる。

［2］郭和烈（1906-74）
《典藏臺灣》
〈http://digitalarchives.tw/〉

［3］鐘茂成（c. 1914-??）
張厚基總編《長榮中學百年史》（台南私立長榮高級中學、1991 年）、p. 637。

［4］胡文池（1910-2010）
鄭仰恩〈「擁有寶貝的瓦器」——懷念可敬的胡文池牧師〉，鄭仰恩・江淑文主編《信仰的記憶與傳承——台灣教會人物檔案 2》（台灣教會公報社、2013 年），pp. 329-338、p. 330。

⑦ 黃俟命（1890-1950）と黃彰輝（1914-88）

黃俟命
Chang, Jonah. *Shoki Coe: An Ecumenical Life in Context.* Geneva: WCC Publications, 2012, Fig. 4.

黃彰輝
"The Licensing of the Rev. Shoki Ko." *The Presbyterian Messenger* 1146 (January-February-March 1942): 15-16, p. 15.

註

序　章

（1）　宋泉盛「序論——愛の政治的文化を築くにあたって」宋泉盛編、岸本羊一監訳『台湾基督長老教会獄中証言集』（教文館、1896年）、pp. 10-45。「資料」同上書、pp. 200-211。

（2）　Coe, Shoki. *Recollections and Reflections.* 2nd Ed. Introduced and Edited by Boris Anderson. Taiwan: Taiwan Church News, 1993, p. 233. 傍点部は原文下線に基づく。

（3）　Ibid., p. 234.「m̄-goān」、「m̄-kam-goān」中央研究院語言学研究所、台語信望愛共同作成《台語辭典（台日大辭典台語譯本）》、閲覧日：2016年9月6日〈http://taigi.fhl.net/dict/〉.「m̄-kam-goān」村上嘉英編著『東方台湾語辞典』（東方書店、2007年）。

（4）　Op. cit., Coe, *Recollections and Reflections*, p. 234.

（5）　Ibid., pp. 238-241.

（6）　Ibid., pp. 242-244.

（7）　Ibid., p. 241.

（8）　Ibid., p. 238.

（9）　Ibid., pp. 241-242.

（10）　Ibid., p. 260.

（11）　Ibid.「chhut-thâu-thi^{n}」村上嘉英編著、前掲『東方台湾語辞典』。Huang, Po Ho. *From Galilee to Tainan: Towards A Theology of Chhut-thau-thiN.* M. P. Joseph (Ed.). Manila: Association for Theological Education in South East Asia, 2005, p. 80.

（12）　森本あんり「文脈化神学の現在——『アジア神学』から見た『日本的キリスト教』解釈の問題」『宗教研究』第79巻346号（日本宗教学会、2005年）、pp. 25-47。

（13）　百瀬文晃「神学」大貫隆ほか編『岩波　キリスト教辞典』（岩波書店、2002年）。

（14）　そうした神学的試みの一つとして、神学とは「神について真剣に考える営み」であると論じる小山晃佑（1929-2009）の議論が挙げられる。小山は、神学そのものが「神」の名の下での自己絶対化・自己正当化に陥り、聖書の「神」とはおよそ相容れない排他性や破壊性を帯び得ることを深く内省するよう呼びかけている。と同時に、このような「神」と神学に関する「真剣」な内省的作業こそが、戦争・差別・貧富差・自然破壊を含む人間社会におけるあらゆる暴力

への否定に連なるあり方であると論じている。小山晃佑「神学と暴力」森泉弘次・加山久夫／編訳『神学と暴力――非暴力的愛の神学をめざして』（教文館、2009年）、pp. 13-49。

（15） Hwang, C. H. "A Rethinking of Theological Training for the Ministry in the Younger Churches Today." *The South East Asia Journal of Theology* 4.2 (1962): 7-34. Hwang, C. H. "The Life and Mission of the Church in the World." *The South East Asia Journal of Theology* 6.2 (1964): 11-38. なお、本書では「mission」という語に対しては「宗教を広める」の意を有する「宣教」という訳語を当て、キリスト教徒の立場からの用語であることを特に意図しないものとする。一方で、「evangelist」「evangelisation」などの、キリスト教固有の「福音（evangel）」に密接に関わる語については、特定の宗教信条における「真理」の想定のニュアンスを持つ「道」の字を含む、「伝道師」「伝道」という訳語を用いる。このため、本書では多くの場合、引用文中にて「伝道」を用いるが、史料用語としての「直接的伝道」、および「伝道師」については引用文中に限らず使用する。

（16） Coe, Shoki. "In Search of Renewal in Theological Education." *Theological Education.* 9.4 (1973): 233-243, p. 238.

（17） Ibid., p. 237, p. 242.

（18） Ward, Vanessa B. " 'Lifelong Homework': Chō Takeda Kiyoko's Unofficial Diplomacy and Postwar Japan-Asia Relations." *The Asia-Pacific Journal: Japan Focus*, 9.30(3) (20 Jul 2011): 1-24. 6 Sep. 2016 〈http://www.japanfocus.org/-Vanessa-Ward/3575/article.html〉.

（19） Chang, Jonah. *Shoki Coe: An Ecumenical Life in Context.* Geneva: WCC Publication, 2012, pp. 57-60.

（20） 武田清子「アジアのキリスト教と共産主義――戦後アジアの精神的状況」『思想の科学』4巻5号（先駆社、1949年7月）、pp. 41-52、p. 42。武田清子「革命に対する『イエス』と『ノー』――ニーバーの歴史観の課題」『展望』51巻（筑摩書房、1950年3月）、pp. 85-93。

（21） 武田清子「光の子と闇の子――ニーバーの思想をめぐる座談会」『理論』3巻2号（民主主義科学者協会、1949年2月）、pp. 33-50、p. 43。

（22） G・M・トレヴェリアン著、松浦高嶺・今井宏訳『イギリス社会史2』（みすず書房、1990年）、pp. 342-369、pp. 378-379。Brown, Steward J. *Thomas Chalmers and the Godly Commonwealth in Scotland.* Oxford: Oxford University Press, 1982, pp. 44-49, pp. 333-334.

（23） 「平埔族」とは、多くの場合平原地帯に暮らし、漢族との文化的関わりを積極的に持ってきた台湾の先住民族の総称である。なお、現在の台湾における少数先住民族系の人々は、「この土地に元から暮らす人々」という肯定的な意味

を込めた「原住民（族）」という名称を名乗っている。以下、本書ではこの用法を踏まえ、これらの人々を総称する場合、基本的に「原住民」の語を用いる。

(24)　イングランド長老教会の由来およびミッションの歴史については Band, Edward. *Working His Purpose Out: The History of the English Presbyterian Mission, 1847-1947.* Taipei: Ch'eng Wen, 1972. を参照。清末および日本植民地時代台湾のイングランド長老教会は白話字を信徒教育や宣教に用い、1884 年には台湾府に「聚珍堂（The Book Room）」を設立、翌年白話字定期刊行物『台湾府城教会報（Tâi-oân-Hú-siâ^{n} Kàu-hōe-pò）』を創刊した。聚珍堂は現在の教会公報出版社の前身である。本誌は何度か名称変更を繰り返したが、本書の本文では基本的にすべて『教会報』の略称で統一して表記し、各記事の掲載当初の正式雑誌名は註釈にて明記する。張妙娟《開啓心眼—《台灣府城教會報》與長老教會的基督徒教育》（人光出版社、2005 年）、pp. 96-97。

(25)　Stanley, Brian. *The Bible and the Flag: Protestant Missions & British Imperialism in the Nineteenth & Twentieth Centuries.* Leicester, England: APOLLOS, 1990, p. 59.

(26)　Moody, Peggie C. *Campbell Moody: Missionary and Scholar*, as 洪伯祺《聚珍堂史料 4 宣教學者梅監務》（教會公報出版社、2005 年）、pp.81- 132.

(27)　Moody, Campbell N. *The Heathen Heart: An Account of the Reception of the Gospel Among the Chinese of Formosa.* Edinburgh: Oliphant, Anderson & Ferrier, 1907, p. 64. Moody, Campbell N. *Love's Long Campaign.* London: Robert Scott Roxburghe House Paternoster Row, E.C., 1913, p. 6.

(28)　Moody, Campbell N. *The Mountain Hut: A Tale of Formosa.* London: The Religious Tract Society, 1938.

(29)　並河葉子「世紀転換期のミッションとイギリス帝国」木村和男編著『イギリス帝国と 20 世紀 第 2 巻 世紀転換期のイギリス帝国』（ミネルヴァ書房、2004 年）、pp. 327-361、p. 355。

(30)　*The Christian Mission in the Light of Race Conflict: Report of the Jerusalem Meeting of the International Missionary Council March 24th.-April 8th., 1928.* Vol. IV. London: Humphrey Milford, Oxford University Press, 1928.

(31)　Moody, Campbell N. "The End of Foreign Missions." *The Presbyterian Messenger.* 993 (Dec. 1927): 209-210.

(32)　Moody, Campbell N. *The Purpose of Jesus in the First Three Gospels.* London: Allen & Unwin, 1929, pp. 76-78.

(33)　Moody, Campbell N. *The Childhood of the Church.* London: George Allen & Unwin, 1938, p. 97.

(34)　Moody, Campbell N. *The King's Guests: A Strange Formosan Fellowship.* London: H. R. Allenson, 1932, pp. 143-144.

(35) 台灣基督長老教會歴史委員會編《台灣基督長老教會百年史》(台灣基督長老教會、1965年)、pp. 213-214。黄武東・徐謙信合編、賴永祥增訂《台灣基督長老教會歴史年譜》(人光出版社、1995年)、p. 168。したがって、清末期台湾のキリスト教界はおもにカトリックと長老派が構成した。日本の領台後には、日本基督教会、日本聖公会、組合派、メソジスト派など各宗派の教会が台湾宣教を開始したが、これらは大方において在台日本人への宣教を主眼としていた。一方で1920年代には日本ホーリネス教会や日本救世軍、中国大陸から伝わった真耶蘇教会などによる台湾人宣教が開始された。高井ヘラー由紀『日本統治下台湾における日本人プロテスタント教会史研究』(国際基督教大学大学院 比較文化研究科提出博士論文、2003年)、p. 1、pp. 10-12、pp. 254-255。

(36) 吳學明《聚珍堂叢書(1) 從依賴到自立——終戰前台灣南部基督長老教會研究》(人光出版社、2003年)、pp. 37-55。

(37) 前掲《台灣基督長老教會百年史》、pp. 105-109。

(38) 前掲 吳學明《從依賴到自立》、pp. 193-234。

(39) 《臺南神學校校友會雜誌》第一號~四號(臺南神學校、1928年1月-1933年7月)。

(40) 『福音と教会』創刊号~第五号(台湾基督長老教会伝道師会、1938年2月-1939年4月)。

(41) Op. cit., Band, *Working His Purpose Out*, pp. 105-106, pp. 112-113, pp. 115-117. 白話字教会刊行物『教会報』系列の雑誌については、註(24)を参照。

(42) Op. cit., Moody, Peggie C., *Missionary and Scholar,* pp. 324-325.

(43) エドワード・W・サイード著、大橋洋一訳『文化と帝国主義 1』(みすず書房、1998年)、pp. 40-43。

(44) 同上、p. 4。

(45) 同上、p. 10。

(46) Stanley, Brian. "Christian Missions, Antislavery and the Claims of Humanity, c. 1813-1873." In Gilley, Sheridan, and Brian Stanley (Eds.), *The Cambridge History of Christianity. Vol. 8. World Christianities: c. 1815-1914.* Cambridge: Cambridge University Press, 2006, pp. 443-457, p. 449.

(47) エドワード・W・サイード著、大橋洋一訳『文化と帝国主義 2』(みすず書房、2001年)、p. 69。

(48) 前掲 サイード『文化と帝国主義 1』、p. 27。

(49) 赤江達也「無教会派知識人と近代——日本におけるキリスト教の社会・思想史的位置」『ソシオロゴス』25号(ソシオロゴス編集委員会、2001年)、pp. 69-86。

(50) 前掲 森本あんり「文脈化神学の現在」、p. 27。

（51）　同上、pp. 30-40。

（52）　Comaroff, Jean and John. *Of Revelation and Revolution: Christianity, Colonialism, and Consciousness in South Africa.* Vol. One. Chicago: The University of Chicago Press, 1991, p. 43.

（53）　Ibid., pp. 309-310.

（54）　Ibid., p. 196.

（55）　Ibid., pp. 191-196. これに関連して着目すべき研究として、日本植民地支配下台湾の在台日本人教会史を包括的に再構築し、台湾人および日本人クリスチャンの関係性や、そこにおける双方の思惑のズレを詳細に検討する高井ヘラー由紀のものが挙げられる。「統治者」かつ「キリスト者」という「複合的性格」を備えた在台日本人教会が、「『教化』或いは『同化』などの『使命感』」を先行させたために「等身大の台湾人キリスト教徒が見えずに、自らの意向を押しつける形になっていた」問題を捉える同研究の視角もまた、宣教師と改宗者との間に見られる序列的関係と自他認識の問題に取り組む本研究への重要な示唆を有する。前掲 高井ヘラー由紀『日本統治下台湾における日本人プロテスタント教会史研究』、p. 8、pp. 360-364。

（56）　稲垣春樹「帝国と宣教―― 一九世紀イギリス帝国史における宗教の復権（研究動向）」『史学雑誌』121 篇第 6 号（公益財団法人史学会、2012 年）、pp. 67-90。

（57）　Gaitskell, Deborah. "Apartheid, Mission, and Independent Africa: From Pretoria to Kampala with Hannah Stanton." In Brian Stanley and Alaine Low (Eds.), *Missions, Nationalism, and the End of Empire.* Cambridge: William B. Eerdmans Publishing Company, 2003, pp. 237-249.

（58）　Ibid., p. 240. 傍点部は原文イタリック。

（59）　Ibid., pp. 247-248.

（60）　Ibid., pp. 248-249.

（61）　前述のサイードは、帝国の物語やネイティヴィズムの物語とは異なる「オルターナティヴ」として、「解放と啓蒙という大きな物語」を提示した。この物語は、帝国の物語を掘り崩す理念やイメージを提示し、従来の主流集団にその「考え方自体を変えるべき」ことを迫ると同時に、ネイティヴィストが陥るような自己絶対化への「批評」と「警戒」を常に怠らない、「脱中心的生きざま」を志向するものである。サイードは、このような「解放の物語」の可能性を、たとえばイェイツ（William Butler Yeats, 1865-1939）の文学の中に探っている。前掲 サイード『文化と帝国主義　1』、pp. 27-28 、p. 117。前掲 サイード『文化と帝国主義　2』、pp. 68-69、pp. 239-246。

（62）　例えば、鄭仰恩〈英國乞丐？台灣的保羅？――梅監務牧師小傳〉,《信仰的

記憶與傳承——台灣教會人物檔案（一）》（人光出版社、2001 年）、pp. 46-57。「英国の乞食〔ママ〕」という異名については、ムーディの質素な宣教スタイルを見た先輩格の宣教師ウィリアム・キャンベル（William Campbell, 1841-1921）が「ムーディ牧師の服装、食事は英国の乞食〔ママ〕のようだ」と述べたというエピソードに基づいていると思われるが、その典拠は明らかではない。阮宗興〈瑜亮情結——試談甘為霖與梅監務之關係〉,《台灣教會公報》第 2508、2509 期（台灣教會公報社、2000 年 3 月 26 日、4 月 2 日）,《賴永祥長老史料庫》、閲覧日 2016 年 9 月 6 日〈http://www.laijohn.com/index.htm〉。一方「台湾のパウロ」については、ムーディの同僚かつ友人であった台湾人牧師林学恭（1857-1943）によるムーディへの追悼文にあった「彼は台湾のパウロだ」という言葉に基づく。Lîm Ha̍k-kiong［林学恭］. "Kò͘ Mûi Kam-bū Bo̍k-su ê Sió-toān［故キャンベル・ムーディ牧師の小伝］. " *Tâi-oân Kàu-hōe Kong-pò*［台湾教会公報］. 664 (July 1940): 9-12。《台灣教會公報全覽：台灣第一份報紙 第 14 卷（1939-1940）》（教會公報出版社、2004 年）に収録。

（63） 賴永祥〈聚珍堂史料發刊總序〉, in Op cit., Moody, Peggie C, *Missionary and Scholar,* pp. 8-14。

（64） ロンドンで発行された同誌は、おもにイングランド長老教会の本国サポーターを対象読者とした。その記事内容は、同教会の国内外での動向の報告、意見投書、連載小説などから構成される。同誌の 1850 から 1947 年までの発行分は、台湾基督長老教会歴史委員会による DVD 資料集として入手、閲覧可能である。台灣基督長老教會 教會歷史委員會發行《*The Messenger* 使信月刊》。

（65） 潘稀祺（打必里・大宇）《臺灣街頭佈道之父：梅監務博士傳》（潘稀祺、2008 年）。

（66） 梅監務《聚珍堂史料 5 梅監務作品集》（教會公報出版社、2006 年）。

（67） 前掲 阮宗興〈瑜亮情結——試談甘為霖與梅監務之關係〉、阮宗興〈導讀：介紹一本特殊的教會史料——兼談校注甘為霖的《台南教士會議事錄》的一些問題〉,《聚珍堂史料 6 臺南教士會議事錄》(教會公報出版社、2004 年)、pp. 14-29。他にも、ムーディの漢字名の由来を検討する阮宗興〈必也正名乎？——從不同角度看梅監務之漢名〉,《台灣教會公報》第 2483 期（台灣教會公報社、1999 年 10 月）、p. 11、員林基督長老教会設立への関与状況を考察する阮宗興〈土地羅生門——員林教會土地來源考〉, 略伝と宣教事業に関する詳細な年表を収録する〈關於梅監霧牧師——梅監霧牧師的生平與在台宣教事工年表初稿〉（いずれも《員林街紀事：員林基督長老教會百週年紀念冊 1899-1999》（員林基督長老教會、1999 年）に収録）などがある。

（68） 駒込武「『文明』の秩序とミッション——イングランド長老教会と一九世紀のブリテン・中国・日本」近代日本研究会／編『年報・近代日本研究・19 地域史の可能性——地域・日本・世界』（山川出版社、1997 年）、pp. 1-43、pp.

1-3。

(69)　同上、pp. 37-38。なお、駒込は『世界史のなかの台湾植民地支配――台南長老教中学校からの視座』（岩波書店、2015 年）にて、日本による台湾領有に対するイングランド長老教会宣教師の関わり方、台湾基督長老教会信徒の社会的移動、台湾総督府の植民地政策やこれに伴う私立学校の位置づけの変遷を含む、日本植民地支配下台湾の歴史的コンテクストを包括的に再構成している。その上で、こうした植民地的状況に置かれることで文化的資本の格差や差別などの問題に直面した台湾の人々が、ミッションスクールである台南長老教中学校を「台湾人の学校」へと発展させる道をいかに自治的に模索したのか、その夢が 1930 年代の排撃運動によっていかに中断されていったのかを詳細に考察している。

(70)　紀元 1 から 3 世紀の地中海世界に広まった最初のキリスト教会を示す。

(71)　鄭仰恩〈梅監務的初代基督教研究〉,《臺灣神學論刊》第 28 期（台灣神學院、2006 年）、pp. 17-51、p. 17。鄭仰恩〈試論梅監務的台灣宣教研究〉,《玉山神學院學報》第 14 期（玉山神學院、2007 年 6 月）、pp. 13-40、p. 13。

(72)　前掲 鄭仰恩〈梅監務的初代基督教研究〉、p. 50。

(73)　前掲 鄭仰恩〈試論梅監務的台灣宣教研究〉、pp. 38-39。

(74)　鄭仰恩〈梅監務筆下的臺灣社會及漢人宗教文化〉, 王成勉主編《傳教士筆下的大陸與台灣》（中央大學出版中心、遠流出版社、2014 年）、pp. 335-361、p. 355。

(75)　同上、p. 356。

(76)　前掲《台灣基督長老教會百年史》。

(77)　前掲《台灣基督長老教會歷史年譜》。

(78)　前掲《賴永祥長老史料庫》。

(79)　前掲 張妙娟《開啓心眼》。

(80)　前掲 吳學明《從依賴到自立》。

(81)　王昭文《日治時期臺灣基督徒知識分子與社會運動（1920-1930 年代）》（國立成功大學 歷史系 博士論文、2009 年）、pp. 210-217。

(82)　なお、この点に関わって、長老教会の信徒に限られない個々の台湾人キリスト教知識人が日本、西洋、中国という三つの道筋を行き来しつつ、コスモポリタニズムを追求した過程を詳細に検討する鄧慧恩の研究が示唆的である。鄧は日本による植民地支配や西洋宣教師の優越意識、およびこれに対する台湾人の抵抗／屈従といった単純な二項対立論を越え、周再賜（1888-1969）、陳清忠（1895-1960）、林攀龍（1901-83）、黃呈聰（1886-1963）、謝萬安（1898-1940）といった個々の台湾知識人が、教育事業、文化運動、翻訳・随筆活動、社会運動、エスペラント語運動、無教会主義・真耶蘇教会・灯台社の宗教活動などの営みを

通し、「自他」の境界を曖昧化させ、越境することで、当時の「主流意識」を形成した帝国主義的状況や差別的状況に対するオルターナティヴを提示していたことを捉えている。鄧慧恩《日治時期台灣知識份子對於「世界主義」的實踐:以基督教受容為中心》(國立成功大學台灣文學系博士論文、2011 年)。

(83) 「解放の物語」については、註 (61) を参照。

第一章

(1) Mechie, Stewart. *Trinity College Glasgow: 1856-1956.* London: Collins Clear-Type Press, 1956, p. 12.

(2) 稲垣春樹「帝国と宣教―― 一九世紀イギリス帝国史における宗教の復権(研究動向)」『史学雑誌』121 篇第 6 号(公益財団法人史学会、2012 年)、pp. 67-90、pp. 70-71。

(3) 並河葉子「世紀転換期のミッションとイギリス帝国」木村和男編著『イギリス帝国と 20 世紀 第 2 巻 世紀転換期のイギリス帝国』(ミネルヴァ書房、2004 年)、pp. 327-361、pp. 329-330. 前述のコマロフ夫妻が指摘したように、本国および海外における「救済」の対象としての他者イメージは、こうして連動していた。Comaroff, Jean and John. *Of Revelation and Revolution: Christianity, Colonialism, and Consciousness in South Africa.* Vol. One. Chicago: The University of Chicago Press, 1991, p. 43.

(4) カルヴァン主義とは、フランスの宗教改革者ジャン・カルヴァン(Jean Calvin, 1509-64)、および彼の死後にカルヴァン派(改革派)の神学者らがまとめた宗教思想を示す。スコットランドではジョン・ノックス(John Knox, c. 1514-72)の活動を通して 16 世紀に受容された。

(5) G・M・トレヴェリアン著、松浦高嶺・今井宏訳『イギリス社会史 2』(みすず書房、1990 年)、pp. 342-369、pp. 378-379。Brown, Steward J. *Thomas Chalmers and the Godly Commonwealth in Scotland.* Oxford: Oxford University Press, 1982, pp. 44-49, pp. 333-334.

(6) Moody, Peggie C. *Campbell Moody: Missionary and Scholar*, as 洪伯祺《聚珍堂史料 4 宣教學者梅監務》(台灣教會公報社、2005 年)、pp. 82-83.

(7) Ibid., pp. 94-95.

(8) Ibid., pp. 98-100.

(9) 鄭仰恩〈蘇格蘭啟蒙運動對早期臺灣基督教的影響:從馬偕的現代化教育理念談起〉,《臺灣文獻》第 63 卷 4 期(國史館臺灣文獻館、2012 年 12 月 31 日)、pp. 137-164、p. 147。

(10) 同上、pp. 150-153。

（11） 寺園喜基「自由主義神学」大貫隆ほか編『岩波　キリスト教辞典』（岩波書店、2002 年）。

（12） Brown, Callum G. *The Social History of Religion in Scotland since 1730.* London: Methuen, 1987, pp. 140-143.

（13） Smith, Donald C. *Passive Obedience and Prophetic Protest: Social Criticism in the Scottish Church 1830-1945.* New York: Peter Lang, 1987, p. 110.

（14） Ibid., pp. 226-276.

（15） Op. cit., Mechie, *Trinity College Glasgow,* p. 33.

（16） "Advertisement." Bruce, A. B. et al. *Christianity and Social Life: A Course of Lectures.* Edinburgh: Macniven & Wallace, 1885.

（17） Bruce, A. B. "The Kingdom of God." Ibid., pp. 1-16. 傍点部は原文イタリック。

（18） Lindsay, T. M. "Christianity and the Position of Women." Ibid., pp. 89-104. スミスによれば、リンゼイの政治的観点はラディカルなものであった。彼は労働組合運動の指導者で社会主義者として著名なベン・ティレット（Ben Tillett, 1860-1943）や、スコットランド労働党の創始者の一人であるR・B・カニンガム＝グレアム（R. B. Cunninghame Graham, 1852-1936）と親交を持ち、女性の大学入学の権利運動を含む様々な社会運動に参与している。Op. cit., Smith, *Passive Obedience and Prophetic Protest*, p. 268.

（19） Bruce, Alexander Balmain. *The Kingdom of God: Or, Christ's Teaching According to the Synoptical Gospels.* Edinburgh: T. & T. Clark, 1889.

（20） 当時、グラスゴー・カレッジを除く他の自由教会神学者では、アバディーン・カレッジのウィリアム・ロバートソン・スミス（William Robertson Smith, 1846-94）、エディンバラ、ニュー・カレッジのマーカス・ドッズ（Marcus Dods, 1834-1909）らが問題視され、審議された。Op. cit., Mechie, *Trinity College Glasgow,* pp. 25-26.

（21） Op. cit., Moody, Peggie C., *Missionary and Scholar,* pp. 102-106, pp. 111-113.

（22） Ibid., pp. 122-123.

（23） スコットランド宗教指導委員会とは、1830 年に組織された王立委員会の一つである。*Second Report of the Commissioners of Religious Instruction, Scotland.* Edinburgh: W. & A. K. Johnston, 1837, pp. 96-107. *Google Books*. 25 Aug. 2010. Web. 6 Sep. 2016.

（24） Ibid., p. 104.

（25） Ibid., p. 324. このことは、セント・ジョンズ自由教会の中産階級信徒の一家に生まれた作家のキャサリン・カーズウェル（Catherine Carswell, 1879-1946）が、子ども時代に暮らしたヒル・ストリートにはユダヤ人のシナゴーグがあり、クライド川南岸にはポーランドから移住してきたユダヤ人が多く居住していたこ

となどを回想していることからも窺われる。Carswell, Catherine MacFarlane, and John Carswell. *Lying Awake.* Edinburgh: Canongate Book, 1997, p. 25。

(26) Op. cit., *Second Report of the Commissioners*, pp. 96-103.

(27) Op. cit., Moody, Peggie C., *Missionary and Scholar,* pp. 124-125.

(28) Ibid., pp. 127-132.

(29) Shenk, Wilbert R. "Venn, Henry." Gerald H. Anderson (Ed.), *Biographical Dictionary of Christian Missions*. New York: Macmillan Reference USA, 1998. Stowe, David M. "Anderson, Rufus." In Ibid. Stanley, Brian. "Christian Missions, Antislavery and the Claims of Humanity, c. 1813-1873." in Gilley, Sheridan, and Brian Stanley (Eds.), *The Cambridge History of Christianity. Vol. 8. World Christianities: c. 1815-1914.* Cambridge: Cambridge University Press, 2006, pp. 443-457, p. 454.

(30) 前掲 並河葉子、「世紀転換期のミッションとイギリス帝国」、pp. 327-361、pp. 352-355。

(31) Gibson, John C. "The Chinese Church." *Records: China Centenary Missionary Conference, Held at Shanghai, April 25 to May 8, 1907.* Shanghai: Centenary Conference Committee, 1907, pp. 1-33, p. 6.

(32) Hood, George A. *Mission Accomplished? The English Presbyterian Mission in Lingtung, South China: A Study of the Interplay between Mission Methods and their Historical Context.* Frankfurt am Main: Verlag Peter Lang, 1986, pp. 135-153.

(33) Op. cit., Gibson, "The Chinese Church." pp. 429-430.

(34) Porter, Andrew. "An Overview, 1700-1914." Norman Etherington (Ed.), *Missions and Empire.* Oxford: Oxford University Press, 2005, pp. 40-61, p. 54.

(35) ヘレン・ボールハチェット「ウォルター・デニング――明治初期における宣教師の活動」『アジア文化研究』16号（国際基督教大学、1987年11月）、pp. 21-55、p. 35。

(36) Op. cit., Porter, "An Overview." pp. 54-55. 前掲 稲垣春樹、「帝国と宣教」、pp. 73-74。

(37) Stanley, Brian. "The Outlook for Christianity in 1914." Op. cit., *The Cambridge History of Christianity, Vol. 8,* pp. 593-600, p. 593-596.

(38) Mott, John R. "Closing Address." *The History and Records of the Conference: Together with Addresses Delivered at the Evening Meeting.* Edinburgh: Oliphant, Anderson, & Ferrier, 1910, pp. 347-351, p. 351.

(39) Op. cit., Stanley, "The Outlook for Christianity in 1914." pp. 596-600.

(40) Moody, Campbell N. *The Heathen Heart: An Account of the Reception of the Gospel Among the Chinese of Formosa.* Edinburgh: Oliphant, Anderson & Ferrier, 1907.

(41) Op. cit., Moody, Peggie C., *Missionary and Scholar*, pp. 88-94.

(42) Mûi Kam-bū［キャンベル・ムーディ］. "Tâm-lūn Tō-lí［教義談論］." *Tâi-lâm Hú-sia^{n} Kàu-hōe-pò*［台南府城教会報］. 220 (July 1903): 50-52, 221 (August 1903): 59-61, 222 (September 1903): 69-71, 226 (January 1904): 7-8, 228 (March 1904): 23-24.《台灣教會公報全覽：台灣第一份報紙 第 4 卷（1902-1906）》（教會公報出版社、2004 年）に収録。

(43) Mûi Kam-bū［キャンベル・ムーディ］. *Lô-má-phoe*［ローマ書］. Tâi-lâm［台南］: Tsū-tin-tông［聚珍堂］, 1908. 梅監務《聚珍堂史料 5 梅監務作品集》（教會公報出版社、2006 年）に収録。

(44) Mûi Kam-bū［キャンベル・ムーディ］. *Pò͘-tō Lūn*［宣教論］. Tainan: Sin-lâu Chū-tin-tông［新楼聚珍堂］, 1914. 前掲《梅監務作品集》に収録。

(45) Campbell, William. *Handbook of the English Presbyterian Mission in South Formosa.* Hastings: F. J. Parsons, 1910, as 甘為霖《聚珍堂史料 6 臺南教士會議事錄》（教會公報出版社、2004 年）、p. 878, p. 947, p. 950.

(46) Ibid., p. 883.

(47) Ibid., pp. 909- 910. これに対し、本国海外宣教委員会はムーディの休暇期間を予定通りに延長した上で、後 1908 年には台南宣教師会議のある決定への「厳重抗議」をもって報いている。その決定とは、1910 年夏の間、台南新楼医館の医療伝道師ジェームズ・マクスウェル二世（James Laidlaw Maxwell, Jr., 1873-1951）の休暇を確保するため、彰化基督教医院を一時閉鎖し、同院のランズボロウを新楼医館に異動させるというものであった。このことからも、彰化とこれを支援するロンドン、および台南との間に対立関係が生じていたことが窺われる。Ibid., p. 950.

(48) Ibid., p. 951.

(49) 阮宗興〈導讀：介紹一本特殊的教會史料――兼談校注甘為霖的《台南教士會議事錄》的一些問題〉, Op. cit., Campbell, *Handbook*, p. 27。

(50) Op. cit., Moody, *The Heathen Heart,* pp. 207-208.

(51) Campbell, William. *Sketches from Formosa.* London: Marshall Brothers, 1915, pp. 290-291.

(52) 駒込武『世界史のなかの台湾植民地支配――台南長老教中学校からの視座』（岩波書店、2015 年）、pp. 122-123。

(53) Op. cit., Campbell, *Handbook,* pp. 638- 639.

(54) Band, Edward. *Working His Purpose Out: The History of the English Presbyterian Mission, 1847-1947.* Taipei: Ch'eng Wen, 1972, pp. 105-106, pp. 115-117.

(55) Moody, Campbell N. Letter to Jeanie Renfrew. September 25, 1898, MS, archived in the Museum of Church History, Tainan Chang Jung Senior High School, Tainan［台南長栄高級中学教会史料館所蔵］（以下「MCH 所蔵」とする）.

（56） Moody, Campbell N. Letter to Friends. August 9, 1898, MS, MCH 所蔵 .

（57） Lîm Ha̍k-kiong［林学恭］. "Kò͘ Mûi Kam-bū Bo̍k-su ê Sió-toān［故キャンベル・ムーディ牧師の小伝］." *Tâi-oân Kàu-hōe Kong-pò*［台湾教会公報］. 664 (July 1940): 9-12.《台灣教會公報全覽：台灣第一份報紙 第 14 巻（1939—1940）》（教會公報出版社、2004 年）に収録。

（58） Koeh Tiâu-sêng［郭朝成］. "Siàu-liām Mûi Kam-bū Bo̍k-su［故キャンベル・ムーディ牧師を偲ぶ］." *Tâi-oân Kàu-hōe Kong-pò*［台湾教会公報］. 664 (July 1940): 7-9, p. 8. 同上書に収録。

（59） Op. cit., Moody, Peggie C., *Missionary and Scholar,* pp. 154-155.

（60） Op. cit., Koeh Tiâu-sêng［郭朝成］."Siàu-liām Mûi Kam-bū Bo̍k-su［故キャンベル・ムーディ牧師を偲ぶ］." *Tâi-oân Kàu-hōe Kong-pò*［台湾教会公報］, 664, p. 8. 前掲《台灣教會公報全覽 第 14 巻（1939—1940）》に収録。

（61） Moody, Campbell N. Note without a Title and the Date［1897 年 10 月 20 ～ 12 月 7 日までのムーディの買い物記録］, MS, MCH 所蔵。阮宗興〈翻看記帳單閒話梅監務〉,《台灣教會公報》第 2979 期（台灣教會公報社、2009 年 3 月）、p. 12。

（62） Moody, Campbell N. Letter to Jeanie Renfrew. May 4, 1898, MS, MCH 所蔵 .

（63） Op. cit., Lîm Ha̍k-kiong［林学恭］, "Kò͘ Mûi Kam-bū Bo̍k-su ê Sió-toān［故キャンベル・ムーディ牧師の小伝］." *Tâi-oân Kàu-hōe Kong-pò*［台湾教会公報］, 664. 前掲《台灣教會公報全覽 第 14 巻（1939-1940）》に収録。また、医療活動を本格化する以前にはムーディの街頭説教にたびたび同行していたランズボロウは、1896 年 11 月の書簡にて次のように述べている。「まずは〔台湾人〕伝道師が話した。彼は立派な誠実な人だが、声があまり出なかった。ムーディは力強い声をしていて、彼がいきなり讃美歌を歌い出したときには〔廟の階段の〕下の方で売り買いしていた人たちはとても静かになった。それからムーディが話し始めると、人々はこの外国人伝道師の話を初めて聞くのに興味津々になった。ムーディはゆっくりとだが、とても明確に、そして非常に温かく誠実に話す。私は最後に少しだけ話したが、それほどはっきりとは話せなかった」。連瑪玉著、劉秀芬譯《蘭醫生 Dr. Lan》中英對照（財團法人彰化基督教醫院、2005 年）、p. 78。原典は Landsborough, Marjorie. *Dr. Lan: A Short Biography of David Landsborough, Medical Missionary of the Presbyterian Church of England in Formosa, 1895-1936.* London: Presbyterian Church of England, Publication Committee, 1957.

（64） Moody, Campbell N. *The Saints of Formosa: Life and Worship in a Chinese Church.* Edinburgh: Oliphant, Anderson & Ferrier, 1912, p. 44.

（65） この点について、郭文隆氏に教示いただいた（2010 年 8 月 14 日）。

（66） Moody, Campbell N. Letter to Lizzie. March 23, 1898, MS, MCH 所蔵 .

（67） Ông Chiàm-khoe［王占魁］. "Góa Só͘ Chun-kèng Siàu-liām ê Su-iú［私が尊敬し追悼する師友：林学恭牧師について］." *Tâi-oân Kàu-hōe Kong-pò*［台湾教会公報］. 939、940 (August 1964): 17-19、945 (November 1964): 12-13. いずれも《台灣教會公報全覽：台灣第一份報紙 第23卷（1963-1964）》（教會公報出版社、2004年）に収録。〈林學恭牧師〉, 楊士養編著、林信堅修訂《信仰偉人列傳》（人光出版社、1994年）、pp. 59-79。

（68） Op. cit., Moody, *The Heathen Heart*, p. 148. 林（名は「赤馬」、字は「学恭」）が「Mr Brown-Horse Wood」と同一人物であることは、この仮名と来歴から推定できる。鄭仰恩〈試論梅監務的台灣宣教研究〉,《玉山神學院學報》第14期（玉山神學院、2007年6月）、pp. 13-40、pp. 20-21。

（69） Lîm Chhiah-bé［林赤馬］. "Phêⁿ-ô͘ Thoân-tō--ê ê Siau-sit［澎湖伝道師の消息］." *Tâi-lâm-hú-siâⁿ Kàu-hōe-pò*［台南府城教会報］. 128（October 1895）: 109-110.《台灣教會公報全覽：台灣第一份報紙 第2卷（1891-1895）》（教會公報出版社、2004年）に収録。

（70） Ibid.

（71） Op. cit., Ông Chiàm-khoe［王占魁］, "Góa Só͘ Chun-kèng Siàu-liām ê Su-iú［私が尊敬し追悼する師友］." *Tâi-oân Kàu-hōe Kong-pò*［台湾教会公報］, 939, 940, 945. いずれも前掲《台灣教會公報全覽 第23卷（1963-1964）》に収録。

（72） Op. cit., Ông Chiàm-khoe［王占魁］, "Góa Só͘ Chun-kèng Siàu-liām ê Su-iú［私が尊敬し追悼する師友］." *Tâi-oân Kàu-hōe Kong-pò*［台湾教会公報］, 945. 同上書に収録。

（73） 台灣基督長老教會歷史委員會編《台灣基督長老教會百年史》（台灣基督長老教會、1965年）、pp. 75-76。黃武東・徐謙信合編、賴永祥增訂《台灣基督長老教會歷史年譜》（人光出版社、1995年）、pp. 88-89.

（74） Ông Chiàm-khoe［王占魁］. "Góa Só͘ Chun-kèng Siàu-liām ê Su-iú: Lūn Lîm Ha̍k-kiong Bo̍k-su［私が尊敬し追悼する師友：林学恭牧師について］." *Tâi-oân Kàu-hōe Kong-pò*［台湾教会公報］. 944 (October 1964): 10-11. 前掲《台灣教會公報全覽 第23卷（1963-1964）》に収録。Op. cit., Campbell, William, *Handbook,* p. 603.

（75） Op. cit., Lîm Chhiah-bé［林赤馬］, "Phêⁿ-ô͘ Thoân-tō--ê ê Siau-sit［澎湖伝道師の消息］." *Tâi-lâm-hú-siâⁿ Kàu-hōe-pò*［台南府城教会報］, 128. 前掲《台灣教會公報全覽 第2卷（1891-1895）》に収録。

（76） 彼が日本軍に動員された林学恭の経験を英語圏読者に初めて伝えたのは、1932年出版の『王の客人たち』においてであった。Moody, Campbell N. *The King's Guests: A Strange Formosan Fellowship.* London: H. R. Allenson, 1932, p. 94.

（77） Moody, Campbell N. Letter to James McCulloch, November 14, 1898, MS, MCH

所蔵 .

（78） Op. cit., Moody, *The Heathen Heart*, p. 34.

（79） 「台湾北部土匪投誠顛末」水沢市立後藤新平記念館編『後藤新平文書』、マイクロ史料、資料番号 7-63（n.d.）、京都大学附属図書館所蔵。

（80） Op. cit., Campbell, *Handbook,* pp. 623-630.

（81） "The Japanese in Formosa: The Appalling State of Affairs." *The China Mail*［Hong Kong］. 18 July 1896: *Hong Kong Public Libraries: Multimedia Information System.* 2016. 6 Sep. 2016〈https://mmis.hkpl.gov.hk/home〉. なお、こうした新聞投稿や領事への働きかけを通して告発者としての役割を果たした宣教師がファーガソン、およびバークレーであったろうこと、またこれら宣教師らの働きかけが引き金となり、台湾の住民虐殺事件が *The Times* (London) をはじめとする他の媒体でも広く報じられ、国際問題にまで発展しかねない状況にあったことについては、前掲 駒込武『世界史のなかの台湾植民地支配』、pp. 106-118 に詳しい。

（82） "Rebellion in Mid-Formosa." *The Times*［London］. 25 Aug 1896: *Newspapers. com.* 2016. 6 Sep. 2016〈http://www.newspapers.com/newspage/33024641/〉.

（83） Moody, Campbell N. Letter to the Young Men and Women's Class. June 20, 1898, MS, MCH 所蔵 .

（84） Op. cit., Moody, Peggie C., *Missionary and Scholar,* p. 166.

（85） Op. cit., Moody, *The Heathen Heart,* pp. 59-64.

（86） Ibid., p. 51.

（87） Moody, Campbell N. Letter to the Mothers of Hill Street. June 20, 1898, MS, MCH 所蔵 .

（88） 前掲 稲垣春樹「帝国と宣教」、p. 74。

（89） Op. cit., Moody, *The Heathen Heart,* p. 65.

（90） Moody, Campbell N. Letter to Mary Ewing Naismith. June, 30, 1898, MS, MCH 所蔵 .

（91） Moody, Campbell N. Letter to Matthew Laurie. January 4, 1899, MS, MCH 所蔵 .

（92） Op. cit., Moody, *The Saints of Formosa,* pp. 178-179, p. 214.

（93） Op. cit., Moody, *The Heathen Heart,* p 76.

（94） Ibid., pp. 84-85.

（95） Moody, Campbell N. *Love's Long Campaign.* London: Robert Scott Roxburge House Paternoster Row, E. C., 1913, pp. 3-11.

（96） Ibid., p. 8.

（97） Op. cit., Stanley, "Christian Missions, Antislavery and the Claims of Humanity, c. 1813-1873." p. 449.

（98） Op. cit., Band, *Working His Purpose Out*, p. 123.

(99) Ede, George. "Formosa: Letter from Mr. Ede." *The Messenger and Missionary Record of the Presbyterian Church of England.* 80 (Aug. 1884): 157-158.

(100) Op. cit., Campbell, *Sketches from Formosa*, p. 92.

(101) Ibid., pp. 290-291.

(102) Op. cit., Moody, *The Saints of Formosa*, p. 121.

(103) Op. cit., Moody, *The King's Guests*.

(104) 〈楊福春先生〉、前掲《信仰偉人列傳》、pp. 175-180。〈傳道楊福春小傳〉,《賴永祥長老史料庫》閲覧日 2016 年 9 月 6 日〈http://www.laijohn.com/index.htm〉。

(105) 〈土匪得道 劉賢的故事〉,〈劉賢的後裔〉, 同上《賴永祥長老史料庫》。

(106) 〈許進傳長老小傳〉, 同上《賴永祥長老史料庫》。

(107) Op. cit., Campbell, *Sketches from Formosa,* p. 131.

(108) Ibid., pp. 132-135.

(109) Op. cit., Moody, *The Heathen Heart,* p. 169.

(110) Op. cit., Moody, *The Saints of Formosa,* p. 38.

(111) Op. cit., Lîm Ha̍k-kiong［林学恭］. "Kò͘ Mûi Kam-bū Bo̍k-su ê Sió-toān［故キャンベル・ムーディ牧師の小伝］." *Tâi-oân Kàu-hōe Kong-pò*［台湾教会公報］, 664. 前掲《台灣教會公報全覽 第 14 卷（1939—1940）》に収録。

(112) Op. cit., Moody, Letter to Lizzie. March 23, 1898.

(113) 前掲〈林學恭牧師〉,《信仰偉人列傳》、p. 61。Op. cit., Ông Chiàm-khoe［王占魁］, "Góa Só͘ Chun-kèng Siàu-liām ê Su-iú［私が尊敬し追悼する師友］." *Tâi-oân Kàu-hōe Kong-pò*［台湾教会公報］, 939、940 (August 1964): 17-19. 前掲《台灣教會公報全覽 第 23 卷（1963-1964）》に収録。林学恭が 26 歳でキリスト教に出会った 1883 年には、既に漢文と白話字の讃美歌集が何種類か流通していたが、当時の林には白話字が読めなかったであろうことに鑑みると、彼が郭省に見せてもらったものは 1875 年に福州にて刊行された《養心神詩》であったと推測される。このことは、同書に収録される第一首〈上帝造化萬有〉の一節目に「上帝創造天與地」という言葉があることからも確認される。《養心神詩》（福州美華書局、1875 年）。〈珍本聖經數位典藏查詢系統〉,《Sìn Bōng Ài［信望愛］》、閲覧日：2016 年 9 月 6 日〈http://bible.fhl.net/ob/ro.php?book=64&procb=0〉。賴永祥〈史話 027 養心神詩五十九首頭局〉, 前掲《賴永祥長老史料庫》。

(114) Op. cit., Moody, *The Heathen Heart,* pp. 159-161.

(115) Ibid., pp. 161-163. なお、兄の学敦（名は汝倫）は、この十数年後にキリスト教に改宗し、台南にて教会附設の小学の教師となった。Ông Chiàm-khoe［王占魁］. "Góa Só͘ Chun-kèng Siàu-liām ê Su-iú: Lūn Lîm Ha̍k-kiong Bo̍k-su［私が尊敬し追悼する師友：林学恭牧師について］." *Tâi-oân Kàu-hōe Kong-pò*［台湾教会公報］. 949 (January 1965): 11, 13.《台灣教會公報全覽：台灣第一份報紙 第 24

巻（1965）》（教會公報出版社、2004 年）に収録。また、1900 年 3 月 2 日には、台南宣教師会議にてムーディが学敦の改宗、および彼が小学教師として西螺に駐在中であることを報告している。Op. cit., Campbell, William, *Handbook,* p. 727.

（116） Op. cit., Moody, *The Heathen Heart,* p. 158-159.

（117） Ibid. 林の「エキセントリック」さに関わる記述は、前述のキャンベルも残している。キャンベルは 1885 年 10 月の巡回宣教で岩前を訪れ、教会で小学教師を務めていた林学恭に出会った。林は他の四名と共に受洗を希望してキャンベルに審査されたが、洗礼を受けることができなかった。その当時の様子を、キャンベルは次のように述べている。「現時点では彼を教会に受け入れることはできないとはいえ、私自身、赤馬の信仰告白は誠実であると信じている。30 分ほど審問を受けた後、彼は異様に興奮して、輝く物体の姿をした聖霊がいつも彼の前に浮かんでいるのだという考えを、どうやっても捨てさせることができなくなった。私は、これは大したこととは思わない。この可哀想な男が熱っぽくなって、身体的にも弱っているのは明らかである。〔…〕次の巡回牧会の際には、赤馬が教会に受け入れられる見込みは十分にあると思う。」Campbell, William. *An Account of Missionary Success in the Island of Formosa.* Vol. II. London: Trübner, 1889, pp. 597-598. 林は翌 1886 年に宣教師ウィリアム・ソウ（William Thow）より受洗した。前掲〈林學恭牧師〉,《信仰偉人列傳》、p. 67。

（118） Op. cit., Moody, *The Heathen Heart,* pp. 164-165.

（119） Ibid., pp. 164-167.

（120） Ibid., pp. 168-170.

（121） Ibid., pp. 173-176.

（122） Ibid., p. 164.

（123） Ibid., p. 214.

（124） なお、本書で聖書を引用する際には、基本的に『聖書（口語訳)』（日本聖書協会、1954 年）を用いる。ただし、ムーディや台湾人キリスト者などが著した史料内にて引かれている聖書の章節に関しては、各著者の表現に従った訳文をそのつど訳出する。以下同様。

（125） Op. cit., Moody, *The Heathen Heart,* pp. 179-181.

（126） Ibid., p. 186.

（127） Op. cit., Moody, *The Saints of Formosa,* pp. 197-198.

（128） Op. cit., Moody, *The Heathen Heart,* pp. 187-188.

（129） Op. cit., Moody, *The Saints of Formosa*, p. 178.

（130） Ibid., p. 214.

（131） Ibid, pp. 127-129.

（132） Ibid., p. 135.

（133） Ibid., p. 136.

（134） Ibid., pp. 203-205. なお、看護伝道師マージョリー・ラーナー（Marjorie Learner, 1884-1985）もやはり「彰化から5マイル離れた」村に暮らし、宣教活動をしている「Righteousness」という「誠実な」人物について言及しており、王昭文はこの人物が張有義であろうと指摘している。本書では、ラーナーとムーディの記述の重なり、および彼女がムーディと親しかったランズボロウの妻であり、両者の間にも比較的頻繁な情報交換があったろうことを踏まえ、二人の述べる「Righteousness」が張有義と同一人物であると推定した。Landsborough, Marjorie. *Stories from Formosa & More Stoeries from Formosa.* in 連瑪玉《聚珍堂史料1 福爾摩沙的故事》（教會公報出版社、2004年）、p. 105。王昭文〈導讀：蘭醫生媽講台灣故事——《福爾摩沙的故事》解說〉, 同上書、pp. 15-79、p. 19。なお、原書版の出版情報は以下の通り。Landsborough, Marjorie. *Stories from Formosa.* London: Religious Tract Society, 1924. Landsborough, Marjorie. *More Stories from Formosa.* London: Presbyterian Church of England, 1932.

（135） Op. cit., Moody, *The Saints of Formosa*, pp. 203-205.

（136） Ibid., pp. 212-213.

（137） Ibid., pp. 180-181.

（138） Ibid., p. 181.

（139） Op. cit., Moody, *The Heathen Heart,* p. 212.

（140） Ibid., p. 115.

（141） Ibid., pp. 117-123.

（142） Ibid., p. 140.

（143） Ibid., p. 216.

（144） Ibid., pp. 127-131.

（145） Moody, Campbell N. "The Western Form of Christianity." *The East & the West: A Quarterly Review for the Study of Missions*, 11 (1913): 121-146, p. 128.

（146） 鄭兒玉著、吉田寅訳「台湾のキリスト教」呉利明、鄭兒玉、閔庚培、土肥昭夫共著『アジア・キリスト教史（1）——中国、台湾、韓国、日本』（教文館、1981年）、pp. 67-111、pp. 83-84。

（147） Op. cit., Moody, *The Heathen Heart,* p. 141.

（148） Op. cit., Moody. *The Saints of Formosa,* pp. 98-116.

（149） Op. cit., Moody, *The Heathen Heart*, pp. 142-143.

（150） Ibid., p. 92.

（151） Ibid., p. 145.

（152） 西原廉太「ウェスレー兄弟」、「メソジスト派」前掲『岩波　キリスト教辞典』。

（153） 森本あんり「エドワーズ」、「ホイットフィールド」、同上書。

（154） Op. cit., Brown, Stewart J., *Thomas Chalmers and the Godly Commonwealth.*

（155） Op. cit., Moody, *The Heathen Heart*, p. 136.

（156） Ibid., pp. 243-246.

（157） Ibid., p. 253.

（158） Mûi Kàm-bū［キャンベル・ムーディ］. *Tâm-lūn Tō-lí*［教義談論］. Tâi-lâm［台南］: Sin-lâu Chū-tin-tông［新楼聚珍堂］, 1920. 前掲 梅監務《梅監務作品集》に収録。

（159） Op. cit., Moody, Peggie C., *Missionary and Scholar,* pp. 325-326.

（160） 既述のように、1920年刊行の冊子版では、これに続いて「道を論ずる要点」と「問答」の二章が収録されている。これらの章では、先に論じられてきた内容の要点が、問答形式によって再確認されている。鄭仰恩はムーディによるこの問答形式の採用について、長老派キリスト教会が信徒の教育に用いてきた「教理問答（カテキズム）」との関係を指摘している。鄭仰恩〈導讀：梅監務的白話字著作〉, 前掲《梅監務作品集》, pp. 15-97, p. 39。「教理問答」とは「キリスト教の信仰を伝授する教理入門教育」であり、中世にはすでに存在していた「信条・主の祈り・十戒・秘跡解説などを内容とする系統的な教理入門書」が、16世紀以降盛んとなった出版事業により、印刷されたものを示すことが多い。石井祥裕「カテキズム」前掲『岩波　キリスト教辞典』。レトリックの観点からルターの教理問答を分析した高井保雄によれば、ルターは若く経験の浅い者がキリスト教の重要教義に関わる「短くしかも定型的な本文を声を出して繰り返し唱えること、すなわち、その音読の響きを通して、記憶」することを意図し、「人々が音読し、記憶しやすいためのレトリック上の工夫」をこらした「簡潔」な教理問答を書いている。高井保雄「レトリックから見たルターのカテキズム」『ルター研究』第七巻（2001年）、pp. 77-102、p. 82。1920年の冊子版に問答形式の章を加筆したムーディもまた、加筆箇所の冒頭にて次のように述べている。「以下では、問答や信徒の暗唱に使ってもらえるよう、重要な部分を濃いめのインクで印刷している。その他の部分は読んでもらえばそれで良く、暗唱する必要はない」。なお、彼が著した問答の一部は、19世紀の多くの長老派スコットランド人が暗唱したと言われる「ウェストミンスター小教理問答」（1647）に類似している。Op. cit., Mûi Kam-bū［キャンベル・ムーディ］, *Tâm-lun Tō-lí*［教義談論］. "The Westminster Shorter Catechism." *Center for Reformed Theology and Apologetics.* 6 Sep. 2016〈http://www. reformed.org/documents/wsc/〉. 松谷好明訳『ウェストミンスター小教理問答―聖句付き』（一麦出版社、2008年）。これらのことから、『教義談論』はムーディ自身のキリスト教教育の経験を部分的に参考にしつつ準備されたキリスト教教材であったことが確認される。

（161） Op. cit., Mûi Kam-bū［キャンベル・ムーディ］, "Tâm-lun Tō-lí［教義談論］."

Tâi-lâm Hú-siaⁿ Kàu-hōe-pò［台南府城教会報］. 220 (July 1903): 50-52, p. 52. 前掲《台灣教會公報全覽 第 4 卷（1902-1906）》に収録。

（162） Ibid.

（163） "Chapter IV: Christ Crossing the Threshold of the Heathen Heart." Op. cit., Moody, *The Heathen Heart*, pp. 115-147.

（164） Ibid., p. 146.

（165） Op. cit., Mûi Kam-bū［キャンベル・ムーディ］, "Tâm-lun Tō-lí［教義談論］." *Tâi-lâm Hú-siaⁿ Kàu-hōe-pò*［台南府城教会報］, 226 (January 1904): 7-8, p. 7. 前掲《台灣教會公報全覽 第 4 卷（1902-1906）》に収録。

（166） なお、和文の口語訳版では、該当箇所の翻訳がやや異なっている。「イエスは答えられた。「第一のいましめはこれである、『イスラエルよ、聞け。主なるわたしたちの神は、ただひとりの主である。心をつくし、精神をつくし、思いをつくし、力をつくして、主なるあなたの神を愛せよ』。第二はこれである、『自分を愛するようにあなたの隣り人を愛せよ』。これより大事ないましめは、ほかにない」」（マルコによる福音書 12 章 29-30 節）。

（167） Op. cit., Mûi Kam-bū［キャンベル・ムーディ］, "Tâm-lun Tō-lí［教義談論］." *Tâi-lâm Hú-siaⁿ Kàu-hōe-pò*［台南府城教会報］, 226 (January 1904): 7-8, p. 8. 前掲《台灣教會公報全覽 第 4 卷（1902-1906）》に収録。

（168） 前掲『ウェストミンスター小教理問答』、pp. 9-13。

（169） 同上、pp. 21-27。

（170） Op. cit., Moody, *The Heathen Heart,* p. 181.

（171） 前掲『ウェストミンスター小教理問答』、pp. 27-39。

（172） 同上、pp. 57-60。

（173） Op. cit., Mûi Kam-bū［キャンベル・ムーディ］, "Tâm-lun Tō-lí［教義談論］." *Tâi-lâm Hú-siaⁿ Kàu-hōe-pò*［台南府城教会報］, 226 (January 1904): 7-8, p. 8. 前掲《台灣教會公報全覽 第 4 卷（1902-1906）》に収録。

（174） Op. cit., Moody, *The Heathen Heart,* pp. 129-130.

（175） Op. cit., Mûi Kam-bū［キャンベル・ムーディ］, *Lô-má-phoe*［ローマ書］, p. 101.

（176） 例えば、「イエスの僕」に関して彼は次のように説明している。「旧約聖書では、しばしば預言者が『ヤハウェの僕』あるいは召使いと表現される。パウロはその表現に学び、『イエスの僕』へと置き換えた。このことから、パウロがイエスを上帝とほぼ同じ存在と見ていたことがわかる」Ibid., p. 112.

（177） Ibid., p. 101.

（178） Ibid., p. 113, p. 115.

（179） Ibid., "Thâu-sū［序］." pp. 103-111.

(180) 大貫隆・川中子義勝「聖書解釈」、青野太潮「聖書学」前掲『岩波　キリスト教辞典』。

(181) Op. cit., Mûi Kam-bū［キャンベル・ムーディ］, *Lô-má-phoe*［ローマ書］, p. 121.

(182) 青野太潮「弱いときにこそ——パウロの「十字架の神学」」新約聖書翻訳委員会編『聖書を読む 新約篇』（新約聖書翻訳委員会、2005 年）、pp. 77-102。

(183) Op. cit., Mûi Kam-bū［キャンベル・ムーディ］, *Lô-má-phoe*［ローマ書］, p. 115.

(184) Ibid., p. 189.

(185) Ibid., p. 115.

(186) 宮本久雄『存在の季節——ハヤトロギア（ヘブライ的存在論）の誕生』（知泉書館、2002 年）、pp. 111-118。

(187) 同上、pp. 119-122。

(188) 同上、p. 188。

(189) 百瀬文晃「カトリシズム」前掲『岩波　キリスト教辞典』。

(190) 一方で、彼は「マリアや聖人、および影像を拝むこと、これらのことはさほど重大なこと〔問題〕ではない」と述べている。Op. cit., Mûi Kam-bū［キャンベル・ムーディ］, *Lô-má-phoe*［ローマ書］, p. 143.

(191) このことは、彼がスイスの改革派神学者フレデリック・ゴーデー（Frédéric Louis Godet, 1812-1900）の註解を引きつつ、再びカトリシズムを批判し、カトリック教会では「聖となる」ことが義認に先行するものと捉えられていると述べていることからも明確化する。Ibid., p. 179. なお、ゴーデーによるフランス語のローマ書註解の英訳版は、1882 年にエディンバラの出版社 T.&T. クラークから刊行されている。Godet, Frédéric Louis. *Commentary on St. Paul's Epistle to the Romans*. Trans. by Cusin, A. Edinburgh: T. & T. Clark, 1882.

(192) Op. cit., Mûi Kam-bū［キャンベル・ムーディ］, *Lô-má-phoe*［ローマ書］, p.117.

(193) Ibid., p. 197.

(194) この例えを重視したムーディは、当時の漢文および白話字聖書においては、この「給与／工銭（kang-chî^{n}, カンチィ）」という言葉が、別の表現として訳されていることは残念であると述べている。Ibid., pp. 154-155.

(195) Ibid., p. 219.

(196) Ibid., p. 185, p. 205.

(197) Ibid., p. 113, p. 123, p. 127, p. 205, p. 227.

(198) Ibid., p. 127.

(199) 例えば、『ニューヨーク・タイムズ』1902 年 2 月 9 日付の「ヘレン・ケラーの聖書」という記事では、アメリカ聖書協会が彼女に陽刻文字による聖書を

贈ったこと、およびこれに対する彼女の礼状の言葉が報じられている。"Helen Keller's Bible." *The New York Times* ［New York］. 9 February 1902: *The New York Times.* 2016. 6 Sep. 2016〈http://www.nytimes.com/〉.

（200） Op. cit., Moody, *The Heathen Heart,* pp. 243-244.

（201） Op. cit., Moody, *The Saints of Formosa,* pp. 238-239.

（202） Ibid., p. 244.

（203） Band, Edward. *Barclay of Formosa.* Ginza, Tokyo: Christian Literature Society, 1936, pp. 146-147. Barclay, Thomas. "Some Thoughts on the New Translation of the Vernacular New Testament." in 巴克禮《聚珍堂史料 8 巴克禮作品集》（教會公報出版社、2005 年）, pp. 195-209, p. 198.

（204） 《新約附詩篇・箴言（白話字／台語漢字對照）》（台灣聖經公會、2004 年）。

（205） Op. cit., Mûi Kam-bū ［キャンベル・ムーディ］, *Lô-má-phoe* ［ローマ書］, p.220.

（206） Op. cit., Barclay, "Some Thoughts on the New Translation." p. 208.

（207） Ibid., p. 198, p. 208.

（208） Ibid., p. 199.

（209） Ibid., p. 204.

（210） Ibid., p. 208.

（211） Op. cit., Mûi Kam-bū ［キャンベル・ムーディ］, *Lô-má-phoe* ［ローマ書］, p. 147.

（212） Op. cit., *The Saints of Formosa,* pp. 240-241.

（213） Ibid., p. 243.

（214） Ibid.

（215） Moody, Campbell N. *The Mind of the Early Converts.* London: Hodder and Stoughton, 1920, p. 301.

（216） Mûi Kam-bū ［キャンベル・ムーディ］. "Lūn Pò-tō͘ ［宣教について］." *Tâi-lâm Kàu-hōe-pò* ［台南教会報］. 280 (July 1908):64-66, 281 (August 1908):73-75, 282 (September 1908):83-85, 283 (October 1908): 93-96."Sin ê Sim ［新しい心］." *Tâi-lâm Kàu-hōe-pò* ［台南教会報］. 284 (November 1908): 102-104. "Pó-pòe ［宝］." *Tâi-lâm Kàu-hōe-pò* ［台南教会報］. 285 (December 1908): 112-114. "Pêng-an ［平安］." *Tâi-lâm Kàu-hōe-pò*［台南教会報］. 286 (January 1909): 1-2. "Hok-khì［幸福］." *Tâi-lâm Kàu-hōe-pò* ［台南教会報］. 287 (February 1909): 9-11, 288 (March 1909): 20. "Sī kū iáu-kú Éng-sin ［古く、また新しいもの］." *Tâi-lâm Kàu-hōe-pò* ［台南教会報］. 289 (April 1909): 29-30. "Bô Jîn-lûn ［人倫なし］." *Tâi-lâm Kàu-hōe-pò*［台南教会報］. 290 (May 1909): 39-41, 291 (June 1909): 46-47. "Thian sī Chó͘-ke ［天は我が家］." *Tâi-lâm Kàu-hōe-pò* ［台南教会報］. 292 (July 1909): 55-56. "Lâng ê Sìⁿ-miā bô Kú-tn̂g ［人の命は短い］." Ibid., 56-59. "Lūn Sìn ［信じることについて］."

Tâi-lâm Kàu-hōe-pò［台南教会報］. 295 (October 1909): 87. “Chōe Tit-tioh Sià［罪が赦される］.”*Tâi-lâm Kàu-hōe-pò*［台南教会報］.296 (November 1909): 93-95. “Lâng Hiâm Tō-lí sī Sin--ê Chó-kong só Bô--ê［人が真理を嫌うのは新しく、祖公がないから］.” *Tâi-lâm Kàu-hōe-pò*［台南教会報］. 298 (January 1910): 5-7. “Chōe ê Khùi-lat［罪の力］.” *Tâi-lâm Kàu-hōe-pò*［台南教会報］. 299 (February 1910): 15-18. “Bat Ka-tī［己を知る］.” *Tâi-lâm Kàu-hōe-pò*［台南教会報］. 329 (August 1912): 4-6. いずれも《台灣教會公報全覽：台灣第一份報紙 第5巻（1907-1913）》（教會公報出版社、2004年）に収録。

（217） Op. cit., Mûi Kam-bū［キャンベル・ムーディ］, “Chōe ê Khùi-lat［罪の力］.” *Tâi-lâm Kàu-hōe-pò*［台南教会報］, 299, p. 17. 同上書に収録。

（218） Op. cit., Mûi Kam-bū［キャンベル・ムーディ］, “Lâng Hiâm Tō-lí sī Sin--ê Chó-kong só Bô--ê［人が真理を嫌うのは新しく、祖公がないから］.” *Tâi-lâm Kàu-hōe-pò*［台南教会報］, 298, p. 5. 同上書に収録。また、書籍版にはキリスト教が「外国佛」や「外国人の祖公」として退けられる例が挙げられている。Op. cit., Mûi Kam-bū［キャンベル・ムーディ］, *Pò-tō Lūn,* p. 316.

（219） Op. cit., Mûi Kam-bū［キャンベル・ムーディ］, “Bô Jîn-lûn［人倫なし］.” *Tâi-lâm Kàu-hōe-pò*［台南教会報］, 290, p. 39. 前掲《台灣教會公報全覽 第5巻（1907-1913）》に収録。「神もなく祖先もない」とは、神像や木主を持たず、むしろこれらを批判するプロテスタント・キリスト教のあり方を示すと思われる。

（220） Op. cit., Mûi Kam-bū［キャンベル・ムーディ］, *Pò-tō Lūn,* p. 316.

（221） Op. cit., Mûi Kam-bū［キャンベル・ムーディ］, “Bô Jîn-lûn［人倫なし］.” *Tâi-lâm Kàu-hōe-pò*［台南教会報］, 291, p. 46. 前掲《台灣教會公報全覽 第5巻（1907-1913）》に収録。

（222） Op. cit., Mûi Kam-bū［キャンベル・ムーディ］, “Lūn Pò-tō［宣教について］.” *Tâi-lâm Kàu-hōe-pò*［台南教会報］, 281, p. 74. 同上書に収録。

（223） Op. cit., Moody, *The Heathen Heart,* pp. 106-107.

（224） Ibid., p. 116.

（225） Op. cit., Moody, “The Western Form of Christianity.” p. 133.

〈第一章 表の参考文献〉

（1-1）Moody, Campbell N. *The Heathen Heart: An Account of the Reception of the Gospel Among the Chinese of Formosa.* Edinburgh: Oliphant, Anderson & Ferrier, 1907. Moody, Campbell N. *The Saints of Formosa: Life and Worship in a Chinese Church.* Edinburgh: Oliphant, Anderson & Ferrier, 1912. Moody, Campbell N. *The King's Guests: A Strange Formosan Fellowship.* London: H. R. Allenson, 1932.

（1-2）Moody, Campbell N. *The Heathen Heart: An Account of the Reception of the Gospel*

Among the Chinese of Formosa. Edinburgh: Oliphant, Anderson & Ferrier, 1907. Moody, Campbell N. *The Saints of Formosa: Life and Worship in a Chinese Church.* Edinburgh: Oliphant, Anderson & Ferrier, 1912. Moody, Campbell N. *The King's Guests: A Strange Formosan Fellowship.* London: H. R. Allenson, 1932.

（1-3）Mûi Kam-bū［キャンベル・ムーディ］. "Tâm-lūn Tō-lí［教義談論］." *Tâi-lâm Hú-sia^{n} Kàu-hōe-pò*［台南府城教会報］. 220 (July 1903): 50-52, 221 (August 1903): 59-61, 222 (September 1903): 69-71, 226 (January 1904): 7-8, 228 (March 1904): 23-24.《台灣教會公報全覽：台灣第一份報紙 第 4 卷（1902-1906）》（教會公報出版社、2004 年）に収録。Mûi Kam-bū［キャンベル・ムーディ］. *Tâm-lūn Tō-lí*［教義談論］. Tâi-lâm［台南］: Sin-lâu Chū-tin-tông［新楼聚珍堂］, 1920. in 梅監務《聚珍堂史料 5 梅監務作品集》（教會公報出版社、2006 年）。

（1-4）Moody, Campbell N. *The Heathen Heart: An Account of the Reception of the Gospel Among the Chinese of Formosa.* Edinburgh: Oliphant, Anderson & Ferrier, 1907. Mûi Kam-bū［キャンベル・ムーディ］. "Tâm-lūn Tō-lí［教義談論］." *Tâi-lâm Hú-sia^{n} Kàu-hōe-pò*［台南府城教会報］. 220 (July 1903): 50-52, 221 (August 1903): 59-61, 222 (September 1903): 69-71, 226 (January 1904): 7-8, 228 (March 1904): 23-24.《台灣教會公報全覽：台灣第一份報紙 第 4 卷（1902-1906）》（教會公報出版社、2004 年）に収録。

（1-5）Mûi Kam-bū［キャンベル・ムーディ］. "Lūn Pò͘-tō͘［宣教について］." *Tâi-lâm Kàu-hōe-pò*［台南教会報］. 280 (July 1908):64-66, 281 (August 1908):73-75, 282 (September 1908):83-85, 283 (October 1908): 93-96. "Sin ê Sim［新しい心］." *Tâi-lâm Kàu-hōe-pò*［台南教会報］. 284 (November 1908): 102-104. "Pó-pòe［宝］." *Tâi-lâm Kàu-hōe-pò*［台南教会報］285 (December 1908): 112-114. "Pêng-an［平安］." *Tâi-lâm Kàu-hōe-pò*［台南教会報］. 286 (January 1909): 1-2. "Hok-khì［幸福］." *Tâi-lâm Kàu-hōe-pò*［台南教会報］. 287 (February 1909): 9-11, 288 (March 1909): 20. "Sī kū iáu-kú Éng-sin［古く、また新しいもの］." *Tâi-lâm Kàu-hōe-pò*［台南教会報］. 289 (April 1909): 29-30. "Bô Jîn-lûn［人倫なし］." *Tâi-lâm Kàu-hōe-pò*［台南教会報］. 290 (May 1909): 39-41, 291 (June 1909): 46-47. "Thian sī Chó͘-ke［天は我が家］." *Tâi-lâm Kàu-hōe-pò*［台南教会報］. 292 (July 1909): 55-56. "Lâng ê Sì^{n}-miā bô Kú-tn̂g［人の命は短い］." Ibid., 56-59. "Lūn Sìn［信じることについて］." *Tâi-lâm Kàu-hōe-pò*［台南教会報］. 295 (October 1909): 87. "Chōe Tit-tio̍h Sià［罪が赦される］." *Tâi-lâm Kàu-hōe-pò*［台南教会報］. 296 (November 1909): 93-95. "Lâng Hiâm Tō-lí sī Sin--ê Chó͘-kong só͘ Bô--ê［人が真理を嫌うのは新しく、祖公がないから］." *Tâi-lâm Kàu-hōe-pò*［台南教会報］. 298 (January 1910): 5-7. "Chōe ê Khùi-la̍t［罪の力］." *Tâi-lâm Kàu-hōe-pò*［台南教会報］. 299 (February 1910): 15-18. "Bat Ka-tī［己を知る］." *Tâi-lâm Kàu-hōe-pò*［台南教会報］. 329 (August 1912): 4-6. い

ずれも《台灣教會公報全覽：台灣第一份報紙 第5巻（1907-1913）》（教會公報出版社、2004年）に収録。Mûi Kam-bū［キャンベル・ムーディ］. *Pò-tō Lūn*［宣教論］. Tainan: Sin-lâu Chū-tin-tông［新楼聚珍堂］, 1914.

第二章

（1） Moody, Campbell N. *The Heathen Heart: An Account of the Reception of the Gospel Among the Chinese of Formosa.* Edinburgh: Oliphant, Anderson & Ferrier, 1907, p. 136.

（2） 鄭兒玉著、吉田寅訳「台湾のキリスト教」呉利明、鄭兒玉、閔庚培、土肥昭夫共著『アジア・キリスト教史（1）——中国、台湾、韓国、日本』（教文館、1981年）、pp. 67-111、pp. 83-84。鄭はまた、当時の台湾キリスト者は「宗教で食べる人」、「便宜主義的な信仰者」という軽蔑的な意味を込めた「食教（夠）的（チアカウエ）」という言葉で呼ばれることがあったと指摘する。同上、p.86。そうした批判は欧米社会でもなされ、ムーディは宣教運動の支持者が、現地人改宗者を「キリスト教世界の生ぬるい師匠たちを恥じ入らせる聖人たち」として思い描きたがっている反面で、宣教を支持しない者はこれらの人々を「利害関係に基づく動機から」教会に集まった「rice-Christians」と見なしていると指摘する。Op. cit., Moody, *The Heathen Heart*, pp. 213-214.

（3） Op. cit., Moody, *The Heathen Heart,* pp. 127-131.

（4） 李明輝〈序言〉、李明輝編《李春生的思考與時代》（正中書局、1995年）、pp. 1-3、p. 1。〈李春生略傳：一段幾乎被遺忘的台灣歷史人物〉,《賴永祥長老史料庫》, 閲覧日2016年9月6日〈http://www.laijohn.com/index.htm〉。

（5） 鄧慧恩〈芥菜子的香氣：再探北部基督長老教會的「新人運動」〉,《台灣文獻》第63巻第4期（國史館台灣文獻館, 2012年）、pp. 67-99、pp. 76-77。

（6） 駒込武『世界史のなかの台湾植民地支配——台南長老教中学校からの視座』（岩波書店、2015年）、pp. 136-143。

（7） 同上、pp. 139-148。

（8） 例えば、前掲の李明輝編《李春生的思考與時代》には、李春生の宗教観を検討する呉光明、文化的・国家的アイデンティティを考察する黃俊傑・古偉瀛などの論考が収録されている。

（9） 前掲 駒込武『世界史のなかの台湾植民地支配』、pp. 150-151。

（10） 李春生《聖經闡要講義》、李明輝、黃俊傑、黎漢基合編《李春生著作集3》（南天書局、2004年）、pp. 141-243、p. 146。

（11） 同上、p. 152。

（12） 同上、p. 161。

(13) 同上。

(14) 吳光明著、陳俊宏、洪碧霞譯〈李春生的基督教人生原則〉、前掲《李春生的思考與時代》、pp. 41-68、pp. 51-53。

(15) 前掲 李春生《聖經闡要講義》、p. 154。

(16) Moody, Campbell N. *The Saints of Formosa: Life and Worship in a Chinese Church.* Edinburgh: Oliphant, Anderson & Ferrier, 1912, pp. 240-241.

(17) 前掲 駒込武『世界史のなかの台湾植民地支配』、pp. 152-154。

(18) 前掲 李春生《聖經闡要講義》、pp. 162-164。

(19) 同上、pp. 198-199。

(20) 宮本久雄「共苦」大貫隆ほか編『岩波 キリスト教辞典』(岩波書店、2002 年)。

(21) Lîm Hak-kiong[林学恭]."Kò͘ Mûi Kam-bū Bok-su ê Sió-toān[故キャンベル・ムーディ牧師の小伝]." *Tâi-oân Kàu-hōe Kong-pò* [台湾教会公報]. 664 (July 1940): 9-12.《台灣教會公報全覽:台灣第一份報紙 第 14 卷 (1939-1940)》(教會公報出版社、2004 年)に収録。

(22) Op. cit., Moody, *The Heathen Heart*, p. 164.

(23) そうした記事は、より簡略にまとめられ、主語も「私」ではなく「林牧師」と表記されることから要約文であるとわかる。例えば、1905 年 1 月の掲載記事には、次のような記述が見られる。「坑口〔現彰化県二水郷〕: 11 月 27 日、林牧師は坑口の礼拝堂にて聖餐式を行いました。大人 2 名、子ども 10 名に洗礼を施し、2 人を執事として任命しました」。"Kàu-hōe ê Siau-sit [教会の消息]." *Tâi-lâm hú-siâⁿ Kàu-hōe-pò* [台南府城教会報]. 238 (January 1905): 3-4, p. 3.《台灣教會公報全覽:台灣第一份報紙 第 4 卷 (1902-1906)》(教會公報出版社、2004 年)に収録。

(24) Campbell, William. *Handbook of the English Presbyterian Mission in South Formosa.* Hastings: F. J. Parsons, 1910, as 甘為霖《聚珍堂史料 6 臺南教士會議事錄》(教會公報出版社、2004 年)、pp. 377-378.

(25) Lîm Hak-kiong [林学恭]. "Bē-chheh ê Siau-sit [書籍販売の消息]." *Tâi-oân-hú-siâⁿ Kàu-hōe-pò* [台湾府城教会報]. 47 (April 1889): 31-32, 52 (September 1889): 71-72, 56 (January 1890): 5-6. いずれも《台灣教會公報全覽:台灣第一份報紙 第 1 卷 (1885-1890)》(教會公報出版社、2004 年)に収録。

(26) Lîm Chhiah-bé [林赤馬]. "Phêⁿ-ô ê Siau-sit [澎湖の消息]." *Tâi-oân-hú-siâⁿ Kàu-hōe-pò* [台湾府城教会報]. 77 (September 1891): 65-66.《台灣教會公報全覽:台灣第一份報紙 第 2 卷 (1891-1895)》(教會公報出版社、2004 年)に収録。

(27) Lîm Bok-su [林牧師]. "Chiang-hòa Siau-sit [彰化の消息]." *Tâi-lâm hú-siâⁿ Kàu-hōe-pò* [台南府城教会報]. 218 (May 1903): 39. 前掲《台灣教會公報全覽 第 4 卷 (1902-1906)》に収録。

(28) "Lîm Bo̍k-su sûn Kàu-hōe［林牧師の教会巡回］." *Tâi-lâm Kàu-hōe-pò*［台南教会報］. 315 (June 1911): 50.《台灣教會公報全覽：台灣第一份報紙 第5巻（1907-1913）》（教會公報出版社、2004年）に収録。

(29) 高雄の旗後出身の医師である李道生は、1883年に「大学」に入学し、後にイングランド長老教会の医療伝道師アンダーソンに医学を学んだ人物である。李は鹿港、後に員林にて開業し、医療宣教に従事したが、鹿港時代には宣教初期のムーディに出会っている。ムーディは『フォルモサの聖徒たち』にて、この人物「Doctor Origen」が、「何度も何度も、自分の仕事を中断して火を起こしてお米を調理してくれたり、あるいは、すでに調理した料理を持ってきてくれたりした」こと、街頭説教を何度も応援しに来て、聴衆に熱弁をふるった「素晴らしい話者」であったことなどを回想し、彼に対する「感謝の念」を表明している。Op. cit., Moody, *The Saints of Formosa*, p. 41.

(30) Moody, Peggie C. *Campbell Moody: Missionary and Scholar*, as 洪伯祺《聚珍堂史料4 宣教學者梅監務》（教會公報出版社, 2005年）、p. 320.

(31) Lîm Ha̍k-kiong［林学恭］. "Kàu-hōe ê Siau-sit［教会の消息］." *Tâi-oân Kàu-Hōe-pò*［台湾教会報］. 422 (May 1920): 11-12, p. 11.《台灣教會公報全覽：台灣第一份報紙 第7巻（1920-1924）》（教會公報出版社、2004年）に収録。

(32) Op. cit., Lîm Ha̍k-kiong［林学恭］, "Bē-chheh ê Siau-sit［書籍販売の消息］." *Tâi-oân-hú-siâⁿ Kàu-hōe-pò*［台湾府城教会報］, 52. 前掲《台灣教會公報全覽 第1巻（1885-1890）》に収録。

(33) Lîm Ha̍k-kiong［林学恭］. "Lîm Bo̍k-su sûn Kàu-hōe［林牧師の教会巡回］." *Tâi-lâm Kàu-hōe-pò*［台南教会報］. 300 (March 1910): 20, 315 (June 1911): 50. Lîm Ha̍k-kiong［林学恭］. "Kàu-hōe ê Siau-sit［教会の消息］." *Tâi-oân Kàu-Hōe-pò*［台湾教会報］. 340 (July 1913): 3-4, p. 4. いずれも前掲《台灣教會公報全覽 第5巻（1907-1913）》に収録。

(34) Lîm Chhiah-bé［林赤馬］. "Phêⁿ-ô͘ Thoân-tō--ê ê Siau-sit［澎湖伝道師の消息］." *Tâi-lâm-hú-siâⁿ Kàu-hōe-pò*［台南府城教会報］. 128（October 1895）: 109-110. 前掲《台灣教會公報全覽 第2巻（1891-1895）》に収録。

(35) 高橋哲哉ほか著、『〈コンパッション〉は可能か？』対話集会実行委員会編『〈コンパッション（共感共苦）〉は可能か？――歴史認識と教科書問題を考える』（影書房、2002年）、pp. 3-6。

(36) Op. cit., Lîm Ha̍k-kiong［林学恭］, "Kàu-hōe ê Siau-sit［教会の消息］." *Tâi-oân Kàu-Hōe-pò*［台湾教会報］,422, p. 11. 前掲《台灣教會公報全覽 第7巻（1920-1924）》に収録。

(37) Ibid.

(38) Op. cit., Lîm Ha̍k-kiong［林学恭］, "Kò͘ Mûi Kam-bū Bo̍k-su ê Sió-toān［故キャ

ンベル・ムーディ牧師の小伝］.” *Tâi-oân Kàu-hōe Kong-pò*［台湾教会公報］, 664, p. 9. 前掲《台灣教會公報全覽 第 14 卷（1939-1940）》に収録。

（39） Ibid.

（40） Moody, Campbell N. *The King's Guests: A Strange Formosan Fellowship.* London: H. R. Allenson, 1932, p. 90.

（41） Op. cit., Moody, *The Saints of Formosa*, p. 46.

（42） Op. cit., Lîm Ha̍k-kiong［林学恭］, “Kò͘ Mûi Kam-bū Bo̍k-su ê Sió-toān［故キャンベル・ムーディ牧師の小伝］.” *Tâi-oân Kàu-hōe Kong-pò*［台湾教会公報］, 664, p. 10. 前掲《台灣教會公報全覽 第 14 卷（1939-1940）》に収録。

（43） Ibid., p. 11.

（44） Ibid.

（45） Ibid., pp. 11-12.

（46） 蔡重陽〈高雄新興教會的創設者——廖得牧師〉, 鄭仰恩・江淑文主編《信仰的記憶與傳承——台灣教會人物檔案 2》（台灣教會公報社、2013 年）, pp. 248-257。〈廖得的生平史略（1889-1975）〉, 前掲《賴永祥長老史料庫》。原典は蔡重陽《生生不息：高雄市新興基督長老教會設教 70 週年教會史》（高雄市新興基督長老教會、2009 年）、pp. 117-125。

（47） Liāu Tit［廖得］. “68 Hôe-ek-lio̍k［68 年の回想録］.” *Oa̍h-miā ê Bí-niû*［日ごとの糧］. 32 (January 1957): 39-44, 33 (February 1957): 39-42, 34 (March 1957): 44-48, 35 (April 1957): 41-45, 36 (May 1957): 31-37, 37 (June 1957): 47-50, 38 (July 1957): 38-41, 39 (August 1957): 40-42, 40 (September 1957): 38-41, 41 (October 1957): 42-48, 42 (November 1957): 42-43, 43 (December 1957): 43-49.〈珍本聖經數位典藏查詢系統〉、《Sìn Bōng Ài［信望愛］》、閲覧日：2016 年 9 月 6 日〈http://bible.fhl.net/ob/ro.php?book=41&procb=0>〉.

（48） Op. cit., Liāu Tit［廖得］, “68 Hôe-ek-lio̍k［68 年の回想録］.” *Oa̍h-miā ê Bí-niû*［日ごとの糧］. 32 (January 1957): 39-44, pp. 40-41.

（49） Ibid., p. 42.

（50） Ibid., p. 43.

（51） Ibid., pp. 43-44.

（52） 前掲 蔡重陽〈高雄新興教會的創設者—廖得牧師〉、p. 248。

（53） Op. cit., Liāu Tit［廖得］, “68 Hôe-ek-lio̍k［68 年の回想録］.” *Oa̍h-miā ê Bí-niû*［日ごとの糧］. 33 (February 1957): 39-42, p. 39.

（54） Ibid., p. 40.

（55） Ibid., pp. 40-41.

（56） ここでムーディが述べているとされる「本地の有名で熱心な牧師」による教会公費の着服事件の詳細は不詳であるが、宣教従事者が当初の目的とは異な

る用途に宣教資金を当てて問題視される例は、台南宣教師会議の議事録にもいくつか見られる。例えば、同会議の1884年9月6日付の記録には、小琉球に派遣されていた台湾人伝道師ケクジン（Khek-jin）が宣教拠点の修繕費を私用に当てたという問題が言及されている。Op. cit., Campbell, *Handbook,* p. 266.

（57） Op. cit., Liāu Tit［廖得］,"68 Hôe-ek-lio̍k［68年の回想録］." *Oa̍h-miā ê Bí-niû*［日ごとの糧］. 33 (February 1957): 39-42, p. 41.

（58） Ibid., pp. 41-42. これらに加え、ムーディが教えてくれたと廖得が回想するプロテスタントの救いのヴィジョンには、聖書の言葉に基づくものと思われる教えがいくつか含まれている。その中には、神への献身に関わるガラテヤ人への手紙2章19節から20節、およびルカによる福音書23章46節、イエスと信徒との近接に関わるヨハネによる福音書14章1節から3節、およびルカによる福音書23章43節、救済のイメージを提示するヨハネの黙示録7章16節などと類似した言葉が含まれる。

（59） Op. cit., Liāu Tit［廖得］, "68 Hôe-ek-lio̍k［68年の回想録］." *Oa̍h-miā ê Bí-niû*［日ごとの糧］. 33 (February 1957): 39-42, p. 42.

（60） Op. cit., Liāu Tit［廖得］, "68 Hôe-ek-lio̍k［68年の回想録］." *Oa̍h-miā ê Bí-niû*［日ごとの糧］. 38 (July 1957): 38-41, p. 41.

（61） Op. cit., Liāu Tit［廖得］, "68 Hôe-ek-lio̍k［68年の回想録］." *Oa̍h-miā ê Bí-niû*［日ごとの糧］. 34 (March 1957): 44-48, p. 44.

（62） Ibid., pp. 44-45.

（63） Ibid., p. 47.

（64） Ibid., p. 48.

（65） Liāu Tit［廖得］. "Kàu-hōe To̍k-li̍p［教会の独立］." *Tâi-oân Kàu-Hōe-pò*［台湾教会報］. 462 (September 1923): 1-2. 前掲《台灣教會公報全覽 第7巻（1920-1924）》に収録。楊註.〈追悼牧師梅監務挽詩〉. *Tâi-oân Kàu-hōe Kong-pò*［台湾教会公報］. 664（July 1940）: 13. 前掲《台灣教會公報全覽 第14巻》に収録。

（66） Op. cit., Liāu Tit［廖得］, "68 Hôe-ek-lio̍k［68年の回想録］." *Oa̍h-miā ê Bí-niû*［日ごとの糧］. 35 (April 1957): 41-45.

（67） Op. cit., Liāu Tit［廖得］, "68 Hôe-ek-lio̍k［68年の回想録］." *Oa̍h-miā ê Bí-niû*［日ごとの糧］. 38 (July 1957): 38-41.

（68） Op. cit., Liāu Tit［廖得］, "68 Hôe-ek-lio̍k［68年の回想録］." *Oa̍h-miā ê Bí-niû*［日ごとの糧］. 39 (August 1957): 40-42, 40 (September 1957): 38-41.

（69） Tân Tiâu-bêng［陳朝明］, Liāu Tit［廖得］. "Hêng-chhun［恒春］." *Tâi-oân Kàu-Hōe-pò*［台湾教会報］. 345 (December 1913): 1-2. 前掲《台灣教會公報全覽 第5巻（1907-1913）》に収録。

（70） Liāu Tit［廖得］. "Kàu-hōe ê Siau-sit: Téng-soa^{n}［教会の消息：頂山］." *Tâi-oân*

Kàu-Hōe-pò [台湾教会報]. 419 (February 1920): 11. "Tâi-lâm I-koán [台南医館]." *Tâi-oân Kàu-Hōe-pò* [台湾教会報]. 420 (March 1920): 3-4, 423 (June 1920): 10-11. "Kàu-hōe Siau-sit: Soaⁿ-pà [教会の消息：山豹]." *Tâi-oân Kàu-Hōe-pò* [台湾教会報]. 461 (August 1923): 3-4. 前掲《台灣教會公報全覽 第 7 巻（1920-1924）》に収録。

（71） Liāu Tit [廖得]. "Bí-kok Kìm-chiú Sêng-chek [アメリカ禁酒の成績]." *Tâi-oân Kàu-Hōe-pò*[台湾教会報]. 470 (May 1924): 9. "Ko-lê Soan-chhoan Kàu-hōe[朝鮮宣川教会]." *Tâi-oân Kàu-Hōe-pò* [台湾教会報]. 474 (September 1924): 2-3. 同上書に収録。

（72） Ibid.

（73） Liāu Tit [廖得]. "Pò͘-to ê Chheh [宣教文書]." *Tâi-oân Kàu-Hōe-pò* [台湾教会報]. 432 (March 1921): 12. "Siāu-kài Pò[刊行物の紹介]." *Tâi-oân Kàu-Hōe-pò*[台湾教会報]. 465 (December 1923): 3-4, 477 (December 1924): 13. "Siāu-kài Pan-gî chheh [廉価書籍の紹介]." *Tâi-oân Kàu-Hōe-pò* [台湾教会報]. 468 (March 1924): 14. 同上書に収録。

（74） Op. cit., Liāu Tit [廖得],"Siāu-kài Pò [刊行物の紹介]." *Tâi-oân Kàu-Hōe-pò* [台湾教会報], 477, p. 13. 同上書に収録。

（75） 吳學明《聚珍堂叢書（1）從依賴到自立—終戰前台灣南部基督長老教會研究》（人光出版社、2003 年）、p. 374。台南出身の呉希栄（1881-1922）は、「中学」および「大学」（1898-1902 在学）を経て伝道師となったが、教会財政独立の基盤を整えるため、1913 年に一時休職し、屏東で果樹園を営んだ。翌年、阿猴教会（現屏東教会）の牧師に叙任され、台湾人教会自治運動を呼びかけたが、1922 年に 40 歳で没した。〈吳希榮牧師〉、楊士養編著、林信堅修訂《信仰偉人列傳》（人光出版社、1994 年）、pp. 221-230。廖得は呉とたびたび会っていたことを回想し、彼を「英雄牧師」と呼んで敬意を表している。廖得牧師教會葬治喪委員會編《廖得牧師紀念文集》（新興基督長老教會、1977 年）、pp. 100-108。また、ムーディも英文著書『王の客人たち』（1932）にて呉を固有名で登場させ、その教会自治のための取り組みを紹介している。Op. cit., Moody, *The King's Guests,* pp. 105-110. 既述のとおり、呉はムーディの白話字著作『ローマ書』（1908）の訳文作成協力者の一人でもある（第一章第三節 2 を参照）。

（76） Liāu Tit [廖得]. "Kàu-hōe-pò Tâu-kó [教会報への投稿について]." *Tâi-oân Kàu-Hōe-pò* [台湾教会報]. 461 (August 1923): 10. 前掲《台灣教會公報全覽 第 7 巻（1920-1924）》に収録。

（77） このほかにも廖は 1926 年 1 月には「給与負担表」という一文にて、自身が作成した各地教会の牧師や伝道師の年俸、およびこれらに占める各地教会の献金額をリストした一覧表を送付したので、それを受け取ったら教会の壁に掲示

して会衆一同が読めるようにしてほしい、誰が寄付をしたのか・されたのかは重要ではない、ただまずは読んで、各地教会の財政状況を把握してほしい、と呼びかけている Liāu Tit［廖得］. "Sin-kim Hū-tam-pió［給与負担表］." *Tâi-oân Kàu-Hōe-pò*［台湾教会報］. 490 (January 1926): 13.《台灣教會公報全覽：台灣第一份報紙 第8巻（1925-1927）》（教會公報出版社、2004年）に収録。

（78） Liāu Tit［廖得］. "Lōe-tē Bo̍k-su［内地の牧師］." *Tâi-oân Kàu-Hōe-pò*［台湾教会報］. 455 (February 1923): 1-2, p. 1. 前掲《台灣教會公報全覽 第7巻（1920-1924）》に収録。

（79） Ibid., pp. 1-2.

（80） Band, Edward. *Working His Purpose Out: The History of the English Presbyterian Mission, 1847-1947.* Taipei: Ch'eng Wen, 1972, p. 128.

（81） Op. cit., Liāu Tit［廖得］,"Lōe-tē Bo̍k-su［内地の牧師］." *Tâi-oân Kàu-Hōe-pò*［台湾教会報］, 455, p. 2. 前掲《台灣教會公報全覽 第7巻（1920-1924）》に収録。

（82） Op. cit., Liāu Tit［廖得］,"Kàu-hōe To̍k-li̍p［教会の独立］." *Tâi-oân Kàu-Hōe-pò*［台湾教会報］. 462, pp. 1-2. 同上書に収録。

（83） Liāu Tit［廖得］. "Kàu-hōe To̍k-li̍p［教会の独立］." *Tâi-oân Kàu-Hōe-pò*［台湾教会報］. 463 (October 1923): 1-2, p. 1. 同上書に収録。

（84） Ibid., pp. 1-2.

（85） Ibid., p. 2. 同様の議論は翌年4月の「安い牧師」でも繰り返されている。教会にとっては経済的に負担であり、牧師の職務が重いために多くの伝道師も二の足を踏んでいる牧師叙任・招聘を促すためには、早めに貯金して備える「格安の道を行くのだ」。Liāu Tit［廖得］. "Pan-gî Bo̍k-su［安い牧師］." *Tâi-oân Kàu-Hōe-pò*［台湾教会報］. 469 (April 1924): 8-9. 前掲《台灣教會公報全覽 第7巻（1920-1924）》に収録。

（86） Liāu Tit［廖得］."Iâ-so͘ sī Sím-mi̍h?［イエスとは何か？］." *Tâi-oân Kàu-Hōe-pò*［台湾教会報］. 439 (October 1921): 9-10. 同上書に収録。

（87） キリスト教に関わる言動を含む晩年のナポレオンの様子は、彼の忠実な部下で、セントヘレナ島にも随行したアンリ・ベルトラン（Henri Bertrand, 1773-1844）やシャルル＝トリスタン・マルキ・ド・モントロン（Charles-Tristan, marquis de Montholon, 1783-1853）らが記録している。例えば、ここでの廖得の引用に呼応するような言葉は、モントロンの記録を元に編集された「イエス・キリストの神性についてのナポレオンの心情」（1841）にも見られる。このことから、おそらく、晩年のナポレオンとキリスト教に関する物語は、当時の欧米世界で比較的によく知られており、宣教文書の題材ともなることで、廖得の知るところとなったのではないかと推測される。Beauterne, Robert François Antoine de. *Fragments Religieux Inédits. Sentiment de Napoléon sur la Divinité de*

Jésus-Christ. Pensées inédites recueillies à Ste. Héléne par M. le Comte de Montholon et publiées. 1841. *Google Books*. 3 Feb. 2009. Web. 6 Sep. 2016.

(88) Op. cit., Liāu Tit［廖得］, "Iâ-so͘ sī Sím-mih̍?［イエスとは何か？］." *Tâi-oân Kàu-Hōe-pò*［台湾教会報］,439, p. 9. 前掲《台灣教會公報全覽 第 7 巻（1920-1924）》に収録。

(89) Ibid.

(90) Ibid., pp. 9-10.

(91) Mûi Kam-bū［キャンベル・ムーディ］. "Tâm-lūn Tō-lí［教義談論］." *Tâi-lâm Hú-sia^{n} Kàu-hōe-pò*［台南府城教会報］. 226 (January 1904): 7-8, p. 8. 前掲《台灣教會公報全覽 第 4 巻（1902-1906）》に収録。Mûi Kam-bū［キャンベル・ムーディ］. *Lô-má-phoe*［ローマ書］. Tâi-lâm［台南］: Tsū-tin-tông［聚珍堂］,1908, p. 121. 梅監務《聚珍堂史料 5 梅監務作品集》（教會公報出版社、2006 年）に収録。

(92) Mûi Kam-bū［キャンベル・ムーディ］. "Tâm-lūn Tō-lí［教義談論］." *Tâi-lâm Hú-sia^{n} Kàu-hōe-pò*［台南府城教会報］. 220 (July 1903): 50-52, p. 51. 前掲《台灣教會公報全覽 第 4 巻（1902-1906）》に収録。

(93) Op. cit., Liāu Tit［廖得］, "Iâ-so͘ sī Sím-mih̍?［イエスとは何か？］." *Tâi-oân Kàu-Hōe-pò*［台湾教会報］,439, p. 10. 前掲《台灣教會公報全覽 第 7 巻（1920-1924）》に収録。

(94) Liāu Tit［廖得］. "Siōng-téng Ki-tok-tô͘［上等なキリスト教徒］." *Tâi-oân Kàu-Hōe-pò*［台湾教会報］. 468 (March 1924): 6-7. 同上書に収録。マルタについては註（95）を参照。

(95) Ibid., p. 7. なお、ここで登場するマルタとマリアという人物は、ルカによる福音書 10 章 38 から 42 節、およびヨハネによる福音書 11 章 1 節から 12 章 8 節に登場する姉妹である。特に前者においてはイエスがこの二人の家を訪れた際に、「接待のことで忙しくて心をとりみだし」た姉マルタと、イエスの足元に座り、その言葉に聴き入った妹マリアの対照的な姿が描かれている。このため、マルタはマリアにも私を手伝うように言ってくださいとイエスに頼むが、イエスは次のように答える。「マルタよ、マルタよ、あなたは多くのことに心を配って思いわずらっている。しかし、無くてならぬものは多くはない。いや、一つだけである。マリヤはその良い方を選んだのだ。そしてそれは、彼女から取り去ってはならないものである」。このエピソードについては、マルタ／マリアを、活動的生活／観想的生活、福音／律法、統一性／多様性、行動と実践的生活／観想と理論的生活、などの対比の比喩と見る解釈がある。出村みや子「マルタとマリア」前掲『岩波　キリスト教辞典』。ただし、当該箇所に関する神学的解釈は、必ずしもここでの廖得のようにマリアのマルタに対する優位性を主張するものばかりではない。絹川久子『ジェンダーの視点で読む聖書』（日

本キリスト教団出版局、2002 年)、pp. 54-66。

(96) Op. cit., Liāu Tit [廖得], "Siōng-téng Ki-tok-tô͘ [上等なキリスト教徒]." *Tâi-oân Kàu-hōe-pò* [台湾教会報]. 468, pp. 6-7. 前掲《台灣教會公報全覽 第 7 卷 (1920-1924)》に収録。

(97) Liāu Tit [廖得]. "Pak-tó-lāi ê Kám-hòa [お腹の中の感化]." *Tâi-oân Kàu-Hōe-pò* [台湾教会報]. 471 (June 1924): 10-11. "Ki-tok-tô͘ ê Siông-sek Oân-choân ê Kàu-io̍k [キリスト教徒の常識、完全な教育]." *Tâi-oân Kàu-Hōe-pò* [台湾教会報]. 471 (June 1924): 11-12. "Bú-koaⁿ ê Siu-ióng [武官の修養]." *Tâi-oân Kàu-Hōe-pò* [台湾教会報]. 473 (August 1924): 4. いずれも同上書。

(98) Liāu Tit [廖得]. "Si̍t-giām ê Ki-tok-kàu [実験のキリスト教]." *Tâi-oân Kàu-Hōe-pò* [台湾教会報]. 457 (April 1923): 10-11. 同上書に収録。

(99) Mûi Kam-bū [キャンベル・ムーディ]. "Tâm-lūn Tō-lí [教義談論]." *Tâi-lâm Hú-siaⁿ Kàu-hōe-pò* [台南府城教会報]. 221 (August 1903): 59-61, p. 60. 前掲《台灣教會公報全覽 第 4 卷 (1902-1906)》に収録。

(100) Op. cit., Liāu Tit [廖得], "Si̍t-giām ê Ki-tok-kàu [実験のキリスト教]." *Tâi-oân Kàu-Hōe-pò* [台湾教会報], 457, p. 11. 前掲《台灣教會公報全覽 第 7 卷 (1920-1924)》に収録。

〈第二章 表の参考文献〉

(2-1)《台灣教會公報全覽:台灣第一份報紙》第 1 ～ 8 卷 (1885-1927) (教會公報出版社、2004 年)。

(2-2)《台灣教會公報全覽:台灣第一份報紙》第 1 ～ 8 卷 (1885-1927) (教會公報出版社、2004 年)。

(2-3)《台灣教會公報全覽:台灣第一份報紙》第 5 ～ 9 卷 (1907-1930) (教會公報出版社、2004 年)。

第三章

(1) Moody, Peggie C. *Campbell Moody: Missionary and Scholar*, as 洪伯祺《聚珍堂史料 4 宣教學者梅監務》(台灣教會公報社、2005 年)、pp. 297-299.

(2) Ibid., pp. 300-312. Moody, Campbell N. *The Mind of the Early Converts.* London: Hodder and Stoughton, 1920. 彼は巻頭言にて、同書は「助け分かち合った者、そして何よりも明るく忍耐強い精神であった」亡き妻マーガレット・フィンドレーに献げるものであると述べている。

(3) Mûi Kam-bū [キャンベル・ムーディ]. *Kó-chá ê Kàu-hōe (Le̍k-sú, Lé-sò, kap Tō-*

lí): Tùi Khí-thâu kàu Chū-āu 323 Nî［古の教会（歴史、儀式、および教義）：そのはじまりから紀元323年まで］. Tâi-lâm［台南］: Sin-lâu, Chū-tin-tông［新楼聚珍堂］, 1922. 梅監務《聚珍堂史料5梅監務作品集》（教會公報出版社、2006年）に収録。Op. cit., Moody, Peggie C., *Missionary and Scholar,* pp. 312-325.

（4） Moody, Campbell N. *The Purpose of Jesus in the First Three Gospels.* London: Allen & Unwin, 1929. Op. cit., Moody, Peggie C., *Missionary and Scholar,* pp. 312-354.

（5） Op. cit., Moody, *The Purpose of Jesus,* pp. 79-80.

（6） Record of the FINANCE AND GENERAL COMMITTEE (Foreign Missions), at London and within the Church Offices. 21 May. 1931. in "Finance & General Committee minutes." *Presbyterian Church of England Foreign Missions Archives, 1847-1950.* Microfiche No. 1,644.

（7） 並河葉子「世紀転換期のミッションとイギリス帝国」木村和男編著『イギリス帝国と20世紀 第2巻 世紀転換期のイギリス帝国』（ミネルヴァ書房、2004年）、pp. 327-361、pp. 339-340.

（8） Stanley, Brian. "The Outlook for Christianity in 1914." Ed. by Gilley, Sheridan, and Brian Stanley. *The Cambridge History of Christianity. Vol. 8. World Christianities: c. 1815-1914.* Cambridge: Cambridge University Press, 2006, pp. 593-600, p. 596.

（9） Ibid., pp. 598-599.

（10） Dunch, Ryan. *Fuchou Protestants and the Making of a Modern China 1857-1927.* New Haven: Yale University Press, 2001, pp. 184-194. なお、この時期のアフリカにおいては、リベリア出身のグレボ人、ウィリアム·ウェイド·ハリス（William Wadé Harris, c. 1860-1929）による1914年のアイボリー·コーストからゴールド·コースト西部沿岸での宣教活動や、これに共鳴した人々によるキリスト教への大規模改宗運動が起こることで、ヨーロッパ人宣教師主導の宣教論や伝統的な教会組織構造のあり方のみならず、植民地支配の現状が問い返された。Op. cit., Stanley, "The Outlook for Christianity in 1914." pp. 599-600. 前掲 並河葉子、「世紀転換期のミッションとイギリス帝国」、pp. 355-358.

（11） Ching, Leo C. S. *Becoming "Japanese": Colonial Taiwan and the Politics of Identity Formation.* Berkeley: University of California, 2001, pp. 53-55.

（12） Healey, Francis. "The New Generation in Formosa." *The Presbyterian Messenger.* 1,041 (Dec. 1931): 211-212. Singleton, L. "Evangelising in Formosa." *The Presbyterian Messenger.* 1,042 (Jan. 1932): 245-246.

（13） 駒込武「台南長老教中学神社参拝問題——踏絵的な権力の様式」『思想』No. 915（岩波書店、2000年9月）、pp. 34-64、pp. 36-44。

（14） Bickers, Robert A. "'To Serve and Not to Rule': British Protestant Missionaries and Chinese Nationalism, 1928-1931." *Missionary Encounters: Sources and Issues.*

Bickers, Robert A. and Rosemary Seton (Eds.), Richmond: Cuzon Press, 1996, pp. 214-216.

（15） Dryburgh, Margaret. "Let Us Rise Up and Build." *The Presbyterian Messenger.* 967 (Oct. 1925): 146.

（16） Hutchison, William R. *Errand to the World: American Protestant Thought and Foreign Missions.* Chicago: The University of Chicago Press, 1987, p. 135.

（17） Ibid., p. 180.

（18） "A World League at Jerusalem." *The Children's Newspaper* [London]. 475 (28 Apr. 1928): 7. *Look and Learn: History Picture Library.* 6 Sep. 2016〈http://www.lookandlearn.com/index.php〉.

（19） Yates, Timothy. *Christian Mission in the Twentieth Century.* Cambridge: Cambridge University Press, 1996, p. 67. *Google Books*. Web. 6 Sep. 2016.

（20） *The Christian Mission in the Light of Race Conflict: Report of the Jerusalem Meeting of the International Missionary Council March 24th.-April 8th., 1928.* Vol. IV. London: Humphrey Milford, Oxford University Press, 1928.

（21） Op. cit., Moody, Peggie C., *Missionary and Scholar*, p. 298, p. 312. 台灣基督長老教會歷史委員會編《台灣基督長老教會百年史》（台灣基督長老教會、1965年）、p. 153。

（22） Op. cit., Moody, Peggie C., *Missionary and Scholar,* p. 320.

（23） *Minutes of the Synod of the Presbyterian Church of England. Held in Regent Square Church, London, on the 3rd, 4th, 5th, 6th, and 7th, Days of May, 1920: Together with the Minutes of the Executive Commission of Synod, the Reports of the Synod's Committees. And Other Papers Received by the Court.* London: Offices of the Presbyterian Church of England, 1920, p. 463.

（24） 初版は厦門のイングランド長老教会宣教師カーステアズ・ダグラス（Carstairs Douglas, 1830-1877）により1873年に刊行された。Douglas, Carstairs. *Chinese-English Dictionary of the Vernacular or Spoken Language of Amoy, with the Principal Variations of the Chang-chew and Chin-chew Dialects.* London: Trübner & Co., 1873.

（25） 1895年にムーディ、およびニールソンが来台して以降、台湾にはデイビス（A. E. Davis）、モンクリフ（Hope Moncrieff）、モンゴメリ、バンド、ジョーンズ（D. P. Jones）ら5名の宣教牧師が新たに派遣されたが、このうち1919年時点で在台イングランド長老教会に止まり続けていたのは、モンゴメリ、バンド、ジョーンズのみであった。前掲《百年史》、pp. 469-471。

（26） Moody, Campbell N. Letter to P. J. Maclagan. March 22, 1922, MS, *Presbyterian Church of England Foreign Missions Committee,* Series V, Box 9, Individual Files, Rev and Mrs Campbell Moody, SOAS Library, University of London, London（以下「PCE/

FMC Series V, Box 9, SOAS Library」とする）.

（27） Moody, Campbell N. Letter to P. J. Maclagan. June 15, 1922, MS, PCE/FMC Series V, Box 9, SOAS Library. 同書簡には「私が作成した神学校、および福音伝道活動に関する覚え書きを〔…〕マクスウェルが送付します」とある。

（28） Band, Edward. *Working His Purpose Out: The History of the English Presbyterian Mission, 1847-1947.* Taipei: Ch'eng Wen, 1972, p. 182.

（29） Moody, Campbell N. "Theological College (Copy for Dr. Maclagan)." n.d., MS, PCE/FMC Series V, Box 9, SOAS Library. 傍点部は原文下線部。同史料自体には日付がないが、註 27 の書簡の記述から、1922 年 6 月 15 日前後に送付されたものと推測される。

（30） 〈臺南神學院教職員錄〉, 《Sîn-ha̍k kap Kàu-hōe［神学と教会］》慶祝八十週年特刊號（臺南神學院, 1957 年）、pp. 221-227。

（31） Op. cit., Band, *Working His Purpose Out,* pp. 134-135.

（32） 前掲、〈臺南神學院教職員錄〉。

（33） 「キャンベル、エン、ムーデー 私立台湾基督長老教台南神学校設立認可ノ件」『台湾総督府公文類纂』 第 148 巻（1922 年）。國史館臺灣文獻館, 文獻大樓（南投市、台湾）に所蔵。

（34） Op. cit., Moody, Peggie C., *Missionary and Scholar,* pp. 324-325.

（35） Liāu Tit［廖得］. "68 Hôe-ek-lio̍k［68 年の回想録］." *Oa̍h-miā ê Bí-niû*［日ごとの糧］. 39 (August 1957): 40-42. 〈珍本聖經數位典藏查詢系統〉、《Sìn Bōng Ài［信望愛］》、閲覧日：2016 年 9 月 6 日〈http://bible.fhl.net/ob/ro.php?book=41&procb=0>〉.

（36） Op. cit., Moody, "Theological College (Copy for Dr. Maclagan)."

（37） Moody, Campbell N. "Evangelistic Work in Relation to Other Agencies (The Problem of the Relative Claims of This & Institutional Work) (Copy for Dr. Maclagan)." n.d., MS, PCE/FMC Series V, Box 9, SOAS Library. 同史料もまた註 27 の書簡の記述から、1922 年 6 月 15 日前後に送付されたものと推測される。

（38） Op. cit., Moody, Letter to P. J. Maclagan. March 22, 1922.

（39） Op. cit., Moody, Peggie C., *Missionary and Scholar*, pp. 324-325.

（40） Op. cit., Band, *Working His Purpose Out,* pp. 151.

（41） Op. cit., Moody, *The Mind of the Early Converts,* pp. 103-108.

（42） Ibid., p. 123.

（43） Ibid., p. 181.

（44） Op. cit., Mûi Kam-bū［キャンベル・ムーディ］, *Kó͘-chá ê Kàu-hōe*［古の教会］, p. 438.

（45） Ibid., p. 389.

（46） Op. cit., Moody, *The Mind of the Early Converts,* p. 47.

（47） Ibid., p. x.

（48） Ibid., p. 301.

（49） Ibid.「シー牧師」や「バー兄」といった固有名詞は、おそらく当時の漢族を対象とするミッションによる宣教師文学に登場し、本国のミッション支援者らの間である程度知られていた名前であったと思われる。例えば、「シー牧師（Pastor Hsi）」は、宣教初期のムーディが関心を寄せていた中国内陸宣教会の宣教師「ハワード・テイラー婦人（Mrs. Howard Taylor）」ことメアリ・ジェラルディン・ギネス（Mary Geraldine Guinness, 1865-1949）が評伝を著している席勝魔（1835-1896）であった可能性を指摘できる。Guinness, Geraldine. *Pastor Hsi (of North China): One of China's Christians.* Philadelphia: China Inland Mission, 1903. 席は同ミッションのジェームズ・ハドソン・テイラー（James Hudson Taylor, 1832-1905）の任命により、山西において三つの宣教師グループを指揮した。"Xi Shengmo (Pastor Hsi)." *Biographical Dictionary of Chinese Christianity.* 2014. 6 Sep. 2016〈http://www.bdcconline.net/en/stories/x/xi-shengmo.php〉. また「バー兄（Brother Ba）」は、泉州のイングランド長老教会宣教師アニー・N・ダンカン（Annie N. Duncan）の著書に言及されており、そこでは「キリストの愛が私をとらえてくださる」という言葉が彼にふさわしいものだと述べられている。 Duncan, Annie N. *The City of Springs or Mission Work in Chinchew.* Edinburgh: Oliphant, Anderson, & Ferrier, 1902, pp. 104-110. *Open Library.* 8 Aug. 2012. 6 Sep. 2016〈https://openlibrary.org/works/OL10720363W/The_city_of_springs〉.

（50） "Î-sin Kái-liông: Kah It tâm［維新改良：甲乙談］." *Tâi-oân Kàu-Hōe-pò*［台湾教会報］. 419 (February 1920): 10-11, p. 10.《台灣教會公報全覽：台灣第一份報紙 第7卷（1920-1924）》（教會公報出版社、2004年）に収録。

（51） なお、次に挙げる三つの理由から、同史料の匿名筆者は廖得と同一人物であったと推測される。第一が、甲と乙という架空の人物の問答によって論を進める形式の一致。第二が、台湾人教会の独立を特に財政の問題から論じる視点の類似。第三が、この匿名の筆者が呼びかける台湾人改宗者の「精神文明」の「維新」と、廖得における個々の台湾人信徒への「自養」と「新生」への呼びかけとの重なり。ただし、この両者が現に同一人物であったかという問題へのより実証的な検討は、以上三点の特徴が同時代の台湾人キリスト者の議論においてどの程度の広まりを持っていたのかという問題への考察と共に、今後の重要課題とする。

（52） Op. cit., Moody, Peggie C., *Missionary and Scholar,* pp. 154-155.

（53） Moody, Campbell N. *The Saints of Formosa: Life and Worship in a Chinese Church.* Edinburgh: Oliphant, Anderson & Ferrier, 1912, p. 128. なお、1900年の外

国為替相場（ロンドン向)、および1901年と2014年の企業物価戦前基準指数（基準：1934-36年 平均=1）を参考に計算すれば、当時の1ポンドは現在の約15,400円、当時の12から14シリングは、現在の約9,200から10,800円に相当する。『明治以降本邦主要経済統計』（日本銀行統計局、1966年7月)。「日本銀行を知る・楽しむ」『日本銀行』閲覧日：2016年9月8日〈http://www.boj.or.jp/announcements /education/oshiete/history/j12.htm/〉.

(54) Lîm Ha̍k-kiong[林学恭]."Kò͘ Mûi Kam-bū Bo̍k-su ê Sió-toān[故キャンベル・ムーディ牧師の小伝]." *Tâi-oân Kàu-hōe Kong-pò*［台湾教会公報]. 664 (July 1940): 9-12. Koeh Tiâu-sêng[郭朝成]. "Siàu-liām Mûi Kam-bū Bo̍k-su[故キャンベル・ムーディ牧師を偲ぶ]." *Tâi-oân Kàu-hōe Kong-pò*［台湾教会公報]. 664 (July 1940): 7-9. ともに《台灣教會公報全覽：台灣第一份報紙 第14巻（1939-1940)》（教會公報出版社、2004年）に収録。

(55) Campbell, William. *Handbook of the English Presbyterian Mission in South Formosa.* Hastings: F. J. Parsons, 1910, as 甘為霖《聚珍堂史料6臺南教士會議事錄》（教會公報出版社、2004年)、p. 878, p. 947, p. 950.

(56) 阮宗興〈導讀：介紹一本特殊的教會史料——兼談校注甘為霖的《台南教士會議事錄》的一些問題〉, Op. cit., Campbell, *Handbook*, p. 27。

(57) Op. cit., Moody, Peggie C. *Missionary and Scholar,* pp. 154-155.

(58) Op. cit., Band, *Working His Purpose Out*, p. 128.

(59) 前掲《台灣基督長老教會百年史》、pp. 13-14。

(60) 吳學明《聚珍堂叢書(1) 從依賴到自立——終戰前台灣南部基督長老教會研究》（人光出版社、2003年)、p. 245。

(61) Moody, Campbell N. Letter to P. J. Maclagan. March 25, 1921, MS, PCE/FMC Series V, Box 9, SOAS Library.

(62) Op. cit., Band, *Working His Purpose Out*, pp. 146-148. Jîn-sò͘-toaⁿ［人数表]. *Tâi-oân Kàu-Hōe-pò*［台湾教会報]. 466 (January 1924): 2. 前掲《台灣教會公報全覽 第7巻（1920-1924)》に収録。

(63) 前掲 吳學明《從依賴到自立》、p. 204、p. 232。

(64) Op. cit., "Î-sin Kái-liông: Kah It tâm［維新改良：甲乙談]." *Tâi-oân Kàu-Hōe-pò*［台湾教会報], 419, p. 10. 前掲《台灣教會公報全覽 第7巻（1920-1924)》に収録。

(65) 週刊朝日編『値段史年表：明治・大正・昭和』（朝日新聞社、1988年)、p. 51。なお、ここでは銀行員の初任給を参照している。

(66) 前掲 吳學明《從依賴到自立》、p. 204、p. 232。

(67) Liâm Tek-liat［A. B. Nielson]. "Chóng-siàu-toaⁿ 1919［総帳簿1919年]." *Tâi-oân Kàu-Hōe-pò*［台湾教会報]. 424 (July 1920): 3-4. 前掲《台灣教會公報全覽 第7巻（1920-1924)》に収録。また註53と同様の方法で算出すれば、当時の

49.50 円は現在の約 21,700 円に相当する。

(68) Lo͘k-tō-chú［駱駝子］. "Tiong-kò Lâm-pō͘ Thoân-tō-su［忠告南部伝道師］." *Tâi-oân Kàu-Hōe-pò*［台湾教会報］. 426 (September 1920): 9-10. 同上書に収録。

(69) Liāu Tit［廖得］. "Kàu-hōe ê To͘k-li̍p［教会の独立］." *Tâi-oân Kàu-Hōe-pò*［台湾教会報］. 462 (September 1923): 1-2, p. 1. 同上書に収録。

(70) 子ども一人につき 12 ポンド（8 歳）、24 ポンド（8-13 歳）、36 ポンド（13-18 歳）に加え、年間 30 ポンドのサポートを受けるものと定められた。子どもの教育費は一人につき 12 ポンド（8-13 歳）、あるいは 20 ポンド（13-18 歳）とされた。"Record of Foreign Missions Executive Board Meeting in London. 16th February, 1926." *Presbyterian Church of England Foreign Missions Archives, 1847-1950.* Microfiche No. 1,424.

(71) Ibid. 並河によれば、宣教師の給与は「彼らの出身階層である、ワーキング・クラスの上層から下層ミドル・クラスの人びとと比べて恵まれていた」。前掲並河葉子、「世紀転換期のミッションとイギリス帝国」、p. 341。

(72) また、1926 年の外国為替相場（ロンドン向）、および同年と 2014 年の企業物価戦前基準指数（基準：1934-36 年 平均 =1）を参考に計算すると、当時の 1 ポンドは現在の約 6,100 円であったことから、当時の 220 ポンドは、現在の約 1,342,000 円に、当時の 170 ポンドは、現在の約 1,037,000 円に相当することがわかる。前掲『明治以降本邦主要経済統計』、前掲「日本銀行を知る・楽しむ」『日本銀行』。

(73) 前掲 吳學明《從依賴到自立》、pp. 204-222、pp. 372-381。

(74) Op. cit., "Î-sin Kái-liông: Kah It tâm［維新改良：甲乙談］." *Tâi-oân Kàu-Hōe-pò*［台湾教会報］, 419, p. 10. 前掲《台灣教會公報全覽 第 7 卷（1920-1924）》に収録。

(75) Op. cit., Liāu Tit［廖得］. "Kàu-hōe ê To͘k-li̍p［教会の独立］." *Tâi-oân Kàu-Hōe-pò*［台湾教会報］, 462, p. 2. 同上書に収録。

(76) 郭朝成《傳道行程 上冊》（非売品、2006 年）、pp. 254-255。

(77) Op. cit., Moody, Letter to P. J. Maclagan, March 25, 1921, MS.

(78) 前掲 吳學明《從依賴到自立》、p. 216。1921 年 3 月 10 日、第四拾四回春季議会、第五十七条、台南長老大會《聚珍堂史料 3 南部大會議事錄（二）1914-1927》（台灣教會公報社、2003 年）、p. 231。

(79) Op. cit., Moody, Letter to P. J. Maclagan, March 25, 1921, MS.

(80) 台湾総督府殖産局『台湾米穀要覧　昭和十二年』（1937 年）、p。88-89。なお、ここでは南部産米の高雄倉渡相場を参照している。

(81) 台湾総督府財務局編纂『大正五年　台湾総督府税務年報』（1916 年）、p.2、同『大正六年　台湾総督府税務年報』（1917 年）、p. 2、同『大正七年　台湾総督府税務年報』（1918 年）、p. 2、同『大正八年　台湾総督府税務年報』（1919 年）、

p. 2、同『大正十年　台湾総督府税務年報』(1921 年)、p. 2。

(82)　Op. cit., Moody, Letter to P. J. Maclagan, March 25, 1921, MS.

(83)　Ibid.

(84)　Moody, Campbell N. Letter to P. J. Maclagan. March 11, 1925, MS, PCE/FMC Series V, Box 9, SOAS Library.

(85)　Maclagan, P. J. Letter to Campbell Moody. March 6, 1925, MS, PCE/FMC Series V, Box 9, SOAS Library.

(86)　Op. cit., Moody, Letter to P. J. Maclagan, March 11, 1925, MS. 傍点部は原文の下線に基づく。

(87)　Moody, Campbell N. "The End of Foreign Missions." *The Presbyterian Messenger.* 993 (Dec. 1927): 209-210.

(88)　"The Escape from Wukingfu." *The Presbyterian Messenger.* 967 (Oct. 1925): 151-152. James, Douglas. "The Situation in Swatow, 1925-6." *The Presbyterian Messenger.* 982 (Jan. 1927): 243-244. など。

(89)　Op. cit., Moody, "The End of Foreign Missions." p. 209. ここに見られるように、ムーディは「偶像(idols)」というネガティブな表現を用いる場合があるが、彼が他宗教に言及する際には多くの場合「異教徒(Heathen)」の語を使用する。ムーディにおいて「異教徒」は必ずしも否定的な表現ではなかったことは、アーサーの次のような回想から窺われる。「ムーディは、ノンクリスチャン(Non-Christian)と言うのが流儀となった後にでさえ、必ず異教徒という語を用いた。〔異教徒という語は〕指摘されているように軽蔑的なものであるのではなく、むしろある肯定的な意味での礼拝——神像への礼拝——を指し示すものである。その一方で、ノンクリスチャンははるかに否定的で、褒め言葉ではまったくないのだと彼は主張していた」。Op. cit., Moody, Peggie C., *Missionary and Scholar,* p. 141.

(90)　Op. cit., Moody, "The End of Foreign Missions." p. 209.

(91)　Ibid.

(92)　アーサーの回想によると、ムーディは 1921 から 1924 年の間に霧峰にてこの元抗日ゲリラの人物に出会っている。また、ムーディおよびアーサー夫妻は同時期に霧峰林家を訪れ、林献堂(1881-1956)と思われる人物らの歓待を受けた。その際、この人物はイギリスのインド統治に関する議論を熱心に持ちかけたと言う。Op. cit., Moody, Peggie C., *Missionary and Scholar,* p. 329. なお、林献堂の日記には、彼が 1927 年 7 月 14 日に長老教会の女性伝道局理事「鐘氏」の訪問を受けたこと、この人物とは「梅牧師(ムーディ牧師)」の紹介で知り合ったことが記されている。このことからも、林献堂とムーディの間には 1927 年以前に接点があったことが確認される。〈灌園先生日記 /1927-07-14〉, 中央研

究院臺灣史研究所《臺灣史研究所 臺灣日記知識庫》, 閲覧日：2016 年 8 月 27 日〈 http://taco.ith.sinica.edu.tw/tdk/%E9%A6%96%E9%A0%81 〉.

(93) Op. cit., Moody, "The End of Foreign Missions." p. 209.

(94) Ibid., p. 210.

(95) Moody, Campbell N. *The Heathen Heart: An Account of the Reception of the Gospel Among the Chinese of Formosa.* Edinburgh: Oliphant, Anderson & Ferrier, 1907, p. 115.

(96) Op. cit., Moody, Letter to Maclagan. March 11, 1925, MS.

(97) Op. cit., Moody, *The Purpose of Jesus,* p. 11-17.

(98) Mûi Kam-bū［キャンベル・ムーディ］. *Lô-má-phoe*［ローマ書］. Tâi-lâm［台南］: Tsū-tin-tông［聚珍堂］, 1908, pp. 154-155. 梅監務《聚珍堂史料 5 梅監務作品集》(教會公報出版社、2006 年）に収録。

(99) Op. cit., Moody, *The Purpose of Jesus,* p. 13.

(100) Ibid., pp. 17-21, pp. 72-73.

(101) Ibid., pp. 62-63.

(102) Ibid., pp. 79-80.

(103) Ibid.

(104) Ibid., pp. 76-78.

(105) Ibid. なお、ムーディは 1930 年代にはこの考えをより先鋭化し、キリスト者に与えられるイエスの「恩典 grace」とは、「最も人格的 personal なる」形をとるものであると論じている。Moody, Campbell N. *The Childhood of the Church.* London: George Allen & Unwin, 1938, p. 97.

(106) Op. cit., Moody, *The Purpose of Jesus,* p. 66.

(107) Ibid., p. 15.

(108) Ibid., p. 16.

(109) Ibid., p. 66, p. 98. ムーディは原文では明記していないが、それぞれの聖書の言葉の出典は以下のようになっていると推測される。「わたしのもとにきなさい」（マタイによる福音書 11 章 28 節）、「わたしについてきなさい」（マタイによる福音書 4 章 19 節、およびマルコによる福音書 1 章 17 節）、「帰って、持っているものをみな売り払って、〔...〕わたしに従ってきなさい」（マルコによる福音書 10 章 21 節）、「わたしを受けいれる」（マタイによる福音書 10 章 40 節、および 18 章 5 節、マルコによる福音書 9 章 37 節、ルカによる福音書 9 章 48 節）、「人の前でわたしを受けいれる」（マタイによる福音書 10 章 32 節、およびルカによる福音書 12 章 8 節）。

(110) Op. cit., Moody, *The Purpose of Jesus,* pp. 66-74.

(111) Ibid., pp. 73-74. 傍点部は原文イタリック。

(112)　Ibid., pp. 72-74.
(113)　Ibid., pp. 44-45.
(114)　Ibid., pp. 110-113.
(115)　Ibid.
(116)　その時期はムーディおよびアーサー夫妻が晩年を過ごしたグラスゴー郊外レノックスタウンの平屋に移り住んだ 1929 年前後であった可能性がある。Op. cit., Moody, Peggie C., *Missionary and Scholar,* pp. 354-355.

〈第三章　表の参考文献〉

(3-1)「キヤンベル、エン、ムーデー 私立台湾基督長老教台南神学校設立認可ノ件」『台湾総督府公文類纂』第 148 巻（1922 年）。國史館臺灣文獻館, 文獻大樓（南投市、台湾）に所蔵。

第四章

(1)　"Î-sin Kái-liông: Kah It tâm［維新改良：甲乙談］." *Tâi-oân Kàu-Hōe-pò*［台湾教会報］. 419 (February 1920): 10-11, p. 10.《台灣教會公報全覽：台灣第一份報紙 第 7 巻（1920-1924）》（教會公報出版社、2004 年）に収録。
(2)　駒込武「台南長老教中学神社参拝問題――踏絵的な権力の様式」『思想』No. 915（岩波書店、2000 年 9 月）、pp. 34-64、pp. 36-44。
(3)　吳學明《聚珍堂叢書（1）従依賴到自立――終戰前台灣南部基督長老教會研究》（人光出版社、2003 年）、p. 374。
(4)　1918 年 3 月 12 日、南部大会第四十回会議録、第六十二条、台南長老大會《聚珍堂史料 3 南部大會議事錄（二）1914-1927》（教會公報出版社、2004 年）、p. 113。
(5)　1920 年 1 月 6 日、南部大会第四十二回春期議会議事録、第八十七条、同上書、pp. 197-198。
(6)　1919 年 3 月 25 日、南部大会第四十一回会議録、第七十条、同上書、p. 158。台灣基督長老教會歷史委員會編《台灣基督長老教會百年史》（台灣基督長老教會、1965 年）、p. 123、pp. 137-138。前掲 吳學明《従依賴到自立》、pp. 372-381。
(7)　前掲《台灣基督長老教會百年史》、p. 137。
(8)　同上、pp. 128-129。
(9)　林燕臣〈臺南中會成立祝歌〉、《台南神學校 校友會雜誌 第參號》（臺灣基督教會臺南神學校、1931 年）、p. 6。なお、同詩の第九節で「四〔百〕外万の衆生」と訳している箇所は、原文では「四十外万之衆生」と表記されている。後述す

るように、台南神学校『校友会雑誌』上の林の他の投稿文には、「四百万同胞」という表現が多用されていることから、「四十外万」は「四百外万」の誤植であったと考えられる。

(10) Moody, Campbell N. *Love's Long Campaign.* London: Robert Scott Roxburge House Paternoster Row, E. C., 1913, pp. 3-11, p. 8.

(11) 「希望に満つる日刊台湾新民報の使命」、「言論解放と経済権益の伸張」『台湾新民報』第398号(1932年1月16日)。〈台灣地方自治聯盟宣言〉,《台灣地方自治聯盟要覽》(台灣地方自治聯盟、1931年)、《數位典藏數位學習國際型科技計畫》、閲覧日2016年9月6日〈http://catalog.digitalarchives.tw/item/00/29/51/1d.html〉。

(12) 〈林燕臣牧師〉、楊士養編著 林信堅修訂《信仰偉人列傳》(人光出版社、1994年)、pp. 89-94。

(13) 伯瑕生「十七字歌」,許清如「十七字歌」,*Tâi-oân Kàu-hōe Kong-pò*［台湾教会公報］. 574 (January 1933): 11.《台灣教會公報全覽:台灣第一份報紙 第11巻(1933-1934)》(教會公報出版社、2004年)に収録。

(14) Moody, Campbell N. *The Saints of Formosa: Life and Worship in a Chinese Church.* Edinburgh: Oliphant, Anderson & Ferrier, 1912, p. 162.

(15) Ibid., pp. 162-163.

(16) Ibid., pp. 163-164.

(17) Ibid., pp. 164-165.

(18) Ibid., pp. 165-167.

(19) Ibid., p. 167.

(20) Ibid.

(21) 荻野弘之「アンブロシウス」大貫隆ほか編『岩波　キリスト教辞典』(岩波書店、2002年)。

(22) Op. cit., Moody, *The Saints of Formosa,* pp. 167-168.

(23) Ibid., p. 168.

(24) Lîm Iàn-sîn［林燕臣］. "Kám-sióng［感想］." *Tâi-oân Kàu-Hōe-pò*［台湾教会報］. 520 (July 1928): 4-5.《台灣教會公報全覽:台灣第一份報紙 第9巻(1928-1930)》(教會公報出版社、2004年)に収録。

(25) Op. cit,, Moody, *The Saints of Formosa*, pp. 168-169.

(26) Bruce, A. B. "The Kingdom of God." in Bruce, A. B. et al. *Christianity and Social Life: A Course of Lectures.* Edinburgh: Macniven & Wallace, pp. 1-16. 傍点部は原文イタリック。

(27) Moody, Campbell N. *The Purpose of Jesus in the First Three Gospels.* London: Allen & Unwin, 1929, pp. 76-78.

(28) Lîm Iàn-sîn［林燕臣］. "Hùn-heng-hōe［奮興会］." *Tâi-oân Kàu-Hōe-pò*［台湾教会報］. 458 (May 1923): 9. 前掲《台灣教會公報全覽 第 7 卷（1920-1924)》に収録。

(29) Ibid.

(30) Ibid.

(31) Lîm Iàn-sîn［林燕臣］. "Kî-tó tit-tioh Èng-ún［祈りが応えられる］." *Tâi-oân Kàu-Hōe-pò*［台湾教会報］. 529 (April 1929): 4-5. 前掲《台灣教會公報全覽 第 9 卷（1928-1930)》に収録。黄武東は林燕臣に深く親炙した学生であったが、かつて両者の間には衝突があった。台南長老教中学を経て、1926 年 4 月に台南神学校に入学した黄は、すでに彼が知り尽くしたことを教授していた当時の神学校の授業水準に不満を覚えて自暴自棄となり、林や高金聲を激怒させてしまった。黄は両者に謝罪したが、事態は彼の退学も危ぶまれる状況へと発展した。結局、周囲の学生や知人の取り計らいで一学期間の停学処分となった黄は、復学後には努めて誠実に学び、両者との関係を回復した。林は黄に漢詩の詠み方を教え、時に即興で詠み合い、黄の返歌が良くできていれば喜び、そうでなければ直してくれたという。黄武東《黄武東回憶錄—台灣教會發展史的寶典》(嘉西出版社、2009 年)、pp. 66-82。

(32) Lîm Iàn-sîn［林燕臣］. "Seh-siā［お礼］." *Tâi-oân Kàu-Hōe-pò*［台湾教会報］. 350 (May 1914): 12.《台灣教會公報全覽:台灣第一份報紙 第 6 卷(1914-1919)》(教會公報出版社、2004 年）に収録。

(33) Lîm Iàn-sîn［林燕臣］. "Chit-jit chit-kak-gîn［一日一角銀］." *Tâi-oân Kàu-Hōe-pò*［台湾教会報］. 468 (March 1924): 3-4, p. 3. 前掲《台灣教會公報全覽 第 7 卷（1920-1924)》に収録。

(34) Ibid., pp. 3-4.

(35) Lîm Iàn-sîn［林燕臣］. "Teng-bûn Kóng-kò［投稿募集］." *Tâi-oân Kàu-Hōe-pò*［台湾教会報］. 513 (December 1927): 4. 前掲《台灣教會公報全覽 第 9 卷(1928-1930)》に収録。

(36) Lîm Iàn-sîn［林燕臣］. "Teng-bûn Hoat-piáu［投稿文の発表］." *Tâi-oân Kàu-Hōe-pò*［台湾教会報］. 515 (February 1928): 8. 同上書に収録。

(37) 林燕臣〈傳教師之精神（其一)〉、《臺灣基督教會臺南神學校 校友會雜誌 第貳號》(臺灣基督教會臺南神學校、1929 年)、pp. 1-2。郭朝成〈傳教師之精神（其二)〉、同上、pp. 2-3。

(38) Lîm Iàn-sîn［林燕臣］. "Kàu-hōe-pò Ha̍p-it［教会報の合同］." *Tâi-oân Kàu-hōe Kong-pò*［台湾教会公報］. 566 (May 1932): 3.《台灣教會公報全覽：台灣第一份報紙 第 10 卷（1931-1932)》(教會公報出版社、2004 年）に収録。

(39) 黄武東·徐謙信合編、賴永祥增訂《台灣基督長老教會歷史年譜》(人光出版社、

1995年)、p. 262。

(40) Record of the FINANCE AND GENERAL COMMITTEE (Foreign Missions), at London and within the Church Offices. 17 March. 1932. in "Finance & General Committee minutes." *Presbyterian Church of England Foreign Missions Archives, 1847-1950.* Microfiche No. 1,644.

(41) 前掲《台灣基督長老教會百年史》、p. 190。

(42) Môe[Mûi] Kam-bū[キャンベル・ムーディ]."Sin-nî ê Kám-sióng[新年の感想]." *Tâi-oân Kàu-Hōe-pò*[台湾教会報]. 550 (January 1931): 1-3, p. 1. 前掲《台灣教會公報全覧 第10巻(1931-1932)》に収録。

(43) Ibid.

(44) 斉藤利彦「『校友会雑誌』研究に向けて——その意義と課題」斉藤利彦『旧制中等諸学校の『校友会誌』にみる学校文化の諸相の研究と史料のデータベース化』(2009-2012年度科学研究費補助金 基盤研究(B)研究成果報告書(第一集)、2011年)、pp. 1-10。

(45) 斉藤利彦編『学校文化の史的研究:中等諸学校の『校友会雑誌』を手がかりとして』(東京大学出版会、2015年)、pp. 8-9。

(46) 市川雅美「旧制中学校の校友会における生徒自治の側面——校友会規則の分析を中心に」、『東京大学大学院教育学研究科紀要』第43巻(東京大学大学院教育学研究科、2003年)、pp. 1-13。

(47) 陳文松「『校友』から『台湾青年』へ——台湾総督府国語学校『校友会雑誌』に見る『青年』像」『年報地域文化研究』第9号(東京大学大学院総合文化研究科地域文化研究専攻、2005年)、pp. 138-142。

(48) 〈校友會々則〉,《創立五十周年記念 校友會雜誌 第一號》(私立臺南長老教神學校、1928年)、p. 23。

(49) 林燕臣〈發刊詞〉, 同上、p. 1。

(50) 潘道榮〈發刊詞〉、同上、p. 2。

(51) D.E.H.〈編集室〉、《臺南神學校 校友會雜誌 第四號》(南部臺灣基督長老教會臺南神學校、1933年)、pp. 87-88。

(52) 賴永祥〈史話488 潘道榮當東門副牧〉,《賴永祥長老史料庫》, 閲覧日2016年9月6日〈http://www.laijohn.com/index.htm〉。

(53) 前掲 駒込武「台南長老教中学神社参拝問題」、p. 51。

(54) 〈校友會々則〉、前掲《校友會雜誌 第參號》、p. 84。〈校友會々則〉、前掲《校友會雜誌 第四號》、p. 81。

(55) Campbell, William. *Handbook of the English Presbyterian Mission in South Formosa.* Hastings: F. J. Parsons, 1910, as 甘為霖《聚珍堂史料6 臺南教士會議事錄》(教會公報出版社、2004年)、pp. 183-184.

(56)　"Toa-o͘h［大学］." *Tâi-lâm-hú-siâⁿ Kàu-hōe-pò*［台南府城教会報］. 460 (July 1923): 9-10. 前掲《台灣教會公報全覽 第7巻（1920-1924）》に収録。なお、台南神学校における日本語の授業は1898年に導入された。台南宣教師会議の1898年9月14日の記録によれば、「細川氏が週に三時間大学〔後の台南神学校〕で、三時間中学〔後の台南長老教中学〕で日本語を教授することが決定した」。「細川氏」とは、1895年当初に日本の従軍慰問使として来台し、バークレーやマカイ、李春生をはじめとする台湾キリスト教関係者と活発に関わった日本基督教会の細川瀏（1856-1934）を示す。Op. cit., Campbell, *Handbook,* pp. 675-676. 高井ヘラー由紀「植民地支配、キリスト教、そして異文化交流――日本軍による台湾武力制圧における事例より（一八九五年）」『日本研究』第30集（国際日本文化研究センター、2005年3月）、pp. 109-132。

(57)　Band, Edward. *Working His Purpose Out: The History of the English Presbyterian Mission 1847-1947.* Taipei: Ch'eng Wen, 1972, p. 185.

(58)　蘇文魁〈南北二路跑的劉忠堅牧師〉，前掲《賴永祥長老史料庫》。なお、マクラウドは1927年にカナダ長老教会からイングランド長老教会に異動している。同年、カナダ本国の長老教会は「カナダ連合教会」に合同したが、在台宣教師らに関しては、従来のように合同に加わらないカナダ長老教会組織に属するものとされた。ただし、希望者は他の宣教団体への異動を許されたため、マクラウドのほかD･F･マーシャル（D. F. Marshall）、イザベル･エリオット（Isabel Elliot）、リリー・アデア（Lily Adair）らがイングランド長老教会に移籍した。Op. cit., Band, *Working His Purpose Out,* p. 153.

(59)　Ibid., pp. 151-153.

(60)　Ibid., p. 185.

(61)　Ibid., pp. 112-113.

(62)　張妙娟《開啓心眼――《台灣府城教會報》與長老教會的基督教徒教育》（人光出版社、2005年）、pp. 96-97。

(63)　〈林學恭牧師〉，前掲《信仰偉人列傳》、pp. 59-79、p. 61。Ông Chiàm-khoe［王占魁］. "Góa Só͘ Chun-kèng Siàu-liām ê Su-iú: Lūn Lîm Ha̍k-kiong Bo̍k-su［私が尊敬し追悼する師友：林学恭牧師について］." *Tâi-oân Kàu-hōe Kong-pò*［台湾教会公報］. 939、940 (August 1964): 17-19.《台灣教會公報全覽：台灣第一份報紙 第23巻（1963-1964）》（教會公報出版社、2004年）に収録。

(64)　Moody, Campbell N. *The King's Guests: A Strange Formosan Fellowship.* London: H. R. Allenson, 1932, pp. 28-48.

(65)　前掲〈校友會々則〉、前掲《校友會雜誌 第一號》、pp. 23-24。

(66)　〈現在生存校友遵照會則第六八條編入正會員之氏名列左〉、前掲《校友會雜誌 第貳號》、pp. 74-76。〈現在生存校友遵照會則第六八條編入正會員之氏名列

左〉、前掲《校友會雜誌 第參號》、pp. 80-83。〈現在正會員名簿〉、前掲《校友會雜誌 第四號》、pp. 77-80。

(67) 〈本年校友會役員〉、前掲《校友會雜誌 第一號》、pp. 24-25。〈本年校友會役員如下〉、前掲《校友會雜誌 第貳號》、p. 77。〈本校友會役員如下〉、前掲《校友會雜誌 第參號》、p. 83。〈本年校友會役員如下〉、前掲《校友會雜誌 第四號》、p. 80。〈傳教師査詢〉、《台灣基督長老教會》、閲覧日 2012 年 11 月 26 日〈http://www.pct.org.tw/〉。なお、同検索システムでは個人情報保護のため、現在は各伝道師・牧師の過去の任地を表示していない。

(68) 前掲《台灣基督長老教會百年史》、p. 123、pp. 137-138。前掲 吳學明《從依賴到自立》、pp. 372-381。

(69) 〈第二回校友大會紀錄〉、前掲《校友會雜誌 第參號》、pp. 86-87。

(70) "Kín-kò: Sîn Ha̍k-hāu Hāu-iú Cha̍p-chì［原稿の募集：神学校校友雑誌］." *Tâi-oân Kàu-Hōe-pò*［台湾教会報］. 535 (October 1929): 6. 前掲《台灣教會公報全覽 第 9 卷（1928-1930）》に収録。

(71) 郭朝成〈敬步林燕臣恩師原韻〉、前掲《校友會雜誌 第貳號》、p. 19。傍点は引用者による。

(72) 林燕臣〈祝臺灣南部傳教師總會懇親會〉、同上書《校友會雜誌 第貳號》、p. 19。傍点は引用者による。

(73) 前掲〈林燕臣牧師〉、前掲《信仰偉人列傳》、pp. 89-94。

(74) 郭朝成《傳道行程 上冊》（非売品、2006 年）、pp. 15-16。

(75) 同上、pp. 30-31。

(76) 同上、pp. 52-53。

(77) 同上、pp. 57-59。

(78) 同上、pp. 60-61。

(79) 同上、p. 64。

(80) 同上、pp. 72-73。

(81) 同上、pp. 76-81。これらの経験から郭は、ムーディは自分が伝道師となるのを助けてくれた「良友」であったと回想し、次のように述べている。「私がキリスト者となり、洗礼を受けて執事に任命されたのも、神学校に入ったのも彼〔ムーディ〕の励ましによるのであり、いつも一緒に街頭説教をしてその薫陶感化を受けたのである。〔その〕献身的な宣教の影響は最も大きかった」。同上、pp. 104-106。

(82) 同上、pp. 84-102。郭朝成《傳道行程 下冊》（非売品、2006 年）、p. 1200。

(83) 〈陳金然牧師〉、前掲《信仰偉人列傳》、pp. 377-380。

(84) 《會員名簿》（長榮中學校長中校友會, 1942 年）。〈西曆 1876 年臺南神學校（大學）開設以後之學生姓名〉,《Sîn-ha̍k kap Kàu-hōe［神学と教会］》慶祝八十週

年特刊號（臺南神學院，1957 年），pp. 233-246。『大正十四年（1925）十一月　明治学院神学部一覧　東京市外淀橋街角筈一〇〇』（明治学院、1925）、p. 11。周の『教会報』への投稿状況については、白話字文書のオンラインアーカイブである《台灣白話字文獻館》に収録・掲載されているものだけでも 33 本を数える（1928 年から 1956 年）。國立台灣師範大學台灣文化及語言文學研究所《台灣白話字文獻館》、閲覧日：2016 年 9 月 6 日〈http://pojbh.lib.ntnu.edu.tw/script/index.htm〉。

(85)　賴永祥〈史話 407 潘明珠牧師的家屬〉、前掲《賴永祥長老史料庫》。

(86)　潘道榮「ジョン・ウエスレーと其の神学」、前掲《校友會雜誌 第貳號》、pp. 46-49、半樵子「清教主義の歴史と其中心思想」、前掲《校友會雜誌 第四號》、pp. 5-13。

(87)　潘願如「東門教会週報附録」、同上書《校友會雜誌 第四號》、pp. 13-25、潘願如「東門基督教会沿革」、同上書《校友會雜誌 第四號》、pp. 25-29。

(88)　賴永祥〈劉振芳牧師小檔案〉、同上《賴永祥長老史料庫》。

(89)　前掲　駒込武「台南長老教中学神社参拝問題」、pp. 36-44。

(90)　潘氏筱玉〈祝神學五十週年〉、前掲《校友會雜誌 第一號》、pp. 13-14。

(91)　廖得〈臺灣之死活問題〉、前掲《校友會雜誌 第貳號》、p. 18。

(92)　前掲《台灣基督長老教會百年史》、pp. 490-491。

(93)　前掲「希望に満つる日刊台湾新民報の使命」、「言論解放と経済権益の伸張」『台湾新民報』第 398 号（1932 年 1 月 16 日）。前掲〈台灣地方自治聯盟宣言〉,《台灣地方自治聯盟要覽》（台灣地方自治聯盟、1931 年）、《數位典藏數位學習國際型科技計畫》。

(94)　前掲　林燕臣〈發刊詞〉、前掲《校友會雜誌 第一號》、p. 1。

(95)　郭朝成〈滿招損謙受益論〉、前掲《校友會雜誌 第一號》、pp. 18-19、p. 18。なお、『書経』の引用部分は、小野沢精一著『新釈漢文体系 26　書経　下』（明治書院、1985 年）、pp. 376-380 を参照した。小野による同一箇所の通釈は次の通りである。「自ら足れりとするものは損を招き、自らへり下るものは益を受けるもので、これこそ天の道理というものです」。

(96)　前掲 郭朝成〈滿招損謙受益論〉、p. 18。

(97)　郭朝成〈破除迷信論〉、前掲《校友會雜誌 第貳號》、pp. 14-15。

(98)　前掲　郭朝成〈滿招損謙受益論〉、p. 18。

(99)　吉田賢抗著『新釈漢文体系 1　論語』（明治書院、1960 年）、p. 183。同一箇所の吉田による通釈は以下の通り。「もし、かの周公ほどの完全な美しい才能があったとしても、かりに、人に対して驕慢であり、自分の情を出し惜しみする卑吝な心があったとしたならば、それ以外のいかなる美徳も、とりたてて観るに足りないものとなる」。

(100)　「子曰く、聖と仁との若きは、則ち吾豈敢てせんや（聖人と仁者というのは、わしなどはどうしておよびつこうや、思いもよらないことだ）」。同上、p. 171。

(101)　前掲　郭朝成〈滿招損謙受益論〉、pp. 18-19。

(102)　郭朝成〈傳教師須立德立言立功名垂不朽論〉、前掲《校友會雜誌 第參號》、pp. 3-5。

(103)　前掲　郭朝成〈滿招損謙受益論〉、p. 19。

(104)　周天來「イエスの倫理的教訓」、前掲《校友會雜誌 第參號》、pp. 43-53、pp. 43-44。

(105)　同上、pp. 48-49。

(106)　同上、p. 49。

(107)　同上、pp. 49-50。

(108)　同上、pp. 51。

(109)　同上、pp. 49-53。

(110)　Mûi Kam-bū［キャンベル・ムーディ］. "Tâm-lūn Tō-lí［教義談論］." *Tâi-lâm Hú-sia^n Kàu-hōe-pò*［台南府城教会報］. 226 (January 1904): 7-8.《台灣教會公報全覽：台灣第一份報紙 第4巻（1902-1906）》（教會公報出版社、2004年）に収録。

(111)　このような総督府の姿勢は、1910年代には台湾原住民に対する征服戦争に漢族住民、特に有力者層の協力が必要となったことや、中国における辛亥革命（1911）の台湾社会への影響に対する不安を受け、変容を迫られた。駒込武『植民地帝国日本の文化統合』（岩波書店、1996年）、p. 45、pp. 130-144。しかしながら、林献堂ら台湾人有力者が中心となって1913年以来推進してきた台中での私立中学校設立運動を、結局は日本内地の中学校よりもレベルが低く、総督府の管理下に置かれる「公立台中中学校」（1915）へと歪めた例にも見られるように、総督府はあくまでも台湾人教育の充実に否定的であった。駒込武『世界史のなかの台湾植民地支配——台南長老教中学校からの視座』（岩波書店、2015年）、pp. 216-223。

(112)　前掲《會員名簿》。前掲〈西曆1876年臺南神學校(大學)開設以後之學生姓名〉。〈許水露牧師夫人訪問記〉、前掲《賴永祥長老史料庫》。

(113)　許水露「霊魂不滅」、前掲《校友會雜誌 第貳號》、pp. 42-46、p. 42。

(114)　半樵子「清教主義の歴史と其中心思想」、前掲《校友會雜誌 第四號》、pp. 5-13、pp. 12-13。

(115)　半樵子「人生の奮闘と後援」、前掲《校友會雜誌 第參號》、pp. 76-78。

(116)　潘德彰「復活の希望」、前掲《校友會雜誌 第四號》、pp. 3-4。

(117)　"Tē III hôe: Ki-tok-kàu Hā-kî Hak-hāu［第三回：キリスト教夏季学校］." *Tâi-oân Kàu-Hōe-pò*［台湾教会報］. 555 (June 1931): 7-8. 前掲《台灣教會公報全覽 第

10巻（1931-1932）》に収録。

（118） “Lâm-pō Tâi-oân Ki-tok Kàu-hōe Hā-kî Ha̍k-hāu［南部台湾基督教会夏季学校］.” *Tâi-oân Kàu-Hōe-pò*［台湾教会報］. 532 (July 1929): 2-3. 前掲《台灣教會公報全覽 第9巻（1928-1930）》に収録。

（119） Ibid., “Lâm-pō Tâi-oân Ki-tok Kàu-hōe Hā-kî Ha̍k-hāu［南部台湾基督教会夏季学校］.” *Tâi-oân Kàu-Hōe-pò*［台湾教会報］. 534 (September 1929): 2-3. ともに同上書に収録。

（120） “Lâm-pō Tâi-oân Ki-tok Kàu-hōe Hā-kî Ha̍k-hāu［南部台湾基督教会夏季学校］.” *Tâi-oân Kàu-Hōe-pò*［台湾教会報］. 544 (July 1930): 6-7. “Hā-kî Ha̍k-hāu［夏季学校］.” *Tâi-oân Kàu-Hōe-pò*［台湾教会報］. 546 (September 1930): 2-3. ともに同上書に収録。

（121） “Hā-kî Ha̍k-hāu: Tē III hôe［夏季学校：第三回］.” *Tâi-oân Kàu-Hōe-pò*［台湾教会報］. 558 (September 1931): 4-6. 前掲《台灣教會公報全覽 第10巻（1931-1932）》に収録。

（122） Op. cit., “Hā-kî Ha̍k-hāu［夏季学校］.” *Tâi-oân Kàu-Hōe-pò*［台湾教会報］, 546. 前掲《台灣教會公報全覽 第9巻（1928-1930）》に収録。

（123） 高井ヘラー由紀「日本植民地統治期の台湾人YMCA運動史試論」『明治学院大学キリスト教研究所紀要』第45号（明治学院大学キリスト教研究所、2012年）、pp. 71-117、pp. 84-85。

（124） Op. cit., “Hā-kî Ha̍k-hāu: Tē III hôe［夏季学校：第三回］.” *Tâi-oân Kàu-Hōe-pò*［台湾教会報］, 558 (September 1931): 4-6. 前掲《台灣教會公報全覽 第10巻（1931-1932）》に収録。

（125） Healey, Francis. “The New Generation in Formosa.” *The Presbyterian Messenger.* 1,041 (Dec. 1931): 211-212.

（126） 児嶋由枝「賀川豊彦」、金子啓一「神の国運動」前掲『岩波　キリスト教辞典』。Coe, Shoki. *Recollections and Reflections.* 2nd Ed. Introduced and Edited by Boris Anderson. Taiwan: Taiwan Church News, 1993, pp. 64-65.

（127） Op. cit., Healey, “The New Generation in Formosa.”

（128） 前掲 駒込武『世界史のなかの台湾植民地支配』、pp. 424-425。

（129） 前掲 高井ヘラー由紀「日本植民地統治期の台湾人YMCA運動史試論」、pp. 84-85。

（130） 駒込武「植民地支配と近代教育――ある台湾人知識人の足跡（Symposium コロニアリズムとしての教育学）」『教育思想史学会』12巻（2003年）、pp. 83-96、pp. 84-85。王昭文《日治時期臺灣基督徒知識分子與社會運動（1920-1930年代）》（國立成功大學 歷史系 博士論文、2009年）、pp. 48-49。

（131） Moody, Campbell, N. *The Heathen Heart:An Account of the Reception of the*

Gospel Among the Chinese of Formosa. Edinburgh: Oliphant, Anderson & Ferrier, 1907, pp. 165-169.

(132) *Minutes of the Synod of the Presbyterian Church of England. Held in Regent Square Church, London, on the 3rd, 4th, 5th, 6th, and 7th, Days of May, 1920: Together with the Minutes of the Executive Commission of Synod, the Reports of the Synod's Committees. And Other Papers Received by the Court.* London: Offices of the Presbyterian Church of England, 1920, p. 463.

(133) Lâu Chú-an［劉主安］. "Siàu-liām Mûi Bo̍k-su［ムーディ牧師を懐かしむ］." *Tâi-oân Kàu-hōe Kong-pò*［台湾教会公報］. 627 (June 1937): 8-10.《台灣教會公報全覽：台灣第一份報紙 第 13 卷（1937-1938）》（教會公報出版社、2004 年）に収録。

(134) 李筱峰《林茂生・陳炘和他們的時代》（玉山出版社、1996 年）、p. 42。前掲王昭文《日治時期臺灣基督徒知識分子與社會運動（1920-1930 年代）》、p. 50。

(135) 張妙娟〈《臺灣教會公報》中林茂生作品之介紹〉、前掲《賴永祥長老史料庫》。初出は《臺灣風物》第 54 卷第 2 期（臺灣風物社、2004 年 6 月）、pp. 45-69。

(136) Lîm Bō͘-seng［林茂生］. "Ki-tok-kàu Bûn-bêng Sú-koan［基督教文明史観］." *Tâi-oân Kàu-hōe Kong-pò*［台湾教会公報］. 567 (June 1932): 10-11, 569 (August 1932): 8-9, 570 (September 1932): 7, 571 (October 1932): 8, 572 (November 1932): 8, 573 (December 1932): 9-10. いずれも前掲《台灣教會公報全覽 第 10 卷（1931-1932）》に収録。Lîm Bō͘-seng［林茂生］. "Ki-tok-kàu Bûn-bêng Sú-koan［基督教文明史観］." *Tâi-oân Kàu-hōe Kong-pò*［台湾教会公報］. 574 (January 1933): 9-10, 575 (February 1933): 10-11, 577 (April 1933): 8-9, 578 (May 1933): 8-9, 579 (June 1933): 9-10, 580 (July 1933): 10-11, 581 (August 1933): 8-9, 583 (October 1933): 10-11. いずれも前掲《台灣教會公報全覽 第 11 卷（1933-1934）》に収録。

(137) Op. cit., Lîm Bō͘-seng［林茂生］, "Ki-tok-kàu Bûn-bêng Sú-koan［基督教文明史観］." *Tâi-oân Kàu-hōe Kong-pò*［台湾教会公報］,567, 569, 570. いずれも 前掲《台灣教會公報全覽 第 10 卷（1931-1932）》に収録。Op. cit., Lîm Bō͘-seng［林茂生］, "Ki-tok-kàu Bûn-bêng Sú-koan［基督教文明史観］." *Tâi-oân Kàu-hōe Kong-pò*［台湾教会公報］, 577, 578. 共に 前掲《台灣教會公報全覽 第 11 卷（1933-1934）》に収録。

(138) Op. cit., Lîm Bō͘-seng［林茂生］, "Ki-tok-kàu Bûn-bêng Sú-koan［基督教文明史観］." *Tâi-oân Kàu-hōe Kong-pò*［台湾教会公報］, 567. 前掲《台灣教會公報全覽 第 10 卷（1931-1932）》に収録。

(139) Ibid.

(140) Op. cit., Lîm Bō͘-seng［林茂生］, "Ki-tok-kàu Bûn-bêng Sú-koan［基督教文明史観］." *Tâi-oân Kàu-hōe Kong-pò*［台湾教会公報］, 569, 570. 共に前掲《台灣教

會公報全覽 第 10 巻（1931-1932)》に収録。

（141） Op. cit., Lîm Bō-seng［林茂生］, "Ki-tok-kàu Bûn-bêng Sú-koan［基督教文明史観］." *Tâi-oân Kàu-hōe Kong-pò*［台湾教会公報］, 569. 同上書に収録。

（142） Op. cit., Lîm Bō-seng［林茂生］, "Ki-tok-kàu Bûn-bêng Sú-koan［基督教文明史観］." *Tâi-oân Kàu-hōe Kong-pò*［台湾教会公報］, 577, 578. 共に同上書に収録。

（143） Op. cit., Lîm Bō-seng［林茂生］, "Ki-tok-kàu Bûn-bêng Sú-koan［基督教文明史観］." *Tâi-oân Kàu-hōe Kong-pò*［台湾教会公報］, 570. 同上書に収録。

（144） Op. cit., Lîm Bō-seng［林茂生］, "Ki-tok-kàu Bûn-bêng Sú-koan［基督教文明史観］." *Tâi-oân Kàu-hōe Kong-pò*［台湾教会公報］, 577. 同上書に収録。

（145） Op. cit., Lîm Bō-seng［林茂生］, "Ki-tok-kàu Bûn-bêng Sú-koan［基督教文明史観］." *Tâi-oân Kàu-hōe Kong-pò*［台湾教会公報］, 579. 前掲《台灣教會公報全覽 第 11 巻（1933-1934)》に収録。

（146） Ibid.

（147） Op. cit., Lîm Bō-seng［林茂生］, "Ki-tok-kàu Bûn-bêng Sú-koan［基督教文明史観］." *Tâi-oân Kàu-hōe Kong-pò*［台湾教会公報］, 580. 同上書に収録。

（148） Op. cit., Lîm Bō-seng［林茂生］, "Ki-tok-kàu Bûn-bêng Sú-koan［基督教文明史観］." *Tâi-oân Kàu-hōe Kong-pò*［台湾教会公報］, 581. 同上書に収録。

（149） 前掲 駒込武、「植民地支配と近代教育」、p. 89。前掲 駒込武『世界史のなかの台湾植民地支配』、pp. 364-365, p. 368, pp. 377-379, pp. 390-393。

（150） Op. cit., Lîm Bō-seng［林茂生］, "Ki-tok-kàu Bûn-bêng Sú-koan［基督教文明史観］." *Tâi-oân Kàu-hōe Kong-pò*［台湾教会公報］, 572. 前掲《台灣教會公報全覽 第 10 巻（1931-1932)》に収録。

（151） Op. cit., Lîm Bō-seng［林茂生］, "Ki-tok-kàu Bûn-bêng Sú-koan［基督教文明史観］." *Tâi-oân Kàu-hōe Kong-pò*［台湾教会公報］, 573. 同上書に収録。

（152） 前掲 張妙娟〈《臺灣教會公報》中林茂生作品之介紹〉、pp. 10-12。Lîm Bō-seng［林茂生］. "Hì-chhut: Lō-tek Kái-kàu［舞台：ルターの宗教改革］." *Tâi-oân Kàu-Hōe-pò*［台湾教会報］. 476 (November 1924): 10-11, 477 (December 1924): 11-12. いずれも前掲《台灣教會公報全覽 第 7 巻（1920-1924)》に収録。Lîm Bō-seng［林茂生］. "Hì-chhut: Lō-tek Kái-kàu［舞台：ルターの宗教改革］." *Tâi-oân Kàu-Hōe-pò*［台湾教会報］. 478 (January 1925): 10-11, 479 (February 1925): 14-15. いずれも《台灣教會公報全覽：台灣第一份報紙 第 8 巻（1925-1927)》（教會公報出版社、2004 年）に収録。

（153） Brunner, Emil. *Der Mittler: zur Besinnung über den Christusglauben.* Tübingen: Verlag von J. C. B. Mohr (Paul Siebeck), 1927. 1934 年には同書の英訳本として、Brunner, Emil. *The Mediator: A Study of the Central Doctrine of the Christian Faith.* Trans. Olive Wyon. London: The Lutterworth Press, the United Society for Christian

Literature, 1934 が、1944 年には和訳本である エミル・ブルンナー著、郡山幸雄訳『仲保者――キリスト教信仰の想起の為めに 第一巻 前提』（春陽堂書店、1944 年）が刊行されている。以下、ブルンナー『仲保者』からの引用文は、この和訳版に基づく。「仲保 tiong-pó（テョンポォ）」という語は閩南系台湾語の語彙に含まれており、「保証人、仲人、引受人」を意味する。「tiong-pó」中央研究院語言学研究所、台語信望愛共同作成《台語辭典（台日大辭典台語譯本）》閲覧日：2016 年 9 月 6 日〈http://taigi.fhl.net/dict/〉. またイエスを示すものとしての「仲保者」の用法は、トマス・バークレーが 1916 年に刊行した台湾語新約聖書、およびこれを収録する 1933 年の台湾語新旧約聖書テモテへの第一の手紙 2 章 5 節、ヘブル人への手紙 8 章 6 節、9 章 15 節、12 章 24 節にも見られる。《新約附詩篇・箴言 白話字／台語漢字對照》（台灣聖經公會、2004 年）。

（154） 前掲 李筱峰《林茂生・陳炘和他們的時代》、p. 42。

（155） 寺園喜基「自由主義神学」、「弁証法神学」前掲『岩波　キリスト教辞典』。

（156） 前掲 ブルンナー著、郡山幸雄訳『仲保者』、pp. 126-130。

（157） 同上、pp. 151-152。傍点部は和訳版原文下線に基づく。

（158） エミール・ブルンネル著、岡田五作訳『危機の神学』（新生堂、1931 年）、pp. 49-51。

（159） 同上、p. 146。

（160） 岡田五作「訳者序」、前掲 ブルンネル著、岡田五作訳『危機の神学』、pp. 1-5、p. 1。

（161） Moody, Campbell N. *Christ for Us and in Us.* London: George Allen & Unwin, 1935. Moody, Peggie C. *Campbell Moody: Missionary and Scholar*, as 洪伯祺《聚珍堂史料 4 宣教學者梅監務》（教會公報出版社，2005 年）、pp. 367-368。

（162） Moody, Campbell N. “Spiritual Power in Pagan Religions and in the Old Testament.” *The Expository Times* 38. 4 (January 1927): 180-184. Moody, Campbell N. “Spiritual Power in Later Judaism and in the New Testament.” *The Expository Times* 38. 12 (September 1927): 557-561.

（163） “Literature: Among the Books of the Month.” *The Expository Times* 19. 4 (January 1908): 170-176, pp. 174-175. “In the Study: Recent Literature in Apologetics.” *The Expository Times* 23. 10 (July 1912): 454-457, p. 456. “In the Study: Some New Books for the Study.” *The Expository Times* 25. 5 (February 1914): 227-231, p. 228. “Literature: The New Testament and After.” *The Expository Times* 32. 5 (February 1921): 205. “Literature: The Unchanging Christ.” *The Expository Times* 44. 5 (February 1933): 208-212, p. 209. “Literature.” *The Expository Times* 47. 2 (November 1935): 59-64, pp. 60-61. “Literature.” *The Expository Times* 50. 4 (January 1939): 160-169, p. 164.

（164） Mackintosh, H. R. "Recent Foreign Theology: The Swiss Group." *The Expository Times* 36. 2 (November 1924): 73-75, p. 73. また、マキントシュは同誌にて1932 年にもブルンナーを「『危機神学』の最も重要な主唱者」と述べている。Mackintosh, H. R. "Notes of Recent Exposition." *The Expository Times* 43. 12 (August 1932): 529-533, p. 533.

（165） Riddell, J. G. "Recent Thought on the Doctrine of the Atonement." *The Expository Times* 47. 7 (April 1936): 327-332.

（166） Op. cit., Moody, *Christ for Us and in Us,* pp. 68-69.

（167） Ibid., p. 80.

（168） Op. cit., Lîm Bō͘-seng［林茂生］, "Ki-tok-kàu Bûn-bêng Sú-koan［基督教文明史観］." *Tâi-oân Kàu-hōe Kong-pò*［台湾教会公報］, 574. 前掲《台灣教會公報全覽 第 11 巻（1933-1934）》に収録。

（169） 島薗進「日本における『宗教』概念の形成――井上哲次郎のキリスト教批判をめぐって」山折哲雄・長田俊樹／編『日文研叢書 17　国際日本文化研究センター共同研究報告　日本人はキリスト教をどのように受容したか』（国際日本文化研究センター、1998 年）、pp. 61-75、pp. 63-69。『国際日本文化研究センター』閲覧日：2016 年 9 月 6 日〈http://publications.nichibun.ac.jp/ja/item/niso/1998-11-30/pub〉。

（170） 井上哲次郎『教育と宗教の衝突』（敬業社、1893 年）、pp. 116-119。国立国会図書館『国立国会図書館デジタルコレクション』閲覧日：2016 年 9 月 6 日〈http://kindai.ndl.go.jp/info:ndljp/pid/814826/1〉。なお、井上による『孟子』からの引用箇所は、内野熊一郎著『新釈漢文体系 4　孟子』（明治書院、1962 年）、pp. 33-35 の通釈文にしたがっている。

（171） Op. cit., Lîm Bō͘-seng［林茂生］, "Ki-tok-kàu Bûn-bêng Sú-koan［基督教文明史観］." *Tâi-oân Kàu-hōe Kong-pò*［台湾教会公報］, 572. 前掲《台灣教會公報全覽 第 10 巻（1931-1932）》に収録。

（172） Op. cit., Lîm Bō͘-seng［林茂生］, "Ki-tok-kàu Bûn-bêng Sú-koan［基督教文明史観］." *Tâi-oân Kàu-hōe Kong-pò*［台湾教会公報］, 580. 前掲《台灣教會公報全覽 第 11 巻（1933-1934）》に収録。

（173） Ibid. Op. cit., Lîm Bō͘-seng［林茂生］, "Ki-tok-kàu Bûn-bêng Sú-koan［基督教文明史観］." *Tâi-oân Kàu-hōe Kong-pò*［台湾教会公報］, 583. 同上書に収録。

（174） Ibid.

（175） Ibid.

（176） 前掲 駒込武『世界史のなかの台湾植民地支配』、pp. 279-287。

（177） 同上、pp. 287-294、pp. 300-304。

（178） 同上、pp. 304-315。

（179） 同上、pp. 320-327。
（180） 同上、pp. 406-427, pp. 446-533。
（181） "Lūn Sîn-siā būn-tê［神社問題を論ず］." *Tâi-oân Kàu-Hōe-pò*［台湾教会報］. 546 (September 1930): 1-2. 前掲《台灣教會公報全覽 第9巻（1928-1930）》に収録。なお、日本内地のキリスト教関係55団体による「神社問題に関する進言」(1930)は、日本基督教団宣教研究書教団史料編纂室編『日本基督教団史資料集　第1巻・第1篇　日本基督教団の成立過程：(1930~1941年)』(日本基督教団宣教研究書、1997年)、pp. 177-178を参照。
（182） 前掲 駒込武『世界史のなかの台湾植民地支配』、pp. 419-422。
（183） Op. cit., Coe, *Recollections and Reflections*, p. 51, p. 67. 前掲 賴永祥〈史話488 潘道榮當東門副牧〉, 前掲《賴永祥長老史料庫》。
（184） Op. cit., Coe, *Recollections and Reflections*, pp. 69-70.
（185） Ibid., pp. 67-68.
（186） Op. cit., Moody, *Love's Long Campaign*, pp. 3-11.

〈第四章 表の参考文献〉

(4-1)《台灣教會公報全覽：台灣第一份報紙》第5～11巻（1907-1934）(教會公報出版社、2004年)。

(4-2)〈現在生存校友遵照會則第六八條編入正會員之氏名列左（依卒業順序）〉,《臺灣基督教會臺南神學校 校友會雜誌 第貳號》(臺灣基督教會臺南神學校、1929年)、pp. 74-76。

(4-3)《臺南神學校校友會雜誌》第一號～四號(臺南神學校、1928年1月-1933年7月)。

(4-4)《臺南神學校校友會雜誌》第一號～四號(臺南神學校、1928年1月-1933年7月)。

(4-5)《臺南神學校校友會雜誌》第一號～四號(臺南神學校、1928年1月-1933年7月)。

(4-6)《台灣教會公報全覽：台灣第一份報紙》第5～12巻（1907-1936）(教會公報出版社、2004年)。張妙娟〈《臺灣教會公報》中林茂生作品之介紹〉、《賴永祥長老史料庫》, 閲覧日2016年9月6日〈http://www.laijohn.com/index.htm〉。初出は《臺灣風物》第54巻第2期（臺灣風物社、2004年6月)、pp. 45-69。

第四章 補論

（1） MacMillan, Hugh. *Then Till Now in Formosa.* Taipei: English and Canadian Presbyterian Missions in Formosa, 1953, pp. 70-72.
（2） Ibid., pp. 72-73。
（3）《傳道師會會誌》第二回（北部台灣基督長老教會傳道師會, 1934年)、p. 1。〈北

部傳道師會誌第二回影像（28）〉. 國立台灣師範大學台灣文化及語言文學研究所《台灣白話字文獻館》、閲覧日：2016年9月6日〈http://pojbh.lib.ntnu.edu.tw/script/index.htm〉。台灣基督長老教會歷史委員會編《台灣基督長老教會百年史》（台灣基督長老教會、1965年）、p. 255。

（4） 鄧慧恩〈芥菜子的香氣：再探北部基督長老教會的「新人運動」〉,《台灣文獻》第63卷第4期（國史館台灣文獻館, 2012年）、pp. 67-99、pp. 76-77。

（5） 同上、pp. 93-96。

（6） 同上、pp. 83-85。

（7） 西原廉太「オックスフォード運動」大貫隆ほか編『岩波　キリスト教辞典』（岩波書店、2002年）。

（8） 陳能通〈危機神學與牛津團運動〉, 前掲《傳道師會會誌》第二回、pp. 6-9。

（9） 郭和烈《台灣基督長老教會北部教會歷史》（郭和烈、1962年）、pp. 49-50。

（10） "Hā-kî Ha̍k-hāu: Tē III hôe［夏季学校：第三回］." *Tâi-oân Kàu-Hōe-pò*［台湾教会報］. 558 (September 1931): 4-6.《台灣教會公報全覽：台灣第一份報紙 第10卷（1931-1932）》（教會公報出版社、2004年）に収録。

（11） Phoaⁿ Tō-êng［潘道榮］. "Chheng-liân Tông-chì-hōe［青年同志会］." *Tâi-oân Kàu-Hōe-pò*［台湾教会報］. 558 (September 1931): 6-7. 同上書に収録。

（12） 岡久雄「YMCA」前掲『岩波　キリスト教辞典』。

（13） 高井ヘラー由紀「日本植民地統治期の台湾人YMCA運動史試論」『明治学院大学キリスト教研究所紀要』第45号（明治学院大学キリスト教研究所、2012年）、pp. 71-73、p. 99。以下、本書では高井の用法にしたがい、台湾各地の教会で結成された青年会（YMCA）を「台湾人YMCA」と表記する。

（14） 前掲《台灣基督長老教會百年史》、p. 255。

（15） MacMillan, Hugh. "Activity among Christian Young People in Formosa." *The Japan Christian Year Book continuing The Japan Mission Year Book being the thirty second issue of The Christian Movement in Japan and Formosa issued by The Federation of Christian Missions in Japan in Cooperation with the National Christian Council.* Ed. Smith, Roy. Ginza, Tokyo: Kyo Bun Kwan, 1934, pp. 211-217.

（16） 前掲 高井ヘラー由紀、「日本植民地統治期の台湾人YMCA運動史試論」、pp. 80-90。

（17） 黄耀煌「Y.M.C.A.よ！　共同団結せよ！」、《台湾基督教青年会聯盟報》第2号（台湾基督教青年会聯盟事務所、1933年7月）、p. 2。

（18） 宜蘭一青年「吾が青年の務」、《台湾基督教青年会聯盟報》第3号（台湾基督教青年会聯盟事務所、1933年10月）、p. 5。

（19） 「各会ニュース」、前掲《台湾基督教青年会聯盟報》第2号、pp. 5-6、p. 6。

（20） 江有成「私の体験（一）」、前掲《台湾基督教青年会聯盟報》第3号、p. 6。

江有成「私の体験（二）」、《台湾基督教青年会聯盟報》第 4 号（台湾基督教青年会聯盟事務所、1934 年 1 月）、p. 4。

(21) 郭和烈「基督の神を知れ！」、前掲《台湾基督教青年会聯盟報》第 4 号、pp. 1-2。

(22) 林燕臣〈新春青年感想〉、同上、p. 2。

(23) 南北伝道師会議の第一回総会は、1931 年 7 月 7 日から 16 日に淡水中学にて開催された。会長は高金聲が、書記は陳其祥の息子・陳瓊琚（1893-1960）、および康清塗（1893-1953）が務めた。前掲《台灣基督長老教會百年史》、p. 122。

(24) Moody, Campbell N. *The Mountain Hut: A Tale of Formosa.* London: Religious Tract Society, 1938.

(25) 『福音と教会』創刊号（台湾基督長老教会伝道師会、1938 年 2 月）、『福音と教会』第 2 号（台湾基督長老教会伝道師会、1938 年 5 月）、『福音と教会』第 3 号（台湾基督長老教会伝道師会、1938 年 9 月）、『福音と教会』第 4 号（台湾基督長老教会伝道師会、1938 年 12 月）、『福音と教会』第 5 号（台湾基督長老教会伝道師会、1939 年 4 月）。

(26) 所澤潤、川路祥代、王昭文、駒込武「長栄中学校史館所蔵資料仮目録——教会関係資料之部」（非売品、2003 年 9 月）、p. 5。

(27) 「編輯後記」、前掲『福音と教会』創刊号、p. 53。「編輯後記」、前掲『福音と教会』第 2 号、p. 50。

(28) 「編輯後記」、前掲『福音と教会』第 3 号、p. 35。「編輯後記」、前掲『福音と教会』第 4 号、pp. 46-47、p. 47。「編輯後記」、前掲『福音と教会』第 5 号、pp. 53-55、p. 55。

(29) 河原功「日本統治期台湾での『検閲』の実体」、『東洋文化　特集　日本の植民地支配と検閲体制——韓国の事例を中心に』第 86 号（東京大学東洋文化研究所、2006 年 3 月）、pp. 165-214、pp. 168-169。

(30) 同上、p. 171。

(31) 黄主義「福音と教会誌発刊の辞」、前掲『福音と教会』創刊号、pp. 1-2。

(32) 阪口直樹『戦前同志社の台湾人留学生——キリスト教国際主義の源流をたどる』（白帝社、2002 年）、pp. 36-46。

(33) 佐藤由美「青山学院と戦前の台湾・朝鮮からの留学生」『日本の教育史学』第 47 集（教育史学会、2004 年）、pp. 149-168、pp. 154-155、p. 160。

(34) 日本神学校系列の聖職者養成学校には、明治学院神学部（1887-1930）、東京神学社（1904-30）、日本神学校（1930-43）、東亜神学校、および日本東部神学校（1943-44）が含まれる。

(35) 日本神学校は 1872 年にアメリカの長老派宣教師が設置した「日本基督教会」の神学校であったが、同団体は 1940 年に「宗教団体法」が施行され、翌年合

同教会としての「日本基督教団」が結成された際には、日本におけるプロテスタント最大教派としてこれに率先して参画し、朝鮮耶蘇長老会に神社参拝を強要するなどの問題にも関わった。日本基督教団の設立を受け、同校は 1943 年に「日本東部神学校」に合同、翌 44 年には「日本基督教神学専門学校」へと改組・改称した。「本学の成立と歩み」『東京神学大学』、閲覧日：2016 年 9 月 6 日〈http://www.tuts.ac.jp/01/index.html〉。

(36) アメリカの長老派宣教師の下で 1927 年に成立した中央神学校は、日本神学校とは異なって国家神道と対立し、1941 年には神社参拝に抵抗して閉鎖されている。「日本基督改革派教会史——途上にある教会」『日本キリスト教改革派教会』、閲覧日：2016 年 9 月 6 日〈http://www.rcj-net.org〉。

(37) 青山学院大学については「沿革」『青山学院大学』、閲覧日：2016 年 9 月 6 日〈http://www.aoyama.ac.jp/outline/history/〉を参照。メソジスト派は前述のジョン・ウェスレーを中心に 18 世紀の英国国教会で興った信仰復興運動を起源とし、伝道の強調と高い社会的関心に特徴づけられる宗派である。西原廉太「メソジスト派」前掲『岩波　キリスト教辞典』。また、東京聖書学院については、「沿革」『東京聖書学院』、閲覧日：2016 年 9 月 6 日〈http://gracech.sun.bindcloud.jp/jhc/tbs/chronology.html〉を参照。ホーリネス派とは、積極的伝道活動や霊的な生まれ変わりを重視するプロテスタントの一宗派である。西原廉太「ホーリネス教会」前掲『岩波　キリスト教辞典』。

(38) 前掲 阪口直樹、『戦前同志社の台湾人留学生』、pp. 30-31。

(39) フロマートカ著、平野清美訳、佐藤優監訳・解説『神学入門——プロテスタント神学の転換点』（新教出版社、2012 年）、pp. 62-79。

(40) 寺園喜基「自由主義神学」、「弁証法神学」前掲『岩波　キリスト教辞典』。

(41) カール・バルト著、天野有編訳「訣別」『バルト・セレクション 4 教会と国家 I』（新教出版社、2011 年）、pp. 446-471。初出は Abschied, in Zwischen den Zeiten, München 1933, S. 536-544。

(42) カール・バルト著、天野有編訳「神学的公理としての第一誡」同上書、pp. 276-334。初出は Das erste Gebot als theologisches Axiom, in Zwischen den Zeiten, München 1933, S. 297-314。

(43) The Confessional Synod of German Evangelical Church. *Barmen Declaration,* 1934. in Arthur C. Cochrane. *The Church's Confession Under Hitler.* Philadelphia: The Westminster Press, 1962, p. 242. 和訳文は 前掲 カール・バルト著、天野有編訳「神学的公理としての第一誡」、p. 318 に基づく。

(44) Hart, John W. *Karl Barth vs. Emil Brunner: The Formation and Dissolution of a Theological Alliance, 1916-1936.* New York: Peter Lang, 2001, pp. 149-167.

(45) 前掲 郭和烈《北部教會歷史》、p. 49。

(46)　雨宮栄一「序　戦前期日本におけるバルト神学受容についての問題提起」バルト神学受容史研究会編『日本におけるカール・バルト――敗戦までの受容史の諸断面』(新教出版社、2009 年)、pp. 13-35、pp. 29-30。

(47)　Alpers, Benjamin L. *Dictators, Democracy, & American Public Culture: Envisioning the Totalitarian Enemy, 1920s-1950s.* Chapel Hill: The University of North Carolina Press, 2003, pp. 66-68.

(48)　"Notes of Recent Exposition." *The Expository Times* 45. 4 (January 1934): 145-151, pp. 145-147.

(49)　森岡巌「第三章　高倉徳太郎とその継承者のバルト神学受容」前掲『日本におけるカール・バルト』、pp. 162-262、pp. 202-203。

(50)　Coe, Shoki. *Recollections and Reflections.* 2nd Ed. Introduced and Edited by Boris Anderson. Taiwan: Taiwan Church News, 1993, p. 85.

(51)　謝緯「桑田秀延訳 カールバルト『我れ信ず』」前掲『福音と教会』創刊号、pp. 29-37。高約拿「高倉徳太郎著 福音的基督教」前掲『福音と教会』創刊号、pp. 38-52。呂春長「伝道者の書斎 桑田秀延氏著 基督教の本質」前掲『福音と教会』第 2 号、pp. 28-49。なお、それぞれが書評に用いたと思われる版本は、以下の通り。カール・バルト著、桑田秀延訳『我れ信ず』(基督教思想叢書刊行会、1936 年)。原書は Barth, Karl. *Credo: Die Hauptprobleme der Dogmatik dargestellt im Anschuluss an das Apostolische Glaubensbekenntnis. 16 Vorlesungen, gehalten an der Universität Urrecht im Februar und März, 1935.* München: Kaiser Verlag, 1935. 高倉徳太郎著『福音的基督教 訂正 7 版 普及版』(長崎書店、1935 年)。桑田秀延著『基督教教程叢書 第 3 編 基督教の本質』(日独書院邦文部、1932 年)。

(52)　郭和烈「聖句研究 哥林多後書四章五節」前掲『福音と教会』第 5 号、pp. 27-29。

(53)　〈史話 559 社子庄郭國詠裔譜〉,《賴永祥長老史料庫》, 閲覧日 2016 年 9 月 6 日〈http://www.laijohn.com/index.htm〉。《桃李爭榮――私立淡江中學校校友名冊》(私立淡江中學校, 1966 年)。「昭和十四年(一九三九年)十二月卅一日現在 日本神学校同窓会員名簿」(日本神学校同窓会、1939 年)。前掲《台灣基督長老教會百年史》、p. 482。

(54)　前掲 郭和烈「聖句研究 哥林多後書四章五節」、pp. 28-29。傍点部は原文の通り。

(55)　同上、p. 29。

(56)　前掲 カール・バルト著、桑田秀延訳『我れ信ず』、pp. 18-19。国立国会図書館デジタル化資料送信サービス(京都大学附属図書館)、閲覧日:2015 年 12 月 4 日。

(57)　武田清子「革命に対する『イエス』と『ノー』――ニーバーの歴史観の課題」『展望』51 巻(筑摩書房、1950 年 3 月)、pp. 85-93。武田清子「光の子と闇の子――ニー

バーの思想をめぐる座談会」『理論』3 巻 2 号(民主主義科学者協会、1949 年 2 月)、pp. 33-50、p. 43。

(58) 〈西曆 1876 年臺南神學校(大學)開設以後之學生姓名〉,《Sîn-hak kap Kàu-hōe [神学と教会]》慶祝八十週年特刊號(臺南神學院, 1957 年), pp. 233-246。

(59) 張厚基總編輯《長榮中學百年史》(台南市私立長榮高級中學、1991 年)、pp. 637-639。なお、原文には「七七事變〔盧溝橋事件〕」(1937)のために厦門留学を中途断念したとあるが、時期的に考えて上海事変(1932)の表記ミスであると判断した。

(60) 鐘茂成「奉仕の福音書」前掲『福音と教会』第 3 号、pp. 11-18、p. 12。

(61) 同上。

(62) 鐘のユーモラスな語り口は、おもにイエスとその弟子たちとの間のやり取りを再現する際に見られる。例えば、彼はイエスが弟子たちに「わしは近いうちに捕えられ、学者、長老達に苦しめられて十字架の死を遂げるのだ」と語ったのに対して、弟子のペテロが次のように反応したと描写している。「ペテロは驚いて『一寸、一寸、先生』と言った。先生の袖をひっぱって傍らへ連れてゆき『先生あんなけちなことを、人前で言って下さっては困ります。先生は偉いお方だのに、何を言っていられるのです。王様になるときまっている方が景気の悪いにも程があります』と言った。主イエスは鋭いお言葉で『悪魔!! わからん奴じゃ。おまえは人のことのみを思い、神のことを思わない!』と叱りつけられた」。同上、pp. 15-16。

(63) 同上、p. 13。

(64) 同上。

(65) 佐藤研「ヘロデ」、大貫隆「ヨハネ(洗礼者)」前掲『岩波 キリスト教辞典』。

(66) 前掲 鐘茂成「奉仕の福音書」、p. 17。

(67) 同上、p. 14。

(68) 「文化サークルを組織し台湾の赤化を企つ 首魁は台湾人木村俊男事《こと》呉坤煌 東京の神学校を根據《ねじろ》に暗躍」『台湾日日新報』(1932 年 9 月 25 日)。呉坤煌は 1909 年に南投に生まれた文学者である。台中師範学校に学んだが、1929 年には卒業式にて和服を着ることを拒んだために退学させられ、その後、留日して日本歯科専門学校、日本神学校、日本大学、明治大学などに籍を置きつつ、日本プロレタリア文化連盟に属する「文化同好会」の活動に参与した。しかし、1932 年 9 月 1 日には日本共産党資金局の活動への関与、および台湾人留学生に共産党の機関誌『赤旗』を配布した嫌疑で逮捕され、学業を中断した。同年 10 月の釈放後は、「文化同好会」の立て直しや、左翼劇団や朝鮮人による劇団との協力・劇作活動、東京台湾芸術研究会の機関誌『フォルモサ』(1933)の刊行などに関わった。呉坤煌著、呉燕和・陳淑容主編《臺灣文學與文化研究叢

書 文獻篇 4 吳坤煌詩文集》(國立臺灣大學出版中心、2013 年)。

(69) 胡文池《憶往事看神能:布農族宣教先鋒胡文池牧師回憶錄》(台灣教會公報社、1997 年)、pp. 3-11。

(70) 同上、p. 277。鄭仰恩〈擁有寶貝的瓦器——懷念可敬的胡文池牧師〉, 鄭仰恩・江淑文主編《信仰的記憶與傳承——台灣教會人物檔案 2》(台灣教會公報社、2013 年)、pp. 329-338。

(71) 胡文池「祈祷会改革論」前掲『福音と教会』第 4 号、pp. 36-45。

(72) 前掲《台灣基督長老教會百年史》、p. 243。黃茂卿《台灣基督長老教會太平境馬雅各紀念教會九十年史(1865-1955)馬醫生傳》(太平境馬雅各紀念教會、1988 年)、p. 446、p. 484。

(73) 《昭和十四年四月起 記錄薄 太平境國語講習會》(手稿史料、1939-40 年)、太平境馬雅各紀念教會歷史資料館に所蔵。

(74) 前掲 胡文池、「祈祷会改革論」、pp. 38-39。

(75) 同上、pp. 42-45。

〈第四章補論 表の参考文献〉

(4 補 -1) ①『福音と教会』創刊号〜第 5 号(台湾基督長老教会伝道師会、1938 年 2 月 -1939 年 4 月)。②《賴永祥長老史料庫》, 閲覧日 2016 年 9 月 6 日〈http://www.laijohn.com/index.htm〉。③《會員名簿》(長榮中學校長中校友會, 1942 年)。④《桃李爭榮—私立淡江中學校校友名冊》(私立淡江中學校, 1966 年)。⑤〈西曆 1876 年臺南神學校(大學)開設以後之學生姓名〉,《Sîn-hak kap Kàu-hōe[神学と教会]》慶祝八十週年特刊號(臺南神學院, 1957 年), pp. 233-246。

(4 補 -2)『福音と教会』創刊号〜第 5 号(台湾基督長老教会伝道師会、1938 年 2 月 -1939 年 4 月)。

(4 補 -3) ①《台南神学校校友会雑誌》第 1 〜 4 号(南部台湾基督長老教会台南神学校、1928-33 年)。②《台灣基督教青年會聯盟報》, 第 2 號〜 4 號(台灣基督教青年會聯盟事務所, 1933-34 年)。③《傳道師會會誌》第 2 回、4 回(北部台灣基督長老教會傳道師會, 1934 年、1935 年)。④『福音と教会』創刊号〜第 5 号(台湾基督長老教会伝道師会、1938 年 2 月 -1939 年 4 月)。⑤曾正智〈林川明牧師小傳〉,《信仰的記憶與傳承—台灣教會人物檔案 2》(台灣教會公報社, 2013 年), pp. 304-319。

第五章

(1) Campbell, William. *Sketches from Formosa.* London: Marshall Brothers, 1915, pp.

290-291.

（2） Barclay, Thomas. "Report of the Tainanfu Mission for 1895." in 巴克禮《聚珍堂史料 8 巴克禮作品集》（教會公報出版社、2005 年）, pp. 180-191, pp. 182-183. このことはまた、在台イングランド長老教会と同様に自国以外の植民地で活動した欧米宣教師らの姿勢からも窺われる。例えば、日本植民地支配下朝鮮におけるアメリカ北長老派ミッションの日本帝国主義観を追う李省展によれば、日本の韓国併合（1910）以前から来朝し、教会、学校、医院を通して西洋的近代性を体現するようになっていた在朝アメリカ人宣教師らは、朝鮮総督府によるミッションスクールの弾圧に直面し、一面では日本の朝鮮支配と敵対的であった。他方で、在朝ミッションは基本的にイギリスやアメリカの帝国主義支配を是認しており、「その延長線上で日本の朝鮮支配を認める」側面も有した。このため、李は日本植民地支配下朝鮮においてアメリカ系ミッションが築いたキリスト教共同体を、「帝国の中の帝国」と表現している。李省展『アメリカ人宣教師と朝鮮の近代：ミッションスクールの生成と植民地下の葛藤』（評論社、2006 年）、p. 11、pp. 20-31。宣教師、あるいはその背景にある欧米世界のこうした自他認識が、日本による政治経済的支配と併存する状況が、台湾人キリスト者によって「二重植民」として認識されたことについては、第三章で述べたとおりである。"Î-sin Kái-liông: Kah It tâm［維新改良：甲乙談］." *Tâi-oân Kàu-Hōe-pò*［台湾教会報］. 419 (February 1920): 10-11, p. 10.《台灣教會公報全覧：台灣第一份報紙 第 7 巻（1920-1924）》（教會公報出版社、2004 年）に収録。

（3） Moody, Peggie C. *Campbell Moody: Missionary and Scholar*, as 洪伯祺《聚珍堂史料 4 宣教學者梅監務》（教會公報出版社, 2005 年）, p. 383. 王占魁によれば、1924 年の離台後のムーディは少なくとも年に二回以上は林学恭に手紙を送っていたという。Ông Chiàm-khoe［王占魁］. "Góa Só͘ Chun-kèng Siàu-liām ê Su-iú: Lūn Lîm Hak-kiong Bok-su［私が尊敬し追悼する師友：林学恭牧師について］." *Tâi-oân Kàu-hōe Kong-pò*［台湾教会公報］. 946 (December 1964): 8-10, p. 9.《台灣教會公報全覧：台灣第一份報紙 第 23 巻（1963-1964）》（教會公報出版社、2004 年）に収録。また、離台後の彼の書簡が『教会報』に掲載されるケースもあり、例えば 1929 年 12 月には、同年 10 月初頭のスコットランド長老教会（公定教会）と連合自由教会の合同、およびその総会の模様を伝える彼の白話字書簡が掲載された。"Mûi Bok-su ê Phoe［ムーディ牧師の手紙］." *Tâi-oân Kàu-Hōe-pò*［台湾教会報］. 537 (December 1929): 6-8.《台灣教會公報全覧：台灣第一份報紙 第 9 巻（1928-1939）》（教會公報出版社、2004 年）に収録。1936 年 11 月の同誌にも、同年 8 月にムーディが著した書簡が掲載されている。Kí Un-jiû［紀温柔］. Tiong Tiong Thong-sìn: I. Mûi Bok-su ê Phoe［中中通信：I. ムーディ牧師の手紙］. *Tâi-oân Kàu-hōe Kong-pò*［台湾教会公報］. 620 (November 1936): 18-19.《台灣教

會公報全覽：台灣第一份報紙 第 12 卷（1935-1936）》（教會公報出版社、2004 年）に収録。

（4） Moody, Campbell N. *The King's Guests: A Strange Formosan Fellowship.* London: H. R. Allenson, 1932.

（5） Moody, Campbell N. *Christ for Us and in Us.* London: George Allen & Unwin, 1935.

（6） Op. cit., Moody, Peggie C., *Missionary and Scholar,* p. 379.

（7） Moody, Campbell N. *The Childhood of the Church.* London: George Allen & Unwin, 1938.

（8） Moody, Campbell N. *The Mountain Hut: A Tale of Formosa.* London: Religious Tract Society, 1938.

（9） Op. cit., Moody, Peggie C., *Missionary and Scholar*, pp. 382-384.

（10） 駒込武「台南長老教中学神社参拝問題――踏絵的な権力の様式」『思想』No. 915（岩波書店、2000 年 9 月）、pp. 34-64、p. 43。

（11） Healey, Francis. "The New Generation in Formosa." *The Presbyterian Messenger.* 1,041 (Dec. 1931): 211-212.

（12） Op. cit., Moody, Peggie C., *Missionary and Scholar,* p. 383. また、シングルトンは、1928 年には台湾宣教に関する書籍の執筆をムーディに依頼するという台南宣教師会議の決定に従い、ムーディと直接に連絡を取り合っていた。Singleton, L. Letter to P. J. Maclagan. March 3, 1928, MS, *Presbyterian Church of England Foreign Missions Archives, 1847-1950.* Microfiche No. 59. Singleton, L. Letter to P. J. Maclagan. September 19, 1928, MS, Ibid., Microfiche No. 60.

（13） Singleton, L. "Evangelising in Formosa." *The Presbyterian Messenger.* 1,042 (Jan. 1932): 245-246.

（14） Ibid.

（15） Singleton, L. "The Unfinished Task in Formosa." *Presbyterian Church of England Foreign Missions Archives.* n.d. Microfiche No. 66. Singleton, Leslie. "The Unfinished Task in Formosa." *The Japan Christian Year Book continuing The Japan Mission Year Book being the thirty second issue of The Christian Movement in Japan and Formosa issued by The Federation of Christian Missions in Japan in Cooperation with the National Christian Council.* (Ed.), Roy Smith. Ginza, Tokyo: Kyo Bun Kwan, 1934, pp. 205-210.

（16） Op. cit., Moody, *The King's Guests,* p. 142.

（17） Ibid.

（18） Ibid., p. 143.

（19） Op. cit., Moody, *Christ for Us and in Us,* pp. 73-74.

（20） Op. cit., Moody, *The King's Guests,* "Preface." p. vii.

（21） Op. cit., Moody, Peggie C., *Missionary and Scholar,* p. 385.

（22） Op. cit., Moody, *The King's Guests,* p. 144.

（23） Moody, Campbell N. *The Purpose of Jesus in the First Three Gospels.* London: Allen & Unwin, 1929, pp. 79-80.

（24） Ibid., pp. 44-45.

（25） Op. cit., Moody, Peggie C., *Missionary and Scholar*, p. 378.

（26） Lâu Chú-an ［劉主安］. "Siàu-liām Mûi Bo̍k-su ［ムーディ牧師を懐かしむ］." *Tâi-oân Kàu-hōe Kong-pò* ［台湾教会公報］. 627 (June 1937): 8-10.《台灣教會公報全覽：台灣第一份報紙 第 13 卷（1937-1938）》（教會公報出版社、2004 年）に収録。

（27） Moody, Campbell N. *The Saints of Formosa: Life and Worship in a Chinese Church.* Edinburgh: Oliphant, Anderson & Ferrier, 1912, p. 35.

（28） Ibid., p. 88.

（29） Ibid., p. 148.

（30） Ibid., pp. 198-199.

（31） Op. cit., Moody, *The King's Guests,* p. 57.

（32） Ibid., p. 33.

（33） Ibid., "Preface." p. vii.

（34） Ibid., pp. 36-42.

（35） Ibid., pp. 88-89.

（36） Ibid., pp. 97-104.

（37） Ibid., 105-110.

（38） Ibid., p. 94.

（39） Ibid., p. 57.

（40） Ibid., p. 58.

（41） Ibid., pp. 58-59. 記述内容から、これは彼が 1899 年 1 月の本国への書簡に述べた事件の回想であるとわかる。Moody, Campbell N. Letter to Matthew Laurie. January 4, 1899, MS, MCH 所蔵 .

（42） Ibid., pp. 59-61. なお、ムーディはこの人物について 1927 年の「海外宣教の終焉」でも言及している（第三章第四節 3 を参照）。Moody, Campbell N. "The End of Foreign Missions." *The Presbyterian Messenger* 993 (Dec. 1927): 209-210.

（43） 盛清沂、王詩琅、高樹藩編著，林衡道、臺灣省文獻委員會主編《臺灣史》（眾文圖書、1979 年）、pp. 666-668。

（44） 郭朝成《傳道行程 上冊》（非売品、2006 年）、pp. 26-28。

（45） Op. cit., Moody, *The King's Guests,* p. 60.

（46） Op. cit., Moody, *The Mountain Hut,* p. 9.

（47） Op. cit., Moody, Peggie C., *Missionary and Scholar,* p. 379.

(48) Jones, William. *The Jubilee Memorial of the Religious Tract Society: A. D. 1799 to A. D. 1849*. London: The Religious Tract Society, 1850, pp. 11-16.

(49) Fyfe, Aileen. *Science and Salvation: Evangelical Popular Science Publishing in Victorian Britain*. Chicago: The University of Chicago Press, 2004, pp. 32-37.

(50) Moody, Peggie C. *Come-from-Heaven and Cousins from China*. London: R. T. S. Office, 1934.『山小屋』は縦 19 センチ×横 12.5 センチ、覆いはなく、くすんだ青緑色のハードカバーにカーネーションに似た花のイラストがプリントされている。背表紙の上の部分には大文字で書名と作者名があり、下には「R. T. S.（宗教パンフレット協会）」とある。同様に『天賜と中国のいとこ』を見ると、カバーがくすんだ橙色である点を除けば、まったく同じ装丁となっている。

(51) 『山小屋』および『天賜と中国のいとこ』は、筆者がそれぞれアメリカおよびイギリスの古書店から購入したものだが、最初の購入者はこれら二冊を贈り物としていた。『山小屋』の表紙裏には唐草模様と「Presented to」という装飾文字が入っているシールが貼られ、書き込み欄に黒インクで「Eric Bedwell / for attendance at Elmstead Methodist Sunday School / June 1939. Marks 29」とある。一方、『天賜と中国のいとこ』の扉の一枚前の無地のページには、黒インクで「To Joan. For Missionary Interest / 1935. / N. M. Bolton」とある。

(52) Op. cit., Moody, *The Mountain Hut,* p. 67.

(53) Ibid., p. 43.

(54) Ibid., p. 40.

(55) Ibid., pp. 25-26.

(56) Ibid., p. 36. なお、タン夫妻の会話の一部分は、ムーディが実際に知り合った台湾人一家の会話に基づくものと思われる。例えば、食事のためにネギをとってきてほしいという妻に、タンは実はネギはもうないのだ、日本人警官にネギはないかときかれ、仕方なく全部あげてしまったのだと白状し、妻に叱られる場面がある。これと酷似した場面が、宣教後期のムーディが台湾のある村で三ヶ月間滞在した際の見聞を回想するエッセイに見られる。ムーディはこの村の匿名の一家に言及し、一家の息子が「家族が大好きなネギの大半を日本人警官に売ることを強いられた」のをきっかけに、家族が激しい口げんかをしたという出来事を描写している。Moody, Campbell N. "'Gentiles Who Never Aimed at Righteousness.' A Study of a Chinese Village in Formosa." *The International Review of Missions* 10.39 (July 1921): 364-375, pp. 367-368.

(57) 「gâu」中央研究院語言学研究所、台語信望愛共同作成《台語辭典（台日大辭典台語譯本）》, 閲覧日：2016 年 9 月 6 日〈http://taigi.fhl.net/dict/〉.

(58) Ibid., pp. 44-45. なお、「愛国者」という言葉を「新しい日本語の一つ」と位置づける記述は、林茂生による「新台湾語陳列館」をベースとした可能性も

考えられる。1933年12月に同シリーズにて「愛国」という言葉を扱った林は、次のように述べている。「この言葉は国語〔日本語〕のアイコクを直接取り入れたもので、英文のpatrioticと同じ意味。現在は台湾に限らず、民国でも通じる。ただし、この言葉は新しく造られた字眼ではなく、漢文では古くから用いられている」。Lîm Bō͘-seng［林茂生］. "Sin Tâi-oân-ōe Tîn-lia̍t-koán［新台湾語陳列館］." *Tâi-oân Kàu-hōe Kong-pò*［台湾教会公報］. 585 (December 1933): 12。《台灣教會公報全覽：台灣第一份報紙 第11巻（1933-1934）》（教會公報出版社、2004年）に収録。

(59)　Op. cit., Moody, *The Childhood of the Church*, p. 128.

(60)　Ibid., pp. 129-131.

(61)　Op. cit., Moody, *The Purpose of Jesus*, pp. 79-80.

(62)　Op. cit., Moody, *The Childhood of the Church*, p. 137. 傍点部は原文イタリック。

(63)　Mûi Kam-bū［キャンベル・ムーディ］. *Lô-má-phoe*［ローマ書］. Tâi-lâm［台南］: Tsū-tin-tông［聚珍堂］,1908, pp. 154-155. 梅監務《聚珍堂史料5 梅監務作品集》（教會公報出版社、2006年）に収録。

(64)　Op. cit., Moody, *The Saints of Formosa*, p. 181.

(65)　Op. cit., Moody, *The Childhood of the Church*, pp. 138-139.

(66)　Ibid., p. 140.

(67)　Ibid., p. 141.

(68)　Ibid., pp. 141-143. 傍点部は原文イタリック。

(69)　Ibid., pp. 142-143.

(70)　宮本久雄『存在の季節　ハヤトロギア（ヘブライ的存在論）の誕生』（知泉書館、2002年）、p. 10。

(71)　同上、pp. 179-182。

(72)　同上、p. 11。

(73)　Coe, Shoki. *Recollections and Reflections.* 2nd Ed. Introduced and Edited by Boris Anderson. Taiwan: Taiwan Church News, 1993, p. 51, p. 67, pp. 69-70.

結　論

(1)　Lîm Ha̍k-kiong［林学恭］. "Bē-chheh ê Siau-sit［書籍販売の消息］." *Tâi-oân-hú-siâⁿ Kàu-hōe-pò*［台湾府城教会報］. 52 (September 1889): 71-72.《台灣教會公報全覽：台灣第一份報紙 第1巻（1885—1890）》（教會公報出版社、2004年）に収録。

(2)　Lîm Ha̍k-kiong［林学恭］. "Kò͘ Mûi Kam-bū Bo̍k-su ê Sió-toān［故キャンベル・ムーディ牧師の小伝］." *Tâi-oân Kàu-hōe Kong-pò*［台湾教会公報］. 664 (July 1940):

9-12。《台灣教會公報全覽：台灣第一份報紙 第 14 巻（1939-1940）》（教會公報出版社、2004 年）に収録。

（3） Moody, Campbell N. *Love's Long Campaign.* London: Robert Scott Roxburge House Paternoster Row, E. C., 1913, pp. 3-11.

（4） Moody, Campbell N. *The Purpose of Jesus in the First Three Gospels.* London: Allen & Unwin, 1929, pp. 76-78.

（5） Moody, Campbell N. *The King's Guests: A Strange Formosan Fellowship.* London: H. R. Allenson, 1932, pp. 88-96.

（6） Lîm Chhiah-bé［林赤馬］.“Phê^{n}-ô͘ Thoân-tō--ê ê Siau-sit［澎湖伝道師の消息］.” *Tâi-lâm-hú-siâ^{n} Kàu-hōe-pò*［台南府城教会報］. 128（October 1895）: 109-110.《台灣教會公報全覽：台灣第一份報紙 第 2 巻（1891-1895）》（教會公報出版社、2004 年）に収録。

（7） Op. cit., Moody, *The Purpose of Jesus*, pp. 79-80.

（8） Moody, Campbell N. *Christ for Us and in Us.* London: George Allen & Unwin, 1935, pp. 73-74.

（9） Liāu Tit［廖得］.“Iâ-so͘ sī Sím-mi̍h?［イエスとは何か？］.” *Tâi-oân Kàu-Hōe-pò*［台湾教会報］. 439 (October 1921): 9-10. Liāu Tit［廖得］.“Si̍t-giām ê Ki-tok-kàu［実験のキリスト教］.” *Tâi-oân Kàu-Hōe-pò*［台湾教会報］. 457 (April 1923): 10-11. いずれも《台灣教會公報全覽：台灣第一份報紙 第 7 巻（1920-1924）》（教會公報出版社、2004 年）に収録。

（10） Mûi Kam-bū［キャンベル・ムーディ］.“Tâm-lūn Tō-lí［教義談論］.” *Tâi-lâm Hú-sia^{n} Kàu-hōe-pò*［台南府城教会報］. 226 (January 1904): 7-8.《台灣教會公報全覽：台灣第一份報紙 台灣教會公報全覽 第 4 巻（1902-1906）》（教會公報出版社、2004 年）に収録。

（11） Liāu Tit［廖得］.“Kàu-hōe To̍k-li̍p［教会の独立］.” *Tâi-oân Kàu-Hōe-pò*［台湾教会報］. 463 (October 1923): 1-2, p. 1. 前掲《台灣教會公報全覽 第 7 巻（1920-1924）》に収録。

（12） 林燕臣〈臺南中會成立祝歌〉、《台南神學校 校友會雜誌 第參號》（臺灣基督教會臺南神學校、1931 年）、p. 6。

（13） Moody, Campbell N. *The Saints of Formosa: Life and Worship in a Chinese Church.* Edinburgh: Oliphant, Anderson & Ferrier, 1912, p. 167.

（14） Ibid., p. 168.

（15）“Î-sin Kái-liông: Kah It tâm［維新改良：甲乙談］.” *Tâi-oân Kàu-Hōe-pò*［台湾教会報］. 419 (February 1920): 10-11, p. 10. 前掲《台灣教會公報全覽 第 7 巻（1920-1924）》に収録。

（16） Lîm Bō͘-seng［林茂生］.“Ki-tok-kàu Bûn-bêng Sú-koan［基督教文明史観］.”

Tâi-oân Kàu-hōe Kong-pò［台湾教会公報］. 567 (June 1932): 10-11, 569 (August 1932): 8-9, 570 (September 1932): 7, 571 (October 1932): 8, 572 (November 1932): 8, 573 (December 1932): 9-10. いずれも《台灣教會公報全覽：台灣第一份報紙 第10巻（1931-1932）》（教會公報出版社、2004 年）に収録。Lîm Bō͘-seng［林茂生］. "Ki-tok-kàu Bûn-bêng Sú-koan［基督教文明史観］." *Tâi-oân Kàu-hōe Kong-pò*［台湾教会公報］. 574 (January 1933): 9-10, 575 (February 1933): 10-11, 577 (April 1933): 8-9, 578 (May 1933): 8-9, 579 (June 1933): 9-10, 580 (July 1933): 10-11, 581 (August 1933): 8-9, 583 (October 1933): 10-11. いずれも《台灣教會公報全覽：台灣第一份報紙 第 11 巻（1933-1934）》（教會公報出版社、2004 年）に収録。

（17）　周天來「イエスの倫理的教訓」、前掲《校友會雜誌 第參號》、pp. 43-53。

（18）　胡文池「祈祷会改革論」『福音と教会』第 4 号（台湾基督長老教会伝道師会、1938 年 12 月）、pp. 36-45。

（19）　鐘茂成「奉仕の福音書」、『福音と教会』第 3 号（台湾基督長老教会伝道師会、1938 年 9 月）、pp. 11-18。

（20）　郭和烈「聖句研究 哥林多後書四章五節」『福音と教会』第 5 号（台湾基督長老教会伝道師会、1939 年 4 月）、pp. 27-29。

（21）　E. ブルンナー著、森本あんり・五郎丸仁美訳『出会いとしての真理』（教文館／国際基督教大学出版局、2006 年）、pp. 15-20。

（22）　同上、p. 129。

（23）　同上、p. 4。

（24）　同上、pp. 126-130。

（25）　同上、pp. 117-119。

（26）　同上、pp. 131-132。

（27）　黄彰輝「四月二十五日（水）」、『二階村早祷日誌』（手稿史料、1934 年）、東京大学 YMCA 学生寮に保管。傍点部は原文下線に基づく。

（28）　Coe, Shoki. *Recollections and Reflections.* 2nd Ed. Introduced and Edited by Boris Anderson. Taiwan: Taiwan Church News, 1993, p. 51, p. 67. 賴永祥〈史話 488 潘道榮當東門副牧〉,《賴永祥長老史料庫》, 閲覧日 2016 年 9 月 6 日〈http://www.laijohn.com/index.htm〉。

（29）　Op. cit., Coe, *Recollections and Reflections*, pp. 69-70.

（30）　Ibid., p. 71.

（31）　Ibid., pp. 73-74.

（32）　Ibid., pp. 67-68.

（33）　Ibid., pp. 47-48.

（34）　天江喜久〈行過死蔭的幽谷：美麗島事件前後期台灣長老教會信徒與黨外人士的合作關係之研究, 1977-1987〉、黄彰輝牧師百歳紀念活動委員會主編《黄彰

輝牧師的精神資產研討會論文集》（南神出版社、2015 年）、pp. 380-429。「公民民族主義（市民的ナショナリズム）」の訳語は、高井ヘラー由紀「戦後台湾キリスト教界における超教派運動の展開と頓挫」『キリスト教史学』第 69 集（キリスト教史学会、2015 年 7 月）、pp. 74-110、p. 79 に基づく。